DIE WELT

ATLAS & ALMANACH

KUNTH

INHALT

Kartenübersicht 4
Zeichenerklärung 6

**Die Welt -
Physischer und politischer
Kartenteil** 8

Die Welt, physisch 10
Die Welt, politisch 12

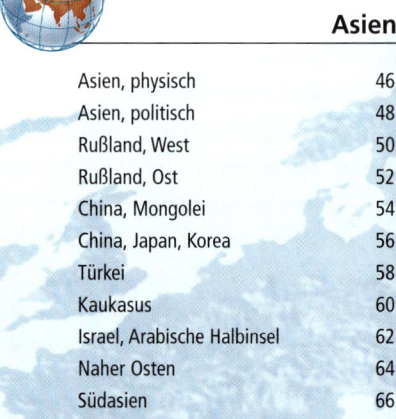

Asien

Asien, physisch 46
Asien, politisch 48
Rußland, West 50
Rußland, Ost 52
China, Mongolei 54
China, Japan, Korea 56
Türkei 58
Kaukasus 60
Israel, Arabische Halbinsel 62
Naher Osten 64
Südasien 66
Südostasien 68

Europa

Europa, physisch 14
Europa, politisch 16
Nordskandinavien, Finnland 18
Südskandinavien 20
Baltische Staaten 22
Britische Inseln 24
Frankreich 26
Spanien, Portugal 28
Zentraleuropa, West 30
Schweiz, Österreich, Italien 32
Zentraleuropa, Ost 34
Südosteuropa, Nord 36
Südosteuropa, Süd 38
Zentralrußland 40
Ukraine 42
Island,
    europäische Kleinstaaten 44

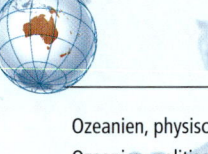

Ozeanien

Ozeanien, physisch 70
Ozeanien, politisch 72
Nordpazifik 74
Polynesien 76
Neuseeland, Südpazifik 78
Australien 80
Hawaii 82

Afrika

Afrika, physisch 84
Afrika, politisch 86
Afrika, Nordwest 88
Afrika, Nordost 90
Zentralafrika, West 92
Zentralafrika, Ost 94
Äquatorialafrika 96
Afrika, Süd 98

Nord- und Mittelamerika

Nord- und Mittelamerika,
physisch 100
Nord- und Mittelamerika,
politisch 102
Alaska 104
Grönland 105
Kanada 106
USA 108
USA, West 110
USA, Ost 112
Mittelamerika 114
Antillen 116

Südamerika

Südamerika, physisch 118
Südamerika, politisch 119
Südamerika, Nordwest 120
Südamerika, Nordost 122
Südamerika, Süd 124

Arktis, Antarktis 126

**Die Welt -
Thematischer Kartenteil** 128

Tektonik 130
Klima 132
Niederschläge 134
Vegetation 136
Bevölkerungsdichte 138
Lebenserwartung 140
Bruttosozialprodukt 142
Ernährung 144
Sprachfamilien 146
Religionen 148
Völker 150
Bodenschätze 152
Agrarwirtschaft 154
Industrie, Handel 156
Welthandel nach Ländern 158

**Die Staaten der Welt -
Länderlexikon** 160

**Die Welt in Rekorden -
Geografische Superlative** 184

**Die Welt - Register
mit geografischem Lexikon** 201

KARTENÜBERSICHT

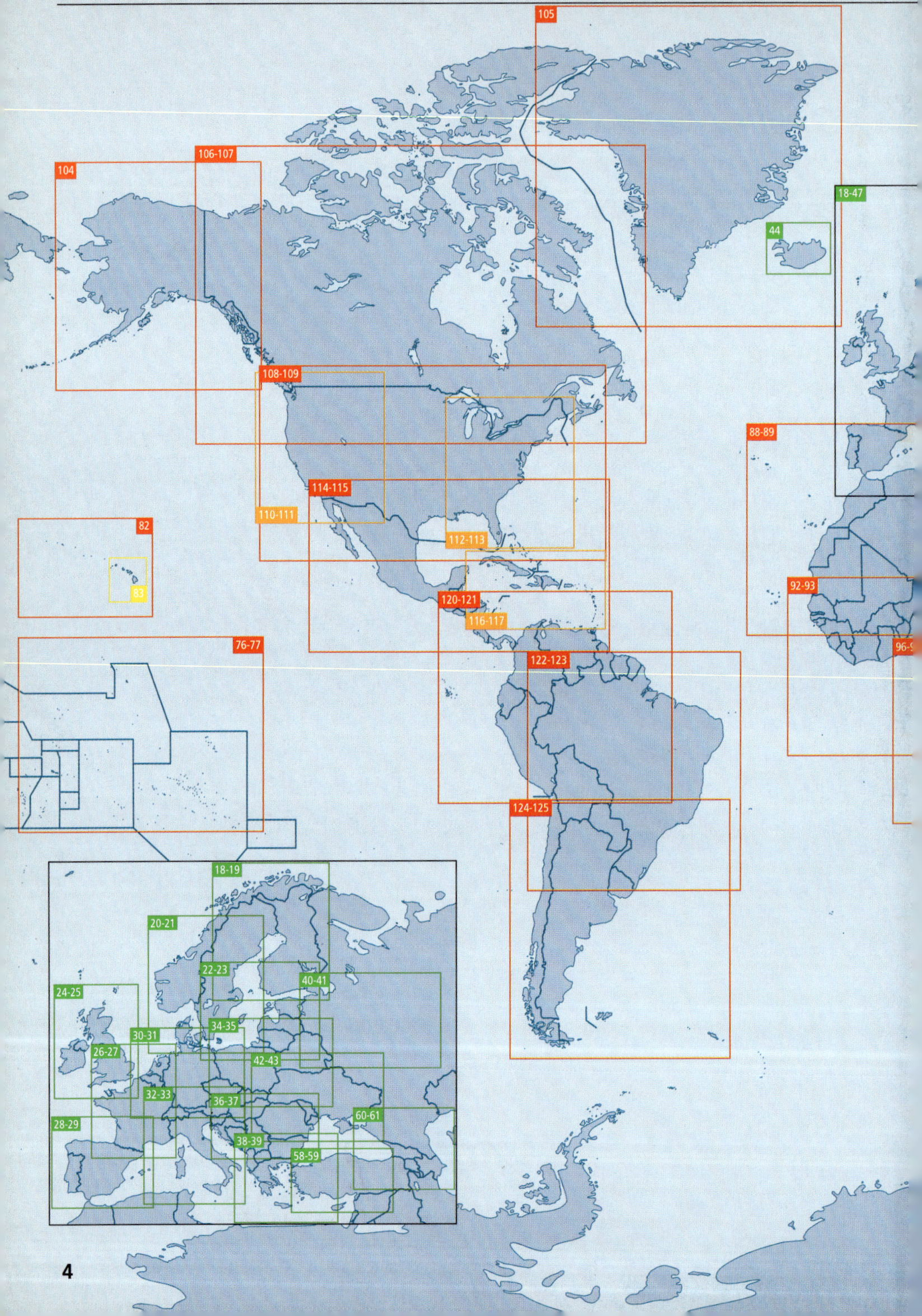

105

104

106-107

18-47

44

88-89

108-109

114-115

110-111

112-113

92-93

82

83

120-121

116-117

76-77

122-123

96-9

124-125

18-19

20-21

22-23

40-41

24-25

30-31

34-35

26-27

42-43

32-33

36-37

28-29

60-61

38-39

58-59

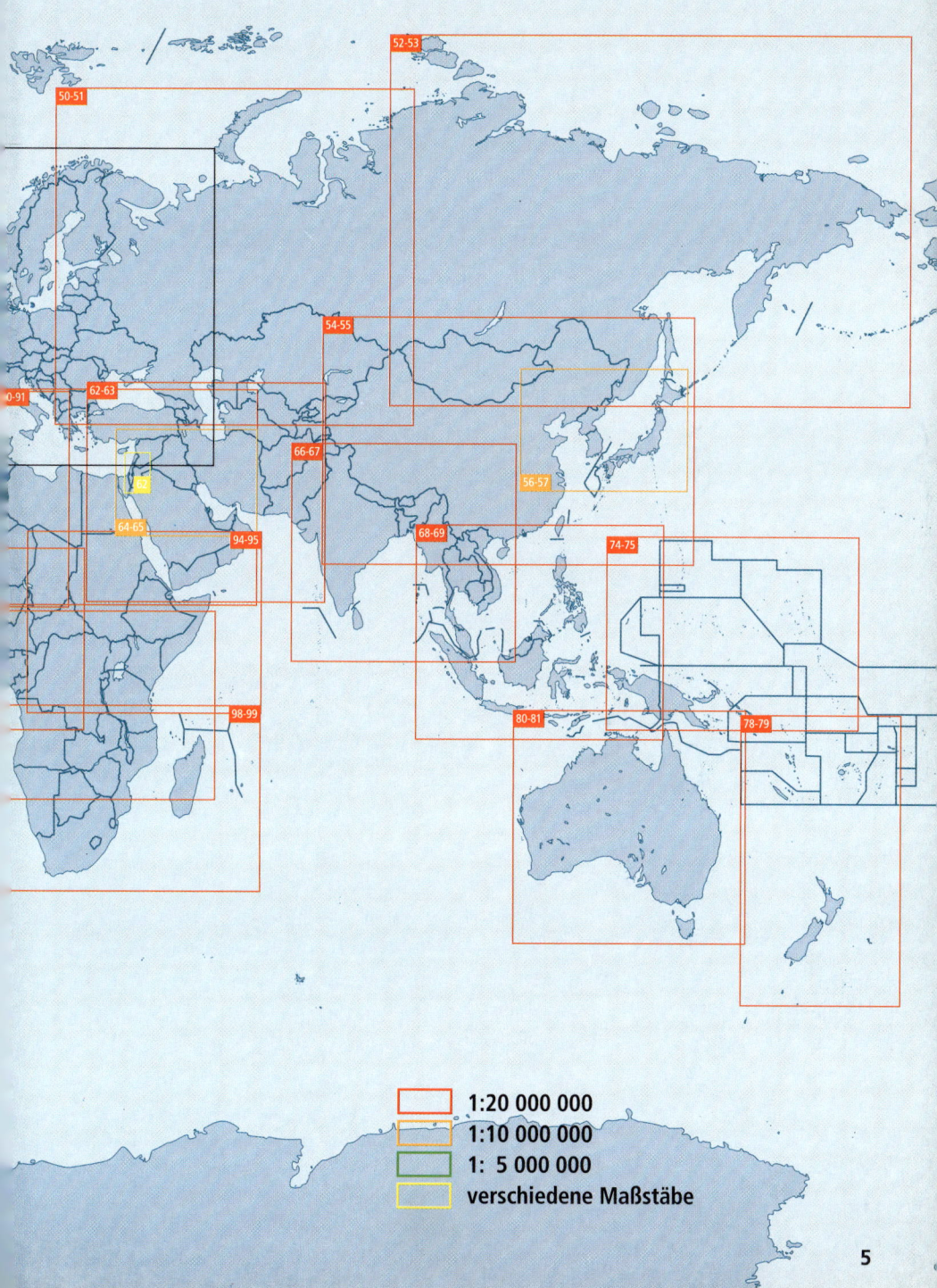

50-51
52-53
54-55
0-91
62-63
66-67
56-57
62
64-65
94-95
68-69
74-75
98-99
80-81
78-79

1:20 000 000
1:10 000 000
1: 5 000 000
verschiedene Maßstäbe

ZEICHENERKLÄRUNG

Gewässer

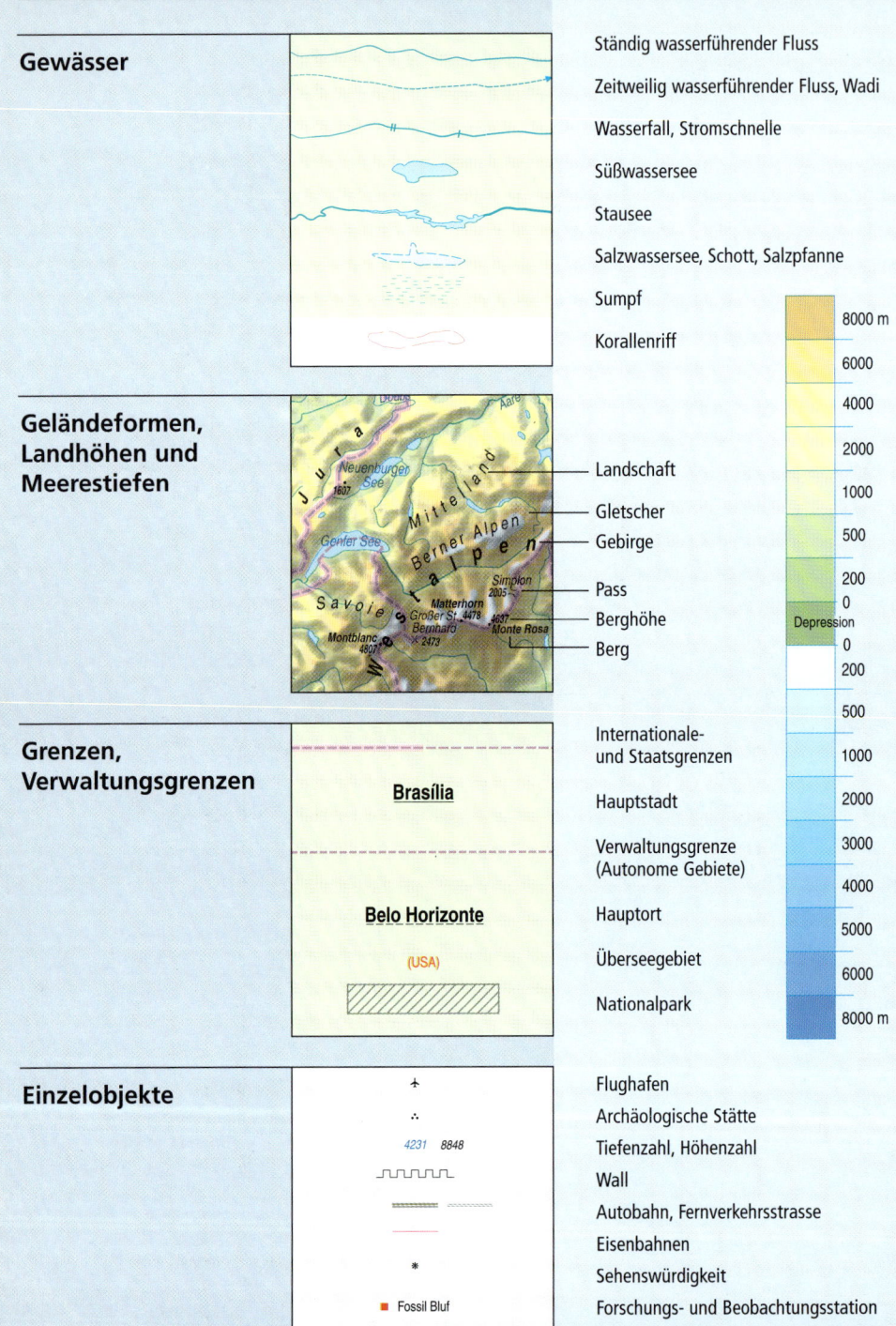

Ständig wasserführender Fluss

Zeitweilig wasserführender Fluss, Wadi

Wasserfall, Stromschnelle

Süßwassersee

Stausee

Salzwassersee, Schott, Salzpfanne

Sumpf

Korallenriff

Geländeformen, Landhöhen und Meerestiefen

Landschaft

Gletscher

Gebirge

Pass

Berghöhe

Berg

8000 m
6000
4000
2000
1000
500
200
0
Depression
0
200
500

Grenzen, Verwaltungsgrenzen

Brasília

Belo Horizonte

(USA)

Internationale- und Staatsgrenzen

Hauptstadt

Verwaltungsgrenze (Autonome Gebiete)

Hauptort

Überseegebiet

Nationalpark

1000
2000
3000
4000
5000
6000
8000 m

Einzelobjekte

4231 8848

Fossil Bluf

Flughafen

Archäologische Stätte

Tiefenzahl, Höhenzahl

Wall

Autobahn, Fernverkehrsstrasse

Eisenbahnen

Sehenswürdigkeit

Forschungs- und Beobachtungsstation

Namensschreibung

PAZIFISCHER OZEAN	Ozean
Karibisches Meer	Meer, Golf, Bucht
Atacamagraben	Formen des Meeresbodens
Oberer See, Mississippi	See, Fluss
Great Plains	Landschaft
ANDEN, Küstenkette	Gebirge, Bergkette
Aconcagua	Berg
Kap Pariñas	Kap
Große Antillen, Martinique	Inseln, Insel
BRASILIEN	Staat
Mato Grosso	Autonomes Gebiete
São Paulo	
Belo Horizonte	
Belém	
Pôrto Velho	
Macapá	
Fonte Boa	

Die Schriftgröße entspricht der Gesamtbedeutung (nicht allein der Einwohnerzahl) des Ortes

Ortsgröße

■	über 5 000 000 Einwohner
□	über 1 000 000
◉	über 500 000
◉	über 100 000
◉	über 50 000
○	unter 50 000

Objekte suchen

Das gewünschte Objekt im alphabetisch sortierten Register suchen. Hinter dem Namen steht die Seitenzahl, anschließend bestimmt eine Buchstaben- und Ziffern-kombination das Planquadrat, in dem sich das gesuchte Objekt befindet. Auf jeder Karte laufen die Buchstaben von West nach Ost, die Ziffern von Nord nach Süd.

Beispiel: **Sydney 81 F3**
　　　　　Seite **81**
　　　　　Planquadrat **F3**

7

Die Erde, der »blaue Planet«, ist von der Sonne aus gesehen der dritte, und gemessen am Umfang der fünftgrößte Planet des Sonnensystems. Vor etwa 4,5 Milliarden Jahren entstanden, umrundet sie die Sonne auf einer Ellipsenbahn in einem Abstand von 147 bis 151,9 Millionen Kilometern.

Die Erde ist keine wirkliche Kugel, sondern an den Polen abgeflacht. Ihr Polardurchmesser beträgt 12 713,5 Kilometer und ist damit gut 42 Kilometer kleiner als der Äquatorialdurchmesser. Der größte Erdumfang beträgt 40 075 Kilometer. Die Erdoberfläche misst gut 510 Millionen Quadratkilometer und besteht zu 71 % aus Meeres- und zu 29 % aus Landflächen.

Die Welt

PHYSISCHER UND
POLITISCHER KARTENTEIL

1 : 145 000 000

0 1450 2900 4350 km

West 0° Ost

m 8000 | 6000 | 4000 | 2000 | 1000 | 500 | 200 | 0 Depression 0 | 200 | 1000 | 2000 | 4000 | 5000 | 6000 | 8000 | +8000 m

11

EUROPA

1 : 20 000 000

EUROPA, politisch

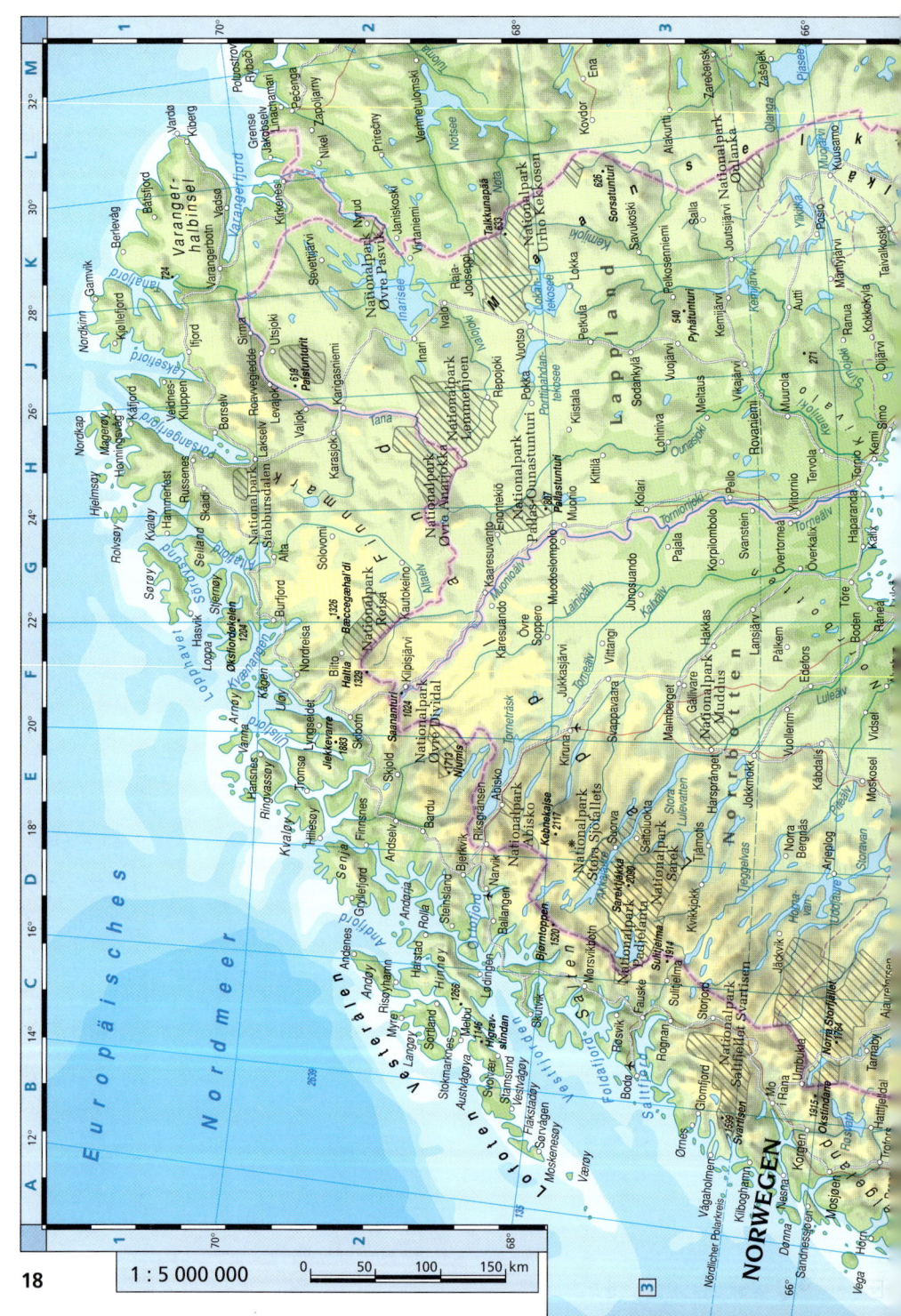

1 : 5 000 000

0   50   100   150 km

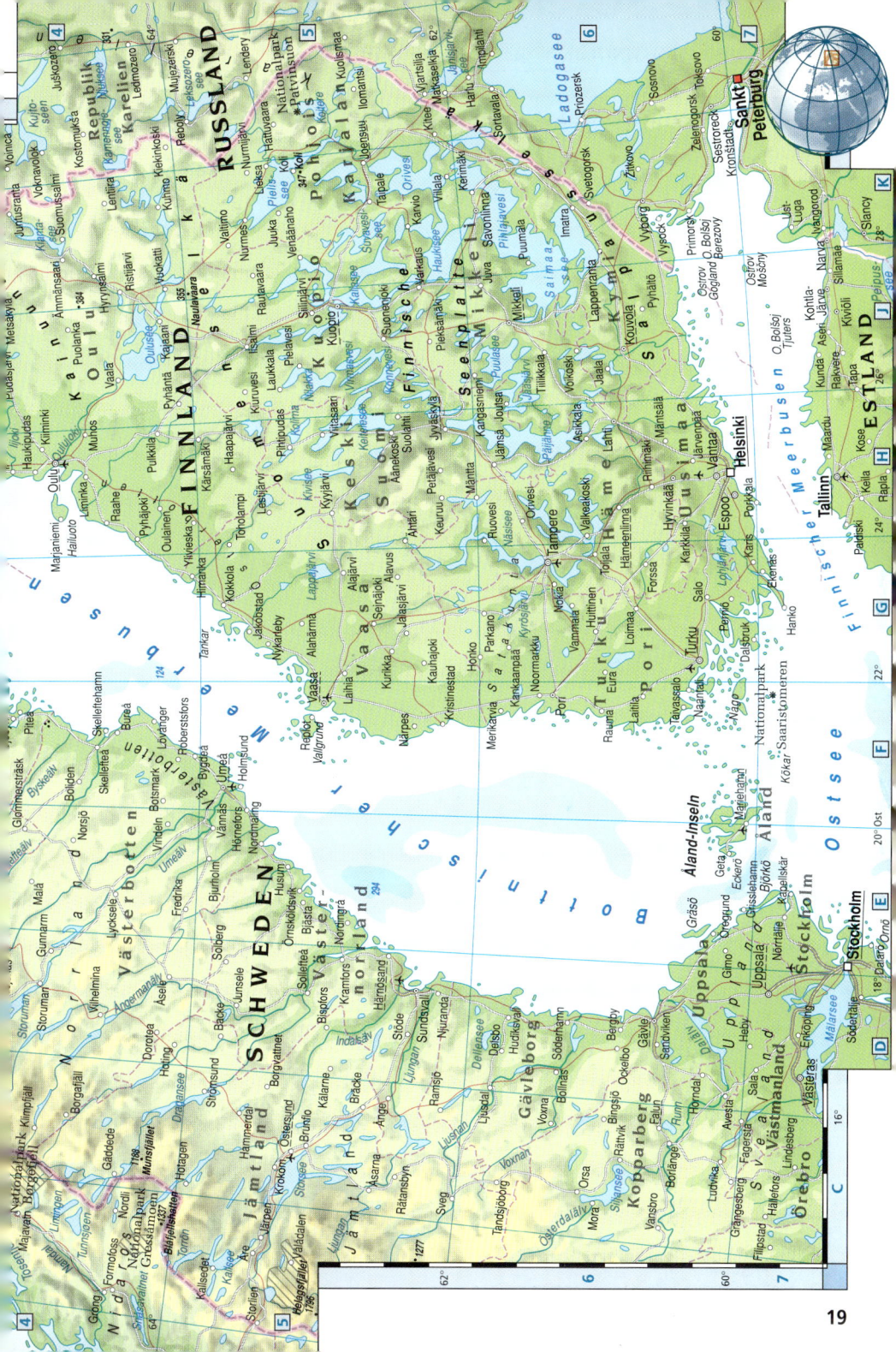

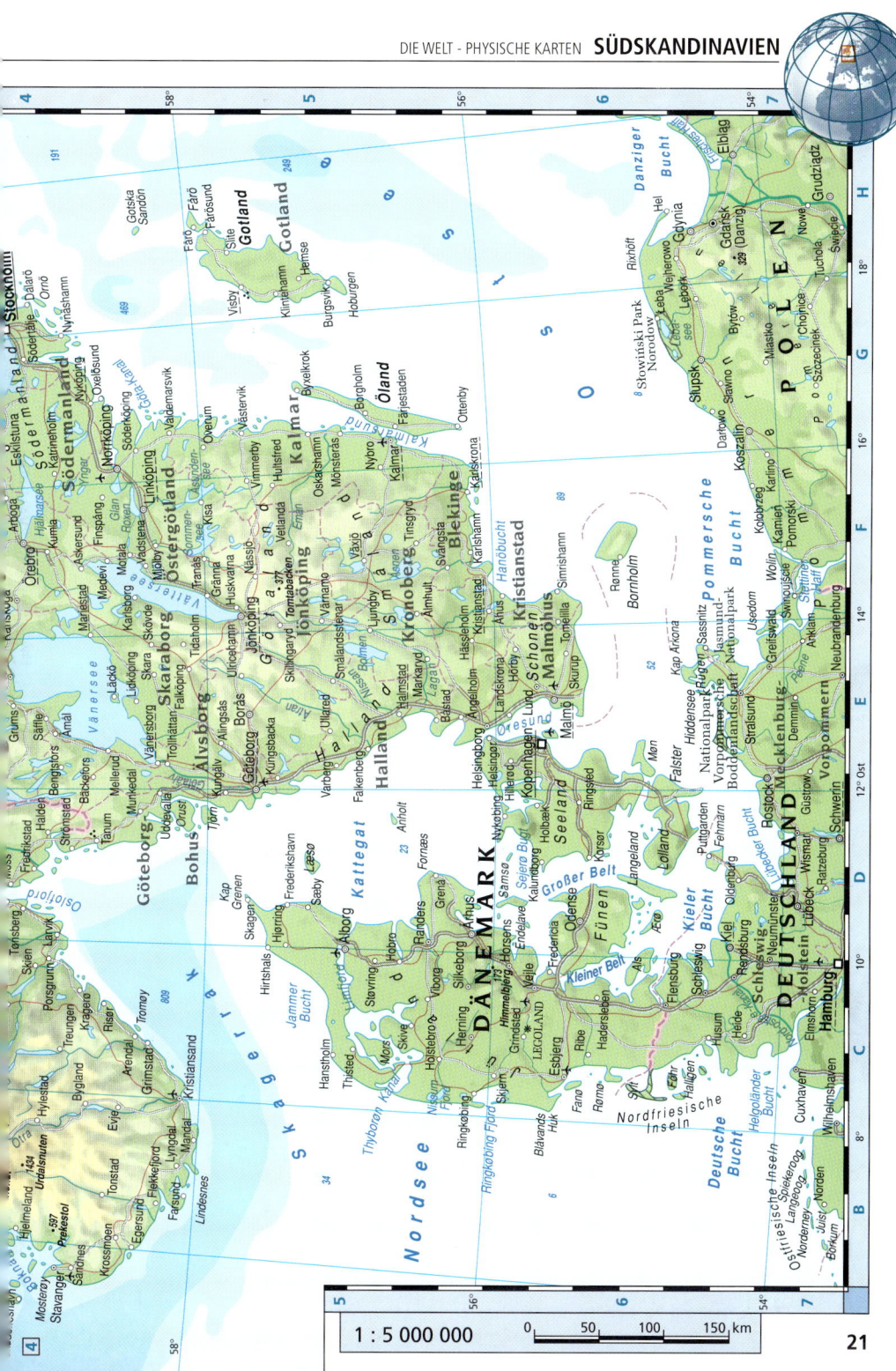

1 : 5 000 000

0   50   100   150 km

1 : 5 000 000

0   50   100   150 km

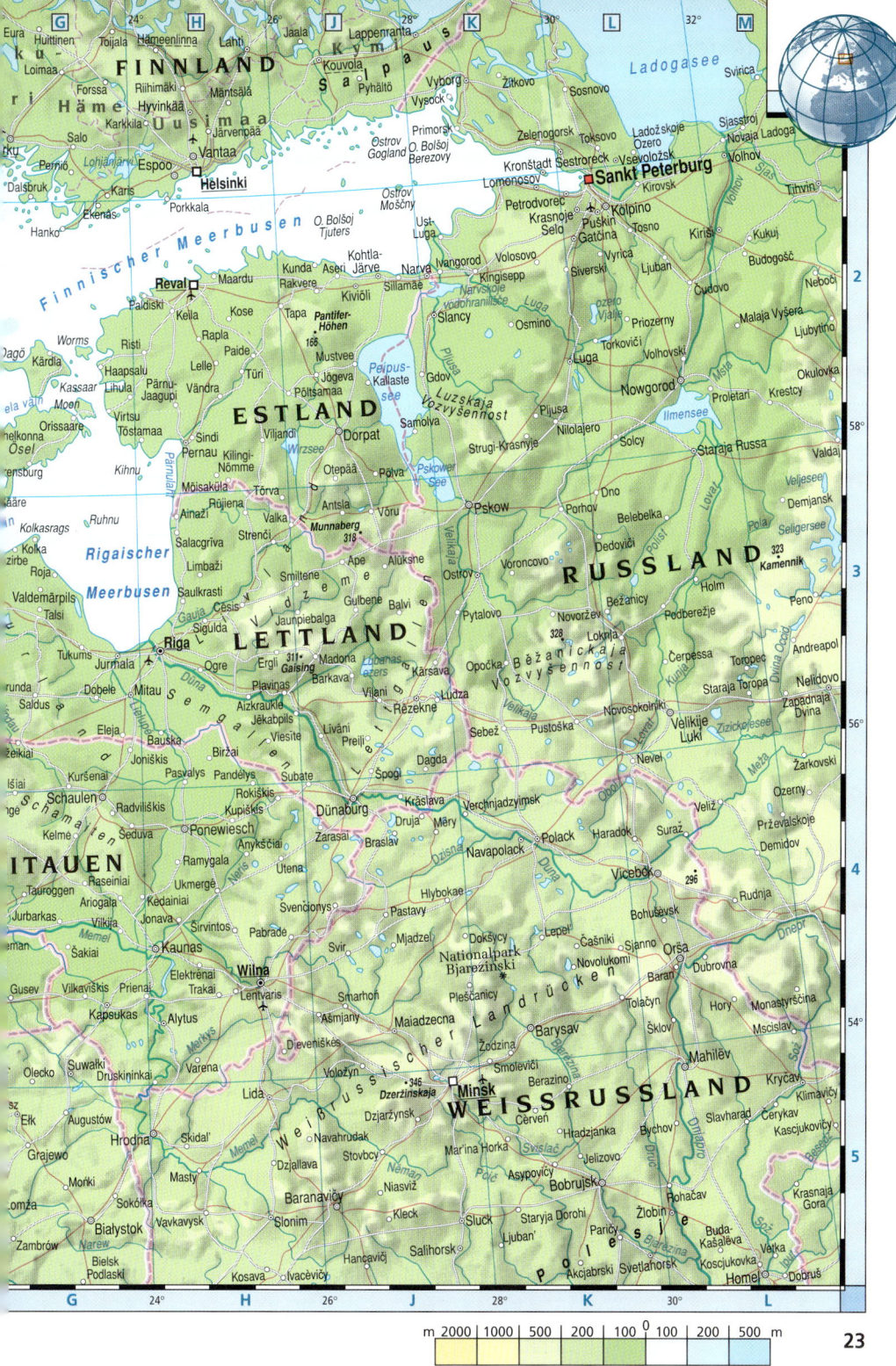

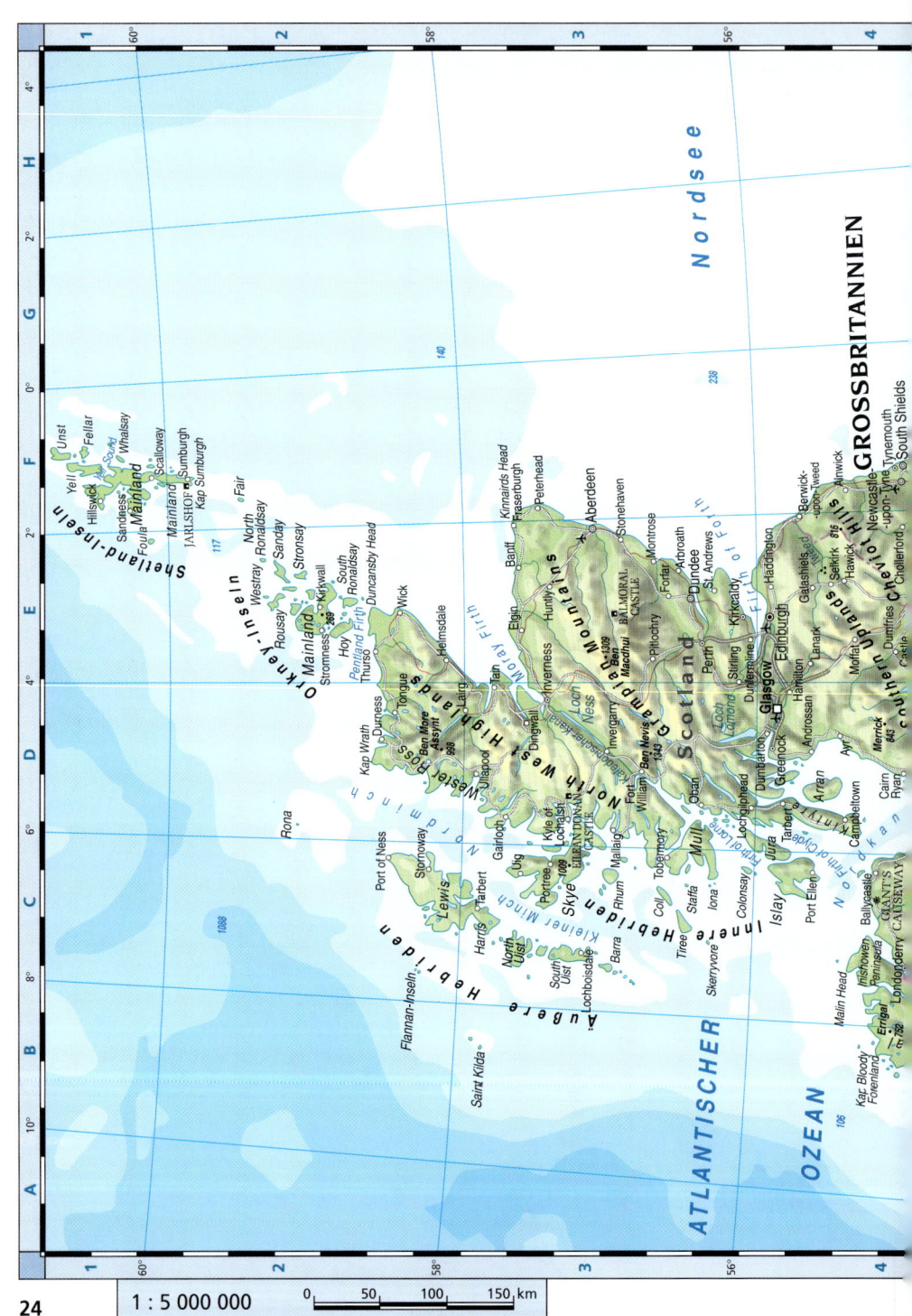

GROSSBRITANNIEN

Nordsee

ATLANTISCHER OZEAN

Shetland-Inseln

Orkney-Inseln

Äußere Hebriden

Innere Hebriden

Scotland

North West Highlands

Grampian Mountains

Southern Uplands

1 : 5 000 000

0   50   100   150 km

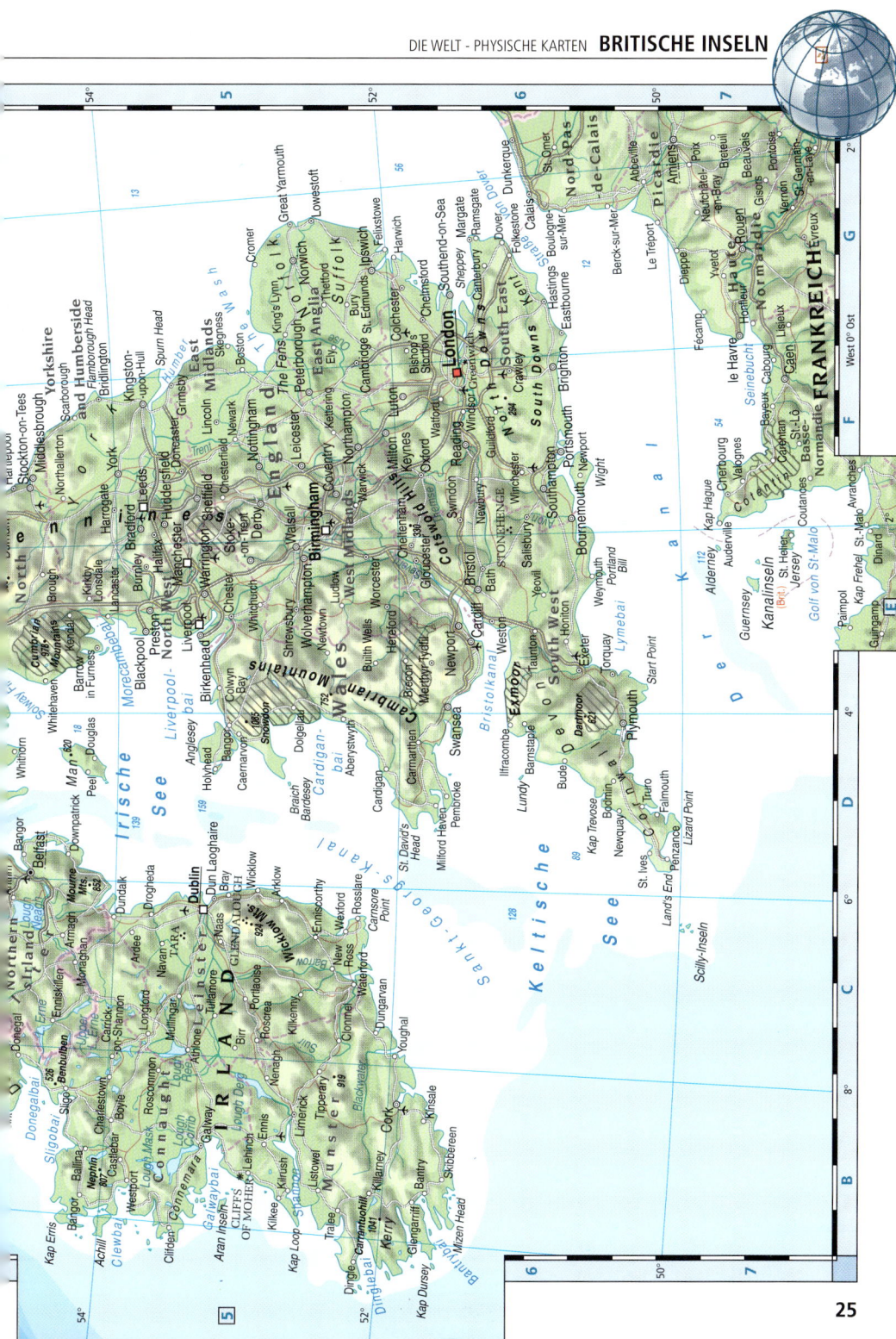

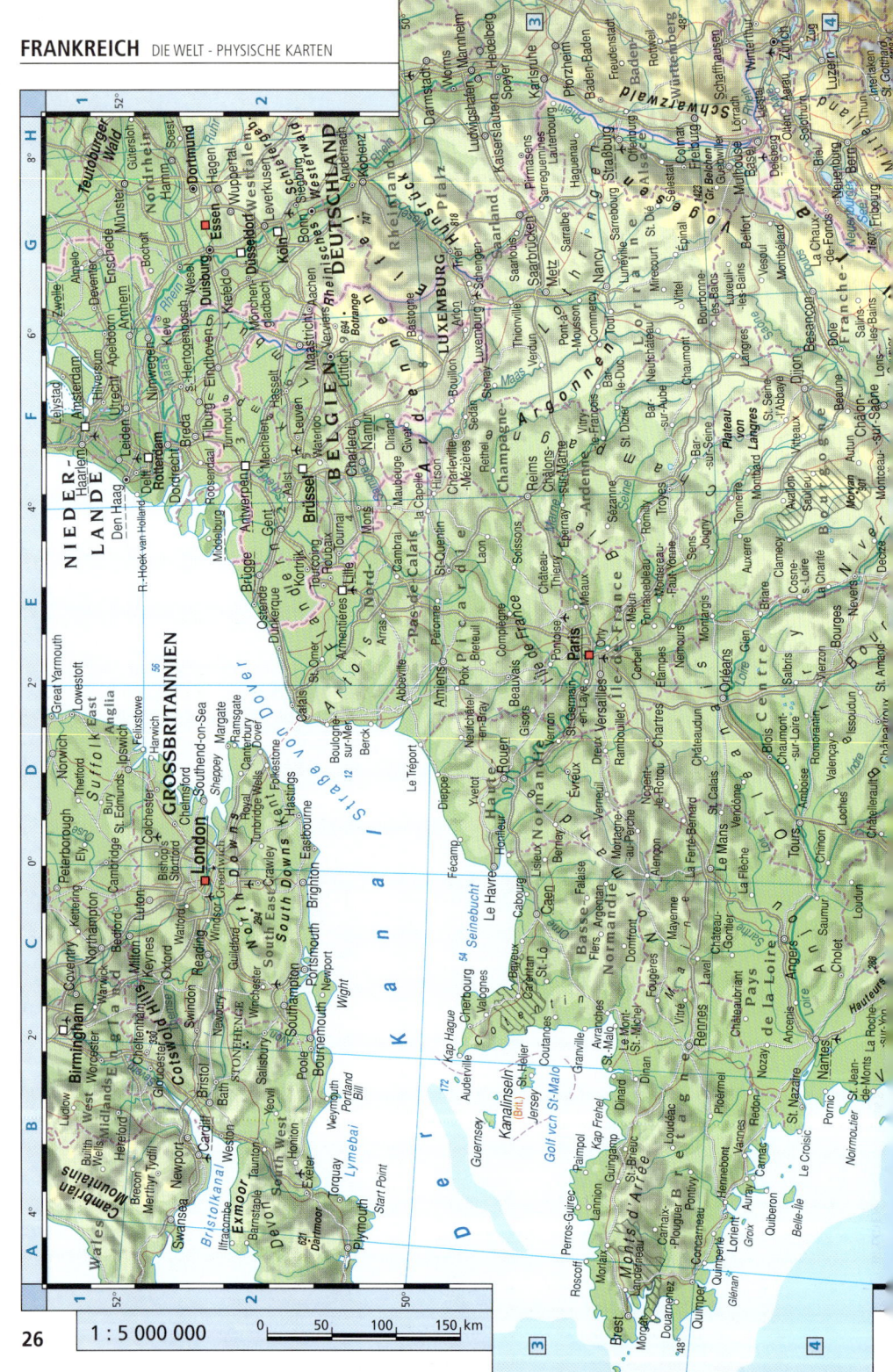

1 : 5 000 000

0   50   100   150 km

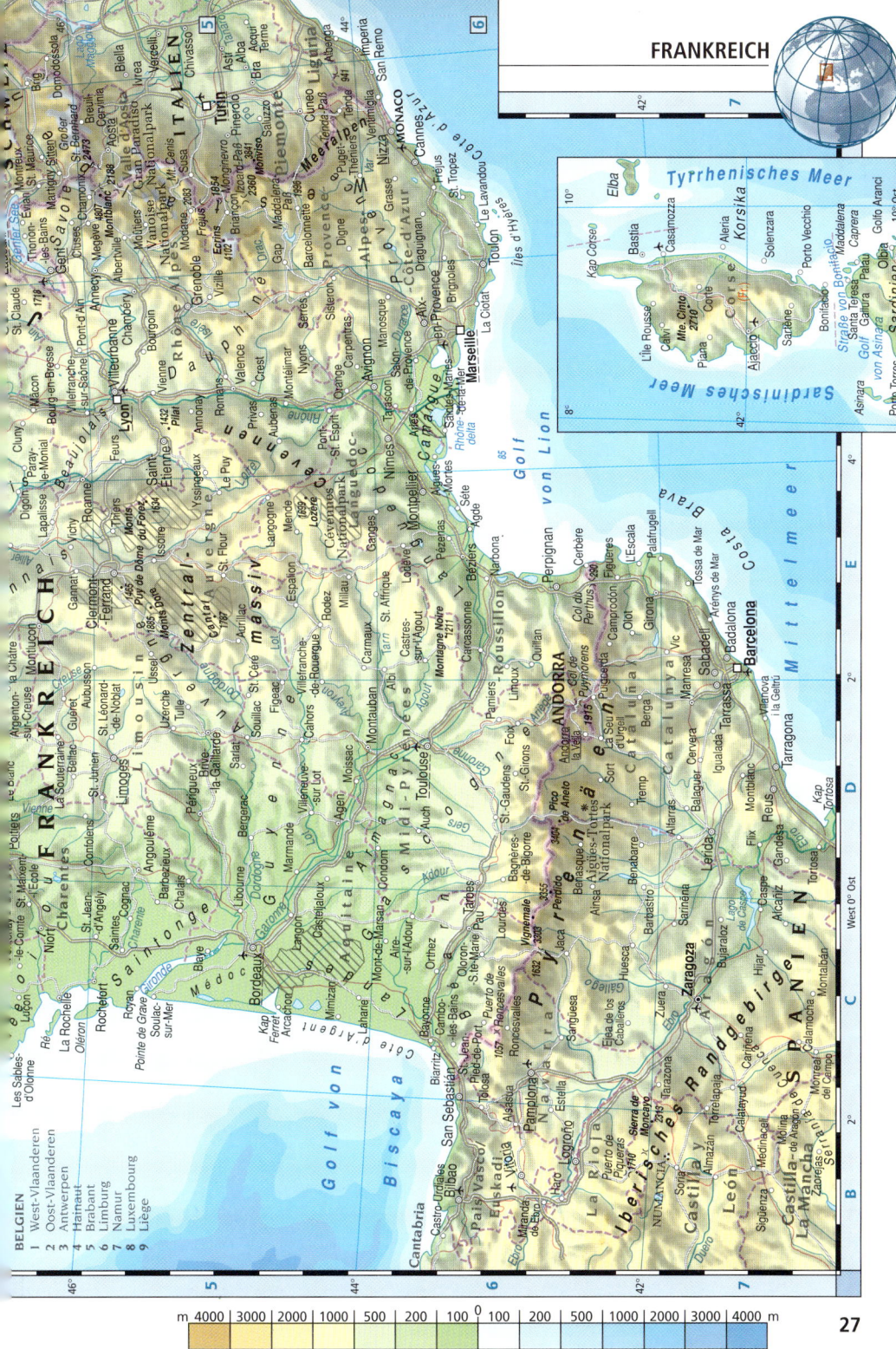

Tyrrhenisches Meer

Elba

Kap Corse

Bastia

Casamozza

Aleria

Mte. Cinto
2710

Korsika

L'Île Rousse

Calvi

Corte

Ajaccio

Porto Vecchio

Bonifacio

Straße von Bonifacio

Maddalena

Caprera

Santa Teresa

Palau

Golf von Asinara

Olbia

Golfo Aranci

Porto Torres

Asinara

Sardinien

Sardinisches Meer

Mittelmeer

BELGIEN
1 West-Vlaanderen
2 Oost-Vlaanderen
3 Antwerpen
4 Hainaut
5 Brabant
6 Limburg
7 Namur
8 Luxembourg
9 Liège

ZENTRAL-FRANKREICH

Marseille

Lyon

Bordeaux

Barcelona

Zaragoza

ANDORRA

SPANIEN

Golf von Biscaya

Mittelmeer

m 4000 | 3000 | 2000 | 1000 | 500 | 200 | 100 | 0 | 100 | 200 | 500 | 1000 | 2000 | 3000 | 4000 m

Golf von Biscaya

a Vasca

a Vasca Euskadi

Vitoria
San Sebastián
Biarritz
Bayonne
Mimizan
Lahanie
Aire-sur-l'Adour
Orthez
Pau

FRANKREICH

Tarbes
St-Gaudens
St-Girons
Pamiers
Foix

Carcassonne
Béziers
Agde
Narbona

Golf von Lion

233185

Pamplona
Logroño
Estella
Sangüesa
Jaca
Ainsa

ANDORRA
Aigües-Tortes Nationalpark
Andorra la Vella

Perpignan
Cerbère
Col du Perthus
Kap Creus
Figueres
L'Escala

La Rioja
Soria
NUMANCIA
Torrelapaja
Almazán

Zaragoza

Aragón

Lerida
Barbastro
Benabarre
Tremp
Berga
Girona
Palafrugell
Vic

Cataluña
Catalunya

Costa Brava

Tossa de Mar
Arénys de Mar

Calatayud
Cariñena
Hijar
Alcañiz
Gandesa
Tortosa

Igualada
Tarrassa
Sabadell
Badalona
Barcelona

Costa Dorada

Manresa
Balaguer
Cervera
Vilanova i la Geltrú
Reus
Tarragona

Costa Dorada

Baleáren

Menorca
Ciudadela
Maó

Mallorca

Palma de Mallorca
Sa Dragonera
Manacor
Sa Salinas

Ibiza
San Antonio Abad
Ibiza
San Francisco de Formentera
Formentera

Baleares/ Balears

Valencia
Valencia
Torrent
Cullera
Gandía
Denia
Calpe
Benidorm

Costa Blanca

Golf von Valencia

Mittelmeer

Albacete
Yecla
Villena
Elche
Alicante
Santa Pola

Murcia
Totana
Cartagena

Algerisches Becken

Almería
Kap Gata

Algier

ALGERIEN

Oran
Mostaganem
Relizane

29

NIEDERLANDE
1 Friesland
2 Groningen
3 Noord-Holland
4 Flevoland
5 Drenthe
6 Overijssel
7 Zuid-Holland
8 Utrecht
9 Gelderland
10 Zeeland
11 Noord-Brabant
12 Limburg

BELGIEN
1 West-Vlaanderen
2 Oost-Vlaanderen
3 Antwerpen
4 Hainaut
5 Brabant
6 Limburg
7 Namur
8 Luxembourg
9 Liège

1 : 5 000 000

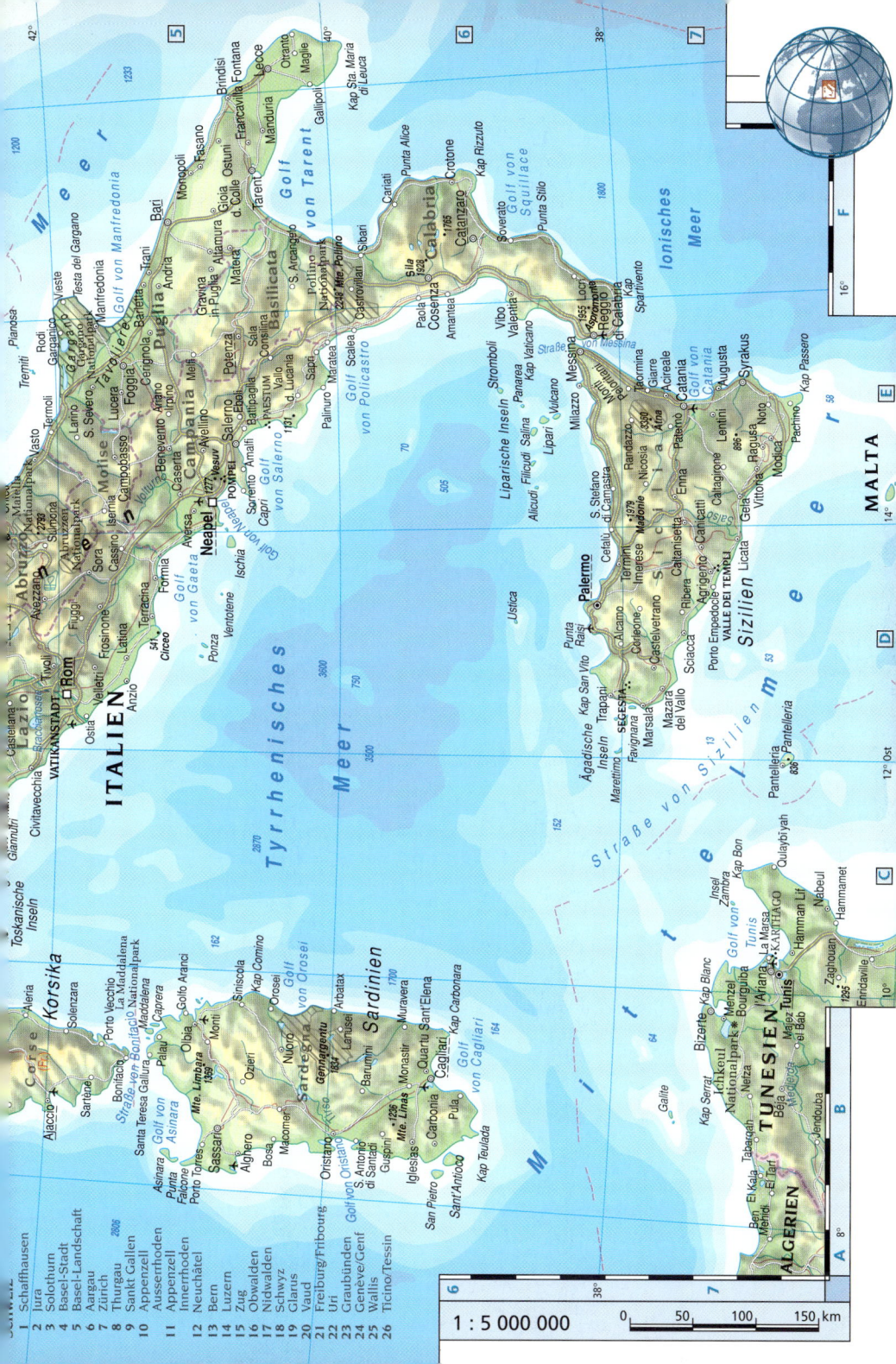

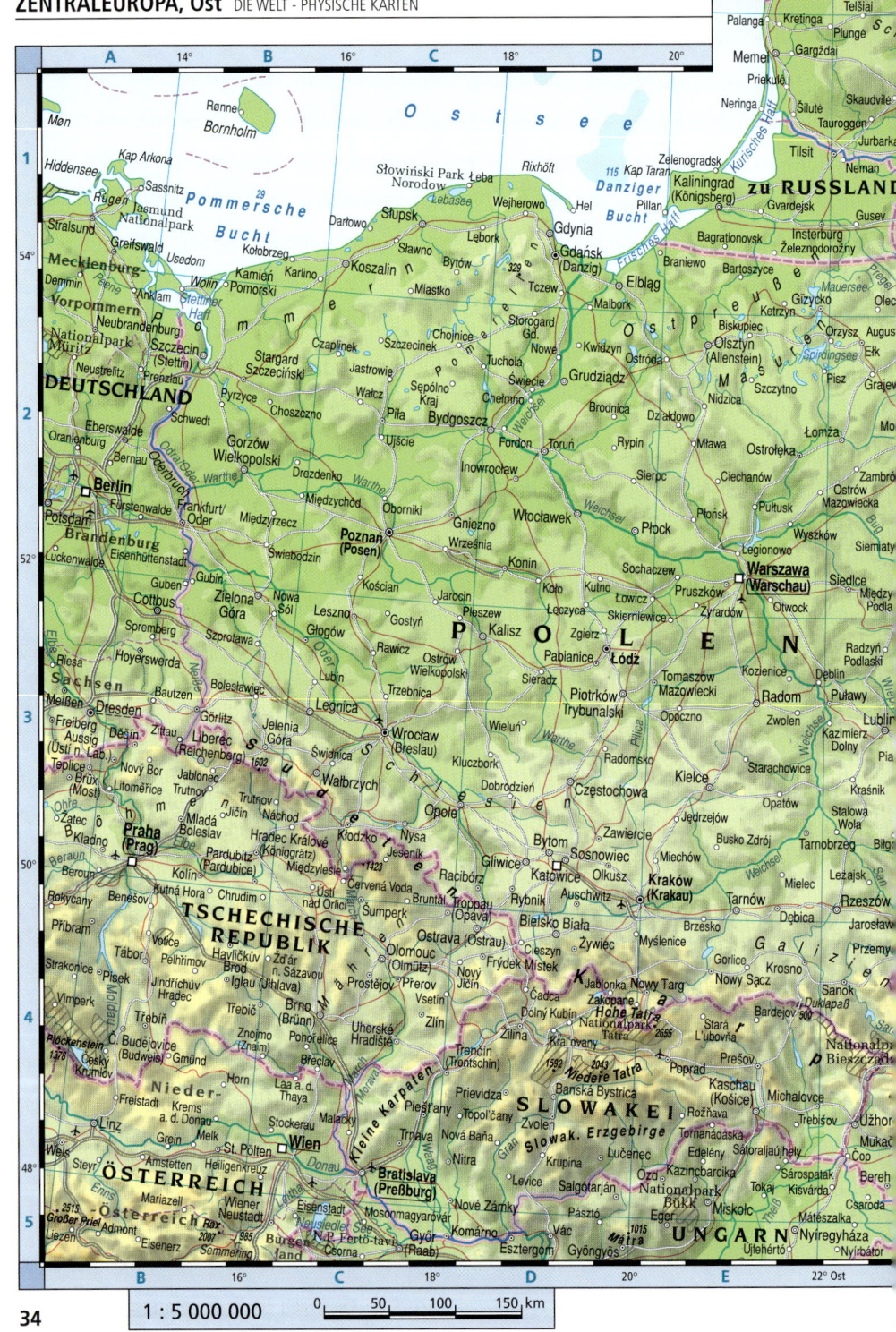

1 : 5 000 000

0   50   100   150 km

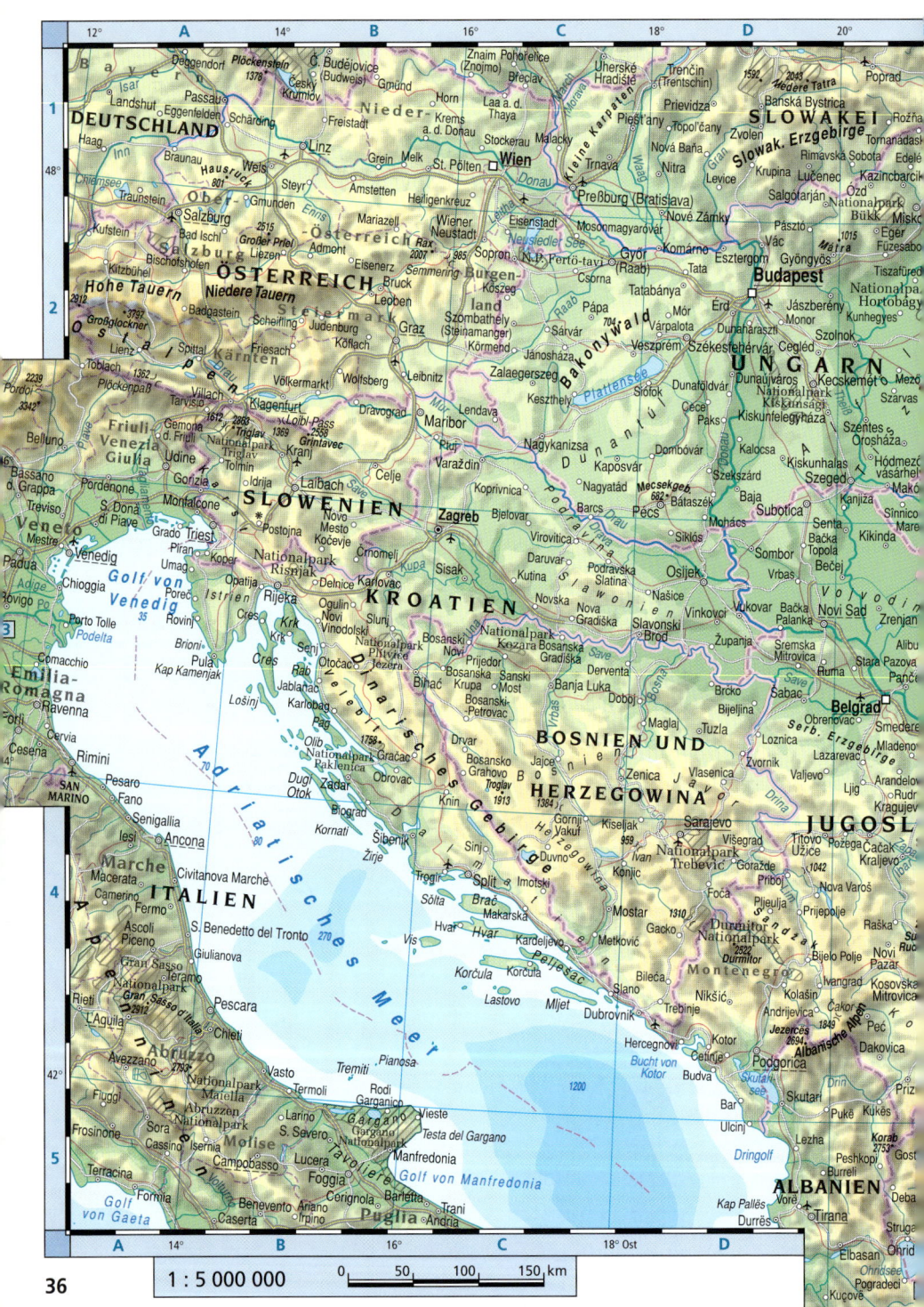

1 : 5 000 000

0   50   100   150 km

37

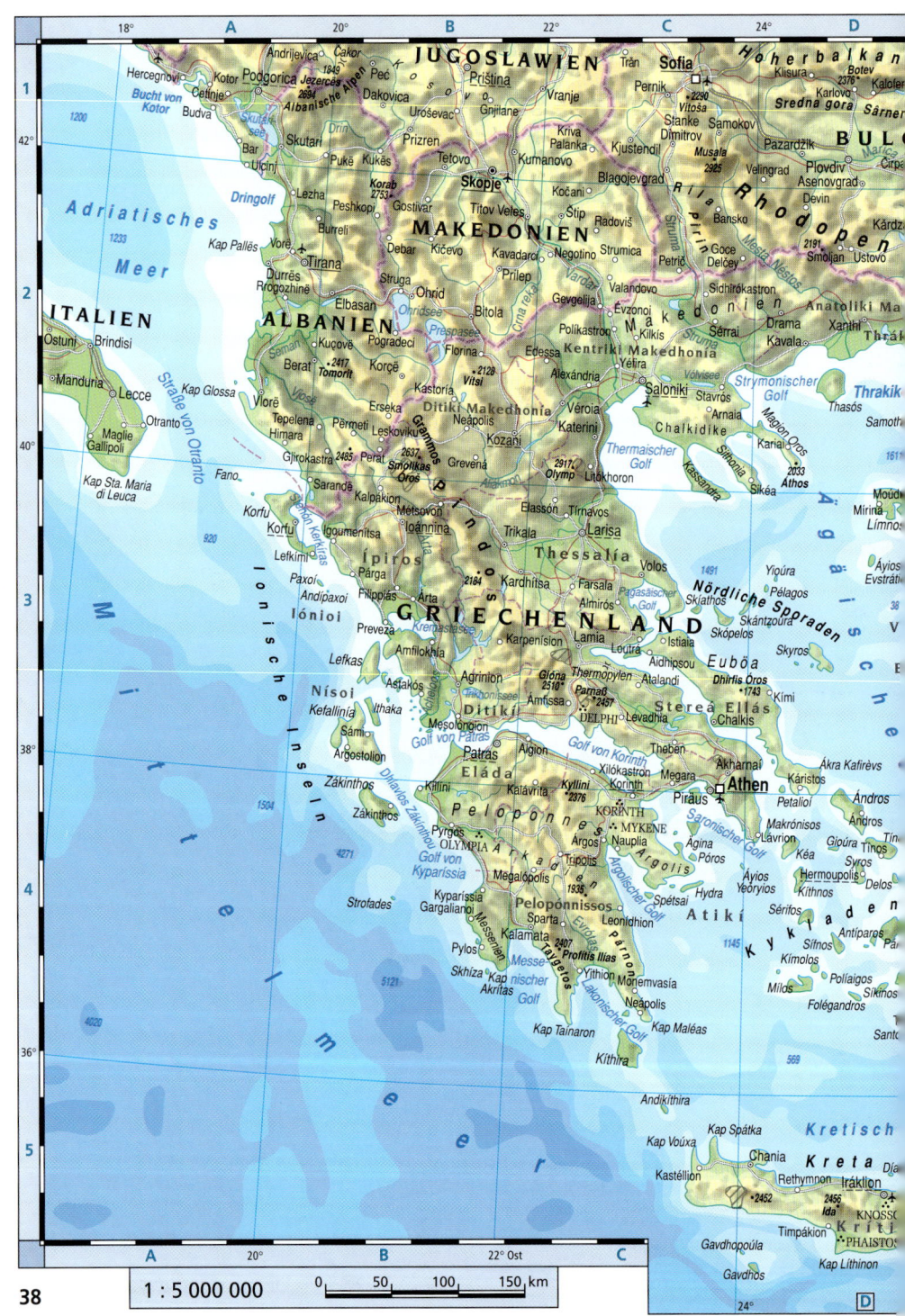

1 : 5 000 000

0   50   100   150 km

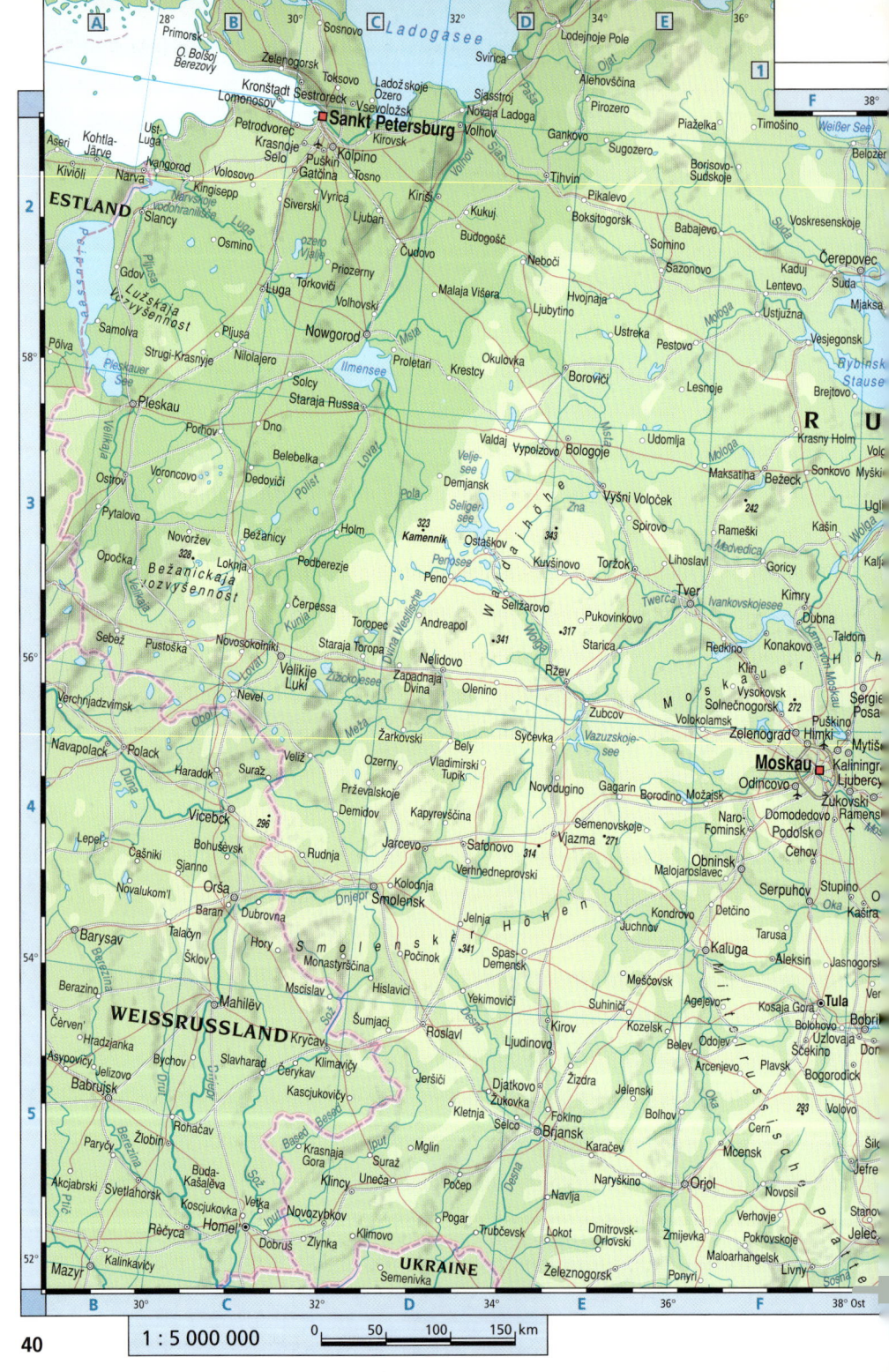

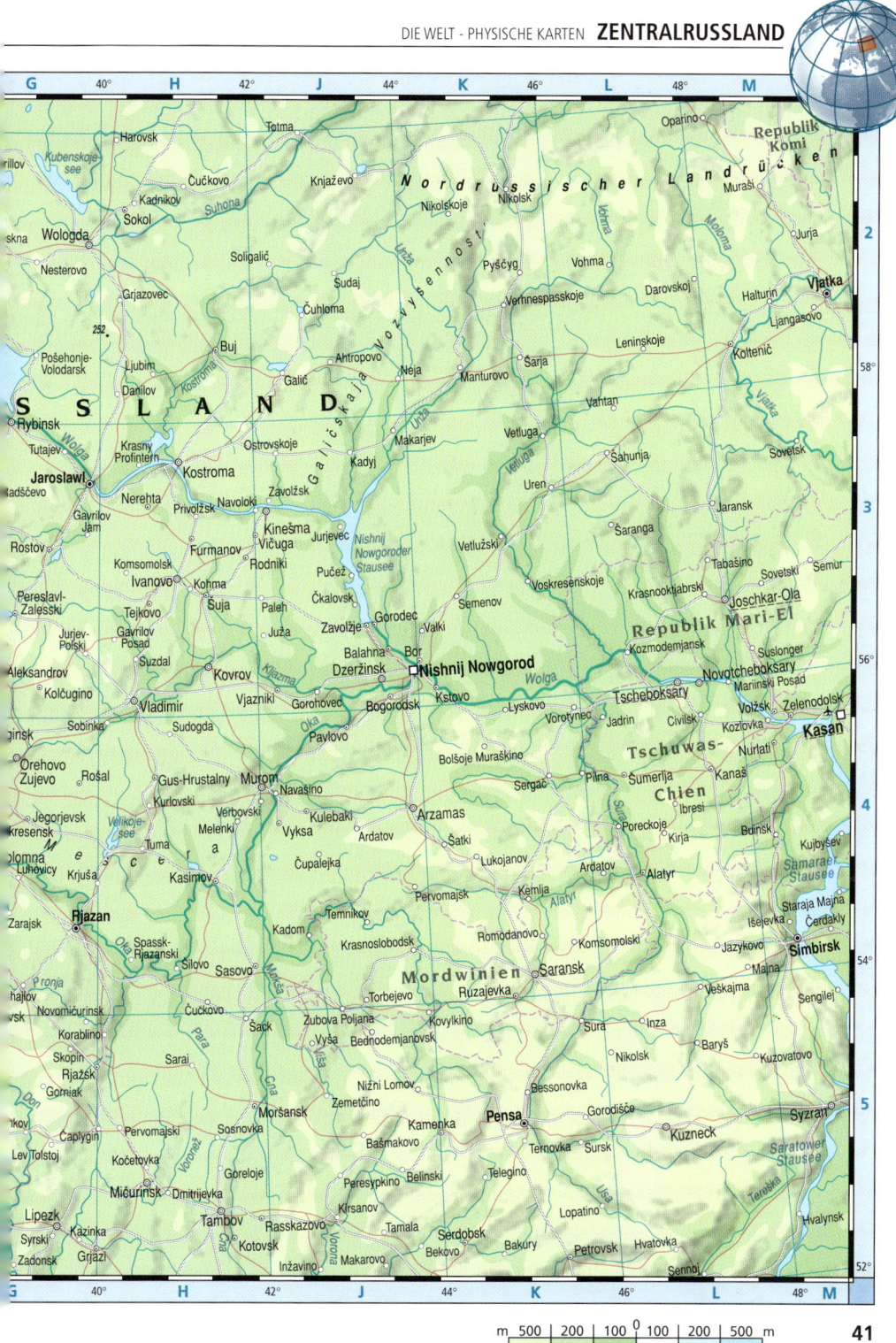

1 : 5 000 000

0   50   100   150 km

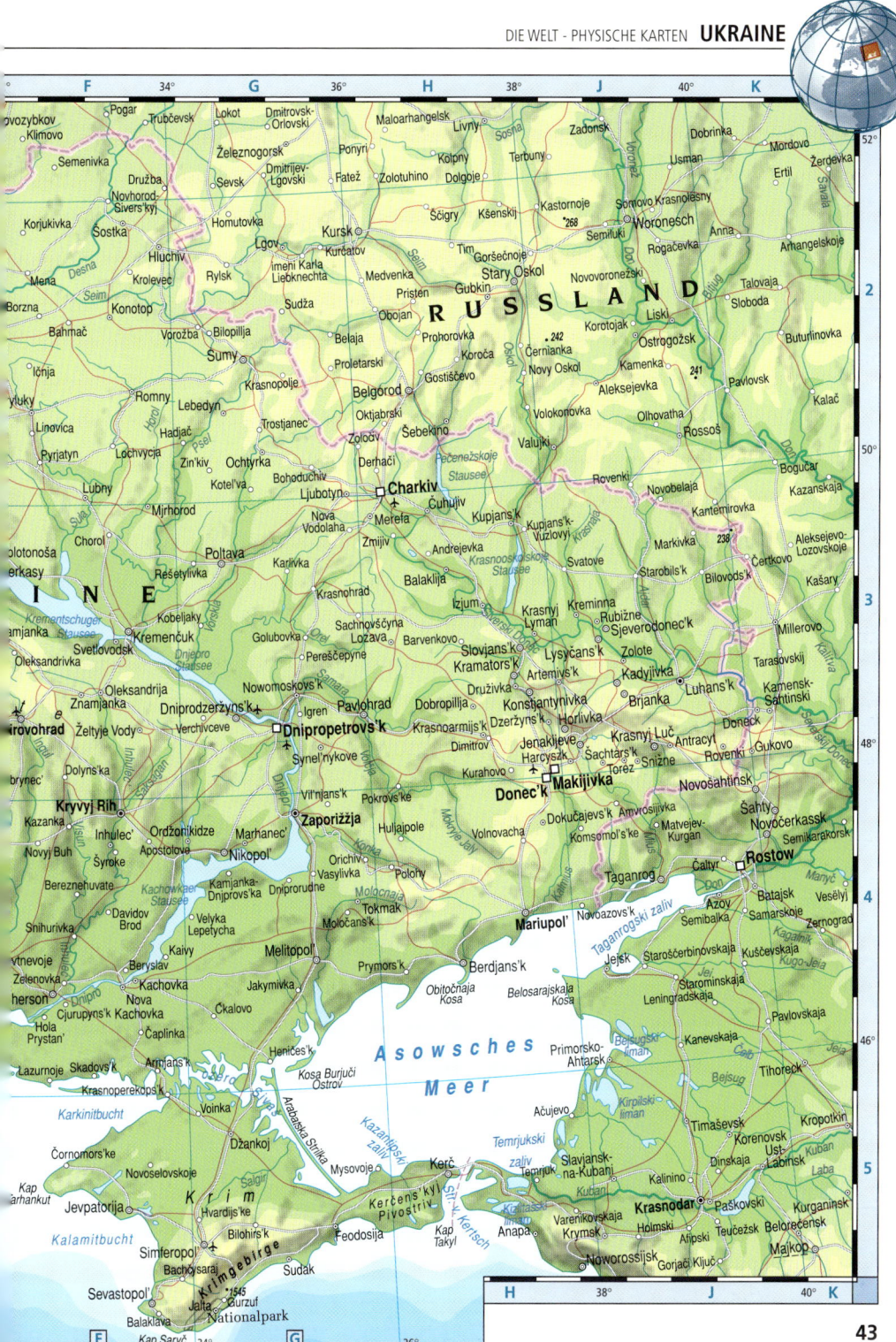

ISLAND DIE WELT - PHYSISCHE KARTEN

| A | 24° | B | 22° | C | 20° | D | 18° Ost | E | 16° | F | 14° |

G r ö n l a n d s e e

Nördl. Polarkreis
Straumnes
Horn (Nordkap)
Grímsey
Rifstangi
Fontur
Drangajökull 925
Ísafjardardjúp
Unadhsdalur
Nordhurfjördhur
Skagatá
Siglufjördhur
Gjögurtá
Flatey
Húsavík Nationalpark Jökulsá
Bakkafjördhur
Kópasker
Thórshöfn
Bolungarvík
Ísafjördhur
Djúpavík
Dalvík
Hrísey
DETTIFOSS
Grímsstadhir
Bjarnarey
Vopnafjördhur
Gláma 920
Hólmavík
Skagaströnd
Saudhárkrókur
Myrkárjökull 1387
Akureyri
Reykjahlídh
Bakkafjördhur
Hvallátur
Vatneyri
Eyri
Thingeyrar
Myvatnssee
Skútustadhir
Modhrudalur
Bjargtangar 58
Brekkuvellir
Hvammstangi
Saurbær
Myri
Egilsstadhabær
Seydhisfjördhur
Neskaupstadhur
Breidhafjord
Stykkishólmur
Búdhardalur
Grímstunga
ISLAND
1510 Askja
Snæfell 1833
Eskifjördhur
Hellissandur
Ólafsvík
Arnarvatn
Hofsjökull
Djúpivogur
1448
Grundarfjördhur
Langjökull 1355
1765
2000 Bárdarbunga
Hof
Hvalnes
Akrar
Grund
Hvítárvatnsee
Vatnajökull
Faxabucht
Midhsandur Nationalpark Thingvellir GULLFOSS
Thórisvatnsee
Höfn
Stokksnes
Akranes
Thingvellir Geysir
Langisjór
Reykjavík
Thingvallavatn
Búrfell
Nationalpark Skaftafell
Gardhskagi
Hekla 1491
Kálfafell
Skaftafell
2119 Jökulsárlón
Keflavík
Hafnarfjördhur
Selfoss
Hvannadalshnúkur
Reykjanes
Grindavík
Eyrarbakki
Hella
Kirkjubæjarklaustur
183
Hvolsvöllur
Eyjafjallajökull 1666
Langholt
118
Heimaey
Vík

A T L A N T I S C H E R   O Z E A N

0 — 50 km

Europäische Kleinstaaten

FINNLAND
NORWEGEN
SCHWEDEN ESTLAND
IRLAND
RUSSLAND
LETTLAND
GROSSBRITANNIEN
LITAUEN
DÄNEMARK
RUSSLAND
NIEDERLANDE
WEISSRUSSLAND
BELGIEN
POLEN
DEUTSCHLAND
LUX.
TSCHECHISCHE REPUBLIK
UKRAINE
FRANKREICH
LIECH.
SLOWAKEI
SCHWEIZ **A** ÖSTERREICH
UNGARN
MOLDAWIEN
SLOW.
KROATIEN
RUMÄNIEN
SAN MARINO
BOSNIEN UND HERZEG.
ANDORRA **C**
B
D
JUGOSLAWIEN
BULGARIEN
PORTUGAL
MONACO
MAK.
VATIKANSTADT **E**
ALB.
SPANIEN
ITALIEN
TÜRKEI
GRIECHENLAND
MAROKKO
ALGERIEN
TUNESIEN **F** MALTA

m 2000 | 1000 | 500 | 200 | 100 | 0 | 100 | 200 | 500 | 1000 m

A

Kriessern
Hohenems
Appenzell
Oberriet
Götzis
1640
Damüls
Wasserauen
Rankweil
Altmann
Ruggell Feldkirch
Laterns
2436
Wildhaus Gams
Bendern
Thüringen
SCHWEIZ
Nendeln
Bludenz
Buchs
Schaan
Nenzing
Walensee Walenstadt
Vaduz *Galinakopf*
2198
Alvier
Triesenberg
2343
Flums
Triesen
Malbun *Fundkopf*
Balzers
2401
LIECHTENSTEIN
Mels Sargans
2964
Schruns
Schesaplana
Falknis *Lünersee*
Weisstannen
2562
Rätikon
Maienfeld
Bad
Grüsch
Ragaz
0 10 km
Landquart
Madrisahorn *2826*

ÖSTERREICH

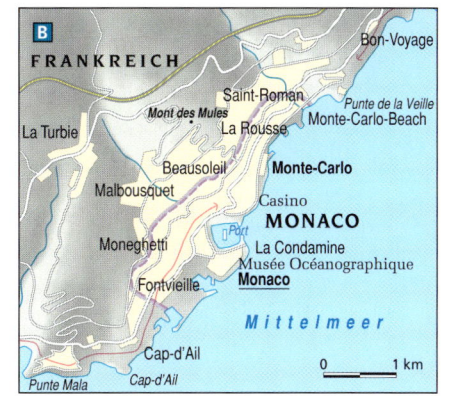

B
FRANKREICH
Bon-Voyage
Saint-Roman
Mont des Mules
Punte de la Veille
La Turbie
La Rousse
Monte-Carlo-Beach
Beausoleil
Monte-Carlo
Malbousquet
Casino
Moneghetti
MONACO
La Condamine
Musée Océanographique
Fontvieille
Monaco
Mittelmeer
Cap-d'Ail
Punte Mala *Cap-d'Ail*
0 1 km

C
Marc
l'Artigue
FRANKREICH
Ax-les-Thermes
Pic de Tristaina
2879
Pic de la
el Serrat
Serrera
Pallars-Aran
2905 *2914*
Mérens-
Areu
2946
-les-Vals
Coma Pedrosa
Pic de
Casamanya
Pic de la
Cabanette
2702
Soldeu *2818*
Col de
Puymorens
ANDORRA
Andorra
Encamp
2409
la Vella
les Escaldes
Port
d'Envalira
2898
Sant Julià
Tossa
de Lòria
Plana de Lles
1741
Arcavell
Puigcerdà
la Seu
d'Urgell
SPANIEN
Segre
0 10 km
Adrall
Martinet
Bellver
de Cerdanya
Alp

D
Rimini
Santarcangelo
Adriatisches
di Romagna
Spadarolo
Meer
Borghi
Marecchia
Miramare
San Paolo
Riccione
Torriana
Verucchio
San Lorenzo
in Carreggrano
Ausa
Misano
Adriatico
ITALIEN
Serravalle
Coriano
Borgo
Domagnano *Marano*
Monte
Maggiore
Annibolina *167*
San Marino
Faetano
San Clemente
Fiorentino
SAN MARINO
Morciano
di Romagna
Sassofeltrio
Conca
Monteltro
Montefiore
Saludecio
Conca
Piandicastello
0 5 km

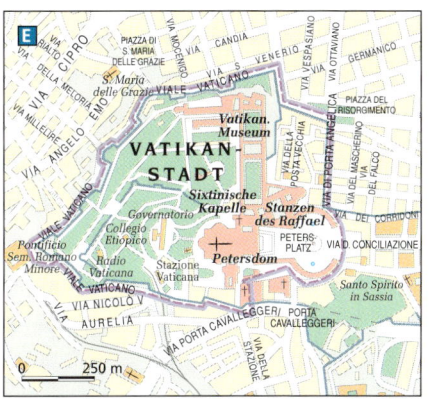

E
PIAZZA DI
S. MARIA
CANDIA
DELLE GRAZIE
S. Maria
delle Grazie VIALE VATICANO
PIAZZA DEL
RISORGIMENTO
Vatikan.
Museum
VATIKAN-
STADT
Sixtinische
Kapelle
Stanzen
Governatorio
des Raffael
Collegio
Etiopico
PETERS-
PLATZ
Pontificio
VIA D. CONCILIAZIONE
Sem. Romano
Petersdom
Minore
Radio
Vaticana
Stazione
Vaticano
Santo Spirito
in Sassia
AURELIA
PORTA
CAVALLEGGERI
0 250 m

F
Mittelmeer
Kap
S. Dimitri
Gozo
Victoria
162
Xewkija
Mgarr
Comino
Cominotto
Comino Kanal
Marfa
St. Paul's Bai
St. Paul's
Ghajn
239
Bahar
Sliema
Tuffieha
Nadur
Birkirkara
Valletta
Kap ir-Raheb
Tower
Rabat
Qormi
Zejtun
Zurrieq
Birzebbuga
Marsaxlokk Bai
MALTA
Kap
Benghisa
Fifla
0 10 km

45

ASIEN — DIE WELT - PHYSISCHE KARTEN

Kap Shelanija

1590

Nowaja Semlja

Barents-see

Treibeisgrenze

Murmansk

Nördlicher Polarkreis

Kanin-Halbinsel

Halbinsel Kola

Weißes Meer

Archangelsk

Waigatsch

Karasee

Halbinsel Jamal

Gydan-Halbinsel

Workuta

Salechard

West-

Sibirisches

Tiefland

Sewernaja Semlja

Bolschewik-Insel

Kap Tscheljuskin

Byrrangagebirge

Taimyr-Halbinsel

Norilsk

Putorana-gebirge

1701

Mittelsibiri

Berglan

Helsinki

Reval

Riga

Wilna

Minsk

Sankt Petersburg

Ladoga-see

Peipus-see

Moskau

Nowaja Semlja

1894 Narodnaja

URALGEBIRGE

Nordrussischer Landrücken

Ufa 1640 Jamantau

Osteuropäisches Tiefland

Timanrücken

Nörd. Dwina

Petschora

Narodnaja

Omsk

Nowosibirsk

Krasnojarsk

Irkutsk

Jablono

Ob

Jenissei

Baikalsee

Sajangebirge

EUROPA

Kiew

Chişinău

Karpaten

Bukarest

Balkan

Sofia

Skopje

Istanbul

Athen

Kreta

Mittelmeer

Zypern

Nikosia

Beirut

Jerusalem

Kairo

-133 Kattara-senke

Nördlicher Wendekreis

Khartum

AFRIKA

Äquator

Nairobi

Kilimandscharo 5895

Mt. Kenia 5200

Victoriasee

Ruwenzori

Ogaden

Addis-Abeba

Hochland von Äthiopien

4620

Ras Daschan

Asmara

Sana

3760

Somali-Halbinsel

Benadir

Somali-becken

5340

Blauer Nil

Weißer Nil

Rotes Meer

Bab el Mandeb

Golf von Aden

Sokotra

Dhofar

Hadramaut

Mekka

Riad

Nefud

Große Arabische Wüste

Arabien

Nasser-see

Nsubische Wüste

Wilna

Moskau

Wolga

Kama

Ural

Wolgograd

Rostow

Don

Dnepr

Dnestr

Krim

Schwarzes Meer

Pontisches Gebirge

Anatolien

Ankara

Taurus

Ararat 5165

Van-see

Mesopotamien

Aleppo

Damaskus

Amman

Euphrat

Wolgaplatte

Mittelrussische Platte

Kaukasus

5642 Elbrus

Tiflis

Jerewan

Baku

Kaspische Senke

Kaspisches Meer

Aschchabad

Teheran

5670 Demawend

Hochland von Iran

Zagrosgebirge

Bagdad

Kuwait

Manama

Doha

Abu Dhabi

Maskat

Golf von Oman

Persischer Golf

Belutschistan

Makran

Aralsee

Syrdarja

Amudarja

Karakum

Duschanbe

Kabul

Islamabad

Hindukusch

Pamir 7495

Karakorum 8846 K2 8611

Kaschmir

Lahore

Punjab

Neu-Delhi

Thar

Indus

Taschkent

Bischkek

Almaty

Urumchi

-154 Turpan-Senke

Tarbagatai 3085

Dsungarei

7439 Pobedy

Tarimbecken

Kunlun Shan

Altun Shan

Hochland von Tibet

6346

Tian Shan

Mongolischer Altai

Altai 4506 Bjelucha

.3905

Gobi

Nan Shan

Lanzhou

Chengdu

Gongga Shan 7556

Rotes Becken

Chongqir

Namcha Barwa 7756

Brahmaputra

Mount Everest 8846

Katmandu

Thimbu

HIMALAYA

Gangesebene

Assam

Ganges

Dhaka

Kalkutta

Hanoi

Vientiane

Bangkok

Phnom Penh

Golf von Thailand

Kap Ca Mau

Rangun

Annam

Mekong

Dekkan

Westghats

Ostghats

Bombay

3310

Arabisches Meer

Lakkadiven

Kap Comorin

Ceylon

Colombo

Nikobaren

Andamanen

Andamanisches Meer

Malakka-straße

Kuala Lumpur

Singapur

3805 Kerinci

Sumatra

Jakarta

Java

Golf von Bengalen

Zentralindischer Rücken

Malediven

Male

5875

Mittelmeer

Tschagos-Inseln

Seychellen

Victoria

Zentral-indisches Becken

INDISCHER OZEAN

Arabisches Becken

Maledivenrücken

Bengalischer Rücken

Sundagrab

Karagansk

Akmola/Astana

Karaganda

1565

Kasachische Schwelle

Aralsee

Turgaisenke

Ischim

Irtysch

Balkaschsee

Sundagra

| 1 : 70 000 000 | 0 | 700 | 1400 | 2100 km |

46

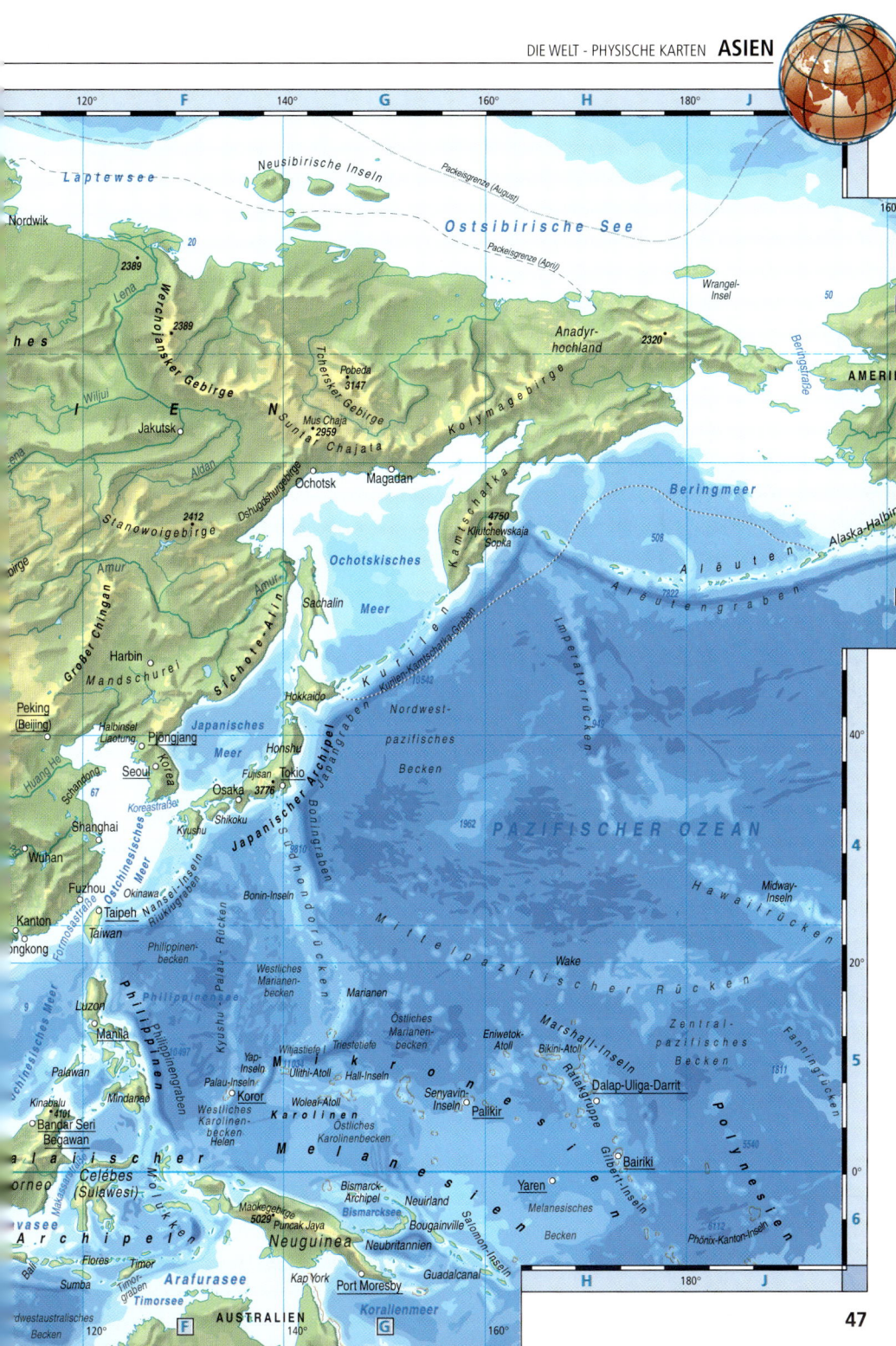

Laptewsee

Nordwik

Neusibirische Inseln

Ostsibirische See

Packeisgrenze (August)

Packeisgrenze (April)

Wrangel-Insel

2389

Lena

Werchojansker Gebirge

2389

Tscherskier Gebirge

Pobeda
3147

Anadyr-hochland

2320

AMERIK

Beringstraße

50

Jakutsk

Wiljui

Mus Chaja
2959

Sunta Chajata

Kolymagebirge

Aldan

Ochotsk

Magadan

Kamtschatka

Beringmeer

4750
Kljutschewskaja Sopka

Aleuten

Alaska-Halbin

508

160°

Stanowoigebirge

2412

Amur

Amur

Dshugdshurgebirge

Sachalin

Ochotskisches

Meer

Kurilen

Kurilen-Kamtschatka-Graben

Aleutengraben

7822

Großer Chingan

Harbin

Mandschurei

Sichote-Alin

Hokkaido

Nordwest-pazifisches

Becken

10542

Imperatorrücken

940

Peking
(Beijing)

Halbinsel
Liaotung

Japanisches

Japangraben

Pjöngjang

Honshu

Meer

Tokio

Boningraben

Seoul

Korea

Fujisan

Osaka

3776

Shikoku

Japanischer Archipel

Izu-Bonin-Graben

1962

PAZIFISCHER OZEAN

4

Shanghai

Schandong

67

Koreastraße

Kyushu

Wuhan

Ostchinesisches

Okinawa

Nansei-Inseln

Bonin-Inseln

Hawaiirücken

Midway-Inseln

20°

Fuzhou

Formosastraße

Taipeh

Ryukyugraben

Kanton

Taiwan

Philippinen-becken

Philippinensee

Mittelpazifischer Rücken

Wake

Marianen

Zentral-pazifisches Becken

Fanningrücken

ongkong

9

Luzon

Manila

Philippinen

Kyushu-Palau-Rücken

Westliches Marianen-becken

Östliches Marianen-becken

Eniwetok-Atoll

Bikini-Atoll

Marshall-Inseln

1311

5

Palawan

Philippinengraben

10497

Yap-Inseln

Witiastiefe *11033*

Triestetiefe

Ulithi-Atoll

Hall-Inseln

Ratakgruppe

Dalap-Uliga-Darrit

Polynesien

Kinabalu
4101

Mindanao

Palau-Inseln

Woleai-Atoll

Senyavin-Inseln

Palikir

5540

Bandar Seri
Begawan

Westliches Karolinen-becken

Helen

Karolinen

Östliches Karolinenbecken

Mikronesien

Gilbert-Inseln

Bairiki

laaischer

Celébes
(Sulawesi)

Molukken

Melanesien

Yaren

0°

orneo

vasee
Archipel

Mäokegebirge
5029

Bismarck-Archipel

Puncak Jaya

Bismarcksee

Neuirland

Melanesisches

Becken

6112

Phönix-Kanton-Inseln

6

Neuguinea

Neubritannien

Bougainville

Salomon-Inseln

Flores

Timor

Kap York

Port Moresby

Guadalcanal

Sumba

Timor-graben

Timorsee

Arafurasee

Korallenmeer

westaustralisches

Becken

AUSTRALIEN

120°

140°

160°

ASIEN, politisch DIE WELT - POLITISCHE KARTEN

1 : 70 000 000

0   700   1400   2100 km

RUSSLAND, West   DIE WELT - PHYSISCHE KARTEN

1 : 20 000 000

0   200   400   600 km

50

1 : 20 000 000

0   200   400   600 km

1 : 20 000 000   0   200   400   600 km

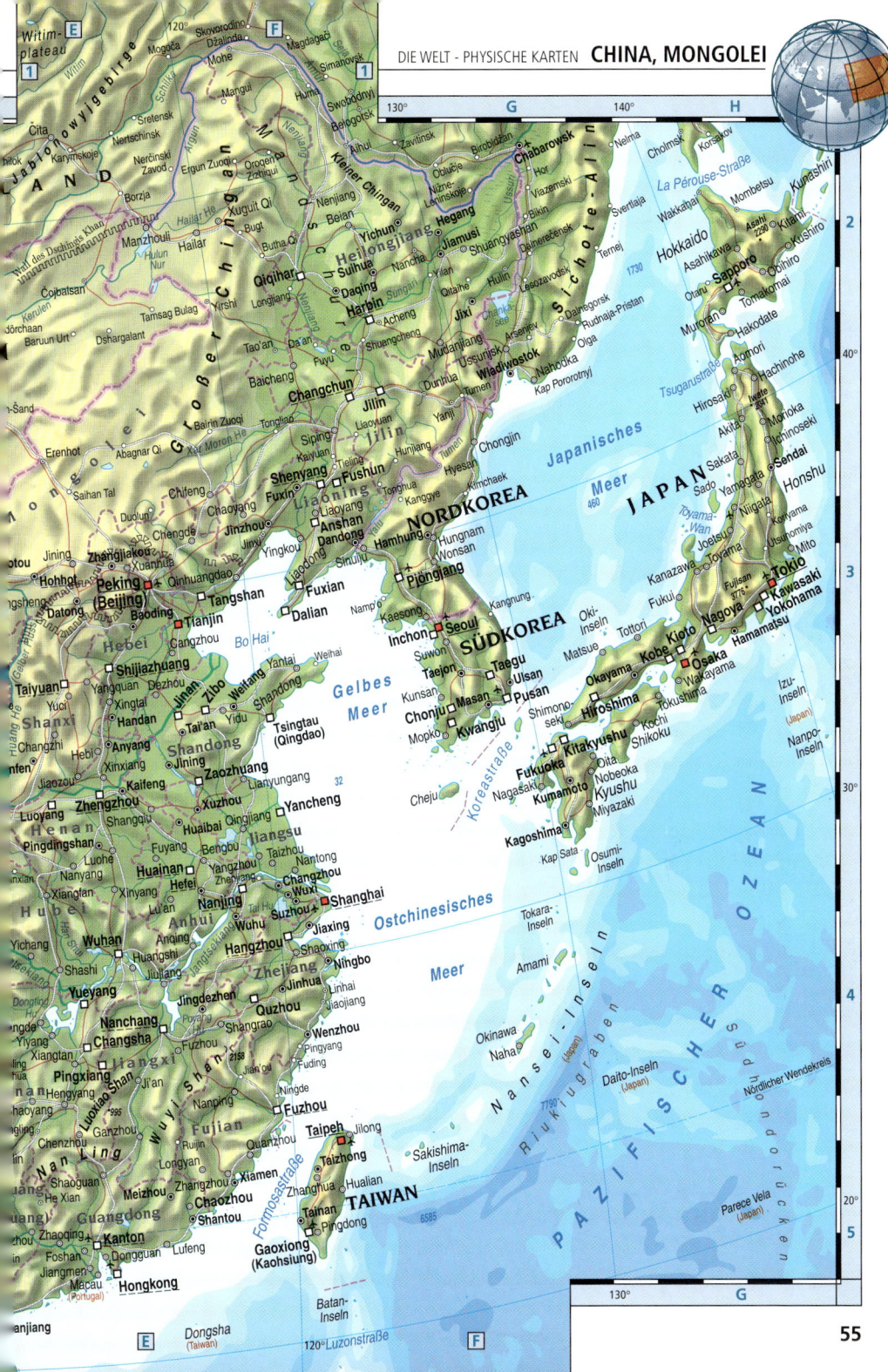

1 : 10 000 000   0 100 200 300 km

1 : 5 000 000

0   50   100   150 km

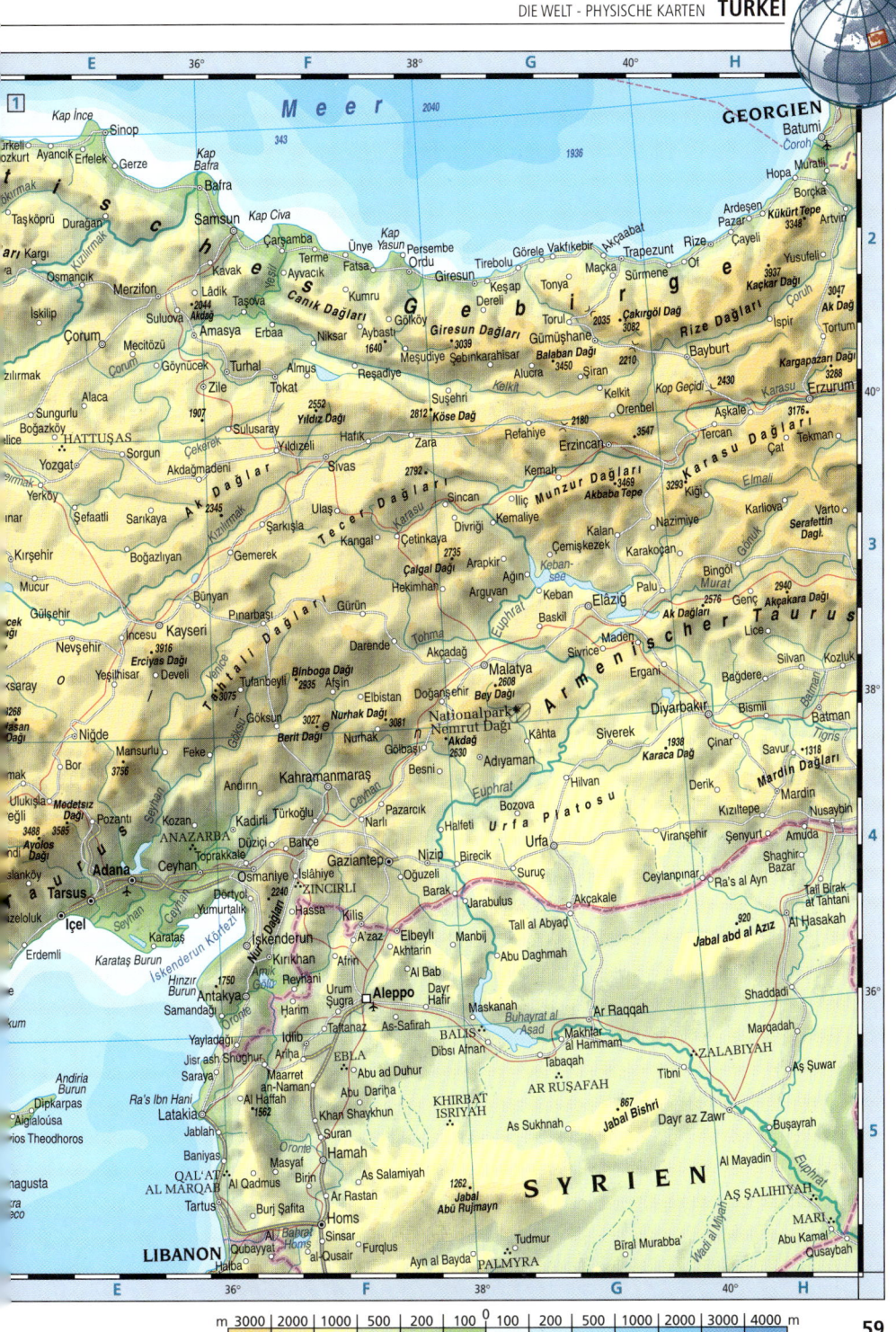

GEORGIEN

SYRIEN

LIBANON

m 3000 | 2000 | 1000 | 500 | 200 | 100 | 0 | 100 | 200 | 500 | 1000 | 2000 | 3000 | 4000 m

KAUKASUS

KAUKASUS

1 : 5 000 000

60

m 3000 | 2000 | 1000 | 500 | 200 | 100 | 0 | Depression | 0 | 100 | 200 | 500 | 1000 | 2000 m

A Palästinensisches autonomiegebiet

A

Mittelmeer

Beirut
Juniyah 2628
Babda
Zahlah
Alayh
Hammana
Majdal Anjar
Kahayya
LIBANON
Al Biqa
Sayda
Jazzin
Mashgharah
Rashayya
Nabatia
2814
Mari Uyun
Hermon
Sur
Litani
Metulla
Baniyas
Tiro
Tibnin
Qiryat
Al Qunaytirah
Bint Jubayl
Shemona
Kap Hanikra
Hulem
Nahariyya
Yehiam
Hazor
Zefat
Akko
Karmiel
Ar Rafid
Nawa
Qiryat Yam
Ginnosar
Qiryat Ata
Tiberias
See
SYRIEN
Kap Karmel
Shefaram
Genezareth
Fiq
Haifa
Nazareth
-210
Newe Yam
Afula
580
Yarmuk
Maad
Nahsholim
Tabor
Zikhoron
En Harod
Ar Ramtha
Yaaqqv
Pardes Hanna
Bet Shean
Irbid
CESAREA
Karkur
Jenin
Hadera
Qabatiya
Samaria
JORDANIEN
ISRAEL
Tulkarm
Tubas
1247
Netanya
Ajlun
Shefayim
Taiyiba
Nablus
Jarash
Raananna
Kefar Sava
Huwara
West-
Herzliyya
Ar Zarqa
Bene Beraq
Petah Tiqwa
jordan-
Tel Aviv-Jaffa
Rishon
land
As Salt
Bat Yam
Le Ziyyon
Judäa
Rehovot
Ramla
Ramallah
Amman
Ashdod
Gedera
Jericho
Shunat
Qiryat Malakhi
Nimrin
Naur
Ashqelon
Jerusalem
Madaba
Yad Mordekhay
Bet
Bethlehem
Gaza
Guvrin
Qiryat Gat
Halhul
Totes
Saad
Sederot
Hebron
Meer
Reim
Netivot
Yatta
En Gedi
Al Qasr
Ofaqim
Dhahiriya
-408
Be'er Sheva
Omer
Arad
MASADA
Al Mazraah
Zeelim
Newe Zohar
Al Karak
Dimona
Revivim
Sedon
Al Mazar
Yeroham
El Ghor
-279
Wadi al-Hasa

B

Bursa
1774
Eskişehir
Ankara
Izmir
Denizli
Isparta
Konya
Rhodos
3086
Antalya
4338
Nikosia
Kreta
ZYPERN
1953
2729
Bei
LIBAN
ISRAEL
Marsa
Matruh
Tel-Aviv-Jaffa
Alexandria
Port Said
Jerusalem
Al Alamayn
Gaza
Al Ismailiya
Suezkanal
Kattara-
Giseh
-133
Kairo
Suez
Elat
senke
MEMPHIS
Sinai
Al Faiyum
Beni
Suef
2637
Al Bawiti
Al-Minya
Sharm el
Sheikh
Asyut
Bur
Safaga
ÄGYPTEN
Sawhaj
Al Kharijah
Qina
THEBEN
Luxor
Baris
Assuan
Nördlicher Wendekreis
ABU SIMBEL
Nasser-
stausee
Wahat
Wadi Halfa
Salimah
Jabal Aso
Nubische
Wüste
Dongola
Kerma
Abu Hamed
Nubien
Dagash
SUDAN
Omdurman
Khartum
Kassala
Kordofan
Wad Medani
Gezira
El Obeid
Kusti
Go
Tanas
Weber Nil
Bahr
Khazzan
ar Rusayris
Kodok
Blauer Nil
Malakal
Asosa

1 : 2 000 000

0 20 40 60 km

Trabzon
ARMENIEN ASERBAIDSCHAN TURKMENISTAN USBEKISTAN
ches Gebirge Erzurum Gandja Baku Krasnovodsk
RKEI Ararat Jerewan Nebit-Dag Kizyl-Arvat K a r a k u m Čardžev Kerki
Ser 5165 -28 Aschchabad
Malatya Elazig Tatvan Vansee Khovoy Ardabil Sabalan Gorgan Emamshahr Sabzevar Mary
Gaziantep Diyarbakir Urmia Sari Bojnurd 3069 Meschhed
Iskenderun Mahabad Qazvin Elburs Demawend Torbat-e Heydariyeh Herat
takia Aleppo Mosul Zanjan 5605 Teheran Große Salzwüste Gonabad Heri-Rud
Hamah NINIVE Sulaimaniya Karaj Namaksee Birjand AFGHANISTAN
SYRIEN Kirkuk Hamadan Qom Farah
Damaskus Bagdad Borujerd Arak I R A N Nain Sistan
oli BABYLON Dezful Zard Kuh Isfahan Jasd Birjand Zabol Helmand
man IRAK An-Najaf Abadeh Shir Kuh Rafsanjan Kerman Zahedan Regist an PAKISTAN
RDANIEN Badanah URUK Basra Abadan 4420 Hezar Kuh-e Taftan Nok Kundi
Sakakah Al Jawf Rafha Schatt Shiras Sirjan Bam Belutschistan
KUWAIT el Arab Jahrom Bandar-e Abbas Bampur
Tayma Hail Al Qaysumah Bushehr Kangan Larestan Qeshm 2087 Bandar-e Chah Bahar Gwadar
Shammar Abu Hadrija Persisch/Arabischer Golf Jask Makran
SAUDI- Buraydah Ad Dammam BAHRAIN Ash Shariqah Golf von Oman
Ash Shaqra Az Zahran Manama Dubai Suhar Matrah Maskat
Al Hinakiyah Nedjd Al Mubarraz KATAR Doha Abu Dhabi Al-Ayn Omangebirge Ras al-Hadd Arabisches
Medina Al Hufuf VEREINIGTE Jabal ash Sham OMAN Ras Ashkhara Meer
A R A B I E N Harad ARABISCHE EMIRATE 3017 Al Khaluf Masira
Jiddah Layla Große Jiddat al Ras ad Daqm
Mekka Taif Arabische Wüste Harasis Ras al Madrakah
Qal'at (Rub al Khali) Sawqirah
Bisha As Sulayel Dhofar Kuria-Muria-Inseln
Abha Najran Salalah
Jizan Sada Tarim Al Ghaydah INDISCHER
ITREA Farasan-Inseln Sana OZEAN
Massawa Dahlak-Archipel Hodeida J E M E N Hadramaut Al-Mukalla
Kamaran Ta'izz Yarim Ahwar Sokotra
Adigrat Moca (Jemen)
Assab Aden Abd al Kuri Hadiboh
Tendaho DSCHIBUTI Golf von Aden Alula Al Ikhwan
Dikhil Dschibuti Karin Mayd Boosaao Kap Guardafui
OPIEN Berbera S O M A L I A Hafun Kap Hafun

1 : 10 000 000

0   100   200   300 km

Kaspisches Meer

Marand
Täbris
Sabalan 4811
Ardabil
Umeasee
Sahand *3722*
Bandar-e Anzali
Mieneh
Rescht
Lahijan
838
Kizyl-Atrek
Gasan-Kuli
Arek
Aschchabad
Bojnurd
Shirvan
Quchan
Kopetdag

Maragheh
Zanjan
Qazvin
Tonekabon
Chalus
Babol
Amol
Sari
Behshahr
Gorgan
Bandar-e Torkeman
Gonbad-e Kavus
Shah *3910*
Emamshahr
Mazinan
Sabzevar
Neyshabur
3069
Meschhed

Maragheh
Takestan
Kara
5605 *Demawend*
Teheran
Rey
Semnan
Damghan
Torud
Kashmar
Torbat-e Heydariyeh

aimaniya
Bijar
Sanandaj
Hamadan
Qom
Große Salzwüste
Ferdows
Kalat
2856
Gonabad

Qasr-e Shirin
Khorramabad
Nahavand
Borujerd
Arak
3356 *Aliabad*
Namaksee
Kashan
Anarak
Robat-e-Khan
Deyhuk
Tabas
Biriand

anaqin
Eslamabad
Ilam
2800 *Kabir*
Dow Rud
Golpayegan
3896 *Karkas*
I R A N
Nain
Ardakan
Jasd
Nay Band

amawah
Al Kut
Al Hayy
Dezful
Shushtar
Masjed-Soleyman
Najafabad
Shahr Kord
Qomsheh
Anar
3142

Ash Shatrah
An Nasiriyah
Ahvaz
Abadeh
Abarqu
Matdar *3600*
Kerman
Baghin
Mahan

Basra
Az Zubayr
Khorramshahr
Bandar-e Khomeyni
Yasuj
Dinar *4276*
Behbehan
Marv-Dasht
Rafsanjan
4420 *Hezar*
Bam

Makhfar al Busayyah
Abadan
Bandar-e Deylam
Kazerun
Shiras
3201 *Tudaj*
Sirjan
Khabr *3862*
Aliabad

KUWAIT
Bubiyan
Al Jahrah
Bushehr
Khormuj *1960*
Mano
Jahrom
3280 *Furgun*

Al Fuhayhil
Wafrah
Ra's al Saffaniyah
Khormuj
Lar
Bastak
Bandar-e Abbas
Minab
Kuhran 2163

al Batin
Al Qaysumah
Qaryat al Ulya
Abu Ali
Al Jubayl
Kangan
2164
Banadr-e Maqam
Bandar-e Khamir
Qeshm
Sirik
Bandar-e Jask

As Sarrar
Al Qatif
Kap Tagnurah
Lavan
Kish
Bandar-e Lengeh
Khasab
Straße von Hormus

Al Artawiyah
Ad Dammam
Az Zahran
Al Khubar
Manama
Al Muharraq
Ar Ruways
Bani Tonb
Ra's al Khaymah
2087 *Jabal al Harim*

Uray'irah
BAHRAIN
Al Khwar
Umm al Qaywayn
Ash Shariqah
Ajman
Diba
Shinas
Omangebirge

Al Mubarraz
Al Uqayr
KATAR
Dukhan
Doha
Musay'id
34
Dubai
Al Fujayrah
Suhar
Al Khabra
Barka

n Shaqra
Khurays
Al Hufuf
As Salwa
Duwayhin
Abu Dhabi
Muqayshit
Al Buraymi
Al-Ayn
3017 *Jabal ash Sham*

Riad
Durma
Harad
As Sila
Ar Ruways
Tarif
Bu Hasa
Ibri
Nazwah

VEREINIGTE ARABISCHE EMIRATE
O M A N

Persisch / Arabischer Golf

Golf von Oman

m +4000 | 4000 | 3000 | 2000 | 1000 | 500 | 200 | 0 | Depression | 0 | 200 | 500 | 1000 | 2000 | 3000 m

SÜDASIEN

1 : 20 000 000

0 200 400 600 km

66

67

68

PHILIPPINEN

Luzonstraße
Babuyaninseln
Luzon
Laoag
Aparri
Escarpada Point
Tuguegarao
Vigan
Pulog 2930
Ilagan
San Fernando
Baguio
Dagupan
Cabanatuan
Tarlac
Olongapo
Manila
Quezon City
Lucena
Daet
Virac
Catanduanes
Batangas
Naga
Legazpi
Bulan
Catarman
Mindoro
Halcon 2505
Masbate
Calbayog
Samar
Calamian-Inseln
San Jose
Masbate
Boronga
Roxas
Tacloban
Panay
2917
Bacolod
Cebu
Leyte
Jloilo
Cebu
Aguisan
Dumaguete
Surigao
Tandao
Negros
5576
Dipolog
Cagayan de Oro
Bislig
Butuan
Puerto Princesa
Pagadian
Kaatoan 2896
Davao
Mindanao
Cotabato
Apo 2954
Mati
Zamboanga
Basilan
General Santos
Kap San Agustin
Golf von Davao
Jolo
Kiamba
Sulu-Archipel
Sandakan
Lahad Datu
Tawau
Tarakan
Sangihe-Inseln
Morotai
Talaud-Inseln 2580
Celebessee
Tanjungselor
Manado
Tobelo
Halmahera
Waigeo
Ternate
Maba
Weda
Minahassa
Kotamobagu
Gorontalo
Molukkensee
Togian-Inseln
Maliku
Obi
Misool
Teluk Berau
Sula-Inseln
Seramsee
Piru
Amahai
Peleng
Taliabu
Seram
Buru
Namlea
Ambon
Leksula

P A Z I F I S C H E R   O Z E A N

Philippinensee
Südhonorücken
Ulithi-Atoll
Yap-Inseln
MIKRONESIEN
Koror
Palau-Inseln
Sonsorol-Inseln
PALAU
Pulo Anna
Westliches-Karolinenbecken
Helen

Waigeo
Warmandi
Manokwari
Biak
Kap Perkam
Apauwor
Sorong
Arbakin
Yapen
Serui
Sami
Jayapura
Barma
Kwoka 3000
Teluk Cenderawasih
Waren
Inanwatan
Bintuni
Babo
Nabire
Puncak Jaya 5030
Maokegebirge
Faktak
Kaimana
Kokonau
Neuguinea
Kai-Inseln
Kap Papisoi
Dobo
Agats
Tanahmerah
Aru-Inseln
Flamingogolf
Mapi
Okaba
Tual
Dolak
Trangan
Kap Vals
Merauke

Celébessee
Makassarstraße
Kap Mangkalihat
Tolitoli 2443
Paleleh
Tomini
Sabang
Malino 3910
Donggala
Parigi
Poso
Ampana
Luwuk
Palu
Celébes (Sulawesi)
Teluk Tomini
Teluk Tolo
Totti
Mamuju
Palopo
Majene
Rantekombola 3455
Kolaka
Parepare
Watampone
Kendari
Pangkajene
Muna
Butung
Teluk Bone
Baubau
Bandasee
g Pandang (akassar)
Bantaeng
Wetar
Yamdena
Saumlaki
Tanimbar-Inseln
Selaru
I N D O N E S I E N
eine Sunda-Inseln
Floressee
Kalabahi
Ilwaki
Leti-Inseln
Babar
Selaru
Flores
Larantuka
Alor
Ramelau 2960
Maumere
Lomblen
Dili
Ende 2382
Naikliu
Soe
Sawusee
Sumba
Ngalu
Kupang
Sawu
Roti
Timor

Arafurasee
Melville-Insel
Darwin
Arnhem-land
Katherine
Birdum
AUSTRALIEN
Timorsee
Groote Eylandt
Carpentaria-golf
Wellesley Islands

m 4000 | 3000 | 2000 | 1000 | 500 | 200 | 0 | 200 | 500 | 1000 | 2000 | 3000 | 4000 | 5000 | 6000 | 8000 m

1 : 55 000 000

0 | 550 | 1200 | 1750 | km

180° E 160° F 140° G

Midway-Inseln

H a w a i i r ü c k e n

Hawaii-Inseln

4465

Nördlicher Wendekreis 1

20°

Hawaii

e r R ü c k e n

Zentral-pazifisches Becken

Johnston-Insel

2

lap-Uliga-Darrit

o Atoll

F a n n i n g r ü c k e n

L i n e - I n s e l n

Palmyra

Teraina
Tabuaeran

Kiritimati-Atoll

Bairiki

Howland-Insel

4114

Äquator 0°

Jarvis-Insel

P A Z I F I S C H E R O Z E A N

P o l y n e s i e n

Canton-Atoll
Hull

5065

Phönix-Kanton-Inseln

M a r q u e s a s - I n s e l n

Ellice-Inseln

Funafuti
Vaiaku

Swains

Manihiki-Atoll

3

Nördliches
Fidschibecken

Mata Utu

Nassau

T u a m o t u - I n s e l n

Futuna
Vanua Levu

Savai'i
Apia

Pago Pago

Suwarrow-Inseln

Gesellschafts-Inseln
Iles sus le Vent
Bora-Bora
Moorea Tahiti

4385

Suva

Lau-Gruppe

Alofi

Aitutaki

C o o k - I n s e l n

Viti Levu

Ha'apai-Inseln

Iles du Vent

T u a m o t u r ü c k e n

20°

Südliches
Fidschibecken

Tongatapu
Nuku'alofa

Avarua
Rarotonga

Oeno
Südlicher Wendekreis
Henderson
Pitcairn

L a u r ü c k e n

T o n g a g r a b e n

10800
Witjas-II-Tiefe

T u b u a i - o d e r A u s t r a l - I n s e l n

4645

5850

Kermadec-Inseln

1143

4

k-Insel
4188

Witjas-III-Tiefe
10047

5792

5121

p Nord

Nordinsel

uckland
Kap Ost

Ruapehu
2797

K e r m a d e c g r a b e n

4716

40°

Straße
Wellington

nsel
Neuseeland
hristchurch

Chatham

Bountysenke
din

Bounty-Inseln

5

Antipoden-Inseln

Ost 180° West E 160° F 140° G

m 4000 3000 2000 1000 200 0 200 1000 2000 4000 5000 6000 7000 +8000 m

1 : 55 000 000

0   550   1200   1750 km

Midway-Inseln

Hawaii
(USA)
Honolulu

Johnston-Insel
(USA)

PAZIFISCHER OZEAN

Dalap-Uliga-Darrit
ro Atoll

Palmyra
(USA)

Bairiki

Howland-Insel
(USA)

Kiritimati-Atoll

Äquator

KIRIBATI

-Inseln

Phönix-Kanton-Inseln

Marquesas-Inseln

TUVALU

Vaiaku

Manihiki-Atoll

Tuamotu-Inseln

Wallis
(Fr.) **und**
Futuna Mata
Utu

SAMOA
(USA)
Apia

Amerikanisch-
Samoa
(USA)
Pago Pago

Cook-Inseln

FIDSCHI

Suva

TONGA

Niue
Alofi
(Neuseel.)

Cook-Inseln
(Neuseel.)

Tahiti
Papeete

Gesellschafts-Inseln

Nuku'alofa

Avarua

Französisch-Polynesien
(Fr.)

Südlicher Wendekreis

Tubuai-oder Austral-Inseln

Pitcairn
(Brit.)
Adamstown

Kermadec-
Inseln

Auckland
Hamilton

ordinsel

Wellington

Christchurch

Chatham-Inseln

NEUSEELAND

edin

Bounty-Inseln

Antipoden-Inseln

A 140° B 150°

Farallon
De Pajaros B
Maug
Asuncion Island

Agrihan

Pagan
Alamagan
Guguan
Sarigan
Anatahan

8770

Nördliche
Marianen
(USA)

Garapan Saipan
Tinian
Aguijan
Rota

6045

Guam Agana ✈
(USA) 9650

N Ö R D L I C H E R

Marian

Westliches

P h i l i p p i n e n s e e

Marianenbecken

11020

M a r i a n e n g r a b e n

Ulithi Atoll
Colonia
Yap-Inseln Fais
Ngulu Atoll
8850 Sorol Atoll

Fais

Gaferut

M i **k**

Faraulep
Atoll
West Fayu

Namonuito Atoll

Murilo
Atoll
Fayu Hall-Inseln

Truk-Inseln

Kayangel
Palau-
Inseln
Koror
Angaur

Woleai Atoll
Eauripik Atoll Ifalik Atoll Elato Atoll Satawal Pulap Atoll
Puluwat
Atoll

Losap
Atoll

K

a

r

o

l

i

n

e

n

Namoluk

Mortlock-In.

Sonsorol

PALAU

Pulo Anna

Merir

Helen

Westliches

Karolinenbecken

MIKRONESIEN

Östliches

Karolinenbecken

Kepulauan
Mapia

Äquator 5311 6920 **M**

0°

W e s t m e l a n e s i s c h e r   G r a b e n **e**

Waigeo
Warmandi
Arbakin
Serong **Kwoka** Biak
Barma 3000 Ransiki
Bintuni Yapen
Bula Babo
Seram Nabire
Kaimana Lobo
Kap Papisci

Manokwari Biak
Kap
Perkam
Serui Apauwor
Waren Sarmi
Teluk
Cenderawasih
Wamena
Maokegebirge

Jayapura

Hermit

Admiralitäts-
Inseln
Manus

Neuhannover

S. Matthias

Kavieng

Lihir G

Neuirland

Rabaul

Bismarck-
archipel

Aitape
Wewak
Sepik
Manam Karkar
Madang Long
Umboi

I N D O N E S I E N

5030
Puncak Jaya
Kokonau
Agats
4750
Puncak
Mandela

Kai-Inseln
Dobo
Aru-
Trangan Inseln

Flamingo-
golf

Yamdena
Tanimbar-
Saumlaki Inseln
Selaru

Tanahmerah
Mapi

Neuguinea
Mt. Hagen
Mendi
Central Range
4508
Mt. Wilhelm
Goroka
PAPUA
NEUGUINEA
Bulolo

Bismarck Range
Ramu
Talasea
Alsega
Neubritannien Malmal
Lae Huongolf Morobe
Neubritannien-Bougainville-Gr

Dolak
Kap Vals

Digul
Merauke

Balimo
Daru

Kikori
Kerema
Papuagolf

Mt. Victoria
4073
Kokoda
Popondetta
Owen Stanley Range

Trobriand-Inseln

D'Entrecasteaux-
Inseln
Alotau Misima

Samarai
Tagula
Louisiade Arc

Wood

A r a f u r a s e e

71

Melville
Croker-
Insel
Darwin
Rum Jungle *Arnhemland*

Dundas Strait

Wessel Inseln

Nhulunbuy
Kap Arnhem

AUSTRALIEN

Torresstraße
Prince of Kap York
Wales Inseln Somerset
Kap
Weipa York
Halbinsel

Kap Grenville

Kupiano

K o r a l l e n s e e

1 : 20 000 000

0   200   400   600 km

C · 160° · D · 170° · E

N e c k e r - R ü c k e n

Wake
(U.S.A.)

Z e n t r a l -

PAZIFISCHER OZEAN

6220

1

6035

cken

MARSHALL-INSELN

Taongi Atoll

p a z i f i s c h e s

Bikini Atoll

Eniwetok Atoll

Rongerik Atoll · Utirik Atoll
Ailinginae Atoll · Taka Atoll
Rongelap · Ailuk · Bikar Atoll
Atoll · Likiep · Atoll
Wotho Atoll · Atoll

B e c k e n

Ujelang Atoll

Kwajalein Atoll · Wotje Atoll
Ujae Atoll · Erikub Atoll · Maloelap
Lae Atoll · Atoll

10°

o

n

Namu Atoll · Aur Atoll

Palikir
Senyavin-Inseln · Mokil Atoll
Pingelap Atoll

Alinglapalap Atoll · Dalap-Uliga-Darrit · Arno Atoll
Majuro Atoll

Ngatik Atoll

e

Nukuoro Atoll

s

Kosrae · Namorik Atoll · Jaluit Atoll · Mili Atoll

Ebon Atoll

2

K a r o l i n e n - S a l o m o n e n - S c h w e l l e

i

Butaritari

gamarangi
Atoll

e

Abaiang · Marakei
Bairiki · Tarawa
Maiana · Abemama
Kuria

G i l b e r t - I n s e l n

Äquator

4375

n

4375

l

1664

Yaren

Banaba

Nonouti · Beru
Tabiteuea · Nikunau
Onotoa
Arorae

0°

a

NAURU

K I R I B A T I

n

e

M e l a n e s i s c h e s

3

uka
ohano
Kieta · Arawa
ainville · Choiseul
ella Lavella · Munda
New
Georgia

s

B e c k e n

Nanumea Atoll · Niutao

Nanumanga

i

S a l o m o n - I n s e l n

Santa
Isabel · Buala
Florida · Auki
Malaita
SALOMONEN
Honiara
Guadalcanal · Maramasike
Kirakira
San Cristóbal

Stewart

Nui Atoll

T U V A L U

s

Duff

i

10°

The Slot

6310

Rennell

Nendo · Santa-Cruz-
Inseln
Vanikolo · Tikopia

Anuta

W i l l a s g r a b e n

4

9175

FIDSCHI

Rotuma

160° Ost · D · 170° · E

m 4000 3000 2000 1000 500 200 0 200 500 1000 2000 3000 4000 5000 6000 m

75

160°

C

Tabuaeran

Kiritimati
Atoll

L
i
n
e
-
I
n
s
e
l
n

A 170° B

1

Äquator 0°

Winslow-Riff

P

Jarvis-Inseln
(USA.)

Canton
Atoll

Enderbury
Atoll

O

Mckean Atoll

Rawaki

Malden

Orona

Manra

K I R I B A T I

Nikumaroro

Phönix-Kanton-Inseln

Starbuck

2

Carondelet-Riff

5065

Atafu Atoll

3853

Rakahanga
Atoll

Penrhyn
Atoll

Tokelauinseln
(Neuseeland)

Nukunonu Atoll

Fakaofo Atoll

10°

Swains

Pukapuka Atoll

2451

Manihiki
Atoll

Y

**Wallis
und Futuna**
(Frankreich)

Nassau-Insel

Nördliche Cook-Inseln

Wallis-Inseln

SAMOA

Savai'i

Amerikanisch-
Samoa
(USA)

Suwarrow
Atoll

Horn-Inseln

Apia

Upolu

S
a
m
o
a
-
I
n
s
e
l
n

Pago-Pago

Tutuila

Ta'u

Rose

3

C o o k - I n s e l n
(Neuseeland)

Motu
Ato

Niuafo'ou

Tafahi

7315

Manua
Atoll

Fonualei

Antiope

Palmerston
Atoll

Aitutaki
Atoll

T
o
n
g
a
r
ü
c
k
e
n

5285

Late

Vavau-Inseln

Alofi

Niue
(Neuseeland)

Manuae Atoll

Takutea

Mitiaro

Tofua

Kote Gruppe

10025

Atiu

20°

TONGA

Beveridge
Riff

Südliche Cook-Inseln

Mauke

Tongatapu

Eua

57400

Nuku'alofa

Avarua

Rarotonga

T
o
n
g
a
g
r
a
b
e
n

Ata

Mangaia

Maria

Südlicher Wendekreis

10807

4

S Ü D L I C H E R   P A Z I F I S C H E R   O Z E A N

A 170° B 160° West

1 : 20 000 000

0 200 400 600 km

150°   D   140°   E

1

Äquator   0°

NÖRDLICHER PAZIFISCHER OZEAN

2

Hatutaa

Nuku Hiva
Ua Huka
Ua Pou
Hiva Oa
Tahuata   Mohotani
Fatu Hiva

Caroline Atoll

Vostok   10°

Flint

3694

M a r q u e s a s - I n s e l n

Iles du
Désappointement

Napuka

Pukapuka Atoll

T u a m o t u

Mataiva Atoll   Tikei

Arutua
Atoll

Aratika Atoll
Kauhei Atoll
Raraka Atoll

Fangatau Atoll

G e s e l l s c h a f t s - I n s e l n

Iles sus le Vent

Makatea

Niau

Makemo
Atoll

Maupiti   Tupai Atoll
Bora-Bora   Tahaa
Raiatea   Huahine

Groupe
Raevski

Tehuata Atoll

3

Maupihaa
Atoll

Moorea   Papeete

Haraiki Atoll   Marutea   Amanu Atoll
Atoll

Maiao   Tahiti   Mehetia

Reitoru Atoll

Pukaruha Atoll

Reao Atoll

Iles du Vent

4572

Hao Atoll

- I n s e l n

Negonego Atoll

Paraoa
Atoll   Pinaki Atoll

Manuangi Atoll

Vairaatea
Atoll

Ahunui
Atoll   20°

T u a m o

Tureia
Atoll   Groupe
Acteon

Iles du
Duc de Gloucester

Tematangi
Atoll   Marutea
Atoll

Französisch-Polynesien
(Frankreich)

Mururoa Atoll

Maria Atoll

Fagataufa Atoll

T u b u a ï - o d e r A u s t r a l - I n s e l n

Rurutu

Rima Tara

Tubuaï

t u r c k e n

Gambier   Mangareva

Temoe

Pitcairn
(Brit.)

Raevavae

4645

Oeno

Hend

Pitcairn   Adamstov

Rapa   Bass

n

150°   D   140°   E   **77**

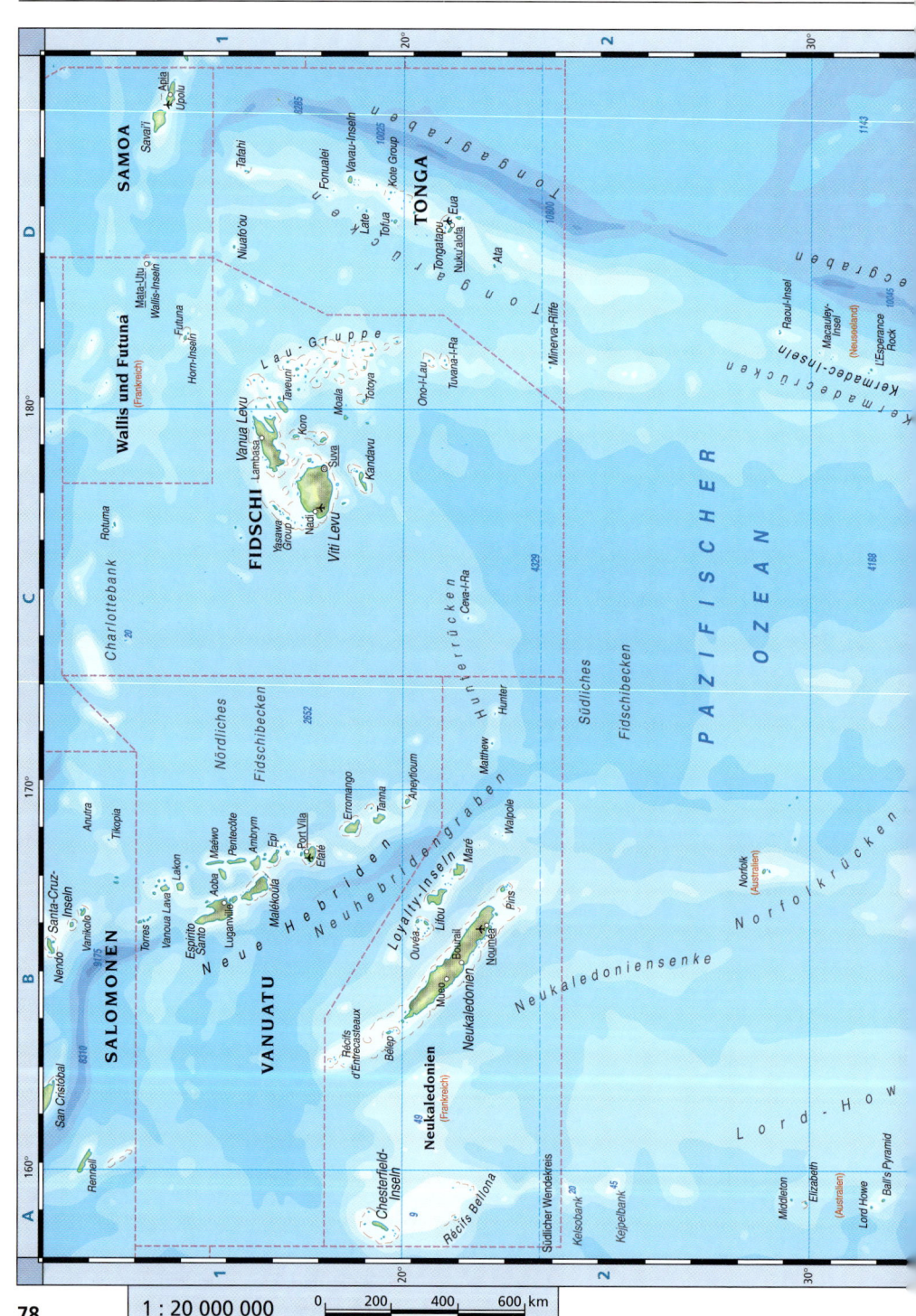

1 : 20 000 000

0   200   400   600 km

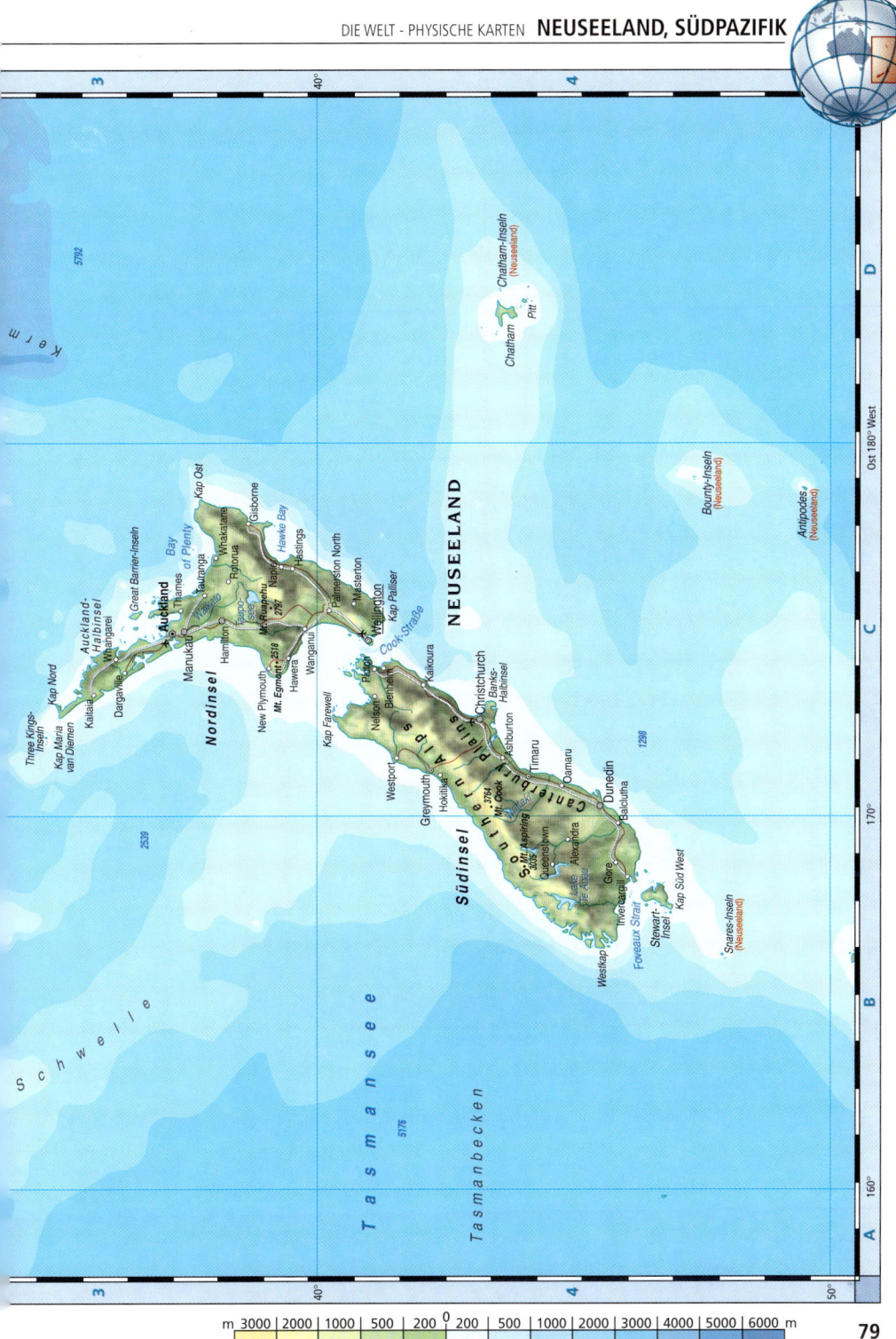

NEUSEELAND

Chatham-Inseln
(Neuseeland)
Chatham
Pitt

Ost 180° West

Bounty-Inseln
(Neuseeland)

Antipodes
(Neuseeland)

Kerm

5792

Three Kings-
Inseln
Kap Nord
Kap Maria
van Diemen
Auckland-
Halbinsel
Whangarei
Kaitaia
Dargaville
Great Barrier-Inseln
Kap Ost
Whakatane
Bay
of Plenty
Gisborne
Tauranga
Rotorua
Hawke Bay
Hastings
Napier
Mt. Ruapehu
2797
Palmerston North
Masterton
Thames
Auckland
Manukau
Hamilton
Mt. Egmont 2518
New Plymouth
Hawera
Wanganui
Wellington
Kap Palliser
Cook-Straße
Kap Farewell
Nordinsel

Nelson
Blenheim
Picton
Kaikoura
Christchurch
Banks-
Halbinsel
Ashburton
Westport
Greymouth
Hokitika
3764
Mt. Cook
3055
Mt. Aspiring
Canterbury Plains
Timaru
Oamaru
Dunedin
Balclutha
Gore
Alexandra
Queenstown
Lake Wakatipu
Invercargill
Westkap
Foveaux Strait
Stewart-
Insel
Kap Süd West
Snares-Inseln
(Neuseeland)
Südinsel
Neuseeländische Alpen
2539

1298

Schwelle

Tasmansee

Tasmanbecken

5176

Ost 180° West

79

m 3000 | 2000 | 1000 | 500 | 200 0 200 | 500 | 1000 | 2000 | 3000 | 4000 | 5000 | 6000 m

INDONESIEN

Wetar · Alor · Pantar · Lomblen · Adonara · Yamdena · Saumlaki · Selaru

Flores · Ocussi · Dili · Rameiau · 2950 · Moa · 130°

Sawusee · Kupang · Roti · Timor · Timorrinne

Timorsee · 117 · Araf

Bathurst-Insel · Van Diemen Golf · Clarence Strait · Darwin · Melville · Dundas Strait · Croker Insel

Kap Londonderry · Joseph-Bonaparte-Golf · Adelaide River · Rum Jungle · Pine Cree · Kathe

Bonaparte Archipel · Kalumburu Mission · Wyndham · Victoria River Downs · Birde · Wave Hill · Newca Wate

Collier Bay · King Sound · Kimberley-plateau · 936 Mt. Ord · King Leopold Ranges

Nordaustralisches Becken

INDISCHER OZEAN

Kap Lévêque · Derby · Fitzroy Crossing · Halls Creek · **Tanami-wüste**

Broome · Eighty Mile Beach · Lagrange · **Norther**

Exmouthplateau · 734

20° · Dampier Archipel · Port Hedland · Shay Gap · **Große Sandwüste**

Monte Bello-Inseln · Dampier · Roebourne · Marble Bar · Mackay-see · Mt. Zeil 1510

Barrow-Insel · Kap Nord-West · Onslow · Nullagine · Wittenoom · Disappointment-see · **Macdonn**

Cuvierbecken · Exmouth Golf · Exmouth · **Hamersleykette** · 1235 Mt. Bruce · Newman · Amadeussee

Südlicher Wendekreis · Paraburdoo · **Western Australia** · Ayers Rock 867

Carnarvon · Mt. Augustus 1106 · Gascoyne · **Gibsonwüste** · **Musgravekett** · Mt. Woodroffe 1440

Kap Inscription · Dentham · Meekatharra · Wiluna · Carnegie-see · **AUSTR**

Dirk Hartog-Inseln · Shark Bay · McLeod see

2 · Cue · Sandstone · **Große Viktoriawüste** · **Sout**

Northampton · Mount Magnet · Leonora · Careysee

Geraldton · Mullewa · Barlee-see

Dongara · Mooresee · 30°

Moora · Goomalling · Bullfinch · Kalgoorlie · Rawlinna · Forrest · Oodea · **Pen**

Northam · Southern Cross · Coolgardie · **Nullarborebene**

Perth · Merredin · Eucla · 64

Fremantle · Corrigin · Norseman · Eyre · **Große Australische Bucht**

Pinjarra · Narrogin · Geographe Bay · Collie · Wagin

Bunbury · Katanning · Kap Naturaliste · Busselton · 2640

Augusta · Manjimup · Bluff Knoll 1109 · Esperance · Kap Arid

Kap Leeuwin · Albany · Kap Knob · **Recherche-Archipel**

INDISCHER OZEAN

3709

Südaustralisches Becken

Inset (Tasmania):

King-Insel · Furneaux-Gruppe · Flinders-Inseln · Cape Barren-Inseln

Kap Grim · Smithton · Burnie · Devonport · Launceston · Saint Marys

Queenstown · Mt. Ossa 1617 · **Tasmanien**

Geeveston · Hobart · **Tasmania**

Kap Süd-West · Kap Süd-Ost

1 : 20 000 000

0 · 200 · 400 · 600 km

81

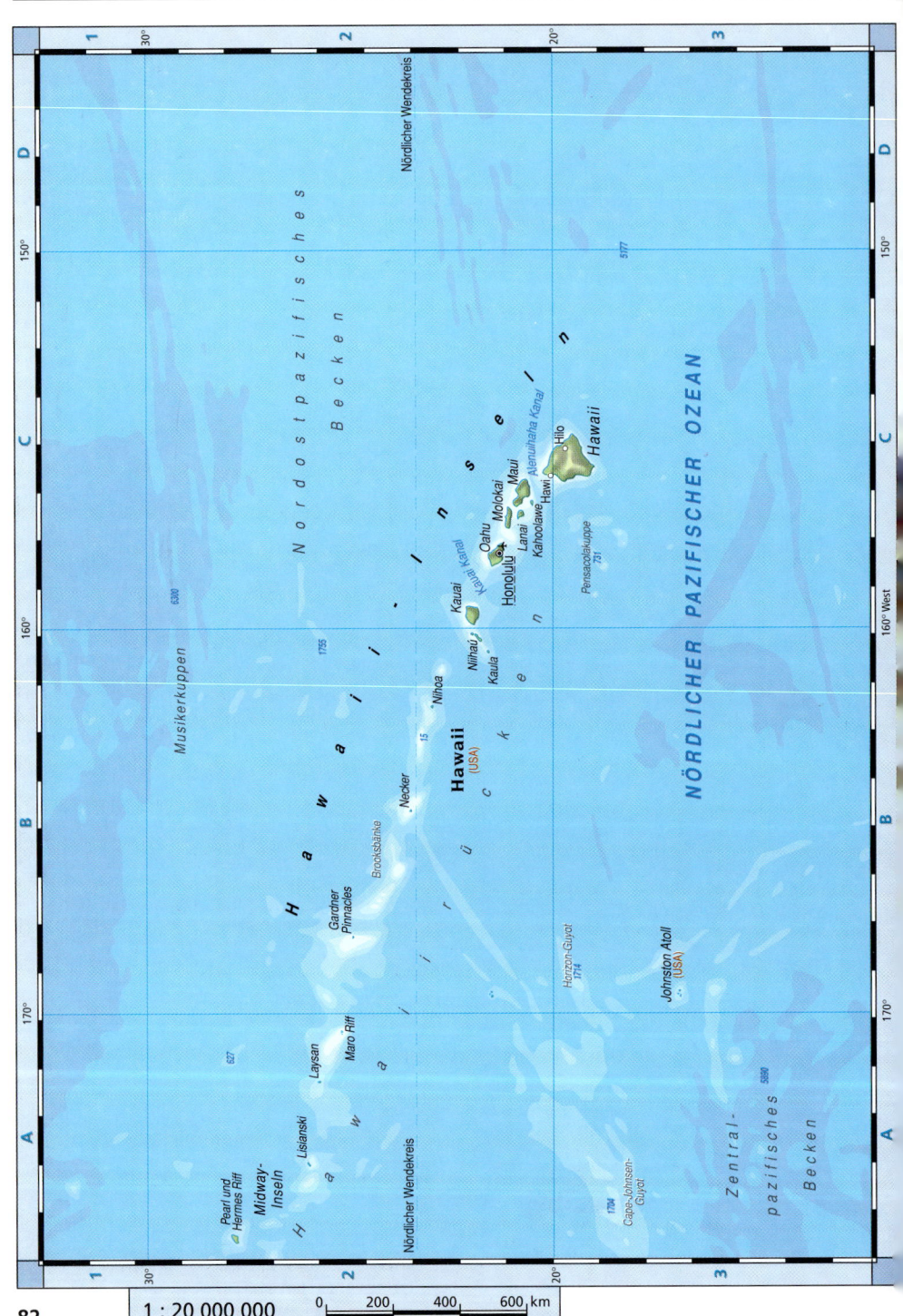

Nördlicher Wendekreis

Nordostpazifisches Becken

Musikerkuppen

6300

1755

627

Hawaii

H a w a i i - I n s e l n

Necker

Brooksbänke

Gardner Pinnacles

Maro Riff

Laysan

Lisianski

Midway-Inseln

Pearl und Hermes Riff

Nördlicher Wendekreis

15

Nihoa

Kaula

Nihau

Kauai

Kauai Kanal

Honolulu

Oahu

Molokai

Maui

Lanai

Alenuihaha Kanal

Kahoolawe

Hawi

Hilo

Hawaii

Pensacolakuppe
731

577

NÖRDLICHER PAZIFISCHER OZEAN

160° West

Horizon-Guyot
1714

Johnston Atoll
(USA)

Capo-Johnsen-Guyot
1704

5890

Zentral-pazifisches Becken

1 : 20 000 000

0   200   400   600 km

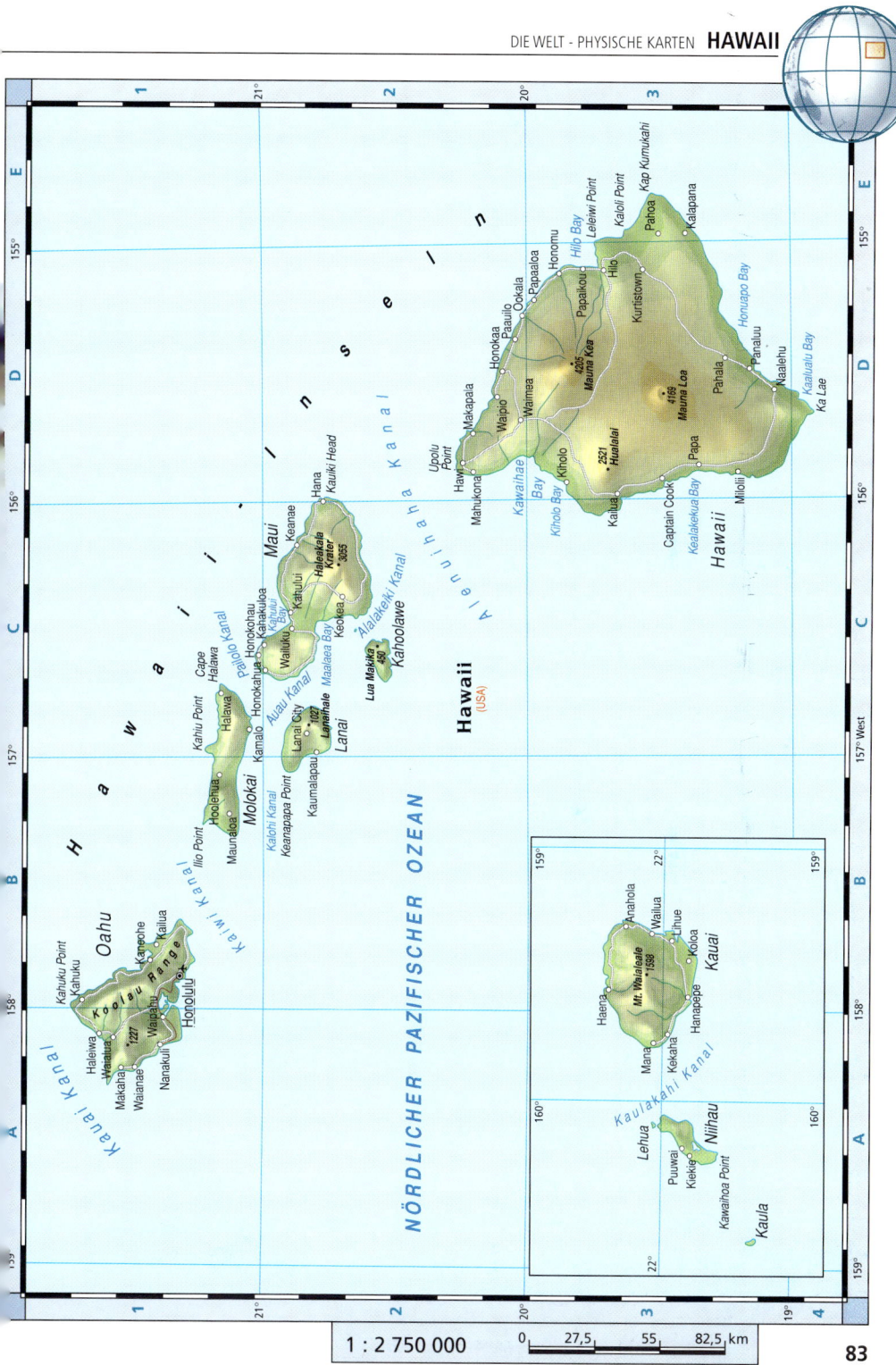

Hawaii

s   c   h   e   n

H   a   w   a   i   i   -   I   n   s   e   l   n

Oahu

Koolau Range

Honolulu

Molokai

Maui

Haleakala Krater
3055

Lanai

Lanaihale
1027

Lua Makika
490

Kahoolawe

Alenuihaha Kanal

Alalakeiki Kanal

Auau Kanal

Pailolo Kanal

Hawaii
(USA)

Mauna Kea
4205

Mauna Loa
4169

Hualalai
2521

Kawaihae Bay

Kiholo Bay

Kealakekua Bay

Honuapo Bay

Hilo Bay

Kaalualu Bay

Kauai

Mt. Waialeale
1568

Niihau

Kaula

Kaulakahi Kanal

Kauai Kanal

Kaiwi Kanal

Kalohi Kanal

NÖRDLICHER PAZIFISCHER OZEAN

1 : 2 750 000

0   27,5   55   82,5 km

1 : 55 000 000

0   550   1200   1750 km

D · 40° · E · 60° · F · 80° · G

Pontisches Gebirge
Ankara
Anatolien
Taurus
Nikosia
Zypern
Beirut
Jerusalem
Damaskus
Amman
Totes Meer
Nildelta
Suezkanal
Kairo
2637
Sinai
Nefud
Nubische
Wüste
4. Katarakt
Khartum
Asmara
Ras Daschan
4620
Hochland
von Äthiopien
Addis Abeba
Ogaden
Benadir
Kampala
5109
Kilimandscharo
5895
Nairobi
Kigali
Ostafrikanisches
Seenhochland
Dodoma
Lilongwe
Harare
Maputo
Mbabane

Jerewan
Vansee
Urmiasee
Teheran
Zagrosgebirge
Bagdad
Euphrat
Tigris
Mesopotamien
Kuwait
Manama
Riad
Doha
Abu Dhabi
Maskat
Persischer Golf
Golf von Oman
Dhofar
San'a
Hadramaut
Golf von Aden
Bab el Mandeb
Dschibuti
Kap Guardafui
Kap Hafun
Somali-Halbinsel
Sokotra
Mogadischu
Somali-becken
Seychellen
Victoria
Amiranten
Aldabra
Komoren
Moroni
Kap d'Ambre
Tsaratanana
2876
Antananarivo
Bassas
da India
Europa
Kap Ste-Marie
Madagaskar-becken

Kaspisches Meer
Baku
Karakum
Amudarja
Aschchabad
Hochland von Iran
Kabul
Islamabad
Belutschistan
Mekran
Arabisches
Meer
3310
Arabisches-becken
Arabischer-Indischer-Rücken
Lakkadiven
Male
Farquhar
Agalega-Inseln
Tromelin
Port Louis
Mauritius
Réunion
Maskarenen

Taschkent
Duschanbe
7495 Pamir
K2 8611 Karakorum
Kunlun Shan
Hochland
von Tibet
HIMA
Punjab
Mount Everest 8846
AYA
Neu-Delhi
Katmandu
Thimbu
Ganges
Gangesebene
Dhaka
Westghats
Ostghats
Dekkan
Golf von
Bengalen
3835
Sri Lanka
Colombo
Maldiven
Tchagos-Inseln
Zentralindischer Rücken
INDISCHER
OZEAN
870
Amsterdam
Saint Paul

m +4000 | 4000 | 2000 | 1000 | 200 | 0 Depression | 0 | 200 | 1000 | 2000 | 4000 | 5000 | 6000 | +6000 m

85

1 : 55 000 000

0   550   1200   1750 km

1 : 20 000 000

0   200   400   600 km

C · 0° · D · 10° · E · 20° · F

FRANKREICH

Gijón · Santander · Golf von · Biscaya
Kantabrisches Gebirge · Bilbao · Bayonne · Toulouse · Montpellier · Nizza · Genua · Bologna · 2165 · **KROATIEN** · Save · Zadar · **Serbien** · **Belgrad**
Picos de · 2648 · Pyrenäen · Pico 3404 · Mte. Cimone · 2912 · **S. MARINO** · Ancona · Sarajevo · **BOSNIEN UND** · **HERZEGOWINA** · **BULGARIEN**
Europa · Iberisches Randgebirge · de Aneto · **ANDORRA** · Marseille · **MONACO** · Florenz · Rom · 2706 · Gran · **JUGOSLAWIEN** · Kosovo · **Sofia**
stilisches · 2313 · Scheidegebirge · **Zaragoza** · **Barcelona** · Ajaccio · Korsika · (Frankreich) · Sasso · Monte-negro · Tirana · **Skopje**
Madrid · Duero · Tajo · Katalonien · Balearen · Menorca · Korsika · (Frankreich) · Neapel · 1281 · Bari · **ALBANIEN** · **MAKEDONIEN** · Saloniki
Valencia · Mallorca · Sassari · Gennargentu · Sardinien · **Neapel** · Vesuv · Tarent · Vlore · Olymp · 2917 · **GRIECHENLAND**
Morena · Alicante · Ibiza · Mallorca · 2890 · 1834 · Tyrrhenisches · Sila · 1928 · Ionisches · 2457 · Parnaß
Kordillere · Cartagena · Meer · Palermo · Messina · Meer · Patras · 2376
Granada · Mulhacén · 3478 · Malaga · Khemis · Tizi · 3350 · Reggio · Peloponnes
Melilla (Spanien) · Oran · **Algier** · Miliana · Ouzou · Béjaia · Skikda · Kap Blanc · Bizerte · Kap Bon · Sizilien · Atna · di Calabria · 4020
Mostaganem · Blida · Stif · **Annaba** · **Tunis** · Pantelleria · **Valletta**
Natur · Sidi Bel-Abbès · Tiaret · Tell atlas · Constantine · Al-Kaf · Sousse · **MALTA**
Tlemcen · Saïda · Beskra · 2329 · Batna · Tbessa · Kairouan · Al-Mahdiyah
Ouida · Chott · Aurès · El-Djelfa · Qafsah · Al-Qasrayn · Sfax
Figuig · Beni Ounif · ech-Chergui · Tawzar · Kleine Syrte · Djerba
Laghouat · Chott · Madaniyin · Gabès
Ghardaïa · Melrhir · El Oued · Zuwarah · **Tripolis** · Al Khums
Hassi · Touggourt · Nalut · Jabal Nafusah · Bu'ayrat al Hasun · Misratah · Große
Messaoud · Bordj · Diri · Al-Aziziyah · **LEPTIS MAGNA** · Syrte · As Sidr
El-Goléa · Messouda · Ghadames · Tripolitanien · Al-Hamadah · al-Hamra · Qaryt Abu Nujaym · Sidra · Syrtika
Timimoun · Plateau von · Bordj Omar · Hamada von Tinrhert · In-Amenas · Waddan · Maradah · Kalansho-
Tademaït · Driss · Tin Fouye · Edjeleh · Hun · Zillah · Sarir · Libysche Wüste
Adrar · In-Salah · Djalo · Oase Djalo
Reggane · Tidikelt · Amguid · Adiri · Birak · Awbari · Sabhah · Al-Harui al-Aswad
Arak · Tassili der Adjer · **L I B Y E N** · Marzuq · Wüste Rebiana
In-Azaoua · Adrar · Ghat · Al-Uwaynat · Al Qatrun · Buzaymah
Ahaggar · 2158 · Djanet · Fessan
Bordj-Moktar · 2918 · Tahat · Djado plateau · Aozou · **Tibesti-Serir**
Tamanrasset · Madama · Bardai · Tibesti · 3376
Tessalit · Ti-n-Zaouâtene · In-Azaoua · Djado · 3265 · Toussidé · 3415 · Emi Koussi · Erdi-plateau
Adrar · Tassili des Ahaggar · In-Guezzam · Zouar
des Iforas · Kidal · Assamakka · Aïr · 1800 · Tamgak · Bilma · Borkou · Faya-Largeau · Plateau Fada de Basso · 1450
Bourem · Arlit · Iferouane · (Azbine) · Ennedi · Oum Chalouba
Gao · Ansongo · Baguezane · Termit-Kaoboul · Koro Toro
N I G E R · 1900 · Agadez · Tagama
Niamey · Dogondoutchi · Tahoua · Tanout · Nguigmi · Mao · Biltine · Abéché · Al Junaynah
Dori · Filingué · Madaoua · Tessaoua · Zinder · Tschad-see · Bol · **T S C H A D** · Ati · Mongo · Ouadaï
Dosso · Argungu · Sokoto · Katsina · Neguru · Diffa · Baga · Massaguet · Massakori · Moussoro
NIGERIA · Hadejia · Gashua · Maiduguri

Vest 0° Ost · D · 10° · E · 20° · F

m 4000 | 3000 | 2000 | 1000 | 500 | 200 · 0 · Depression · 0 · 200 | 500 | 1000 | 2000 | 3000 | 4000 | 5000 m

89

1 : 20 000 000

0   200   400   600 km

RUSSLAND

KASACHSTAN

USBEKISTAN

K a u k a s u s

Maikop
Grozny
Mahačkala
Nukus
Taschaus
Urgenç
Navoi
Dzizak

Sotschi
Suchumi
Elbrus 5642
Derbent
Kara-Bogaz-Gol
Krasnovodsk
Buhara
Samarkand

GEORGIEN
Batumi
Kutaisi
Kirowakan
Tiflis
Sumgait
TURKMENISTAN
Cardžev
Karakumkanal

Trabzon
ASERBAIDSCHAN
3937 Kačkar
Gandja
Baku
Krasnovodsk
Nebit-Dag
Kizyl-Arvat
Aschchabad
Mary
Maimana
Andkhoy

ARMENIEN
Jerewan
Nachitschewan
Lenkoran
Atrek
Bojnurd
Kopetdag
Tedžen
Maimana

Erzurum
5165 Ararat
-28
Gorgan
Sabzevar
Quchan
3069
Meschhed

Elazig
Vansee
Khovoy
Sari
Emamshahr
Neyshabur
Kashmar
Torbat-e Heydariyeh
Hari-Rud

Malatya
Van
Täbris
Sabalan 4811
Ardabil
Rescht
Semnan
Großer Salzwüste
Herat

Diyarbakir
Urmia
Urmia-See
Mahabad
Zanjan
Qazvin
Demawend 5605
Teheran
Khorasan
Gonabad
AFGHANISTAN

Aleppo
Mosul
Erbil
Sulaimaniya
Sanandaj
Karaj
Qom
Namaksee
Tabas
Birjand
Farah

SYRIEN
Kirkuk
Hamadan
Arak
IRAN
Nain
Jasd
4074 Shir Kuh
Delaram

Homs
Syrische
Haditha
Bakhtaran
Borujerd
Zaid Kuh
Isfahan
Abadeh
Zabol
Sistan

Damaskus
Rutba
BABYLON
Bagdad
Kut
Deztul
Zagrosgebirge
Kuhrudgebirge
Hezar 4420
Zahedan

amman
Turayf
Kerbela
An-Nadjaf
4548
Ahwas
Abadan
Mary Dasht
Rafsanjan
Kerman
Kuh-e Taftan 4045

IRAK
URUK
Basra
Kazerun
Shiras
Sirjan
Darab
L a r e s t a n
Bam

JORDANIEN
Al-Jawf
Badanah
Sakakah
Rafha
Bushehr
Jahrom
Lar
Bampur

Tabuk
Tayma
Hail
Al Qaysumah
Kangan
Bandar-e Abbas
Qeshm
Chah Bahar

N e f u d
Abu Hadriya
Bandar-e Lengeh
Straße von Hormuz
OMAN 2007
Chah Bahar
Golf von Oman

al Alam
S h a m m a r
Buraydah
Ad Dammam
BAHRAIN
Manama
Dubai
Ash Shariqah
Suhar

Wajh
Unayzah
Az Zahran
KATAR
Doha
Mina Jebel Ali
Abu Dhabi
Matrah
Maskat

al Hinakiyah
N e d j d
Ash Shaqra
Al Mubarraz
Al-Hufuf
Al-Ayn
VEREINIGTE ARABISCHE EMIRATE
Jabal ash Sham 3017
Nazwah
Ras al-Hadd

Kap Banas
Yambu al-Bahr
Riad
Harad
OMAN
Sür

S A U D I - A R A B I E N

Medina
Afif
A d D a h n a
Layla
Al Ashkhara

Mekka
Taif
As Sulayyl
Masirah

Jiddah
Qal'at Bisha
Große Arabische Wüste
Jiddat al Harasis
Al Khalut

Jabal Oda 2259
Port Sudan
3040
Al-Lith
T u w a i k
(R u b a l K h a l i)
Ras ad Daqm
Ras al Madrakah

Jubayl
Abha
Dhofar
Sawqirah

Sawakin
A s i r
Najran
Salalah
Kuria-Muria-Inseln

Haiya
Ra's Kasr
Farasan-Inseln
Sabya
Sada
Tarim
Saihut
Al Ghaydah

Karora
Tizan
ERITREA
Agordat
Keren
Massaua
Dahlak-Archipel
Kamaran
Hodeida
Sana
JEMEN
Al-Mukalla
Sokotra (Jemen)

Kassala
Bisha
Asmara
Dexember
3760
Al-Mukalla
4012

Qirbah
Adua
Adigrat
Kamaran
Tarim
H a d r a m a u t
Abd al Kuri

Ta'izz
Yarim
Ahwar
Bareda
Kap Guardafui

ÄTHIOPIEN
4190
Abune Yosef
116
Makalle
Assab
Moca
Aden
G o l f   v o n   A d e n
Alula
Al Ikhwan

Gondar
4231
Guna
4620
Serdo
Tadjourah
Bab al Mandab
Boosaaso
Bargal

Bahr Dar
Gojam
Dese
Tendaho
Dschibuti
Seyla
Mayd
Shimbiris 2416
Kap Hafun

DSCHIBUTI
Dikhil
Karin
SOMALIA

1 : 20 000 000

0 200 400 600 km

D · 10° · E · 20° · F

Adrar des Iforas
Kidal

N I G E R

Arlit
Tamgak 1800
Iferouâne
Baguezane 1900
Agadez

Talak
Tagama
Ader
Damergou
Tanout
Zinder

Borkou
Faya-Largeau
Erdi-plateau

Plateau de Basso 1450
Fada

E n n e d i

T S C H A D
S U D A N

Bilma

Filingué
Tahoua
Madaoua
Maradi
Tessaoua

Koro Toro
Oum Chalouba

Wadi Howar

Darfur

Jabal Gurgei 2397 · El Fasher
Abyad
Jabal Marra 3088

| 1

Niamey
Dogondoutchi
Birni Nkonni
Nguru

Tschad-see
Mao
Bol 243

Abéché
Biltine

Al Junaynah
Zalingei
Nyala

Dosso
Argungu
Kaura Namoda
Katsina
Gashua
Diffa
Bâga
Massaguet
Massakori
Moussoro
Ati

Mongo 1790
Guéraberg
Am Timan

Rahad al Bardi
Birao
Gabras

10°

Gaya
Birnin Kebbi
Sokoto
Potiskum
Maiduguri
Dikwa
N'Djamena
Masenya

Sarh
Kouk
Ouanda-Djallé
Ndélé
Mongos 1400 berge

Kafia Kingi
Nyamleli
Bahr
al-
Ghazal

Malanville
Kandi
Zaria
Kaduna
Bauchi
Gombe
Biu
Damboa
Mubi
Maroua
Yagoua
Bongor

Chari
Lai
Doba
Goré
Kabo
Kaga Bandoro

Bria
Ouadda
Kotto
Yalinga
Djéma

New Bussa
Kontagora
Jos 1781
Yola
Garoua
Pala
Kélo
Moundou
Barboukoum
Bozoum
Bossangoa
Sibut
Bambari

Rafai
Zémio
Obo

| 2

Parakou
Ibadan
Lagos
Porto-Novo

N I G E R I A
Minna
Abuja
Baro
Makurdi
Jalingo
Wukari
Ngaoundéré
Meiganga
Lai
Tibati
Bouar

ZENTRALAFRIKANISCHE REP.
Bossembélé
Berbérati
Bangui
Zongo
Mobaye
Bangassou

Ubangi
Bomu
Gemena
Bondo

Ogbomosho
Oyo
Ilesha
Akure
Benin City
Enugu
Onitsha
Owerri
Aba

KAMERUN
Foumban
Bafoussam
Bertoua
Batouri
Bimbo
Mbaïki
Libenge

Aketi
Buta
Bumba
Basoko
Titule

São Tomé
und Príncipe
São Tomé
São Tomé
2024

ÄQUATORIAL GUINEA
Bata
Mbini
Evinayong

Mékambo
Makokou

KONGO
Mbomo
Makoua
Ouesso

Inongo
Mbandaka
Boende
Opala
Ubundu

| 3

GABUN
Libreville
Ovan
Booué
Koulamoutou
Mouila
Moanda
Gamboma
Mossaka
Owando

Brazzaville
Kinshasa

KONGO REP. DEM. (ZAIRE)
Bandundu
Lodja
Katako-Kombe
Lusambo

Kananga
Mbuji-Mayi
Kamina

| 4

A N G O L A
Luanda

SAMBIA

m 4000 | 3000 | 2000 | 1000 | 500 | 200 | 0 | 200 | 500 | 1000 | 2000 | 3000 | 4000 | 5000 m

Ländernamen

ÄGYPTEN
LIBYEN
NIGER
TSCHAD
SUDAN
NIGERIA
KAMERUN
ZENTRALAFRIKANISCHE REP.
ÄQUATORIAL GUINEA
GABUN
KONGO
KONGO REP. DEM. (ZAIRE)
ANGOLA
UGAN(DA)
RUANDA
BURUNDI
TAN(SANIA)
SAMBIA
MALA(WI)

Landschaften / Gebiete

Nubische Wüste, Borkou, Erdi-plateau, Plateau de Basso, Ennedi, Darfur, Kordofan, Gezira, Dar Nuba, Ouadaï, Dar Rounga, Bahr al Ghazal, Sudd, Adamaoua, Ghazal, Shaba, Kundelungugebirge, Mitumbagebirge

Orte (Auswahl)

Djado, Zouar, Toussidé 3265, Emi Koussi 3415, Bilma, Faya-Largeau, Fada, Koro Toro, Oum Chalouba, Abu Simbel, Wahat Salimah, El Diwan, Nasser-see, Wadi Halfa, Dongola, Karima, Merowe, Kurti, Atbarah, Khartum-Nord, Omdurman, Khartum, Termit-Kaboul, Nguigmi, Mao, Abéché, Biltine, Al Junaynah, Zalingei, El Fasher, Nyala, Abyad, El Obeid, An Nahud, Ar Rahad, Kusti, Sennar, Nguru, Gashua, Diffa, Baga, Massaguet, Massakori, Moussoro, Ati, Jabal Marra 3088, Jabal Gurgei 2397, Wad Bandah, Kaduqli, Kodok, Malakal, Nasir, Potiskum, Maiduguri, Dikwa, Kousséri, N'Djamena, Mongo, Guéraberg 1790, Am Timan, Rahad al Bardi, Babanusah, Dilling, Ar Rank, Ad Dam, Damaturu, Damboa, Mubi, Maroua, Massenya, Birao, Gabras, Kafia Kingi, Nyamlell, Abyei, Tawfiqiyeh, Gombe, Biu, Yagoua, Bongor, Sarh, Ndélé, Ouanda-Djallé, Ouadda, Bahr al Arab, Daym Zubayr, Wau, Tonj, Rumbek, Bor, Mongalla, Nigeria, Garoua, Pala, Kélo, Lai, Doba, Moundou, Goré, Kabo, Kaga Bandoro, Bria, Yalinga, Nyamlell, Mashra'ar Raqq, Kongor, Akubu, Nkambe, Foumban, Tibati, Melganga, Ngaoundéré, Bouar, Bozoum, Bossangoa, Bambari, Rafai, Zémio, Obo, Tambura, Mvolo, Juba, Kamerun, Garoua Boulaï, Bafoussam, Bertoua, Bossembélé, Sibut, Bangui, Mobaye, Bangassou, Doruma, Maridi, Yei, Kinyeti 3187, Yaoundé, Batouri, Berbérati, Bimbo, Zongo, Gemena, Bondo, Yambio, Aba, Arua, Gulu, Kitgur, Edéa, Mbalmayo, Yokadouma, Mbaïki, Libenge, Businga, Aketi, Buta, Titule, Niangara, Watsa, Mungbere, Mahagi, Ebolowa, Sangmélima, Souanké, Moloundou, Impfondo, Lisala, Bumba, Basoko, Yangambi, Isiro, Tsiro, Bafwasende, Wamba, Bunia, Uganda, Bitam, Oyem, Ambam, Makokou, Ovan, Ouesso, Bongandanga, Banzankusu, Boyoma, Kisangani, Wanie-Rukula, Beni, Butembo, Masindi, Soro, Kyogasee, Ngoko, Mékambo, Mbomo, Makoua, Mbandaka, Boende, Opala, Ubundu, Lubutu, Kasese, Kampala, Entebbe, Masaka, Victoria-see, Koulamoutou, Franceville, Gamboma, Inongo, Monkoto, Ikela, Kaima, Walikale, Goma, Rutshuru, Bukoba, Nansio, Mouila, Moanda, Mbinda, Djambala, Bandundu, Lukenie, Lodja, Kindu, Kampene, Mwenga, Bukavu, Bujumbura, Ndendé, Tchibanga, Mossendjo, Kutu, Lomela, Katako-Kombe, Kama, Kasongo, Uvira, Kigali, Mayumba, Loubomo, Kibangou, Brazzaville, Kinshasa, Ilebo, Lusambo, Mweka, Kibombo, Kigoma, Tabora, Madingou, Kayes, Pointe Noire, Mbanza-Ngungu, Kikwit, Kenge, Kananga, Mbuji-Mayi, Kabinda, Kongolo, Nyunzu, Mpanda, Cabinda (Angola), Boma, Matadi, Tshikapa, Gandajika, Kabalo, Kalemie, Nzeto, Mbanza do Zombo, Damba, Luachimo, Kapanga, Kamina, Manono, Kabongo, Moba, Sumbawanga, Mbeya, Ambriz, Uige, Negage, Camaxilo, Lucapa, Mwene Ditu, Nkulu, Pweto, Mbala, Tunduma, Luanda, Caxito, Camabatela, Kaminama, Bukama, Kawambwa, Sambia, Kasama, Ndalatando, Dondo, Lucala, Malanje, Cacolo, Saurimo, Sandoa, Mwerusee, Karong, Mala

1 : 20 000 000   0   200   400   600 km

SAUDI-ARABIEN

Große Arabische Wüste (Rub al Khali)

OMAN

Dhofar

JEMEN

Hadramaut

ERITREA

DSCHIBUTI

Golf von Aden

Sokotra (Jemen)

ÄTHIOPIEN

von Äthiopien

Hochland

SOMALIA

Ogaden

Hawd

KENIA

INDISCHER

Somalibecken

OZEAN

Äquator

SEYCHELLEN

1 : 20 000 000

0   200   400   600 km

1 : 20 000 000

0 200 400 600 km

1 : 70 000 000

0   700   1400   2100 km

E　　80°　　　F　　　60°　　　G　　　40°　　　H　　　20°　　J

L A R　　M E E R

2900

Ellesmere

Knud-Rasmussen-Land

Kap Morris Jesup

1

80°

Naresstraße

Thule/Qaanaaq

Grönland

Packeisgrenze (August)

Devon Insel

Jones Sound

Baffin-
bai

2470

Packeisgrenze (April)

Lancastersund

xel
berg
eln

rset

thia
olf

hia-
sel

Bylot

Baffin-Insel

Melville-
Halbinsel

Prince
Charles
Insel

2591

Godhavn/
Oeqertarsuaq

Disko

König-Frederik-VI.-
Küste

König-Christian-IX.-
Land

Dänmarkstraße

Island
2119

Reykjavik

2

60°

Davisstraße

Foxe-
becken

Southampton
Insel

Hudsonstraße

Iqaluit

Julianehab/
Qaqortoq

Kap Farvel

Treibeisgrenze

1300

Hudson-
bai

Halbinsel
Ungava

Ungava-
bai

Labrador-
see

21

240

Belcher-
Inseln

James
bai

Akimiski

Labrador

Anticosti

5080

3

Oberer See

Sankt-
Lorenz-
Golf

Neufundland

Atlantischer

Rücken

Huronsee　Ottawa　Montréal n

Michigansee

Cabots Straße

Nova
Scotia

hicago

Detroit

Niagara-
fälle

Ontariosee

Fundybai

69

Appalachen

Boston

Kap Cod

A T L A N T I S C H E R

6943

40°

Eriesee

Louis

Ohio

Pittsburgh

New York

Philadelphia

Washington

Azoren

ateau

Mt. Mitchell
2037.

Piedmontplateau

Nordamerikanisches

Mittelatlantischer Rücken

Atlanta

Atlantische
Küstenebene

Hamilton

Bermuda-
Inseln

O Z E A N

Madeira

tenebene

New
Orleans

Kap Canaveral

4755

Becken

Kanaren

4

20°

Florida

Miami

Bahama
Inseln

Floridastraße

Andros

Nassau

1708

f von

xiko

Havanna

Kuba

2005

Turks- und
Caicos-Inseln

Santo Domingo

Puerto Rico

Jungferninseln

Anguilla

AFRIKA

Yucatán

Caymaninseln

Große

3175.

Hispaniola

San Juan

Belmopan

Jamaika

Kingston

Antillen

Guadeloupe

Dominica

Martinique

Barbados

Kapverden

20°

Guatemala

Tegucigalpa

Karibisches Meer

Kap Gallinas

Kleine Antillen

San José

3820

Chirripó

Nicaragua

Panama

Llanos

Orinoco

Georgetown

Trinidad

Caracas

5

Managua

vador

lco

E　　80° West　　　F　　　60°　　　G　　　40°　　　H　　　20°　　J

m +4000 | 4000 | 3000 | 2000 | 1000 | 200 | 0　Depression　0 | 200 | 1000 | 2000 | 4000 | 5000 | 6000 | 7000 | +8000 m

NORDPOL

Königin-Elisabeth-Insel

Beaufort-see

Parry-Inseln

McClure-Strait

Banks

Prince of Wales

Kap Barrow

Point Hope

Victoria

Cambridge Bay

RUSSLAND

Bering straße

Nome

Alaska (USA)

Mt. McKinley 6194

Anchorage

Whitehorse

Juneau

Barren grounde

Großer Bärensee Echo Bay

Mackenzie

Großer Sklavensee

Athabasca see

Uranium City

ROCKY

Edmonton

Saskatoon

Calgary

Regina Win

Prince Rupert

Vancouver

Seattle

MOUNTA

Helena Yellowstone Bismarck

Billings

Pie

Bering-meer

Aleuten

Alaskahalbinsel

Golf von Alaska

Beringmeer

Portland

Eugene

Boise

Missouri

PAZIFISCHER

Sacramento

San Francisco

San José

Los Angeles

San Diego

Tijuana Mexicali

Mt. Elbert 4399

Denver Kansas

Colorado

Las Vegas

Phoenix

Albuquerque

El Paso

Ciudad Juárez

Chihuahua

VEREINIGTE

VON

Oklahoma City

A

Ho

S A

OZEAN

Guadalupe (Mexiko)

Nördlicher Wendekreis

Hawaii-Inseln

Hawaii (USA)

Kauai

Oahu Maui

Mauna Kea 4205 Hawaii

Culiacán

Monterrey

La Paz

Kap San Lucas

MEXIKO

Tam

León

Guadalajara

Revillagigedo-Inseln (Mexiko)

Mexiko-Stadt

Acapulco

Golf von Kalifornien

Rio Gran

1 : 70 000 000

0 700 1400 2100 km

A   R   M   E   E   R

E   N   S   E   R

Ellesmere

Devon

Thule/Qaanaaq

Grönland
(Dänemark)

Baffin-
bai

B a f f i n

Davisstraße

Godhavn
Qeqertarssuaq

Dänemarkstraße

Nördlicher Polarkreis

ISLAND

Reykjavik

Foxe-
becken

Southampton

Frobisher Bay

Godthåb/Nûk

Hudsonstraße

Ivujivik

H u d s o n -

Kap Farvel

b a i

chill

**Labrador-
see**

A   D   A

L a b r a d o r

Schefferville

Moosonee

Goose Bay

Thunder Bay

Sept-Îles

Gander

Sankt-Lorenz   **Neufundland**

Oberer See

Québec

St. John's

eapolis

Huronsee

Fredericton

Sydney

St. Pierre und Miquelon
(Frankreich)

Michigansee

Montréal

Sankt-Lorenz-Strom

aukee

Toronto   Ottawa

Ontario-
See

Neuschottland

Detroit

Erie-
See

Buffalo

Halifax

icago

Boston

dianapolis

New York

St. Louis

Pittsburgh

Philadelphia

A A T E N

Cincinnati

Baltimore

A T L A N T I S C H E R

Ohio

Washington

R I K A

Memphis

Azoren

Raleigh

Atlanta

Bermuda
(Brit.)

Madeira

Savannah

Mississippi

Jacksonville

New
Orleans

O Z E A N

Kanaren

Tampa

Orlando

Golf

Miami

Sahara
(von Marokko besetzt)

n Mexiko

BAHAMAS

Nassau

Havanna

Turks- und
Caicosinseln
(Brit.)

DOMINIK. REP.

Santiago
de Kuba

Santo Domingo

Puerto Rico (USA)

(USA/Brit.)

Yucatán

KUBA

Jungfern-
inseln

Anguilla (Brit.)

MAURETANIEN

Chetumal

Cayman-Inseln
(Brit.)

HAITI

Kingston

San Juan

ANTIGUA UND BARBUDA

BELIZE

Port-
au-Prince

ST. KITTS-NEVIS

Guadeloupe (Fr.)

JAMAIKA

DOMINICA

ez

Belmopan

SENEGAL

MALA

Karibisches Meer

Martinique (Fr.)

SAINT LUCIA

ST. VINCENT UND GRENADINEN

HONDURAS

Niederländische Antillen (N.)

KAPVERDEN

ala

Tegucigalpa

BARBADOS

ador

NICARAGUA

GRENADA

Maracaibo

Caracas

**TRINIDAD
UND TOBAGO**

Managua

Barranquilla

SALVADOR

San José

San Cristóbal

Valencia

Ciudad

COSTA RICA

Panama

Orinoco

Guayana

Georgetown

PANAMA

VENEZUELA

E   80° West   F   60°   G   40°   H   20°   J

1 : 20 000 000

0   200   400   600 km

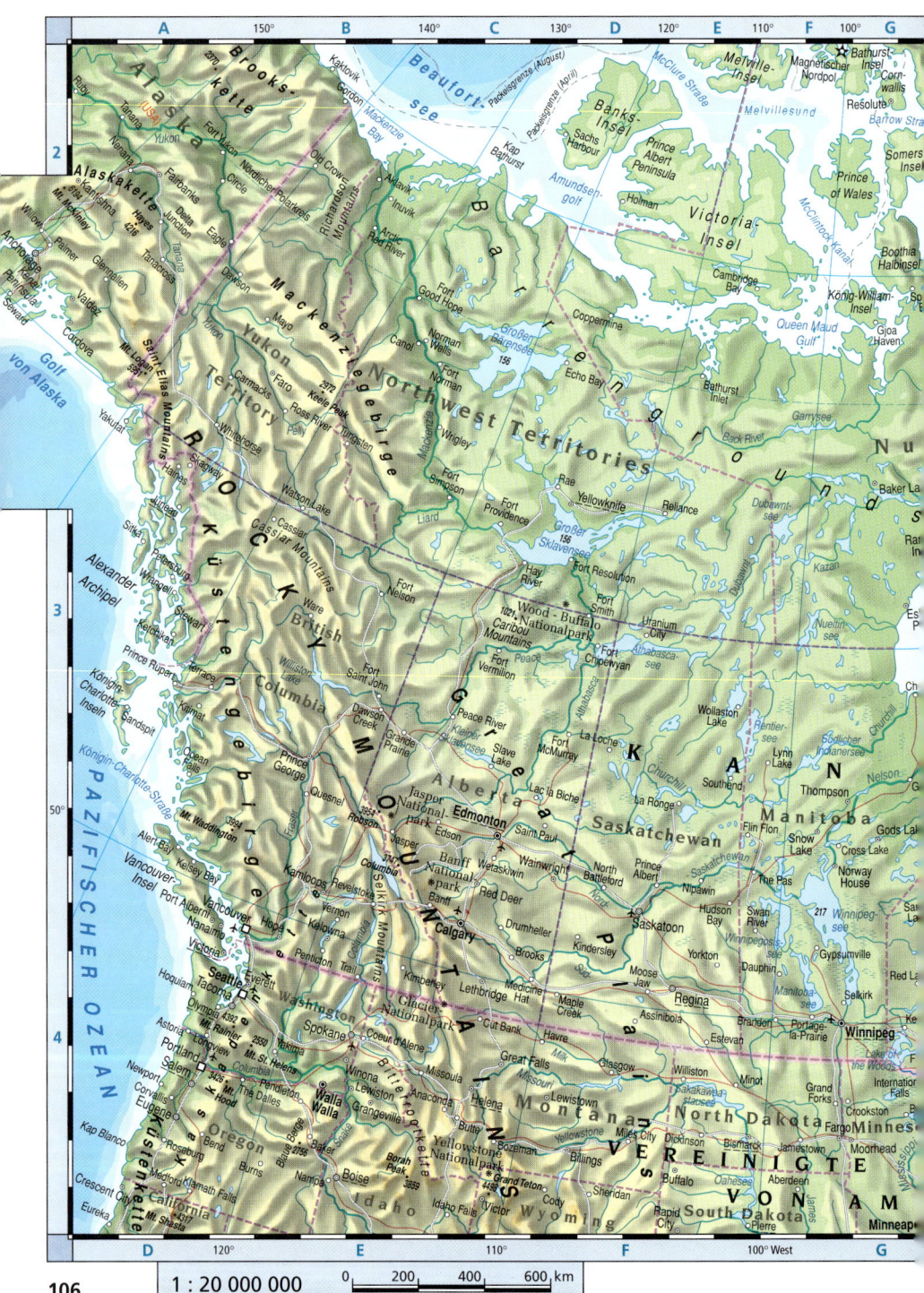

1 : 20 000 000

0   200   400   600 km

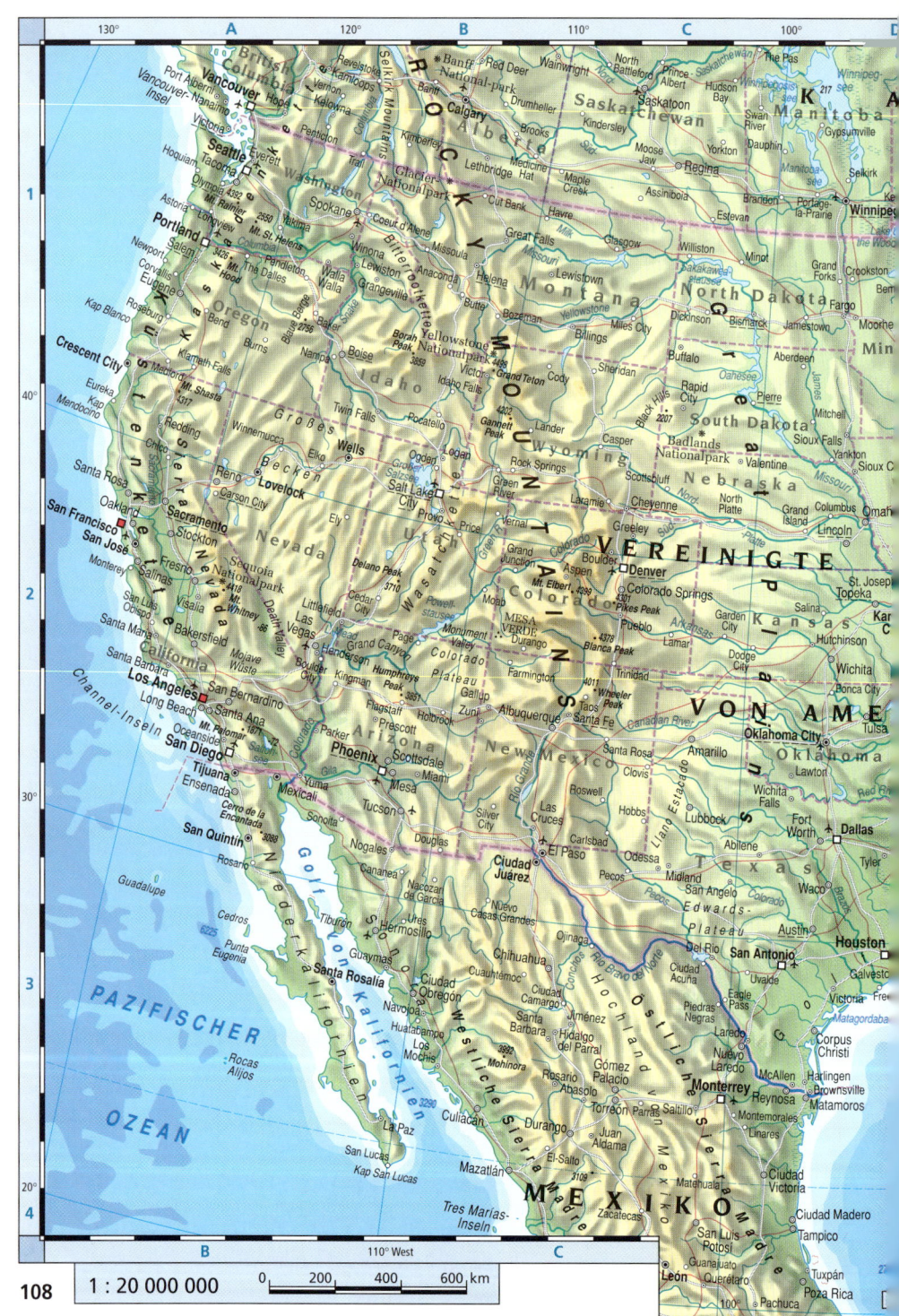

1 : 20 000 000

90° E 80° F 70° G 60° H

K A N A D A

Sandy Lake · Attawapiskat · Akimiski James bai
Landsdowne House · Fort Albany · Eastmain
ed Lake · Fort Rupert · Québec
Ontario · Clay Belt · Moosonee
Hearst · Matagami · Port-Cartier · Baie-Comeau · Sept-Îles · Port-Menier Anticosti- · Golf
Dryden · Chibougamau · Auterive · Rimouski · Gaspé · Channel-Port-aux-Basques
Thunder Bay · Marathon · Cochrane · Rouyn · Val d'Or · Riviére-du-Loup · Farmington · Houlton · Kap Nord
Kapuskasing · Timmins · Jonquière · Québec · New Brunswick · Fredericton · Mandon · Sydney Cabot Straße
183 · Cobalt · Trois-Rivières · Sherbrooke · Edmundston · Fredericton · Moncton · Cape Breton Island
701 · Sudbury · North Bay · Pembroke · Ottawa · Montréal · Granby · Augusta · Mt. Washington · Bangor · Nova Scotia
Oberer See · Sault Sainte Marie · Blind River · Georgian bai · Montpelier · Vermont · Portland · Kap Sable · Halifax · Yarmouth
Duluth · Houghton · Wisconsin · Petoskey · Alpena · 177 · 1917 · New Hampshire · Concord · Boston
Superior · Ashland · Marquette · Escanaba · Owen Sound · Oshawa · Toronto · Ontariosee · Syracuse · Albany · Providence
St. Paul · Green Bay · Michigan · Saginaw · Hamilton · Niagara Falls · Rochester · Binghamton · Hartford · New Bedford
neapolis · Appleton · Grand Rapids · Flint · Buffalo · Eriesee · Scranton · Allentown · New Haven · Long Island
La Crosse · Madison · Milwaukee · Lansing · Windsor · Erie · Pennsylvania · Harrisburg · Trenton · New York
Rochester · Milwaukee · South Bend · Detroit · Lorain · Akron · Pittsburgh · Philadelphia
Mason City · Cedar Rapids · Rockford · Chicago · Fort Wayne · Toledo · Cleveland · Ohio · N.J. · Atlantic City
Dubuque · Gary · Lima · Dayton · West Virginia · Baltimore · Md. · Delaware · Dover
Davenport · Peoria · Champaign · Indianapolis · Columbus · Cincinnati · Annapolis · Washington D.C.
Des Moines · Joliet · Indiana · Decatur · Frankfort · Shenandoah Nationalpark · Richmond · Chesapeakebai
Quincy · Springfield · Illinois · Terre Haute · Louisville · Lexington · Virginia · Norfolk · Virginia Beach
Columbia · St. Louis · Missouri · Evansville · Kentucky · Lynchburg · Roanoke · Kap Hatteras
erson City · Carbondale · Paducah · Mammoth Cave Nationalpark · Pulaski · Durham · Pamlico Sound
Springfield · Blytheville · Nashville · Knoxville · Mt. Mitchell 2037 · Greensboro · Raleigh
rks Plateau · **S T A A T E N** · Tennessee · Chattanooga · Asheville · Charlotte · Fayetteville · North Carolina
Little Rock · Jackson · Gadsden · Rome · Greenville · Columbia · Wilmington
Pine Bluff · Memphis · Huntsville · South Carolina
rkana · Mississippi · Tuscaloosa · Birmingham · Atlanta · Macon · Augusta · Charleston
El Dorado · Greenville · Meridian · Columbus · Georgia · Montgomery · Savannah
reveport · Monroe · Alabama · Dothan · Albany · Valdosta
Louisiana · Natchez · Jackson · Mobile · Pensacola · Jacksonville · Blake- 770 plateau
Alexandria · Baton Rouge · Gulf Port · Tallahassee · Gainesville · Saint Augustine · Daytona Beach
Lake Charles · New Orleans · Panama City · Kap San Blas · Florida · Ocala · Kap Canaveral Cocoa Beach
thur · Mississippi-delta · 25 · Orlando · Tampa · Lakeland · West Palm Beach
Saint Petersburg · Sarasota · Lake Okeechobee · Great Abaco
Fort Myers · Fort Lauderdale · Grand Bahama · Eleuthera
Golf · Everglades Nationalpark · Miami · Miami Beach · **BAHAMAS**
exikanisches Becken · 5205 · Key West · Kap Sable · Florida Keys · Nassau · Cat
von Mexiko · Floridastraße · Andros · Exuma · Acklins · Turks-und Caicosinseln (Brit.)
5 · Havanna · Matanzas · Santa Clara · Große Bahamabank · Long · Inagua-Inseln · Cockburn Town
Progreso · Artemisa · Guines · Sagua la Grande · Sancti Spiritus · Holguin · **HAITI** · DOMINIKANISCHE REPUBLIK
olf von · Tizimin · Cancún · Pinar del Rio · Cienfuegos · Ciego de Avila · Camagüey · 4410 · Gonaïves · Santiago
empeche · Mérida · CHICHEN ITZA · Cozumel · **K U B A** · Manzanillo · Santiago de Cuba · Guantánamo
UXMAL · Peto · Cozumel · **Cayman-Inseln** (Brit.) · Georgetown · **JAMAIKA**

ATLANTISCHER
Nordamerikanisches
Becken
OZEAN
Sargassosee
Nördlicher Wendekreis

Ma.- Massachusetts
Ct.- Connecticut
R.I.- Rhode Island
Md.- Maryland
D.C.- District of Columbia
N.J.- New Jersey
N.H.-New Hampshire

1
40°
2
30°
3
20°
4
70°

E 80° F

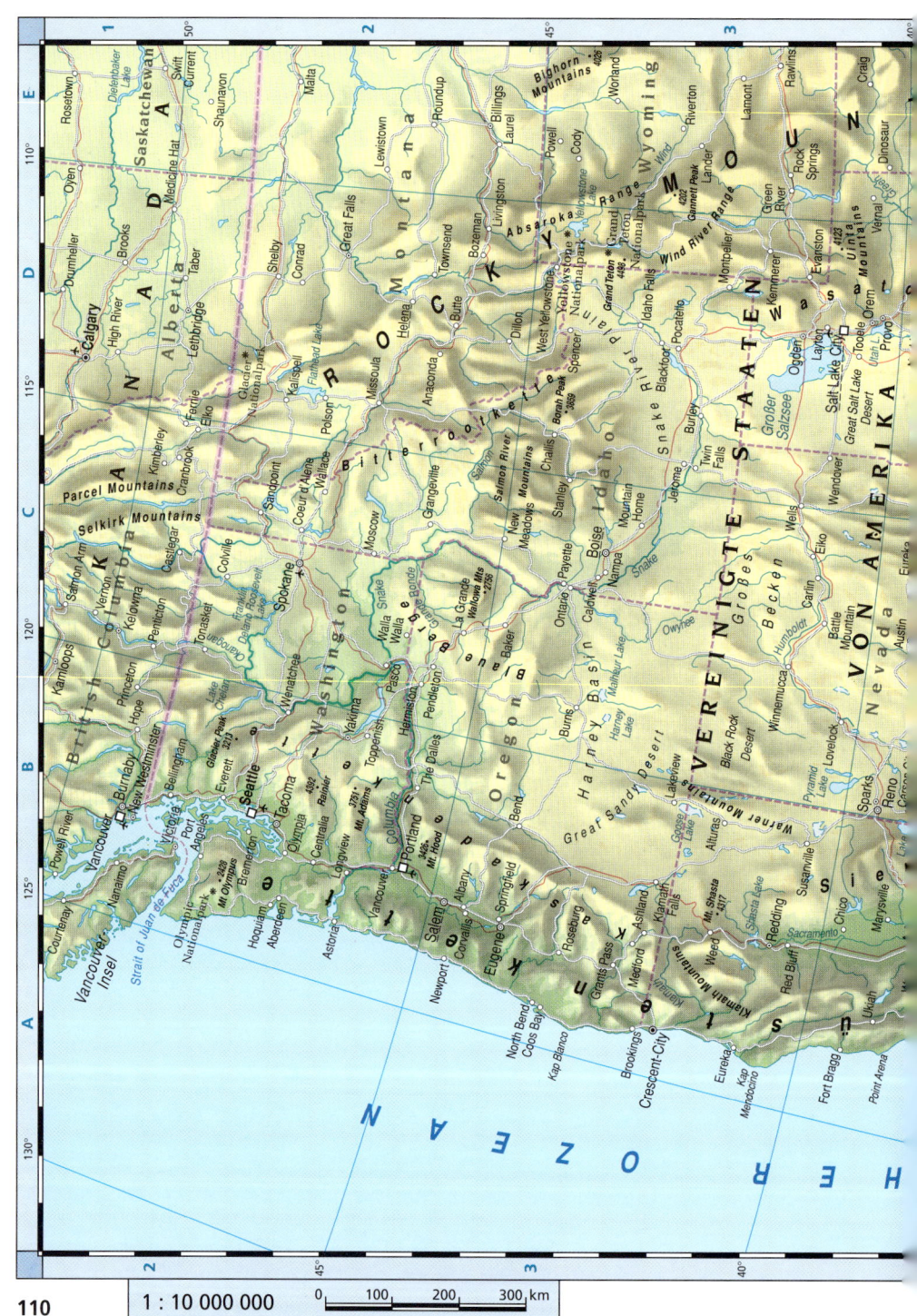

1 : 10 000 000

0   100   200   300 km

m +4000 | 4000 | 2000 | 1000 | 500 | 200 | 0 | Depression

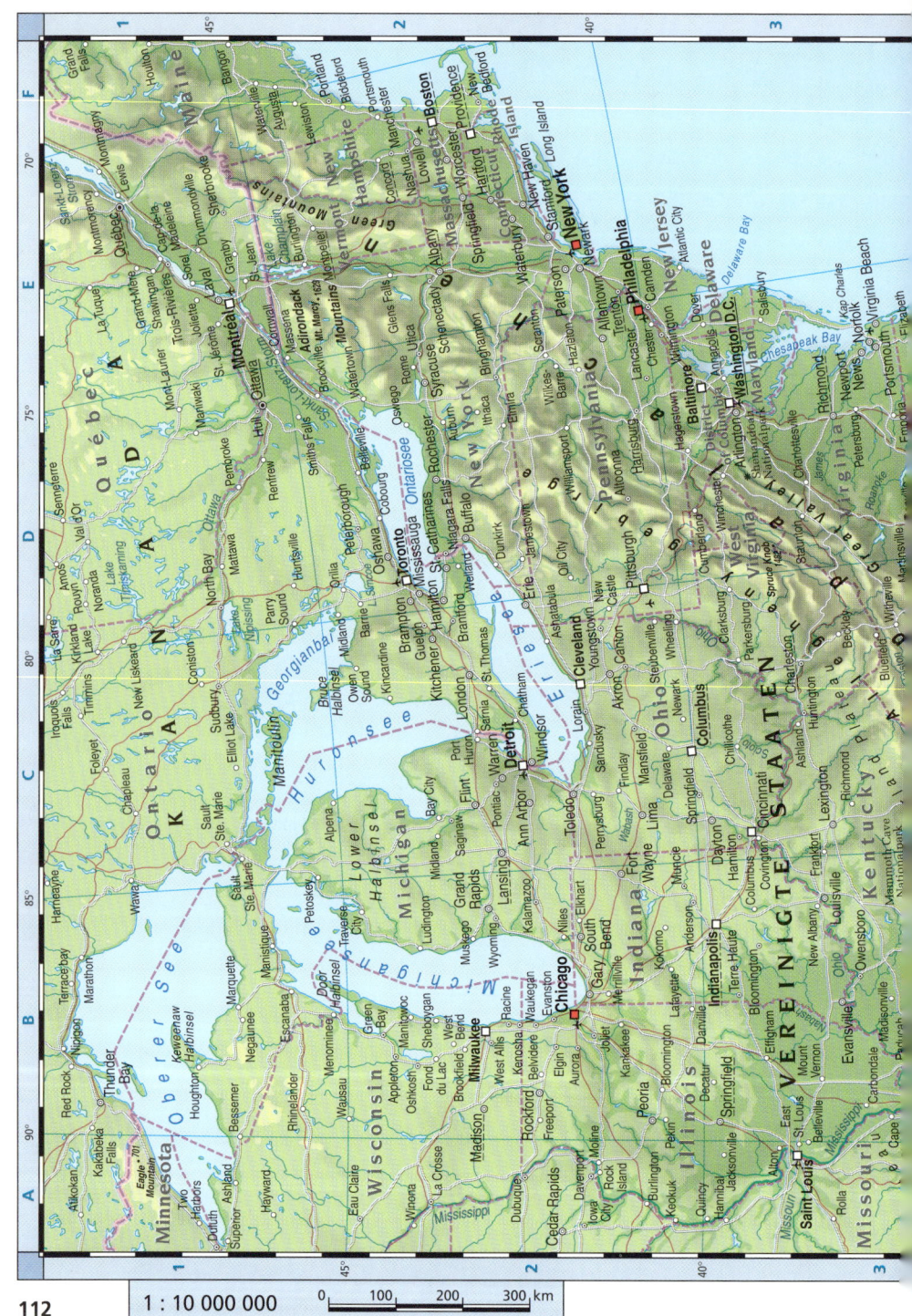

1 : 10 000 000   0   100   200   300 km

m 2000 | 1000 | 500 | 200 0

1 : 20 000 000

0   200   400   600 km

Grand Bahama

Great Abaco

Northeast Providence Channel

New Providence

Eleuthera

BAHAMAS

Nassau

Andros

Behring Point

Cat

Mangrove Cay

San Salvador

Water Cays

Exuma

Rum Cay

Long

Clarence Town

Ragged Insland Range

Acklins

Mayagu

Inagua-Inseln

Matthew Town

Ca b.

Caicos Passe

Nördlicher Wendekreis

Havanna

Matzanzas

Artemisa

Cardenas

Sagua la Grande

Güines

Pinar del Río

Güira de Melena

Colón

Santa Clara

Archipiélago de Camagüey

Manatua

Péninsula de Zapata

Cienfuegos

Yaguajay

Placetas

Morón

Insel der Jugend (Pinos)

Bahía de Cochinos

Sancti Spíritus

Ciego de Ávila

Nuevitas

Golf von Batabanó

Golf von Guacanayabo

KUBA

Camagüey

Puerto Padre

Gibara

Santa Cruz del Sur

Victoria de las Tunas

Banes

Moa

Jardines de la Reina

Guayabal

Manzanillo

Holguín

Bayamo

Mayarí

Baracoa

Punta Maisí

Sierra Maestra

Guantánamo

Tortue

Kap Cruz

Santiago de Cuba

Jean-Rabel

Cap-Haï

Windward Passage

Gonaïves

HAI

Cayman-Inseln
(Brit.)

Georgetown

Gonâve

Kap Dame Marie

Jérémie

Massif du Sud

Port--au-Prince

Montego Bay

Falmouth

Blue Mountain Peak

Les Cayes

Jacmel

Mai

South Negril Point

May Pen

JAMAIKA

Spanish Town

Kingston

Santanilla
(Honduras)

Explorerbank

HONDURAS

Kap Gracias a Dios

Cayos Miskitos

Puerto Cabezas

Providencia
(Kolumbien)

Kolumbienbecken

NICARAGUA

San Andrés
(Kolumbien)

Maíz (Nicaragua)

Bluefields

Riohacha

San Juan del Norte

Santa Marta

Barranquilla

KOLUMBIEN

1 : 10 000 000

0   100   200   300 km

70°   D   65°   E

1
25°

A T L A N T I S C H E R

2

O Z E A N

Caicos   **Turks-und**
Islands   **Caicosinseln**
            (Brit.)
   ○Cockburn Town
Turks Islands
Mouchoir Passage
Mouchoirbank   *Silverbank*

20°

Puerto-Rico-Graben

aniola   9200   Milwaukeetiefe
ontecristi Puerto Plata
DOMINIKANISCHE
Santiago○   Nagua
        Sánchez   **Jungfern-Inseln**
Cordillera Central La Vega Kap San Rafael   (USA-Brit.)
3175   **REPUBLIK**   El Macao   *St.* *Tortola* *Anegada*
Lago Azua   Arecibo San Juan *Thomas* Road Town
Enriquillo Santo   Bayamón Caguas Charlotte *Anegada Passage* Anguilla (Brit.)
nlo **Domingo** San La Romana ●1338 Amalie   St. Barthélemy (Frankreich)
Barahona San Pedro Saona San German Ponce *Vieques* Saba (N.) Barbuda
○Oviedo   Mona **Puerto Rico** *St. Croix*   **ANTIGUA UND**
Kap Beata   (USA)   (USA)   **ST. KITTS** Basseterre **BARBUDA**
                            UND NEVIS
                        Montserrat St. John's
l   *l*   *e*   *n*   (Brit.)   *Guadeloupe Passage* **Guadeloupe**
                        Soufrière (Frankreich)
                        1467 Pointe-à-Pitre
Venezuela-   Basse-Terre *Marie-Galante*
                        Dominica Pas. (Frankreich)
            Aves   1450
            (Venezuela) **DOMINICA** Roseau
                        Martinique Passage
s *M* *e* *e* *r*   Mont 1397 **Martinique**
                Pelée Fort-de-France (Frankreich)
            5650   *Saint Lucia-Channel*
becken   Castries
                360   **SAINT LUCIA**
                    St. Vincent Passage **BARBADOS**
Niederländische Kingstown Bridgetown
Antillen
(Niederlande)   *K* *l* *e* *i* *n* *e*   **ST. VINCENT**
Aruba   **UND GRENADINEN**
Oranjestad   *Carriacou*
Curaçao   *Orchila* Blanquilla St. George's **GRENADA**
Willemstad
        Los Roques   *I n s e l n   u n t e r   d e m   W i n d e*
Golf von   (Venezuela)   Tobago
Venezuela Coro   Margarita **TRINIDAD** Scarborough
        Puerto La Guaira   **UND TOBAGO**
70° West Cabello Tortuga Carúpano Port of Spain *Trinidad*
        □**Caracas** Cumaná Turimiquire San Fernando
Valencia Maracay   Barcelona Puerto la Cruz 2596
10°   D   **V E N E Z U E L A**   E   10°

3

15°

4

m +4000 | 4000 | 3000 | 2000 | 1000 | 200 | 0 | 200 | 1000 | 2000 | 4000 | 5000 | 6000 | 7000 | +8000 m

A 90° **B** 80° **C**

70°

K a r i b i s c h

Niederländis
Antillen
(Niederland)

4245

Guatemala
Escuintla
GUATEMALA
Santa Ana
San Salvador
EL SALVADOR
San Vicente
San Miguel
HONDURAS
Tegucigalpa
Choluteca
León
Managua
Granada
NICARAGUA
Cord. Isabella
Matagalpa
San Carlos
Nicaragua S.
Bluefields

Providencia
Banco
de Serrana
(Kolumbien)
San Andrés

Kolumbien-

becken

Kap
Gallinas
Halbinsel
von Guajira
Paraguaná
Halbinsel
Golf von
Venezuela

Aruba

COSTA RICA
Alajuela
Heredia
Limón
San José
Cartago
Halbinsel Nicoya
Chirripó

Santa Marta
Ciénaga
Barranquilla
Cartagena
Pico Cristóbal
Colón
El Carmen

Riohacha

5775

Maracaibo

3750

Cabimas
Barquisim

Maracaibo
see

Valera
Mérida
5002
Pico Bolívar
Kordillere von Mérida

Cord.

Colón
Panamá
Golf von
Darién
La Palma
Montería
Turbo

El Banco

Ocaña
Cúcuta

Barrancabermeja

Bucaramanga

San Cristóbal
Arauca

Yopal

PANAMÁ
David
Santiago
Coiba
Halbinsel
Azuero
Kap
Mala
Chitré Golf von
Panamá

Nevado
del Cocuy
5493

Orocué

Quibdó
Medellín
Manizales
Pereira
Armenia Ibagué
Cali
Palmira

Nevado
d. Tolima
5215

Tunja
Bogotá

Villavicencio

4560

5750

Nevado
del Huila
5365

Neiva

KOLUMBIE

San José
del Guaviare

Mitú

Buenaventura
Popayán
Pasto
Ipiales
Ibarra
Tumaco
San Lorenzo
Esmeraldas
Kap Galera

Mocoa
Puerto Asís

Florencia
Miraflores

Lérida

Araracuara

La Pedre

Quito
Cayambe
5897
Cotopaxi
Chimborazo
6310
Riobamba
Manta Portoviejo
Ambato
Macas
Guayaquil
ECUADOR
La Puntilla
Santa
Elena
Machala
Tumbes
Azogues
Cuenca

5790

Nuevo
Rocafuerte

Iquitos

Pebas

Leticia

Golf von
Guayaquil

Talara
Kap
Pariñas
Piura
Kap
Aguja
Sechura-
Wüste

Loja Zamora
Chulucanas
Sullana
3034
Jaén

Borja
Bagua
Yurimaguas
Moyobamba
Chachapoyas

Cruzeiro
do Sul

Eiruné

Chiclayo
Pacasmayo
Puerto
Chicama
CHAN CHAN
Trujillo
Chimbote
Huarmey

Cajamarca
6768
Huascarán
Huaraz

Tarapoto
Juanjui
Pucallpa

Tingo
María
Huánuco

Tarauacá

A c r e

Cerro de Pasco
Huacho
Callao
Lima

Huancayo
Huancavelica
Ayacucho
Chincha Alta
Pisco
Kap
Carreta
Ica
Nazca
San Juan
Puerto
Chala
Camaná
Mollendo
Ilo

6271
Salcantay
Abancay
Puquio
Coropuna
6425
Chachani
6075

MACHU
PICCHU
Cuzco
6384
Ausangate

PISAC
Sicuani

Juliaca
Pu

PERU

Coropuna

Arequipa

Golf
von Arica

Tacna

PAZIFISCHER

OZEAN

Kokos-Insel
(Costa Rica)
Kokosschwelle

Malpelo
(Kolumbien)

3901

1790

Carnegieschwelle

San Salvador
Isabela
Santa Cruz
San Cristóbal
Galápagos-Inseln
(Ecuador)

4146

1 : 20 000 000

0 200 400 600 km

ATLANTISCHER

OZEAN

Guayana-becken

VENEZUELA

Kleine Antillen

DOMINICA
Roseau
Fort-de-France
Martinique (Frankreich)
Castries
SAINT LUCIA

SAINT VINCENT
UND GRENADINEN
Kingstown
GRENADA
Saint George's

BARBADOS
Bridgetown

Aves (Venezuela)
5850

Los Roques
Blanquilla
Bonaire
Puerto Cabello
Tortuga
Margarita
La Asunción
TRINIDAD
UND TOBAGO
Trinidad
San Fernando

Tobago
Port of Spain
Drachensund

Maiquetia
Maracay
Cumaná
Carúpano

Caracas
1931
Barcelona
Maturín
Orinoco-delta

San Juan de los Morros
El Tigre
Cord. de la Costa
Morawhanna
Tucupita

Mabaruma
Charity

Ciudad Guayana
Suddie
Georgetown

Ciudad Bolívar
Puerto Ordaz
Ciudad Pian
Bártica
New Amsterdam

San Fernando de Apure
Calcara
Maripa
El Dorado
Mahdia
Linden
Nieuw Nickerie
Totness
Groningen
Paramaribo

Bergland
Angel-Falle
2953
Pool
Auyán Tepui
2810
La Gran Sabana
Uriman
Brokopondo
Saint-Laurent-du-Maroni
Kourou

von
2285
Roraima
Cayenne

Puerto Ayacucho
Santa Elena de Uairén
SURINAME
Régina
Kap Orange

San Fernando de Atabapo
GUYANA
Saül
Olapoque

Marahuaca
2579
Sierra Pacaraima
Französisch-Guayana

Maroa
Lethem
1230
Calçoene
Amapá
Maracá

San Carlos de Río Negro
Boa Vista
Serra do Navio

Neblina
3014
Biloku
Serra Acaraí
Amapá

Içana
Caracaraí
Roraima
Caviana

Uaupés
Tapurucuara
Ilha Grande
Macapá
Chaves
Mexiana

Japurá
Maraã
Barcelos
Moura
Represa Balbina
Óbidos
Almeirim
Gurupá
Bréves
Marajó
Spure
Vigia
Bragança

Fonte Boa
Manaus
Itacoatiara
Parintins
Santarém
Cametá
Belém
Abaetétuba

Tefé
Manacapuru
Maués
Altamira
Tucuruí
Viseu

Ipiranga
Lago de Coari
Coari
Borba
Itaituba
Pará
Serra dos Carajás
Marabá
Imperatriz

Carauari
Tapauá
Manicoré
Jacaréacanga
Entre Rios
Nazaré
Tocantinópolis
Pôrto Franco
Maranhão

Amazonas
Lábrea
Castanho
Recreio
São Félix do Xingu
Conceição do Araguaia
Araguaína
Carolina

Boca do Acre
Humaitá
Aripuanã
Cachimbo
Araguacema
Pedro Afonso
Piauí

Sena Madureira
Pôrto Velho
Alta Floresta
BRASILIEN
Palmas do Tocantins
Corrente

Branco
Ariquemes
Serra do Cachimbo
Pôrto Nacional
Tocantins

Riberalta
Guajará-Mirim
Rondônia
Serra formosa
São Félix
Gurupi
Dianópolis
Bahia

Puerto Siles
Cacoal
Vilhena
Juruena
Telles Pires
Serra do Roncador
Porangatu

BOLIVIEN
Puerto Villanzon
Mato Grosso
Nortelândia
Mato
Diamantino
Aruanã
Ceres
Uruaçu
Posse

La Paz
El Pico
Concepción
Cuiabá
Grosso
Aragarças
Goiás
Formosa
Brasília

Cochabamba
Montero
San Ignacio
Cáceres
Poconé
Rondonópolis
Iporá
Goiânia
Anápolis

Oruro
El Cerro
San José
Alto Araguaia
Minetros
Rio Verde
Itumbiara
Catalão
Minas Gerais

Aiquile
Robore
Pantanal
Coxim
São Simão

Mato Grosso do Sul

D   60° West   E   50°   F

m +4000 | 4000 | 3000 | 2000 | 1000 | 500 | 200 | 0 | 200 | 500 | 1000 | 2000 | 3000 | 4000 | 5000 | 6000 m

121

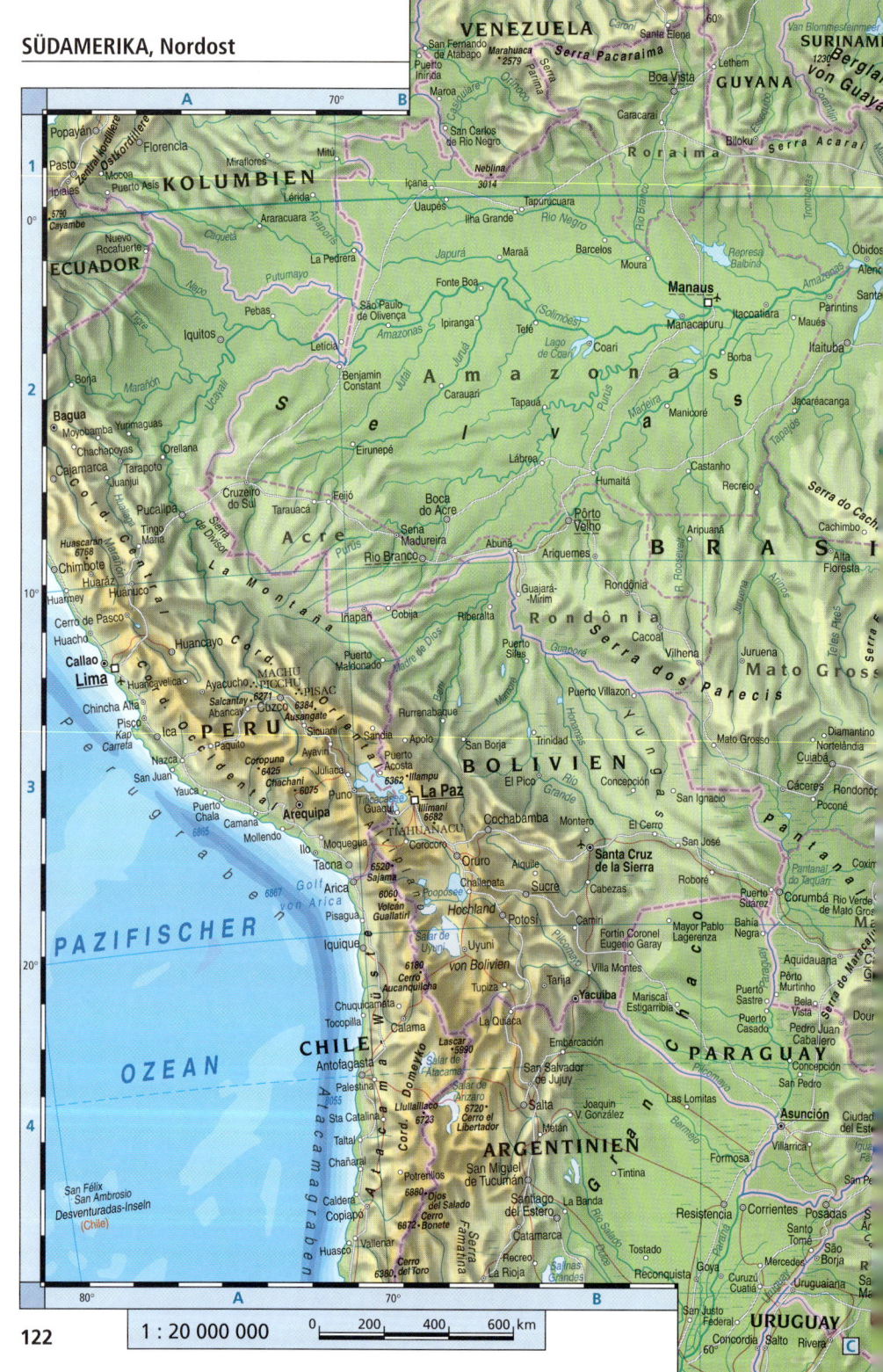

VENEZUELA
SURINAM
GUYANA

Serra Pacaraima
San Fernando de Atabapo
Marahuaca 2579
Puerto Inírida
Maroa
Boa Vista
Caracarai
Biloku
Lethem
Berglar von Guaya
1230

Roraima
Serra Acarai

San Carlos do Rio Negro
Içana
Neblina 3014
Uaupés
Tapurucuara

Popayano
Pasto
Florencia
Miraflores
Mitú
Ipiales
Mocoa
Puerto Asís
KOLUMBIEN
Lérida
Ilha Grande
Rio Negro
Óbidos
Alenc

ECUADOR
Nuevo Rocafuerte
Cayambe 5790
La Pedrera
Araracuara
Japurá
Maraã
Barcelos
Moura
Represa Balbina
Santa

Pebas
Putumayo
São Paulo de Olivença
Fonte Boa
Manaus
Manacapuru
Itacoatiara
Maués
Parintins
Itaituba

Iquitos
Napo
Leticia
Ipiranga
Tefé
(Solimões)
Amazonas
Borba

Borja
Marañón
Benjamin Constant
Carauarí
Lago de Coari
Coari
Amazonas

Bagua
Moyobamba
Yurimaguas
Chachapoyas
Orellana
Eirunepé
Tapauá
Purus
Manicoré
Madeira
Jacaréacanga
Serra do Cach

Cajamarca
Tarapoto
Juanjui
Cruzeiro do Sul
Feijó
Sena Madureira
Labrea
Humaitá
Castanho
Recreio
Tapajos

Pucallpa
Tarauacá
Acre
Boca do Acre
Abuná
Pôrto Velho
Aripuaná
Cachimbo
Alta Floresta

Huascarán 6768
Tingo Maria
Rio Branco
Guajará-Mirim
Rondônia
Ariquemes
BRASI
Serra

Chimbote
Huaraz
Huánuco
Inapari
Cobija
Riberalta
Cacoal
Vilhena
Juruena
Mato Gross

Huarmey
Cerro de Pasco
Huancayo
Puerto Maldonado
Madre de Dios
Puerto Siles
Rondônia
Serra dos Parecis

Huacho
Callao
Lima
Huancavelica
MACHU PICCHU
PISAC
Salcantay 6271
Cuzco 6384
Ausangate
Sandia
6362 Illampu
Apolo
San Borja
Rurrenabaque
Trinidad
Mato Grosso
Diamantino
Nortelândia
Cuiabá
Pantana

Chincha Alta
Pisco
Kap Carreta
Ica
Nazca
San Juan
Yauca
PERU
Ayacucho
Abancay
Coropuna 6425
Chachani
Chanani 6075
Ayavin
Juliaca
Puno
Puerto Acosta
El Pico
Concepción
San Ignacio
Cáceres
Rondónop
Poconé

Paquito
Coropuna
Arequipa
Guaqui
Tiahuanacu
La Paz
Illimani 6682
BOLIVIEN
Cochabamba
Montero
El Cerro
San José
Robóre
Puerto Suárez
Corumbá
Rio Verde de Mato

Puerto Chala
Camana
Mollendo
Ilo
Moquegua
6520
Sajama 6520
Corocoro
Oruro
Challapata
Aiquile
Sucre
Cabezas
Camiri
Mayor Pablo Lagerenza
Bahía Negra
Aquidauana
Pôrto Murtinho
Ma

Tacna
Arica
Pisagua
6060
Volcán Guallatiri
Poopósee
Hochland
Potosí
Fortín Coronel Eugenio Garay
Puerto Sastre
Bela Vista
Dour

Iquique
Salar de Uyuni
von Bolivien
Uyuni
Villa Montes
Tarija
Mariscal Estigarribia
Puerto Casado
Pedro Juan Caballero
Concepción

PAZIFISCHER
Chuquicamata
Tocopilla
Cerro Aucanquilcha 6190
Tupiza
La Quiaca
Yacuiba
PARAGUAY
Puerto Pinasco
San Pedro

OZEAN
Calama
CHILE
Antofagasta
Palestina
Lascar 5990
Salar de Atacama
Embarcación
San Salvador de Jujuy
Las Lomitas
Asunción
Ciudad del Este

San Félix San Ambrosio
Desventuradas-Inseln (Chile)
Sta Catalina
Llullaillaco 6720
Salar de Arizaro
Cerro el Libertador
Salta
Metán
Joaquin V. González
Villarrica
Formosa
San P

Taltal
Chañaral
Potrenillos
5880
Cerro Bonete 6872
San Miguel de Tucumán
Santiago del Estero
La Banda
Tintina
Resistencia
Corrientes
Posadas
Santo Tomé

Caldera
Copiapó
Ojos del Salado 6880
Cerro 6872
Catamarca
Recreo
Tostado
Reconquista
Goya
Curuzú Cuatiá
São Borja

Huasco
Vallenar
Cerro del Toro 6380
Cerro Famatina 6380
La Rioja
Salinas Grandes
Río Salado
Uruguaiana
Ma

ARGENTINIEN
URUGUAY

1 : 20 000 000

0   200   400   600 km

A   70°   B   C   60°

ATLANTISCHER OZEAN

Äquator

Südlicher Wendekreis

5

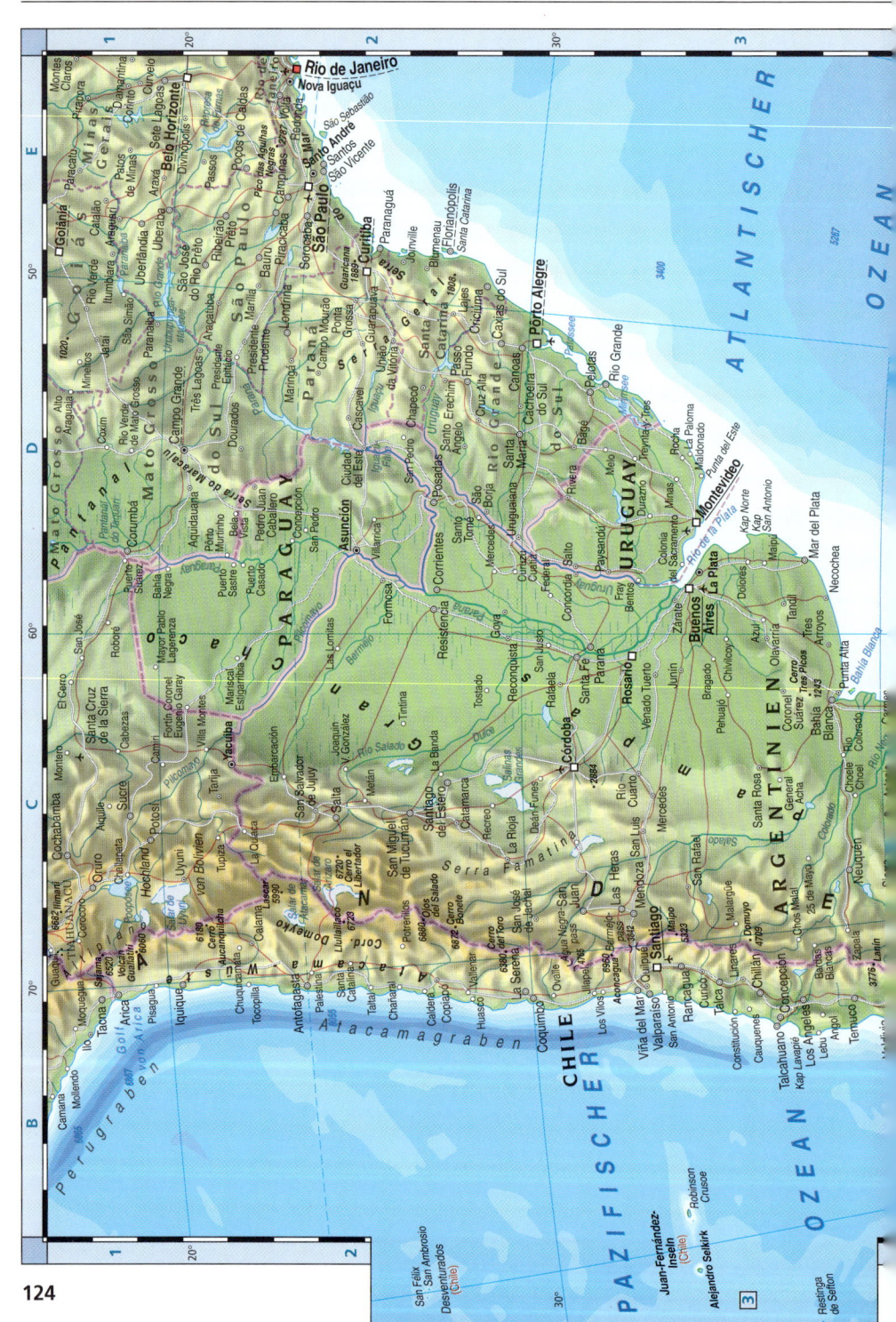

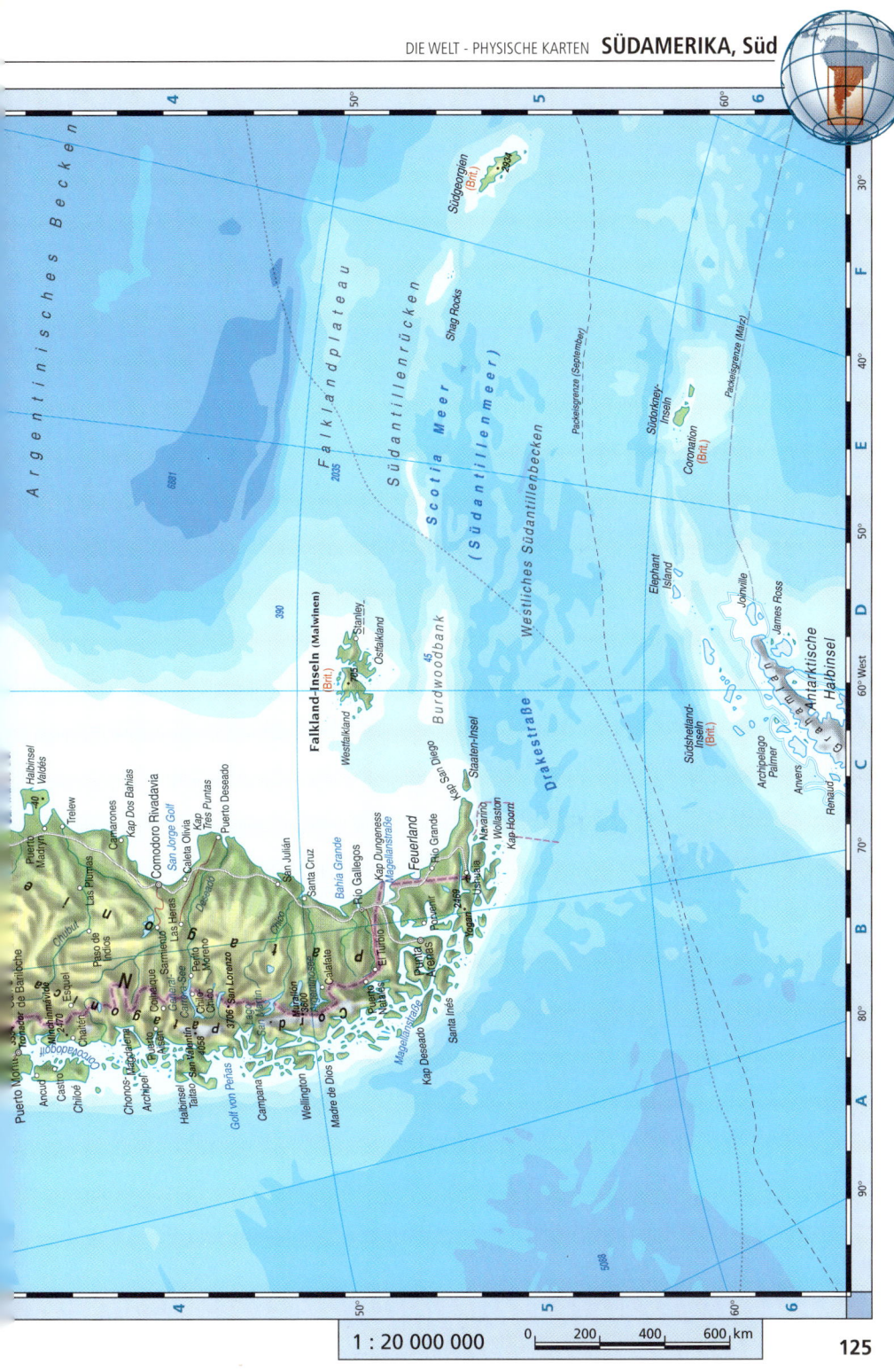

1 : 20 000 000

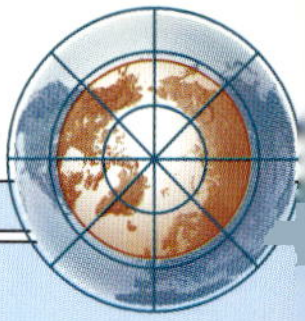

NORDAMERIKA

Labrador

Hudson-bai

S

3

2

A

B

C

Rocky Mountains

Küstengebirge

1721

140°

Labrador-becken

R

Labrador-see

Baffin-Insel

Grönland

Größer Sklavensee

Größer Bärensee

Mackenzie

Golf v. Alaska

5951 Logan

D

K. Farvel

40°

Victoria-Insel

Mt. McKinley 6194

Banks-Insel

Alaska

Reykjanes-rücken

Q

Baffin-bai

2470

Königin-Elisabeth-Inseln

Beaufort-see

Yukon

ATLANTISCHER

20°

OZEAN

Island

2119

Dänemarkstraße

Gunnbjørns Fjeld 3708

Magnetischer Nordpol

Ellesmere-Insel

1

Alpharücken

Kanada-becken

Kap Barrow

Beringstraße

E

160°

Treibeisgrenze

Kap Morris Jesup

50

180°

P

Färöer

Beerenberg 2277

Jan Mayen

2000 m

1000 m

NORDPOLARMEER

Wrangel

Ostsibirische

Beringmeer

West

Ost

Nord-see

Grönlandsee

3745

Grönlandisches Becken

4300

Makarowbecken

Lomonossowrücken

4390

Nordpol

See

F

Europäisches

Nordmeer

Eurasiabecken

Nansenrücken

Svalbard

Packeisgrenze (April)

2469

Skandinavien

Nordkap

Franz-Josef-Land

1

Neusibirische Inseln

Kamtschatka

160°

O

Ostsee

20°

Barents-see

Sewernaja Semlja

Packeisgrenze (August)

Laptew-see

Kolyma

EUROPA

Ladoga-see

Nowaja Semlja

Taimyr-Halbinsel

Pobeda 3147

Werchojansker Gebirge

G

N

Onegasee

Kara-see

140°

2412

Osteuropäisches Tiefland

Uralgebirge

1895

Ob

Jenissej

Nördlicher Polarkreis

1701

ASIEN

Mittel-sibirisches

Lena

60°

120°

Stanowoigeb.

H

M

West-sibirisches Tiefland

Bergland

2

S

I

B

I

R

I

E

N

100°

J

L

3

K

1 : 55 000 000

0   550   1100   1650 km

ATLANTISCHER
OZEAN

Atlantisch-Indisches Südpolarbecken

Südantillen-
meer

Südsandwich-
Inseln
(Brit.)

Orcades (Arg.)
Signy Island
(Brit.)
Südorkney-Inseln
(Brit.)

Südshetland-
Inseln

Georg von Neumayer
(Deutschland)
Sanae
(Südafrika)
Kap Norvegia
Novolazarevskaja
(Russland)
Syowa
(Japan)

Königin-Maud-
Land

Molodeznaja
(Russland)

Kap Ann

INDISCHER

2000 m
Mizuho
(Japan)

Mac Robertson
Land

OZEAN

Kap
Hoorn

Antarktische
Halbinsel

Weddell-
meer

Halley Bay
(Brit.)

3000 m

Mt. Menzies
3355

Mawson
(Australien)

Kerguelen-
rücken

San Martin (Arg.)
Filchner
(Deutschland)
General Belgrano
(Argentinien)

Lambert
Glacier

Rothera
(Brit.)

Palmerland

Berkner-Insel

Davis
(Australien)

American
Highland

Davis-
see

Alexander-
Insel

Fossil Bluff
(Brit.)

Ronne-
Schelfeis

ANTARKTIS

Bellingshausen-
plateau

Bellingshausen-
see

Vinsonmassiv
Edith-Ronne-Land

2833
Südpol

Siple Station
(USA)
5140

Amundsen-Scott Station
(USA)

Mirny
(Russland)

Podeba-
Insel

Thurston-
Insel

Vostok
(Russland)

Amundsen-
see

Marie-Byrd-
Land

Mt. Kirkpatrik
4528

Ross
Schelfeis

Mt. Markham
4350

Casey
(Australien)

Kap Poinsett

4181
Mt. Sidley

Kap Dart

Roosevelt-
Inseln

Mc Murdo
(USA)

Packeisgrenze (März)

Scott (Neus.)

3795
Mt. Erebus

Amundsen-
plateau

5126

Ross-
meer

Baia Terra
Nova
(Italien)

Victoria-
land

4163
Mt. Minto

Leningradskaja
(Russland)

Dumont D' Urville
(Frankreich)

Dumont-
D'Urville-
see

PAZIFISCHER OZEAN

Kap Adare

Balleny-
Inseln

Magnetischer
Südpol

Südlicher Polarkreis

Scott-
Inseln

Packeisgrenze (September)

Treibeisgrenze

West 180° Ost

orschungsstation
1-Comandante Ferras (Brasilien)
2-Bellingshausen (Russland)
3-Capitán Arturo Prat (Chile)
4-Petrel (Argentinien)
5-Esperanza (Argentinien)
6-General Bernardo O'Higgins (Chile)
7-Vicecomodoro Marambio (Argentinien)
8-Primavera (Argentinien)
9-Almirante Brown (Argentinien)
10-Palmer Station (USA)
11-Faraday (Brit.)

m 4000 | 3000 | 2000 | 1000 | 200 | 0 | 200 | 1000 | 2000 | 4000 | 5000 | 6000 | 7000 | +8000 m

127

In den rund 4,5 Milliarden Jahren ihrer Existenz war die Erde ständig natürlichen Veränderungen unterworfen. Besonders tektonische und klimatische Entwicklungen haben den »blauen Planeten«, seine kontinentale Gliederung, seine Klima- und Vegetationszonen, immer wieder neu gestaltet.

Vor etwa 10 000 Jahren begann die kulturelle Entwicklung der Menschheit, die in den letzten 100 Jahren eine globale Dynamik erfahren hat. So sind es heute neben den natürlichen Einflüssen besonders die Menschen, die, geprägt von unterschiedlichen ethnischen, religiösen und ethischen Verhaltensnormen und ausgestattet mit einem ungeheuren wissenschaftlich-technischen und wirtschaftlichen Vermögen, die Welt verändern und das Gesicht unseres Planeten gestalten.

Die Welt

THEMATISCHER

KARTENTEIL

Nördlicher Polarkreis

Nordamerikanische

Platte

Surtsey · Askja
Hekla

Mt. Saint Helens
Lassen Peak

Fayal · Capelinhos

San Andreas-Graben

Lanzarote
Pico de Teide

Nördlicher Wendekreis

Mauna Loa

Paricutín

Pazifische

Popacatépetl · Mont Pelée

Karibische
Izalco · *Platte* · Soufrière

Kokos-
Platte

Äquator

Ruiz
Cotopaxi

Südamerikanische

Ascens

Sajama

Platte

Nazca-

Platte

Südlicher Wendekreis

Maipo

Tristan da Cunh

Corcovado

Drake-Platte

Südlicher Polarkreis

A n t a r k t i s c h e

VULKANISMUS UND ERDBEBEN

⎍ Grenzlinien der Großplatten

▲▲▲ Tiefseegräben (Bereiche aktiver Subduktion)

1 : 120 000 000   0 1200 2400 3600 km

Eurasische Platte

Ägäisch-adriatische Platte

Iranische Platte

Kljutschew

Elbrus
Ararat

Vesuv

Atna
Santorin

Demawend

Fujisan

Aso

Pazifische

Arabische Platte

Philippinen-

Pagan

Emi Koussi

Platte

Platte

rikanische

Afar-Dreieck

Taal

Kamerunberg

Gran Rift
Kilimandscharo

Ngorongoro
Meru

Platte

Krakatau

Merapi

Indisch-

Tarawera
Ruapehu

Australische Platte

Erebus

	Störungszonen		Aktive Vulkane
	Horizontale Bewegungsrichtung der Großplatten		Erdbebenzonen und Epizentren starker Beben

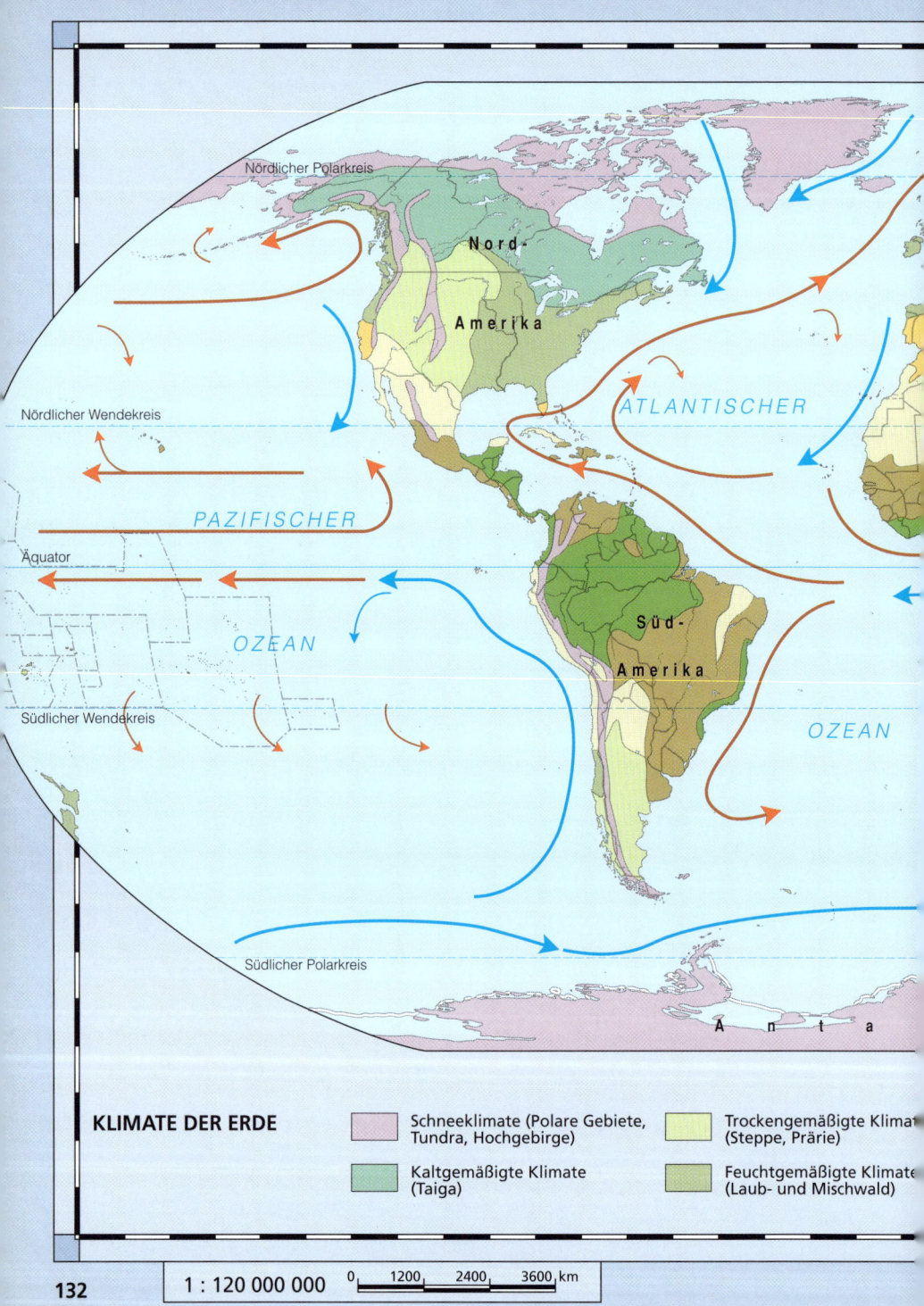

Nördlicher Polarkreis

Nord-

Amerika

ATLANTISCHER

Nördlicher Wendekreis

PAZIFISCHER

Äquator

OZEAN

Süd-

Amerika

Südlicher Wendekreis

OZEAN

Südlicher Polarkreis

Ánta

KLIMATE DER ERDE

Schneeklimate (Polare Gebiete, Tundra, Hochgebirge)

Trockengemäßigte Klima (Steppe, Prärie)

Kaltgemäßigte Klimate (Taiga)

Feuchtgemäßigte Klimate (Laub- und Mischwald)

1 : 120 000 000   0   1200   2400   3600 km

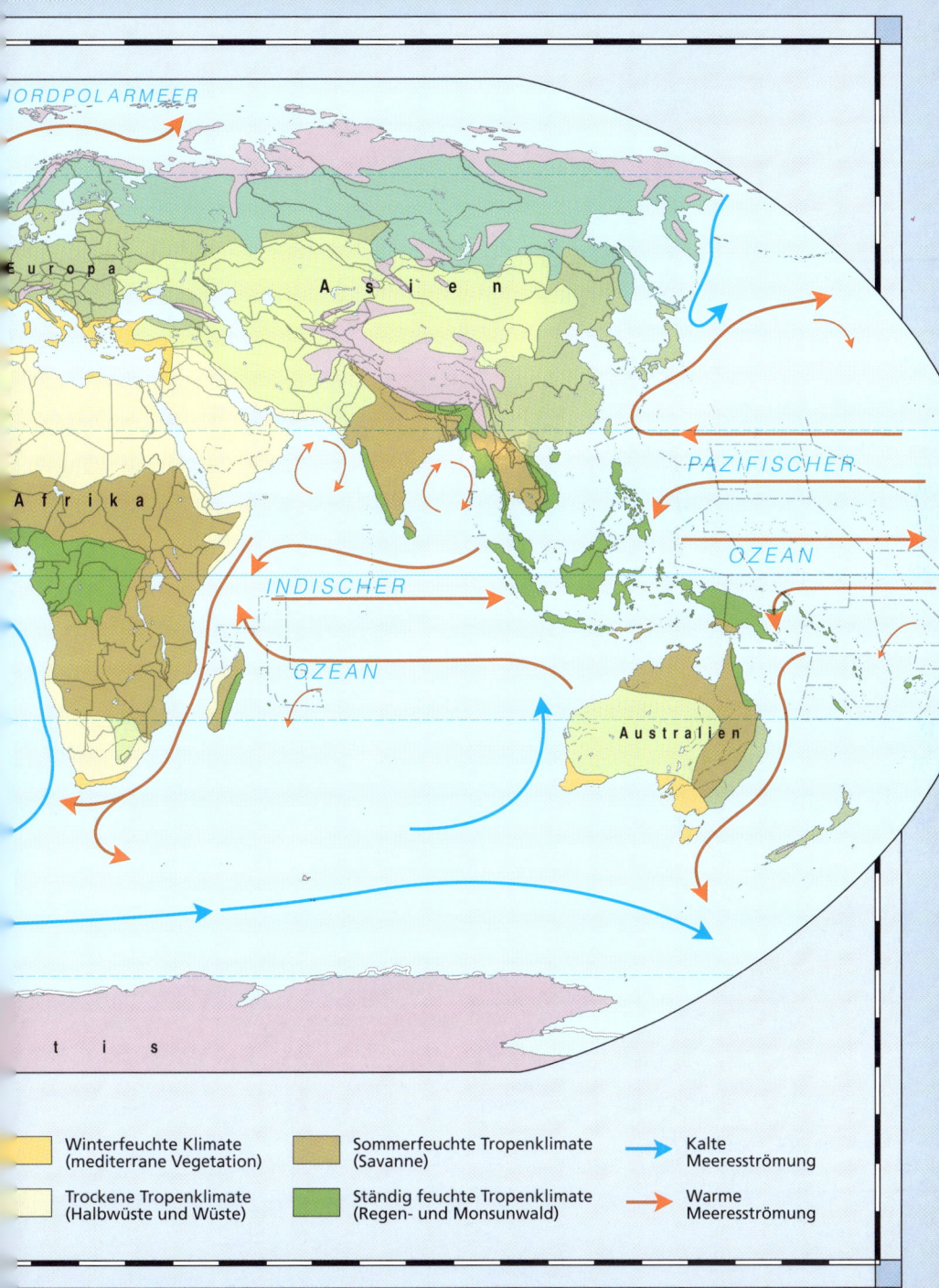

NORDPOLARMEER

Europa

A s i e n

Afrika

PAZIFISCHER

OZEAN

INDISCHER

OZEAN

Australien

t i s

| | Winterfeuchte Klimate (mediterrane Vegetation) | | Sommerfeuchte Tropenklimate (Savanne) | → | Kalte Meeresströmung |
| | Trockene Tropenklimate (Halbwüste und Wüste) | | Ständig feuchte Tropenklimate (Regen- und Monsunwald) | → | Warme Meeresströmung |

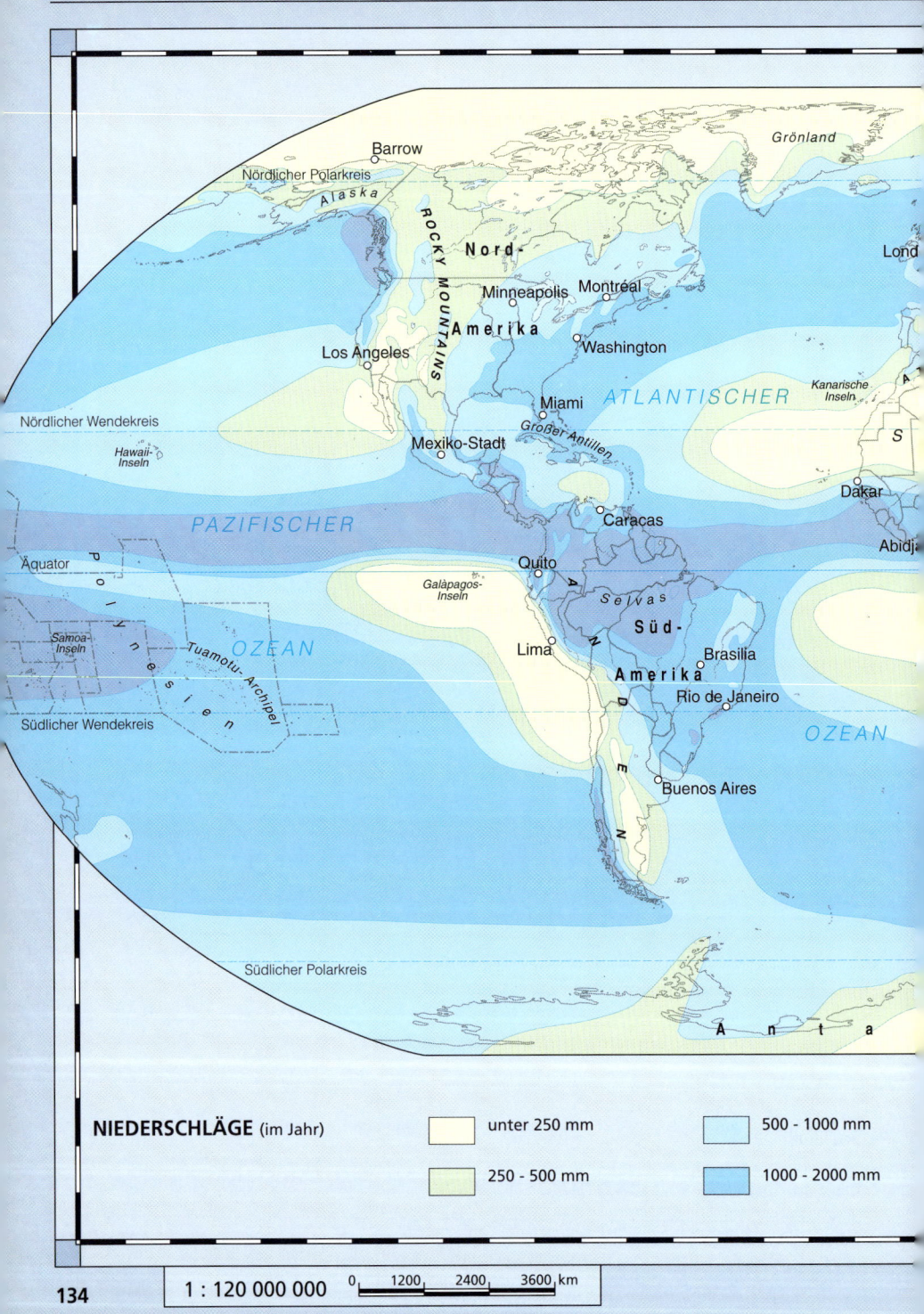

Barrow

Grönland

Nördlicher Polarkreis

Alaska

R O C K Y   M O U N T A I N S

Nord-

Lond

Minneapolis Montréal

Amerika

Washington

Los Angeles

ATLANTISCHER

Kanarische Inseln

A

Nördlicher Wendekreis

Miami

Großer Antillen

S

Hawaii-Inseln

Mexiko-Stadt

Dakar

PAZIFISCHER

Caracas

Abidj

Quito

Äquator

A

Galàpagos-Inseln

Selvas

Polynesien

Süd-

Samoa-Inseln

OZEAN

Tuamotu-Archipel

N

Lima

Amerika

Brasilia

Rio de Janeiro

Südlicher Wendekreis

D

E

OZEAN

N

Buenos Aires

Südlicher Polarkreis

A n t a   a

NIEDERSCHLÄGE (im Jahr)

unter 250 mm		500 - 1000 mm
250 - 500 mm		1000 - 2000 mm

1 : 120 000 000   0   1200   2400   3600 km

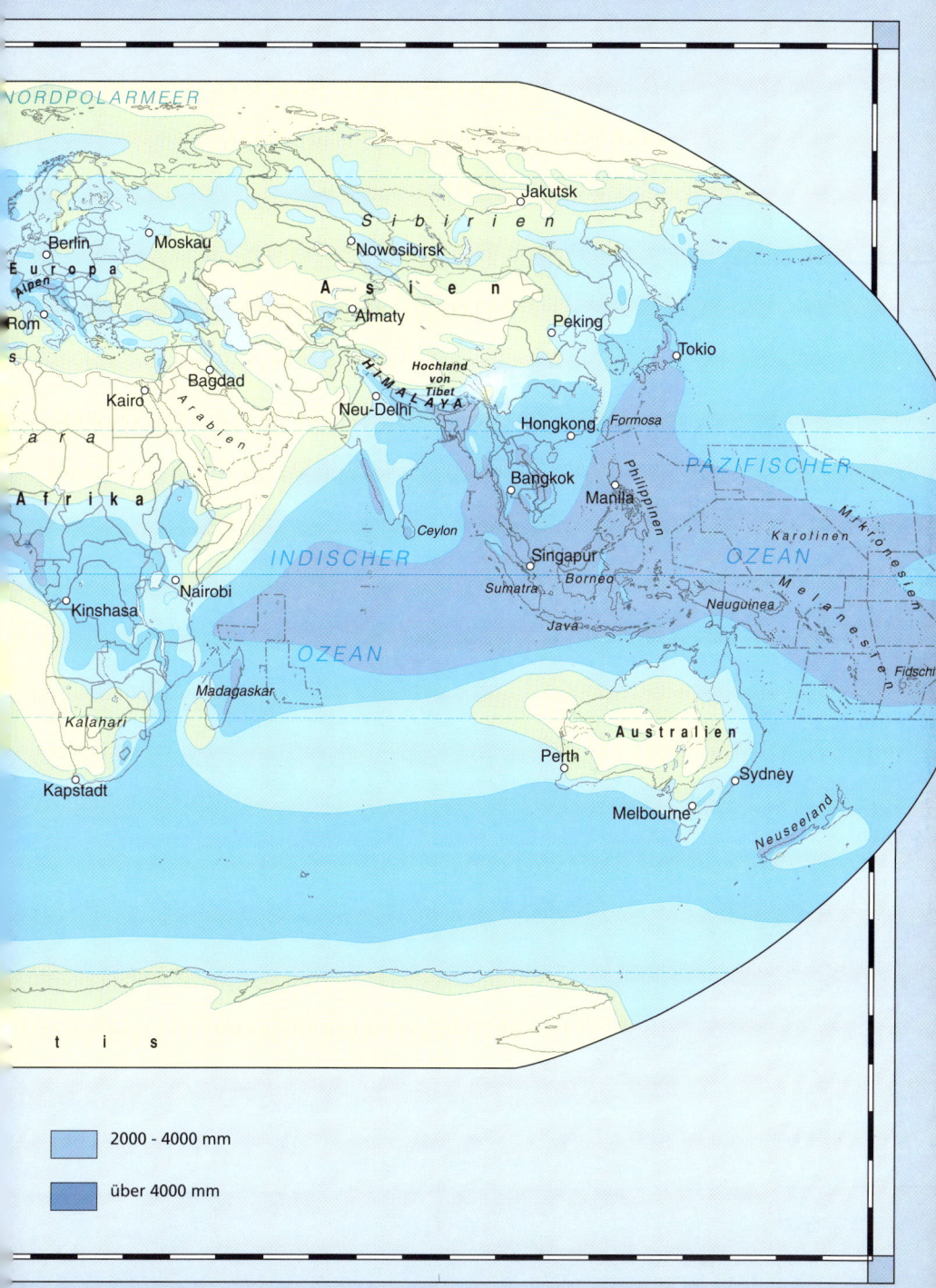

2000 - 4000 mm

über 4000 mm

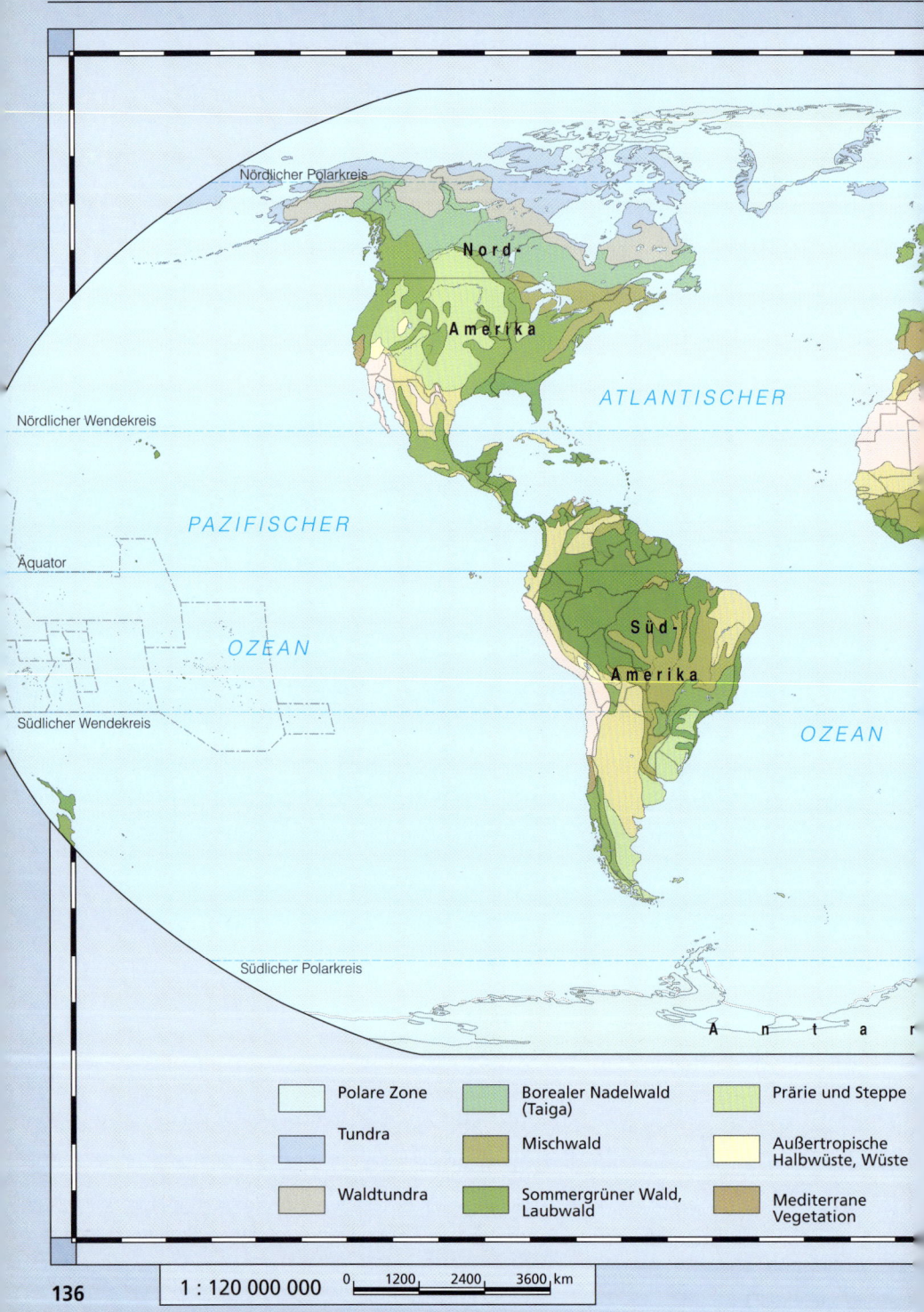

Nördlicher Polarkreis

Nord-

Amerika

ATLANTISCHER

Nördlicher Wendekreis

PAZIFISCHER

Äquator

Süd-

Amerika

OZEAN

OZEAN

Südlicher Wendekreis

Südlicher Polarkreis

Antar

	Polare Zone		Borealer Nadelwald (Taiga)		Prärie und Steppe
	Tundra		Mischwald		Außertropische Halbwüste, Wüste
	Waldtundra		Sommergrüner Wald, Laubwald		Mediterrane Vegetation

1 : 120 000 000   0   1200   2400   3600 km

Subtropischer
Feuchtwald

Tropische Halbwüste,
Wüste

Trockensavanne

Feuchtsavanne

Tropischer
Regenwald

Nord-
Amerika

Nördlicher Polarkreis

Nördlicher Wendekreis

ATLANTISCHER

PAZIFISCHER

Äquator

OZEAN

Süd-
Amerika

Südlicher Wendekreis

OZEAN

Südlicher Polarkreis

A n t a

BEWOHNER PRO KM²

unbewohnt		1 bis 10
unter 1		10 bis 50

1 : 120 000 000   0   1200   2400   3600 km

NORDPOLARMEER

Europa

A s i e n

Afrika

PAZIFISCHER

INDISCHER

OZEAN

OZEAN

Australien

t   i   s

50 bis 100	über 200 Bewohner
100 bis 200	

Nördlicher Polarkreis

Nord-

Amerika

ATLANTISCHER

Nördlicher Wendekreis

PAZIFISCHER

Äquator

Süd-

Amerika

OZEAN

Südlicher Wendekreis

OZEAN

Südlicher Polarkreis

Antar

🟩	unter 45 Jahre	🟨	50 bis 60
🟩	45 bis 50	🟧	60 bis 70

1 : 120 000 000   0   1200   2400   3600 km

NORDPOLARMEER

Europa

A s i e n

Afrika

PAZIFISCHER

INDISCHER

OZEAN

OZEAN

Australien

t i s

70 bis 75

über 75 Jahre

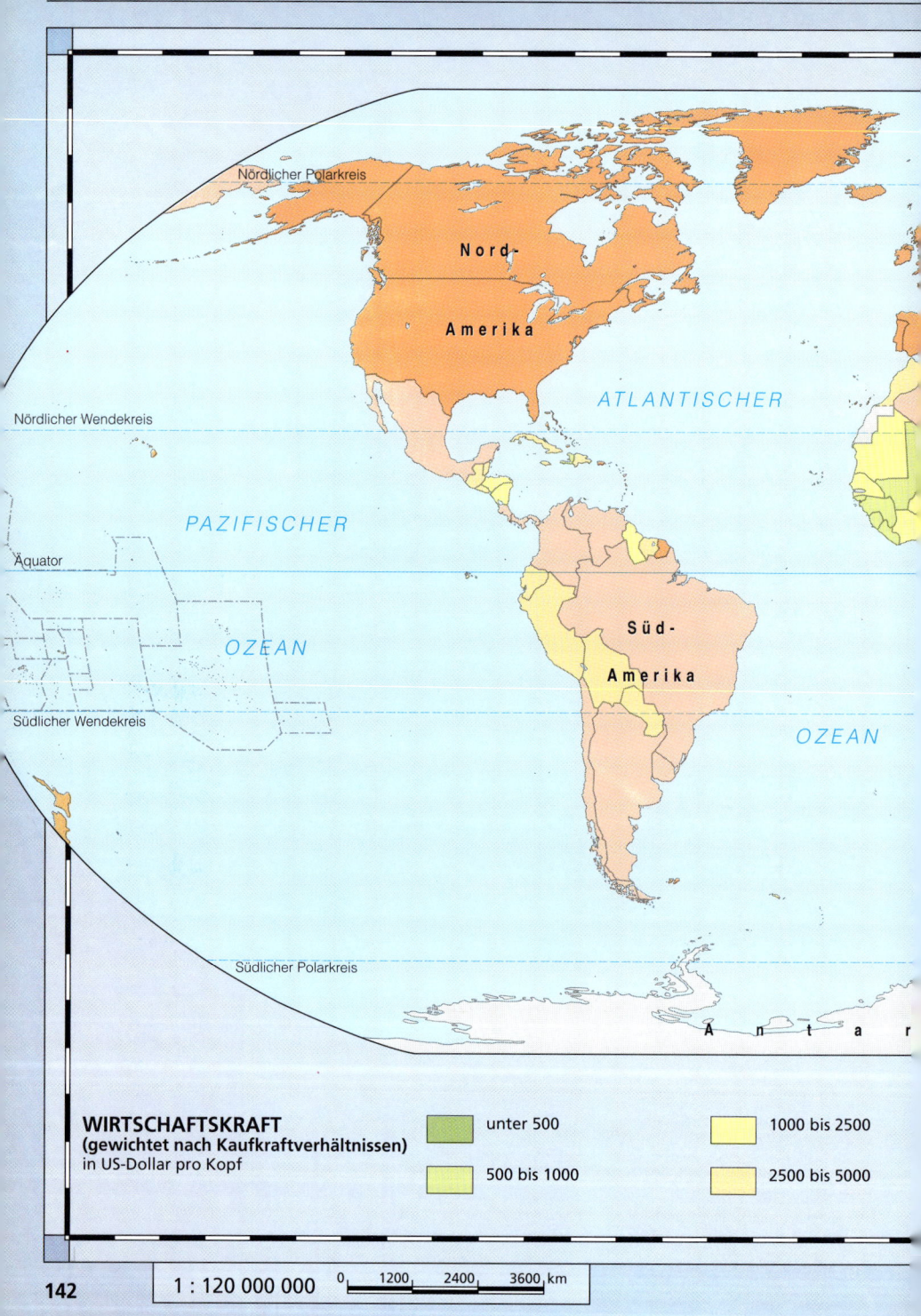

Nördlicher Polarkreis

Nord-

Amerika

ATLANTISCHER

Nördlicher Wendekreis

PAZIFISCHER

Äquator

OZEAN

Süd-

Amerika

Südlicher Wendekreis

OZEAN

Südlicher Polarkreis

A n t a r

WIRTSCHAFTSKRAFT
(gewichtet nach Kaufkraftverhältnissen)
in US-Dollar pro Kopf

unter 500	1000 bis 2500
500 bis 1000	2500 bis 5000

1 : 120 000 000   0   1200   2400   3600 km

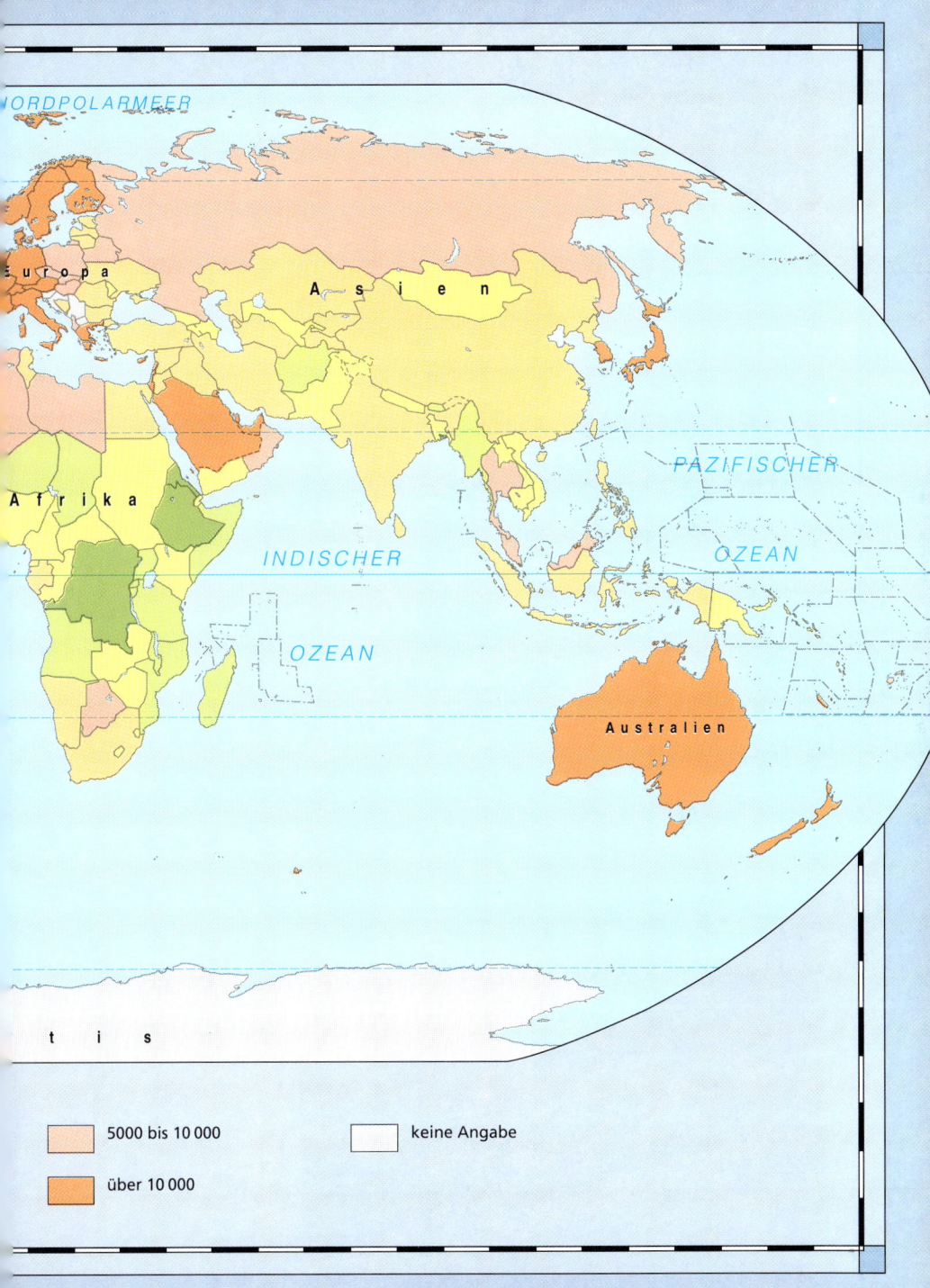

NORDPOLARMEER

Europa

Asien

Afrika

INDISCHER

OZEAN

PAZIFISCHER

OZEAN

Australien

t i s

5000 bis 10 000		keine Angabe
über 10 000		

Nördlicher Polarkreis

Nord-

Amerika

ATLANTISCHER

Nördlicher Wendekreis

PAZIFISCHER

Äquator

OZEAN

Süd-

Amerika

Südlicher Wendekreis

OZEAN

Südlicher Polarkreis

Anta   a

**TÄGLICHER KILOKALORIENVERBRAUCH
PRO KOPF**

weniger als 2000   2000-2500

1 : 120 000 000   0   1200   2400   3600 km

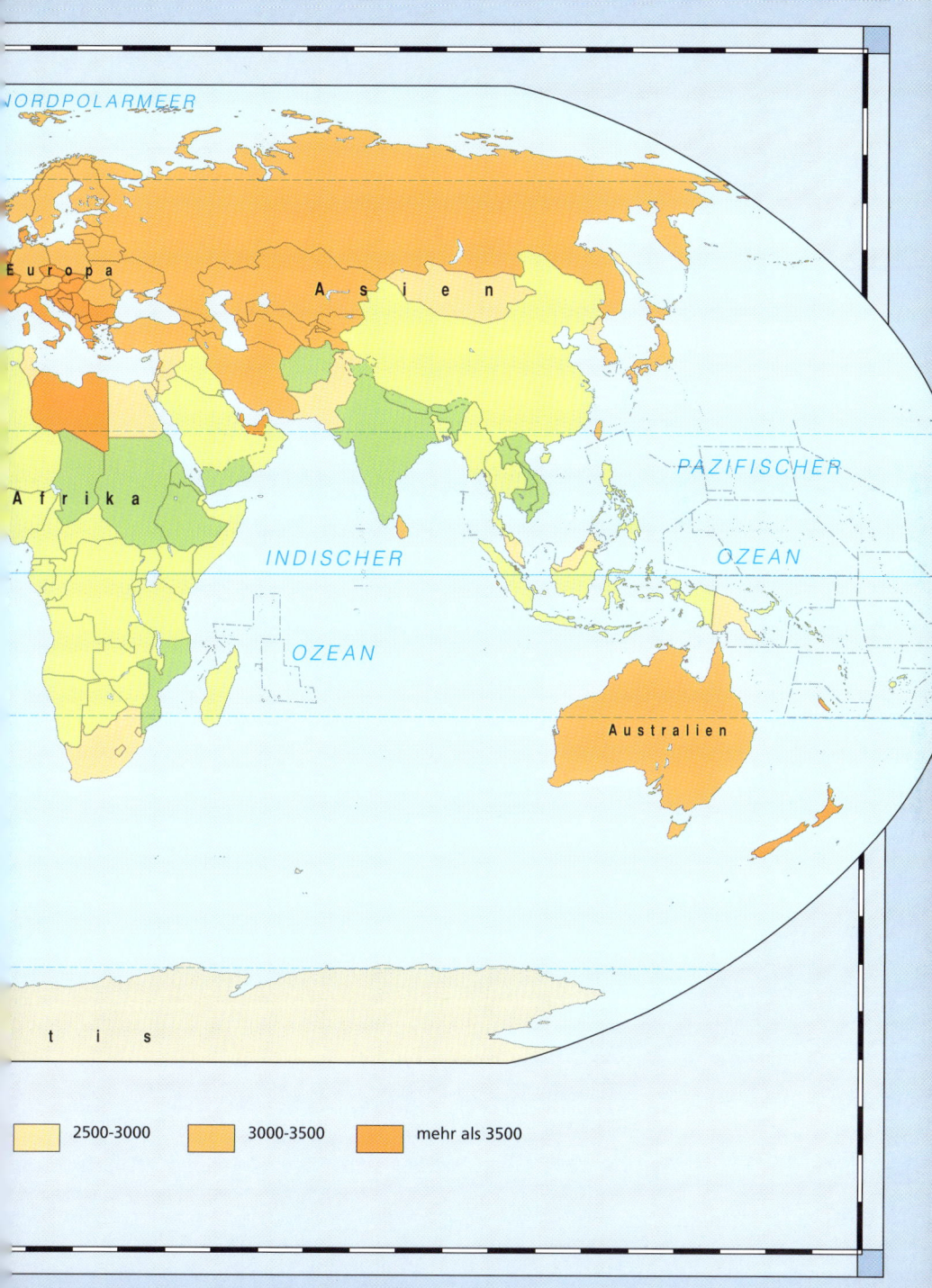

NORDPOLARMEER

Europa

A s i e n

Afrika

PAZIFISCHER

INDISCHER

OZEAN

OZEAN

Australien

t i s

	2500-3000		3000-3500		mehr als 3500

Nördlicher Polarkreis

Eskimosprachen

Aleutisch

Englisch

Französisch

Englisch

Französisc

Nördlicher Wendekreis

Portugiesisch

Spanisc

ATLANTISCHER

Spanisch

Maya

Fulani

Mande

PAZIFISCHER

Spanisch

Äquator

Niederl.

Franz.

OZEAN

Khechua

Tupi

Spanisch

Khechua

Portugiesisch

Guarani

Südlicher Wendekreis

OZEAN

Spanisch

Araukanisch

Südlicher Polarkreis

	Sinotibetische Sprachen		Austrische Sprachen		Indianische Sprachen
	Uralaltaiische Sprachen		Hamito-Semitische Sprachen		Isolierte Sprachen
	Afrikanische Sprachen		Dravida		unbewohnte Regionen

1 : 120 000 000

0   1200   2400   3600 km

NORDPOLARMEER

Jakutisch

Tschuktschisch

vegisch
Finnisch
Schwedisch
Estnisch
Korjakisch
Dänisch
Lettisch
Litauisch
Aleutisch
Deutsch
Polnisch
Ukrainisch
Russisch
Ungarisch
Rumänisch
Kasachisch
Mongolisch
Italienisch
Türkisch
Kurdisch
Usbekisch
Griechisch
Turkmenisch
Koreanisch
Hebräisch
Persisch
Paschtu
Tibetisch
Chinesisch
Japanisch

abisch
Urdu
Hindi
Bengali

egisch
Nubisch
Birmanisch
PAZIFISCHER
ussa
Amharisch
Telugu
Thai
Khmer
Tagalog
Ibo
Tamil
OZEAN
Tschiluba
Somali
Singhalesisch
INDISCHER
Bantusprachen
Indonesisch
Kigongo
Suaheli
Javanisch
Papua
Umbundu
OZEAN
Madagassisch
Australisch
Tswana
Xhosa
Sotho
Englisch

Englisch

Indoeuropäische Sprachen

Germanisch	Indoarisch
Romanisch	Slawisch
	Sonstige

Nördlicher Polarkreis

Nord-

Amerika

ATLANTISCHER

Nördlicher Wendekreis

PAZIFISCHER

Äquator

Süd-

Amerika

OZEAN

Südlicher Wendekreis

OZEAN

Südlicher Polarkreis

A n t a

Christen

Muslime

Katholiken	Orthodoxe	Sunniten
Protestanten	Kopten	Schiiten

1 : 120 000 000

0 1200 2400 3600 km

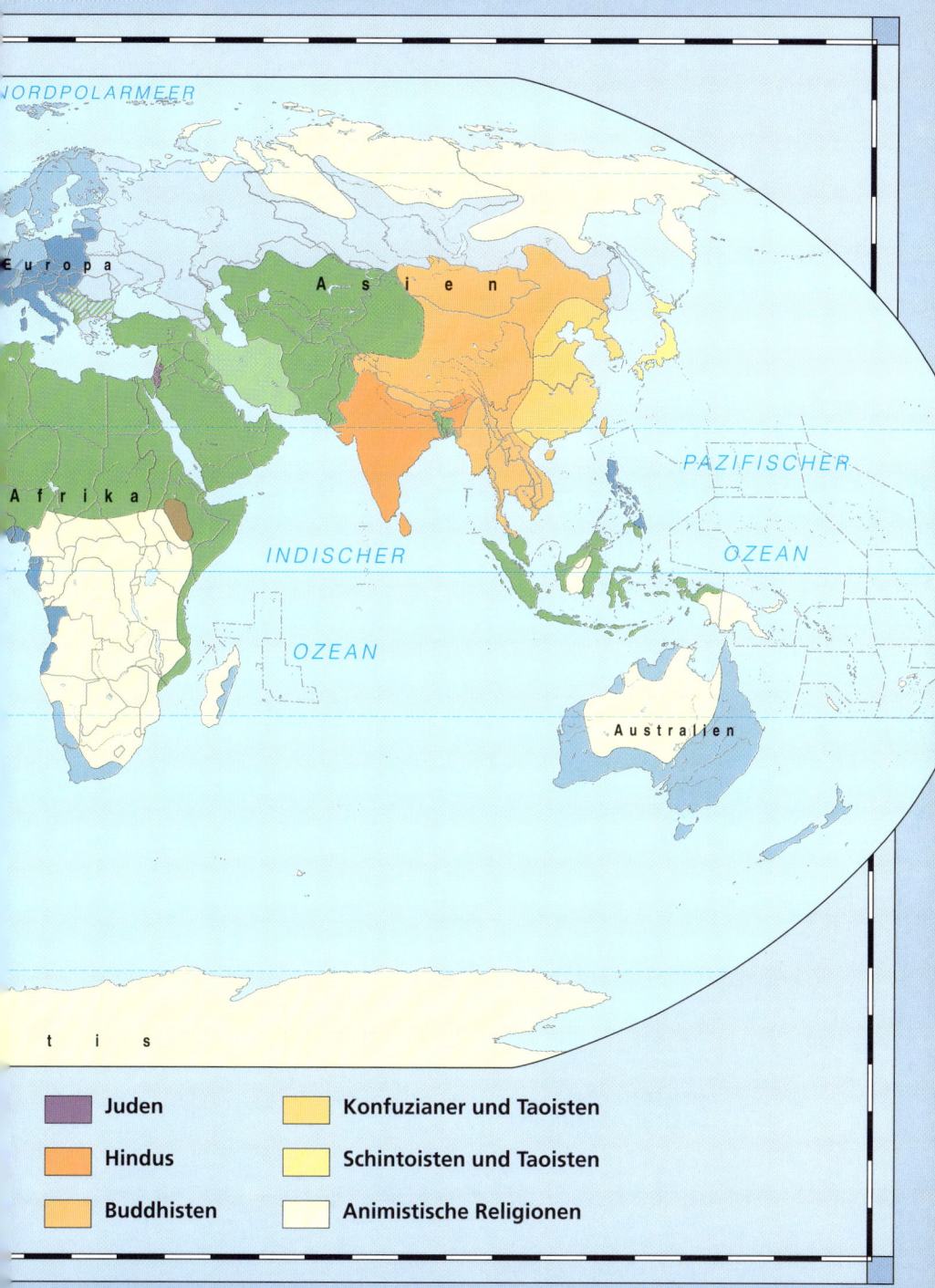

NORDPOLARMEER

Europa

A s i e n

Afrika

INDISCHER

PAZIFISCHER

OZEAN

OZEAN

Australien

t i s

🟪 **Juden**	🟨 **Konfuzianer und Taoisten**	
🟧 **Hindus**	🟨 **Schintoisten und Taoisten**	
🟧 **Buddhisten**	⬜ **Animistische Religionen**	

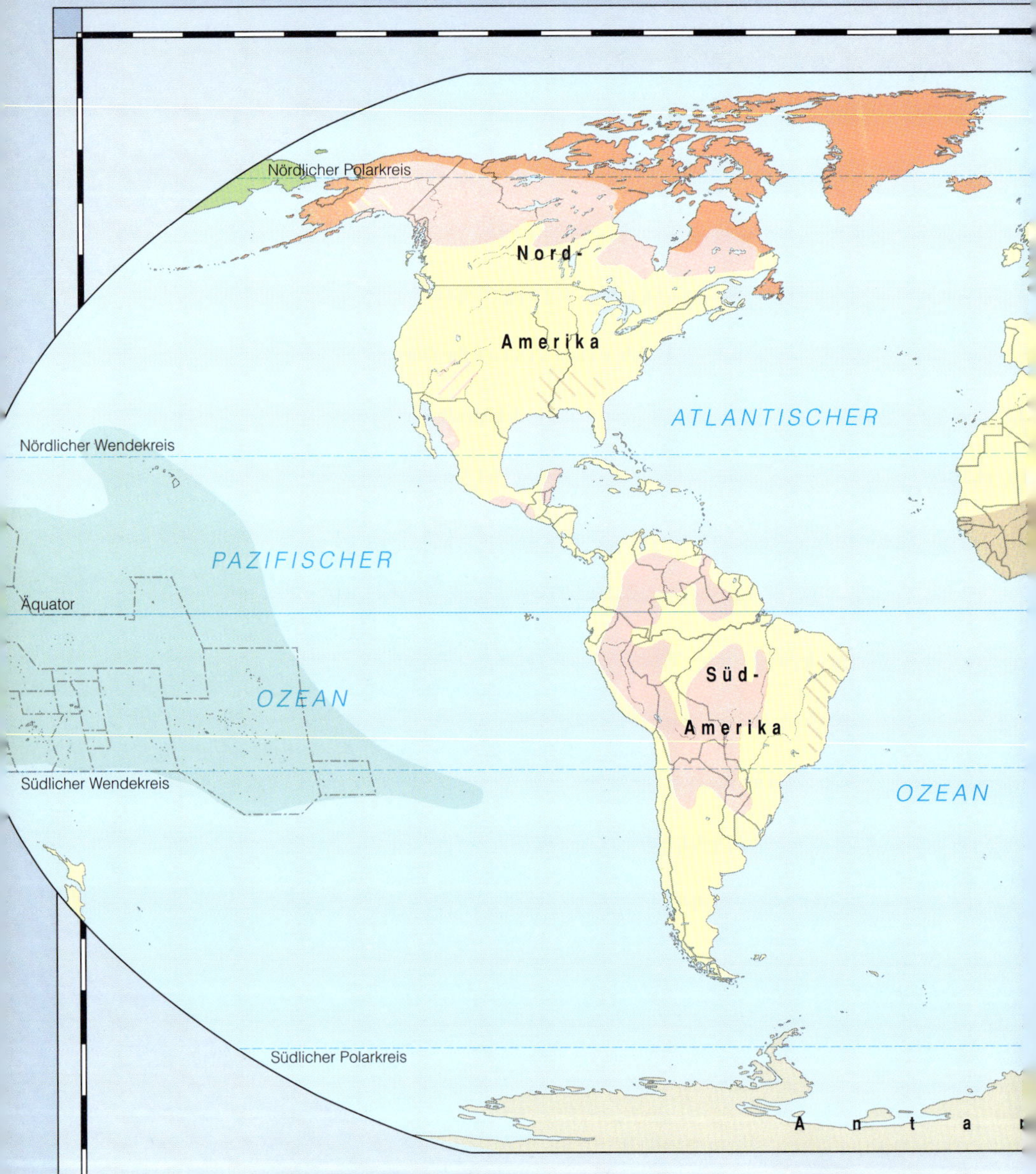

Nördlicher Polarkreis

Nord-

Amerika

ATLANTISCHER

Nördlicher Wendekreis

PAZIFISCHER

Äquator

OZEAN

Süd-

Amerika

Südlicher Wendekreis

OZEAN

Südlicher Polarkreis

A n t a

**KONTAKT-UND
ÜBERGANGSGRUPPEN**

Indianer	Äthiopide
Eskimo	Madagassische
Polynesier	Paläoinder

150

1 : 120 000 000   0 1200 2400 3600 km

NORDPOLARMEER

Europa

Asien

Afrika

INDISCHER

PAZIFISCHER

OZEAN

OZEAN

Australien

t   i   s

GROßGRUPPEN

- Europäisches Großrasse
- Mongolide Großrasse
- Negride Großrasse
- Australide Großrasse

Nördlicher Polarkreis

Kimberley

Labrador

ATLANTISCHER

Nördlicher Wendekreis

Arizona

Guanajuato

Mulberry

PAZIFISCHER

Jamaika

Cerro Bolívar

Äquator

OZEAN

Cerro de Pasco

Südlicher Wendekreis

Oruro, Potosí

Itabira

OZEAN

Guine

Nimbaberge

Südlicher Polarkreis

ROHSTOFFE

Al Bauxit	**K** Kalium	**Pt** Platin
PZ Blei, Zink	**Cu** Kupfer	**Ag** Silber
Cr Chrom	**Mn** Mangan	**W** Wolfram
Fe Eisen	**Ni** Nickel	**Sn** Zinn
Au Gold	**P** Phosphat	**⬡** Diamanten

1 : 120 000 000   0   1200   2400   3600 km

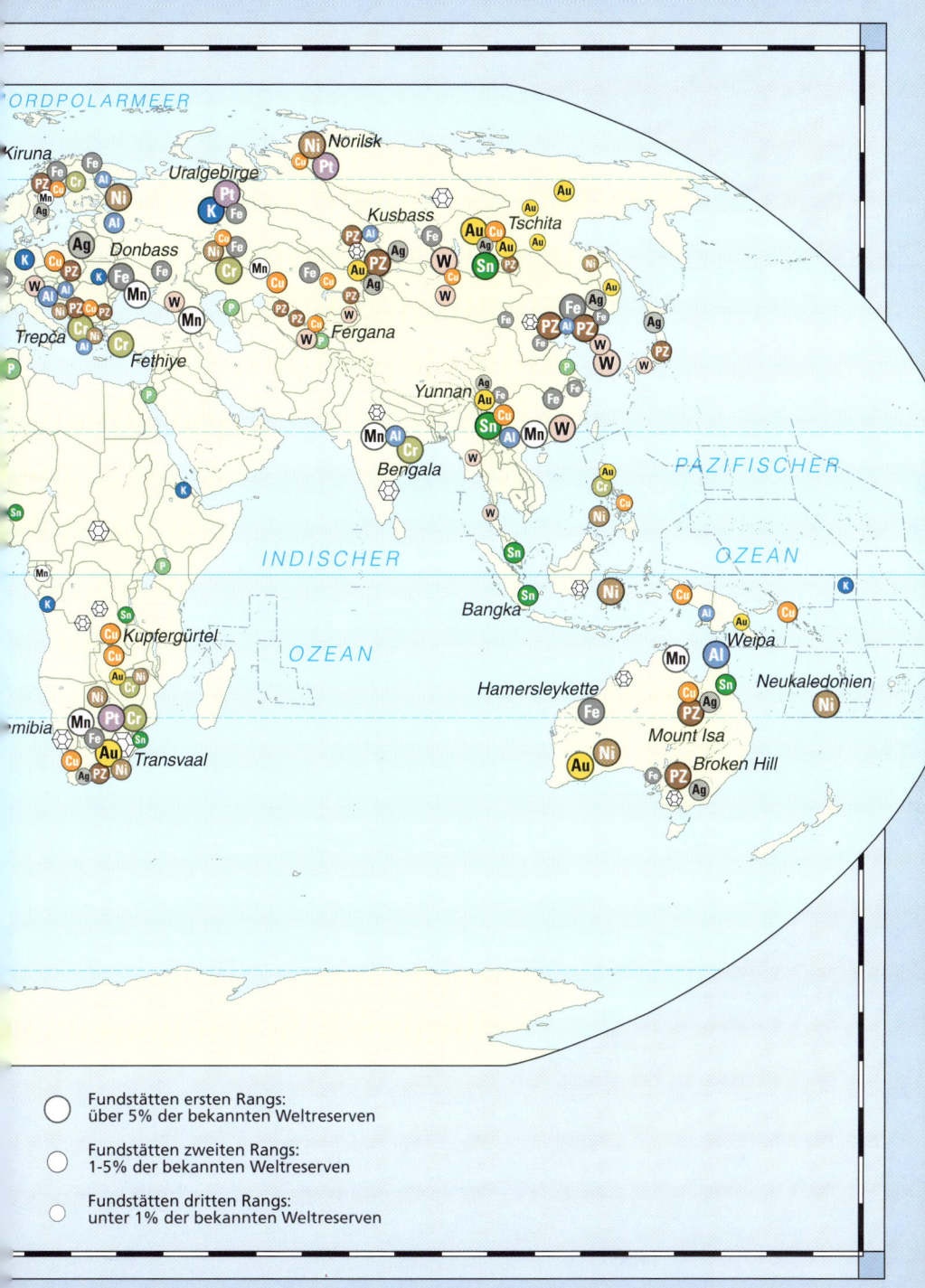

NORDPOLARMEER

Kiruna

Norilsk

Uralgebirge

Kusbass

Tschita

PAZIFISCHER

Donbass

OZEAN

Trepča

Fethiye

Fergana

Yunnan

INDISCHER

Bengala

OZEAN

Bangka

Kupfergürtel

Hamersleykette

OZEAN

Weipa

Neukaledonien

mibia

Transvaal

Mount Isa

Broken Hill

Fundstätten ersten Rangs:
über 5% der bekannten Weltreserven

Fundstätten zweiten Rangs:
1–5% der bekannten Weltreserven

Fundstätten dritten Rangs:
unter 1% der bekannten Weltreserven

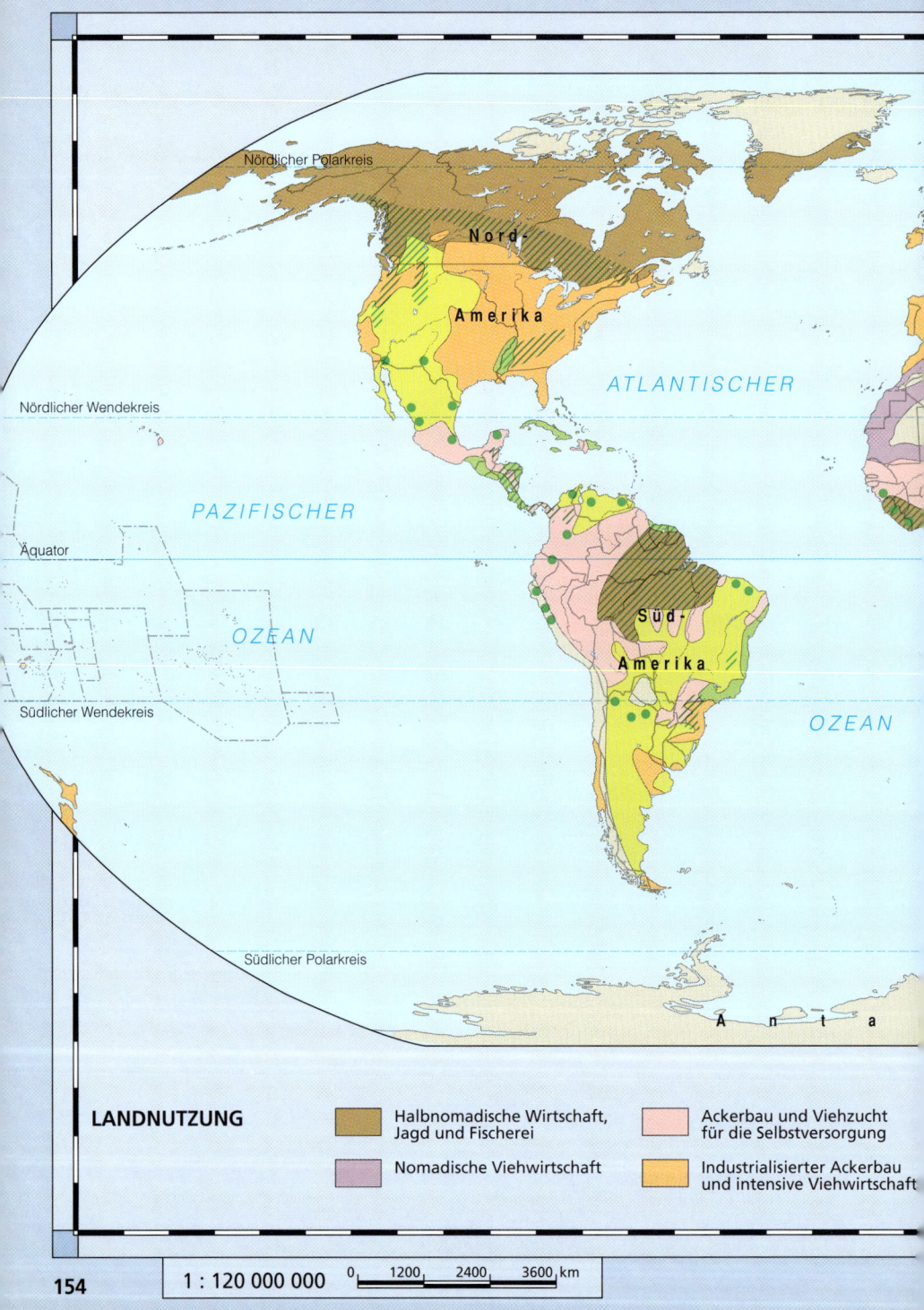

Nördlicher Polarkreis

N o r d -

A m e r i k a

ATLANTISCHER

Nördlicher Wendekreis

PAZIFISCHER

Äquator

OZEAN

S ü d -

A m e r i k a

Südlicher Wendekreis

OZEAN

Südlicher Polarkreis

A n t a

LANDNUTZUNG

Halbnomadische Wirtschaft, Jagd und Fischerei

Ackerbau und Viehzucht für die Selbstversorgung

Nomadische Viehwirtschaft

Industrialisierter Ackerbau und intensive Viehwirtschaft

1 : 120 000 000   0   1200   2400   3600 km

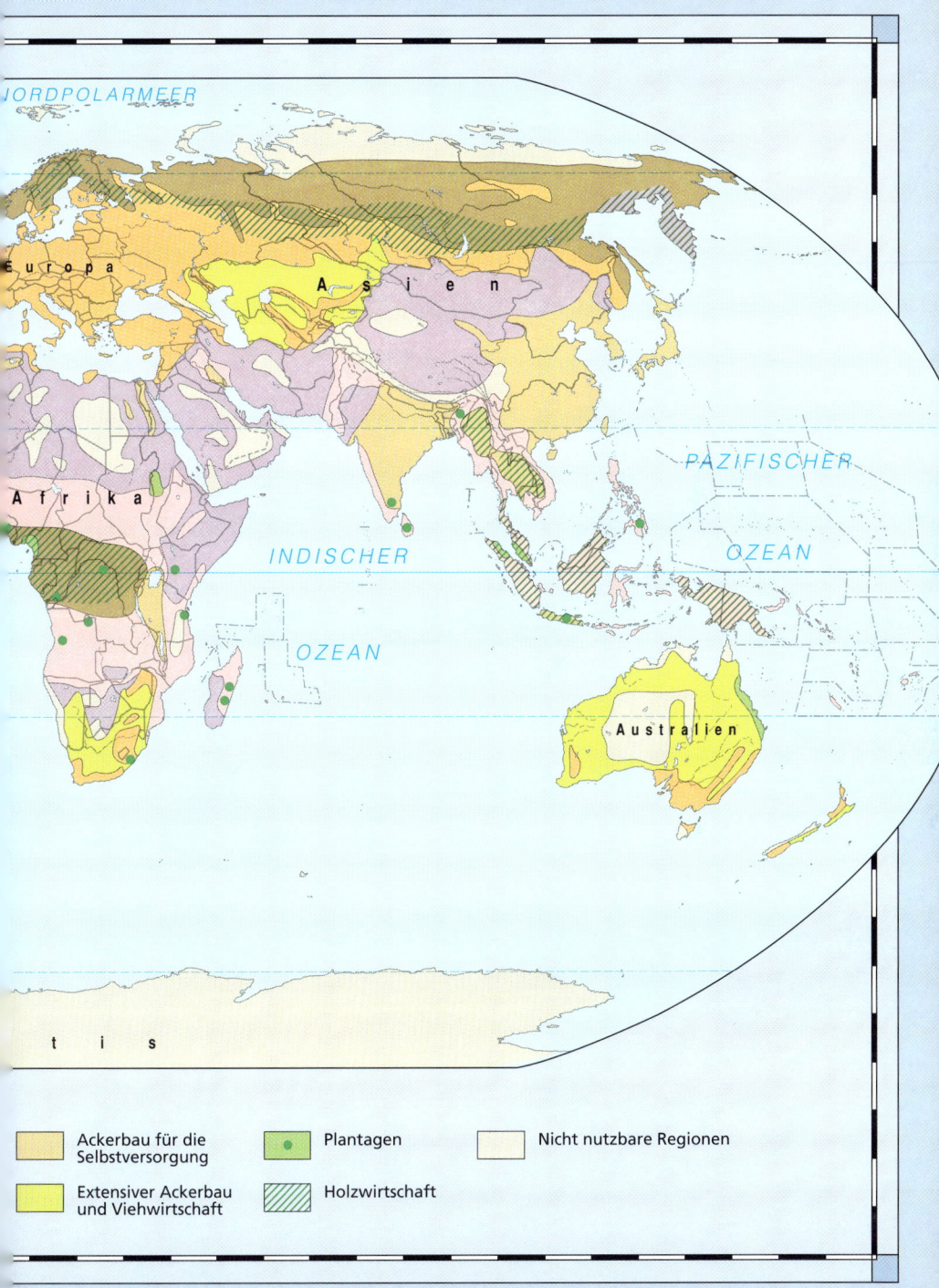

NORDPOLARMEER

Europa

A s i e n

Afrika

PAZIFISCHER

INDISCHER

OZEAN

OZEAN

Australien

t   i   s

Ackerbau für die Selbstversorgung		Plantagen	Nicht nutzbare Regionen
Extensiver Ackerbau und Viehwirtschaft		Holzwirtschaft	

Nördlicher Polarkreis

Edmonton

Vancouver
Seattle
San Francisco
Los Angeles

Winnipeg
Montréal
Chicago
New York
Dallas
Atlanta
New Orleans

Lond

Casablanca

ATLANTISCHER

Nördlicher Wendekreis

Mexiko-Stadt

Dakar

PAZIFISCHER

Caracas

Bogotá

Abidja

Äquator

Lima

OZEAN

Belo Horizonte
Rio de Janeiro
São Paulo

Südlicher Wendekreis

OZEAN

Santiago

Montevideo
Buenos Aires

Südlicher Polarkreis

WICHTIGE HANDELSWEGE

Wichtige Industriegebiete

Wichtige Wege der Industrieerzeugnisse

1 : 120 000 000   0   1200   2400   3600 km

NORDPOLARMEER

Stockholm   Sankt Petersburg

Berlin   Kiew   Moskau   Nowosibirsk   Irkutsk

aris

München   Taschkent   Peking   Japan

Mailand   Bukarest

rcelona

Tunis   **Naher**   Karachi   Shanghai

Osten   Kalkutta   Hongkong

Kairo   Bombay   Hanoi

PAZIFISCHER

Lagos   Madras   Manila

INDISCHER

Kinshasa   Jakarta   OZEAN

Lubumbashi   **OZEAN**

Harare   Brisbane

Johannesburg   Perth   Sydney

Durban   Adelaide   Melbourne

Kapstadt

Wichtige Wege der
Rohstoffe

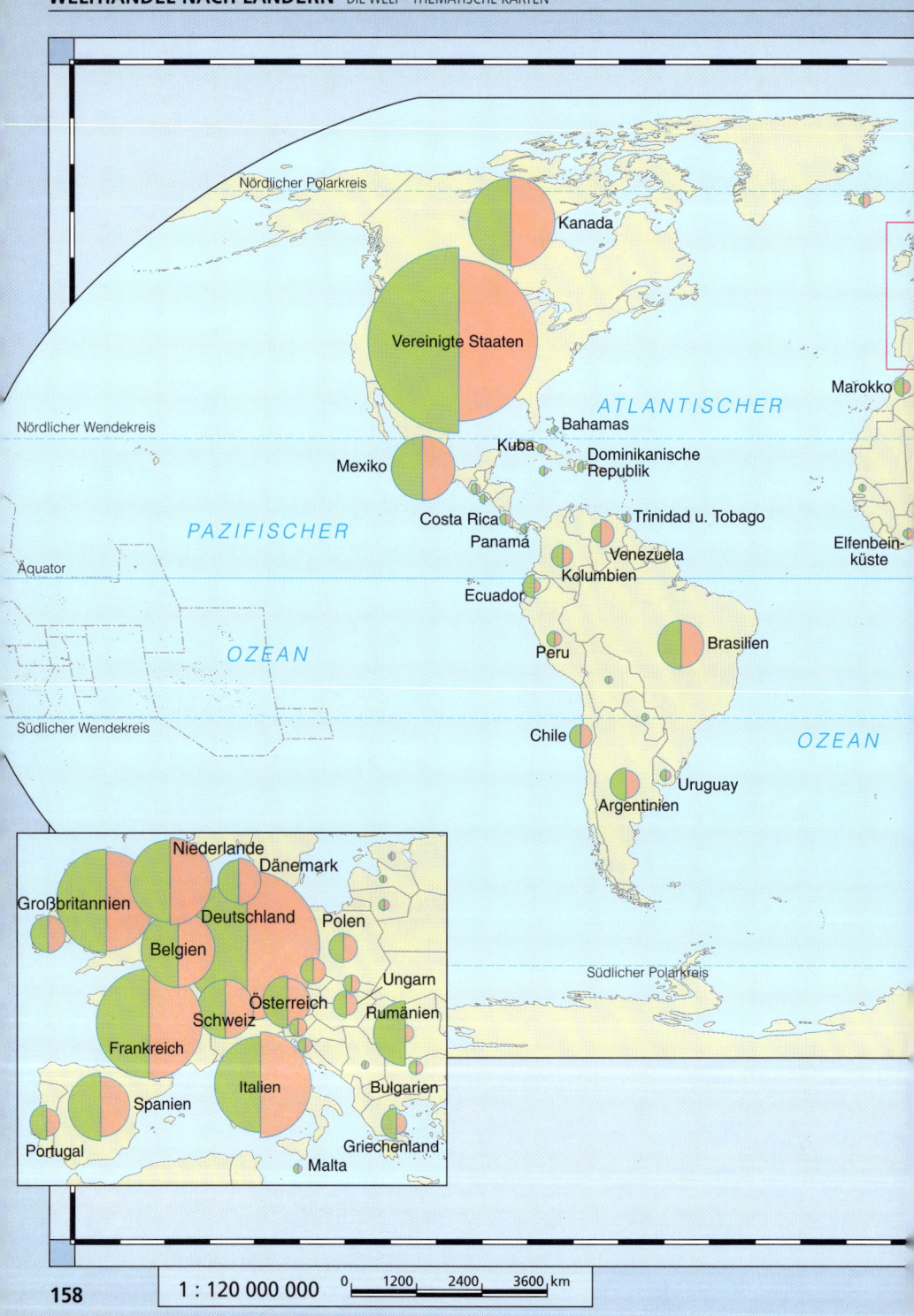

Nördlicher Polarkreis

Kanada

Vereinigte Staaten

ATLANTISCHER

Marokko

Nördlicher Wendekreis

Mexiko

Bahamas

Kuba

Dominikanische Republik

Costa Rica

Trinidad u. Tobago

Panamá

Venezuela

Elfenbein- küste

PAZIFISCHER

Kolumbien

Äquator

Ecuador

Peru

Brasilien

OZEAN

Südlicher Wendekreis

Chile

OZEAN

Uruguay

Argentinien

Niederlande

Dänemark

Großbritannien

Deutschland

Polen

Belgien

Ungarn

Österreich

Rumänien

Schweiz

Frankreich

Südlicher Polarkreis

Italien

Bulgarien

Spanien

Portugal

Griechenland

Malta

1 : 120 000 000

0 1200 2400 3600 km

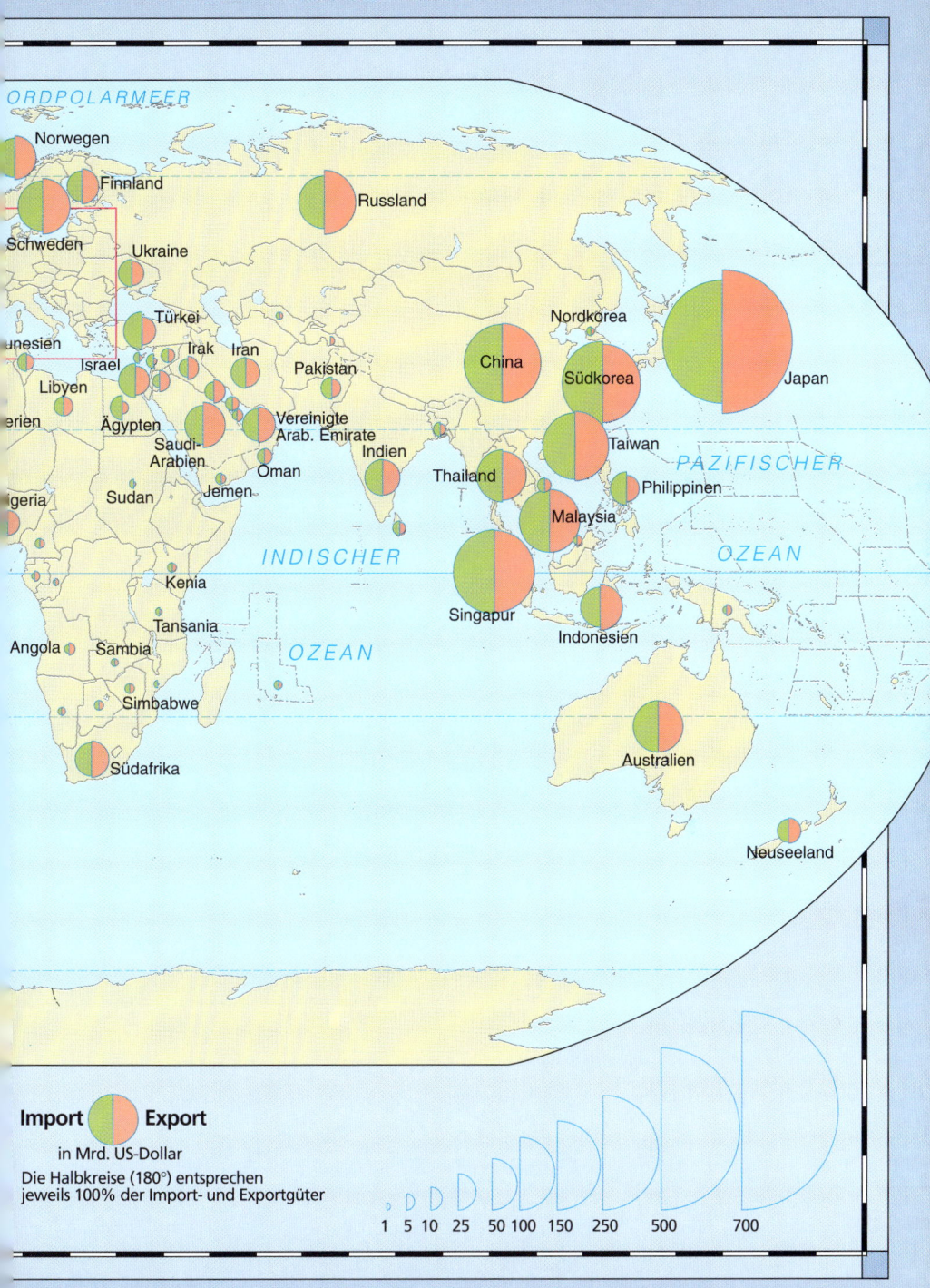

NORDPOLARMEER

Norwegen

Finnland

Schweden

Ukraine

Russland

Türkei

Israel

Irak

Iran

Nordkorea

Libyen

Ägypten

Saudi-Arabien

Oman

Jemen

Pakistan

Vereinigte Arab. Emirate

Indien

China

Südkorea

Japan

Taiwan

Thailand

Philippinen

PAZIFISCHER

Sudan

Kenia

Malaysia

INDISCHER

Tansania

Singapur

Indonesien

OZEAN

Angola

Sambia

OZEAN

Simbabwe

Südafrika

Australien

Neuseeland

Import **Export**

in Mrd. US-Dollar

Die Halbkreise (180°) entsprechen
jeweils 100% der Import- und Exportgüter

1 5 10 25 50 100 150 250 500 700

Am Ende des 20. Jahrhunderts umfasst die Staatengemeinschaft der Welt 192 souveräne Länder und Nationen. Im Laufe des Jahrhunderts mussten die politischen Karten der Welt vielfach umgezeichnet werden. Besonders die völkerrechtlichen Festlegungen nach den beiden Weltkriegen, der Prozess der Dekolonisierung und zuletzt der Zerfall des kommunistischen Staatenblocks führten zur Gründung neuer Staaten und zur Verselbstständigung vieler Völker.

Noch zu Beginn des Jahrhunderts praktisch ohne jede Souveränität, führt Afrika heute mit 53 Staaten den kontinentalen Vergleich an, gefolgt von Asien (47), Europa (43), Nord- und Mittelamerika (23), Australien/Ozeanien (14) und Südamerika mit 12 Staaten. »Staatenlos« präsentiert sich allein die Antarktis, laut Antarktis-Vertrag ein »internationaler Gemeinschaftsraum«.

Die Staaten der Welt

LÄNDERLEXIKON

Andorra
Andorra

Lage: Südwesteuropa
Fläche: 467,76 km²
Höchste Erhebung: Coma Pedrosa (2946 m)
Hauptstadt: Andorra la Vella
Staatsform: parlamentarisches Fürstentum
Verwaltungsgliederung: 7 Gemeinden
Bevölkerung: 64 000 (137 Einw./km²)
Bev.-Zusammensetzung: Spanier (50 %), Katalanen (29 %),Franzosen (8 %), Portugiesen (7 %), Briten (2 %)
Sprachen: Katalanisch (amtl.), Spanisch, Französisch
Religion: Katholiken (94 %)
Alphabetisierung: >99 %
Bruttosozialprodukt/Einw.: 15 000 US$
Währung: 1 Franz. Franc = 100 Centimes, 1 Span. Peseta = 100 Céntimos

Belarus
Weißrussland

Lage: Osteuropa
Fläche: 207 600 km²
Wichtige Gewässer: Dnjepr, Pripjat
Hauptstadt: Minsk
Staatsform: Republik
Verwaltungsgliederung: 6 Regionen, 1 Bezirk (Hauptstadt)
Bevölkerung: 10,3 Mio. (50 Einw./km²)
Bev.-Zusammensetzung: Weißrussen (78 %), Russen (13 %), Polen (4 %), Ukrainer (3 %)
Sprachen: Weißrussisch (amtl.), Russisch
Religion: Russisch-Orthodoxe (60 %), Katholiken (8 %)
Alphabetisierung: 98 %
Bruttosozialprodukt/Einw.: 2070 US$
Währung: 1 Weißrussischer Rubel = 100 Kopeken

België/Belgique
Belgien

Lage: Westeuropa
Fläche: 30 518 km²
Wichtige Gewässer: Schelde, Maas
Hauptstadt: Brüssel
Staatsform: parlamentarische Monarchie
Verwaltungsgliederung: 3 Regionen
Bevölkerung: 10,1 Mio. (331 Einw./km²)
Bev.-Zusammensetzung: Flamen (58 %), Wallonen (32 %)
Sprachen: Französisch, Flämisch, Deutsch
Religion: Katholiken (88 %)
Alphabetisierung: >99 %
Bruttosozialprodukt/Einw.: 24 710 US$
Währung: 1 Belgischer Franc = 100 Centimes

Bosna i Hercegovina
Bosnien-Herzegowina

Lage: Südosteuropa
Fläche: 52 129 km²
Hauptstadt: Sarajevo
Staatsform: Republik
Bevölkerung: 3,5 Mio. (67 Einw./km²)
Sprachen: Bosnisch, Kroatisch, Serbisch
Religion: Muslime (44 %), Serbisch-Orthodoxe (31 %), Katholiken (17 %)
Alphabetisierung: 86 %
Bruttosozialprodukt/Einw.: 700 US$
Währung: 1 Bosnisch-Herzegowinischer Dinar = 100 Para

Bălgarija
Bulgarien

Lage: Südosteuropa
Fläche: 110 994 km²
Höchste Erhebung: Musala (2925 m)
Wichtige Gewässer: Donau, Iskâr, Marica
Hauptstadt: Sofia
Staatsform: Republik
Verwaltungsgliederung: 8 Regionen, 1 Bezirk (Hauptstadt)
Bevölkerung: 8,81 Mio. (79 Einw./km²)
Bev.-Zusammensetzung: Bulgaren (85 %), Türken (9 %), Roma (3 %), Makedonier (3 %)
Sprache: Bulgarisch
Religion: Orthodoxe (87 %), Muslime (13 %)
Alphabetisierung: 95 %
Bruttosozialprodukt/Einw.: 1330 US$
Währung: 1 Lew = 100 Stotinki

Česká Republika
Tschechische Republik

Lage: Zentraleuropa
Fläche: 78 864 km²
Wichtige Gewässer: Moldau, Elbe
Hauptstadt: Prag
Staatsform: Republik
Verwaltungsgliederung: (72 Bezirke
Bevölkerung: 10,3 Mio. (131 Einw./km²)
Bev.-Zusammensetzung: Tschechen (94 %), Slowaken (4 %)
Sprachen: Tschechisch (amtl.), Slowakisch
Religion: Katholiken (39 %), Protestanten (3 %), Konfessionslose (40 %)
Alphabetisierung: 99 %
Bruttosozialprodukt/Einw.: 3200 US$
Währung: 1 Tschech. Krone = 100 Haleru

Città del Vaticano
Vatikanstadt

Lage: Rom (Italien/Südeuropa)
Fläche: 0,44 km²

Hauptstadt: Vatikanstadt
Staatsform: Wahlmonarchie
Bevölkerung: 802 (1823 Einw./km²)
Sprachen: Latein, Italienisch
Religion: Katholiken (100 %)
Währung: 1 Vatikanische Lira = 100 Centesimi

Danmark
Dänemark

Lage: Nordeuropa
Fläche: 43 094 km²; Grönland 2,176 Mio. km², Färöer 1398 km²
Wichtige Gewässer: Gudenå; Arresee
Hauptstadt: Kopenhagen
Staatsform: parlamentarische Monarchie
Verwaltungsgliederung: 14 Bezirke
Außengebiete: Färöer, Grönland
Bevölkerung: 5,2 Mio. (121 Einw./km²)
Sprache: Dänisch
Religion: Lutheraner (89 %)
Alphabetisierung: 99 %
Bruttosozialprodukt/Einw.: 29 890 US$
Währung: 1 Dänische Krone = 100 Øre

Deutschland
Deutschland

Lage: Zentraleuropa
Fläche: 357 022 km²
Höchste Erhebung: Zugspitze (2962 m)
Wichtige Gewässer: Müritz, Elbe, Oder, Rhein, Donau, Chiemsee, Bodensee
Hauptstadt: Berlin
Staatsform: parlamentarische Bundesrepublik
Verwaltungsgliederung: 16 Bundesländer
Bevölkerung: 81,87 Mio. (229 Einw./km²)
Bev.-Zusammensetzung: Deutsche (93 %), Türken (2 %), Ex-Jugoslawen (1 %)
Sprache: Deutsch
Religion: Katholiken (43 %), Protestanten (33 %), Muslime (2 %)
Alphabetisierung: 99 %
Bruttosozialprodukt/Einw.: 27 510 US$
Währung: 1 Deutsche Mark = 100 Pfennig

Eesti
Estland

Lage: Nordosteuropa
Fläche: 45 227 km²
Hauptstadt: Tallinn
Staatsform: parlamentarische Republik
Verwaltungsgliederung: 15 Regionen, 6 Stadtbezirke
Bevölkerung: 1,5 Mio. (33 Einw./km²)
Bev.-Zusammensetzung: Esten (62 %), Russen (30 %),Ukrainer (3 %), Weißrussen

(2 %), Finnen (1 %)
Sprachen: Estnisch (amtl.), Russisch
Religion: Lutheraner (60 %), Russisch-
Orthodoxe (5 %)
Alphabetisierung: 99 %
Bruttosozialprodukt/Einw.: 2860 US$
Währung: 1 Estnische Krone = 100 Senti

Éire/Ireland
Irland

Lage: Westeuropa
Fläche: 70 285 km²
Wichtige Gewässer: Shannon
Hauptstadt: Dublin
Staatsform: parlamentarische Republik
Verwaltungsgliederung: 4 Provinzen,
26 Grafschaften, 4 County-Boroughs
Bevölkerung: 3,6 Mio. (51 Einw./km²)
Sprachen: Gälisch, Englisch
Religion: Katholiken (88 %), Anglikaner (3 %)
Alphabetisierung: 99 %
Bruttosozialprodukt/Einw.: 14 710 US$
Währung: 1 Irisches Pfund = 100 New Pence

Ellás (Hellás)
Griechenland

Lage: Südosteuropa
Fläche: 131 957 km²
Höchste Erhebung: Olymp (2917 m)
Hauptstadt: Athen
Staatsform: parlamentarische Republik
Verwaltungsgliederung: 10 Regionen
Bevölkerung: 10,47 Mio. (79 Einw./km²)
Bev.-Zusammensetzung: Griechen (96 %),
Makedonier (4 %)
Sprache: Neugriechisch
Religion: Griechisch-Orthodoxe (97 %),
Muslime (1 %)
Alphabetisierung: 94 %
Bruttosozialprodukt/Einw.: 8210 US$
Währung: 1 Drachme = 100 Lepta

España
Spanien

Lage: Südwesteuropa
Fläche: 504 782 km²
Höchste Erhebung: Mulhacén (3478 m)
Wichtige Gewässer: Guadiana, Ebro,
Guadalquivir
Hauptstadt: Madrid
Staatsform: parlamentarische Monarchie
Verwaltungsgliederung: 17 autonome
Regionen, 52 Provinzen
Bevölkerung: 40 Mio. (79 Einw./km²)
Bev.-Zusammensetzung: Spanier (73 %),
Katalanen (18 %), Galizier (6 %),
Basken (2 %)

Sprachen: Spanisch (Kastilisch), Katala-
nisch, Baskisch, Galizisch
Religion: Katholiken (96 %)
Alphabetisierung: 97 %
Bruttosozialprodukt/Einw.: 13 580 US$
Währung: 1 Spanische Peseta =
100 Céntimos

France
Frankreich

Lage: Westeuropa
Fläche: 543 965 km²
Höchste Erhebung: Mont Blanc (4807 m)
Wichtige Gewässer: Loire, Rhône, Seine,
Garonne
Hauptstadt: Paris
Staatsform: parlamentarische Republik
Verwaltungsgliederung: 22 Regionen,
96 Départements, 9 abhängige Territorien
Außengebiete: Französisch-Guyana, Guade-
loupe, Martinique, Réunion, Mayotte, Saint-
Pierre und Miquelon, Französisch-Polynesien,
Neukaledonien, Wallis und Futuna
Bevölkerung: 58 Mio. (107 Einw./km²)
Bev.-Zusammensetzung: Franzosen
(94 %), Algerier (1 %), Portugiesen (1 %),
Marokkaner (1 %)
Sprache: Französisch
Religion: Katholiken (80 %), Protestanten
(2 %), Muslime (5 %)
Alphabetisierung: 99 %
Bruttosozialprodukt/Einw.: 24 990 US$
Währung: 1 Französischer Franc =
100 Centimes

Hrvatska
Kroatien

Lage: Südosteuropa
Fläche: 56 538 km²
Hauptstadt: Zagreb
Staatsform: Republik
Verwaltungsgliederung: 20 Regionen,
2 Bezirke
Bevölkerung: 4,7 Mio. (83 Einw./km²)
Bev.-Zusammensetzung: Kroaten (75 %),
Serben (12 %)
Sprache: Kroatisch
Religion: Katholiken (77 %), Orthodoxe
(11 %), Protestanten (1 %), Muslime (1 %)
Alphabetisierung: 97 %
Bruttosozialprodukt/Einw.: 3250 US$
Währung: 1 Kuna = 100 Lipa

Ísland
Island

Lage: Nordeuropa
Fläche: 103 000km²

Höchste Erhebung: Oraefajökull (2119 m)
Wichtige Gewässer: Myvatn-See
Hauptstadt: Reykjavik
Staatsform: Republik
Verwaltungsgliederung: 8 Regionen
Bevölkerung: 270 000 (3 Einw./km²)
Bev.-Zusammensetzung: Isländer (94 %),
Dänen (1 %)
Sprache: Isländisch
Religion: Christen (97 %): Protestanten
(94 %), Katholiken (1 %)
Alphabetisierung: 99 %
Bruttosozialprodukt/Einw.: 24 950 US$
Währung: 1 Isländische Krone = 100 Aurar

Italia
Italien

Lage: Südeuropa
Fläche: 301 287 km²
Höchste Erhebung: Monte Rosa (4637 m)
Wichtige Gewässer: Po, Etsch, Tiber, Arno;
Gardasee, Lago Maggiore, Comer See
Hauptstadt: Rom
Staatsform: Republik
Verwaltungsgliederung: 20 Regionen;
95 Provinzen
Bevölkerung: 57,2 Mio. (190 Einw./km²)
Bev.-Zusammensetzung: Italiener (94 %),
Sarden (3 %), Rätoromanen (1 %)
Sprache: Italienisch
Religion: Katholiken (85 %)
Alphabetisierung: 97 %
Bruttosozialprodukt/Einw.: 19 020 US$
Währung: 1 Italienische Lira = 100 Centesimi

Jugoslavija
Jugoslawien

Lage: Südosteuropa
Fläche: 102 173 km²
Hauptstadt: Belgrad
Staatsform: Bundesrepublik
Bevölkerung: 10,52 Mio. (103 Einw./km²)
Bev.-Zusammensetzung: Serben (73 %),
Albaner (13 %), Montenegriner (5 %),
Ungarn (4 %), Bosnier (3 %)
Sprachen: Serbisch (amtl.), Albanisch,
Ungarisch
Religion: Christen (75 %): Orthodoxe (44 %),
Katholiken (31 %); Muslime (12 %)
Alphabetisierung: 92 %
Bruttosozialprodukt/Einw.: 3035 US$
Währung: 1 Neuer Dinar = 100 Para

Latvija
Lettland

Lage: Nordosteuropa
Fläche: 64 600 km²

Hauptstadt: Riga
Staatsform: Republik
Verwaltungsgliederung: 33 Bezirke
Bevölkerung: 2,5 Mio. (39 Einw./km²)
Bev.-Zusammensetzung: Letten (52 %),
Russen (34 %), Weißrussen (5 %), Ukrainer
(4 %), Polen (2 %)
Sprachen: Lettisch (amtl.), Russisch
Religion: Lutheraner (40 %), Katholiken
(35 %),Russisch-Orthodoxe (10 %)
Alphabetisierung: 98 %
Bruttosozialprodukt/Einw.: 2270 US$
Währung: 1 Lats = 100 Santims

Liechtenstein
Liechtenstein

Lage: Zentraleuropa
Fläche: 160 km²
Höchste Erhebung: Grauspitze (2599 m)
Hauptstadt: Vaduz
Staatsform: parlamentarische Monarchie
Verwaltungsgliederung: 11 Gemeinden
Bevölkerung: 31 000 (194 Einw./km²)
Bev.-Zusammensetzung: Liechtensteiner
(63 %),Schweizer (16 %), Österreicher (8 %),
Deutsche (4 %)
Sprache: Deutsch
Religion: Katholiken (83 %), Protes-
tanten (7 %)
Alphabetisierung: 99 %
Bruttosozialprodukt/Einw.: 33 000 US$
Währung: 1 Schweizer Franken =
100 Rappen

Lietuva
Litauen

Lage: Nordosteuropa
Fläche: 65 200 km²
Hauptstadt: Vilnius
Staatsform: parlamentarische Republik
Verwaltungsgliederung: 10 Bezirke
Bevölkerung: 3,8 Mio. (58 Einw./km²)
Bev.-Zusammensetzung: Litauer (80 %),
Russen (9 %),Polen (7 %), Weißrussen (2 %),
Ukrainer (1 %)
Sprachen: Litauisch (amtl.), Russisch
Religion: Katholiken (80 %)
Alphabetisierung: 98 %
Bruttosozialprodukt/Einw.: 1900 US$
Währung: 1 Litas = 100 Centas

Luxembourg
Luxemburg

Lage: Zentraleuropa
Fläche: 2 586 km²
Höchste Erhebung: Eisling (562 m)
Wichtige Gewässer: Alzette, Sauer, Mosel

Hauptstadt: Luxemburg
Staatsform: konstitutionelle Monarchie
Verwaltungsgliederung: 12 Kantone
Bevölkerung: 410 000 (159 Einw./km²)
Bev.-Zusammensetzung: Luxemburger
(73 %),Portugiesen (9 %), Italiener (5 %)
Sprachen: Letzebuergisch, Französisch,
Deutsch
Religion: Katholiken (95%), Protestanten (1%)
Alphabetisierung: 99 %
Bruttosozialprodukt/Einw.: 41 210 US$
Währung: 1 Luxemburgischer Franc =
100 Centimes

Magyarország
Ungarn

Lage: Zentraleuropa
Fläche: 93 030 km²
Wichtige Gewässer: Donau, Plattensee
Hauptstadt: Budapest
Staatsform: parlamentarische Republik
Verwaltungsgliederung: 20 Bezirke
Bevölkerung: 10,2 Mio. (110 Einw./km²)
Bev.-Zusammensetzung: Ungarn (97 %),
Deutsche (2 %),Slowaken (1 %)
Sprache: Ungarisch
Religion: Katholiken (64 %), Protestanten
(24 %),Ungarisch-Orthodoxe (3 %)
Juden (1 %)
Alphabetisierung: 99 %
Bruttosozialprodukt/Einw.: 4120 US$
Währung: 1 Forint = 100 Filler

Makedonija
Mazedonien

Lage: Südosteuropa
Fläche: 36 713 km²
Hauptstadt: Skopje
Staatsform: Republik
Verwaltungsgliederung: 38 Gemeinden
Bevölkerung: 2,2 Mio. (82 Einw./km²)
Bev.-Zusammensetzung: Mazedonier
(67 %),Albaner (20 %), Türken (5 %),
Serben (3 %), Roma (2 %)
Sprachen: Mazedonisch (amtl.), Albanisch,
Türkisch, Serbisch
Religion: Mazedonisch-Orthodoxe
(>50 %), Muslime (<20 %)
Alphabetisierung: 90 %
Bruttosozialprodukt/Einw.: 860 US$
Währung: 1 Mazedonischer Dinar =
100 Para

Malta
Malta

Lage: Südeuropa
Fläche: 316 km²

Hauptstadt: Valletta
Staatsform: Republik
Verwaltungsgliederung: 6 Bezirke
Bevölkerung: 368 000 (1165 Einw./km²)
Bev.-Zusammensetzung: Malteser (96 %),
Briten (2 %)
Sprachen: Maltesisch, Englisch
Religion: Katholiken (95%), Anglikaner (1%)
Alphabetisierung: 86 %
Bruttosozialprodukt/Einw.: 7970 US$
Währung: 1 Maltesische Lira = 100 Cents

Moldova
Moldau/Moldawien

Lage: Südosteuropa
Fläche: 33 700 km²
Hauptstadt: Chisinau
Staatsform: Republik
Verwaltungsgliederung: 40 Bezirke,
10 Stadtbezirke
Bevölkerung: 4,4 Mio. (131 Einw./km²)
Bev.-Zusammensetzung: Moldawier
(65 %),Ukrainer (14 %), Russen (13 %),
Gagausen (4 %),Bulgaren (2 %)
Sprachen: Moldawisch (amtl.), Russisch
Religion: Orthodoxe (60 %), Juden (10 %)
Alphabetisierung: 96 %
Bruttosozialprodukt/Einw.: 920 US$
Währung: 1 Moldau-Leu = 100 Bani

Monaco
Monaco

Lage: Westeuropa
Fläche: 1,95 km²
Hauptstadt: Monaco-Stadt
Staatsform: konstitutionelle Monarchie
Verwaltungsgliederung: Fürstentum
Bevölkerung: 31 700 (16 267 Einw./km²)
Bev.-Zusammensetzung: Monegassen
(19 %),Franzosen (47 %), Italiener (17 %),
Briten (4 %), Deutsche (2 %)
Sprachen: Französisch (amtl.),
Monegassisch, Italienisch
Religion: Katholiken (90 %), Protestanten
(6 %), Juden (1 %)
Alphabetisierung: 99 %
Bruttosozialprodukt/Einw.: 51 000 US$
Währung: 1 Französischer Franc =
100 Centimes

Nederland
Niederlande

Lage: Westeuropa
Fläche: 41 800 km²
Wichtige Gewässer: Rhein; Ijsselmeer
Hauptstadt: Amsterdam (Regierungssitz:
Den Haag)

Staatsform: parlamentarische Monarchie
Verwaltungsgliederung: 12 Provinzen,
2 Überseeregionen
Bevölkerung: 15,5 Mio. (371 Einw./km²)
Bev.-Zusammensetzung: Niederländer
(96 %), Türken (1 %), Marokkaner (1 %)
Sprache: Niederländisch
Religion: Katholiken (34 %), Protestanten
(25 %), Muslime (3 %)
Alphabetisierung: 99 %
Bruttosozialprodukt/Einw.: 24 000 US$
Währung: 1 Holländischer Gulden =
100 Cent

Norge
Norwegen

Lage: Nordeuropa
Fläche: 323 877 km²
Höchste Erhebung: Galdhøppigen (2470 m)
Hauptstadt: Oslo
Staatsform: parlamentarische Monarchie
Verwaltungsgliederung: 19 Provinzen
Außengebiete: Svalbard, Jan Mayen,
Bouvetinsel, Peter-I.-Insel
Bevölkerung: 4,36 Mio. (13 Einw./km²)
Bev.-Zusammensetzung: Norwegen
(97 %), Sami/Lappen (1 %)
Sprachen: Norwegisch, Lappisch
Religion: Lutheraner (88 %)
Alphabetisierung: 99 %
Bruttosozialprodukt/Einw.: 31 250 US$
Währung: 1 Norwegische Krone = 100 Øre

Österreich
Österreich

Lage: Zentraleuropa
Fläche: 83 854 km²
Höchste Erhebung: Großglockner (3797 m)
Wichtige Gewässer: Donau, Drau;
Neusiedler See
Hauptstadt: Wien
Staatsform: Bundesrepublik
Verwaltungsgliederung: 9 Bundesländer
Bevölkerung: 8 Mio. (95 Einw./km²)
Sprache: Deutsch
Religion: Katholiken (85 %), Protestan-
ten (6 %)
Alphabetisierung: 99 %
Bruttosozialprodukt/Einw.: 26 890 US$
Währung: 1 Österreichischer Schilling =
100 Groschen

Polska
Polen

Lage: Zentraleuropa
Fläche: 312 685 km²
Wichtige Gewässer: Weichsel, Oder

Hauptstadt: Warschau
Staatsform: Republik
Verwaltungsgliederung: 49 Provinzen
Bevölkerung: 38,6 Mio. (123 Einw./km²)
Sprache: Polnisch
Religion: Katholiken (94 %), Orthodoxe
(2 %)
Alphabetisierung: 99 %
Bruttosozialprodukt/Einw.: 2790 US$
Währung: 1 Zloty = 100 Groszy

Portugal
Portugal

Lage: Südwesteuropa
Fläche: 92 270 km²
Höchste Erhebung: Serra da Estrela
(1991 m)
Wichtige Gewässer: Tejo, Douro, Guadiana
Hauptstadt: Lissabon
Staatsform: Republik
Verwaltungsgliederung: 18 Bezirke,
2 autonome Regionen
Außengebiete: Macau (bis 1999)
Bevölkerung: 9,87 Mio. (107 Einw./km²)
Sprache: Portugiesisch
Religion: Katholiken (95 %), Protestan-
ten (1 %)
Alphabetisierung: 86 %
Bruttosozialprodukt/Einw.: 9740 US$
Währung: 1 Portugiesischer Escudo =
100 Centavos

România
Rumänien

Lage: Südosteuropa
Fläche: 238 391 km²
Höchste Erhebung: Moldoveanu (2543 m)
Wichtige Gewässer: Donau
Hauptstadt: Bukarest
Staatsform: Republik
Verwaltungsgliederung: 41 Bezirke
Bevölkerung: 22,76 Mio. (95 Einw./km²)
Bev.-Zusammensetzung: Rumänen (78 %),
Ungarn (11 %), Roma (10 %)
Sprachen: Rumänisch (amtl.), Ungarisch,
Deutsch
Religion: Rumänisch-Orthodoxe (70 %),
Griechisch-Orthodoxe (10 %), Muslime (1 %)
Alphabetisierung: 97 %
Bruttosozialprodukt/Einw.: 1480 US$
Währung: 1 Len = 100 Bani

Rossija
Russland

Lage: Osteuropa (und Asien)
Fläche: 17 075 400 km²
Höchste Erhebung: Elbrus (5642 m)

Wichtige Gewässer: Wolga, Don, Kama;
Baikalsee, Ladogasee, Onegasee
Hauptstadt: Moskau
Staatsform: föderative Präsidialrepublik
Verwaltungsgliederung: 89 Territorien
der Föderation
Bevölkerung: 147 Mio. (9 Einw./km²)
Bev.-Zusammensetzung: Russen (82 %),
Tataren (4 %), Ukrainer (3 %)
Sprachen: Russisch (amtl.), über 100 wei-
tere Sprachen
Religion: Katholiken, Protestanten, Rus-
sisch-Orthodoxe, Armenische Kirche, Muslime
Alphabetisierung: 99 %
Bruttosozialprodukt/Einw.: 2240 US$
Währung: 1 Rubel = 100 Kopeken

San Marino
San Marino

Lage: Südeuropa
Fläche: 61,19 km²
Höchste Erhebung: Monte Titano (743 m)
Hauptstadt: San Marino Città
Staatsform: Republik
Verwaltungsgliederung: 6 Castelli
Bevölkerung: 25 000 (409 Einw./km²)
Bev.-Zusammensetzung: Sammaresi
(80 %), Italiener (18 %)
Sprachen: Italienisch (amtl.), Romagnol
Religion: Katholiken (95 %)
Alphabetisierung: 98 %
Bruttosozialprodukt/Einw.: 8359 US$
Währung: 1 Italienische Lira = 100 Centesimi

Shqipëria
Albanien

Lage: Südosteuropa
Fläche: 28 748 km²
Höchste Erhebung: Korab (2753 m)
Hauptstadt: Tirana
Staatsform: Republik
Verwaltungsgliederung: 27 Bezirke
Bevölkerung: 3,39 Mio. (118 Einw./km²)
Bev.-Zusammensetzung: Albaner (98 %),
Griechen (2 %)
Sprache: Albanisch
Religion: Muslime (65 %), Orthodoxe
Chrsten (22 %), Katholiken (13 %)
Alphabetisierung: 85 %
Bruttosozialprodukt/Einw.: 670 US$
Währung: 1 Lek = 100 Qindarka

Slovenija
Slowenien

Lage: Zentraleuropa
Fläche: 20 255 km²
Hauptstadt: Ljubljana

Staatsform: Republik
Bevölkerung: 2 Mio. (99 Einw./km²)
Bev.-Zusammensetzung: Slowenen (90 %),
Kroaten (3 %), Serben (2 %)
Sprache: Slowenisch
Religion: Katholiken (90 %), Muslime (1 %)
Alphabetisierung: 99 %
Bruttosozialprodukt/Einw.: 8200 US$
Währung: 1 Tolar = 100 Stotin

Slovenská Republika
Slowakische Republik

Lage: Zentraleuropa
Fläche: 49 036 km²
Hauptstadt: Bratislava
Staatsform: Republik
Bevölkerung: 5,37 Mio. (110 Einw./km²)
Bev.-Zusammensetzung: Slowaken (87 %),
Ungarn (11 %), Tschechen (1 %)
Sprachen: Slowakisch (amtl.), Ungarisch,
Tschechisch
Religion: Katholiken (64 %), Protestan-
ten (8 %)
Alphabetisierung: 99 %
Bruttosozialprodukt/Einw.: 2950 US$
Währung: 1 Slowakische Krone = 100 Heller

Suisse/Schweiz/Svizzera
Schweiz

Lage: Zentraleuropa
Fläche: 41 285 km²
Höchste Erhebung: Monte Rosa (4637 m)
Wichtige Gewässer: Rhein, Rhône, Aare
Hauptstadt: Bern
Staatsform: parlamentarischer Bundesstaat
Verwaltungsgliederung: 26 Kantone
Bevölkerung: 7,1 Mio. (172 Einw./km²)
Bev.-Zusammensetzung: Schweizer (84 %),
Italiener (6 %), Spanier (2 %), Deutsche (2 %)
Sprachen: Deutsch, Französisch, Italienisch,
Rätoromanisch
Religion: Katholiken (47 %), Protestan-
ten (43 %), Muslime (1 %)
Alphabetisierung: 99 %
Bruttosozialprodukt/Einw.: 40 360 US$
Währung: 1 Schweizer Franken =
100 Rappen (Centimes)

Suomi/Finland
Finnland

Lage: Nordeuropa
Fläche: 338 144 km²
Hauptstadt: Helsinki
Staatsform: Republik
Verwaltungsgliederung: 12 Provinzen,
1 autonome Region
Bevölkerung: 5,1 Mio. (15 Einw./km²)

Bev.-Zusammensetzung: Finnen (93 %),
Schweden (6 %), Sami/Lappen
Sprachen: Finnisch (amtl.), Schwedisch
Religion: Lutheraner (89 %), Orthodoxe (1 %)
Alphabetisierung: 99 %
Bruttosozialprodukt/Einw.: 20 580 US$
Währung: 1 Finnmark = 100 Penniä

Sverige
Schweden

Lage: Nordeuropa
Fläche: 449 964 km²
Wichtige Gewässer: Vänersee, Vättersee,
Mälorensee
Hauptstadt: Stockholm
Staatsform: konstitutionelle Monarchie
Verwaltungsgliederung: 24 Bezirke
Bevölkerung: 8,8 Mio. (20 Einw./km²)
Bev.-Zusammensetzung: Schweden
(91 %), Finnen (3 %), Lappen (2 %)
Sprachen: Schwedisch (amtl.), Finnisch
Religion: Evangelisch-Lutherische Staats-
kirche (89 %)
Alphabetisierung: 99 %
Bruttosozialprodukt/Einw.: 23 750 US$
Währung: 1 Schwedische Krone = 100 Öre

Ukrajina
Ukraine

Lage: Osteuropa
Fläche: 603 700 km²
Hauptstadt: Kiew
Staatsform: Republik
Verwaltungsgliederung: 25 Regionen,
autonome Krimrepublik
Bevölkerung: 51,47 Mio. (85 Einw./km²)
Bev.-Zusammensetzung: Ukrainer (72 %),
Russen (22 %)
Sprachen: Ukrainisch (amtl.), Russisch
Religion: Orthodoxe, Katholiken (10 %),
Juden (1 %)
Alphabetisierung: 95 %
Bruttosozialprodukt/Einw.: 1630 US$
Währung: 1 Griwna = 100 Kopijken

United Kingdom
Vereinigtes Königreich

Lage: Westeuropa (Großbritannien und
Nordirland)
Fläche: 241 752 km²
Höchste Erhebung: Ben Nevis (1343 m)
Wichtige Gewässer: Themse, Severn
Hauptstadt: London
Staatsform: konstitutionelle Monarchie im
Commonwealth
Verwaltungsgliederung: 92 Grafschaften
und Regionen, 85 grafschaftsfreie Städte

Außengebiete: Kanalinseln, Insel Man,
Auguilla, Bermuda, Britische Jungferninseln,
Falkland-Inseln, Gibraltar, Kaimaninseln,
Montserrat, Pitcairninseln, St. Helena, Turks-
und Caicosinseln, Süd-Georgien und südliche
Sandwichinseln
Bevölkerung: 58,5 Mio. (242 Einw./km²)
Bev.-Zusammensetzung: Engländer
(80 %), Schotten (10 %), Iren (4 %),
Waliser (2 %), Inder (1 %)
Sprachen: Englisch (amtl.), Walisisch, Gälisch
Religion: Anglikaner (57 %), Katholiken
(13 %), Presbyterianer (7 %)
Alphabetisierung: 99 %
Bruttosozialprodukt/Einw.: 18 700 US$
Währung: 1 Pfund Sterling = 100 Pence

ASIEN

Afghānistān
Afghanistan

Lage: Westasien
Fläche: 652 225 km²
Höchste Erhebung: Tirich Mir (7699 m)
Hauptstadt: Kabul
Staatsform: Islamische Republik
Verwaltungsgliederung: 31 Provinzen
Bevölkerung: 23,4 Mio. (36 Einw./km²)
Bev.-Zusammensetzung: Paschtunen
(40 %), Tadschiken (25 %), Hesoren (15 %),
Usbeken (5 %)
Sprachen: Paschtu, Dari
Religion: Sunniten (84 %), Schiiten (15 %)
Alphabetisierung: 31 %
Bruttosozialprodukt/Einw.: 350 US$
Währung: 1 Afghani = 100 Puls

Al-Bahrain
Bahrain

Lage: Vorderasien
Fläche: 695 km²
Hauptstadt: Al-Manama
Staatsform: Emirat
Bevölkerung: 577 000 (830 Einw./km²)
Bev.-Zusammensetzung: Bahrainer (64 %),
Araber (27 %), Inder (6 %), Pakistani (2 %),
Europäer (1 %)
Sprache: Arabisch
Religion: Sunniten (59 %), Shiiten (31 %)
Alphabetisierung: 85 %
Bruttosozialprodukt/Einw.: 7840 US$
Währung: 1 Bahrain-Dinar = 1000 Fils

Al-Kuwait
Kuwait

Lage: Vorderasien

Fläche: 17 818 km²
Hauptstadt: Kuwait-Stadt
Staatsform: Emirat
Verwaltungsgliederung: 5 Provinzen
Bevölkerung: 1,6 Mio. (90 Einw./km²)
Bev.-Zusammensetzung: Kuwaiter (38 %),
Ausländer (62 %, v. a. Ägypter, Inder)
Sprachen: Arabisch
Religion: Sunniten (66 %), Shiiten (29 %)
Alphabetisierung: 79 %
Bruttosozialprodukt/Einw.: 17 390 US$
Währung: 1 Kuwait-Dinar = 100 Dirham =
1000 Fils

Al-Lubnān
Libanon

Lage: Vorderasien
Fläche: 10 452 km²
Höchste Erhebung: Libanon (3083 m)
Hauptstadt: Beirut
Staatsform: Republik
Verwaltungsgliederung: 5 Provinzen
Bevölkerung: 3 Mio. (287 Einw./km²)
Bev.-Zusammensetzung: Libanesen (90 %),
Palästinenser (10 %)
Sprachen: Arabisch (amtl.), Französisch
Religion: Muslime (60 %), Christen (40 %)
Alphabetisierung: 92 %
Bruttosozialprodukt/Einw.: 2660 US$
Währung: 1 Libanesisches Pfund =
100 Piaster

Al-Mamlaka al-ʾArabiya as-Saʿūdiya
Saudi-Arabien

Lage: Vorderasien
Fläche: 2 240 000 km²
Höchste Erhebung: Asir (3133 m)
Hauptstadt: Riadh
Staatsform: islamische absolute Monarchie
Verwaltungsgliederung: 13 Regionen
Bevölkerung: 18,9 Mio. (8,4 Einw./km²)
Bev.-Zusammensetzung: Saudi-Araber
(72 %), Ausländer (27 %, Fremdarbeiter)
Sprache: Arabisch
Religion: Muslime (98 %)
Alphabetisierung: 63 %
Bruttosozialprodukt/Einw.: 7040 US$
Währung: 1 Saudi Riyal = 20 Qirshes =
100 Hallalas

Al-Yaman
Jemen

Lage: Vorderasien
Fläche: 536 869 km²
Hauptstadt: Sana
Staatsform: Republik

Verwaltungsgliederung: 17 Provinzen
Bevölkerung: 15,2 Mio. (28 Einw./km²)
Sprachen: Arabisch (amtl.), Englisch
Religion: Muslime (99 %)
Alphabetisierung: 38 %
Bruttosozialprodukt/Einw.: 260 US$
Währung: 1 Jemen-Rial = 100 Fils

Armenija (Hayastan)
Armenien

Lage: Vorderasien
Fläche: 29 800 km²
Hauptstadt: Jerewan
Staatsform: Republik
Verwaltungsgliederung: 37 Bezirke
Bevölkerung: 3,7 Mio. (124 Einw./km²)
Bev.-Zusammensetzung: Armenier (93 %),
Aserbaidschaner (3 %), Russen (2 %)
Sprachen: Armenisch (amtl.), Russisch
Religion: Armenisch-apostolische Kirche
Alphabetisierung: 99 %
Bruttosozialprodukt/Einw.: 730 US$
Währung: 1 Dram = 100 Luma

Azerbajdzan
Aserbaidschan

Lage: Vorderasien
Fläche: 86 600 km²
Hauptstadt: Baku
Staatsform: Republik
Verwaltungsgliederung: 54 Bezirke,
9 bezirksfreie Städte, 2 auton. Regionen
Bevölkerung: 7,5 Mio. (87 Einw./km²)
Bev.-Zusammensetzung: Aserbaidschaner
(85 %), Russen (4 %), Armenier (2 %)
Sprachen: Aseri (amtl.), Türkisch, Russisch
Religion: Sunniten (59 %), Schiiten(31 %)
Alphabetisierung: 95 %
Bruttosozialprodukt/Einw.: 480 US$
Währung: 1 Manat = 100 Gepik

Bangladesh
Bangladesch

Lage: Südasien
Fläche: 147 570 km²
Wichtige Gewässer: Ganges, Brahmaputra
Hauptstadt: Dhaka
Staatsform: Republik
Verwaltungsgliederung: 4 Provinzen
Bevölkerung: 122,7 Mio. (831 Einw./km²)
Bev.-Zusammensetzung: Bengalen (95 %),
Bihari (1 %), weitere Minderheiten
Sprachen: Bengali (amtl.), Urdu, Hindi
Religion: Muslime (87 %), Hindus (12 %)
Alphabetisierung: 38 %
Bruttosozialprodukt/Einw.: 240 US$
Währung: 1 Taka = 100 Poisha

Bhutan
Bhutan

Lage: Südasien
Fläche: 46 500 km²
Höchste Erhebung: Jomo Lhari (7314 m)
Hauptstadt: Thimphu
Staatsform: konstitutionelle Monarchie
Verwaltungsgliederung: 18 Bezirke
Bevölkerung: 1,53 Mio. (33 Einw./km²)
Bev.-Zusammensetzung: Bhutaner (60 %),
Nepalesen sowie andere Indoarier
Sprachen: Dsongkha (amtl.), tibet. Dialekte
Religion: Buddhisten (72%), Hindus, Muslime
Alphabetisierung: 42%
Bruttosozialprodukt/Einw.: 420 US$
Währung: 1 Ngultrum = 100 Chetrum

Brunei
Brunei

Lage: Südostasien
Fläche: 5765 km²
Hauptstadt: Bandar Seri Begawan
Staatsform: Sultanat
Verwaltungsgliederung: 4 Distrikte
Bevölkerung: 281 000 (49 Einw./km²)
Bev.-Zusammensetzung: Malaien (67 %),
Chinesen (16 %), Protomalaien (6 %)
Sprachen: Malaiisch (amtl.), Englisch
Religion: Muslime (67 %), Buddhisten
(12 %), Christen (10 %)
Alphabetisierung: 88 %
Bruttosozialprodukt/Einw.:14 240 US$
Währung: 1 Brunei-Dollar = 100 Cents

Choson
Korea, Demokratische
Volksrepublik

Lage: Ostasien
Fläche:120 538 km²
Hauptstadt: Pyöngyang
Staatsform: Volksdemokratie
Verwaltungsgliederung: 9 Provinzen,
2 Stadtbezirke
Bevölkerung: 23,9 Mio. (199 Einw./km²)
Sprache: Koreanisch
Religion: Atheisten (68 %), sonst v. a. Bud-
dhisten, Konfuzianer, Volksreligionen
Alphabetisierung: 95%
Bruttosozialprodukt/Einw.: 990 US$
Währung: 1 Won = 100 Chon

Daulat al-Imārāt al-ʾArabiya Al-Muttahida
Vereinigte Arabische Emirate

Lage: Vorderasien
Fläche: 77 700 km²

Höchste Erhebung: Jabal-Sham (3017 m)
Hauptstadt: Abu Dhabi
Staatsform: Föderation unabhängiger
Scheichtümer
Verwaltungsgliederung: 7 Emirate
Bevölkerung: 2,3Mio. (30 Einw./km²)
Bev.-Zusammensetzung: Araber (70 %),
ausländische Arbeitskräfte
Sprache: Arabisch (amtl.)
Religion: Sunniten (81 %), Schiiten (15 %)
Alphabetisierung: 79 %
Bruttosozialprodukt/Einw.: 17 400 US$
Währung: 1 Dirham = 100 Fils

Gruzija (Sakartvelo)
Georgien

Lage: Vorderasien
Fläche: 69 700 km²
Höchste Erhebung: Kasbek (5033 m)
Hauptstadt: Tiflis
Staatsform: Republik
Verwaltungsgliederung: 79 Bezirke und
Städte, 3 autonome Gebiete
Bevölkerung: 5,5 Mio. (79 Einw./km²)
Bev.-Zusammensetzung: Georgier (71 %),
Armenier (8 %), Aserbaidschaner (5 %),
Russen (5%)
Sprachen: Georgisch (amtl.), Russisch,
Armenisch
Religion: Orthodoxe (65 %), Muslime (11 %)
Alphabetisierung: >95%
Bruttosozialprodukt/Einw.: 440 US$
Währung: 1 Lari = 100 Tetri

India (Bhärat)
Indien

Lage: Südasien
Fläche: 3 287 263 km²
Höchste Erhebung: Nanda Devi (7817 m)
Wichtige Gewässer: Indus, Ganges
Hauptstadt: New Delhi
Staatsform: Republik
Verwaltungsgliederung: 25 Bundes-
staaten, 7 Unionsterritorien
Bevölkerung: 935,9 Mio. (285 Einw./km²)
Sprachen: Hindi, Englisch
Religion: Hindus (80 %), Muslime (11 %),
Christen (2 %), Sikhs (1 %), Buddhisten (1 %)
Alphabetisierung: 51%
Bruttosozialprodukt/Einw.: 340 US$
Währung: 1 Indische Rupie = 100 Paise

Indonesia
Indonesien

Lage: Südostasien
Fläche: 1 904 569 km²
Hauptstadt: Jakarta

Staatsform: Präsidialrepublik
Verwaltungsgliederung: 27 Provinzen,
3 Sonderbezirke
Bevölkerung: 197,6 Mio. (104 Einw./km²)
Bev.-Zusammensetzung: Javaner (40 %),
Sudanesen (15 %), Maduresen (5 %), chin.
u. südasiat. Minderheiten
Sprachen: Indonesisch (amtl.), Javanisch
Religion: Muslime (87 %), Christen (10 %),
Hindus (2 %), Buddhisten (1 %)
Alphabetisierung: 84 %
Bruttosozialprodukt/Einw.: 980 US$
Währung: 1 Rupiah = 100 Sen

Îrân
Iran

Lage: Vorderasien
Fläche: 1 648 000 km²
Höchste Erhebung: Demawend (5605 m)
Hauptstadt: Teheran
Staatsform: Islamische Republik
Verwaltungsgliederung: 25 Provinzen
Bevölkerung: 66,7 Mio. (41 Einw./km²)
Bev.-Zusammensetzung: Perser (50 %),
Aserbaidschaner (20 %), Luren (10 %), Kur-
den (8 %), Araber (2 %),Turkmenen (2 %)
Sprachen: Farsi (amtl.), Luri, Kurdisch
Religion: Schiiten (90 %), Sunniten (8 %)
Alphabetisierung: 68 %
Bruttosozialprodukt/Einw.: 1900 US$
Währung: 1 Rial = 100 Dinar

'Irâq
Irak

Lage: Vorderasien
Fläche: 438 317 km²
Wichtige Gewässer: Euphrat, Tigris
Hauptstadt: Bagdad
Staatsform: Präsidialrepublik
Verwaltungsgliederung: 18 Provinzen
Bevölkerung: 20,1 Mio. (46 Einw./km²)
Bev.-Zusammensetzung: Araber (80 %),
Kurden (15 %), Turkmenen, Aramäer
Sprache: Arabisch
Religion: Sunniten (63 %), Schiiten (32 %)
Alphabetisierung: 57 %
Bruttosozialprodukt/Einw.: 850 US$
Währung: 1 Irak-Dinar = 1000 Fils

Kâmpŭchéa
Kambodscha

Lage: Südostasien
Fläche: 181 035 km²
Hauptstadt: Phnom Penh
Staatsform: konstitutionelle Monarchie
Verwaltungsgliederung: 21 Provinzen
Bevölkerung: 10,3 Mio. (57 Einw./km²)

Bev.-Zusammensetzung: Khmer (92 %),
Vietnamesen (5 %), Chinesen (2 %), Thai (1 %)
Sprachen: Khmer (amtl.), Vietnamesisch
Religion: Buddhisten (89 %), Muslime (2 %)
Alphabetisierung: 35 %
Bruttosozialprodukt/Einw.: 270 US$
Währung: 1 Riel = 10 Kak = 100 Sen

Kazahstan
Kasachstan

Lage: Vorderasien
Fläche: 2 717 300 km²
Wichtige Gewässer: Aralsee
Hauptstadt: Alma-Ata
Staatsform: Republik
Verwaltungsgliederung: 19 Regionen,
2 Stadtbezirke
Bevölkerung: 16,95 Mio. (7 Einw./km²)
Bev.-Zusammensetzung: Kasachen (44 %),
Russen (36 %), Ukrainer (4 %), Deutsche (4 %)
Sprachen: Kasachisch, Russisch
Religion: Muslime (50 %), Christen (50 %)
Alphabetisierung: 98 %
Bruttosozialprodukt/Einw.: 1330 US$
Währung: 1 Tenge = 100 Tiin

Kypros/ Kibris
Zypern

Lage: Mittelmeer/Vorderasien
Fläche: 9251 km²
Höchste Erhebung: Troodos (1953 m)
Hauptstadt: Nikosia
Staatsform: Präsidialrepublik
Verwaltungsgliederung: 6 Distrikte
Bevölkerung: 742 000 (81 Einw./km²)
Bev.-Zusammensetzung: Griechen
(85 %), Türken (13 %)
Sprachen: Griechisch, Türkisch (beide
amtl.), Englisch
Religion: Orthodoxe (80 %), Muslime (19 %)
Alphabetisierung: 94 %
Bruttosozialprodukt/Einw.: 10 260 US$
Währung: 1 Zypriot. Pfund = 100 Cents

Kyrgyzstan
Kirgistan

Lage: Vorderasien
Fläche: 198 500 km²
Hauptstadt: Biskek
Staatsform: Präsidialrepublik
Verwaltungsgliederung: 6 Regionen,
1 Bezirk (Hauptstadt)
Bevölkerung: 4,7 Mio. (24 Einw./km²)
Bev.-Zusammensetzung: Kirgisen (57 %),
Russen (19 %), Usbeken (13 %), Ukrainer (2 %)
Sprachen: Kirgisisch (amtl.), Russisch
Religion: Muslime (Mehrheit), Christen

Alphabetisierung: 97 %
Bruttosozialprodukt/Einw.: 700 US$
Währung: 1 Kirgisistan-Som = 100 Tyin

Lao
Laos

Lage: Südostasien
Fläche: 236 800 km²
Hauptstadt: Vientiane
Staatsform: Volksrepublik
Verwaltungsgliederung: 16 Provinzen
und 1 Präfektur (Hauptstadt)
Bevölkerung: 4,9 Mio. (21 Einw./km²)
Bev.-Zusammensetzung: ca. 70 verschiedene Volksgruppen (Lao-Lum, Lao-Theung,
Lao-Soung u. a.)
Sprachen: Lao (amtl.), Minderheiten
Religion: Buddhisten (58 %), Stammesreligionen (34 %)
Alphabetisierung: 56 %
Bruttosozialprodukt/Einw.: 350 US$
Währung: 1 Kip

Malaysia
Malaysia

Lage: Südostasien
Fläche: 329 758 km²
Hauptstadt: Kuala Lumpur
Staatsform: konstitutionelle Wahlmonarchie im Commonwealth
Verwaltungsgliederung: 13 Bundesstaaten, 2 Bundesterritorien
Bevölkerung: 20,5 Mio. (63 Einw./km²)
Bev.-Zusammensetzung: Malaysier (58 %),
Chinesen (27 %), Inder und Pakistani (8 %)
Sprachen: Malaiisch (amtl.), Chinesisch,
Tamil, Iban, Englisch
Religion: Muslime (53 %), Buddhisten (17 %),
chin. Volksreligionen (12 %), Hindus (7 %)
Alphabetisierung: 83%
Bruttosozialprodukt/Einw.: 3890 US$
Währung: 1 Malaiischer Ringgit = 100 Sen

Maldives (Divehi Rajje)
Malediven

Lage: Südasien
Fläche: 298 km²
Hauptstadt: Malé
Staatsform: Präsidialrepublik im Commonwealth
Verwaltungsgliederung: 19 Distrikte
(Atolle) und Hauptstadtdistrikt
Bevölkerung: 253 000 (849 Einw./km²)
Bev.-Zusammensetzung: Malediver (100 %)
Sprachen: Divehi (amtl.), Englisch
Religion: Sunniten (100 %)
Alphabetisierung: 93 %

Bruttosozialprodukt/Einw.: 990 US$
Währung: 1 Rufiyaa = 100 Laari

Mongol Ard Uls
Mongolei

Lage: Zentralasien
Fläche: 1 565 000 km²
Höchste Erhebung: Altaishan (4362 m)
Hauptstadt: Ulan Bator
Staatsform: Republik
Verwaltungsgliederung: 21 Provinzen,
1 Bezirk (Hauptstadt)
Bevölkerung: 2,46 Mio. (2 Einw./km²)
Bev.-Zusammensetzung: Mongolen
(88 %), Burjaten (2 %), Daringanga (1 %)
Sprachen: Mongolisch (amtl.), Kasachisch,
Russisch, Minderheiten
Religion: Lamaisten (90 %), Schamanismus
Alphabetisierung: 82%
Bruttosozialprodukt/Einw.: 310 US$
Währung: 1 Tugrik = 100 Mongo

Muang Thai
Thailand

Lage: Südostasien
Fläche: 513 115 km²
Hauptstadt: Bangkok
Staatsform: konstitutionelle Monarchie
Verwaltungsgliederung: 73 Provinzen
Bevölkerung: 58,8 Mio. (115 Einw./km²)
Bev.-Zusammensetzung: Thaivölker (80 %,
v. a. Siamesen), Chinesischstämmige (12 %),
Malaien (4 %), Khmer (3 %)
Sprachen: Thai (amtl.), Englisch, Chinesisch
Religion: Buddhisten (95 %), Muslime (4 %)
Alphabetisierung: 94 %
Bruttosozialprodukt/Einw.: 2740 US$
Währung: 1 Baht = 100 Stangs

Myanmar
Myanmar (Birma)

Lage: Südostasien
Fläche: 676 552 km²
Hauptstadt: Yangon
Staatsform: Republik
Verwaltungsgliederung: 7 Staaten,
7 Bezirke
Bevölkerung: 45 Mio. (67 Einw./km²)
Bev.-Zusammensetzung: Birmanen
(69 %), Shan (9 %), Karen (6 %), Rohingya
(5 %), weitere Minderheiten
Sprachen: Birmanisch (amtl.), Lokalsprachen
Religion: Buddhisten (89 %), Christen (5 %),
Muslime (4 %), Naturreligionen (3 %)
Alphabetisierung: 83 %
Bruttosozialprodukt/Einw.: 250 US$
Währung: 1 Kyat = 100 Pyas

Nepal
Nepal

Lage: Südasien
Fläche: 147 181 km²
Höchste Erhebung: Mt. Everest (8861 m)
Hauptstadt: Katmandu
Staatsform: konstitutionelle Monarchie
Verwaltungsgliederung: 14 Regionen
Bevölkerung: 21,5 Mio. (147 Einw./km²)
Bev.-Zusammensetzung: Nepalesen (52 %),
Maithili (11 %), Bhojpuri (8 %), weitere
indoarische und tibetobirmanische Gruppen
Sprachen: Nepali (amtl.), Maithili, Bhojpuri
Religion: Hindus (86 %), Buddhisten (6 %),
Muslime (3 %)
Alphabetisierung: 27 %
Bruttosozialprodukt/Einw.: 200 US$
Währung: 1 Nepalesische Rupie =
100 Paisa

Nippon/Nihon
Japan

Lage: Ostasien
Fläche: 377 801 km²
Höchste Erhebung: Fuji (3776 m)
Wichtige Gewässer: Biwasee
Hauptstadt: Tokio
Staatsform: konstitutionelle Monarchie
Verwaltungsgliederung: 47 Präfekturen
Bevölkerung: 125 Mio. (331 Einw./km²)
Bev.-Zusammensetzung: Japaner (99 %),
Ainu (Ureinwohner)
Sprache: Japanisch
Religion: Shintoisten (88 %) und Buddhisten (78 %), Christen (4 %)
Alphabetisierung: 99 %
Bruttosozialprodukt/Einw.: 39 640 US$
Währung: 1 Yen = 100 Sen

Pākistān
Pakistan

Lage: Südasien
Fläche: 796 095 km²
Wichtige Gewässer: Indus, Nebenflüsse
Hauptstadt: Islamabad
Staatsform: Islamische Republik
Verwaltungsgliederung: 4 Provinzen, 1
Bezirk (Hauptstadt), 2 Verwaltungsgebiete
Bevölkerung: 140 Mio. (176 Einw./km²)
Bev.-Zusammensetzung: Pandschabi
(50 %), Sindhi (15 %), Paschtunen (15 %)
Sprachen: Urdu (amtl.), Englisch, Pandschabi, Sindhi
Religion: Muslime (97 %)
Alphabetisierung: 38 %
Bruttosozialprodukt/Einw.: 460 US$
Währung: 1 Pakistanische Rupie = 100 Paisa

Pilipinas
Philippinen

Lage: Südostasien
Fläche: 300 000 km²
Höchste Erhebung: Mt. Apo (2954 m), Mt. Pulog (2930 m)
Hauptstadt: Manila
Staatsform: Präsidialrepublik
Verwaltungsgliederung: 13 Regionen, 73 Provinzen
Bevölkerung: 68,6 Mio. (229 Einw./km²)
Bev.-Zusammensetzung: Jungmalaien (40 %), Indonesier/Polynesier (30 %), Altmalaien (10 %), Chinesen (10 %), Inder (5 %)
Sprachen: Filipino (amtl.), Spanisch, Englisch
Religion: Katholiken (84 %), weitere Christen (10 %), Muslime (5 %)
Alphabetisierung: 95 %
Bruttosozialprodukt/Einw.: 1050 US$
Währung: 1 Phillipinischer Peso = 100 Centavos

Qaṭar
Katar

Lage: Vorderasien
Fläche: 11 437 km²
Hauptstadt: Doha
Staatsform: Emirat (absol. Monarchie)
Verwaltungsgliederung: 9 Bezirke
Bevölkerung: 562 200 (50 Einw./km²)
Bev.-Zusammensetzung: Araber (45 %), Inder/Pakistani (34 %), Iraner (16 %)
Sprache: Arabisch
Religion: Muslime (93 %), Christen (6 %), Hindus (1 %)
Alphabetisierung: 79 %
Bruttosozialprodukt/Einw.: 11 600 US$
Währung: 1 Qatar-Riyal = 100 Dirham

Saltanat 'Umān
Oman

Lage: Vorderasien
Fläche: 212 457 km²
Höchste Erhebung: Jabal-Sham (3017 m)
Hauptstadt: Maskat
Staatsform: Sultanat (absol. Monarchie)
Verwaltungsgliederung: 59 Provinzen
Bevölkerung: 2,2 Mio. (11 Einw./km²)
Bev.-Zusammensetzung: Araber (88 %), Perser (3 %), Inder/Pakistani (3 %), Afrikaner (2 %)
Sprachen: Arabisch (amtl.), Persisch, Urdu
Religion: Muslime (85 %), Hindus (14 %)
Alphabetisierung: 35 %
Bruttosozialprodukt/Einw.: 4820 US$
Währung: 1 Rial Omani = 1000 Baizas

Singapore
Singapur

Lage: Südostasien
Fläche: 641 km²
Hauptstadt: Singapur
Staatsform: Republik im Commonwealth
Verwaltungsgliederung: 5 Bezirke
Bevölkerung: 2,9 Mio. (4525 Einw./km²)
Bev.-Zusammensetzung: Chinesen (78 %), Malaien (14 %), Inder/Pakistani/Singhalesen (7 %)
Sprachen: Malaiisch, Englisch, Chinesisch, Tamil (alle amtl.)
Religion: Buddhisten und Daoisten (54 %), Muslime (15 %), Hindus (4 %)
Alphabetisierung: 91 %
Bruttosozialprodukt/Einw.: 26 730 US$
Währung: 1 Singapur-Dollar = 100 Cents

Srī Laṅkā
Śri Lanka

Lage: Südasien
Fläche: 65 610 km²
Höchste Erhebung: Pidurutalagala (2524 m)
Hauptstadt: Colombo
Staatsform: sozialistische Präsidialrepublik im Commonwealth
Verwaltungsgliederung: 9 Provinzen, 25 Bezirke
Bevölkerung: 18,2 Mio. (278 Einw./km²)
Bev.-Zusammensetzung: Singhalesen (74 %), Tamilen (18 %)
Sprachen: Singhalesisch, Tamil
Religion: Buddhisten (70 %), Hindus (16 %), Muslime (8 %), Katholiken (7 %)
Alphabetisierung: 90 %
Bruttosozialprodukt/Einw.: 700 US$
Währung: 1 Sri-Lanka-Rupie = 100 Cents

Suriya
Syrien

Lage: Vorderasien
Fläche: 185 180 km²
Wichtige Gewässer: Euphrat
Hauptstadt: Damaskus
Staatsform: Präsidialrepublik
Verwaltungsgliederung: 13 Provinzen, 1 Bezirk (Hauptstadt)
Bevölkerung: 14,17 Mio. (77 Einw./km²)
Bev.-Zusammensetzung: Syrische Araber (89 %), Kurden (6 %), Armenier (2 %)
Sprachen: Arabisch (amtl.), Kurdisch, Armenisch
Religion: Sunniten (80 %), Alawiten (7 %), Christen (9 %), weitere Muslime (3 %)
Alphabetisierung: 70 %
Bruttosozialprodukt/Einw.: 1120 US$

Währung: 1 Syrisches Pfund = 100 Piaster

Tadžikistan
Tadschikistan

Lage: Vorderasien
Fläche: 143 100 km²
Höchste Erhebung: Pik Kommunismus (7495 m)
Hauptstadt: Duschanbe
Staatsform: Präsidialrepublik
Verwaltungsgliederung: 2 Regionen, 1 Bezirk (Hauptstadt), 1 autonome Republik
Bevölkerung: 5,93 Mio. (42 Einw./km²)
Bev.-Zusammensetzung: Tadschiken (63 %), Usbeken (24 %), Russen (7 %)
Sprache: Tadschikisch (amtl.), Russisch
Religion: Muslime, Russisch-Orthodoxe
Alphabetisierung: 97 %
Bruttosozialprodukt/Einw.: 340 US$
Währung: 1 Tadschikischer Rubel = 100 Kopeken

Taehan-Min'guk
Republik Korea (Süd)

Lage: Ostasien
Fläche: 99 392 km²
Höchste Erhebung: Chunchon (1708 m)
Wichtige Gewässer: Naktong
Hauptstadt: Seoul
Staatsform: Präsidialrepublik
Verwaltungsgliederung: 15 Provinzen
Bevölkerung: 45 Mio. (453 Einw./km²)
Sprache: Koreanisch
Religion: Christen (32 %), Buddhisten (23 %), Konfuzianer (22 %)
Alphabetisierung: 98 %
Bruttosozialprodukt/Einw.: 9700 US$
Währung: 1 Won = 100 Chon

Taiwan
Taiwan

Lage: Ostasien
Fläche: 36 000 km²
Hauptstadt: Taipeh
Staatsform: Republik
Verwaltungsgliederung: 16 Landkreise, 5 Stadtkreise, 2 Sonderstadtkreise
Bevölkerung: 21,3 Mio. (592 Einw./km²)
Bev.-Zusammensetzung: chinesischstämmige Taiwanesen (84 %), Chinesen (14 %)
Sprache: Chinesisch
Religion: Daoisten/chin. Volksreligion (48 %), Buddhisten (44 %), Christen (7 %), Konfuzianer
Alphabetisierung: 92 %
Bruttosozialprodukt/Einw.: 11 600 US$
Währung: 1 Neuer Taiwan-Dollar = 100 Cents

Türkiye
Türkei

Lage: Vorderasien/Südosteuropa
Fläche: 779 452 km²
Höchste Erhebung: Ararat (5165 m)
Hauptstadt: Ankara
Staatsform: Republik
Verwaltungsgliederung: 74 Provinzen
Bevölkerung: 61 Mio. (79 Einw./km²)
Bev.-Zusammensetzung: Türken (70 %), Kurden (20 %), Araber (2 %)
Sprachen: Türkisch (amtl.), Kurdisch
Religion: Sunniten (70 %), Aleviten (15 %), weitere Muslime (14 %), Christen (<1 %)
Alphabetisierung: 82 %
Bruttosozialprodukt/Einw.: 2780 US$
Währung: 1 Türkische Lira = 100 Kurus

Turkmenistan
Turkmenistan

Lage: Vorderasien
Fläche: 488 100 km²
Hauptstadt: Aschchabad
Staatsform: Präsidialrepublik
Verwaltungsgliederung: 5 Regionen
Bevölkerung: 4,2 Mio. (9 Einw./km²)
Bev.-Zusammensetzung: Turkmenen (73 %), Russen (10 %), Usbeken (9 %), Kasachen (2 %), Tataren (1 %)
Sprache: Turkmenisch
Religion: Muslime (Sunniten)
Alphabetisierung: 98 %
Bruttosozialprodukt/Einw.: 920 US$
Währung: 1 Manat = 100 Tenge

Urdunn
Jordanien

Lage: Vorderasien
Fläche: 88 946 km²
Wichtige Gewässer: Jordan; Totes Meer
Hauptstadt: Amman
Staatsform: konstitutionelle Monarchie
Verwaltungsgliederung: 8 Provinzen
Bevölkerung: 4,22 Mio. (48 Einw./km²)
Bev.-Zusammensetzung: Araber (98 %)
Sprache: Arabisch
Religion: Sunniten (80%), weitere Muslime (13 %)
Alphabetisierung: 87 %
Bruttosozialprodukt/Einw.: 1510 US$
Währung: 1 Jordan-Dinar = 1000 Fils

Uzbekistan
Usbekistan

Lage: Zentralasien
Fläche: 447 400 km²

Wichtige Gewässer: Aralsee
Hauptstadt: Taschkent
Staatsform: Präsidialrepublik
Verwaltungsgliederung: 12 Regionen, 1 autonome Republik
Bevölkerung: 22,7 Mio. (51 Einw./km²)
Bev.-Zusammensetzung: Usbeken (74 %), Russen (6 %), Tadschiken (5 %), Kasachen (4 %), Karakalpaken (2 %)
Sprachen: Usbekisch (amtl.), Russisch
Religion: Muslime (Sunniten)
Alphabetisierung: 97 %
Bruttosozialprodukt/Einw.: 970 US$
Währung: 1 Usbekistan-Sum = 100 Tijin

Viêt-Nam
Vietnam

Lage: Südostasien
Fläche: 331 114 km²
Höchste Erhebung: Ngoc Linh (2598 m)
Wichtige Gewässer: Roter Fluß
Hauptstadt: Hanoi
Staatsform: sozialistische Republik
Verwaltungsgliederung: 7 Regionen; 50 Provinzen, 3 Stadtbezirke
Bevölkerung: 73,5 Mio. (222 Einw./km²)
Bev.-Zusammensetzung: Vietnamesen (87 %), weitere 60 Nationalitäten
Sprache: Vietnamesisch
Religion: Buddhisten (55%), Katholiken (7%)
Alphabetisierung: 94 %
Bruttosozialprodukt/Einw.: 240 US$
Währung: 1 Dong = 10 Hào = 10 Xu

Yisra'el
Israel

Lage: Vorderasien
Fläche: 21 946 km²
Wichtige Gewässer: Jordan; Totes Meer, See Genezareth
Hauptstadt: Jerusalem
Staatsform: Republik
Verwaltungsgliederung: 6 Distrikte, besetzte sowie teilautonome Gebiete
Bevölkerung: 5,5 Mio. (251 Einw./km²)
Bev.-Zusammensetzung: Israelis (82 %), israelische Palästinenser (18 %)
Sprachen: Hebräisch, Arabisch (beide amtl.), Englisch
Religion: Juden (81 %), Muslime (14 %)
Alphabetisierung: 95 %
Bruttosozialprodukt/Einw.: 15 920 US$
Währung: 1 Neuer Schekel = 100 Agorot

Zhongguo
China

Lage: Ostasien

Fläche: 9 571 300 km²
Höchste Erhebung: Muztag (7723 m)
Wichtige Gewässer: Yangzi, Huanghe
Hauptstadt: Beijing
Staatsform: sozialistische Volksrepublik
Verwaltungsgliederung: 23 Provinzen, 5 autonome Regionen, 3 Stadtbezirke; 147 autonome Kreise und Bezirke
Bevölkerung: 1,2 Mrd. (125 Einw./km²)
Bev.-Zusammensetzung: Chinesen (92 %), Tibeter, Miao, Zhuang, Hui, Mandschu
Sprachen: Hochchinesisch (amtl.), Kantonesisch, weitere Dialekte
Religion: Volksreligion (20 %), Buddhisten (9 %), Muslime (2 %), Christen (1 %)
Alphabetisierung: 81 %
Bruttosozialprodukt/Einw.: 620 US$
Währung: 1 Yuan = 10 Jiao = 100 Fen

AUSTRALIEN/OZEANIEN

Australia
Australien

Lage: Indischer Ozean/Pazifik
Fläche: 7 682 300 km²
Höchste Erhebung: Kosciusko (2230 m),
Wichtige Gewässer: Murray, Darling
Hauptstadt: Canberra
Staatsform: parlamentarisch-demokratische Monarchie und Bundesstaat
Verwaltungsgliederung: 6 Bundesstaaten, 2 Territorien
Außengebiete: Weihnachtsinsel, Kokosinseln, Norfolkinsel, Lord-Howe-Insel, Territorium »Korallenmeerinseln«, Ashmore- und Cartierinseln
Bevölkerung: 18,3 Mio. (3 Einw./km²)
Bev.-Zusammensetzung: Europäischstämmige (95 %), Aborigines (2 %), Asiaten (1 %)
Sprachen: Englisch, Minderheiten
Religion: Katholiken (26 %), Anglikaner (24 %), Protestanten (6 %), Orthodoxe (3 %)
Alphabetisierung: 99 %
Bruttosozialprodukt/Einw.: 18 720 US$
Währung: 1 Australischer Dollar = 100 Cents

Fiji
Fidschi

Lage: Pazifik
Fläche: 18 376 km²
Hauptstadt: Suva
Staatsform: Republik
Verwaltungsgliederung: 4 Bezirke; 14 Provinzen
Bevölkerung: 775 000 (42 Einw./km²)
Bev.-Zusammensetzung: Melanesier

(51 %), Inder (44 %), Rotuma
Sprachen: Englisch, Fidschianisch (alle
amtl.), Hindi
Religion: Christen (53 %), Hindus (38 %),
Muslime (8 %)
Alphabetisierung: 91 %
Bruttosozialprodukt/Einw.: 2440 US$
Währung: 1 Fidschi-Dollar = 100 Cents

Kiribati
Kiribati

Lage: Pazifik
Fläche: 810,5 km²
Hauptstadt: Bairiki
Staatsform: Präsidialrepublik
Verwaltungsgliederung: 6 Bezirke
Bevölkerung:79 000 (98 Einw./km²)
Bev.-Zusammensetzung: Mikronesier
(99 %), Polynesier, Chinesen und Europäer
Sprachen: I-Kiribati (Gilbertesisch), Englisch
(beide amtl.)
Religion: Christen (93 %), Bahai (3 %)
Alphabetisierung: 90 %
Bruttosozialprodukt/Einw.: 920 US$
Währung: 1 Australischer Dollar/Kiribati =
100 Cents

Marshall Islands
Marshall-Inseln

Lage: Pazifik
Fläche: 181 km²
Hauptstadt: Dalap-Uliga-Darrit
Staatsform: Republik
Verwaltungsgliederung: 24 Bezirke
Bevölkerung: 55 000 (304 Einw./km²)
Bev.-Zusammensetzung: Mikronesier
(97 %), Amerikaner
Sprachen: Englisch (amtl.), Marschallisch
Religion: Christen (98 %)
Alphabetisierung: 91 %
Bruttosozialprodukt/Einw.: 2500 US$
Währung: 1 US-Dollar = 100 Cents

Micronesia
Mikronesien

Lage: Westpazifik
Fläche: 701 km²
Hauptstadt: Kolonia
Staatsform: Bundesrepublik
Verwaltungsgliederung: 4 Teilstaaten
Bevölkerung: 110 000 (157 Einw./km²)
Bev.-Zusammensetzung: Mikronesier,
Polynesier (insges. 9 Ethnien)
Sprachen: Englisch (amtl.), 9 mikro- und
polynesische Sprachen
Religion: Christen
Alphabetisierung: 80 %

Bruttosozialprodukt/Einw.: 2000 US$
Währung: 1 US-Dollar = 100 Cents

Nauru (Naoero)
Nauru

Lage: Pazifik
Fläche: 21,3 km²
Hauptstadt: Yaren
Staatsform: parlamentarische Republik im
Commonwealth
Verwaltungsgliederung: 14 Bezirke
Bevölkerung: 11 000 (517 Einw./km²)
Bev.-Zusammensetzung: Nauruer (62 %),
Kiribatier/Tuvaluer (25 %), Asiaten, Europäer
Sprachen: Englisch (amtl.), Nauruisch
Religion: Christen (90 %)
Alphabetisierung: 99 %
Bruttosozialprodukt/Einw.: 13 000 US$
Währung: 1 Australischer Dollar =
100 Cents

New Zealand
Neuseeland

Lage: Pazifik
Fläche: 270 534 km²
Höchste Erhebung: Mt. Cook (3764 m)
Wichtige Gewässer: Lake Taupoo, Lake
Te Anau
Hauptstadt: Wellington
Staatsform: parlamentarische Monarchie
im Commonwealth
Verwaltungsgliederung: 90 Grafschaften,
3 Stadtbezirke
Außengebiete: Cookinseln, Niue, Tokelau
Bevölkerung: 3,6 Mio. (14 Einw./km²)
Bev.-Zusammensetzung: Europäischstäm-
mige (74 %), Maori (10 %), Polynesier (4 %),
Asiaten
Sprachen: Englisch, Maori
Religion: Anglikaner (22 %), Presbyterianer
(16 %), Katholiken (15 %)
Alphabetisierung: 99 %
Bruttosozialprodukt/Einw.: 14 340 US$
Währung: 1 Neuseeland-Dollar =
100 Cents

Palau
Palau

Lage: Pazifik
Fläche: 508 km²
Hauptstadt: Koror
Staatsform: Präsidialrepublik
Verwaltungsgliederung: 16 Staaten
Bevölkerung: 17 200 (34 Einw./km²)
Bev.-Zusammensetzung: Palauer (83 %),
Philippiner (10 %), weitere Mikronesier
(2 %), Chinesen (2 %)

Sprachen: Englisch, Palauisch (beide amtl.),
Minderheiten
Religion: Christen (65 %), Naturreligionen
(25 %)
Alphabetisierung: 98 %
Währung: 1 US-Dollar = 100 Cents

Papua New-Guinea
Papua-Neuguinea

Lage: Westpazifik
Fläche: 462 840 km²
Höchste Erhebung: Mt. Wilhelm (4508 m)
Wichtige Gewässer: Sepik
Hauptstadt: Port Moresby
Staatsform: konstitutionelle Monarchie im
Commonwealth
Verwaltungsgliederung: 19 Provinzen,
1 Bezirk (Hauptstadt)
Bevölkerung: 4,3 Mio. (10 Einw./km²)
Bev.-Zusammensetzung: Papua, Melane-
sier, Polynesier, Indonesier
Sprachen: Englisch (amtl.), melanesisches
Pidgin, Motu, weitere Papua-Sprachen
Religion: Christen (92 %), Naturreligionen
Alphabetisierung: 72 %
Bruttosozialprodukt/Einw.: 1160 US$
Währung: 1 Kina = 100 Toea

Samoa
Samoa (West)

Lage: Pazifik
Fläche: 2831 km²
Hauptstadt: Apia
Staatsform: konstitutionelle Häuptlings-
aristokratie
Verwaltungsgliederung: 11 Bezirke
Bevölkerung: 165 000 (59 Einw./km²)
Bev.-Zusammensetzung: Polynesier
(90 %), Euronesier (9 %)
Sprachen: Samoanisch, Englisch (alle amtl.)
Religion: Protestanten (71 %), Katholiken
(22 %)
Bruttosozialprodukt/Einw.: 1120 US$
Währung: 1 Tala = 100 Sene

Solomon Islands
Salomonen

Lage: Pazifik
Fläche: 27 556 km²
Hauptstadt: Honiara
Staatsform: parlamentarische Monarchie
im Commonwealth
Verwaltungsgliederung: 8 Provinzen,
1 Bezirk (Hauptstadt)
Bevölkerung: 375 000 (14 Einw./km²)
Bev.-Zusammensetzung: Melanesier
(94 %), Polynesier (4 %), Mikronesier (1 %)

Sprachen: Englisch (amtl.), Pidgin-Englisch
Religion: Christen (97 %), Naturreligionen
(2 %)
Alphabetisierung: 62 %
Bruttosozialprodukt/Einw.: 910 US$
Währung: 1 Solomon-Islands-Dollar =
100 Cents

Tonga
Tonga

Lage: Pazifik
Fläche: 748 km²
Hauptstadt: Nuku´alofa
Staatsform: konstitutionelle Monarchie im
Commonwealth
Verwaltungsgliederung: 5 Einheiten
Bevölkerung:100 000 (134 Einw./km²)
Bev.-Zusammensetzung: Polynesier (99 %)
Sprachen: Tonga (amtl.), Englisch
Religion: Christen (90 %), Bahai (4 %)
Alphabetisierung: 95 %
Bruttosozialprodukt/Einw.: 1630 US$
Währung: 1 Pa´anga = 100 Seniti

Tuvalu
Tuvalu

Lage: Pazifik
Fläche: 26 km²
Hauptstadt: Vaiaku
Staatsform: konstitutionelle Monarchie
Verwaltungsgliederung: 9 Atolle
Bevölkerung:10 000 (385 Einw./km²)
Bev.-Zusammensetzung: Polynesier
(96 %), Melanesier
Sprachen: Tuvalu, Englisch
Religion: Protestanten (97 %), Adventisten,
Bahai
Alphabetisierung: 95 %
Währung: 1 Australischer Dollar =
100 Cents

Vanuatu
Vanuatu

Lage: Pazifik
Fläche: 12 190 km²
Hauptstadt: Port Vila
Staatsform: Republik im Commonwealth
Verwaltungsgliederung: 6 Provinzen
Bevölkerung:170 000 (14 Einw./km²)
Bev.-Zusammensetzung: Ni-Vanuatu
(Melanesier, 91 %), Polynesier/Mikronesier
(3 %)
Sprachen: Englisch, Französisch, Bislama
Religion: Christen (80 %), Naturreligionen
Alphabetisierung: 67 %
Bruttosozialprodukt/Einw.: 1200 US$
Währung: 1 Vatu = 100 Centimes

AFRIKA

Al-Ǧazā'ir/Algérie
Algerien

Lage: Nordafrika
Fläche: 2 381 741 km²
Höchste Erhebung: Tahat (2918 m)
Hauptstadt: Algier
Staatsform: Präsidialrepublik
Verwaltungsgliederung: 48 Bezirke
Bevölkerung: 28 Mio. (12 Einw./km²)
Bev.-Zusammensetzung: Araber (70 %),
Berber (30 %)
Sprache: Arabisch
Religion: Sunniten (99 %)
Alphabetisierung: 60 %
Bruttosozialprodukt/Einw.: 1600 US$
Währung: 1 Algerischer Dinar = 100 Centimes

Al-Maġrib/Maroc
Marokko

Lage: Nordafrika
Fläche: 458 730 km²
Höchste Erhebung: Toubkal (4167 m)
Hauptstadt: Rabat
Staatsform: konstitutionelle Monarchie
Verwaltungsgliederung: 16 Regionen
Bevölkerung: 26,9 Mio. (59 Einw./km²)
Bev.-Zusammensetzung: arabische Ma-
rokkaner (ca. 50 %), Berber (ca. 40 %)
Sprachen: Arabisch (amtl.), Französisch,
Berberdialekte
Religion: Muslime (99 %)
Alphabetisierung: 44 %
Bruttosozialprodukt/Einw.: 1110 US$
Währung: 1 Dirham = 100 Centimes

Al-Miṣr/Egypt
Ägypten

Lage: Nordafrika
Fläche: 1 Mio. km²
Höchste Erhebung: Sinai (2637 m)
Wichtige Gewässer: Nil (6671 m)
Hauptstadt: Kairo
Staatsform: Präsidialrepublik
Verwaltungsgliederung: 26 Provinzen
Bevölkerung: 64,2 Mio. (64 Einw./km²)
Bev.-Zusammensetzung: arabisierte
Ägypter (80 %), Araber (<1 %), Sudanesen,
Syrer, Nubier, Palästinenser
Sprache: Arabisch
Religion: sunnitische Muslime (90 %), kop-
tische Christen (10 %)
Alphabetisierung: 51 %
Bruttosozialprodukt/Einw.: 790 US$
Währung: 1 Ägyptisches Pfund =
100 Piaster

Angola
Angola

Lage: Südwestafrika
Fläche: 1 246 700 km²
Höchste Erhebung: Moco (2629 m)
Wichtige Gewässer: Cuanza, Cubango
Hauptstadt: Luanda
Staatsform: Republik
Verwaltungsgliederung: 18 Provinzen
Bevölkerung: 11,5 Mio. (10 Einw./km²)
Bev.-Zusammensetzung: Bantu (ca. 100
verschiedene Ethnien, >90 %)
Sprachen: Portugisisch (amtl.), Bantu-
Sprachen
Religion: Christen (89 %), Natur-/Volks-
religionen (9 %)
Alphabetisierung: 43 %
Bruttosozialprodukt/Einw.: 410 US$
Währung: 1 Neuer Kwanza = 100Lwei

As-Sūdān
Sudan

Lage: Nordostafrika
Fläche: 2 505 813 km²
Höchste Erhebung: Jabal Marra (3088 m)
Wichtige Gewässer: Weißer Nil
Hauptstadt: Khartum
Staatsform: Republik
Verwaltungsgliederung: 26 Provinzen
Bevölkerung: 27,4 Mio. (12 Einw./km²)
Bev.-Zusammensetzung: Araber (ca. 50 %),
afrikanische Ethnien (30 %)
Sprachen: Arabisch (amtl.), Englisch,
hamitische und nilotische Sprachen
Religion: Muslime (74 %), Naturreligionen
(19 %), Christen (9 %)
Alphabetisierung: 46 %
Bruttosozialprodukt/Einw.: 400 US$
Währung: 1 Sudanesisches Pfund =
100 Piastres

Benin
Benin

Lage: Westafrika
Fläche: 112 622 km²
Wichtige Gewässer: Niger
Hauptstadt: Porto Novo
Staatsform: Präsidialrepublik
Verwaltungsgliederung: 6 Provinzen;
78 Bezirke
Bevölkerung: 5,48 Mio. (49 Einw./km²)
Bev.-Zusammensetzung: Kwa (ca. 60
Ethnien, 80 %), Fulbe (6 %), Hausca
Sprachen: Französisch (amtl.), Fon, Yoruba
und weitere Stammessprachen
Religion: Naturreligionen (62 %), Christen
(19 %), Muslime (15 %)

Alphabetisierung: 37 %
Bruttosozialprodukt/Einw.: 370 US$
Währung: 1 CFA-Franc = 10 Centimes

Botswana
Botswana

Lage: Südafrika
Fläche: 582 000 km²
Hauptstadt: Gaborone
Staatsform: Republik
Verwaltungsgliederung: 11 Distrikte
Bevölkerung: 1,45 Mio. (3 Einw./km²)
Bev.-Zusammensetzung: Bantu (95 %),
San (3 %)
Sprachen: Setswana, Englisch (beide amtl.)
Religion: Naturreligionen (ca. 60 %), Chris-
ten (ca. 30 %)
Alphabetisierung: 70 %
Bruttosozialprodukt/Einw.: 3020 US$
Währung: 1 Pula = 100 Thebe

Burkina Faso
Burkina Faso

Lage: Westafrika
Fläche: 274 200 km²
Wichtige Gewässer: Schwarzer Volta
Hauptstadt: Ouagadougou
Staatsform: Republik
Verwaltungsgliederung: 45 Provinzen
Bevölkerung: 10,3 Mio. (38 Einw./km²)
Bev.-Zusammensetzung: Volta (ca. 60 %),
Mande (17 %), Fulbe (10 %), Dagara/Lobi
(7 %), Gur (5 %)
Sprachen: Französisch (amtl.), Fulbe, More
und weitere Stammessprachen
Religion: Naturreligionen (ca. 60 %), Musli-
me (ca. 30 %), Christen (ca. 10 %)
Alphabetisierung: 19 %
Bruttosozialprodukt/Einw.: 230 US$
Währung: 1 CFA-Franc = 100 Centimes

Burundi
Burundi

Lage: Ostafrika
Fläche: 27 834 km²
Wichtige Gewässer: Tanganjikasee
Hauptstadt: Bujumbura
Staatsform: Präsidialrepublik
Verwaltungsgliederung: 15 Provinzen
Bevölkerung: 6,4 Mio. (230 Einw./km²)
Bev.-Zusammensetzung: Hutu (85 %),
Tutsi (14 %), Twa (1 %)
Sprachen: Kirundi, Französisch (beide
amtl.), Kisuaheli
Religion: Christen (ca. 70 %), Naturreligio-
nen (ca. 30 %), Muslime (1 %)
Alphabetisierung: 35 %

Bruttosozialprodukt/Einw.: 160 US$
Währung: 1 Burundi-Franc = 100 Centimes

Cabo Verde
Kap Verde

Lage: Westafrika (Atlantik)
Fläche: 4033 km²
Hauptstadt: Praia
Staatsform: Republik
Verwaltungsgliederung: 15 Bezirke
Bevölkerung: 400 000 (100 Einw./km²)
Bev.-Zusammensetzung: Mulatten
(71 %), Schwarze (28 %), Weiße (1 %)
Sprachen: Portugiesisch (amtl.), Kreolisch
Religion: Christen (98 %)
Alphabetisierung: 72 %
Bruttosozialprodukt/Einw.: 960 US$
Währung: 1 Kap-Verde-Escudo =
100 Centavos

Cameroun/Cameroon
Kamerun

Lage: Zentralafrika
Fläche: 475 442 km²
Höchste Erhebung: Kamerunberg (4070 m)
Wichtige Gewässer: Sanaga
Hauptstadt: Yaoundé
Staatsform: Präsidialrepublik
Verwaltungsgliederung: 10 Provinzen
Bevölkerung: 13,3 Mio. (28 Einw./km²)
Bev.-Zusammensetzung: Bantu (40 %),
Semibantu/Adamawa (20 %), Pygmäen,
Fulbe, Haussa
Sprachen: Französisch, Englisch (alle amtl.),
Bantu-Sprachen
Religion: Christen (52 %), Naturreligionen
(26 %), Muslime (22 %)
Alphabetisierung: 63 %
Bruttosozialprodukt/Einw.: 650 US$
Währung: 1 CFA-Franc = 100Centimes

Comores
Komoren

Lage: Ostafrika (Indischer Ozean)
Fläche: 1862 km²
Höchste Erhebung: Karthala (2361 m)
Hauptstadt: Moroni
Staatsform: islamische Präsidialrepublik
Verwaltungsgliederung: 3 Inseldistrikte
Bevölkerung: 500 000 (269 Einw./km²)
Bev.-Zusammensetzung: Komorer (Ara-
ber, Madagassen, Bantu)
Sprachen: Komorisch, Französisch (alle
amtl.), Minderheiten
Religion: Muslime (99 %), Christen (1 %)
Alphabetisierung: 57 %
Bruttosozialprodukt/Einw.: 470 US$

Währung: 1 Komorischer Franc =
100 Centimes

Congo
Kongo

Lage: Zentralafrika
Fläche: 342 000 km²
Wichtige Gewässer: Kongo, Ubangi
Hauptstadt: Brazzaville
Staatsform: Republik
Verwaltungsgliederung: 9 Regionen und
4 Stadtbezirke
Bevölkerung: 2,63 Mio. (8 Einw./km²)
Bev.-Zusammensetzung: Bantu (88 %)
Sprachen: Französisch (amtl.), Bantu-
Sprachen
Religion: Katholiken (54 %), Naturreli-
gionen (19 %)
Alphabetisierung: 74 %
Bruttosozialprodukt/Einw.: 680 US$
Währung: 1 CFA-Franc = 100 Centimes

Congo, République démocratique
Kongo, Demokratische Republik

Lage: Zentralafrika
Fläche: 2 344 885 km²
Höchste Erhebung: Ruwenzori (5109 m)
Hauptstadt: Kinshasa
Staatsform: Präsidialrepublik
Verwaltungsgliederung: 10 Regionen,
1 Bezirk (Hauptstadt)
Bevölkerung: 43,9 Mio. (19 Einw./km²)
Bev.-Zusammensetzung: Bantu (80 %),
Sudan-Gruppen (17 %), Niloten (2 %)
Sprache: Französisch
Religion: Katholiken (48 %), Protestanten
(29 %), weitere Christen
Alphabetisierung: 76 %
Bruttosozialprodukt/Einw.: 210 US$
Währung: 1 Neuer Zaïre = 100 Makuta

Côte d'Ivoire
Elfenbeinküste

Lage: Westafrika
Fläche: 322 462 km²
Höchste Erhebung: Nimbaberge (1752 m)
Wichtige Gewässer: Sassandra, Komoé
Hauptstadt: Yamoussoukro
Staatsform: Präsidialrepublik
Verwaltungsgliederung: 49 Départe-
ments
Bevölkerung: 14,3 Mio. (45 Einw./km²)
Bev.-Zusammensetzung: Baule (23 %),
Bete (18 %), Senufo (15 %), Aschanti
(14 %), Malinke (11 %), Kru (10 %)

Sprachen: Französisch (amtl.), Dioula und weitere Sprachen
Religion: Naturreligionen (ca. 50 %), Muslime (ca. 30 %), Christen (ca. 20 %)
Alphabetisierung: 40 %
Bruttosozialprodukt/Einw.: 660 US$
Währung: 1 CFA-Franc = 100 Centimes

Djibouti
Dschibuti

Lage: Nordostafrika
Fläche: 23 200 km²
Hauptstadt: Djibouti
Staatsform: Republik
Verwaltungsgliederung: 4 Distrikte
Bevölkerung: 590 000 (26 Einw./km²)
Bev.-Zusammensetzung: Issa (50 %), Afar (40 %), Europäer, Araber
Sprachen: Französisch, Arabisch (alle amtl.), kuschitische Sprachen
Religion: Muslime (96 %), Christen (3 %)
Alphabetisierung: 46 %
Bruttosozialprodukt/Einw.: 725 US$
Währung: 1 Djibouti-Franc = 100 Centimes

Eritrea
Eritrea

Lage: Nordostafrika
Fläche: 121 144 km²
Hauptstadt: Asmara
Staatsform: Republik
Verwaltungsgliederung: 10 Provinzen
Bevölkerung: 3,6 Mio. (30 Einw./km²)
Bev.-Zusammensetzung: Tigrinja (50 %), Tigrer (30 %), Afar (8 %), Bilen (12 %)
Sprachen: Arabisch, Tigrinja (beide amtl.)
Religion: Muslime (50 %), Christen (50 %)
Alphabetisierung: 25 %
Bruttosozialprodukt/Einw.: 115 US$
Währung: 1 Birr = 100 Cents

Gabon
Gabun

Lage: Zentralafrika
Fläche: 267 667 km²
Höchste Erhebung: Birougou (1190 m)
Wichtige Gewässer: Ogooué
Hauptstadt: Libreville
Staatsform: Präsidialrepublik
Verwaltungsgliederung: 9 Provinzen
Bevölkerung: 1,1 Mio. (4 Einw./km²)
Bev.-Zusammensetzung: Fang (32 %), Eshira (12 %), Njebi (8 %), Mbédé (7 %), Batéké (5 %), Omyéné (4 %)
Sprachen: Französisch (amtl.), Bantu-Sprachen
Religion: Katholiken (ca. 50 %), Protestan-

ten (ca. 20 %), Naturreligionen
Alphabetisierung: 63 %
Bruttosozialprodukt/Einw.: 3490 US$
Währung: 1 CFA-Franc = 100 Centimes

Gambia
Gambia

Lage: Westafrika
Fläche: 11 295 km²
Hauptstadt: Banjul
Staatsform: Präsidialrepublik
Verwaltungsgliederung: 6 Bezirke; 35 Distrikte
Bevölkerung: 1,1 Mio. (98 Einw./km²)
Bev.-Zusammensetzung: Mandingo (44 %), Fulbe (18 %), Wolof (12 %), Djola (7 %), Sarakola (7 %)
Sprachen: Englisch (amtl.), Mandingo, Wolof, weitere lokale Sprachen
Religion: Muslime (ca. 90 %), Christen (ca. 10 %), Naturreligionen
Alphabetisierung: 37 %
Bruttosozialprodukt/Einw.: 320 US$
Währung: 1 Dalasi = 100 Butut

Ghana
Ghana

Lage: Westafrika
Fläche: 238 533 km²
Wichtige Gewässer: Weißer Volta
Hauptstadt: Accra
Staatsform: Präsidialrepublik
Verwaltungsgliederung: 10 Regionen, 110 Bezirke
Bevölkerung: 17,6 Mio. (74 Einw./km²)
Bev.-Zusammensetzung: Aschanti/Fanti (52 %), Mossi (16 %), Guan (12 %), Ewe (12 %), Ga (8 %), Gurma (3 %), Yoruba (1 %)
Sprachen: Englisch (amtl.), über 70 weitere Sprachen und Dialekte
Religion: Christen (60 %), Muslime (16 %), Naturreligionen
Alphabetisierung: 64 %
Bruttosozialprodukt/Einw.: 390 US$
Währung: 1 Cedi = 100 Pesewas

Guinea-Bissau
Guinea-Bissau

Lage: Westafrika
Fläche: 36 125 km²
Hauptstadt: Bissau
Staatsform: Präsidialrepublik
Verwaltungsgliederung: 3 Provinzen, 8 Regionen, 1 Bezirk (Hauptstadt)
Bevölkerung: 1,07 Mio. (30 Einw./km²)
Bev.-Zusammensetzung: Balanta (25 %), Fulbe (20 %), Mandingo (12 %), Manyako

(11 %), Papéyis (10 %)
Sprachen: Portugiesisch (amtl.), Kreolisch, Dialekte
Religion: Naturreligionen (54 %), Muslime (38 %), Christen (8 %)
Alphabetisierung: 55 %
Bruttosozialprodukt/Einw.: 250 US$
Währung: 1 Guinea-Peso = 100 Centavos

Guinea Ecuatorial
Äquatorialguinea

Lage: Zentralafrika
Fläche: 28 051 km²
Hauptstadt: Malabo
Staatsform: Präsidialrepublik
Verwaltungsgliederung: 7 Provinzen
Bevölkerung: 410 000 (15 Einw./km²)
Bev.-Zusammensetzung: Bantu (80 %), Bubi (10 %)
Sprachen: Spanisch (amtl.), Pidgin-Englisch, Bantu-Sprachen
Religion: Christen (ca. 90 %), Naturreligionen
Alphabetisierung: 78 %
Bruttosozialprodukt/Einw.: 380 US$
Währung: 1 CFA-Franc = 100 Centimes

Guinée
Guinea

Lage: Westafrika
Fläche: 245 857 km²
Höchste Erhebung: Tamgué (1538 m)
Wichtige Gewässer: Niger
Hauptstadt: Conakry
Staatsform: Republik
Verwaltungsgliederung: 4 Supraregionen, 30 Regionen, 1 Distrikt (Hauptstadt)
Bevölkerung: 6,7 Mio. (27 Einw./km²)
Bev.-Zusammensetzung: Mandingo (45 %), Fulbe (30 %), Kissi (7 %), Kpelle (5 %)
Sprachen: Französisch (amtl.), Stammessprachen
Religion: Muslime (ca. 90 %), Christen (2 %), Naturreligionen
Alphabetisierung: 36 %
Bruttosozialprodukt/Einw.: 550 US$
Währung: 1 Guinea-Franc = 100 Cauris

Îtyopya
Äthiopien

Lage: Nordostafrika
Fläche: 1 133 380 km²
Höchste Erhebung: Batu (4307 m)
Wichtige Gewässer: Abay (Blauer Nil); Abaysee
Hauptstadt: Addis Abeba
Staatsform: Bundesrepublik

Verwaltungsgliederung: 9 Regionen, Hauptstadt
Bevölkerung: 56,4 Mio. (50 Einw./km²)
Bev.-Zusammensetzung: Oromo (40 %), Amharen (28 %), Tigriner (9 %), ca. 70 weitere Ethnien
Sprachen: Amharisch (amtl.), 70 weitere Sprachen und Dialekte
Religion: Christen (ca. 45 %), Muslime (ca. 45 %), Naturreligionen
Alphabetisierung: 35 %
Bruttosozialprodukt/Einw.: 100 US$
Währung: 1 Birr = 100 Cents

Kenya
Kenia

Lage: Ostafrika
Fläche: 582 646 km²
Höchste Erhebung: Mt. Kenya (5200 m)
Wichtige Gewässer: Tana; Victoriasee
Hauptstadt: Nairobi
Staatsform: Präsidialrepublik
Verwaltungsgliederung: 7 Provinzen, 1 Distrikt (Hauptstadt)
Bevölkerung: 28,37 Mio. (49 Einw./km²)
Bev.-Zusammensetzung: Bantu (60 %), Niloten (24 %), Massai (2 %)
Sprachen: Kisuaheli (amtl.), Englisch, Stammessprachen
Religion: Naturreligionen, Christen, Muslime (6 %)
Alphabetisierung: 77 %
Bruttosozialprodukt/Einw.: 280 US$
Währung: 1 Kenia-Schilling = 100 Cents

Lesotho
Lesotho

Lage: Südafrika
Fläche: 30 355 km²
Höchste Erhebung: Thabana Ntlenyana (3482 m)
Hauptstadt: Maseru
Staatsform: konstitutionelle Monarchie im Commonwealth
Verwaltungsgliederung: 10 Bezirke
Bevölkerung: 1,98 Mio. (66 Einw./km²)
Bev.-Zusammensetzung: Sotho (99 %)
Sprachen: Sesotho, Englisch
Religion: Katholiken (44 %), Protestanten (30 %), Naturreligionen
Alphabetisierung: 71 %
Bruttosozialprodukt/Einw.: 770 US$
Währung: 1 Loti = 100 Lisente

Liberia
Liberia

Lage: Westafrika

Fläche: 111 369 km²
Höchste Erhebung: Nimbaberge (1752 m)
Hauptstadt: Monrovia
Staatsform: Präsidialrepublik
Verwaltungsgliederung: 11 Bezirke, 4 Territorien
Bevölkerung: 2,9 Mio. (26 Einw./km²)
Bev.-Zusammensetzung: Kpelle (20 %), Bassa (14 %), Grebo (9 %), Kru (8 %), Gio (8 %), Mandingo (7 %), Loma (6 %)
Sprachen: Englisch (amtl.), Stammessprachen
Religion: Christen, Naturreligionen, Muslime (ca. 10 %),
Alphabetisierung: 39 %
Bruttosozialprodukt/Einw.: 200 US$
Währung: 1 Liberianischer Dollar = 100 Cents

Lîbîyâ
Libyen

Lage: Nordafrika
Fläche: 1 759 540 km²
Höchste Erhebung: Pic Bette (2285 m)
Hauptstadt: Tripolis
Staatsform: Islamische Volksrepublik
Verwaltungsgliederung: 3 Provinzen, 10 Governorate
Bevölkerung: 5,4 Mio. (3 Einw./km²)
Bev.-Zusammensetzung: Libyer; Minderheiten: Berber, Ägypter, Schwarzafrikaner
Sprachen: Arabisch (amtl.), Berberdialekte
Religion: Muslime (97 %)
Alphabetisierung: 74 %
Bruttosozialprodukt/Einw.: 6000 US$
Währung: 1 Libyscher Dinar = 1000 Dirham

Madagasíkara
Madagaskar

Lage: Südafrika; Inselgruppe im Indischen Ozean
Fläche: 587 041 km²
Höchste Erhebung: Tsaratanana (2876 m)
Wichtige Gewässer: Mangoky
Hauptstadt: Antananarivo
Staatsform: Republik
Verwaltungsgliederung: 28 Regionen
Bevölkerung: 14,69 Mio. (25 Einw./km²)
Bev.-Zusammensetzung: Madagassen (Malaien/Negriten, 99 %)
Sprachen: Malagasy, Französisch (beide amtl.), Howa
Religion: Naturreligionen (ca. 50 %), Christen (ca. 45 %), Muslime (5 %)
Alphabetisierung: 80 %
Bruttosozialprodukt/Einw.: 230 US$
Währung: 1 Madagascar-Franc = 100 Centimes

Malawi
Malawi

Lage: Südafrika
Fläche: 118 484 km²
Höchste Erhebung: Mulanje (3000 m)
Wichtige Gewässer: Malawisee
Hauptstadt: Lilongwe
Staatsform: Präsidialrepublik im Commonwealth
Verwaltungsgliederung: 3 Regionen
Bevölkerung: 11,1 Mio. (94 Einw./km²)
Bev.-Zusammensetzung: Bantu (Chichewa, Nyaja, Lomwe, Yao, Sena u. a. ; ca. 95 %)
Sprachen: Chichewa, Englisch (beide amtl.), Chitumbuka, weitere Bantusprachen
Religion: Christen (75 %), Naturreligionen (ca. 15 %), Muslime
Alphabetisierung: 56 %
Bruttosozialprodukt/Einw.: 170 US$
Währung: 1 Malawi-Kwacha = 100 Tambala

Mali
Mali

Lage: Westafrika
Fläche: 1 240 192 km²
Wichtige Gewässer: Niger
Hauptstadt: Bamako
Staatsform: Präsidialrepublik
Verwaltungsgliederung: 8 Regionen und Hauptstadtdistrikt
Bevölkerung: 10,14 Mio. (9 Einw./km²)
Bev.-Zusammensetzung: Bambara (32 %), Fulbe (14 %), Senufo (12 %), Soninke(9 %), Tuareg(7 %), Songhai(7 %), Malinke (6 %)
Sprachen: Französisch (amtl.), Bamakan, weitere Mandé-Sprachen
Religion: Muslime (ca. 80 %), Christen (1 %), Naturreligionen
Alphabetisierung: 31 %
Bruttosozialprodukt/Einw.: 250 US$
Währung: 1 CFA-Franc = 100 Centimes

Mauritius
Mauritius

Lage: Südostafrika (Indischer Ozean)
Fläche: 2040 km²
Hauptstadt: Port Louis
Staatsform: Republik
Verwaltungsgliederung: 9 Distrikte, 3 Dependenzen
Bevölkerung: 1,1 Mio. (540 Einw./km²)
Bev.-Zusammensetzung: Inder (69 %), Kreolen (27 %), Chinesen (3 %), Europäischstämmige (3 %)
Sprachen: Englisch (amtl.), Kreolisch, Hindi,

Urdu
Religion: Hindus (52 %), Christen (30 %), Muslime (13 %)
Alphabetisierung: 83 %
Bruttosozialprodukt/Einw.: 3380 US$
Währung: 1 Mauritius-Rupie = 100 Cents

Mawrïtãniyah
Mauretanien

Lage: Westafrika
Fläche: 1 030 700 km²
Wichtige Gewässer: Senegal
Hauptstadt: Nouakchott
Staatsform: Islamische Präsidialrepublik
Verwaltungsgliederung: 13 Regionen
Bevölkerung: 2,28 Mio. (3 Einw./km²)
Bev.-Zusammensetzung: arabisch-berberische Mauren (81 %), Wolof (7 %), Toucouleur (5 %), Soninke (3 %), Fulbe (1 %)
Sprachen: Arabisch (amtl.), Niger- und Kongosprachen
Religion: Muslime (99 %)
Alphabetisierung: 36 %
Bruttosozialprodukt/Einw.: 460 US$
Währung: 1 Ouguiya = 5 Khoums

Moçambique
Mosambik

Lage: Südafrika
Fläche: 799 380 km²
Höchste Erhebung: Serra Namúli (2419 m)
Wichtige Gewässer: Sambesi, Limpopo
Hauptstadt: Maputo
Staatsform: Republik
Verwaltungsgliederung: 10 Provinzen, Hauptstadt
Bevölkerung: 16,5 Mio. (21 Einw./km²)
Bev.-Zusammensetzung: Makua (47 %), Tsonga (23 %), Malawi (12 %), Schona (11 %), Yao (4 %), Chinesen (2 %)
Sprachen: Portugisisch (amtl.), Bantu-Sprachen
Religion: Naturreligionen (>50 %), Christen, Muslime
Alphabetisierung: 40 %
Bruttosozialprodukt/Einw.: 80 US$
Währung: 1 Metical = 100 Centavos

Namibia
Namibia

Lage: Südwestafrika
Fläche: 824 292 km²
Höchste Erhebung: Brandberg (2579 m)
Wichtige Gewässer: Oranje, Okavango, Kunene
Hauptstadt: Windhoek
Staatsform: Republik im Commonwealth

Verwaltungsgliederung: 13 Regionen
Bevölkerung: 1,6 Mio. (2 Einw./km²)
Bev.-Zusammensetzung: Ovambo (47 %), Kavango (9 %), Herero (7 %), Damara (7 %), Europäischstämmige (6 %), Nama (5 %), Caprivianer (4 %)
Sprachen: Englisch (amtl.), Afrikaans, Deutsch
Religion: Lutheraner (51 %), Katholiken (20 %), Niederl. Reformierte (6 %), Anglikaner (5 %)
Alphabetisierung: 40 %
Bruttosozialprodukt/Einw.: 2000 US$
Währung: 1 Namibia-Dollar = 100 Cents

Niger
Niger

Lage: Westafrika
Fläche: 1 267 000 km²
Höchste Erhebung: Air-Gebirge (1944 m)
Wichtige Gewässer: Niger
Hauptstadt: Niamey
Staatsform: Präsidialrepublik
Verwaltungsgliederung: 8 Départements
Bevölkerung: 9 Mio. (7 Einw./km²)
Bev.-Zusammensetzung: Haussa (54 %), nilo-saharische Gruppen (Dscherma/Songhai21 %), Fulbe (>10 %), Tuareg (9 %), Kanouri (4 %)
Sprachen: Französisch (amtl.), Haussa und weitere Stammessprachen
Religion: Muslime (ca. 90 %), Naturreligionen
Alphabetisierung: 13 %
Bruttosozialprodukt/Einw.: 220 US$
Währung: 1 CFA-Franc = 100 Centimes

Nigeria
Nigeria

Lage: Westafrika
Fläche: 923 768 km²
Wichtige Gewässer: Niger, Benue; Tschadsee
Hauptstadt: Abuja
Staatsform: präsidiale Bundesrepublik
Verwaltungsgliederung: 36 Bundesstaaten, Hauptstadt-Territorium
Bevölkerung: 111,3 Mio. (121 Einw./km²)
Bev.-Zusammensetzung: Haussa-Fulani (21 %), Yoruba (21 %), Ibo (18 %), Ibibo (6 %), weitere ca. 430 Ethnien
Sprachen: Englisch (amtl.), Arabisch, Stammessprachen
Religion: Christen (49 %), Muslime (45 %), Naturreligionen
Alphabetisierung: 57 %
Bruttosozialprodukt/Einw.: 260 US$
Währung: 1 Naira = 100 Kobo

République Centrafricaine
Zentralafrikanische Republik

Lage: Zentralafrika
Fläche: 622 984 km²
Höchste Erhebung: Mongosberge (1400 m)
Wichtige Gewässer: Ubangi
Hauptstadt: Bangui
Staatsform: Präsidialrepublik
Verwaltungsgliederung: 16 Präfekturen, Hauptstadt
Bevölkerung: 3,3 Mio. (6 Einw./km²)
Bev.-Zusammensetzung: Banda (30 %), Gbaya (24 %), Gbandi (11 %), Azande (10 %)
Sprachen: Französisch, Sangho (beide amtl.), Bantu- und Sudansprachen
Religion: Naturreligionen (57 %), Christen (35 %), Muslime (8 %)
Alphabetisierung: 59 %
Bruttosozialprodukt/Einw.: 340 US$
Währung: 1 CFA-Franc = 100 Centimes

Rwanda
Ruanda

Lage: Ostafrika
Fläche: 26 338 km²
Höchste Erhebung: Karisimbi (4507 m)
Wichtige Gewässer: Kagera; Kivusee
Hauptstadt: Kigali
Staatsform: Präsidialrepublik
Verwaltungsgliederung: 11 Präfekturen
Bevölkerung: 8,1 Mio. (308 Einw./km²)
Bev.-Zusammensetzung: Hutu/Bahutu und verwandte Stämme (85 %), Tutsi (14 %), Pygmäen (1 %)
Sprachen: Kinyarwanda, Französisch (beide amtl.), Kisuaheli, Englisch
Religion: Katholiken (ca. 45 %), Protestanten (ca. 10 %), Muslime (ca. 10 %), Naturreligionen
Alphabetisierung: 60 %
Bruttosozialprodukt/Einw.: 180 US$
Währung: 1 Ruanda-Franc = 100 Centimes

São Tomé e Príncipe
São Tomé und Príncipe

Lage: Westafrika
Fläche: 1001 km²
Höchste Erhebung: Pico de São Tomé (2024 m)
Hauptstadt: São Tomé
Staatsform: Republik
Verwaltungsgliederung: Distrikt von São Tomé, Insel Príncipe (Autonomiestatus)
Bevölkerung: 129 000 (129 Einw./km²)
Bev.-Zusammensetzung: Schwarzafrika-

ner, Mulatten, Portugiesen (Minderheit)
Sprachen: Portugiesisch (amtl.), Kreolisch
Religion: Katholiken (ca. 90 %), Protestan-
ten (ca. 5 %), Naturreligionen
Alphabetisierung: 66 %
Bruttosozialprodukt/Einw.: 350 US$
Währung: 1 Dobra = 100 Centimes

Sénégal
Senegal

Lage: Westafrika
Fläche: 196 722 km²
Wichtige Gewässer: Senegal
Hauptstadt: Dakar
Staatsform: Präsidialrepublik
Verwaltungsgliederung: 10 Regionen
Bevölkerung: 8,5 Mio. (44 Einw./km²)
Bev.-Zusammensetzung: Wolof (44 %),
Sérères (15 %), Fulbe (12 %), Toucouleur
(11 %), Diola (5 %), Mandingo (4 %)
Sprachen: Französisch, Wolof
Religion: Muslime (94 %), Christen (5 %),
Naturreligionen
Alphabetisierung: 33 %
Bruttosozialprodukt/Einw.: 600 US$
Währung: 1 CFA-Franc = 100 Centimes

Seychelles
Seychellen

Lage: Ostafrika (Indischer Ozean)
Fläche: 454 km²
Hauptstadt: Victoria
Staatsform: Republik im Commonwealth
Verwaltungsgliederung: 23 Distrikte
Bevölkerung: 74 000 (163 Einw./km²)
Bev.-Zusammensetzung: Kreolen (89 %),
Inder (5 %), Madagassen (3 %), Chinesen
(2 %), Malaien, Europäischstämmige
Sprachen: Englisch, Französisch, Kreolisch
Religion: Katholiken (89 %), Anglikaner
(8 %), Hindus (1 %)
Alphabetisierung: 89 %
Bruttosozialprodukt/Einw.: 6620 US$
Währung: 1 Seychellen-Rupie = 100 Cents

Sierra Leone
Siera Leone

Lage: Westafrika
Fläche: 71 740 km²
Höchste Erhebung: Lomaberge (1948 m)
Hauptstadt: Freetown
Staatsform: Republik im Commonwealth
Verwaltungsgliederung: 4 Provinzen,
1 Stadtbezirk; 147 Häuptlingsgebiete
Bevölkerung: 4,6 Mio. (64 Einw./km²)
Bev.-Zusammensetzung: Mende (35 %),
Temne (32 %), Limba (8 %), Kuranko (4 %),

Europäer, Asiaten, Libanesen
Sprachen: Englisch (amtl.), Kreolisch
Religion: Naturreligionen (53 %), Muslime
(39 %), Christen (8 %)
Alphabetisierung: 31 %
Bruttosozialprodukt/Einw.: 180 US$
Währung: 1 Leone = 100 Cents

Soomaaliya
Somalia

Lage: Nordostafrika
Fläche: 637 657km²
Höchste Erhebung: Shimbiris (2416 m)
Wichtige Gewässer: Webi Scebeli, Djuba
Hauptstadt: Mogadischu
Staatsform: Republik
Verwaltungsgliederung: 18 Provinzen
Bevölkerung: 9,5 Mio. (15 Einw./km²)
Bev.-Zusammensetzung: Somal-Stämme
(95 %); Minderheiten: Bantu, Araber
Sprachen: Somali (amtl.), Arabisch, Eng-
lisch, Italienisch
Religion: Muslime (99 %), Christen (<1 %)
Alphabetisierung: 24 %
Bruttosozialprodukt/Einw.: 630 US$
Währung: 1 Somalia-Shilling =
100 Centesimi

South Africa/Suid-Afrika
Südafrika

Lage: Südafrika
Fläche: 1 220 000 km²
Höchste Erhebung: Thabana Ntlenyana
(3482 m)
Wichtige Gewässer: Oranje, Vaal
Hauptstadt: Pretoria
Staatsform: Republik
Verwaltungsgliederung: 9 Provinzen
Bevölkerung: 41 Mio. (34 Einw./km²)
Bev.-Zusammensetzung: Schwarzafrika-
ner (Zulu/Bantu, 76 %), Europäischstämmige
(13 %), Mischlinge (9 %), Asiaten (3 %)
Sprachen: Englisch, Afrikaans, Zulu, Bantu-
sprachen (alle amtl.)
Religion: Christen (78 %), Hindus (2 %),
Muslime (1 %), Naturreligionen
Alphabetisierung: 82 %
Bruttosozialprodukt/Einw.: 3160 US$
Währung: 1 Rand = 100 Cents

Swasiland (kaNgwane)
Swasiland

Lage: Südostafrika
Fläche: 17 363 km²
Hauptstadt: Mbabane
Staatsform: konstitutionelle Monarchie im
Commonwealth

Verwaltungsgliederung: 273 Stammes-
gebiete; 55 traditionelle Räte
Bevölkerung: 906 000 (53 Einw./km²)
Bev.-Zusammensetzung: Swasi (Bantu;
97 %), Zulu, Tsonga, Shangaan
Sprachen: Englisch, Siswati (beide amtl.)
Religion: Christen (ca. 70 %), Bantu-Reli-
gionen (ca. 30 %)
Alphabetisierung: 75 %
Bruttosozialprodukt/Einw.: 1170 US$
Währung: 1 Lilangeni = 100 Cents

Tanzania
Tansania

Lage: Ostafrika
Fläche: 945 087 km²
Höchste Erhebung: Kilimandscharo
(5895 m)
Wichtige Gewässer: Rufiji; Victoria-, Tan-
gajika-, Rukwasee
Hauptstadt: Dodoma
Staatsform: föderative Präsidialrepublik
Verwaltungsgliederung: 25 Regionen
Bevölkerung: 29,7 Mio. (31 Einw./km²)
Bev.-Zusammensetzung: (Bantu-Gruppen
(60 %), Massai, Suaheli, Asiaten, Araber,
Europäischstämmige
Sprache: Kisuaheli
Religion: Christen (ca. 45 %), Muslime
(33 %), Naturreligionen
Alphabetisierung: 67 %
Bruttosozialprodukt/Einw.: 120 US$
Währung: 1 Tansania-Shilling = 100 Cents

Tchad
Tschad

Lage: Zentralafrika
Fläche: 1 284 000 km²
Höchste Erhebung: Emi Koussi (3415 m)
Wichtige Gewässer: Chari; Tschadsee
Hauptstadt: N'Djamena
Staatsform: Präsidialrepublik
Verwaltungsgliederung: 14 Präfekturen
Bevölkerung: 6,5 Mio. (5 Einw./km²)
Bev.-Zusammensetzung: Araber (15 %),
Arabisierte (38 %%), Sara (30 %), tschadi-
sche Gruppen
Sprachen: Französisch, Arabisch (beide amtl.)
Religion: Muslime (ca. 45 %), Christen (ca.
30 %), Naturreligionen
Alphabetisierung: 48 %
Bruttosozialprodukt/Einw.: 180 US$
Währung: 1 CFA-Franc = 100 Centimes

Togo
Togo

Lage: Westafrika

Fläche: 56 785 km²
Hauptstadt: Lomé
Staatsform: Präsidialrepublik
Verwaltungsgliederung: 5 Regionen
Bevölkerung: 4,1 Mio. (73 Einw./km²)
Bev.-Zusammensetzung: Ewe (46 %),
Volta (43 %), Haussa, Fulbe
Sprachen: Französisch (amtl.), Kabyé, Ewe
Religion: Naturreligionen (50 %), Christen
(35 %), Muslime (15 %)
Alphabetisierung: 52 %
Bruttosozialprodukt/Einw.: 310 US$
Währung: 1 CFA-Franc = 100 Centimes

Tūnisiyah/Tunisie
Tunesien

Lage: Nordafrika
Fläche: 163 610 km²
Höchste Erhebung: Tellatlas (1200 m)
Hauptstadt: Tunis
Staatsform: Präsidialrepublik
Verwaltungsgliederung: 23 Provinzen
Bevölkerung: 9 Mio. (55 Einw./km²)
Bev.-Zusammensetzung: Araber/arabi-
sierte Berber (98 %), Berber (1 %)
Sprachen: Arabisch (amtl.), Französisch
Religion: Muslime (99 %), Christen, Juden
Alphabetisierung: 66 %
Bruttosozialprodukt/Einw.: 1820 US$
Währung: 1 Tunesischer Dinar =
1000 Millimes

Uganda
Uganda

Lage: Ostafrika
Fläche: 241 139 km²
Höchste Erhebung: Ruwenzori (5109 m)
Wichtige Gewässer: Kyogasee
Hauptstadt: Kampala
Staatsform: Präsidialrepublik im Common-
wealth
Verwaltungsgliederung: 38 Bezirke
Bevölkerung: 19,2 Mio. (80 Einw./km²)
Bev.-Zusammensetzung: Bantu (50 %),
Niloten (13 %), sudanesische Gruppen (5 %)
Sprachen: Kisuaheli, Englisch (beide amtl.),
Luganda
Religion: Katholiken (ca. 45 %), Protes-
tanten (ca. 25 %), Muslime (5 %), Naturre-
ligionen
Alphabetisierung: 62 %
Bruttosozialprodukt/Einw.: 240 US$
Währung: 1 Uganda-Schilling = 100 Cents

Zambia
Sambia

Lage: Südafrika

Fläche: 752 614 km²
Höchste Erhebung: Muchingagebirge
(2390 m)
Wichtige Gewässer: Sambesi
Hauptstadt: Lusaka
Staatsform: Präsidialrepublik im Common-
wealth
Verwaltungsgliederung: 9 Provinzen
Bevölkerung: 9,2 Mio. (13 Einw./km²)
Bev.-Zusammensetzung: Bemba (36 %),
Nyanja (18 %), Tonga (15 %), Luvale/Lun-
da/Kaonde (10 %), Barotse (8 %), Busch-
manngruppen
Sprachen: Englisch (amtl.), Bantu-Sprachen
Religion: Christen (72 %), Naturreligionen
(27 %)
Alphabetisierung: 78 %
Bruttosozialprodukt/Einw.: 400 US$
Währung: 1 Kwacha = 100 Ngwee

Zimbabwe
Simbabwe

Lage: Südafrika
Fläche: 390 757 km²
Höchste Erhebung: Inyángani (2595 m)
Wichtige Gewässer: Karibastausee
Hauptstadt: Harare
Staatsform: Präsidialrepublik im Common-
wealth
Verwaltungsgliederung: 8 Provinzen
Bevölkerung: 11,1 Mio. (29 Einw./km²)
Bev.-Zusammensetzung: Bantu/Shona
(80 %), Ndebele (17 %), Europäischstäm-
mige (2 %)
Sprachen: Englisch (amtl.), Bantu-Sprachen
Religion: Naturreligionen (ca. 40 %), Protes-
tanten (17 %), Afrikanische Christen (14 %),
Katholiken (12 %)
Alphabetisierung: 85 %
Bruttosozialprodukt/Einw.: 540 US$
Währung: 1 Zimbabwe-Dollar = 100 Cents

NORD- UND
MITTELAMERIKA

Antigua and Barbuda
Antigua und Barbuda

Lage: Mittelamerika (Karibik)
Fläche: 442 km²
Hauptstadt: St. John's
Staatsform: konstitutionelleMonarchie im
Commonwealth
Verwaltungsgliederung: 6 Bezirke,
2 Dependenzen
Bevölkerung: 66 000 (150 Einw./km²)
Bev.-Zusammensetzung: Afrikanisch-

stämmige (95 %), Mulatten (4 %),
Europäischstämmige (2 %)
Sprachen: Englisch (amtl.), Kreolen-Englisch
Religion: Christen (97 %), Rastafari (<1 %)
Alphabetisierung: 96 %
Bruttosozialprodukt/Einw.: 6770 US$
Währung: 1 Eastern Carribean Dollar =
100 Cents

Bahamas
Bahamas

Lage: Mittelamerika (Karibik)
Fläche: 13 939 km²
Hauptstadt: Nassau
Staatsform: parlamentarische Monarchie
im Commonwealth
Verwaltungsgliederung: 18 Distrikte
Bevölkerung: 276 000 (20 Einw./km²)
Bev.-Zusammensetzung: Afrikanischstäm-
mige (72 %), Mulatten (14 %), Europäisch-
stämmige (12 %)
Sprache: Englisch
Religion: Baptisten (32 %), Anglikaner
(20 %), Katholiken (19 %), weitere christl.
Kirchen (12 %), Naturreligionen
Alphabetisierung: 98 %
Bruttosozialprodukt/Einw.: 11 940 US$
Währung: 1 Bamahian Dollar = 100 Cents

Barbados
Barbados

Lage: Mittelamerika (Karibik)
Fläche: 430 km²
Höchste Erhebung: Mt. Hillaby (340 m)
Hauptstadt: Bridgetown
Staatsform: parlamentarische Monarchie
im Commonwealth
Verwaltungsgliederung: 11 Distrikte
Bevölkerung: 263 000 (611 Einw./km²)
Bev.-Zusammensetzung: Afrikanischstäm-
mige (92 %), Europäischstämmige (3 %),
Mulatten (3 %)
Sprachen: Englisch (amtl.), Bajan
Religion: Anglikaner (40 %), weitere christl.
Kirchen (30 %)
Alphabetisierung: 98 %
Bruttosozialprodukt/Einw.: 6560 US$
Währung: 1 Barbados-Dollar = 100 Cents

Belize
Belize

Lage: Mittelamerika
Fläche: 22 965 km²
Höchste Erhebung: Maya Mountains
(1122 m)
Hauptstadt: Belmopan
Staatsform: konstitutionelle Monarchie

179

Verwaltungsgliederung: 6 Bezirke
Bevölkerung: 216 000 (10 Einw./km²)
Bev.-Zusammensetzung: Mestizen (44 %),
Kreolen (30 %), Indios (11 %), Garifuna (7 %)
Sprachen: Englisch (amtl.), Kreol-Englisch,
Spanisch, Minderheiten
Religion: Katholiken (58 %), Protestanten
(28 %)
Alphabetisierung: ca. 90 %
Bruttosozialprodukt/Einw.: 2630 US$
Währung: 1 Belize-Dollar = 100 Cents

Canada
Kanada

Lage: Nordamerika
Fläche: 9 958 319 km²
Höchste Erhebung: Mt. Logan (6050 m)
Wichtige Gewässer: Mackenzie, Saskatchewan
Hauptstadt: Ottawa
Staatsform: parlamentarische Monarchie
im Commonwealth
Verwaltungsgliederung: 10 Provinzen,
2 Verwaltungsgebiete
Bevölkerung: 29,6 Mio. (3 Einw./km²)
Bev.-Zusammensetzung: Kanadier (Franko-Kanadier: 23 %, andere Europäischstämmige: 34 %), Indianer, Inuit
Sprachen: Englisch, Französisch (alle amtl.)
Religion: Katholiken (47 %), Protestanten
(36 %), weitere christl. Kirchen, Orthodoxe,
Muslime, Juden, Sikhs
Alphabetisierung: 99 %
Bruttosozialprodukt/Einw.: 193 80 US$
Währung: 1 Kanadischer Dollar =
100 Cents

Costa Rica
Costa Rica

Lage: Mittelamerika
Fläche: 51 100 km²
Höchste Erhebung: Chirripó (3820 m)
Hauptstadt: San José
Staatsform: Präsidialrepublik
Verwaltungsgliederung: 7 Provinzen
Bevölkerung: 3,4 Mio. (67 Einw./km²)
Bev.-Zusammensetzung: Europäischstämmige u. Kreolen (87 %), Mestizen (7 %),
Afrikanischstämmige u. Mulatten (3 %),
Asiaten (2 %), Indianer (1 %)
Sprache: Spanisch (amtl.), Englisch,
Kreolisch
Religion: Katholiken (89 %), Protestanten
(8 %)
Alphabetisierung: 95 %
Bruttosozialprodukt/Einw.: 2610 US$
Währung: 1 Costa-Rica-Colón =
100 Centavos

Cuba
Kuba

Lage: Mittelamerika (Karibik)
Fläche: 110 860 km²
Höchste Erhebung: Sierra Maestra (1974 m)
Hauptstadt: La Habana
Staatsform: sozialistische Republik
Verwaltungsgliederung: 14 Provinzen,
1 Sonderverwaltungsgebiet
Bevölkerung: 11 Mio. (100 Einw./km²)
Bev.-Zusammensetzung: Mulatten (51 %),
Europäischstämmige (37 %), Afrikanischstämmige (11 %)
Sprache: Spanisch
Religion: Katholiken (39 %), Protestanten
(5 %), Konfessionslose
Alphabetisierung: 96 %
Bruttosozialprodukt/Einw.: 600 US$
Währung: 1 Kubanischer Peso =
100 Centavos

Dominica
Dominika

Lage: Mittelamerika, Karibik
Fläche: 750 km²
Höchste Erhebung: Morne Diablotins
(1447 m)
Hauptstadt: Roseau
Staatsform: Republik im Commonwealth
Verwaltungsgliederung: 10 Bezirke
Bevölkerung: 72 000 (96 Einw./km²)
Bev.-Zusammensetzung: Afrikanischstämmige (91 %), Mulatten und Kreolen (6 %),
Indianer (2 %)
Sprachen: Englisch (amtl.), Patois, Cocoy
Religion: Katholiken (78 %), Protestanten
(16 %)
Alphabetisierung: 94 %
Bruttosozialprodukt/Einw.: 2990 US$
Währung: 1 Ostkaribischer Dollar =
100 Cents

El Salvador
El Salvador

Lage: Mittelamerika
Fläche: 21 041 km²
Höchste Erhebung: Santa Ana (2381 m)
Wichtige Gewässer: Ilopango-See
Hauptstadt: San Salvador
Staatsform: Präsidialrepublik
Verwaltungsgliederung: 14 Departamentos
Bevölkerung: 5,7 Mio. (271 Einw./km²)
Bev.-Zusammensetzung: Mestizen
(89 %), Indianer (10 %), Europäischstämmige (1 %)
Sprachen: Spanisch (amtl.), indianische
Sprachen

Religion: Katholiken (92 %), Protestanten (8 %)
Alphabetisierung: 71 %
Bruttosozialprodukt/Einw.: 1610 US$
Währung: 1 El-Salvador-Colón =
100 Centavos

Grenada
Grenada

Lage: Mittelamerika (Karibik)
Fläche: 344 km²
Höchste Erhebung: Mt. St. Catherine (840 m)
Hauptstadt: St. George's
Staatsform: konstitutionelle Monarchie
Bevölkerung: 91 000 (265 Einw./km²)
Bev.-Zusammensetzung: Afrikanischstämmige (82 %), Mulatten (13 %), Indischstämmige
Sprachen: Englisch (amtl.), Patois
Religion: Katholiken (ca. 55 %), Protestanten (35 %)
Alphabetisierung: ca. 95 %
Bruttosozialprodukt/Einw.: 2980 US$
Währung: 1 Ostkaribischer Dollar =
100 Cents

Guatemala
Guatemala

Lage: Mittelamerika
Fläche: 108 889 km²
Höchste Erhebung: Tajumulco (4220 m)
Hauptstadt: Guatemala-Stadt
Staatsform: Präsidialrepublik
Verwaltungsgliederung: 22 Departamentos
Bevölkerung: 10,6 Mio. (97 Einw./km²)
Bev.-Zusammensetzung: Indianer (Maya
u. a., 60 %), Mulatten (30 %)
Sprachen: Spanisch (amtl.), Maya-Sprachen
Religion: Katholiken (ca. 80 %), Protestanten (ca. 20 %)
Alphabetisierung: 56 %
Bruttosozialprodukt/Einw.: 1340 US$
Währung: 1 Quetzal = 100 Centavos

Haïti
Haiti

Lage: Mittelamerika (Karibik)
Fläche: 27 750 km²
Höchste Erhebung: Massif du Sud (2347 m)
Hauptstadt: Port-au-Prince
Staatsform: Präsidialrepublik
Verwaltungsgliederung: 9 Départements
Bevölkerung: 7,2 Mio. (260 Einw./km²)
Bev.-Zusammensetzung: Afrikanischstämmige (60 %), Mulatten (35 %)
Sprachen: Französisch (amtl.), Kreolisch
Religion: Katholiken (80 %), Protestanten

(ca. 15 %), Voodoo-Kulte
Alphabetisierung: 45 %
Bruttosozialprodukt/Einw.: 250 US$
Währung: 1 Gourde = 100 Centimes

Honduras
Honduras

Lage: Mittelamerika
Fläche: 112 088 km^2
Höchste Erhebung: Cerro Las Minas (2840 m)
Hauptstadt: Tegucigalpa
Staatsform: Präsidialrepublik
Verwaltungsgliederung: 18 Bezirke
Bevölkerung: 5,8 Mio. (52 Einw./km^2)
Bev.-Zusammensetzung: Mestizen (90 %),
Indianer (6 %), Afrikanischstämmige (2 %)
Sprachen: Spanisch (amtl.), Englisch, india-
nische Sprachen
Religion: Katholiken (ca. 85 %), Protestan-
ten (ca. 10 %)
Alphabetisierung: 73 %
Bruttosozialprodukt/Einw.: 600 US$
Währung: 1 Lempira = 100 Centavos

Jamaica
Jamaika

Lage: Mittelamerika (Karibik)
Fläche: 10 990 km^2
Höchste Erhebung: Blue Mountain Peak
(2256 m)
Hauptstadt: Kingston
Staatsform: parlamentarische Monarchie
im Commonwealth
Verwaltungsgliederung: 14 Bezirke
Bevölkerung: 2,5 Mio. (228 Einw./km^2)
Bev.-Zusammensetzung: Afrikanischstäm-
mige (76 %), Mulatten (15 %), Inder (1 %),
Sprachen: Englisch (amtl.), Patois
Religion: Protestanten (ca. 60 %), Katholi-
ken (5 %), Rastafari (5 %)
Alphabetisierung: 85 %
Bruttosozialprodukt/Einw.: 1510 US$
Währung: 1 Jamaika-Dollar = 100 Cents

México
Mexico

Lage: Mittelamerika
Fläche: 1 958 201 km^2
Höchste Erhebung: Citlaltépetl (5700 m)
Wichtige Gewässer: Rio Grande
Hauptstadt: Mexiko-Stadt
Staatsform: präsidiale Bundesrepublik
Verwaltungsgliederung: 5 Regionen;
31 Bundesstaaten, Hauptstadtdistrikt
Bevölkerung: 92 Mio. (47 Einw./km^2)
Bev.-Zusammensetzung: Mestizen
(75 %), Indianer (14 %), Europäisch-

stämmige (10 %)
Sprachen: Spanisch (amtl.), Minderheiten
Religion: Katholiken (90 %), Protestan-
ten (5 %)
Alphabetisierung: 90 %
Bruttosozialprodukt/Einw.: 3320 US$
Währung: 1 Mexikanischer Neuer Peso =
100 Centavos

Nicaragua
Nicaragua

Lage: Mittelamerika
Fläche: 121 000 km^2
Höchste Erhebung: Cerro Mogotón
(2107 m)
Wichtige Gewässer: Nicaraguasee,
Managuasee
Hauptstadt: Managua
Staatsform: Präsidialrepublik
Verwaltungsgliederung: 16 Departamentos
Bevölkerung: 4,35 Mio. (36 Einw./km^2)
Bev.-Zusammensetzung: Mestizen (69 %),
Europäischstämmige (14 %), Afrikanisch-
stämmige (9 %), Indianer (4 %), Mulatten
Sprachen: Spanisch (amtl.), Chibcha
Religion: Katholiken (90 %), Protestan-
ten (5 %)
Alphabetisierung: 66 %
Bruttosozialprodukt/Einw.: 340 US$
Währung: 1 Córdoba = 100 Centavos

Panamá
Panama

Lage: Mittelamerika
Fläche: 75 517 km^2
Höchste Erhebung: Chiriquí (3478 m)
Wichtige Gewässer: Panamakanal
Hauptstadt: Panama-Stadt
Staatsform: Präsidialrepublik
Verwaltungsgliederung: 9 Provinzen,
Panamakanal-Zone
Bevölkerung: 2,63 Mio. (35 Einw./km^2)
Bev.-Zusammensetzung: Mestizen
(65 %), Afrikanischstämmige und Mulatten
(13 %), Europäischstämmige/Kreolen (10 %),
Indianer (8 %), Asiaten (2 %)
Sprachen: Spanisch (amtl.), Englisch
Religion: Katholiken (ca. 95 %), Protestan-
ten (ca. 5 %)
Alphabetisierung: 91 %
Bruttosozialprodukt/Einw.: 2750 US$
Währung: 1 Balboa = 100 Centésimos

República Dominicana
Dominikanische Republik

Lage: Mittelamerika (Karibik)
Fläche: 48 422 km^2

Höchste Erhebung: Pico Duarte (3175 m)
Hauptstadt: Santo Domingo
Staatsform: Präsidialrepublik
Verwaltungsgliederung: 26 Provinzen,
Hauptstadtdistrikt
Bevölkerung: 7,8 Mio. (162 Einw./km^2)
Bev.-Zusammensetzung: Mulatten
(60 %), Europäischstämmige (28 %), Afrika-
nischstämmige (12 %)
Sprache: Spanisch
Religion: Katholiken (90 %), Protestanten,
Bahai, Juden
Alphabetisierung: 82 %
Bruttosozialprodukt/Einw.: 1460 US$
Währung: 1 Dominikanischer Peso =
100 Centavos

Saint Kitts and Nevis
Saints Kitts und Nevis

Lage: Mittelamerika (Karibik)
Fläche: 261,6 km^2
Höchste Erhebung: Mt. Liamuiga (1156 m)
Hauptstadt: Basseterre
Staatsform: Föderation/konstitutionelle
Monarchie im Commonwealth
Verwaltungsgliederung: 14 Bezirke
Bevölkerung: 41 000 (157 Einw./km^2)
Bev.-Zusammensetzung: Afrikanisch-
stämmige (86 %), Mulatten (11 %), Euro-
päischstämmige (2 %)
Sprache: Englisch
Religion: Anglikaner (36 %), Methodisten
(32 %), Katholiken (11 %)
Alphabetisierung: 90 %
Bruttosozialprodukt/Einw.: 5170 US$
Währung: 1 Ostkaribischer Dollar =
100 Cents

Saint Lucia
Saint Lucia

Lage: Mittelamerika (Karibik)
Fläche: 616,3 km^2
Höchste Erhebung: Mt. Gimie (958 m)
Hauptstadt: Castries
Staatsform: konstitutionelle Monarchie im
Commonwealth
Verwaltungsgliederung: 11 Gemeinden
Bevölkerung: 145 000 (236 Einw./km^2)
Bev.-Zusammensetzung: Afrikanisch-
stämmige (91 %), Mulatten (6 %), Asiaten/
Inder (3 %), Europäischstämmige (1 %)
Sprachen: Englisch (amtl.), Patois
Religion: Katholiken (77 %), protestanti-
sche Kirchen (ca. 15 %)
Alphabetisierung: 82 %
Bruttosozialprodukt/Einw.: 3370 US$
Währung: 1 Ostkaribischer Dollar =
100 Cents

Saint Vincent and the Grenadines
Saint Vincent und die Grenadinen

Lage: Mittelamerika (Karibik)
Fläche: 389 km²
Höchste Erhebung: Soufrière (1234 m)
Hauptstadt: Kingstown
Staatsform: konstitutionelle Monarchie im Commonwealth
Verwaltungsgliederung: 6 Bezirke
Bevölkerung: 110 000 (283 Einw./km²)
Bev.-Zusammensetzung: Afrikanischstämmige (66 %), Mulatten (19 %), Inder (6 %), Europäischstämmige (4 %), Zambos (2 %)
Sprache: Englisch
Religion: Protestanten (75 %), Katholiken (ca. 10 %)
Alphabetisierung: 82 %
Bruttosozialprodukt/Einw.: 2280 US$
Währung: 1 Ostkaribischer Dollar = 100 Cents

Trinidad and Tobago
Trinidad und Tobago

Lage: Mittelamerika (Karibik)
Fläche: 5128 km²
Hauptstadt: Port of Spain
Staatsform: Präsidialrepublik im Commonwealth
Verwaltungsgliederung: 8 Grafschaften, 3 Stadtbezirke, Tobago (auton.)
Bevölkerung: 1,29 Mio. (252 Einw./km²)
Bev.-Zusammensetzung: Inder (40 %), Afrikanischstämmige (40 %), Mulatten (19 %)
Sprache: Englisch
Religion: Katholiken (30 %), Hindus (24 %), Anglikaner (11 %), Muslime (6 %)
Alphabetisierung: 98 %
Bruttosozialprodukt/Einw.: 3770 US$
Währung: 1 Trinidad-und-Tobago-Dollar = 100 Cents

United States of America
Vereinigte Staaten von Amerika

Lage: Nordamerika
Fläche: 9 809 155 km²
Höchste Erhebung: Mt. McKinley (6193 m)
Wichtige Gewässer: Mississippi/Missouri, Yukon, Ohio, Arkansas, Colorado, Yellowstone, Rio Grande; Michigansee, Huronsee, Oberer See, Ontariosee, Eriesee
Hauptstadt: Washington
Staatsform: präsidiale Bundesrepublik

Verwaltungsgliederung: 50 Bundesstaaten, 1 Distrikt
Außengebiete: Nördliche Marianen, Puerto Rico, Amerikanische Jungferninseln, Amerikanisch-Samoa, Guam, 8 Inseln im Pazifik, 3 Inseln in der Karibik, Panamakanal-Zone
Bevölkerung: 263 Mio. (27 Einw./km²)
Bev.-Zusammensetzung: Europäischstämmige (74 %), Afrikanischstämmige (13 %), Hispanics (10 %), Asiaten (4 %), Indianer/Eskimos (1 %)
Sprachen: Englisch (amtl.), Spanisch, indianische Sprachen
Religion: Protestanten (ca. 50 %), Katholiken (26 %), Juden (3 %), Muslime (2 %), Orthodoxe (2 %)
Alphabetisierung: ca. 95 %
Bruttosozialprodukt/Einw.: 26 980 US$
Währung: 1 US-Dollar = 100 Cents

SÜDAMERIKA

Argentina
Argentinien

Lage: S-Südamerika
Fläche: 2 766 889 km²
Höchste Erhebung: Aconcagua (6959 m)
Wichtige Gewässer: Colorado, Rio Negro-Paraná
Hauptstadt: Buenos Aires
Staatsform: Bundesrepublik
Verwaltungsgliederung: 22 Provinzen, 1 Bundesdistrikt, 1 Nationalterritorium
Bevölkerung: 34,7 Mio. (13 Einw./km²)
Bev.-Zusammensetzung: Europäischstämmige (90 %), Ausländer (6 %), Mestizen (5 %), Indianer
Sprache: Spanisch
Religion: Katholiken (91 %), Protestanten (2 %), Juden (1 %)
Alphabetisierung: 96 %
Bruttosozialprodukt/Einw.: 8030 US$
Währung: 1 Argentinischer Peso = 100 Centavos

Bolivia
Bolivien

Lage: Zentral-Südamerika
Fläche: 1 098 581 km²
Höchste Erhebung: Illimani (6882 m)
Wichtige Gewässer: Titicacasee, Poopósee
Hauptstadt: Sucre
Staatsform: präsidiale Republik
Verwaltungsgliederung: 9 Departamentos
Bevölkerung: 7,4 Mio. (7 Einw./km²)
Bev.-Zusammensetzung: Indianer (42 %), Mestizen (31 %), Weiße/Kreolen (27 %)

Sprachen: Spanisch, Quechua, Aymará (alle amtl.)
Religion: Katholiken (93 %), Protestanten, Bahai
Alphabetisierung: 83 %
Bruttosozialprodukt/Einw.: 800 US$
Währung: 1 Boliviano = 100 Centavos

Brasil
Brasilien

Lage: O-Südamerika
Fläche: 8 511 996 km²
Höchste Erhebung: Pico da Neblina (3014 m)
Wichtige Gewässer: Amazonas, Paraná, Madeira
Hauptstadt: Brasilia
Staatsform: föderative Republik
Verwaltungsgliederung: 26 Bundesstaaten, 1 Bundesdistrikt (Hauptstadt)
Bevölkerung: 160 Mio. (19 Einw./km²)
Bev.-Zusammensetzung: Europäischstämmige (53 %), Mulatten/Mestizen (34 %), Afrikanischstämmige (11 %), Japaner, Indianer
Sprachen: Portugiesisch (amtl.), regionale Indianersprachen
Religion: Katholiken (85 %) Protestanten (ca. 10 %)
Alphabetisierung: 83 %
Bruttosozialprodukt/Einw.: 3640 US$
Währung: 1 Real = 100 Centavos

Chile
Chile

Lage: W-Südamerika
Fläche: 756 626 km²
Höchste Erhebung: Llullaillaco (6723 m)
Hauptstadt: Santiago de Chile
Staatsform: Präsidialrepublik
Verwaltungsgliederung: 12 Regionen, Hauptstadtregion
Bevölkerung: 14,25 Mio. (19 Einw./km²)
Bev.-Zusammensetzung: Mestizen/Europäischstämmige und Ausländer (92 %), Indianer (7 %)
Sprache: Spanisch
Religion: Katholiken (ca. 80 %), Protestanten (ca. 10 %)
Alphabetisierung: 95 %
Bruttosozialprodukt/Einw.: 3520 US$
Währung: 1 Chilenischer Peso = 100 Centavos

Colombia
Kolumbien

Lage: NW-Südamerika
Fläche: 1 141 748 km²

Höchste Erhebung: Nevado del Huila
(5750 m)
Wichtige Gewässer: Meta
Hauptstadt: Bogotá
Staatsform: Republik
Verwaltungsgliederung: 32 Departamentos, Hauptstadtdistrikt
Bevölkerung: 36 Mio. (32 Einw./km²)
Bev.-Zusammensetzung: Mestizen (58 %),
Europäischstämmige (20 %), Mulatten
(14 %), Afrikanischstämmige (4 %), Zambos
Sprache: Spanisch
Religion: Katholiken (ca. 95 %), Protestanten (1 %)
Alphabetisierung: 91 %
Bruttosozialprodukt/Einw.: 1910 US$
Währung: 1 Kolumbianischer Peso =
100 Centavos

Ecuador
Ecuador

Lage: NW-Südamerika
Fläche: 272 045 km²
Höchste Erhebung: Chimborazo (6310 m)
Hauptstadt: Quito
Staatsform: Präsidialrepublik
Verwaltungsgliederung: 20 Provinzen,
sog. Zonas no delimitadas
Bevölkerung: 11,47 Mio. (43 Einw./km²)
Bev.-Zusammensetzung: Mestizen
(35 %), Europäischstämmige (25 %), Indianer (20 %), Mulatten (15 %), Afrikanischstämmige (5 %)
Sprachen: Spanisch (amtl.), indianische
Dialekte
Religion: Katholiken (93 %)
Alphabetisierung: 90 %
Bruttosozialprodukt/Einw.: 1390 US$
Währung: 1 Sucre = 100 Centavos

Guyana
Guyana

Lage: N-Südamerika
Fläche: 214 969 km²
Höchste Erhebung: Pico da Neblina (3014 m)
Wichtige Gewässer: Essequibo
Hauptstadt: Georgetown
Staatsform: Präsidialrepublik im Commonwealth
Verwaltungsgliederung: 10 Regionen
Bevölkerung: 835 000 (4 Einw./km²)
Bev.-Zusammensetzung: Inder (51 %),
Afrikanischstämmige (29 %), Mulatten/Mestizen (11 %), Indianer (5 %)
Sprachen: Englisch (amtl.), Hindi, Urdu,
Dialekte
Religion: Prostestanten (34 %), Hindus
(33 %), Katholiken (20 %), Muslime (8 %)

Alphabetisierung: 98 %
Bruttosozialprodukt/Einw.: 590 US$
Währung: 1 Guyana-Dollar = 100 Cents

Paraguay
Paraguay

Lage: Zentral-Südamerika
Fläche: 406 752 km²
Wichtige Gewässer: Paraguay
Hauptstadt: Asunción
Staatsform: Präsidialrepublik
Verwaltungsgliederung: 17 Departamentos
Bevölkerung: 5 Mio. (13 Einw./km²)
Bev.-Zusammensetzung: Mestizen
(90 %), Indianer (Guaraní, 3 %), Europäischstämmige (2 %), Kreolen
Sprachen: Spanisch, Guaraní (beide amtl.)
Religion: Katholiken (ca. 95 %), Protestanten (2 %)
Alphabetisierung: 92 %
Bruttosozialprodukt/Einw.: 1690 US$
Währung: 1 Guarani = 100 Céntimos

Perú
Peru

Lage: W-Südamerika
Fläche: 1 285 216 km²
Höchste Erhebung: Huascarán (6768 m)
Wichtige Gewässer: Titicacasee
Hauptstadt: Lima
Staatsform: Präsidialrepublik
Verwaltungsgliederung: 25 Regionen
Bevölkerung: 23,8 Mio. (19 Einw./km²)
Bev.-Zusammensetzung: Indianer (47 %),
Mestizen (33 %), Europäischstämmige
(12 %), Mulatten, Afrikanischstämmige,
Japaner, Chinesen
Sprachen: Spanisch, Quechua (beide amtl.),
Aymará
Religion: Katholiken (90 %), Protestanten
(3 %), Naturreligionen
Alphabetisierung: 89 %
Bruttosozialprodukt/Einw.: 2310 US$
Währung: 1 Nuevo Sol = 100 Céntimos

Suriname
Surinam

Lage: N-Südamerika
Fläche: 163 265 km²
Höchste Erhebung: Julianatop (1280 m)
Wichtige Gewässer: Van Blommestein-Meer
Hauptstadt: Paramaribo
Staatsform: Präsidialrepublik
Verwaltungsgliederung: 9 Distrikte,
Hauptstadtdistrikt
Bevölkerung: 418 000 (3 Einw./km²)

Bev.-Zusammensetzung: Indischstämmige (34 %), Kreolen (33 %), Javaner (18 %),
Afrikanischstämmige (9 %), Indianer (2 %)
Sprachen: Niederländisch (amtl.), Hindustani, Javanisch, Englisch
Religion: Hindus (26 %), Katholiken (23 %),
Muslime (20 %), Protestanten (19 %),
Naturreligionen
Alphabetisierung: 93 %
Bruttosozialprodukt/Einw.: 880 US$
Währung: 1 Suriname-Gulden = 100 Cents

Uruguay
Uruguay

Lage: SO-Südamerika
Fläche: 176 215 km²
Wichtige Gewässer: Rio de la Plata,
Uruguay, Río Negro
Hauptstadt: Montevideo
Staatsform: Präsidialrepublik
Verwaltungsgliederung: 19 Departamentos
Bevölkerung: 3,2 Mio. (19 Einw./km²)
Bev.-Zusammensetzung: Europäischstämmige (85 %), Mestizen (5 %), Mulatten (3 %)
Sprache: Spanisch
Religion: Katholiken (ca. 75 %), Protestanten (2 %), Juden (1 %)
Alphabetisierung: 97 %
Bruttosozialprodukt/Einw.: 5170 US$
Währung: 1 Peso Uruguayo =
100 Centésimos

Venezuela
Venezuela

Lage: N-Südamerika
Fläche: 912 050 km²
Höchste Erhebung: Pico Bolívar (5002 m)
Wichtige Gewässer: Orinoco
Hauptstadt: Caracas
Staatsform: präsidiale Bundesrepublik
Verwaltungsgliederung: 22 Bundesstaaten, 1 Bundesdistrikt (Hauptstadt)
Bevölkerung: 21,7 Mio. (24 Einw./km²)
Bev.-Zusammensetzung: Mestizen und
Mulatten (69 %), Europäischstämmige
(20 %), Afrikanischstämmige (9 %), Indianer (2 %)
Sprache: Spanisch
Religion: Katholiken (93 %), Protestanten
(ca. 5 %)
Alphabetisierung: 91 %
Bruttosozialprodukt/Einw.: 3020 US$
Währung: 1 Bolívar = 100 Céntimos

Philon von Byzanz verfasste im 3. Jahrhundert v. Chr. eine Schrift über die Sieben Weltwunder und beschrieb mit Ehrfurcht die Pyramiden von Gise, die Hängenden Gärten der Semiramis, den Zeus des Phidias, den Koloss von Rhodos, das Mausoleum in Halikarnassos, den Artemistempel in Ephesos und den Leuchtturm von Alexandria.

Bei der Auswahl der Bauwerke orientierte er sich weniger an den Grundsätzen der Ästhetik. Ihn faszinierten vielmehr das Großartige und die Superlative.

Wie Philon haben sich die Menschen von alters her von den gewaltigsten Landschaften, Monumenten und Kreaturen besonders herausgefordert gefühlt, sie bestaunt und bewundert – stets bestrebt, sie zu bezwingen, zu übertreffen und immer noch Größeres zu schaffen.

Die Welt
in Rekorden

GEOGRAFISCHE
SUPERLATIVE

Universum
Unendlicher Raum

Schon immer hat das nächtliche Geschehen am Himmel die Menschen fasziniert. Bereits die Babylonier führten im 7. Jh. v. Chr. erstaunlich genaue Sterntagebücher, denn für sie war der gemächliche Lauf der Lichter am Firmament der Inbegriff der Zeit.

Etwa 13 Mrd. Jahre sind seit dem Urknall – dem Moment, an dem die Welt begann – vergangen, und so unwahrscheinlich es erscheint, dass es zuvor nichts gegeben haben soll, so unvorstellbar groß sind die Ausmaße des Universums. Erst vor kurzem hat man die entfernteste Galaxie erspähen können: RD1 befindet sich etwa 12,2 Mrd. Lichtjahre von der Erde entfernt. Die größte bekannte Galaxie im Haufen Abell 2029 hat einen Durchmesser von 5,6 Mio. Lichtjahren. Zum Vergleich: Unsere Galaxie, an deren Rand unser Sonnensystem liegt, misst »nur« etwa 100 000 Lichtjahre.

Doch wie ist der gigantische Raum unseres Universums aufgebaut? Die Sonne, um die unsere Erde und weitere acht Planeten kreisen, ist nur ein Stern unter vielen. Innerhalb eines Bereichs von 16 Lichtjahren befinden sich 40 weitere Sterne. Der nächste, mit bloßem Auge sichtbare Stern, Alpha Centauri, ist 4,3 Lichtjahre von der Sonne entfernt. Der noch nähere, aber sehr lichtschwache Proxima Centauri ist ohne Fernrohr nicht zu sehen.

Alle uns umgebenden Einzelsterne sind Teil einer flachen spiralförmigen Ansammlung von etwa 100 Milliarden Sternen – der Milchstraße. Dieses Sternenmeer ist so groß, dass das Licht 100 000 Jahre braucht, um von einem Ende zum anderen zu gelangen. Die Milchstraße hat die Form eines Diskus und ist nur wenige tausend Lichtjahre dick. Unsere Sonne liegt etwa 25 000 Lichtjahre von ihrem Zentrum entfernt.

Die Milchstraße ist eine Galaxie unter vielen anderen. Sie bildet mit etwa 30 weiteren einen Galaxienhaufen, die so genannte Lokale Gruppe. Auch Galaxienhaufen treiben nicht beziehungslos durch das All. Die Lokale Gruppe ist Teil eines gigantischen Superhaufens. Und selbst diese Haufen sind nicht gleichmäßig über den Raum verteilt. In wabenförmigen Anordnungen umschließen sie riesige Leerräume und bilden so die größten bisher bekannten Strukturen im All.

Superlative im All

Die größten Galaxien der Lokalen Gruppe

Andromedaspirale (M 31)
130 000 Lj Durchmesser
Milchstraße (unsere Galaxie)
100 000 Lj Durchmesser
Maffei 1
100 000 Lj Durchmesser
Dreiecknebel (M 33)
52 000 Lj Durchmesser
Große Magellansche Wolke
30 000 Lj Durchmesser
Kleine Magellansche Wolke
16 000 Lj Durchmesser
M 32
12 000 Lj Durchmesser
NGC 205
8000 Lj Durchmesser
NGC 1613
8000 Lj Durchmesser
Fornaxzwerg
7000 Lj Durchmesser

Größter bekannter Stern Beteigeuze im Sternbild Orion hat einen Durchmesser von 700 Mio. km.

Massereichster Stern Eta Corinae im Homunculus-Nebel wiegt rund 150- bis 200-mal so viel wie die Sonne.

Erdnächster Stern Proxima Centauri 4,22 Lj (fast 40 Billionen km)

Die hellsten Sterne

Sirius -1,46 mag
Canopus -0,72 mag
Toliman (Alpha Centauri) -0,27 mag
Arctus -0,04 mag
Wega 0,03 mag
Capella 0,08 mag
Rigel 0,12 mag
Procyon 0,38 mag
Achernar 0,46 mag
Agena 0,61 mag
Altair 0,77 mag
Aldebaran 0,85 mag
Die scheinbare Helligkeit (von der Erde aus gesehen) wird in Magnitudo gemessen – je kleiner der Wert, um so heller der Stern.

Längenmaße der Astronomie

Astronomische Einheit (AE) die mittlere Entfernung der Erde von der Sonne oder auch ihr mittlerer Bahnradius; 1 AE entspricht 149 000 000 km

Lichtjahr (Lj) die vom Licht in einem Jahr zurückgelegte Strecke; die Lichtgeschwindigkeit beträgt etwa 300 000 km pro Sekunde; 1 Lj entspricht somit 9 460 528 000 000 km

Sonnensystem
Planeten im Bann der Sonne

Die Erde und die anderen Planeten bewegen sich mit der Genauigkeit eines Uhrwerks auf verschieden weiten Bahnen und mit unterschiedlichen Umlaufzeiten um die Sonne.

Der Sonne am nächsten liegt Merkur. Er benötigt für einen Umlauf 88 Tage. Daran anschließend ziehen Venus und Erde ihre Bahnen. Außerhalb der Erde laufen Mars, Jupiter, Saturn, Uranus und Neptun. Der sonnenfernste Planet ist Pluto. Er benötigt für einen Umlauf 247 Jahre. Die gewaltigen Dimensionen dieses Systems werden an den Laufzeiten des Sonnenlichts deutlich. Es erreicht die Erde in 8,2 Minuten, Pluto in 5,5 Stunden und den nächsten mit bloßem Auge sichtbaren Stern (Alpha Centauri) in 4,3 Jahren. Übrigens: Das Licht der Sonne durchläuft in einer Sekunde die Strecke des 7,5-fachen Erdumfangs.

Nicolaus Kopernikus erkannte in der ersten Hälfte des 16. Jh.s, dass sich die Planeten um die Sonne bewegen. Dass dies nicht auf Kreisbahnen, sondern auf elliptischen Bahnen geschieht, entdeckte Johannes Kepler zu Beginn des 17. Jh.s. Isaac Newton erkannte 1687, dass der Grund für die Bindung der Planeten an die Sonne und ihr Verbleiben in der Umlaufbahn in der gegenseitigen Massenanziehung liegt.

Man nimmt heute an, dass Planeten ein Nebenprodukt von Sternentstehungsprozessen sind. Unser Sonnensystem entstand demzufolge vor rund 4,5 Milliarden Jahren aus einer Wolke aus Gas und Staub. Ein Großteil der Materie ballte sich im Zentrum der Sonne, der Rest formte sich zu einer rotierenden Scheibe, aus der sich die Planeten entwickelten.

Sonne
Maximaler Durchmesser 1 392 700 km
Masse 332 270 Erdmassen (die 743-fache Gesamtmasse aller übrigen Körper des Sonnensystems zusammengenommen)

Mittlere Dichte 1,41g/cm³
Temperatur im Kern mind. 15 Mio. K, in der Photosphäre (das ist die sichtbare Oberfläche) 5785 K, in der Chromosphäre 8000 K, in der Korona wiederum 1 Mio. K

Die Planeten nach ihrer Größe

Jupiter (5. Planet)
Maximaler Durchmesser 142 700 km
Mittlere Entfernung zur Sonne
778,3 Mio. km
Umlaufzeit um die Sonne 4333 Tage
Eigenumdrehung 9,8 Std.
Oberflächentemperatur -130 °C
Satelliten Jupiter hat 16 bekannte Monde, darunter der größte Mond des Sonnensystems Ganymed (mit dem Durchmesser von 5262 km größer als der Planet Merkur), sowie Europa, Io und Callisto, allesamt größer als unser Mond.

Saturn (6. Planet)
Maximaler Durchmesser 120 800 km
Mittlere Entfernung zur Sonne
1428 Mio. km
Umlaufzeit um die Sonne
10 759 Tage
Eigenumdrehung 10,2 Std.
Oberflächentemperatur -185 °C
Systeme sieben Ringsysteme mit einem Durchmesser von 270 000 km
Satelliten Saturn hat 18 bekannte Monde und ist der Planet mit den meisten Satelliten.

Uranus (7. Planet)
Maximaler Durchmesser 51 600 km
Mittlere Entfernung zur Sonne
2872 Mio. km
Umlaufzeit um die Sonne
30 685 Tage
Eigenumdrehung 17,24 Std.
Oberflächentemperatur -215 °C
Systeme zehn Ringe
Satelliten Uranus hat 15 bekannte Monde, von denen zehn erst durch die Raumsonde Voyager 2 entdeckt wurden.

Neptun (8. Planet)
Maximaler Durchmesser 48 600 km
Mittlere Entfernung zur Sonne
4498 Mio. km
Umlaufzeit um die Sonne
60 189 Tage
Eigenumdrehung 19,1 Std.
Oberflächentemperatur -110 bis -220 °C
Systeme ein Ringsystem
Satelliten Neptun hat acht Satelliten, davon haben fünf einen Radius unter 100 km. Sechs Monde wurden erst 1989 entdeckt.

Erde (3. Planet)
Maximaler Durchmesser 12 756 km
Mittlere Entfernung zur Sonne
149,6 Mio. km
Umlaufzeit um die Sonne 365,26 Tage
Eigenumdrehung 23,93 Std.
Oberflächentemperatur 15 °C
Satelliten Die Erde hat einen Mond.

Venus (2. Planet)
Maximaler Durchmesser 12 100 km
Mittlere Entfernung zur Sonne
108,2 Mio. km
Umlaufzeit um die Sonne 224,7 Tage
Eigenumdrehung 243,2 Tage
Oberflächentemperatur ca. 460 °C, der heißeste Planet
Systeme Die Venus hat keine Ringsysteme.
Satelliten Die Venus hat keine Monde.

Mars (4. Planet)
Maximaler Durchmesser 6800 km
Mittlere Entfernung zur Sonne:
227,9 Mio. km (Der Mars zieht eine stark elliptische Bahn mit einem großen Spielraum von min. 206,6 Mio. und max. 249,2 Mio. km Entfernung zur Sonne. Durch diese starke Ellipse erscheint der Mars mit dem bloßen Auge am Horizont als vor- und zurückziehend.)
Umlaufzeit um die Sonne 686 Tage
Eigenumdrehung 24,6 Std.
Oberflächentemperatur -50 °C
Satelliten Zwei kleine Monde: Phobos mit 27 km Durchmesser und Deimos mit ca. 15 km. (Phobos wird im Laufe der kommenden Jahrmillionen irgendwann auf den Mars stürzen, während Deimos sich auf einer Bahn vom Mars weg bewegt.)

Merkur (1. Planet)
Maximaler Durchmesser 4900 km
Mittlere Entfernung zur Sonne
56,9 Mio. km (46 Mio. bis 70 Mio. km)
Umlaufzeit um die Sonne 87,9 Tage
Eigenumdrehung 58,6 Tage
Oberflächentemperatur durchschnittlich 452 K, 430 °C Tagseite und -170 °C auf der Nachtseite
Merkur besitzt weder Ringsysteme noch Satelliten.

Pluto (9. Planet)
Maximaler Durchmesser 2300 km
Mittl. Entfernung zur Sonne 5910 Mio. km
Umlaufzeit um die Sonne 90 465 Tage (seit der Entdeckung von Pluto ist der Planet noch nicht einmal um die Sonne gekreist oder anders ausgedrückt: seit der Entdeckung Plutos ist auf dem Planeten noch kein ganzes Jahr vergangen.)

Eigenumdrehung 6,37 Tage
Oberflächentemperatur -230 °C
Satellit Charon ist mit einem Durchmesser von 1186 km nur wenig kleiner als Pluto, wegen des synchronen Orbits der beiden Himmelskörper sprechen einige Wissenschaftler auch von einem Doppelstern.

Die größten Monde unseres Sonnensystems

Ganymed (Jupiter) 5262 km Durchmesser
Titan (Saturn) 5150 km Durchmesser
Kallisto (Jupiter) 4800 km Durchmesser
Io (Jupiter) 3630 km Durchmesser
Mond (Erde) 3476 km Durchmesser
Europa (Jupiter) 3138 km Durchmesser
Triton (Neptun) 2720 km Durchmesser
Titania (Uranus) 1610 km Durchmesser
Oberon (Uranus) 1550 km Durchmesser
Rhea (Saturn) 1530 km Durchmesser
Iapetus (Saturn) 1435 km Durchmesser
Charon (Pluto) 1200 km Durchmesser
Umbriel (Uranus) 1190 km Durchmesser
Ariel (Uranus) 1160 km Durchmesser
Dione (Saturn) 1120 km Durchmesser
Thetys (Saturn) 1048 km Durchmesser

Erde
Der Blaue Planet

Vor rund 4 Mrd. Jahren entstand die Erde aus unbelebter Materie. Etwa zur gleichen Zeit entstand der Mond und begleitet sie seit dieser Zeit in etwa 350 000 km Entfernung.

Nach der Entstehung der Erde setzte sich ihre Atmosphäre hauptsächlich aus Kohlendioxid und Stickstoff zusammen und besaß nur einen geringen Sauerstoffanteil. Vor ungefähr 3,6 Mrd. Jahren kamen auf der Erde die ersten Lebensformen auf. Dabei handelte es sich um Einzeller, die mit Hilfe der Photosynthese aus anorganischen Stoffen wie Kohlendioxid und Wasser mit Hilfe von Sonnenlicht organische Substanzen aufbauten. Die Erde ist der einzige bekannte Planet, auf dem flüssiges Wasser vorkommt – die Grundlage für eine Atmosphäre und für die Entwicklung organischen Lebens, denn erst die Photosynthese der Algen und Pflanzen liefert den Sauerstoff, den Mensch und Tier zum Leben brauchen. Der erdnächste Körper im All ist der Mond. Zwischen Erde und Mond wirken starke Anziehungskräfte. Diese Kräfte sind auf der Er-

de verantwortlich für die Gezeiten des Meeres, für Ebbe und Flut. Andereseits verursacht die Gravitation der Erde Beben auf dem Mond. Obwohl es auf dem Mond auch Vulkanismus gab, sind die heute sichtbaren Krater (Mare) durch Meteoriteneinschlag entstanden.
Der Mond besitzt anders als die Erde keine schützende Atmosphäre und verfügt nicht über flüssiges Wasser. Der Mond zeigt der Erde immer dieselbe Seite. Erst durch die Raumfahrt konnte der Mensch auch einen Blick auf die dunkle Seite des Mondes werfen.

Die Erde

Alter etwa 4,43 Mrd. Jahre
Äquatorialumfang max. 40 075,61 km
Durchmesser 12 756 km (äquatorial)
Entfernung zur Sonne max. 152 Mio., min. 147 Mio. km, mittl. Entfernung 149,6 Mio. km
Rotationsperiode (Sonnenumlauf) 23,93 Std. (23 h 56′ 4″)
Revolutionsperiode (Eigenumdrehung) 365,26 Tage (365 d 5 h 48′ 46″)
Oberfläche 510,083 Mio. km^2
Meere 361,445 Mio. km^2 (71 %)
Land 148,628 Mio. km^2 (29 %)
Oberflächenhöhe
durchschnittl 790 m üNN
Masse 5,973 · 10^{27}g
Mittlere Dichte 5520 kg/m^3
Geschwindigkeit 11 200 m/sec
Aufbau
innerer Kern 5100 km
Kern 2900–5100 km
unterer Mantel 950–5100 km
oberer Mantel 40–2900 km
Kruste bis 40 km
Heißester Punkt 4530 °C (Erdmittelpunkt)
Atmosphäre Stickstoff 78,09 %, Sauerstoff 20,95 %, Argon 0,93 %, Kohlendioxid 0,03 %.
Die Troposphäre reicht 11 km hoch, die Stratosphäre 50 km, die Mesosphäre 80 km und die Ionosphäre/Thermosphäre bis 400 km.

Der Mond

Maximaler Durchmesser 3476 km
Mittlere Entfernung zur Erde 384 403 km
Erdumlaufzeit 29,5 Tage (29 d 12 h 44′)
Oberfläche 37,96 Mio. km^2
Masse 7,35 · 10^{25}g
Oberflächentemperatur 117 °C bis -163 °C
Tiefster Krater Newton 7000–8850 m
Größter Krater Mare Orientale, auf der erdabgewandten Seite des Mondes, 965 km Durchmesser

Erfolgreiche Mondmissionen

Apollo 11 20.7.1969; Armstrong, Collins, Aldrin
Apollo 12 19.11.1969; Conrad, Gordon, Bean
Apollo 14 5.2.1971; Shepard, Roose, Mitchell
Apollo 15 30.7.1971; Scott, Worden, Irwin
Apollo 16 20.4.1972; Young, Mattingly, Duke
Apollo 17 11.12.1972; Cernan, Evans, Schmitt

Kontinente
Landmassen der Erde

Die heutigen Kontinente bildeten sich, als vor etwa 245 Mio. Jahren der gigantische Urkontinent Pangäa auseinanderbrach und die Teile begannen langsam in ihre jetzige Position zu driften.

Die flacheren Randebenen der Platten wurden von den Ozeanen überspült, die höheren Randlagen ragen heute als kontinentale Inseln aus dem Wasser, so etwa die britischen Inseln oder Neufundland.
Die meisten Inseln sind jedoch neueren Ursprungs und entsammen unterseeischen Vulkanausbrüchen, die durch die Bewegung der Kontinentalplatten entstehen. Die Platten stoßen während ihrer Gleitbewegung immer wieder aneinander. So sind die Plattenränder generell Zonen geologischer Unruhe. Hier kommt es zu Erdbeben, Vulkanismus und zur Auffaltung von Gebirgen.

Kontinente

Asien
Fläche 44 614 000 km^2 (ohne Papua-Neuguinea)
Der größte und bevölkerungsreichste Kontinent bedeckt etwa ein Drittel der Erdoberfläche. Er ist gleichzeitig der Erdteil mit den höchsten Erhebungen (Himalaja), den tiefsten Senken (Totes Meer) sowie der größten Kontinentalmulde, dem Baikalsee, dessen Grund 1165 m uNN liegt.

Afrika
Fläche 30 273 000 km^2
Afrika ist der heißeste Kontinent mit einer Durchschnittstemperatur (Äquatorialzone) von 25 bis 28 °C.

Nord- und Mittelamerika (einschließlich Grönland)
Fläche 24 219 000 km^2

Südamerika
Fläche 17 839 000 km^2

Antarktika
Fläche ca. 13 200 000 km^2
Windigster und kältester Kontinent mit durchschnittlich -40 °C. Hier befinden sich etwa 90 % der gesamten Eismassen der Erde. Mit einer durchschnittlichen Höhe von 2280 m üNN der höchste Erdteil.

Europa
Fläche 9 839 000 km^2

Australien/Ozeanien
Fläche 8 937 000 km^2
Flachster Kontinent, nur 13 % der Landesfläche sind höher als 500 m üNN.

Ozeane
Quell des Lebens

Die zusammenhängende Wassermasse der Erdoberfläche bedeckt mehr als zwei Drittel der Erde – 361 445 000 km^3 mit einem Volumen von 1,35 Mrd. km^3. Die Kontinente gliedern das Meer in vier Ozeane, die in ihren Strömungen und Gezeiten selbstständig sind.

Der größte Ozean, der Pazifik, liegt auf der Südhalbkugel der Erde, die man wegen ihrer gewaltigen Wassermassen auch Wasserhalbkugel nennt. Das Meer unterscheidet sich vom Süßwasser des Landes durch seinen Salzgehalt, der im offenen Weltmeer rund 35 g pro 1000 g Meerwasser beträgt. Das Meer ist auch Quell des Lebens. Vor vielen Millionen Jahren entwickelten sich hier die ersten Einzeller, die den Anfang der Evolution markieren.

Ozeane

Pazifik
Fläche 181 349 000 km^2
Mittlere Tiefe 4000 m

Atlantik
Fläche 106 575 000 km^2
Mittlere Tiefe 3293 m

Indischer Ozean
Fläche 74 120 000 km²
Mittlere Tiefe 3800 m

Nordpolarmeer
Fläche 13 950 000 km²
Mittlere Tiefe 1328 m

Größte Meerestiefen

Pazifik
Marianengraben
Witjastiefe I 11 034 m
Marianenbecken
Triestetiefe 10 916 m
Challengertiefe II 10 899 m

Atlantik
Puerto Rico Graben
Milwaukeetiefe 9219 m
Südsandwichgraben
Meteortiefe 8264 m
Kaimangraben
Yucatán-Becken 7680 m

Indischer Ozean
Sundagraben
Planettiefe 7455 m
Südostindisches Becken
Diamantinatiefe 6857 m
Nordaustralisches Becken
Berlintiefe 6840 m

Nordpolarmeer
Eurasisches Becken
Litketiefe 5449 m
Grönländisches Becken
Schwedentiefe 4846 m

Größte Tiere der Ozeane

Säugetier
Blauwal 25–33 m lang, 100–150 schwer;
zugleich größtes Säugetier der Erde

Fisch
Walhai 18 m lang

Schildkröte
Lederschildkröte bis zu 590 kg schwer

Kopffüßer
Riesen-Kalmare werden über 30 m lang.

Quallen
**Arktische Riesenqualle und Gelbe Haar-
qualle** Schirmdurchmesser von bis zu 4 m
und über 1000 Fangarme

Krebs
Japanische Riesenkrabbe, ihre Beine überspannen knapp 2 m.

Muschel
Mördermuschel bis zu 300 kg schwer und
1,5 m breit

Inseln
Oasen im Meer

Die Wissenschaftler unterscheiden je
nach Entstehung zwei Arten von Inseln:
kontinentale und ozeanische. Zu den
Ersteren gehören unabhängig von ihrer
Größe alle Inseln in den flachen Berei-
chen der Kontinentalschelfe wie Irland,
Neufundland oder die Doppelinsel Neuseeland. Ozeanische Inseln sind vulkanischen Ursprungs.
Die vergleichsweise kurze geologische Ge-
schichte der ozeanischen Inseln ist recht bewegt: Sie durchlaufen einen raschen Zyklus
von Werden und Vergehen. Die Geburt einer
ozeanischen Insel beginnt mit dem Ausbruch eines Vulkans am Meeresboden, der
durch Verschiebungen der Erdkruste bedingt
ist. Ausfließendes Magma baut nun Schicht
für Schicht den untermeerischen Berg auf,
bis dieser schließlich die Wasseroberfläche
durchbricht.
Die höchsten Inselvulkane und – vom Meeresboden aus gerechnet – die höchsten Berge der Erde sind die Vulkane des Hawaii-Ar-
chipels. So erreicht der Mauna Kea von
seiner submarinen Basis aus eine Höhe von
10 205 m.

Die größten Inseln der Erde

Grönland 2 175 600 km²
Neuguinea 771 900 km²
Borneo 746 950 km²

Europa
Großbritannien 219 801 km²
Island 103 000 km²
Irland 84 426 km²

Asien
Borneo 746 950 km²
Sumatra 425 979 km²
Honshu/Japan 230 636 km²

Afrika
Madagaskar 587 041 km²
Réunion 2510 km²
Bioko 2043 km²

Australien/Ozeanien
Neuguinea 771 900 km²
Südinsel Neuseeland 153 947 km²
Nordinsel Neuseeland 114 729 km²

Amerika
Grönland 2 175 600 km²
Baffin Island 517 890 km²
Victoria Island 217 290 km²

Korallenriffe und Atolle
Lebende Inseln

**Korallenriffe bedecken etwa 600 000 km²
der Erdoberfläche. Man findet sie in al-
len tropischen Gewässern.**

Korallenriffe sind lebende Inseln, die von
unzähligen Korallentieren gebildet werden.
Korallentiere wachsen in kalkhaltigem, sau-
erstoffreichem und bewegtem Wasser mit
einer Temperatur von mindestens 20 °C.
Atolle sind ringförmige Korallenriffe, die eine Lagune umschließen.

Die größten Korallenriffe

Großes Barriere-Riff, das größte Korallenriff der Erde, erstreckt sich vor der Nord-Ost-
küste Australiens mit einer Ausdehnung von
205 000 km² und ist 2024 km lang.

Barriere-Riff vor der Insel Grande Terre in
Neukaledonien ist mit einer Länge von
802 km das zweitlängste Korallenriff der Erde.

Cays, das Barriere-Riff vor der Küste von
Belize weist eine Länge von 300 km auf und
ist das größte lebende Korallenriff der west-
lichen Hemisphäre.

Die größten Atolle

Kwajalein-Atoll, Marschallinseln. Mit einer
Landfläche von etwa 16 km² umschließt dieses Atoll die weltgrößte Lagune. Sie breitet
sich über eine Fläche von 1722 km² aus.

Kiritimati-Atoll in Polynesien. Die größte von
Korallen erschaffene Insel hat eine Fläche von
388 km² und einen Umfang von etwa160 km.

Küstenlandschaften
Vom Meer geformt

Küsten, die Gebiete im Grenzbereich von Meer und Land, sind besonders stark den erodierenden Kräften des Wassers und des Windes ausgesetzt. Daher verändern sie ihre Gestalt häufig und in erdgeschichtlich sehr kurzen Zeitabständen.

Die längsten Buchten

Bucht von Bengalen 1850 km
Hudson Bay 1560 km
Golf von Mexiko 1330 km

Größter Tidenhub

Bay of Fundy, Kanada, im Durchschnitt 16–18 m, kann aber bis auf 21 m steigen.
Golf von Shelikof (Aleuten) 12,9 m
Golf von Alaska 12 m
Bucht von Bengalen 10,7 m
Mezenskaja Bucht (Russland) 10 m

Vegetationszonen
Naturlandschaften der Erde

Die Erde wird in mehrere Vegetationszonen untergliedert, deren hauptsächliche Unterscheidungsmerkmale Klima, Flora und Fauna sind. Auffällig ist außerdem, dass ähnliche Vegetationszonen etwa auf demselben Breitengrad liegen.

Von Eis und Gletschern bedeckt zeigen sich die Polargebiete in der Arktis und Antarktis. Daran schließen sich die Tundragebiete der Nordhalbkugel an, deren Böden während des Sommers nur kurzzeitig auftauen.
Das milde Klima in der gemäßigten Zone hat vorwiegend Laub- und Mischwälder hervorgebracht, begleitet von Farnen und Strauchgewächsen. Sie finden sich hauptsächlich auf der Nordhalbkugel in Europa und Kanada, aber auch in Patagonien, Tasmanien und auf der Südinsel Neuseelands. Ab dem 20. Breitengrad schließen sich die Subtropen an,

die sich durch eine Vielfalt von Ökosystemen und Landschaftsformen auszeichnen. In dieser klimatischen Zone finden sich Sumpfgebiete wie die Everglades oder die für Australien typischen Eukalyptuswälder.
Der Regenwaldgürtel der Erde erstreckt sich entlang des Äquators über das Einzugsgebiet des Amazonas, über Äquatorialafrika bis nach Asien und Australien.
Zwischen den Regenwäldern und den Wüstengebieten haben sich weite Savannen gebildet, in denen eine sommerliche Regenzeit eine winterliche Trockenzeit ablöst. Die Campos und Llanos Südamerikas, aber auch die Grassavannen der Serengeti und die Trockenwälder Australiens gehören dazu. Die Gebiete zwischen dem 15. und dem 35. Breitengrad beiderseits des Äquators, in denen weniger als 250 mm Niederschlag im Jahr fallen, gelten als Wüsten.

Polargebiete

Ständig von Eis und Gletschern bedeckt sind etwa 15 Mio. km^2 der Erdoberfläche, davon 12,65 Mio. km^2 in der Antarktis (durchschnittlich etwa 2000 m dick), 1,8 Mio. km^2 in Grönland (bis zu 3350 m dick), 300 000 km^2 in arktischen und antarktischen Randgebieten, 120 000 km^2 in Asien, 100 000 km^2 auf dem amerikanischen Festland und ungefähr 10 000 km^2 in Europa. Die Antarktis ist der einzige Kontinent, der nicht ständig bewohnt wird. In den Polarregionen tritt an die Stelle des Tag- und Nachtwechsels der halbjährlich stattfindende Übergang von Polarnacht zu Polartag.

Die größten Gletscher
Vatnajökull 8540 km^2,
Island
Malaspina-Gletscher 3900 km^2,
Alaska,
durchschnittlich 900 m dick
Siachen-Gletscher 1150 km^2,
Karakorum,
größter Gebirgsgletscher der Erde
Fedtschenko-Gletscher 907 km^2,
Pamir
Nabesna-Gletscher 819 km^2,
Alaska
Baltoro-Gletscher 754 km^2,
Karakorum
Biapho-Gletscher 620 km^2,
Karakorum
Muldrow-Gletscher 516 km^2,
Alaska
Jostedalsbre 415 km^2,
Norwegen

Tiere
Größtes Landsäugetier Eisbär
Größter Schwimmvogel Kaiserpinguin
Größte Robbenart Südlicher See-Elefant

Tundra

Südlich der Polarlandschaften und nördlich der polaren Baumgrenze befindet sich die Tundra. Die großen Gebiete Kanadas und Sibiriens, die von Tundra bedeckt sind, nehmen etwa 10 % der Landoberfläche der Erde ein. Hier herrschen extreme Klimaverhältnisse. Es fallen nur wenig Niederschläge bei niedrigen Temperaturen.
Da der Boden der Tundra nicht ständig von Eis bedeckt ist, können hier anspruchslose Pflanzen wie Moose, Flechten und Sträucher wachsen. In der Tundra leben Rentiere, Karibus, Moschusochsen, Lemminge, Schneehasen, Wölfe und Eisfüchse. An den Küsten gibt es Robben, Walrosse und verschiedene Seevogelarten.

Boreale Wälder

Die borealen Wälder bestehen aus Nadelhölzern und bedecken die kaltgemäßigten Breiten südlich der Polargrenze der Nordhalbkugel in Skandinavien, Nordamerika und Kanada sowie auf dem Gebiet der russischen Taiga. 70 % dieser Wälder befinden sich allein auf russischem Territorium.
Diese größten Nadelwaldgebiete der Erde stellen rund ein Drittel der gesamten globalen Waldfläche dar. Hier wachsen Fichten, Kiefern, Lärchen und Tannen. Zwergsträucher, Kräuter und Moose bilden eine bodennahe Krautschicht.

Tiere
Größter Bär Kodiakbär, Alaska
Größte Katze Sibirischer Tiger, Sibirien
Größtes wild lebendes Tier Europas Elch

Laubwald der gemäßigten Zone

Die Laubwälder der gemäßigten Zone sind hauptsächlich auf der nördlichen Halbkugel zu finden und nehmen gut 18 % der globalen Waldfläche ein.
In Deutschland beträgt der Anteil der natürlichen und aufgeforsteten Waldflächen am Staatsgebiet 30 %. In der Vergangenheit waren weit größere Teile der Nordhalbkugel von Laubwäldern bedeckt, doch sind diese abgeholzt worden.

Tiere und Pflanzen

Größte Raubtiere Braun- und Schwarzbär
Größtes hundeartiges Raubtier Wolf
Größter Singvogel Kolkrabe
Schnellster Vogel Wanderfalke
Größtes Landsäugetier (Europa) Wisent
Größter Hirsch (Europa) Rothirsch
Größte Katze (Europa) Luchs
Größte und älteste Bäume Sequoia (Redwood)
Älteste Baumart Gingko

Subtropische Sumpf- und Waldlandschaften

Zwischen dem gemäßigtem und dem tropischem Klimabereich liegt eine Vielzahl kleinerer Vegetationszonen mit wechselnden Regen- und Trockenperioden. Wüsten und warme Steppen bestimmen das Bild ebenso wie Trocken- und Hartlaubwälder, Dornsavannen und Sumpfgebiete.

Tiere und Pflanzen

Größte Raubkatze Bengalischer Tiger
Größter Katzenbär Panda
Größtes Reptil (Nordamerika) Mississippi-Alligator, 6 m
Höchste Baumart Eukalyptusbaum, 130 m
Höchste Farnart Baumfarn, 18 m

Tropische Regenwälder

Die tropischen Regenwälder nehmen etwa die Hälfte der Waldfläche der Erde ein. Der Regenwaldgürtel, der rund 6 % der Landfläche der Erde bedeckt, erstreckt sich entlang dem Äquator. Das größte zusammenhängende Regenwaldgebiet findet sich im Amazonastiefland und nimmt eine Fläche von über 3,6 Mio. km² ein.
Andere Regenwaldgebiete finden sich in Guyana, Äquatorialafrika, an der östlichen Küste von Madagaskar über Süd- und Südostasien bis nach Australien und Ozeanien. Einzigartig ist auch die größte Vielfalt an Flora und Fauna, denn in dieser Vegetations- und Klimazone lebt rund die Hälfte aller bekannten Tier- und Pflanzenarten.

Tiere

Größtes Säugetier (Afrika) Waldelefant
Größtes Säugetier (Südamerika) Flachlandtapir
Größtes Raubtier (Südamerika) Jaguar
Größter Menschenaffe (Afrika) Gorilla
Längstes Reptil Anakonda, 9 m
Größtes Insekt Gespenstheuschrecke, 35 cm

Savannen

Zwischen die äquatorialen Regenwälder und die Wüstengebiete an den Wendekreisen schieben sich die Savannenlandschaften. Zu den bekanntesten gehören die Grassavanne der Serengeti in Ostafrika, die Campos in Brasilien sowie die Trockenwälder Australiens. Bestimmendes Klimamerkmal ist die strenge Trennung in eine Trocken- und eine Regenzeit. In den Savannen wachsen diverse Gräser und vereinzelt ragen Bäume oder Bauminseln auf. Fällt der erste Regen, verwandelt sich die Savanne in ein grünes, blühendes Paradies.

Tiere

Größtes Landsäugetier Afrikan. Elefant
Größte Raubkatze Löwe
Schnellstes Landtier Gepard
Höchstes Landtier Giraffe
Schwerste Antilope Elenantilope
Größter Vogel Afrikanischer Strauß

Wüsten

30 % der Erdoberfläche sind von Wüste bedeckt. Alle Wüsten befinden sich zwischen dem 15. und dem 35. Breitengrad. Sie sind die trockensten und heißesten Gebiete der Erde. Die Temperaturunterschiede zwischen Tag und Nacht betragen 40–50 °C. Ausgeprägte Jahreszeiten gibt es nicht.

Die größten Wüsten

Sahara 9,7 Mio. km² mit Libyscher Wüste (1,2 Mio. km²) und Nubischer Wüste. Es ist das größte Wüstengebiet der Erde und wächst jährlich um 10 000 km². An der längsten Stelle reicht die Sahara von Ost nach West über 5150 km, von Nord nach Süd zwischen 1300 und 2250 km. Die Temperaturspanne kann an einem Tag mehr als 45 °C betragen.

Gobi 1,3 Mio. km², die Geröllwüste liegt in durchschnittlich 1000 m Höhe.

Kalahari 1 Mio. km² ist eine abflusslose trockene Beckenlandschaft mit weiten Hochlandflächen und Salzpfannen.

Afrika

Sahara 9 Mio. km²
Kalahari 1 Mio. km²
Arabische Wüste (Ägypten und Sudan) 182 000 km²
Namib 135 000 km², erstreckt sich über eine Länge von 1300 km und eine Breite von etwa 100 km entlang der Küste von Namibia. Bedingt durch einen nahen Kaltstrom erhält die Wüste kaum Niederschläge.

Asien

Gobi (Mongolei und China) 1,3 Mio. km²
Rub' al-Khali (Saudi-Arabien) 800 000 km², die größte Sandwüste der Erde
Taklamakan (China) 400 000 km²
Karakum (Turkmenistan) 350 000 km²
Kyzylkum (Kasachstan und Usbekistan) 300 000 km²
Kavir (Iran) 260 000 km²
Syrische Wüste 260 000 km²
Thar (Indien und Pakistan) 250 000 km²
Negev-Wüste (Israel) 12 300 km²

Australien

Große Sandwüste 520 000 km²
Gibson 330 000 km²
Große Victoria-Wüste 274 000 km²
Simpson 250 000 km²

Amerika

Atacama (Nordchile) 400 000 km²
Sonora mit Colorado- und Yuma-Wüste (USA) 310 000 km²
Mojave (USA) 38 900 km²

Europa

Die »einzige Wüste Europas« befindet sich in der Russischen Förderation in der Republik Kalmykien: 80 % des 76 100 km² großen Territoriums sind durch Menschenhand (Auslaugen des Bodens) zur unfruchtbaren Wüste geworden.

Klima
Heiß und kalt

Während der Begriff »Wetter« für einen kurze Zeit dauernden Zustand der Atmosphäre steht, bezeichnet man mit dem Wort »Klima« einen anhaltenden mittleren Zustand, der für ein bestimmtes Gebiet kennzeichnend ist. Gebirgszüge und Meere gehören zu den bedeutenden Faktoren, die das Klima einer Region beeinflussen.

Extreme Klimabedingungen

Niedrigste Temperatur

In der Vostok-Station in der Antarktis wurden am 21. Juli 1983 in 3420 m Höhe −89,2 °C gemessen, das entspricht etwa −60 °C auf

Höhe des Meeresspiegels. Das ist die niedrigste Temperatur, die je auf der Erdoberfläche gemessen wurde.

Höchste Temperatur
Im libyschen Al' Aziziyah wurden am 13. September 1922 in 111 m Höhe 58 °C gemessen.

Heißeste Gegend der Erde
Im Jahresdurchschnitt ist Dallol in Äthiopien die heißeste Gegend der Erde. Hier wurden zwischen den Jahren 1960 und 1966 34 °C gemessen.

Kälteste Gegend der Erde
Der Kältepol der Antarktis (78° S 96° O) ist mit durchschnittlich -58 °C die kälteste Gegend der Erde.

Die meisten Regentage
Auf der Insel Kauai, Hawaii, regnet es durchschnittlich 350 Tage im Jahr.

Die meisten Sonnenstunden
Yuma im US-amerikanischen Bundesstaat Arizona hat 91 % der möglichen Sonnenstunden.

Niederschlagsreichstes Gebiet
In Mawsynram im indischen Bundesstaat Megalaya fallen durchschnittlich 11 873 mm Niederschlag im Jahr.

Niederschlagsärmstes Gebiet
Die trockenste Stelle der Erde befindet sich an der Pazifikküste Chiles zwischen Arica und Antofagasta, hier fällt weniger als 1 mm Niederschlag pro Jahr.

Windreichstes Gebiet
Die Commonwealth Bay in der Antarktis ist das windreichste Gebiet der Erde. Stürme erreichen hier Geschwindigkeiten von bis zu 320 km/h.

Naturkatastrophen
Wind und Wetter

Durchschnittlich fällt auf der Erde etwa 1 m Niederschlag im Jahr, wobei dieser jedoch sehr ungleich verteilt ist.

Die größten Niederschlagsmengen werden in der Äquatorialzone und in den Monsungebieten Südostasiens verzeichnet. Gerade ein Land wie Bangladesch wird anhaltend von schweren Überflutungen und Taifu-

nen heimgesucht. Gewaltige Luftwirbel bilden sich alljährlich in der Karibik und wandern als tropische Wirbelstürme und Hurrikane, die Windgeschwindigkeiten bis zu 300 km/h erreichen, über den amerikanischen Kontinent. Tropische Wirbelstürme zählen zu den gefährlichsten Wettererscheinungen. Für diese Tiefdruckgebiete ist das auf Satellitenbildern deutlich erkennbare Auge, eine wolkenfreie Zone im Innern, charakteristisch. Doch bereits starke Regenfälle genügen um große Katastrophen zu verursachen.

Stürme und Überschwemmungen
Angabe der Todesopfer

Gelber Fluss, China (1887) 900 000
Taifun, Bangladesch (1970) 300 000
Taifun, Bangladesch (1991) 150 000
Tsunami, Japan (1896) 22 000
Hurrikan, Texas (1900) 6000
Yangzi, China (1998) 4000
Tsunami, Papua-Neuguinea (1998) 3000
Tornado, USA (1925) 689
Sturmflut, Deutschland (1962) 315
Wintersturm, USA/Kanada/Karibik (1993) 220

Naturkatastrophen
Das ruhelose Erdinnere

Gewaltige Energien wirken auf unserem Planeten: Im Erdinneren brodelt es, Luftmassen prallen in der Atmosphäre zusammen und treiben gigantische Wassermengen vor sich her. Dynamische Prozesse entlang der Brüche der Kontinentalzonen bewirken, dass der Untergrund in gewaltigen Stößen erbebt. Der Entstehungspunkt, das Hypozentrum, liegt meist 5–30 km unter der Erdoberfläche; senkrecht darüber befindet sich das Epizentrum, der Ort der größten Bebenstärke.

In jedem Jahr werden insgesamt rund eine halbe Million seismische Bewegungen erfasst, von denen wir jedoch nur etwa 100 000 bemerken. Erdbeben sind inzwischen recht zuverlässig vorhersagbar. Vulkanausbrüche sind hingegen schwer langfristig vorauszubestimmen. Dies gelang

dennoch beim ersten Ausbruch des Pinatubo 1991 auf den Philippinen, dessen gewaltige Aschemengen noch lange Einfluss auf das Erdklima hatten. Die rechtzeitige Evakuierung rettete Tausenden Menschen das Leben. Insgesamt sind derzeit 1343 tätige Vulkane bekannt.

Die stärksten Erdbeben unseres Jahrhunderts
Magnitude nach Richterskala/Kanamori

Chile (22. 05. 1960) 9,5
Alaska (28. 03. 1964) 9,2
Alaska (09. 03. 1957) 9,1
Russland (04. 11. 1952) 9,0
Ecuador (31. 01. 1906) 8,8
Japan (06. 11. 1958) 8,7
Alaska (04. 02. 1965) 8,7
Indien (15. 08. 1950) 8,6
Argentinien (11. 11. 1922) 8,5
Indonesien (01. 02. 1938) 8,5

Vulkanausbrüche
Angabe der Todesopfer

Tambora, Sumbawa (1815) 90 000
Miyi, Java (1793) 53 000
Pelé, Martinique (1902) 40 000
Krakatau, Java (1883) 36 300
Nevado del Ruiz, Kolumbien (1985) 22 000
Ätna, Sizilien (1669) 20 000
Laki, Island (1783) 20 000
Unzen, Japan (1792) 15 000
Vesuv, Italien (79 n. Chr.) 10 000
El Chichón, Mexiko (1982) 3500

Vulkane
Feuer speiende Riesen

Beeindruckende Zeugen der gewaltigen Kräfte im Erdinneren sind die Vulkane: Alle der heute bekannten 1343 aktiven Vulkane, die wie der Kilauea auf Hawaii anhaltend Lava spucken oder sich wie der Ruapehu in donnernden Eruptionen entladen, liegen an Stellen, an denen die durchschnittlich 40 km dicke Kruste der Erde dünner wird.

Besonders stark von vulkanischer Tätigkeit betroffen sind die Gebiete entlang den Kontinentalplatten. Dort, wo der Erdmantel be-

sonders heiß ist, an so genannten »hot spots«, oder die Erdkruste in den Erdmantel geschoben wird, werden Teile der Kruste aufgeschmolzen, geraten unter hohen Druck und werden explosionsartig ausgestoßen.

Die höchsten tätigen Vulkane
Im Klammern das Jahr der letzten Eruption

Volcan Guallatiri 6060 m (1987), Chile
Volcan Láscar 5990 m (1994), Chile
Tupungatito 5900 m (1986), Chile
Cotopaxi 5897 m (1975), Ecuador
Popocatépetl 5452 m (1998), Mexiko

Europa
Ätna 3350 m (1995)
Beerenberg 2277 m (1985), der nördlichste Vulkan der Erde
Hekla 1491 m (1991)

Asien
Kljutschewskaja Sopka 4750 m (1995)
Kerinci (Sumatra) 3800 m (1987)
Tolbatschik 3682 m (1976) ˙

Ozeanien
Mauna Loa 4170 m (1987)
Ruapehu 2797 m (1997)
Mount Uluwan 2296 m (1993)

Afrika
Kamerunberg 4070 m (1982)
Nyiragongo 3475 m (1994)
Emi Koussi 3415 m (1981)

Nord- und Mittelamerika
Popocatépetl 5452 m (1998)
Mount Rainier 4392 m (1980)
Colima 3984 m (1994)

Südamerika
Volcan Guallatiri 6060 m (1987)
Volcan Láscar 5990 m (1994)
Cotopaxi 5897 m (1975)

Antarktis
Mount Erebus 3795 m (1995), der südlichste Vulkan der Erde

Geysire
Heiße Springquellen

Auf vulkanischem Boden schießen oft auch heiße Fontänen in meist regelmäßigen Zeitabständen empor.

Diese so genannten Geysire entstehen dort, wo das heiße Erdmagma nahe an die Erdoberfläche dringt und Wasser erhitzt, das sich in unterirdischen Höhlen gestaut hat. Das Wasser kann nicht sieden, dehnt sich aber aus und gelangt schließlich durch den zunehmenden Druck explosionsartig ans Freie. Es bildet dabei hohe Wassersäulen. Die im diesem Wasser gelösten Mineralien lagern sich in den meisten Fällen als Sinter um die Quelle ab. Der Großteil der Geysire befindet sich im Yellowstone Nationalpark in den USA. Zahlreiche heiße Springquellen gibt es allerdings auch auf Island, der »Heimat der Geysire«, und auf Neuseeland. Der größte bekannte Geysir der Welt, der Waimangu auf Neuseeland, schleuderte bis zum Jahr 1917 eine 460 m hohe Wassersäule in die Luft, hat seine Tätigkeit jedoch seither eingestellt.

Die höchsten Geysire

USA, Yellowstone
Nationalpark
Service Steamboat 60–115 m
Old Faithful 50 m

Island
Großer Geysir 60 m
Strokkur 25–30 m

Neuseeland
Pohutu 31 m
Lady Knox 10–15 m

Russland, Halbinsel Kamtschatka
Welikan 40 m

Gebirge
Giganten aus Stein

Immer schon erlagen die Menschen den Schönheiten der majestätischen Bergwelt. Viele Völker sehen die unerreichbaren Gipfel bis heute als Sitz der Götter und Wohnstatt von Geistern an.

Noch bis weit in dieses Jahrhundert waren die Achttausender von Himalaja und Karakorum, des höchsten Gebirgsmassivs der Erde, unbezwungen. 1950 erreichte der erste Mensch den Gipfel des Annapurna, drei Jahre später fiel der Thron der Götter, der Mount Everest. Entstanden sind diese asiatischen Massive wie auch die Alpen in langen

Zeiträumen durch Auffaltung. Diese Prozesse werden von der kontinuierlichen Bewegungen der Kontinentalplatten hervorgerufen. Gleiten die Platten aufeinander zu, werden die Landmassen gestaucht, aufgefaltet und zu Gebirgen hochgeschoben. Aufgrund der anhaltenden Plattenbewegung wachsen die Gipfel der Erde unaufhörlich auch heute noch jedes Jahr um einige Zentimeter.

Die höchsten Gebirge mit ihren höchsten Gipfeln

Europa
Alpen
Montblanc 4807 m
Sierra Nevada
Cumbre de Mulhacén 3478 m
Pyrenäen
Pico de Aneto 3404 m

Asien
Himalaja
Mount Everest 8861 m
Karakorum
K2 8610 m
Kunlun
Ulug Muztag 7723 m

Australien/Ozeanien
Maoke Gebirge
Carstenszspitze 5029 m
Southern Alps
Mount Cook 3764 m
Australian Alps
Mount Kosciusko 2230 m

Nord- und Mittelamerika
Alaska Range,
Mount McKinley 6194 m
St. Ellas Mountains
Mount Logan 5951 m
Sierra Madre Orientale
Citlaltépetl 5700 m

Südamerika
Anden
Aconcagua 6960 m
Sierra Nevada de Santa Marta
Pico Cristobal 5800 m

Afrika
Kilimanjaro
Kibo 5895 m
Mount Kenya
Batian 5200 m
Ruwenzori
Mount Stanley 5109 m

Antarktis
Ellsworth Range
Mount Vinson 5140 m
Queen Alexandra Range
Mount Markham 4350 m
Executive Committee Range
Mount Sidley 4181 m

Alle Achttausender der Erde

Mount Everest (Nepal) 8863 m
Erstbesteigung 1953
K2 (Pakistan) 8610 m
Erstbesteigung 1954
Kangchenjunga (Nepal) 8586 m
Erstbesteigung 1955
Lhotse (Nepal) 8511 m
Erstbesteigung 1956
Makalu (Nepal) 8463 m
Erstbesteigung 1955
Dhaulagiri (Nepal) 8167 m
Erstbesteigung 1960
Manaslu (Nepal) 8156 m
Erstbesteigung 1956
Cho Oyu (Nepal) 8153 m
Erstbesteigung 1954
Nanga Parbat (Nepal) 8125 m
Erstbesteigung 1953
Annapurna I (Nepal) 8091 m
Erstbesteigung 1950
Gasherbrum I (Pakistan) 8068 m
Erstbesteigung 1958
Gasherbrum II (Pakistan) 8035 m
Erstbesteigung 1956
Broad Peak (Pakistan) 8047 m
Erstbesteigung 1957
Sisha Pangma (China) 8046 m
Erstbesteigung 1964

Depressionen
Gebiete unter dem Meeresspiegel

Kontinentale Regionen, deren Oberfläche unter dem Meeresspiegel liegt, nennt man Senken oder Depressionen. Sie sind durch tektonische Veränderungen entstanden oder haben sich durch natürliche Winderosion herausgebildet.

Tiefster Punkt der Erde

Auf dem Grund des Baikalsees liegt bei 1165 m uNN der tiefste Punkt der Erde.

Die tiefsten Senken

Jordansenke/Totes Meer 400 m uNN,
Israel, Jordanien
Assal-Senke 155 m uNN (BE 157),
Djibouti
Turfan-Senke 154 m uNN,
China (Xinjiang)
Qattâra-Senke 133 m uNN,
Ägypten
Mangyshlak-Senke 132 m uNN,
Kasachstan
Âsalêsee 116 m uNN,
Äthiopien
Death Valley 86 m uNN,
USA (Kalifornien)
Salton Sink 85 m uNN,
USA (Kalifornien)
Ustjurt-Senke 70 m uNN,
Kasachstan
Kaspische Senke 67 m uNN,
Kasachstan
al-Fayyum-Senke 50 m uNN,
Ägypten
Salinas Grande 40 m uNN,
Argentinien

Größte Senken

Kaspische Senke 394 000 km²
Kasachstan
Qattâra-Senke 20 000 km²
Äqypten

Schluchten und Täler
Rastloses Wirken der Flüsse

Flüsse tragen erheblich zur Gestaltung von Landschaften bei. Die erodierende Wirkung des Wassers schafft und verändert ihr Flussbett. So werden Täler, das sind lang gestreckte Hohlformen in der Erdoberfläche, durch das Wasser ausgewaschen.

Die Form eines Tals hängt davon ab, in welchem Abschnitt des Flusslaufs es sich befindet und wie das dort vorhandene Gestein beschaffen ist. Die Festigkeit der unterschiedlichen Schichtungen bestimmt, in welche Richtung die Erosionskräfte wirken können. Der Oberlauf eines Flusses zeigt das höchste Gefälle und die höchste Fließgeschwindigkeit. Hier findet vor allem Tiefenerosion statt, die tief ausgefräste Täler

formt. Bei starker Tiefenabtragung entsteht ein Cañon (Klamm); bei zusätzlicher Seitenerosion bilden sich v-förmige Kerb-, flache Sohlen- oder verräumte Muldentäler, Gletscher lassen Trogtäler entstehen. Der Grand Canyon ist das bekannteste Beispiel eines tief eingeschnittenen Flussbetts. Er ist das Produkt des Colorado, der vor rund 26 Mio. Jahren begann sein Bett in das Gestein zu graben. Im Lauf dieser gewaltigen Zeitspanne hat der Colorado ein beeindruckendes Terrassental von 24 km Breite geschaffen.

Die tiefsten Schluchten

Europa
Vicos-Schlucht 900 m,
Griechenland
Neretva-Schluchten 800 m,
Bosnien-Herzegowina
Via Mala 700 m,
Schweiz
Grand Canyon du Verdon 700 m,
Frankreich; längster Cañon Europas

Asien
Wu-Schlucht am Yangzi 900 m,
China
Cañon des Schwarzen Flusses 800 m,
Vietnam
Sanmen-Schlucht am Huanghe 600 m,
China

Ozeanien
Milford Sound 600 m,
Neuseeland
Vaihiriasee 550 m,
Tahiti

Afrika
Visriviere Canyon 600 m,
Namibia
Wadi Dadès 400 m,
Marokko
Wadi al-Kantara 400 m,
Algerien

Amerika
Grand Canyon 1800 m tief, dabei rund 350 km lang und 6–29 km breit,
USA
Hell´s Canyon/Snake River 1700 m ,
USA
Barranca del Cobre 1400 m,
Mexiko
Black Canyon/Colorado 700 m,
USA
Bryce Canyon 600 m,
USA

Flüsse
Lebensadern der Erde

Flüsse bewässern ganze Landstriche, lassen Kulturen aufblühen und verbanden schon in frühester Zeit als Verkehrswege Völker und Nationen. Manche Flüsse, die an ihrer Quelle noch unscheinbare Bächlein sind, vereinigen sich bald mit Zu- und Nebenflüssen zu mächtigen Strömen, bevor sie in die Meere münden.

97,5 % der gesamten Wassermenge auf unserem Globus ist Salzwasser. Darüber hinaus sind 70 % des Süßwasserbestandes der Erde in den Polkappen eingefroren, die restlichen 30 % befinden sich in Tiefen, die für den Menschen nicht zu erschließen sind. Somit stehen der Weltbevölkerung insgesamt nur 0,007 % des Wassers auf der Erde als Nutzwasser zur Verfügung.

42 700 km³ Wasser fassen die Flussbette der Erde. Das ist ungefähr die Wassermenge, die sich im Baikalsee, Tanganjikasee und im Victoriasee zusammen befindet.

Ein Fluss der Superlative ist der Nil, dessen regelmäßig wiederkehrende Fluten Wüsten in fruchtbares Land verwandeln und in dessen Delta ganze Hochkulturen entstanden.

Ein Gigant anderer Art ist der nur rund 200 km kürzere Amazonas: Das größte Stromgebiet der Erde mit einem Einzugsgebiet von 7 Mio. km² führt fast ein Fünftel des gesamten Flusswassers der Erde und bewässert riesige Regenwälder. Bei Niedrigwasser fließen durch die 250 km breite Mündung 35 000 m³/sec in den Atlantischen Ozean, bei mittlerem Wasserstand um die 120 000 m³/sec.

Die längsten Flüsse

Nil 6672 km
Amazonas 6437 km
Yangzi 6300 km
Mississippi/Missouri 6020 km
(Missouri als Nebenfluss: 3725 km)

Europa
Wolga 3351 km
Donau 2858 km
Ural 2428 km
Dnjepr 2200 km
Kama 1805 km

Asien
Yangzi 6300 km
Ob-Irtysch 5410 km
Huanghe 4875 km
Mekong 4500 km
Amur 4416 km

Australien/Ozeanien
Darling 2740 km
Murray 2570 km
Murrumbidgee 2160 km
Lachlan 1480 km
Sepik 1127 km

Afrika
Nil 6672 km
Zaire (Kongo) 4374 km
Niger 4184 km
Sambesi 2736 km
Ubangi-Uele 2300 km

Nordamerika
Mississippi-Missouri 6020 km
Mackenzie-Peace River 4241 km
Yukon 3185 km
St. Lawrence 3058 km
Rio Grande 3034 km
Colorado 2334 km

Südamerika
Amazonas 6437 km
Parana-La Plata 4264 km
Madeira 3240 km
Purus 3211 km
Sao Francisco 3199 km

Deutschland, Österreich, Schweiz
Donau 2858 km
Rhein 1320 km
Elbe 1165 km

Wasserfälle
Flüsse im freien Fall

Zu den wohl faszinierendsten Naturwundern gehören die großen Wasserfälle, die an den Abbruchkanten von Hochplateaus und Tafelländern in jeder Sekunde ein einmaliges Schauspiel bieten.

Die breitesten Wasserfälle

Khône-Fälle 10 800 m
Laos

Iguaçú-Fälle 4000 m
Brasilien, Argentinien
Victoriafälle 1700 m
Sambia, Simbabwe
Niagara-Fälle 1150 m
Kanada, USA

Die höchsten Wasserfälle

Europa
Mardalsfossen 517 m
Norwegen
Gavarnie-Fälle 422 m
Frankreich
Krimmler-Wasserfälle 380 m
Österreich
Giessbach-Fälle 300 m
Schweiz
Skykkjedalsfoss 300 m
Norwegen

Asien
Jog (Gersoppa) 253 m
Indien
Cauvery 101 m
Indien
Kegon 101 m
Japan
Juizhaigou 78 m
China
Gokaks 52 m
Indien

Australien/Ozeanien
Sutherland Falls 580 m
Neuseeland
Wollomombi Falls 335 m
Australien
Wallaman Falls 285 m
Australien
Tully 270 m
Australien
Wentworth (Blue Mts.) 187 m
Australien

Afrika
Tugela 411 m
Südafrika
Maletsunyane 192 m
Lesotho
Aughrabies 146 m
Südafrika
Ruacana-Fälle 120 m
Namibia, Angola
Victoriafälle 110 m
Sambia, Simbabwe

Amerika
Salto Angel 948 m
Venezuela

Yosemite-Fälle 739 m,
USA
Cuquéan-Fälle 610 m,
Guyana, Venezuela
Roraima-Fälle 457 m,
Guyana
Kaieteur-Fälle 226 m,
Guyana

Seen
Immense Süßwasserreservoire

Die großen Seen dieser Erde sind meist glazialen Ursprungs, während die ältesten Seen wie der Baikalsee oder der afrikanische Tanganjikasee, mit einer Länge von 655 km der längste See der Erde, in tektonischen Verwerfungen entstanden sind. Starken Veränderungen unterworfen sind die zu- und abflusslosen Seen, die wie der Aralsee und das Tote Meer an Fläche und Tiefe ständig abnehmen.

Die größten Seen
(mit maximaler Tiefe)

Kaspisches Meer 371 800 km², größter Binnensee der Erde; Salzwasser; max. Tiefe 1025 m,
Kasachstan, Russland, Aserbaidschan, Turkmenistan, Iran
Lake Superior 82 103 km², max. Tiefe 406 m,
USA, Kanada
Victoriasee 69 484 km², max. Tiefe 406 m,
Uganda, Tansania, Kenia

Europa
Ladogasee 18 180 km², max. Tiefe 230 m,
Russland
Onegasee 9950 km², max. Tiefe 127 m,
Russland
Vänersee 5564 km², max. Tiefe 92 m,
Schweden

Afrika
Victoriasee 69 484 km², max. Tiefe 406 m,
Uganda, Tansania, Kenia
Tanganjikasee 34 000 km², max. Tiefe 1435 m, mit einer Länge von 655 km auch der längste See der Erde,
Tansania, Burundi, Sambia, Zaire

Malawisee 30 800 km², max. Tiefe 706 m,
Malawi, Tansania

Nordamerika
Lake Superior 82 103 km², max. Tiefe 406 m,
USA, Kanada
Huronsee 59 570 km², max. Tiefe 229 m,
USA, Kanada
Michigansee 58 140 km², max. Tiefe 282 m,
USA

Südamerika
Maracaibosee 13 512 km², max. Tiefe 50 m,
Venezuela
Titicacasee 8 559 km², max. Tiefe 281 m, auf 2812 m üNN gelegene höchste See der Erde,
Peru
Pooposee 2530 km², max. Tiefe 3 m,
Bolivien

Asien
Kaspisches Meer 371 800 km², max. Tiefe 1025 m,
Aralsee 33 640 km², max. Tiefe 52 m, Tendenz stark fallend. Die zunehmende Austrocknung und Versalzung des Sees ist eine der größten Umweltkatastrophen der Neuzeit.
Kasachstan, Usbekistan
Baikalsee 31 500 km², max. Tiefe 1620 m, der tiefste See der Erde und das größte Süßwasserreservoir,
Russland

Australien
Eyresee 9323 km², liegt mit 12 m uNN an der tiefsten Stelle des Kontinents
Torrenssee 5700 km²
Gardinersee 4500 km²
Diese drei Seen sind trockene Salzseen mit einer maximalen Tiefe von 1 m, die nur zeitweise Wasser führen.

Deutschland, Schweiz, Österreich
Genfer See 582 m², max. Tiefe 310 m,
Schweiz, Frankreich
Bodensee 571 km², max. Tiefe 252 m,
Deutschland, Schweiz, Österreich
Neusiedler See 320 km², max. Tiefe 2 m,
Österreich, Ungarn

Stauseen
Energiespeicher

Einige der größten Binnengewässer sind Stauseen. Sie dienen zur Bewässerung, Energie- und Trinkwassergewinnung oder als Hochwasserschutz.

Stauseen können sogar zu beliebten Naherholungszielen für Wassersportler werden. Doch sind die Talsperren nicht nur segensreich. Nutzen und Gefahren sozialer und ökologischer Natur sind gegeneinander abzuwägen. Oft müssen Hochwasserschutz und Energiegewinnung mit Umsiedlung und Vernichtung von Agrarflächen teuer bezahlt werden – wie beim gigantischen Drei-Schluchten-Projekt am Yangzi in China. Der Stauraum einer Talsperre nimmt mit der Zeit ab, da sich vor der Staumauer die vom Fluss mitgeführten Sedimente ablagern.

Die größten Stauseen

New Carolina Tailings 209 500 Mio. m³,
USA
Bratskoje 169 270 Mio. m³,
Russland
Assuan 165 000 Mio. m³,
Ägypten
Kariba 160 360 Mio. m³,
Sambia, Simbabwe
Akosombo 148 000 Mio. m³,
Ghana
D. Johnson 141 580 Mio. m³,
Kanada
Tarbela 141 000 Mio. m³,
Pakistan
Guri 138 000 Mio. m³,
Venezuela
Krasnojarsk 73 300 Mio. m³,
Russland

Die längsten Staudämme
(mit gestauten Flüssen)

Rogunskaja-Damm 335 m,
Tadschikistan, Wachsch (im Bau)
Nurek 300 m
Tadschikistan, Wachsch
Grand Dixence 284 m,
Schweiz, Dixence
Ingurskaja-Damm 272 m,
Georgien, Inguri
Chicoasén 264 m,
Mexiko, Río Grijalva
Tehri 261 m,
Indien, Bhagirathi
Vaiont 259 m,
Italien, Piave
Mica-Damm 250 m
Kanada, Columbia River
Sajano-Schuschenskaja-Damm 245 m,
Russland, Jenissej
Guavio-Damm 240 m,
Río Guavio, Kolumbien

Staaten
Länder der Erde

Am Ende unseres Jahrhunderts umfasst die internationale Staatengemeinschaft der Welt 192 souveräne Staaten und Länder. Häufig mussten die Karten im 20. Jh. umgezeichnet werden: Zwei Weltkriege, die Dekolonialisierung und zuletzt das Auseinanderbrechen des kommunistischen Staatenblocks führten zur Gründung neuer Staaten.

Zwischen den Ländern der Erde herrscht ein enormes Wohlstandsgefälle. Zu den reichen Ländern gehören die Industrienationen USA, Japan, Australien, die Vereinigten Arabischen Emirate und einige europäische Staaten. Zu den armen Ländern zählen viele Staaten Afrikas und Südostasiens, die vorwiegend landwirtschaftlich geprägt sind. Politische Stabilität, Klima, Bodenschätze, Wirtschaftskraft, Industrialisierung und Bevölkerungszahl sind wesentliche Faktoren für das Maß des Wohlstands eines Landes. Dieser lässt sich durch das pro Einwohner erwirtschaftete Bruttosozialprodukt (BSP) messen. Nicht berücksichtigt wird dabei allerdings, dass an innerhalb eines Staates ein starkes Wohlstandsgefälle herrschen kann.

Rund 150 Länder werden im Vergleich zu den reichen Industrienationen als kaum oder wenig entwickelt angesehen. Ihre größten Probleme sind Unterernährung und Hunger, ein rasantes Bevölkerungswachstum zwischen 1,5 und 3 % pro Jahr sowie ein unkontrolliertes Wachstum der städtischen Regionen.

Die größten Staaten

Russland/Russische Förderation
17 075 400 km²
Kanada 9 958 319 km²
Vereinigte Staaten von Amerika
9 809 155 km²
China 9 572 384 km²
Brasilien 8 511 996 km²

Europa
Russland/Russische Förderation
17 075 400 km²
Ukraine 603 700 km²
Frankreich 543 965 km²
mit Korsika

Asien
China 9 571 300 km²
Indien 3 287 263 km²
Kasachstan 2 717 300 km²

Afrika
Sudan 2 505 813 km²
Algerien 2 318 741 km²
Demokratische Republik Kongo
2 344 858 km²

Ozeanien
Australien 7 682 300 km²
Papua-Neuguinea 462 840 km²
Neuseeland 270 534 km²

Nord- und Mittelamerika
Kanada 9 958 319 km²
USA 9 809 155 km²
Mexiko 1 958 201 km²

Südamerika
Brasilien 8 511 996 km²
Argentinien 2 766 889 km²
Peru 1 285 216 km²

Verteilung der Staaten auf die Kontinente

Afrika 53
Asien 47
Europa 43
Nord- und Mittelamerika 23
Australien und Ozeanien 14
Südamerika 12
Allein die Antarktis ist »staatenlos«.

Die ärmsten Länder
nach dem BSP pro Einwohner

Mosambik 80 US$
Äthiopien 100 US$
Tansania 120 US$
Burundi 160 US$
Malawi 170 US$
Ruanda 180 US$
Madagaskar 230 US$
Uganda 240 US$

Die reichsten Länder
nach dem BSP pro Einwohner

Luxemburg 41 210 US$
Schweiz 40 630 US$
Japan 39 640 US$
Liechtenstein 33 000 US$
Norwegen 31 250 US$
Dänemark 29 890 US$
Deutschland 27 510 US$
USA 26 980 US$
Österreich 26 890 US$
Island 24 950 US$

Die reichsten Länder
nach Gesamt-BSP

USA 7100 Mrd. US$
Japan 4964 Mrd. US$
Deutschland 2252 Mrd. US$
Frankreich 1451 Mrd. US$
Großbritannien 1095 Mrd. US$
Italien 1088 Mrd. US$
China 745 Mrd. US$
Brasilien 580 Mrd. US$

Weltbevölkerung
Explosives Wachstum

Anfang 1997 zählte die Weltbevölkerung insgesamt 5848,7 Mio. Menschen. Für das Jahr 2050 rechnet die UNO mit 7,9 bis 11,9 Mrd. Menschen, wobei das größte Bevölkerungswachstum in den Entwicklungsländern Asiens und Afrikas erwartet wird.

Verbesserte Anbaumethoden, veränderte Lebens- und Arbeitsbedingungen und vor allem der medizinische Fortschritt haben weltweit zu einer regelrechten Bevölkerungsexplosion geführt. Dabei ist die Weltbevölkerung ungleich verteilt. Einige Kontinente wie Europa sind dicht besiedelt, während andere wie Australien nur wenig bevölkert sind. Auch innerhalb der einzelnen Kontinente sind Ballungszentren entstanden, die wenig besiedelten oder sogar weitgehend unbewohnten Regionen gegenüberstehen. So konzentrieren sich z. B. in Australien oder Schweden die großen Städte an den gut zugänglichen Küstenregionen.

Weltbevölkerung
nach Kontinenten

Asien 3538,5 Mio. Einw.
Afrika 758,4 Mio. Einw.
Europa 729,2 Mio. Einw.
Mittel- und Südamerika 491,9 Mio. Einw.
Nordamerika 301,7 Mio. Einw.
Ozeanien 29,1 Mio. Einw.

Die bevölkerungsreichsten Staaten

Europa
Russland 147 Mio. Einw.
Deutschland 81 Mio. Einw.
Großbritannien 58,5 Mio. Einw.

Asien
China 1,2 Mrd. Einw.
Indien 935,9 Mio. Einw.
Indonesien 197,6 Mio. Einw.

Nord- und Mittelamerika
USA 263 Mio. Einw.
Mexiko 92 Mio. Einw.
Kanada 29,6 Mio. Einw.

Südamerika
Brasilien 160 Mio. Einw.
Kolumbien 36 Mio. Einw.
Argentinien 34,7 Mio. Einw.

Afrika
Nigeria 111,3 Mio. Einw.
Ägypten 64,2 Mio. Einw.
Äthiopien 56,4 Mio. Einw.

Ozeanien
Australien 18,3 Mio. Einw.
Papua-Neuguinea 4,3 Mio. Einw.
Neuseeland 3,6 Mio. Einw.

Bevölkerungsdichte

Die höchste Bevölkerungsdichte
Bangladesch 830 Einwohner pro km²

Die niedrigste Bevölkerungsdichte
Mongolei 1,5 Einwohner pro km²

Metropolen
Menschenmagnete

Bis zum 19. Jh. zählten nur wenige Städte mehr als eine Million Einwohner.

Doch seither hat sich die Lage dramatisch geändert. Die Zahl der Großstädte ist in den vergangenen 100 Jahren rasant angewachsen und auch die Einwohnerzahlen sind stark gestiegen.

Das Wachstum der großen Metropolen wird wohl zum größten Problem der Menschheit im 21. Jh. werden. Denn im Zusammenhang mit der zunehmenden Zahl der Stadtbevöl-

kerung, für die eine ausreichende Infrastruktur geschaffen werden muss, stehen steigende Umweltverschmutzung durch Industrie- und Autoabgase sowie wachsende Müllmengen.

Nach Schätzungen der UNO werden in zehn Jahren mehr als die Hälfte aller Menschen in Städten leben. In den Entwicklungsländern werden es 2015 mehr als drei Viertel aller Menschen sein, die, vom Glanze des Wohlstands angezogen in die Städte ziehen. Doch die starke Zuwanderung führt häufig zu Überbevölkerung. Es fehlt an Wohnungen und Arbeitsplätzen. In den Randbezirken vieler Städte breiten sich deshalb Slums aus. Schon heute werden etwa 85 % des Stadtgebiets von Kairo von Elendsvierteln bedeckt. Die zur Zeit vielleicht am schnellsten wachsende Stadt der Erde ist Shanghai: Binnen weniger Jahre hat sich die Einwohnerzahl des gesamten Stadtgebiets von 11 auf 15 Mio. Menschen erhöht.

Die bevölkerungsreichsten Ballungsräume
(Städte mit Außenbezirken)

Tokio 26, 8 Mio. Einw.,
Japan
São Paolo 16,4 Mio. Einw.,
Brasilien
New York 16,3 Mio. Einw.,
USA
Mexiko-Stadt 15,6 Mio. Einw.,
Mexiko
Shanghai 15,1 Mio. Einw.,
China
Bombay 15,1 Mio. Einw.,
Indien
Los Angeles 12,4 Mio. Einw.,
USA
Beijing 12,4 Mio. Einw.,
China
Kalkutta 11,7 Mio. Einw.,
Indien
Seoul 11,6 Mio. Einw.,
Südkorea

Europa
Moskau 8 570 000 Einw.,
Russland
London 6 933 000 Einw.,
Großbritannien
Istanbul (Großraum) 7 620 000 Einw.,
Türkei
St. Petersburg 4 321 000 Einw.,
Russland
Berlin 3 472 000 Einw.,
Deutschland

Asien
Seoul 10 915 000 Einw.,
Südkorea
Bombay 9 926 000 Einw.,
Indien
Jakarta 8 223 000 Einw.,
Indonesien
Tokio 8 080 000 Einw.,
Japan
Shanghai 7 780 000 Einw.,
China

Australien
Sydney 3 719 000 Einw.
Melbourne 3 188 000 Einw.
Brisbane 1 422 000 Einw.

Afrika
Kairo 6 849 000 Einw.,
Ägypten
Luanda 4 000 000 Einw.,
Angola
Kinshasa 3 804 000 Einw.,
Demokratische Republik Kongo (Zaire)
Alexandria 3 382 000 Einw.,
Ägypten
Casablanca 2 941 000 Einw.,
Marokko

Nord- und Südamerika
São Paulo 9 480 000 Einw.,
Brasilien
Mexiko-Stadt 8 237 000 Einw.,
Mexiko
New York 7 312 000 Einw. ,
USA
Lima 5 760 000 Einw.,
Peru
Rio de Janeiro 5 536 000 Einw.,
Brasilien

Deutschland
Berlin 3 471 000 Einw.
Hamburg 1 708 000 Einw.
München 1 237 000 Einw.
Köln 966 000 Einw.

Wolkenkratzer
Bewohnbare Giganten

Der erste »Wolkenkratzer« mit einer Höhe von 180 m wurde im Jahre 1902 fertig gestellt. Durch eine neue Bauweise, bei der ein Stahlrahmen das Gewicht der Stockwerke trägt, waren nun keine Grenzen mehr gesetzt.

Die Erfindung des Fahrstuhls war eine wichtige Voraussetzung dafür, dass die Türme aus Stahl und Stein überhaupt erst bewohnbar wurden.

Zwar führt noch heute New York City die Rangliste der Städte mit den meisten Wolkenkratzern an, doch die Höhenrekorde werden längst in den aufstrebenden Metropolen Asiens aufgestellt. Der Chongqing Tower in China wird eine Höhe von 457 m erreichen und die Petronas Towers in Malaysia als höchstes Gebäude der Erde ablösen. Darüber hinaus gibt es Pläne für einen Monumentalbau von 1000 m Höhe in der Bucht von Tokio.

Die höchsten Gebäude

Petronas Towers 450 m, 88 Etagen,
Kuala Lumpur, 1996
Sears Tower 443 m, 110 Etagen,
Chicago, 1974
Jin-Mao Tower, 420 m, 88 Etagen,
Shanghai, im Bau (1998)
World Trade Center 1 417 m, 110 Etagen,
New York, 1972
World Trade Center 2 415 m, 110 Etagen,
New York, 1973
Plaza Rakyat 382 m, 79 Etagen,
Kuala Lumpur, im Bau (1999)
Empire State Building 381 m, 102 Etagen,
New York, 1931

Asien
Petronas Tower 1 450 m, 88 Etagen,
Kuala Lumpur, 1996
Petronas Tower 2 450 m, 88 Etagen, Kuala
Lumpur, 1996
Jinmao Tower 420 m, 88 Etagen,
Shanghai, im Bau (1998)
Plaza Rakyat 382 m, 79 Etagen,
Kuala Lumpur, im Bau (1999)
T&C Tower 347 m, 85 Etagen,
Kaohsiung, 1997
Shun Hing Square 325 m, 81 Etagen,
Shenzhen, 1996
Sky Central Plaza 322 m, 80 Etagen,
Guangzhou, 1996
Baiyoke Tower 320 m, 90 Etagen,
Bangkok, 1997
BDNI Center-Tower A 317 m, 62 Etagen,
Jakarta, 1999

Amerika
Sears Tower 443 m, 110 Etagen,
Chicago, 1974
World Trade Center 1 417 m, 110 Etagen,
New York, 1972

World Trade Center 2 415 m, 110 Etagen,
New York, 1973
Empire State Building 381 m, 102 Etagen,
New York, 1931
Amoco 346 m, 80 Etagen,
Chicago, 1973
John Hancock Center 344 m, 100 Etagen,
Chicago, 1969
Chrysler Building 319 m, 77 Etagen,
New York, 1930
Nations Bank Plaza 312 m, 55 Etagen,
Atlanta, 1992
First IS World Center 310 m, 73 Etagen,
Los Angeles, 1990
Texas Commerce Tower 305 m, 75 Etagen,
Houston, 1982

Afrika
J. G. Strijdom Tower 268 m, 34 Etagen,
Johannesburg, 1971
Parque Central Office Towers 225 m,
59 Etagen,
Caracas, 1982
Carlton Centre 202 m, 36 Etagen,
Johannesburg, 1973
Moschee Hassan II (Minarett) 198 m,
Casablanca, 1993

Australien
Rialto Towers 242 m, 56 Etagen,
Melbourne, 1985
MLC Centre 228 m, 65 Etagen,
Sydney, 1978
Governor Phillip Tower 227 m, 54 Etagen,
Sydney, 1993
Bourke Place 224 m, 54 Etagen,
Melbourne, 1991
Central Park 224 m, 52 Etagen,
Perth, 1992
120 Collins St. 220 m, 52 Etagen,
Melbourne, 1991
Chifley Tower 215 m, 50 Etagen,
Sydney, 1992

Europa
Commerzbank-Tower 259 m, 63 Etagen,
Frankfurt, 1997
Messeturm 256 m, 64 Etagen,
Frankfurt, 1991
One Canada Square 244 m, 56 Etagen
London, 1991
Lomonosov-Universität 239 m, 32 Etagen,
Moskau, 1953
Kulturpalast 231 m, 42 Etagen,
Warschau, 1955
Tour de Montparnasse 209 m, 59 Etagen,
Paris, 1973
Westend-Tower 208 m, 53 Etagen,
Frankfurt, 1993

Türme und Masten
Zeigefinger gen Himmel

In der Vergangenheit waren Türme als Wehr-, Leucht-, Glocken- oder Aussichtstürme von Bedeutung. Heute dienen sie vor allem als Sendemasten zur Übertragung von Funkwellen.

Besonders große Höhen erreicht man mit dem Bau von Masten, die durch Stahlseile gespannt werden. Dass diese Bauweise nicht ganz ausgereift ist, zeigte der Einsturz des 646 m hohen Sendemastes von Radio Warschau am 10. Oktober 1991.

Die höchsten Türme

CN Tower 553 m, 1976,
Toronto, Kanada
Ostankino-Turm 540 m, 1967,
Moskau, Russland
Television Tower 468 m, 1997,
Shanghai, China
Tianjin-Turm 415 m, 1991,
Tianjin, China
Taschkent-Turm 375 m, 1985,
Taschkent, Usbekistan
Fernsehturm 365 m, 1969,
Berlin
Stratosphere Tower 350 m, 1996,
Las Vegas, USA
Tokyo Tower 333 m, 1958,
Tokio, Japan
Sydney Tower 305 m, 1958,
Sydney, Australien
Eiffelturm 301 m, 1889,
Paris, Frankreich
Barcelona-Turm 288 m, 1992,
Barcelona, Spanien
Donauturm 252 m, 1964,
Wien, Österreich

Die höchsten Sendemasten

KHTI-TV-Sendemast 555 m,
Fargo, USA
WBIR-TV-Sendemast 533 m,
Knoxville, USA
WTVM & WBRL-Sendemast 533 m,
Columbus, USA
KFVS-TV-Sendemast 510 m,
Cape Girardeau, USA
WGAN-TV-Sendemast 493 m,
Portland, USA

Brücken und Tunnel
Verbindende Elemente

Gewaltige Brückenschläge überwinden tückische Strömungen, verbinden entfernte Inseln und in Zukunft vielleicht sogar ganze Kontinente.

Den Brückenschlag im Untergrund leisten Tunnel: Sie queren Berge ebenso wie Meerengen.

Satellitentechnik und wagemutige Ingenieursleistungen ermöglichen den Bau kilometerlanger freischwebender Teilstücke, die, aufgehängt an mächtigen Pylonen, einmal die Straße von Gibraltar oder die Beringwstraße überspannen könnten. Verkehrswege in Gebirgsregionen werden durch Tunnel verkürzt, die in das Gestein getrieben werden. Besondere technische Meisterleistungen sind Tunnel unter Gewässern. Trotz der erschwerten Baubedingungen konnte der 49,94 km lange Eurotunnel 1994 fertig gestellt werden. In nur 35 Minuten gelangt man nun mit dem Zug unter dem Ärmelkanal hindurch vom französischen Sangatte (westlich von Calais) zum englischen Shakespeare Cliff bei Dover.

Die gewagtesten Projekte

Straße von Gibraltar 10 000 m,
Spanien/Marokko
Straße von Messina 3300 m,
Italien

Die längsten Schrägseilbrücken
Länge der freischwebenden Teilstücke

Tatara-Brücke 890 m, im Bau,
Japan
Pont de Normandie 856 m, 1994,
Frankreich
Qingzhou-Minjiang-Brücke 605 m, 1996,
China
Yangpu-Brücke 602 m, 1993,
China
Xupu-Brücke 590 m, 1997,
China
Meiko-Chuo-Brücke 590 m, 1997,
Japan
Skarnsund-Brücke 530 m, 1992,
Norwegen
Tsurumi-Tsubasa-Brücke 510 m, 1994,
Japan

Ikuchi-Brücke 490 m, 1991,
Japan
Higashi-Kobe-Brücke 485 m, 1992,
Japan
Ting-Kau-Brücke 475 m, 1997,
China (Hongkong)
Annacis Island Bridge 465 m,
Kanada

Die längsten Hängebrücken

Akashi-Kaikyo 1990 m, 1998,
Japan
Store Bælt 1624 m, 1998,
Dänemark
Humber Bridge 1410 m, 1981,
Großbritannien
Jiangyin Daqiao 1385 m, 1998,
China
Ts'ing-Ma-Brücke 1377 m, 1997,
China (Hongkong)

Die längsten Brücken
H = Hängebrücke, S = Schrägseilbrücke,
B = Bogenbrücke, A = Auslegerbrücke

Europa
Store Bælt (H) 1624 m, 1997,
Dänemark
Humber (H) 1410 m, 1981,
Großbritannien
Höga Kusten (H) 1210 m, 1997,
Schweden
Bosporus/F. S. Mehmet (H) 1090 m, 1988,
Türkei
Bosporus/Kemal Atatürk (H) 1074 m, 1973,
Türkei
De-25-Abril (H) 1013 m, 1966,
Portugal
Firth of Forth (H) 1006 m, 1964,
England

Asien
Akashi-Kaikyo (H) 1990 m, 1998,
Japan
Ts´ing-Ma-Brücke (H) 1377 m, 1997,
China
Minami-Bisan Seto (H) 1100 m, 1988,
Japan

Ozeanien
Sydney Harbour Bridge (B) 509 m, 1932,
Australien
West Gate Melbourne (S) 336 m, 1974,
Australien
Gladesville Bridge (B) 305 m, 1964,
Australien

Nordamerika
Verrazano Narrows (H) 1298 m, 1964,
USA
Golden Gate Bridge (H) 1280 m, 1937,
USA
Mackinac Straits (H) 1158 m, 1957,
USA
George Washington (H) 1067 m, 1931,
USA
Pierre LaPorte (H) 908 m, 1970,
Kanada

Südamerika
Urdaneta-Brücke (H) 712 m, 1967,
Venezuela
Río Paraná (S) 330 m, 1978,
Argentinien
Costa e Silva (A) 300 m, 1974,
Brasilien

Afrika
Bircbenough (B) 329 m, 1935,
Simbabwe
Wadi el Kuf/al-Bayda 282 m,
Libyen

Die längsten Tunnel
Eisenbahn- und Straßenverkehr

Seikan-Tunnel 53,90 km,
Japan
Eurotunnel 49,94 km,
Frankreich/Großbritannien
Dai-Shimizu 22,17 km,
Japan
Simplon II 19,82 km,
Italien/Schweiz
Shin-Kanmon 18,68 km,
Japan
Apennin 18,49 km,
Italien
St.-Gotthard-Tunnel 16,32 km,
Schweiz/Italien
Rokko 16,25 km,
Japan
Furkapass 15,35 km,
Schweiz
Lötschberg 14,60 km,
Schweiz
Arlberg 13,98 km,
Österreich
Fréjus 12,90 km,
Frankreich/Schweiz
Ping-lin 12,90 km,
Taiwan
Inntal-Autobahn 12,70 km,
Österreich
Cascade 12,54 km,
Washington (USA)

Ortsnamensverzeichnis

Im Namensverzeichnis erscheint jedes Objekt nur einmal. Die Charakterisierung erfolgt durch ein Symbol. Verwiesen wird immer auf die Karte des größten Maßstabs, auf der sich das Objekt in seiner Gesamtheit befindet.
Alle Namen sind alphabetisch geordnet. Umlaute werden wie Selbstlaute, diakritische Zeichen wie einfache lateinische Buchstaben behandelt.
Mehrteilige Namen werden als Einheit behandelt: z. B. Garmisch-Partenkirchen. ist unter G und nicht unter P zu finden. Setzt sich der Name aber aus einem Eigennamen und einer Gattungsbezeichnung zusammen, wird die Gattungsbezeichnung nachgestellt: z. B. Arkona, Kap.
In den ehemaligen deutschen Ostgebieten ist der alte Name hinter dem heute amtlichen Ortsnamen in Klammern angegeben: z. B. Bratislava (Preßburg).
Im Namensverzeichnis erscheint: Bratislava (Preßburg) und: Preßburg für Bratislava.

Legende

◼ Staat	① Hauptstadt	❷ Verwaltungseinheit	② Verwaltungssitz
◉ Stadt	◪ Landschaft	◓ Gebirge	▲Berg
◪ Tal	◪ Vulkan	◲ Senke	◪ Insel
◾ Ozean, Meer	◿ See	◿ Fluss, Kanal	◪ Gletscher
◼ Wasserbauwerk	◿ Kap	◼ Park, Reservat	◉ Sehenswürdigkeit
◪ Ruinenstätte	◻ Untermeerisches Relief		◈ Flughafenw

A

Aachen ◉ **30** E 3
Aaiún, El- ◉ **88** B 3
Aalen ◉ **31** G 4
Aalst ◉ **26** F 2
Äänekoski ◉ **19** H 5
Aarau ② **32** A 2
Aare ◿ **32** A-B 2
Aargau ❷ **32** A 2
Aba (Nigeria) ◉ **93** D 2
Aba (Zaïre) ◉ **97** D 1
Abadan ◉ **63** E 2
Abadeh ◉ **63** E 2
Abadla ◉ **89** C 2
Abaetetuba ◉ **123** D 2
Abagnar Qi ◉ **55** E 2
Abag Qi ◉ **56** A 2
Abaiang ◪ **75** E 2
Abaj ◉ **51** H 4
Abakan ◉ **51** K 3
Abancay ◉ **120** C 4
Abarqu ◉ **65** E 2
Abashiri ◉ **57** G 2
Abasolo ◉ **114** B 2
Abayasee ◿ **95** C 3
Abbeville ◉ **26** D 2
Abchasien ❷ **60** C 3
Abd al Aziz, Jabal- ◪ **59** H 4
Abd al Kuri ◪ **95** E 2
Abéché ◉ **94** B 3
Abemama ◪ **75** E 2
Abeokuta ◉ **93** D 2
Aberdeen (Großbritannien) ◉ **24** E 3
Aberdeen (South Dakota-USA) ◉ **108** D 1
Aberdeen (Washington-USA) ◉ **110** B 2
Aberystwyth ◉ **25** D 5
Abetone, Passo dell'- ◪ **32** C 3
Abha ◉ **63** D 5
Abidjan ① **92** C 2
Abilene ◉ **108** D 2
Abisko ◉ **18** E 2

Abisko, Nationalpark- ◼ **18** E 2
Abomey ◉ **93** D 2
Abovyan ◉ **61** E 4
Abrantes ◉ **28** A 4
Abruzzen Nationalpark ◼ **33** D-E 5
Abruzzo ❷ **33** D-E 4
Absaroka Range ◪ **110** D-E 2-3
Abu ad Duhur ◉ **59** F 5
Abu Ali ◪ **65** D 3
Abu Daghmah ◉ **59** G 4
Abu Dariha ◉ **59** F 5
Abu Dhabi ① **63** F 4
Abu Hadriyah ◉ **63** E 3
Abu Hamed ◉ **94** C 2
Abuja ① **93** D 2
Abu Kamal ◉ **64** B-C 2
Abukuma ◪ **57** G 3
Abu Madd, Kap- ◪ **64** B 4
Abunã ◉ **122** B 2
Abune Yosef ◪ **95** C 2
Abu Rujmayn, Jabal- ◪ **59** F-G 5
Abu Shajarah, Ra's- ◿ **95** C 1

Abu Simbel ◪ **90** D 3
Felsentempel im ägyptischen Nubien, Erbauer: Ramses II. (1290–1224 v. Chr.).

Abyad ◉ **94** B 2
Abyei ◉ **94** B 3
Acapulco ◉ **114** B-C 3
Acaraí, Serra- ◪ **122** C 1
Acarigua ◉ **120** D 2

Accra ① **92** C 2
950 000 Ew., Hauptstadt der Republik Ghana.

Achaacha ◉ **29** F 5
Acheloos ◿ **38** B 3
Acheng ◉ **55** F 2
Achill ◪ **25** A 4-5

Acht-Grad-Kanal ◿ **66** B 4
Acı Gölü ◿ **58** B 4
Ačinsk ◉ **51** K 3
Acıpayam ◉ **58** B 4
Acireale ◉ **33** E 7
Acklins ◪ **116** C 2
Aconcagua ◪ **124** B 3
Acqui Terme ◉ **32** B 3
Acre ❷ **122** A 2
Actéon, Groupe- ◪ **77** E 4
Ačujevo ◉ **60** A 2
Adale ◉ **95** D 3
Adamaoua ◪ **93** E 2
Adamello ◪ **32** C 2
Adams, Mount- ◪ **110** B 2
Adamstown ② **77** E 4
Adana ◉ **59** E 4
Adarama ◉ **95** C 2
Adare, Kap- ◪ **127** J 2
Adda ◿ **32** B 3
Addala-Šuhgelmeer ◪ **61** F 3

Addis-Abeba ① **95** C 3
1,7 Mio Ew., Hauptstadt Äthiopiens.

Adelaide ◉ **81** C 3
Adelaide River ◉ **80** C 1
Aden ◉ **63** E 6
Aden, Golf von- ◿ **63** E-F 6
Ader ◿ **93** D 1
Adige ◿ **32** C 3
Adigrat ◉ **95** C-D 2
Adiri ◉ **90** B 3
Adirondack Mountains ◪ **112** E 2
Adıyaman ◉ **59** G 4
Adjer, Tassili der- ◪ **89** D 3
Admiralitäts-Inseln ◪ **74** B 3
Admont ◉ **32** E 2
Adour ◿ **27** D 6
Adra ◉ **28** D 5
Adrall ◉ **45** C
Adrar ◉ **89** C-D 3

Adrar ◪ **89** D 3
Adrar ◾ **88** B 3-4
Adriatisches Meer ◾ **32** E 4
Adscharien ❷ **60** C-D 4
Adua ◉ **95** C 2
Adygien ❷ **60** B-C 2
Adytscha ◿ **53** J 2
Adzopé ◉ **92** C 2
Ærø ◪ **21** D 6
Afghanistan ◼ **48** C 4
Afif ◉ **63** D 4
Afipski ◉ **60** B 2
Åfjord ◉ **20** D 2
Afrin ◉ **59** F 4
Afsin ◉ **59** F 3
Afula ◉ **62A** B 1
Afyon ◉ **58** C 3
Agadez ◉ **89** D 4
Agadir ◉ **88** B-C 2
Ägadische Inseln ◪ **33** D 6
Ägäisches Meer ◾ **38-39** D-E 3-4
Agalega-Inseln ◪ **99** F 2
Agana ◉ **74** B 1
Agartala ② **66** D 2
Agats ◉ **69** E 4
Ağcabädi ◉ **61** F 4
Ağdam ◉ **61** F 4
Ağdaş ◉ **61** F 4
Agde ◉ **27** E 6
Agejevo ◉ **40** F 4
Agen ◉ **27** D 5
Agepsta ◪ **60** C 3
Agha Jari ◉ **65** D-E 2
Ağın ◉ **59** G 3
Ağına ◉ **38** C 4
Agnita ◉ **37** G 2-3
Agordat ◉ **95** C 2
Agout ◿ **27** D 6
Agra ◉ **66** B 2
Agrigento ◉ **33** D 7
Agrihan ◪ **74** B 1
Agrínion ◉ **38** B 3
Agstew ◿ **61** E 4
Ağsu ◉ **61** G 4
Agua Negrapass ◪ **124** B-C 3
Agua Prieta ◉ **111** E 5
Aguascalientes ◉ **114** B 2
Aguijan ◪ **74** B 1
Águilas ◉ **29** E 5
Aguisan ◉ **69** F 3
Aguja, Kap- ◿ **120** B 3
Agulhas, Kap- ◿ **98** B-C 4
Agulhas Negras, Pico das- ◪ **123** D 4
Ägypten ◼ **90** C-D 3
Ahaggar ◪ **89** D 3
Ahaggar, Tassili des- ◪ **89** D 3-4
Ahalcihe ◉ **60** D 4
Ahalkalaki ◉ **60** D 4
Ahlat ◉ **60** D 5
Ahmadabad ◉ **66** B 2
Ahmadnagar ◉ **66** B 3
Ahmeta ◉ **61** E 3
Ähtäri ◉ **19** H 5
Ahtropovo ◉ **41** J 2

Ahunui Atoll ◪ **77** D 3
Ahurjan ◿ **60** D 4
Åhus ◉ **21** F 6
Ahvaz ◉ **65** D 2
Ahwar ◉ **63** E 6
Aidhipsou ◿ **38** C 3
Aigialoúsa ◉ **59** E 5
Aigion ◉ **38** C 3
Aigues-Mortes ◉ **27** E-F 6
Aigües-Tortes Nationalpark ◼ **29** F 2
Aiken ◉ **113** C 4
Ail, Cap d'- ◿ **45** B
Ailinginae Atoll ◪ **75** D 1
Ailuk Atoll ◪ **75** E 1
Ain ◿ **27** F 4
Ainaži ◉ **23** H 3
Aïn Benian ◉ **29** G 5
Aïn Defla ◉ **29** F 5
Aïn el Hadjel ◉ **29** G 6
Ainsa ◉ **29** E-F 2
Aïn Taya ◉ **29** G 5
Aïn Temouchent ◉ **29** E 6
Aiquile ◉ **122** B 3
Aïr = Azbine ◪ **89** D 4
Aire-sur-l'Adour ◉ **27** C 6
Air Force ◪ **107** J 2
Aitana ◪ **29** E 4
Aitape ◉ **74** B 3
Aitutaki Atoll ◪ **76** C 3
Aiud ◉ **37** F 2
Aix-en-Provence ◉ **27** F 6
Aizawl ② **67** D 2
Aizkraukle ◉ **23** H 3
Aizpute ② **22** F 3
Ajaccio ② **33** B 5
Ajaguz ◉ **51** J 4
Ajan ◉ **53** J 3
Ajanka ◉ **53** M 2
Ajaureforsen ◉ **18** C 4
Ajdabiya ◉ **90** C 2
Ajdar ◪ **43** J 3
Ajka ◉ **36** C 2
Ajlun ◉ **62A** B 2
Ajman ◉ **65** F 3
Ajmer ◉ **66** B 2
Ajo ◉ **111** D 5
Ajon ◪ **53** M 2
Akaba ◉ **62A** A 3
Akaki ◉ **95** C 3
Akanthou ◉ **58** D 5
Akba Tepe ◪ **59** G 3
Akçaabat ◉ **59** G 2
Akçadağ ◉ **59** F-G 3
Akçakale ◉ **59** G 4
Akçakara Dağı ◪ **59** H 3
Akçakoca ◉ **58** C 2
Akçhâr ◾ **88** B 3-4
Akcjabrski ◉ **35** J 2
Ak Dağ (Türkei) ◪ **59** H 2
Ak Dağ (Türkei) ◪ **58** B 4
Akdağ (Türkei) ◪ **58** B 4
Akdağ (Türkei) ◪ **59** E-F 2
Akdağ (Türkei) ◪ **59** F-G 4
Ak Dağlar ◪ **59** E-F 3
Ak Dağları ◪ **59** H 3
Akdağmadeni ◉ **59** E 3

Ak-Dovurak ● **52** E 3
Aketi ● **96** C 1
Akharnaí ● **38** C-D 3
Akhdar, Jabal al- ▲ **90** C 2
Akhisar ● **58** A-B 3
Akhtarin ● **59** F 4
Akimiski ▤ **107** H 3
Akita ● **57** F-G 3
Akjoujt ● **88** B 4
Akkajaure ⬚ **18** D-E 3
Akko ● **62A** B 2
Aklavik ● **106** C 2
Akmola = Astana ① **51** H 3
Akpatok ● **107** K 2
Akpınar ● **59** E 3
Akranes ● **44** B-C 3
Akrar ● **44** B 3
Akrítas, Kap- ▰ **38** B-C 4
Akron ● **109** E 1
Akrotiri ● **58** D 5
Aksaray ● **59** E 3
Akşehir ● **58** E 3
Akşehir Gölü ⬚ **58** C 3
Akseki ● **58** C 4
Aksoran ▲ **51** H 4
Aksu ● **54** A-B 2
Aksu ⬚ **58** C 4
Aksum ● **95** C
Aktau ● **61** H 3
Aktjubinsk ● **50** F 3
Aktogaj ● **51** H-J 4
Akubu ● **94** C 3
Akure ● **93** D 2
Akureyri ● **44** D-E 2
Akyab ● **67** D 2

Alabama ⬚ **109** E 2
4 Mio. Ew., US-Bundesstaat,
Hauptstadt: Montgomery.

Alabama ② **109** E 2
Alaca ● **59** D 2
Ala Dağ ▲ **58** D 3
Aladağ ▲ **60** D 5
Alagir ● **61** E 3
Alagoas ② **123** E 3
Alagoinhas ● **123** E 3
Alahärmä ● **19** G 5
Alajärvi ● **19** G 5
Alajuela ● **115** D 3
Alakul ● **51** J 4
Alakurtti ● **18** L 3
Alalakeiki Kanal ▤ **83** C 2
Alamagan ▤ **74** B 1
Alamayn, Al- ● **90** C 2
Åland ② **19** E-F 7
Åland-Inseln ▤ **19** E-F 6
Alanya ● **58** C-D 4
Alaotra, Lac- ⬚ **99** E 2
Alarcón, Lago de- ⬚ **29** D 4
Alaşehir ● **58** B 3
Alaseja ⬚ **53** L 2

Alaska ② **104** D 2
550 000 Ew., US-Bundesstaat,
Hauptstadt: Juneau.

Alaska, Golf von- ▤ **104** E 3

Alaskahalbinsel ▰ **104** C-D 3
Alaskakette ▰ **104** D-E 2
Älät ● **61** G 4
Alatau ▲ **51** H-J 4
Alatyr ● **41** L 4
Alatyr ⬚ **41** K 4
Alaverdi ● **61** E 4
Alavus ● **19** G 5
Alayh ● **62A** B 1
Alazani ⬚ **61** F 4
Alba ● **32** B 3
Albacete ● **29** E 4
Alba Iulia ● **37** F 2
Albanien ① **38** A-B 2
Albanische Alpen ▲
  38 A-B 1
Albany ⬚ **107** H 3
Albany (Australien) ●
  80 A 3
Albany (Georgia-USA) ●
  109 E 2
Albany (New York-USA) ②
  109 F 1
Albany (Oregon-USA) ●
  110 B 3
Albenga ● **32** B 3
Albergaria-a-Velha ● **28** A 3
Alberta ② **106** E 3
Albertsee ⬚ **97** D 1
Albertville ● **27** G 5
Albi ● **27** E 6
Albina, Ponta- ▰ **98** B 2
Albocácer ● **29** E 3
Alborán ● **28** D 5-6
Ålborg ● **21** D 5
Albufeira ● **28** A 5
Albuquerque ● **108** C 2
Alburquerque ● **28** B 4
Albury ● **81** D 3
Alcácer do Sal ● **28** A 4
Alcalá de Henares ● **28** D 3
Alcalá la Real ● **28** D 5
Alcamo ● **33** D 6
Alcañiz ● **29** E 3
Alcántara ● **28** B 4
Alcántara, Lago de- ⬚
  28 B 3-4
Alcaraz ● **29** D 4
Alcázar de San Juan ●
  28 D 4
Alcira ● **29** E 4
Alcoy ● **29** E 4
Alcúdia ● **29** G 4
Aldabra ▤ **99** E 1
143 km², vier Korallenatolle im
Indischen Ozean (Seychellen).

Aldan ● **52-53** H 3
Aldan ⬚ **53** J 3
Aldanhochland ▲ **53** H 3
Aleg ● **88** B 4
Alehovščina ● **40** D-E 1
Alejandro Selkirk ▤ **124** A 3
Alejsk ● **51** J 3
Aleksandrov ● **41** G 3
Aleksandrovka ● **42** E 4
Aleksandrovsk-Sahalinsk ●
  53 K 3
Aleksin ● **40** F 4

Aleksinac ● **37** E 4
Alençon ● **26** D 3
Alenquer ● **122** C 2
Alentejo ▰ **28** A-B 4-5
Alenuihaha Kanal ▤
  82 C 2-3
Aleppo ● **63** C 1
Aleria ● **33** B 4
Alert Bay ● **106** D 3
Aleşd ● **37** F 2
Alessandria ● **32** B 3
Ålesund ● **20** B 2
Aleütenbecken ▰ **53** N 3
Aleütengraben ▰ **104** D 3
Aleutian Range ▰ **104** D 2
Alewin, Kap- ▰ **53** L 3
Alexander Archipelago ▤
  104 F 3
Alexanderbaai ● **98** B 3
Alexander-Insel ▤ **127** P 2
Alexandra ● **79** B 4
Alexandra, Kap- ▰ **53** J-K 3
Alexándria ● **38** C 2
Alexandria (Ägypten) ●
  90 C 2
Alexandria (Rumänien) ●
  37 G 3
Alexandria (USA) ● **109** D 2
Alexandroúpolis ● **39** D-E 2
Alfarras ● **29** F 3
Alfatar ● **37** H 4
Alfeld ● **31** F 2-3
Alföld ▰ **37** D-E 2
Algarve ▰ **28** A-B 5
Algeciras ● **28** C 5
Algerien ① **89** C-D 3
Alghero ● **33** B 5

Algier ① **89** D 2
3,1 Mio. Ew., Hauptstadt Alge-
riens, kulturelles Zentrum.

Alhuceman Inseln ▤
  28 C-D 6
Aliabad ● **65** F 3
Aliabad ● **65** E 2
Aliağa ● **58** A 3
Aliákmon ⬚ **38** B 2-3
Åli Bayramli ● **61** G 4-5
Alibunar ● **36** E 3
Alicante ● **29** E 4
Alice, Punta- ▰ **33** F 6
Alice Springs ● **81** C 2
Alicudi ● **33** E 6
Aligarh ● **66** B 2
Alimiá ● **39** E 4
Alinglapalap Atoll ▤ **75** D 2
Alingsås ● **21** E 5
Aliwal North ● **98** C 4
Alkmaar ● **30** D 2
Allahabad ● **66** C 2
Allah-Jun ⬚ **53** J 2
Allariz ● **28** B 2
Allegheny-Gebirge ▲
  109 E-F 1-2
Allenstein → Olsztyn ●
  34 E 2
Allentown ● **109** F 1
Alleppey ● **66** B 4

Aller ⬚ **31** G 2
Allier ⬚ **27** E 4
Alma Ata → Almaty ●
  51 H 4
Almadén ● **28** C 4
Almansa ● **29** E 4
Almanzor ▲ **28** C 3

Almaty (Alma Ata) ● **51** H 4
1,1, Mio. Ew., ehemalige
Hauptstadt Kasachstans.

Almazán ● **29** D 3
Almeirim ● **123** C 2
Almelo ● **30** E 2
Almenara ● **123** D 3
Almendralejo ● **28** B 4
Almería ● **29** D 5
Älmhult ● **21** F 5
Almina, Kap- ▰ **28** C 6
Almirós ● **38** C 3
Almuñécar ● **28** D 5
Almuradiel ● **28** D 4
Almus ● **59** F 2
Alnwick ● **24** F 4
Alofi ② **76** B 3
Alor ▤ **69** D 4
Alora ● **28** C 5
Alotau ● **74** C 4
Alp ● **45** C
Alpena ● **109** E 1
Alpharücken ▰ **126** C-D 1-2
Alphonse ▤ **95** E 4
Alpu ● **58** C 3
Als ▤ **21** C-D 6
Alsace ② **26** G 3
Alsasua ● **29** D 2
Alsega ● **74** B 3
Alta ● **18** G 2
Altaelv ⬚ **18** G 2
Altafjord ▤ **18** G 1
Alta Floresta ● **122** C 2
Altaj ● **54** C 2
Altaj ▲ **51** J-K 3-4
Altamaha ⬚ **113** C 4

Altamira ● **123** C 2
Höhle bei Santander/Spanien,
prähistorische Malereien.

Altamura ● **33** F 5
Altar, Desierto de- ▰
  111 D 5
Altdorf ② **32** B 2
Altenburg ● **31** H 3
Altiplano ▲ **122** B 3
Altkastilien ▰ **28** C-D 2-3
Altmann ▲ **45** A
Alto Araguaia ● **123** C 3
Alton ● **112** A 3
Altoona ● **112** D 2
Altun Shan ▲ **54** B-C 3
Alturas ● **110** B 3
Alucra ● **59** G 2
Alūksne ● **23** J 3
Alula ● **95** E 2
Älvdalen ● **20** F 3
Alvier ▲ **45** A
Älvsborg ② **21** E 4-5

Älvsbyn ● **18** F 4
Alwar ● **66** B 2
Alxa Zuoqi ● **54** D 3
Alytus ● **23** H 4
Alzamaj ● **52** E 3
Amadeussee ⬚ **80** C 2
Amadjuaksee ⬚ **107** J 2
Amadora ● **28** A 4
Amahai ● **69** D 4
Amakusa-Inseln ▤ **57** D 4
Åmål ● **21** E 4
Amalfi ● **33** E 5
Amami ▤ **55** F 4
Amantea ● **33** F 6
Amanu Atoll ▤ **77** D 3
Amapá ● **123** C 1
Amapá ② **123** C 1
Amarah, Al- ● **65** D 2
Amarante ● **28** A 3
Amarillo ● **108** C 2
Amasya ● **59** E-F 2
Amathus ▱ **58** D 5

Amazonas ② **122** B-C 2
6518 km, wasserreichster
Strom der Erde.

Amazonas (Solimões) ⬚
  122 B 2
Amazonasfächer ▰
  121 E-F 2
Ambala ● **66** B 1-2
Ambalavao ● **99** E 3
Ambam ● **93** E 2
Ambanja ● **99** E 2
Ambarčik ● **53** M 2
Ambato ● **120** C 3
Ambatolampy ● **99** E 2
Ambatondrazaka ● **99** E 2
Amberg ● **31** G-H 4
Ambilobe ● **99** E 2
Ambodifototra ● **99** E 2
Amboise ● **26** D 4
Ambon ● **69** D 4
Ambositra ● **99** E 3
Ambovombe ● **99** E 3
Ambre, Kap d'- ▰ **99** E 2
Ambriz ● **98** B 1
Ambrym ▤ **78** B 1
Amderma ● **51** G 2
Amdo ● **54** C 3
Ameland ▤ **30** D 2
Amenas, In- ● **89** D-E 3
American Highland ▰
  127 D 2
Americus ● **113** C 4
Amerika, Vereinigte Staaten
  von- ① **108-109** C-E 1-2
Amerikanisch-Samoa ②
  76 A 3
Amfilokhía ● **38** B 3
Ámfissa ● **38** C 3
Amga ● **53** J 2
Amga ⬚ **53** H-J 2
Amguid ● **89** D 3
Amgun ⬚ **53** J 3
Amhara ▰ **95** C 2
Amiata, Monte- ▲ **32** C 4
Amiens ② **26** E 3

Amik Gölü ⬚ **59** F 4
Amiranten ⬚ **95** E 4
Amman ① **63** C 2
Ämmänsaari ● **19** K 4
Ammassalik = Angmagssalik
  ● **105** H 3
Amol ● **65** E 1
Amorgós ⬚ **39** E 4
Amos ● **112** D 1
Ampana ● **69** D 4
Ampanihy ● **99** E 3
Amperebank ⬚ **88** B 2
Amposta ● **29** F 3
Amravati ● **66** B 2
Amritsar ● **66** B 1

Amsterdam ① **30** D 2
1 Mio. Ew., Hauptstadt der Nie-
derlande, zweitgrößter See-
und Binnenhafen des Landes.

Amstetten ● **32** E 1
Am Timan ● **94** B 2
Amuda ● **59** H 4
Amudarja ⬚ **51** G 5
Amund Ringnes ⬚ **105** B 2
Amundsengolf ⬚ **106** D-E 1
Amundsenplateau ⬚
  127 M 2
Amundsen-Scott Station ⬚
  127 J-K 1
Amundsensee ⬚ **127** N 2
Amuntai ● **68** C 4

Amur ⬚ **53** K 3
2824 km, auf etwa 2000 km
Grenze zwischen China und
Russland.

Amvrosijivka ● **43** J 4
Anabar ⬚ **52** G 1
Anaconda ● **108** B 1
Anadyr ● **53** N 2
Anadyr ⬚ **53** N 2
Anadyrgolf ⬚ **53** O 2
Anadyrhochland ⬚ **53** M-N 2
Anáfi ⬚ **39** D 4
Anah ● **64** C 2
Anahola ⬚ **83** B 3
Anai Mudi ⬚ **66** B 4
Anambas Inseln ⬚ **68** B 3
Anamur ● **58** D 4
Anamur, Kap- ⬚ **58** D 4
Anan'jiv ● **42** D-E 4
Anantapur ● **66** B 3
Anapa ● **60** A 2
Anápolis ● **123** D 3
Anar ● **65** F 2
Anarak ● **65** E 2
Anatahan ⬚ **74** B 1
Anatolien ⬚ **58-59** C-F 3-4
Anatoliki Makedonía Thráki
  ② **38-39** D 2
Anazah, Jabal- ⬚ **64** B 2
Anazarba ● **59** E 4
Ancenis ● **26** C 4
Anchorage ● **104** E 2
Ancona ② **32** D 4
Ancud ● **125** B 4

Åndalsnes ● **20** B 2
Andalucía ② **28** C 5
Andaman and Nicobar ②
  67 D 34
Andamanen ⬚ **67** D 3
Andamanisches Meer ⬚
  67 D 3-4

Anden ⬚ **122** A-B 2-4
7500 km langer Kordille-
rengürtel, der den südameri-
kanischen Kontinent von N
nach S durchzieht, höchster
Gipfel: Aconcagua (6960 m).

Andenes ● **18** D 2
Andermatt ● **32** B 2
Andernach ● **30** E 3
Anderson (Indiana-USA) ●
  112 B 2
Anderson (South Carolina-
  USA) ● **113** C 4
Andfjord ⬚ **18** D 2
Andhra Pradesh ② **66** B 3
Andikíthira ⬚ **38** C 5
Andípaxoi ⬚ **38** B 3
Andiria Burun ⬚ **59** E 5
Andırın ● **59** F 4
Andižan ● **51** H 4
Andong ● **57** D 3
Andørja ⬚ **18** D 2
Andorra ❶ **29** F 2

Andorra la Vella ① **29** F 2
22 000 Ew., Hauptstadt von
Andorra.

Andøy ⬚ **18** C 2
Andreapol ● **40** D 3
Andrejevka ● **43** H 3
Andria ● **33** F 5
Andriba ● **99** E 2
Andrijevica ● **36** D 4
Andringitra ⬚ **99** E 3
Andros ⬚ **116** B 2
Ándros ● **38** D 4
Ándros ⬚ **38** D 3-4
Androssan ● **24** D 4
Andrušivka ● **42** D 2-3
Andselv ● **18** E 2
Andújar ● **28** C 4
Anegada ⬚ **117** E 3
Anegada Passage ⬚ **117** E 3
Aneto, Pico de- ⬚ **29** F 2
Aneytioum ● **78** B 1
Angara ⬚ **52** F 3
Angarsk ● **52** F 3
Angaur ⬚ **74** A 2
Ånge ● **20** F 2
Ángel de la Guarda ⬚
  111 D 6
Angeles ● **69** D 2
Angelfälle ⬚ **121** D 2
Ängelholm ● **21** E 5
Ångermanälv ⬚ **20** G 1
Angers ● **26** C 4

Angkor ● **67** E 3
Ehemalige Hauptstadt des

Khmer-Reichs im NW Kam-
bodschas.

Anglesey ⬚ **25** D-E 5
Angmagssalik = Ammassalik
  ● **105** H 3
Angoche ● **99** D-E 2
Angol ● **124** B 3
Angola ❶ **98** B 2
Angolabecken ⬚ **98** A 2
Angoulême ● **27** D 5
Angra do Heroísmo ●
  88 A 2
Anguilla ❷ **117** E 3
Anholt ⬚ **21** D 5
Anhui ② **55** E 3
Anina ● **37** E-F 3
Anjou ⬚ **26** C 4
Anju ● **57** D 2
Anjujgebirge ⬚ **53** M 2
Ankang ● **54** D 3

Ankara ① **58** D 2-3
2,6 Mio. Ew., Hauptstadt der
Türkei (seit 1923)

Ankaratra ⬚ **99** E 2
Ankazobe ● **99** E 2
Anklam ● **31** H 2
Anlong ● **54** D 4
Anlu ● **56** A 4
Annaba ● **89** D 2
Annam ⬚ **67** E 3
Annapolis ② **109** F 2
Annapurna ⬚ **66** C 2
Ann Arbor ● **112** C 2
Annecy ● **27** F-G 5
Annibolina, Monte- ⬚ **45** D
Anniston ● **113** B 4
Annonay ● **27** F 5
Anqing ● **55** E 3
Ansbach ● **31** G 4
Anshan ● **55** F 2
Anshun ● **54** D 4
Ansnes ● **20** C 2
Ansongo ● **89** D 4
Antakya ● **59** F 4
Antalaha ● **99** E-F
Antalya ● **58** C 4
Antalya, Golf von- ⬚ **58** C 4
Antananarivo ① **99** E 2
Antarktis ⬚ **127** A 1
Antarktische Halbinsel ⬚
  127 P-Q 2
Antequera ● **28** C 5
Antiatlas ⬚ **88** C 2-3
Anticosti ⬚ **107** K 4
Antigua und Barbuda ❶
  117 E 3
Antiope ⬚ **76** B 3
Antíparos ⬚ **38** D 4
Antipodes ⬚ **79** C 4
Antofagasta ● **124** B 2
Antongilbai ⬚ **99** E 2
Antracyt ● **43** J 3
Antrim ● **25** C 4
Antsirabe ● **99** E 3
Antsiranana ● **99** E 2
Antsla ● **23** J 3

Antsohihy ● **99** E 2
Antwerpen ② **26** F 2
Anuradhapura ● **66** B-C 4
40 000 Ew., Provinzhauptstadt
in Sri Lanka, Teil Ruinenstadt
mit historischen Bauten.

Anuta ⬚ **75** D 4
Anxi ● **54** C 2
Anyang ● **55** E 3
Anykščiai ● **23** H 4
Anžero-Sudžensk ● **51** J 3
Anzio ● **33** B 5
Aoba ⬚ **78** B 1
Aoga ⬚ **57** F-G 4
Aomori ● **57** G 2
Aosta ② **32** A 3
Aosta, Valle d'- ❷ **32** A 3
Aouk ⬚ **94** B 3
Aozou ● **90** B 3
Apalachee Bay ⬚ **113** C 5
Apalachicola ● **113** C 5
Apaporis ⬚ **120** C 2-3
Aparri ● **69** D 2
Apatity ● **50** D 2
Apauwor ● **69** E 4
Ape ● **23** J 3
Apeldoorn ● **30** D-E 2
Apenninen ⬚ **32-33** D-E 4-5
Apia ① **76** A 3
Apo, Mount- ⬚ **69** D 3
Apolo ● **122** B 3
Apolyontsee ⬚ **58** B 2
Apostolove ● **43** F 4
Appalachen ⬚ **109** E-G 1-2
Appenzell ② **32** B 2
Appenzell Ausserrhoden ❷
  32 B 2
Appenzell Innerrhoden ❷
  32 B 2
Appleton ● **109** E 1
Apscheron, Halbinsel- ⬚
  61 H 4
Apšeronsk ● **60** B 2
Apuka ● **53** M-N 2
Apure ⬚ **121** D 2
Apusenigebirge ⬚ **37** F 2
Äquatorialguinea ❶ **96** A 1
Aquidauana ● **122** C 4
Aquila, L'- ② **33** D 4
Aquitaine ❷ **27** C-D 5
Arab, Bahr al- ⬚ **94** B 3
Arab, Schatt el- ● **63** E 3
Arabatska Strilka ⬚ **43** G 5
Arabischer Golf =
  Persischer Golf **63** F 3
Arabisches Meer ⬚ **63** H 4

Arabische Wüste ⬚ **90** D 3
Wüstengebiet in Ägypten östl.
des Nils.

Araç ● **58** D 2
Aracaju ② **123** E 3
Aracati ● **123** E 2
Araçatuba ● **123** C 4
Aracena ● **28** B 4-5
Aracena, Sierra de- ● **28** B 5
Araçuai ● **123** D 3
Arad (Israel) ● **62A** B 3

Arad (Rumänien) ● **37** E 2
Aradah ● **65** E 4
Arafurasee ⬚ **69** E 4
Aragarças ● **123** C 3
Aragón ❷ **29** E 3
Araguacema ● **123** C-D 2
Araguaia ⬚ **123** C 3
Araguaína ● **123** D 2
Araguari ● **123** D 3
Arak (Algerien) ● **89** D 3
Arak (Iran) ● **63** E-F 2
Arakangebirge ⬚ **67** D 2-3

Aralsee ⬚ **50-51** F-G 4
Viertgrößter See der Erde zwi-
schen Kasachstan und
Usbekistan, steigender Was-
sermangel.

Aralsk ● **51** G 4
Aranda de Duero ● **28** D 3
Arandelovac ● **36** E 3
Aranjuez ● **28** D 3
Araouane ● **88** C 4
Arapiraca ● **123** E 2
Arapkir ● **59** G 3
Ararat (Armenien) ● **61** E 5
Ararat (Australien) ● **81** D 3
Aras ⬚ **61** E 5
Aras Dağları ⬚ **60** D 4-5
Aratika Atoll ⬚ **77** D 3
Arauca ● **120** C 2
Aravalligebirge ⬚ **66** B 2
Arawa ● **75** C 3
Araxá ● **123** D 3
Arbaj-Here ● **54** D 2
Arbakin ● **69** E 4
Arba Minch ● **95** C 3
Arbatax ● **33** B 6
Arboga ● **21** F 4
Arbroath ● **24** E 3
Arcachon ● **27** C 5
Arcavell ● **45** C
Arcenjevo ● **40** F 5
Archangelsk ● **50** E 2
Arco, El- ● **111** D 6
Arctic Red River ● **106** C 2
Arcyz ● **42** D 4-5
Arda ⬚ **37** G-H 5
Ardabil ● **63** E 1
Ardahan ● **60** D 4
Ardakan ● **65** E 2
Ardatov (Russland) ● **41** J 4
Ardatov (Russland) ● **41** L 4
Ardee ● **25** C 3
Ardennen ⬚ **26** F-G 2-3
Ardesen ● **59** H 2
Åre ● **20** E 2
Arecibo ● **117** D 3
Arena, Point- ⬚ **110** B 4
Arendal ● **21** C 4
Arensburg ● **23** G 2
Arénys de Mar ● **29** G 3
Arequipa ● **120** C 4
Areu ● **45** C
Arévalo ● **28** C 3
Arezzo ② **32** C-D 4
Argent, Côte d'- ⬚ **27** C 5-6

Argentan 26 C 3
Argentario, Monte- 33 C 4
Argentinien **124** C 3
Argentinisches Becken **125** D-E 4
Argentinosee **125** B 4-5
Argenton-sur-Creuse 27 D 4
Argeş 37 G 3
Argolis **38** C 4
Argolischer Golf **38** C 4
Argonnen 26 F 3
Árgos **38** C 4
Argostólion **38** B 3
Argun 61 E 3
Argun'= Ergun = Cherlen 55 F 1
Argungu **93** D 1
Arguvan 59 G 3
Ar Horqin Qi **56** C 2
Århus 21 D 5
Ariano Irpino 33 E 5
Arica **124** B 1
Arica, Golf von- **124** B 1
Arid, Kap- **80** B 3
Ariège 27 D 6
Ariha 59 F 5
Arinos 122 C 3
Ariogala 23 G 4
Aripuanã **122** B 2
Ariquemes **122** B 2
Arizaro, Salar de- 124 C 2

Arizona **108** B 2
3,7 Mio. Ew., US-Bundesstaat,
Hauptstadt: Phoenix.

Årjäng 21 E 4
Arjeplog 18 D-E 3
Arkadien 38 B-C 4
Arkalyk **51** G 3
Arkansas 108 C 2
Arkansas **109** D 2
Arklow 25 C 5
Arkona, Kap- 31 H 1
Arlberg 32 C 2
Arles 26 F 6
Arlington **112** C 3
Arlit 89 D 4
Arlon 26 F 3
Armagh 25 C 4
Armagnac 27 D 5-6
Armavir 60 C 2
Armenia **120** C 2
Armenien **61** E 4
Armenischer Taurus 59 G-H 3
Armentières 26 E 2
Armidale **81** E 3
Armjans'k 43 F 4
Arnaia 38 C 2
Arnarfjord 44 A-B 2
Arnauti, Akra- 58 D 5
Arnavatn 44 C 2-3
Arnheim 30 D-E 2
Arnhem, Kap- 81 C 1
Arnhemland 81 C 1

Arno 32 C 4
241 km langer Fluss in Italien,

Mündung bei Pisa.

Arno Atoll 75 E 2
Arnøy 18 F 1
Arnstadt 31 G 3
Arorae 75 E 3
Arpaçay 60 D 4
Arran 24 D 4
Arras 26 E 2
Arrée, Monts d'- 26 A-B 3
Arriaga **115** C 3
Arsenjev 55 G 2
Árta 38 B 3
Árta 38 B 3
Artašat 61 E 4
Artawiyah, Al- 65 D 3
Artemisa **116** A 2
Artemivs'k 43 H-J 3
Artigue, l' 45 C
Artik 60 D 4
Artois 26 D-E 2
Artvin 59 H 2
Artyom 61 H 4
Aru 97 D 1
Arua 97 D 1
Aruanã **123** C 3
Aruba **117** C 4
Aru-Inseln **69** E 4
Arunachal Pradesh **67** D 2
Arusha 97 D 2
Arutua Atoll 77 D 3
Aruwimi 97 C 1
Arvidsjaur 18 E 4
Arvika 21 E 4
Arys 51 G 4
Arzamas 41 J-K 4
Arzew 29 E 6
Arzew, Golf von- 29 E 5-6
Arzgir 61 E 2
Aša 50 F 3
Asad, Buhayrat al- 59 G 4-5
Aşağı Pınarbaşı 58 D 3
Asahi 57 G 2
Asahikawa 57 G 2
Asansol 66 C 2
Åsarna 20 F 2
Asbe Teferi 95 D 3
Aschchabad **50** F 5
Aschland **112** C 3
Ascoli Piceno 32 D 4
Asela 95 C 3
Åsele 20 G 1
Asenovgrad 37 G 4
Aserbaidschan **61** F-G 4
Aseri 23 J 2
Ashatabula **112** C-D 2
Ashburton 79 C 4
Ashburton 79 C 4
Ashdod 62A A 3
Asheville **109** E 2
Ashibetsu 57 G 2
Ashizuri, Kap- 57 E 4
Ashkharah, Al- 63 G-H 4
Ashland **109** D 1
Ashqelon 62A A 3
Asikkala 19 H 6
Asilah 28 B 6

Asinara 33 B 5
Asinara, Golf von- 33 B 5
Asino 51 J 3
Asir 63 D 4-5
Aşkale 59 H 3
Askersund 21 F 4
Askja 44 E 2-3
Asmara **95** C 2
Ašmjany 35 H 1
Åsnen 21 F 5
Asosa 95 C 2-3
Asoteriba, Jabal- 95 C 1
Asowsches Meer 43 H 4-5
Aspen **108** C 2
Aspiring, Mount- 79 B 4
Aspromonte 33 E-F 6
Assab 95 D 2
Assam **67** D 2
Assamakka 89 D 4
Assen 30 E 2
Assiniboia **106** F 4
Assisi 32 D 4
Assuan 90 D 3
Assumption 99 E 1-2
Assur 64 C 1
Astakós 38 B 3
Astana = Akmola **51** H 3
Astara 61 G 5
Astarak 61 E 4
Asti 32 B 3
Astorga 28 B-C 2
Astoria **108** A 1
Astrachan 50 E 4
Asturias **28** B 2
Astypalaia 39 E 4

Asunción **122** C 4
608 000 Ew., Hauptstadt Para-
guays, 1537 gegründet.

Asuncion Island 74 B 1
Åsundensee 21 F-G 4
Asypovičy 35 J 2
Asyut 90 D 3
Ata 78 C 2
Atacama, Salar de- 124 C 2
Atacamagraben **124** B 2
Atacama-Wüste 124 B-C 1-2
Atafu Atoll 76 A 2
Atakpamé 92 D 2
Atalándi 38 C 3
Atâr 88 B 3
Atascadero **111** B 4
Atasu 51 H 4
Atáviros 39 E-F 4
Atbara 95 C 2
Atbarah 94 C 2
Atbasar 51 G 3
Athabasca **106** E 3

Athen **38** C-D 3
3,1 Mio. Ew., Hauptstadt Grie-
chenlands, zahlreiche Bau-
denkmäler der Antike .

Athens **113** C 4
Äthiopien **95** C-D 3

Äthiopien, Hochland von- 95 C 2-3
Athi River 97 D 2
Athlone 25 B-C 5
Áthos 38 D 2
Autonome Mönchsrepublik
mit 20 Großklöstern.

Ati 94 A 2
Atikí **38** C 4
Atikokan **112** A 1
Atiu 76 C 3
Atka 53 L 2
Atlanta **109** E 2
Atlantic City **109** F 2
Atlantische Küstenebene 109 E-F 2
Atlantisch-Indisches Süd-
polarbecken **127** R-C 2
Atlas 89 C-D 2
Ätna 33 E 7
Ätran 21 E 5
Atrek 65 E-F 1
Atrun, Al- 94 B 2
Attapu 67 E 3
Attawapiskat **107** H 3
Atyrau 50 F 4
Auakanal 83 C 2
Aubenas 27 F 5
Auburn (California-USA) 110 B 4
Auburn (New York-USA) 112 D 2
Aubusson 27 E 4-5
Aucanquilcha, Cerro- 124 C 2
Auch 27 D 6
Auckland 79 C 3
Auckland-Halbinsel 79 C 3
Auderville 26 C 3
Augsburg 31 G 4
Augusta (Australien) 80 A 3
Augusta (Georgia-USA) 109 E 2
Augusta (Italien) 33 E 7
Augusta (Maine-USA) 109 F-G 1
Augustów 34-35 J 2
Augustus, Mount- 80 A 2
Auki 75 D 3
Aur Atoll 75 E 2
Auray 26 B 4
Aurès 89 D 2
Aurillac 27 E 5
Aurora **112** B 2
Aus 98 B 3
Ausa 45 D
Ausangate 120 C 4
Auschwitz 34 D 3

Äußere Hebriden 24 B-C 2-3
Felseninseln vor der W-Küste
Schottlands, vorwiegend Hei-
de- und Moorlandschaft.

Aussig → Ústí nad Labem
31 H-J 3

Austågøya 18 B-C 2
Austin (Nevada-USA) 110 C 4
Austin (Texas-USA) **108** D 2
Australian Capital Territory **81** E 3
Australien **80-81** B-C 2
Auterive **107** K 4
Autti 18 J 3
Autun 26 F 4
Auvergne 27 D-E 5
Auvergne **27** E 5
Auxerre 26 E 4
Auyán Tepuí **121** D 2
Avallon 26 E 4
Avarua **76** B-C 4
Aveiro 28 A 3
Avelar 28 A 3
Avellino 33 E 5
Aversa 33 E 5
Aves 117 E 3
Avesrücken **117** E 3-4
Avesta 20 G 3
Aveyron 27 D 5
Avezzano 33 D 4
Avignon 27 F 5-6
Ávila 28 C 3
Avilés 28 B-C 2
Avis 28 B 4
Avon 25 F 6
Avranches 26 C 3
Awasa 95 C 3
Awash 95 D 3
Awash 95 D 2
Awbari 90 B 3
Axarfjord 44 E 1
Axel Heiberg 105 B-C 1-2
Ax-les-Thermes 45 C
Ayacucho **120** C 4
Ayakkum Hu 54 B-C 3
Ayamonte 28 B 5
Ayancık 59 E 2
Ayaş 58 D 2
Ayaviri **120** C 4
Aybastı 59 F 2
Aydın 58 A 4
Aydıncık 58 D 4
Aydın Dağları 58 B 3

Ayers Rock 80 C 2
Monolith aus Sandstein in
Zentralaustralien, Kultstätte
der Aborigines.

Áyios Evstrátios 38 D 3
Áyios Nikólaos 39 D-E 5
Ayios Theodhoros 59 E 5
Áyios Yeóryios 38 C-D 4
Ayllón 28 C 3
Ayn, Al- 63 F-G 4
Ayn al Bayda 59 F 5
Ayolos Dağı 59 E 4
Ayora 29 E 4
Ayorou 93 D 1
Ayoun el'-Atrous 88 B-C 4
Ayr (Australien) 81 D 1
Ayr (Großbritannien) 24 D 4

Ayutthaya ⊡ 67 E 3
Ayvacık (Türkei) ⊡ 59 F 2
Ayvacık (Türkei) ⊡ 58 A 3
Ayvalık ⊡ 58 A 3
Azahar, Costa del- ▬ 29 F 3-4
Azaoua ▬ 89 D 4
Azaoua, In- ⊡ 89 D 3
Azaouad ▬ 88 C 3-4
Azaouak, Wadi- ～ 89 D 4
A'zaz ⊡ 59 F 4
Azazga ⊡ 29 H 5
Aždahak ▲ 61 E 4
Azdavay ⊡ 58 D 2
Aziziyah, Al- ⊡ 90 B 2
Azogues ⊡ 120 C 3

Azoren ≋ 88 A 2
250 000 Ew., Inselgruppe vulkan. Ursprungs im Atlantik.

Azoren-Gibraltar-Schwelle ≋ 88 A-B 2
Azua ⊡ 117 C 3
Azuero, Halbinsel- ▬ 115 D 4
Azul ⊡ 124 D 3
Azur, Côte d'- ▬ 27 G 6

B

Bab, Al- ⊡ 59 F 4
Baba, Kap- (Türkei) ≋ 58 A 3
Baba, Kap- (Türkei) ≋ 58 C 2
Babadag ⊡ 37 J 3
Babadağ ▲ 61 G 4
Babaeski ⊡ 58 A 2
Babajevo ⊡ 40 E-F 2
Bab al-Mandab ≋ 63 D 6
Babanusah ⊡ 94 B 2
Babar ≋ 69 D-E 4
Babda ⊡ 62A B 1
Babo ⊡ 69 E 4
Babol ⊡ 65 E 1
Babrujsk ⊡ 35 J 2
Babuyaninseln ≋ 69 D 2
Babylon ⊡ 63 D 2
Bacabal ⊡ 123 D 2
Bacău ⊡ 37 H 2
Bachčysaraj ⊡ 43 F 5
Bačka Palanka ⊡ 36 D 3
Bačka Topola ⊡ 36 D 3
Backe ⊡ 20 G 2
Bäckefors ⊡ 21 D-E 4
Back River ～ 106 F 2
Bac Loi ⊡ 67 E 4
Bacolod ⊡ 69 D 2
Badajoz ⊡ 28 B 4
Badalona ⊡ 29 G 3
Badaman ▲ 65 F 2-3
Badanah ⊡ 63 D 2
Baden-Baden ⊡ 30 F 4

Baden-Württemberg ▨ 31 F-G 4
10,3 Mio. Ew., Bundesland, Hauptstadt: Stuttgart, 1952 gegründet.

Badgastein ⊡ 32 D 2

Bad Hersfeld ⊡ 31 F 3
Bad Ischl ⊡ 32 D 2
Bad Kissingen ⊡ 31 G 3
Badlands Nationalpark ▣ 108 C 1
Bad Mergentheim ⊡ 31 F 4
Bad Ragaz ⊡ 45 A
Badr Hunayn ⊡ 64 B 4
Bad Tölz ⊡ 31 G 5
Bæccegæhal'di ▲ 18 G 2
Baf ⊡ 58 D 5
Bafatá ⊡ 92 B 1
Baffinbai ≋ 107 K 1
Baffin-Insel ≋ 107 J 1-2
Bafia ⊡ 93 E 2
Bafing ～ 92 B 2
Bafoulabé ⊡ 88 B-C 4
Bafoussam ⊡ 93 E 2
Bafq ⊡ 65 F 2
Bafra ⊡ 59 E-F 2
Bafra, Kap- ≋ 59 E-F 2
Bafwasende ⊡ 97 C 1
Baga ⊡ 93 E 1

Bagdad ① 63 D-E 2
4,9 Mio. Ew., Hauptstadt des Irak, im 8. Jh. gegründet.

Bağdere ⊡ 59 H 3
Bagé ⊡ 124 D 3
Baghin ⊡ 65 F 2
Bagnères-de-Bigorre ⊡ 27 D 6
Bagrationovsk ⊡ 22 F 4
Bagua ⊡ 120 C 3
Baguezane ▲ 89 D 4
Baguio ⊡ 69 D 2
Bahamas ❶ 116 C 2
Bahamas-Inseln ≋ 116 B-C 1-2
Bahawalpur ⊡ 66 B 2
Bahçe ⊡ 59 F 4
Bahia ▨ 123 D-E 3
Bahía, Islas de la- ≋ 115 D 3
Bahía Blanca ⊡ 124 C 3
Bahía Negra ⊡ 122 B 4
Bahmač ⊡ 43 F 2
Bahraich ⊡ 66 C 2
Bahrain ❶ 63 F 3
Bahr Dar ⊡ 95 C 2
Baia Mare ⊡ 37 F 2
Baia Terra Nova ★ 127 J 2
Baïbokoum ⊡ 94 A 3
Baicheng ⊡ 55 F 2
Baidoa ⊡ 95 D 3
Baie-Comeau ⊡ 107 K 4
Baikalgebirge ▲ 52 F 3

Baikalsee ～ 52 F 3
Tiefster Binnensee der Erde (1620 m), 636 km lang.

Bäileşti ⊡ 37 F 3
Bailong Jiang ～ 54 D 3
Bailundo ⊡ 98 B 2
Bairiki ① 75 E 2
Bairin Zuoqi ⊡ 55 E-F 2
Bairnsdale ⊡ 81 D 3
Baitou Shan ▲ 57 D 2

Baja ⊡ 36 D 2
Bajan-Hongor ⊡ 54 C-D 2
Bajkonur ⊡ 51 G 4
Bajo Nuevo ≋ 115 E 3
Bajudasteppe ▬ 94 C 2
Baker ⊡ 108 B 1
Baker Lake ⊡ 106 G 2
Bakersfield ⊡ 108 B 2
Bakkafjördhur ⊡ 44 F 1
Bakkaflói ⊡ 44 F 1
Bakonywald ▲ 36 C 2
Baksan ～ 60 D 3
Baku ① 61 G 4
Bakungan ⊡ 68 A 3
Bakuri ⊡ 41 K 5
Balabac ⊡ 69 C 3
Balabacstraße ≋ 69 C 3
Balaban Dağı ▲ 59 G 2
Balaguer ⊡ 29 F 3
Balahna ⊡ 41 J 3
Balaklava ⊡ 43 F 5
Balaklija ⊡ 43 H 3
Balakowo ⊡ 50 E 3
Balangir ⊡ 66 C 2
Bălăuşeri ⊡ 37 G 3
Balazote ⊡ 29 D 4
Balbina, Represa- ～ 121 D-E 3
Balchasch ⊡ 51 H 4
Balchaschsee ～ 51 H 4
Balčik ⊡ 37 J 4
Balclutha ⊡ 79 B-C 4
Baldy Peak ▲ 111 E 5
Balearen ≋ 29 F-G 3-4
Baleares = Balears ≋ 29 G 4
Balears = Baleares ≋ 29 G 4

Bali ≋ 68 C 4
Westlichste der Kleinen Sunda-Inseln, Indonesien.

Balıkesir ⊡ 58 A 3
Balikpapan ⊡ 68 C 4
Balimo ⊡ 74 B 3
Balis ⊡ 59 G 5
Ballangen ⊡ 18 D 2
Ballarat ⊡ 81 D 3
Balleny-Inseln ≋ 127 J 2
Ballina ⊡ 25 B 4
Ball's Pyramid ≋ 78 A 3
Ballycastle ⊡ 24 C 4
Ballymena ⊡ 25 C 4
Balombo ⊡ 98 B 2
Balranald ⊡ 81 D 3
Balsas ～ 114 B 3
Balta ⊡ 42 D 3-4
Bălţi ⊡ 42 C-D 4
Baltimore ⊡ 109 F 2
Balua ▬ 96 C 2
Balvi ⊡ 23 J 3
Balya ⊡ 58 A 3
Balygyčan ⊡ 53 C 2
Balzers ⊡ 45 A
Bam ⊡ 63 G 3
Bamako ① 88 C 4
Bambari ⊡ 94 B 3
Bamberg ⊡ 31 G 4
Bamenda ⊡ 93 D-E 2
Bampur ⊡ 63 G-H 3

Banaba ≋ 75 D 3
Bananal, Ilha do- ～ 123 C 3
Bananga ② 67 D 4
Banas, Ra's- ≋ 91 D 3
Banater Gebirge ▲ 37 E 3
Banaz ⊡ 58 B 3
Banaz ～ 58 B 3
Banda Aceh ⊡ 68 A 3
Bandar-e Abbas ⊡ 63 G 3
Bandar-e Anzali ⊡ 65 D 1
Bandar-e Deylam ⊡ 65 E 3
Bandar-e Jask ⊡ 63 G 3
Bandar-e khamir ⊡ 65 F 3
Bandar-e Khomeyni ⊡ 65 D 2
Bandar-e Lengeh ⊡ 65 E-F 3
Bandar-e Maqam ⊡ 65 E 3
Bandar-e Torkeman ⊡ 65 E 1
Bandar Lampung ⊡ 68 B 4
Bandar Seri Begawan ① 68 C 3
Bandasee ≋ 69 D 4
Bandeira, Pico da- ▲ 123 D 4
Bandiagara ⊡ 88 C 4
Bandirma ⊡ 58 B 2
Bandundu ⊡ 96 B 2
Bandung ⊡ 68 B 4
Banes ⊡ 116 B 2
Bañeza, La- ⊡ 28 B-C 2
Banff (Großbritannien) ⊡ 24 E 3
Banff (Kanada) ⊡ 106 E 3
Banff Nationalpark ▣ 106 E 3
Banfora ⊡ 92 C 1
Bangalore ② 66 B 3
Bangassou ⊡ 94 B 3
Bangka ≋ 68 B 4

Bangkok ① 67 E 3
5,6 Mio. Ew., Hauptstadt von Thailand, von zahlreichen Kanälen durchzogen.

Bangladesch ❶ 66-67 C-D 2
Bangor (Irland) ⊡ 25 B 4
Bangor (Northern Irland-Großbritannien) ⊡ 25 D 4
Bangor (USA) ⊡ 109 G 1
Bangor (Wales-Großbritannien) ⊡ 25 D 5
Bangui ① 94 A 3
Bangweulusee ～ 98-99 C-D 2
Bani ⊡ 88 C 4
Bani Tonb ≋ 65 E 3
Baniyas ⊡ 64 B 1
Banja Luka ⊡ 36 C 3
Banjarmasin ⊡ 68 C 4
Banjul ① 92 B 1
Bankå ⊡ 61 G 5
Banket ⊡ 99 D 2
Banks-Halbinsel ▬ 79 C 4
Banks-Insel ≋ 106 D 1
Banská Bystrica ⊡ 34 D 4
Bansko ⊡ 37 F 5
Bantaeng ⊡ 69 C-D 4
Bantry ⊡ 25 B 6
Bantrybai ≋ 25 A-B 6

Bañuela ▲ 28 C 4
Banyuwangi ⊡ 68 C 4
Baoding ⊡ 55 E 3
Baofeng ⊡ 56 A 4
Baoji ⊡ 54 D 3
Baokang ⊡ 56 C 2
Baoshan ⊡ 54 C-D 4
Baotou ⊡ 55 E 2
Baoying ⊡ 56 B-C 4
Baqên ⊡ 54 C 3
Ba'qubah ⊡ 64 C 2
Bar ⊡ 36 D 4
Barabaebene ▬ 51 H 3
Barabinsk ⊡ 51 H 3
Baracoa ⊡ 116 C 2
Barahona ⊡ 117 C 3
Barak ⊡ 59 F 4
Baran ⊡ 35 K 1
Baranavičy ⊡ 35 H 2
Baraniha ⊡ 53 M 2
Barawe ⊡ 95 D 3
Barbados ❶ 117 E 4
Barbar ⊡ 94 C 2
Barbastro ⊡ 29 E-F 2
Barbezieux ⊡ 27 C 5
Barbuda ≋ 117 E 3
Barcaldine ⊡ 81 D 2

Barcelona (Spanien) ②
29 G 3
1,6 Mio. Ew., kulturelles und wirtschaftliches Zentrum Kataloniens.

Barcelona (Venezuela) ⊡ 121 D 1-2
Barcelonnette ⊡ 27 G 5
Barcelos ⊡ 122 B 2
Barcoo ～ 81 D 2
Barcs ⊡ 36 C 2
Bärdä ⊡ 61 F 4
Bardaï ⊡ 90 B 3
Bárdarbunga ▲ 44 E 3
Bardejov ⊡ 34 E 4
Bardere ⊡ 95 D 3
Bardiyah ⊡ 90 C 2
Bardu ⊡ 18 E 2
Bareda ⊡ 95 E 2
Bareilly ⊡ 66 B-C 2
Barentssee ≋ 50 D-E 1
Barga ⊡ 54 B 3
Bargal ⊡ 95 D 2
Bargusin ⊡ 52 F 3
Bari ② 33 F 5
Baris ⊡ 90 D 3
Barisal ⊡ 66 D 2
Barisangebirge ▲ 68 B 4
Barito ～ 68 C 4
Barka ⊡ 65 F 4
Barkava ⊡ 23 J 3
Barklytafelland ▬ 81 C 1
Barkol ⊡ 54 C 2
Bar-le-Duc ⊡ 26 F 3
Barleesee ～ 80 A 2
Barletta ⊡ 33 F 5
Barma ⊡ 69 E 4
Barmer ⊡ 66 B 2
Barnaul ⊡ 51 J 3

Barnstaple ● **25** D 6
Baro ● **93** D 2
Barotse ● **98** C 2
Barquisimeto ● **120** D 1-2
Barra ● **123** D 3
Barra ≋ **24** C 3
Barra, Ponta da- ≋ **99** D 3
Barra Falsa, Ponta da- ≋
99 D 3
Barrancabermeja ● **120** C 2
Barranquilla ● **120** C 1
Barreiras ● **123** D 3
Barrengrounds ━ **106** D-G 2
Barrie ● **112** C-D 2
Barrow ● **104** D 1
Barrow ⊵ **25** C 5
Barrow, Kap- ≋ **104** D 1
Barrow in Furness ● **25** E 4
Barrow-Insel ≋ **80** A 2
Barstow ● **111** C 5
Bar-sur-Aube ● **26** F 3
Bar-sur-Seine ● **26** F 3
Bartica ● **121** E 2
Bartın ● **58** D 2
Bartle Frere, Mount- ▲ **81** D 1
Bartoszyce ● **34** E 1
Barumini ● **33** B 6
Barun Urt ● **55** E 2
Barvenkovo ● **43** H 3
Baryš ● **41** L 5
Barysav ● **35** J 1
Basankusu ● **96** B 1
Basarabeaska ● **42** D 4
Basel ② **32** A 2
Basel-Landschaft ② **32** A 2
Basel-Stadt ② **32** A 2
Basilan ● **69** D 3
Basilicata ② **33** F 5
Baskil ● **59** G 3
Bašmakovo ● **41** J 5
Basoko ● **96** C 1
Basra ● **63** E 2
Bass ≋ **77** D 4
Bassano del Grappa ● **32** C 3
Bassas da India ≋ **99** D-E 3
Bassein ● **67** D 3
Basse-Normandie ② **26** C 3
Basseterre ① **117** E 3
Basse-Terre ② **117** E 3
Bassikounou ● **88** C 4
Basso, Plateau de- ▲ **94** B 2
Båstad ● **21** E 5
Bastak ● **65** E 3
Bastia ● **32** B 4
Bastogne ● **26** F 2-3
Bata ● **96** A 1
Batabanó, Golfo de- ≋
116 A 2
Batagaj ● **53** J 2
Bataklık Gölü ⊵ **58** D 4
Batamaj ● **53** H-J 2
Batang ● **54** C 3
Batangas ● **69** D 2
Bátaszék ● **36** D 2
Bath ● **25** E 6
Bathurst ● **81** D 3
Bathurst, Kap- ≋ **106** D 1
Bathurst Inlet ● **106** F 2

Bathurst-Insel ≋ **106** G 1
Bathurstinsel ≋ **80** B-C 1
Batin, Wadi al- ⊵ **65** D 3
Batman ● **59** H 3-4
Batman ⊵ **59** H 4
Batna ● **89** D 2
Baton Rouge ② **109** D 3
Batouri ● **93** E 2
Bätsfjord ● **18** K-L 1
Battambang ● **67** E 3
Batticaloa ● **66** C 4
Battipaglia ● **33** E 5
Battle Mountain ● **110** C 3
Batu ▲ **95** C 3
Batubrok ▲ **68** C 3
Batu-Inseln ≋ **68** A 3-4
Batumi ● **60** C 4
Bat Yam ● **62A** A 2
Baubau ● **69** D 4
Bauchi ● **93** D 1
Bauru ● **123** D 4
Bauska ● **23** H 3
Bautzen ● **31** J 3
Bawiti, Al- ● **90** C 3
Baxian ● **56** B 3
Baxoi ● **54** C 4
Bayamo ● **116** B 2
Bayamón ● **117** D 3
Bayan Har Shan ▲ **54** C-D 3
Bayburt ● **59** H 2
Bay City ● **112** C 2
Bayda, Al- ● **90** C 2
Bayerischer Wald ▲ **31** H 4
Bayerischer Wald,
Nationalpark- ⊛ **31** H 4

Bayern ② **31** G-H 4
11,9 Mio. Ew., dt. Bundesland,
Hauptstadt: München.

Bayeux ● **26** C 3
Bayındır ● **58** A 3
Bayonne ● **27** C 6
Bayramiç ● **58** A 3
Bayreuth ● **31** G 3-4
Baza ● **29** D 5
Bazar ● **59** H 4
Bazardüzü ▲ **61** F 4
Bazaruto ≋ **99** D 3
Béarn ⊟ **27** C 6
Beata, Kap- ≋ **117** C 3
Beatty ● **111** C 4
Beaufort (Malaysia) ● **68** C 3
Beaufort (USA) ● **113** C 4
Beaufortsee ≋ **104** F 1
Beaujolais ━ **27** E-F 4-5
Beaumont ● **109** D 2-3
Beaune ● **26** F 4
Beausoleil ● **45** B
Beauvais ● **26** D-E 3
Bečej ● **36** D-E 3
Béchar ● **89** C 2
Bechuanaland ━ **98** C 3
Beddouza, Kap- ≋ **88** B-C 2
Bednodemjanovsk ● **41** J 5
Beerenberg ▲ **126** P 2
Be'er Sheva' ● **64** A-B 2
Befandriana Avaratra ●
99 E 2

Begna ⊵ **20** C 3
Behbehan ● **65** E 2
Behring Point ● **116** B 2
Behshahr ● **65** E 1
Beian ● **55** F 2
Beihai ● **54** D 4
Beijing → Peking ①
55 E 2-3
Beipiao ● **56** C 2
Beira ● **99** D 2-3

Beirut ① **64** B 1
1,5 Mio. Ew., Hauptstadt und
größte Stadt Libanons.

Bei Shan ▲ **54** C 2
Beitbridge ● **98** C 3
Beiuş ● **37** F 2
Beizhen ● **56** B 3
Beja ● **28** B 4
Béjaïa ● **89** D 2
Béjar ● **28** C 3
Bejneu ● **50** F 4
Bejsug ⊵ **60** B 2
Bejsugski liman ⊵ **60** B 1
Békéscsaba ● **37** E 2
Bekovo ● **41** J 5
Bela ● **66** A 2
Belaazërsk ● **35** G 2
Bela Crkva ● **37** E 3
Bela Dila ▲ **66** C 3
Belaja ⊵ **50** F 3
Belcher Islands ≋ **107** J 3
Belebelka ● **40** C 3
Belém ② **123** D 2
Bélep ≋ **78** B 1
Belet Uen ● **95** D 3
Belev ● **40** F 5
Belfast ② **25** D 4
Belfort ● **26** G 4
Belgaum ● **66** B 3
Belgien ① **26** F 2

Belgrad ① **36** E 3
1,5 Mio. Ew., Hauptstadt Ser-
biens und Rest-Jugoslawiens.

Belgrano, General- ⊛ **127** R 2
Belidži ● **61** G 4
Belinski ● **41** J 5
Belitung ≋ **68** B 4
Belize ① **115** D 3
Belize City ● **115** D 3
Bellac ● **27** D 4
Bellary ● **66** B 3
Belle-Île ● **26** B 4
Belle-Isle-Straße ≋ **107** L 3
Belleville ● **112** A-B 3
Bellin ● **107** J-K 2
Bellingham ● **110** B 2
Bellingshausen ⊛ **127** Q 2
Bellingshausenplateau ≋ **127**
Q 2-3
Bellingshausensee **127** Q 2
Bellinzona ② **32** B 2

Bellona, Récifs- ≋ **78** A 2
Belluno ● **32** D 2
Bellver de Cerdanya ● **45** C
Belmonte ● **123** E 3
Belmopan ① **115** D 3
Belogorsk ● **53** H 3
Belogradčik ● **37** F 4
Belo Horizonte ② **123** D 3-4
Belomorsk ● **50** D 2
Belorečensk ● **60** B-C 2
Belo-Tsiribihina ● **99** E 2-3
Belovo ● **51** J 3
Belozersk ● **40** F 1-2
Belutschistan ━ **66** A 2
Belvidere ● **112** B 2
Bely ● **40** D 4
Bemidji ● **108** D 1
Benabarre ● **29** F 2
Benasque ● **29** F 2
Benavente ● **28** C 2
Benbulben ▲ **25** B 4
Ben Chicao, Col de- ▲
29 G 5
Bend ● **108** A 1
Bendem ● **45** A
Bender Bayla ● **95** E 3
Bendigo ● **81** D 3
Bene Beraq ● **62A** A 2
Benešov ● **31** J 4
Benevento ● **33** E 5
Beneville ● **112** C 2
Bengal ② **66** C 2
Bengalen, Golf von- ≋
66-67 C-D 3
Bengasi ● **90** B-C 2
Bengbu ● **55** E 3
Bengeşti ● **37** F 3
Benghisa, Kap- ≋ **45** F
Bengkulu ● **68** B 4
Bengtsfors ● **21** E 4
Benguela ● **98** B 2
Benguela, Golf von- ≋
98 B 2
Bengut, Kap- ≋ **29** G 5
Beni ● **97** C 1
Beni ⊵ **122** B 3
Beni-Abbes ● **89** C 2
Benidorm ● **29** E 4
Beni Haoua ● **29** F 5
Beni Mellal ● **88** C 2
Benin ① **93** D 1-2
Benin, Bucht von- ≋
92-93 C-D 2
Benin City ● **93** D 2
Beni Ounif ● **89** C 2
Beni Saf ● **29** E 6
Beni Suef ● **90** D 3
Benjamin Constant ●
122 A-B 2
Ben Macdhui ▲ **24** E 3
Ben More Assynt ▲ **24** D 2
Ben Nevis ▲ **24** D 2
Benoni ● **98** C 3
Benue ⊵ **93** E 2
Benxi ● **56** C 2
Beppu ● **57** E 4
Beraketa ● **99** E 3
Berat ● **38** A 2

Berau, Teluk- ≋ **69** E 4
Berazino ● **35** J 2
Berbera ● **95** E 2
Berbérati ● **94** A 3
Berchtesgaden ● **31** H 5
Berchtesgaden, Nationalpark-
⊛ **31** H 5
Berck ● **26** D 2
Berdjans'k ● **43** H 4
Berdyčiv ● **42** D 3
Berehovo ● **42** A 3
Berendi ● **59** E 4
Berenike ⊞ **91** D 3
Berestečko ● **42** B 2
Berettyóújfalu ● **37** E-F 2
Berezan' ● **42** E 2
Berežany ● **42** B 3
Berezina ⊵ **35** J 1-2
Berezino ● **42** D 4
Berezivka ● **42** E 4
Berezne ● **42** C 2
Bereznehuvate ● **43** F 4
Berezniki ● **50** F 3
Berezovo ● **51** G 2
Berga ● **29** F 2
Bergamo ● **32** B 3
Bergby ● **20** G 3

Bergen ● **20** A 3
216 000 Ew., nach Oslo zweitgrößte und bedeutendste
Stadt Norwegens.

Bergerac ● **27** D 5

Berg-Karabach ② **61** F 5
190 000 Ew., Hauptstadt: Stepanakert, armenische Enklave
in Aserbaidschan.

Bergnil ⊵ **94** C 3
Berhampur ● **66** C 3
Beringinsel ≋ **53** M 3
Beringmeer ≋ **104** B-C 2-3
Beringovski ● **53** N-O 2
Beringstraße ≋ **104** C 2
Berit Dağı ▲ **59** F 3-4
Berkåk ● **20** D 2
Berkeley ● **111** B 4
Berkner-Insel ≋ **127** Q 2
Berlevag ● **18** K 1

Berlin ① **31** H 2
3,5 Mio. Ew., deutsche Hauptstadt, auch Bundesland.

Bermejo ⊵ **124** C 2
Bermejopass ▲ **124** B-C 3
Bermuda-Inseln ≋ **103** F 4

Bern ① ② **32** A 2
135 000 Ew., Hauptstadt der
Schweiz und des gleichnamigen Kantons.

Bernau ● **31** H 2
Bernay ● **26** D 3
Bernburg ● **31** G 3
Bernina ▲ **32** B 2

Beroroha 99 E 3
Beroun 31 J 3-4
Berounka 31 H 3-4
Berry 26 D-E 4
Beršad' 42 D 3
Bertoua 93 E 2
Beru 75 E 3
Berwick-upon-Tweed
24 E-F 4
Beryslav 43 F 4
Besalampy 99 E 2
Besançon 26 F-G 4
Besed 35 K-L 2
Beskra 89 D 2
Beslan 61 E 3
Besni 59 F 4
Bessarabien 42 C-D 3-4
Bessemer (Alabama-USA)
113 B 4
Bessemer (Michigan-USA)
112 A-B 1
Bessonovka 41 K 5
Betanzos 28 A 2
Bet Guvrin 62A A 3
Bethanien 98 B 3
Bethel 104 C 2
Bethlehem (Jordanien)
62A B 3
Bethlehem (Südafrika)
98 C 3
Betioky 99 E 3
Betische Kordillere
28-29 C-E 4-5
Betpak-Dala (Hungersteppe)
51 G-H 4
Bet Qama 62A A 3
Betroka 99 E 3
Bet Shean 62A B 2
Beveridge Riff 76 B 3
Bey Dağı 59 G 3
Beydağları Olimpos
Nationalpark 58 C 4
Beyla 92 C 2
Beypazarı 58 C-D 2
Beyşehir 58 C 4
Beyşehir Gölü 58 C 4
Bežanickaja vozvyšennost
40 B 3
Bežanicy 40 C 3
Bežeck 40 F 3
Béziers 27 E 6
Bežta 61 E-F 3
Bhadravati 66 B 3
Bhagalpur 66 C 2
Bhamo 67 D 2
Bhatinda 66 B 1
Bhaunagar 66 B 2
Bhilwara 66 B 2
Bhima 66 B 3
Bhopal 66 B 2
Bhubaneswar 66 C 2-3
Bhutan 66 C-D 2
Biafra 93 D 2
Biak 69 E 4
Biak 69 E 4
Biała Podlaska 35 F 2-3
Białowieski, Nationalpark-
35 F-G 2
Białystok 35 F 2

Biankouma 92 C 2
Biarritz 27 C 6
Biberach 31 F-G 4
Bičanaki-Pass 61 E 5
Bicaz 37 H 2
Biddeford 112 E 2
Bié, Hochland von- 98 B 2
Biel 32 A 2
Bielefeld 30 F 2
Biella 32 B 3
Bielsko Biała 34 D 4
Bielsk Podlaski 35 F 2
Bien Hoa 67 E 3
Bieszczadzki, Nationalpark-
34 E-F 4
Biga 58 A 2
Bigadiç 58 B 3
Bighorn Mountains
110 E 2-3
Bihać 36 B-C 3
Bihar 66 C 2
Bihar 66 C 2
Biharkeresztes 37 E 2
Bija 51 J 3
Bijar 65 D 1
Bijeljina 36 D 3
Bijelo Polje 36 D 4
Bijsk 51 J 3
Bikaner 66 B 2
Bikar Atoll 75 E 1
Bikin 53 J 4
Bikini-Atoll 75 D 1
Bila Cerkva 42 E 3
Bilaspur 66 C 2

Bilbao 29 D 2
390 000 Ew., wichtige spanische Handels- und Hafenstad.

Bileća 36 D 4
Bilecik 58 B-C 2
Biłgoraj 34 F 3
Bilhorod-Dnistrovs'kyj
42 E 4
Biljajivka 42 E 4
Billings 108 C 1
Bilma 89 E 4
Bilohirs'k 43 G 5
Biloku 121 E 2
Bilopillja 43 G 2
Bilovods'k 43 J 3
Biloxi 113 B 4
Biltine 94 B 2
Bilto 18 F 2
Bimbo 94 A 3
Binboga Dağı 59 F 3
Binghamton 109 F 1
Bingöl 59 H 3
Bingöl Dağları 60 C-D 5
Bingsjö 20 F 3
Binhai 56 B-C 4
Binjai 68 A 3
Bint Jubayl 62A B 1
Bintulu 68 C 3
Bintuni 69 E 4
Biograd 36 B 3-4
Bioko 96 A 1
Biqa, Al- 62A B 1
Bi'r, Al- 64 B 3

Birak 90 B 3
Bir al Murabba' 59 G 5
Birao 94 B 2
Birdsville 81 C 2
Birdum 80 C 1
Birecik 59 G 4
Bireuen 68 A 3
Bir Gandus 88 B 3
Birin 59 F 5
Birjand 63 G-H 2
Birkenhead 25 E 5
Bîrkırkara 45 F
Bîrlad 37 H 2
Bîrlad 37 H 2
Birma → Myanmar
67 D 2
Birmingham (Großbritannien)
25 F 5
Birmingham (USA)
109 E 2
Birnin Kebbi 93 E 1
Birni Nkonni 93 D 1
Birobidžan 53 J 4
Birr 25 C 5
Biržai 23 H 3
Bîrzava 37 F 2
Birzebbuga 45 F
Biscaya, Golf von-
29 D-E 2
Bischeck 51 H 4
Bischofshofen 32 D 2
Bisha 95 C 2
Bishop 111 C 4
Bishop's Stortford 25 G 6
Bishri, Jabal- 108 B 1
Biskupiec 34 E 2
Bislig 69 D 3
Bismarck 108 C 1
Bismarck-Archipel 74 B 3
Bismarck Range 74 B 3
Bismil 59 H 4
Bispfors 20 G 2
Bissagos-Inseln 92 B 1
Bissau 92 B 1
Bistrița 37 H 2
Bistrița 37 H 2
Bitam 96 B 1
Bitburg 30 E 3-4
Bitlis 60 D 5
Bitola 38 B 2
Bitterfontein 98 C 4
Bitterrootkette 108 B 1
Biu 93 E 1

Biwasee 57 F 3
675 km², fischreicher See auf der japanischen Insel Honshu.

Bizerte 89 D-E 2
Bjala 37 G 4
Bjarezinski, Nationalpark-
35 J 1
Bjargtangar 44 A 2
Bjarnarey 44 F-G 2
Bjaroza 35 G 2
Bjästa 37 H 2
Bjelovar 36 C 3
Bjelucha 51 J 4
Biqa, Al- 62A B 1
Bjerkvik 18 D 2

Bjørgvin 20 A-B 3
Bjørkelangen 21 D 4
Björkö 21 H 4
Bjørntoppen 18 D 2-3
Bjurholm 20 H 2
Blackall 81 D 2
Blackfoot 110 D 3
Black Hills 108 C 1
Blackpool 25 E 5
Black Rock Desert
110 C 3
Blackwater 25 B-C 5
Blåfjellshatten 20 E 1
Blagodarny 60 D 2
Blagojevgrad 37 F 4
Blagoweschtschensk
53 H 3
Blåhø 20 C 2
Blakeplateau 109 F 2-3
Blanc, Kap- (Mauretanien)
88 B 3
Blanc, Kap- (Tunesien)
89 D 2
Blanc, Lac- 27 D 4
Blanca, Bahía- 124 C 3
Blanca, Costa- 29 E-F 4-5
Blanca Peak 108 C 2
Blanco, Kap- 108 A 1
Blanquilla 121 D 1
Blantyre 99 D 2
Blaue Berge 108 B 1

Blauer Nil 94 C 2
Wasserreichster Nebenfluss des Nils.

Blåvands Huk 21 B-C 6
Blaye 27 C 5
Blekinge 21 F 5
Blenheim 79 C 4
Blida 89 D 2
Blind River 107 H 4
Blitar 68 C 4
Bloemfontein 98 C 3
Blois 26 D 4
Bloody Forenland, Kap-
24 B 4
Bloomington (Illinois-USA)
112 B 2
Bloomington (Indiana-USA)
112 B 3
Blosseville Kyst 105 J 3
Bludenz 32 C 2
Bluefield 112 C 3
Bluefields 115 D 3
Blue Mountain Peak
116 B 3
Bluff Knoll 80 A 3
Blumenau 123 D 4
Blythe 111 D 5
Blytheville 109 D-E 2
Bo 92 B 2
Bo 21 C 4
Boa Vista 122 B 1
Boa Vista 88 A 4
Bobo-Dioulasso 92 C 1
Bobriki 40 G 4-5
Bobrovytsja 42 E 2
Bobrynec' 43 F 3

Boca do Acre 122 B 2
Bocholt 30 E 3
Bodajbo 52 G 3
Bodéle 94 A 2
Boden 18 F 4
Bodensee 31 F 5
Bodmin 25 D 6
Bodø 18 C 3
Bodrum 58 A 4
Boende 96 C 2
Bogalusa 113 A-B 4
Boğazköy 59 E 2
Boğazlıyan 59 E 3
Bogor 68 B 4
Bogorodick 40 G 5
Bogorodsk 41 J 3

Bogotá 120 C 2
5 Mio. Ew., Hauptstadt Kolumbiens in 2650 m Höhe.

Bogučany 52 E 3
Bogué 88 B 4
Bo Hai 55 E-F 3
Bohaistraße 56 C 3
Böhmen 31 H-J 3
Böhmerwald 31 H 4
Bohoduchiv 43 G 2
Bohol 69 D 2-3
Bohuševsk 35 K 1
Bohuslav 42 E 3
Boise 108 B 1
Bojarka 42 E 2
Bojnurd 63 G 1
Boké 94 A 2
Boknafjord 21 A 4
Boksitogorsk 40 D-E 2
Bol 94 A 2
Bolama 92 B 1
Bolesławiec 34 B 3
Bolgatanga 92 C 1
Bolhov 40 E-F 5
Bolhrad 42 D 5
Boliden 19 F 4
Bolívar, Pico- 120 C 2
Bolivien 122 B 3
Bolivien, Hochland von-
122 B 3-4
Bollnäs 20 G 3
Bolmen 21 E 5
Bolnisi 61 E 4

Bologna 32 C 3
400 000 Ew., Hauptstadt der ital. Region Emilia-Romagna.

Bologoje 40 E 3
Bolohovo 40 F 4-5
Bolšakovo 22 F 4
Bolschoi Begitschew
52 G 1
Bolsenasee 32 C 4
Bolšoj Berezovy, ostrov-
23 K 1
Bolšoje Muraškino 41 K 4
Bolšoj Tjuters, ostrov-
23 J 2
Bolu 58 C 2
Bolungarvík 44 B 1

Bolvadin ⊡ **58** C 3
Bolzano = Bozen ⊡ **32** C 2
Boma ⊡ **96** B 2
Bombala ⊡ **81** D 3

Bombay ② **66** B 3
(Mumbai), 13 Mio. Ew., Hauptstadt des ind. Bundesstaats Maharashtra.

Bom Jesus da Lapa ⊡ **123** D 3
Bømlo ⊠ **21** A 4
Bomu ⊠ **96** C 1
Bon, Kap- ⊠ **89** E 2
Bonaire ⊠ **117** D 4
Bonaparte Archipel ⊠ **80** B 1
Bondo ⊡ **96** C 1
Bondoukou ⊡ **92** C 2
Bondowoso ⊡ **68** C 4
Bone, Teluk- ⊠ **69** D 4
Bonete, Cerro- ▲ **124** C 2
Bongandanga ⊡ **96** C 1
Bongor ⊡ **94** A 2
Bonifacio ⊡ **33** B 5
Bonifacio, Straße von- ⊠ **33** B 5
Bonn ⊡ **30** E 3
Bonny, Bucht von- ⊠ **96** A 1
Bontang ⊡ **69** C 3
Bonthe ⊡ **92** B 2
Bon-Voyage ⊡ **45** B
Boosaaso ⊡ **95** D 2
Boothiagolf ⊠ **107** H 1-2
Boothia Halbinsel ▬ **106** G 1
Booué ⊡ **96** B 2
Bor (Jugoslawien) ⊡ **37** F 3
Bor (Russland) ⊡ **41** J-K 3
Bor (Sudan) ⊡ **94** C 3
Bor (Türkei) ⊡ **59** E 4
Bora Bora ⊠ **77** C 3
Borah Peak ▲ **108** B 1
Boramo ⊡ **95** D-E 3
Boran ⊡ **95** C-D 3
Borås ⊡ **21** E 5
Borba ⊡ **122** C 2
Borchojn Tal ⊡ **56** A 2
Borçka ⊡ **59** H 2
Bordeaux ② **27** C 5
Borden Halbinsel ▬ **107** H 1
Bordj Messouda ⊡ **89** D 2
Bordj Moktar ⊡ **89** D 3
Bordj Omar Driss ⊡ **89** D 3
Borgafjäll ▲ **20** F 2
Borgarnes ⊡ **44** B-C 3
Børgefjell, Nationalpark- ⊞ **20** E-F 1
Børgefjellet ▲ **20** E 1
Borghi ⊡ **45** D
Borgholm ⊡ **21** G 5
Borgo Maggiore ⊡ **45** D
Borgvattnet ⊡ **20** F 2
Borisovo-Sudskoje ⊡ **40** E-F 2
Borja ⊡ **120** C 3
Borkou ⊡ **90** B-C 3
Borkum ⊠ **30** E 2
Borlänge ⊡ **20** F 3

Borlaug ⊡ **20** B-C 3
Borneo (Kalimantan) ⊠ **68** C 3-4
Bornholm ⊠ **21** F 6
Borodino ⊡ **40** E 4
Borohoro Shan ▲ **54** B 2
Borongan ⊡ **69** D 2
Boroviči ⊡ **40** D-E 2
Borroloola ⊡ **81** C 1
Borşa ⊡ **37** G 2
Børselv ⊡ **18** H 1
Borujerd ⊡ **63** E 2
Boryslav ⊡ **42** A 3
Boryspil' ⊡ **42** E 2
Borzja ⊡ **52** G 3
Borzna ⊡ **43** F 2
Bosa ⊡ **33** B 5
Bosanska Gradiška ⊡ **36** C 3
Bosanska Krupa ⊡ **36** C 3
Bosanski Novi ⊡ **36** C 3
Bosanski Petrovac ⊡ **36** C 3
Bosansko Grahovo ⊡ **36** C 3
Bose ⊡ **54** D 4
Boshan ⊡ **56** B 3
Bosna ⊠ **36** D 3
Bosnien ▬ **36** C 3
Bosnien und Herzegowina ▯ **36** C-D 3
Boso, Halbinsel- ▬ **57** G 3
Bosporus ⊠ **58** B 2
Bossangoa ⊡ **94** A 3
Bossembélé ⊡ **94** A 3
Bosten Hu ⊠ **54** B 2
Boston (Großbritannien) ⊡ **25** F-G 5
Boston (USA) ② **109** F 1
Botev ▲ **37** G 4
Botlih ⊡ **61** F 3
Botoşani ⊡ **37** H 2
Botrange ▲ **26** F-G 2
Botsmark ⊡ **19** F 4
Botsuana ▯ **98** C 3
Bottnischer Meerbusen ⊠ **19** E-F 4-6
Bouaké ⊡ **92** C 2
Bouar ⊡ **94** A 3
Bougainville ⊠ **74** C 3
Boughni ⊡ **29** G 5
Bougouni ⊡ **88** C 4
Bouillon ⊡ **26** F 3
Bouira ⊡ **29** G 5
Bou Kadir ⊡ **29** F 5
Boulder ⊡ **108** C 2
Boulder City ⊡ **108** B 2
Boulogne-sur-Mer ⊡ **26** D 2
Boumerdas ⊡ **29** G 5
Bouna ⊡ **92** C 2
Boundiali ⊡ **92** C 2
Bounty-Inseln ⊠ **79** C 4
Bourail ⊡ **78** B 2
Bourbonnais ▬ **26-27** E 4
Bourbonne-les-Bains ⊡ **26** F 4
Bourem ⊡ **89** C-D 4
Bourg-en-Bresse ⊡ **27** F 4
Bourges ⊡ **26** E 4
Bourgogne ▯ **26** E-F 4
Bourgoin ⊡ **27** F 5
Boû Rjeïmat ⊡ **88** B 4

Bourke ⊡ **81** D 3
Bournemouth ⊡ **25** F 6
Bou Sfer ⊡ **29** E 6
Bouzghaïa ⊡ **29** F 5
Bowen ⊡ **81** D 1
Bowling Green ⊡ **112** B 3
Boxian ⊡ **56** B 4
Boxing ⊡ **56** B 3
Boyle ⊡ **25** B 5
Boyomafälle = Stanleyfälle ⊠ **96** C 1
Bozburun ⊡ **58** B 4
Bozburun Dağı ▲ **58** C 4
Bozcaada ⊠ **58** A 3
Boz Dağı (Türkei) ▲ **58** B 3
Boz Dağı (Türkei) ▲ **58** B 4
Bozeman ⊡ **108** B 1
Bozen = Bolzano ⊡ **32** C 2
Bozhen ⊡ **56** B 3
Bozkurt ⊡ **59** E 2
Bozoum ⊡ **94** A 3
Bozova ⊡ **59** G 4
Bozüyük ⊡ **58** C 3
Bra ⊡ **32** A 3
Brabant ▯ **26** F 2
Brač ⊠ **36** C 4
Braccianosee ⊠ **33** D 4
Bräcke ⊡ **20** F 2
Brad ⊡ **37** F 2
Bradenton ⊡ **113** C 5
Bradford ⊡ **25** F 5
Braga ⊡ **28** A 3
Bragado ⊡ **124** C 3
Bragança (Brasilien) ⊡ **123** D 2
Bragança (Portugal) ⊡ **28** B 3
Brahmaputra ⊠ **66** C-D 2
2900 km, Quelle in 6000 m Höhe im Himalaya.

Braich Bardesey ⊠ **25** D 5
Brăila ⊡ **37** J 3
Brampton ⊡ **112** D 2
Branco, Kap- ⊠ **123** E 2
Branco, Rio- ⊠ **122** B 1-2
Brandberg ▲ **98** B 2-3
Brandenburg ⊡ **31** H 2
2,54 Mio. Ew., dt. Bundesland, Hauptstadt: Potsdam.

Brandenburg ▯ **31** H 2
Brandon (Kanada) ⊡ **106** F-G 3
Brandon (USA) ⊡ **113** C 5
Braniewo ⊡ **34** D-E 1
Brantford ⊡ **112** C 2
Brasília ① **123** D 3
1,6 Mio. Ew., Hauptstadt Brasiliens (seit 1960) in der geografischen Mitte des Landes.

Brasilianisches Becken ⊠ **123** E-F 3
Brasilien ▯ **122-123** B-D 2
Braslav ⊡ **35** H 1
Braşov ⊡ **37** G 3

Brass ⊡ **93** D 2

Bratislava (Preßburg) ①
34 C 4
445 000 Ew., Hauptstadt der Slowakei.

Bratsk ⊡ **52** F 3
Bratsker Stausee ⊠ **52** F 3
Braunau ⊡ **32** D 1
Braunschweig ⊡ **31** G 2
Brava ⊠ **88** A 4
Brava, Costa- ▬ **29** G 3
Bravo del Norte, Río- =
Rio Grande ⊠ **114** B 2
Bray ⊡ **25** C 5
Brazos ⊠ **108** D 2
Brazzaville ① **96** B 2
Brčko ⊡ **36** D 3
Břeclav ⊡ **31** K 4
Brecon ⊡ **25** E 6
Breda ⊡ **30** D 3
Bregenz ② **32** B 2
Breidhafjord ⊠ **44** B 2
Brejo ⊡ **123** D 2
Brejtovo ⊡ **40** F 2
Brekke ⊡ **20** A 3
Brekkuvellir ⊡ **44** B 2
Brekstad ⊡ **20** C 2
Bremangerlandet ⊠ **20** A 3

Bremen ② **30** F 2
680 000 Ew., Freie Hansestadt, Hauptstadt des gleichnamigen dt. Bundeslandes.

Bremerhaven ⊡ **30** F 2
Bremerton ▬ **110** B 2
Brenna ⊡ **18** B 4
Brenner = Brennero ▲ **32** C 2
Brennero = Brenner ▲ **32** C 2
Brescia ⊡ **32** C 3
Breslau → Wrocław ⊡ **34** C 3
Bressanone = Brixen ⊡ **32** C 2
Brest ⊡ **26** A 3
Brèst ⊡ **35** F 2
Bretagne ▯ **26** B-C 3
Breteuil ⊡ **26** E 3
Breuil-Cervinia ⊡ **32** A 3
Breves ⊡ **123** C 2
Brewster, Kap- ⊠ **105** J 3
Bria ⊡ **94** B 3
Briançon ⊡ **27** G 5
Briare ⊡ **26** E 4
Bridgetown ① **117** E 4
Bridlington ⊡ **25** F 4
Brie ▬ **26** E 3
Brig ⊡ **32** B 2
Brighton ⊡ **25** F 6
Brignoles ⊡ **27** F-G 6
Brinceny ⊡ **42** C 3
Brindisi ⊡ **33** G 5 Brioni ⊠ **36** A 3
Brisbane ② **81** E 2
Bristol ⊡ **25** E 6
Bristol Bai ⊠ **104** D 3
Bristolkanal ⊠ **25** D-E 6

British Columbia ▯ **106** D 3
British Empire Range ▲
105 C-E 1
Britstown ⊡ **98** C 4
Brive-la-Gaillarde ⊡ **27** D 5
Brixen = Bressanone ⊡
32 C 2
Brjanka ⊡ **43** J 3
Brjansk ⊡ **50** D 3
Brno (Brünn) ⊡ **31** K 4
Brocken ▲ **31** G 3

Bucureşti (Bukarest) ①
37 G-H 3
2, 3 Mio. Ew., Hauptstadt Rumäniens.

Budacu, Virful- ▲ **37** G 2
Buda-Kašalëva ⊡ **35** K 2

Budapest ① **36** D 2
2 Mio. Ew., Hauptstadt Ungarns, Stadtteile Buda und Pest zu Seiten der Donau.

Bude ⊡ **25** D 6
Budennovsk ⊡ **61** E 2
Búdhardalur ⊡ **44** C 2
Budogošč ⊡ **40** D 2
Budva ⊡ **36** D 4
Budweis → České Budějovice
⊡ **31** J 4
Buenaventura (Kolumbien) ⊡
120 C 2
Buenaventura (Mexiko) ⊡
111 E 6

Buenos Aires ① **124** D 3
2,9 Mio. Ew., Hauptstadt Argentiniens.

Buffalo (New York-USA) ⊡
109 F 1
Buffalo (South Dakota-USA)
⊡ **108** C 1
Bug ⊠ **34** F 2
Bugojno ⊡ **36** C 3
Bugt ⊡ **55** F 2
Buhara ⊡ **51** G 5
Bu Hasa ⊡ **65** E 4
Builth Wells ⊡ **25** E 5
Buinsk ⊡ **41** M 4
Buj ⊡ **41** H 2
Bujaraloz ⊡ **29** E 3
Bujnaksk ⊡ **61** F 3
Bujumbura ① **97** C 2
Buka ⊠ **75** C 3
Bukadaban Feng ▲ **54** C 3
Bukama ⊡ **96** C 3
Bukarest → Bucureşti ①
37 G-H 3
Bukavu ⊡ **97** C 2
Bukittinggi ⊡ **68** B 4
Bükk, Nationalpark- ⊞
36 E 1
Bukoba ⊡ **97** D 2
Bula ⊡ **69** E 4
Bulan ⊡ **69** D 2
Bulanık ⊡ **60** D 5

Bulawayo • 98 C 3
Buldan • 58 B 3
Bulgarien 1 37 G-H 4
Bullfinch • 80 A 3
Bulloo ≈ 81 D 2
Bulo Berde • 95 D 3
Bulolo • 74 B 3
Bulun • 52 H 1
Bumba • 96 C 1
Bunbury • 80 A 3
Bundaberg • 81 E 2
Bundesdistrikt 2 123 D 3
Bungostraße ≋ 57 E 4
Bunja • 97 D 1
Bünyan • 59 E 3
Buor-Haja, Kap- ≋ 53 J 1
Buor-Haja-Busen ≋ 52 H-J 1
Burao • 95 D 3
Buraydah • 63 D-E 3
Buraymi, Al- • 65 F 4
Burdur • 58 C 4
Burdur Gölü ≈ 58 C 4
Bureå • 19 F 4
Bureja ≈ 53 J 3
Burejagebirge ▲ 53 J 3-4
Büren • 30 F 3
Bürfell • 44 D 3
Burfjord • 18 G 2
Burgas • 37 H 4
Burgas, Golf von- ≋
   37 H-J 4
Burgenland 2 32 F 2
Burgos • 28 D 2
Burgsvik • 21 H 5
Burj Safita • 59 F 5
Burketown • 81 C 1
Burkina Faso 1 92 C 1
Burley • 110 D 3
Burlington (Iowa-USA) •
   112 A 2
Burlington (Vermont-USA) •
   112 E 2
Burnaby • 110 B 2
Burnie • 80 B 3
Burnley • 25 E 5
Burns ≋ 108 B 1
Burreli • 38 A 2
Bursa • 58 B 2
Bur Safaga • 90 D 3
Buru ≋ 69 D 4
Burundi 1 97 C-D 2
Bururi • 97 C 2
Bury Saint Edmunds •
   25 G 5
Busayrah • 59 H 5
Bushehr • 63 F 3
Businga • 96 C 1
Busko Zdrój • 34 E 3
Busselton • 80 A 3
Busto Arsizio • 32 B 3
Buta • 96 C 1
Butare • 97 C 2
Butaritari ≋ 75 E 2
Butembo • 97 C 1-2
Butha Qi • 55 F 2
Butte • 108 B 1
Butuan • 69 D 3
Butung • 69 D 4

Buzači, Halbinsel- ▬ 61 H-J 2
Buzău • 37 H 3
Buzău ≈ 37 H 3
Buzaymah • 90 C 3
Bychov • 35 K 2
Bydgoszcz • 34 C-D 2
Bygdeå 2 19 F 4-5
Bygland • 21 B 4
Bykle • 21 B 4
Bylot-Insel ≋ 107 J 1
Byron, Kap- ≋ 81 E 2
Byrrangagebirge ▲ 52 E-F 1
Byskeälv ≈ 19 F 4
Bytom • 34 D 3
Bytów • 34 C 1
Byxelkrok • 21 G 5

C

Caatinga ▬ 123 D 2
Cabanatuan • 69 D 2
Cabanette, Pic de la- ▲
   45 C
Cabezas • 122 B 3
Cabimas • 120 C 1
Cabinda • 96 B 2
Cabo Bojador • 88 B 3
Caborca • 111 D 5
Cabot Straße ≋ 107 L 4
Cabourg • 26 C 3
Cäbrayil • 61 F 5
Cabrera ≋ 29 G 4
Čačak • 36 E 4
Cáceres (Brasilien) • 122 C 3
Cáceres (Spanien) • 28 B 4
Cachimbo • 122 C 2
Cachimbo, Serra do- ▲
   122 C 2
Cachoeira do Sul •
   124 D 2-3
Cacoal • 122 B 3
Cacolo • 98 B 2
Caconda • 98 B 2
Čadca • 34 D 4
Cádiz • 28 B 5
Cádiz, Golf von- ≋ 28 A-B 5
Caen 2 26 C 3
Caernarvon • 25 D 5
Cagayan ≈ 69 D 2
Cagayan de Oro • 69 D 3
Čagda ≈ 53 J 3
Cageri • 60 D 3
Cagliari 2 33 B 6
Cagliari, Golf von- ≋ 33 B 6
Caguas • 117 D 3
Cahora-Bassa-Stausee ≋
   99 D 2
Cahors • 27 D 5
Cahul • 42 D 1
Caia • 99 D 2
Caicara • 121 D 2
Caicó • 123 E 2
Caicosbank ≋ 117 C 3
Caicos-Inseln ≋ 117 C 2
Caicos Passage ≋ 116 C 2
Cairn Ryan • 24 D 4
Cairns • 81 D 1
Cajamarca • 120 C 3

Çakırgöl Dağ ▲ 59 G 2
Çakmak • 59 E 4
Çakmak Dağı ▲ 60 D 5
Čakor ▲ 36 E 4
Çal • 58 B 3
Calabar • 93 D 2
Calabria 2 33 F 6
Calafat • 37 F 4
Calafate • 125 B 5
Calais • 26 D 2
Calama • 124 C 2
Calamian-Inseln ≋ 69 C-D 2
Calamocha • 29 E 3
Cālāraşi • 37 H 3
Cālāraşi 2 42 D 4
Calatayud • 29 E 3
Calbayog • 69 D 2
Calçoene • 123 C 1
Caldera • 124 B 2
Caldwell • 110 C 3
Caleta Olivia • 125 C 4
Calexico • 111 C 5
Caliente • 111 D 4

Canberra 1 81 D 3
300 000 Ew., Hauptstadt Australiens.

California 2 108 A-B 2
30 Mio. Ew., US-Bundesstaat, Hauptstadt: Sacramento.

Cālilabad • 61 G 5
Calka • 61 E 4
Callao • 120 C 4
Calpe • 29 E-F 4
Caltagirone • 33 E 7
Caltanissetta • 33 E 7
Calvi • 32 B 4
Calvinia • 98 A 4
Camabatela • 98 B 1
Camagüey • 116 B 2
Camagüey, Archipiélago de-
   ≋ 116 B 2
Camaná • 120 C 4
Camargue ▬ 27 F 6
Camarones • 125 C 4
Ca Mau • 67 E 4
Ca Mau, Kap- ≋ 67 E 4
Camaxile • 98 B 1
Cambados • 28 A 2
Cambo-les-Bains • 27 C 6
Cambrai • 26 E 2
Cambrian Mountains ▲
   25 D-E 5-6
Cambridge • 25 F-G 5
Cambridge Bay • 106 F 2
Camden • 112 D 2-3
Cameia ≋ 98 C 2
Çameli • 58 B 4
Camenca • 42 D 3
Camerino • 32 D 4
Cametá • 123 C-D 2
Camiri • 122 B 3-4
Camlidere • 58 D 2
Camocim • 123 D 2
Camooweal • 81 C 1
Campana ≋ 125 B 4
Campania 2 33 E 5

Campbellton • 107 K 4
Campbeltown • 24 D 4
Campeche • 115 C 3
Campeche, Golf von- ≋
   114-115 C 2
Campina Grande • 123 E 2
Campinas • 123 D 4
Campobasso 2 33 E 5
Campo Grande 2 122 C 4
Campo Maior • 123 D 2
Campo Mourão • 123 D 4
Campos • 123 D 4
Campos ▬ 123 D 3
Camprodón • 29 G 2
Çan • 58 A 2
Canadian River ≈ 108 C 2
Çanakkale • 58 A 2
Cananea • 114 A 1
Cañaveral • 28 B 4
Canaveral, Kap- ≋ 109 E 3
Canavieiras • 123 E 3

Canberra 1 81 D 3
300 000 Ew., Hauptstadt Australiens.

Cancún • 115 D 2
Canda, Puerto- ▲ 28 B 2
Çandarlı, Golf von- ≋ 58 A 3
Cangamba • 98 B 2
Cangzhou • 55 E 3
Caniapiscau ≈ 107 K 3
Canicattì • 33 D 7
Canık Dağları ▲ 59 F 2
Çankırı • 58 D 2
Cannes • 27 G 6
Canoas • 124 D 2
Canoas, Punta- ≋ 111 C 6
Canol • 106 D 2
Cantabria 2 28 C-D 2
Cantal ▲ 27 E 5
Cantemir • 37 J 2
Canterbury • 25 G 6
Canterbury Plains ▬ 79 C 4
Can Tho • 67 E 3-4
Canton • 112 C 2
Canton Atoll ≋ 76 A 2
Canyonlands Nationalpark ▣
   111 D-E 4
Cap-d'Ail • 45 B
Cap-de-la-Madeleine •
   112 E 1
Cape Barren Inseln ≋ 80 C 3
Cape Breton Island ≋
   107 L 4
Cape Coast • 92 C 2
Cape Coral • 113 C 5
Cape Dorset • 107 J 2
Cape Girardeau • 112 B 3
Cape-Johnsen-Guyot ≋
   82 A 3
Capelle, La- • 26 E 2-3

Cap-Haïtien • 116 C 3
92 000 Ew., Hafenstadt an der N-Küste von Haiti, zweitgrößte Stadt des Landes.

Capim ≈ 123 D 2

Capitol Reef Nationalpark ▣
   111 D 4
Čaplinka • 43 F 4
Čaplygin • 41 G-H 5
Capraia ≋ 32 B 4
Caprera ≋ 33 B 5
Capri ≋ 33 E 5
Caprivi Zipfel ▬ 98 C 2
Captain Cook • 83 C-D 3
Caquetá ≈ 120 C 3
Caracal • 37 G 3
Caracaraí • 122 B 1

Caracas 1 121 D 1
1,3 Mio. Ew., Hauptstadt von Venezuela.

Carajás, Serra dos- ▲
   123 C 2
Caransebeş • 37 F 3
Caratinga • 123 D 3
Carauari • 122 B 2
Caravaca • 29 E 4
Caravelas • 123 E 3
Carballo • 28 A 2
Carbonara, Kap- ≋ 33 B 6
Carbondale • 109 E 2
Carbonia • 33 B 6
Carcassonne • 27 E 6
Çardak • 58 B 4
Cárdenas • 116 A 2

Cardiff 2 25 E 6
280 000 Ew., Hauptstadt von Wales (Großbritannien).

Cardigan • 25 D 5
Cardiganbai ≋ 25 D 5
Čardžev ≈ 51 G 5
Carei • 37 F 2
Carentan • 26 C 3
Careysee ≋ 80 B 2
Carhaix-Plouguer • 26 B 3
Cariati • 33 F 6
Caribou Mountains ▲
   106 E 3
Cariñena • 29 E 3
Carlin • 110 C 3
Carlisle • 25 E 4
Carlsbad • 108 C 2
Carmacks • 106 C 2
Carmarthen • 25 D 6
Carmaux • 27 E 5
Carmen de Patagones •
   124 C 4
Carmona • 28 C 5
Carnac • 26 B 4
Carnarvon • 80 A 2
Carnegieschwelle ≋ 120 B 3
Carnegiesee ≋ 80 B 2
Carnsore Point ≋ 25 C 5
Carolina • 123 D 2
Carolina, La- • 28 D 4
Caroline Atoll ≋ 77 C 2
Carondelet-Riff ≋ 76 A 2
Caroní ≈ 121 D 2
Carpentariagolf ≋ 81 C-D 1
Carpentras • 27 F 5
Carpi • 32 C 3

Carrantuohill ▲ **25** B 5-6
Carrara ● **32** C 3
Carreta, Kap- ⬚ **120** C 4
Carriacou ⬚ **117** E 4
Carrick-on-Shannon ●
  25 B-C 4-5
Carrollton ● **113** B-C 4
Çarşamba ● **59** F 2
Çarşamba ⬚ **58** D 4
Carson City ② **108** B 2
Cartagena (Kolumbien) ●
  120 C 1
Cartagena (Spanien) ●
  29 E 5
Cartago ● **115** D 4
Cartwright ● **107** L 3
Caruaru ● **123** E 2
Carúpano ● **121** D 1
Carvoeiro, Kap- ⬚ **28** A 4
Casablanca ● **88** B 2
Casa Grande ● **111** D 5
Casale Monferrato ● **32** B 3
Casamance, Pic de- ▲ **45** C
Casamozza ● **33** B 4-5
Casas Ibáñez ● **29** E 4
Cascavel ● **123** D 4
Caserta ● **33** E 5
Casey ● **127** F 2
Casino ● **81** E 2
Casiquiare ⬚ **121** D 2
Čašniki ● **35** J 1
Caspe ● **29** E 3
Caspe, Lago de- ⬚ **29** E-F 3
Casper ● **108** C 1
Cassai = Kasai ⬚ **96** B-C 2
Cassiar ● **106** D 3
Cassiar Mountains ▲
  106 D 3
Cassinga ● **98** B 2
Cassino ● **33** D 5
Castanho ● **122** B-C 2
Casteljaloux ● **27** C-D 5
Castellon de la Plana ●
  29 E 3-4
Castelo Branco ● **28** B 3-4
Castelvetrano ● **33** D 7
Castilla-La Mancha ②
  28-29 C-D 4
Castilla y León ② **28** B-C 3
Castlebar ● **25** B 5
Castle Douglas ● **25** E 4
Castlegar ● **110** C 2
Castres-sur-l'Agout ● **27** E 6
Castries ① **117** E 4
Castro ● **125** B 4
Castro-Urdiales ● **28** D 2
Castrovillari ● **33** F 6
Castuera ● **28** C 4
Cat ⬚ **116** B 2
Çat ● **59** H 3
Çatak ● **60** D 5
Çatak ⬚ **60** D 6
Catalão ● **123** D 3
Cataluña = Catalunya ②
  29 F-G 2-3
Catalunya = Cataluña ②
  29 F-G 2-3
Catamarca ● **124** C 2
Catanduanes ⬚ **69** D 2

Catania ● **33** E 7
Catania, Golf von- ⬚ **33** E 7
Catanzaro ② **33** F 6
Cataraman ● **69** D 2
Catastrophe, Kap- ⬚ **81** C 3
Catoche, Kap- ⬚ **115** D 2
Cato-Insel ⬚ **81** E 2
Cauca ⬚ **120** C 2
Cauquenes ● **124** B 3
Caura ⬚ **121** D 2
Căușeni ● **42** D 4
Çavdarhisar ● **58** B 3
Caviana ⬚ **123** C-D 1-2
Caxias ● **123** D 2
Caxias do Sul ● **124** D 2
Çay ● **58** C 3
Cayambe ▲ **120** C 2-3
Çaycuma ● **58** D 2
Çayeli ● **59** H 2
Cayenne ② **121** E 2
Cayes, Les- ● **116** C 3
Caymangraben ⬚ **116** A-B 3
Caymaninseln ⬚ **116** A 3
Caymanrücken ⬚ **116** A 2-3
Cazombo ● **98** C 2
Cazorla ● **28** D 5
Cea ● **28** B 2
Cealhaň ▲ **37** G-H 2
Ceará ② **123** D-E 2
Cebu ● **69** D 2

Cebu ⬚ **69** D 2
2 Mio. Ew., Insel der Philippi-
nen, gleichnamige Hauptstadt.

Cece ● **36** D 2
Čečen, Ostrov- ⬚ **61** F 3
Cecerleg ● **54** D 2
Cecina ● **32** C 4
Cedar City ● **108** B 2
Cedar Rapids ● **109** D 1
Cedres, Nationalpark- ✿
  29 F 6
Cedros ⬚ **114** A 2
Ceduna ● **81** C 3
Cefalù ● **33** E-F 6
Čegdomyn ● **53** J 3
Cegléd ● **36** D 2
Čehov ● **40** F 4
Çekerek ● **59** E-F 2-3
Celb ⬚ **60** B 2
Célèbes (Sulawesi) ⬚
  69 C-D 4
Célébessee ⬚ **69** D 3
Celje ● **36** D 2
Celle ● **31** G 2
Celtik ● **58** C 3
Çemişkezek ● **59** G 3
Cenderawasih, Teluk- ⬚
  69 E 4
Central, Cordillera-
  (Dominikanische Republik)
  ▲ **117** C 3
Central, Cordillera- (Peru) ▲
  120 C 3
Centralia ● **110** B 2
Central Range ▲ **74** B 3
Centre ② **26** D-E 4

Cerbère ● **27** E 6
Čerdakly ● **41** M 4
Čeremhovo ● **52** F 3
Čerepovec ● **40** F-G 2
Ceres ● **123** D 3
Cerf ● **99** F 1
Cerignola ● **33** E 5
Čerkasy ● **43** F 3
Çerkeş ● **58** D 2
Čerkessk ② **60** D 2
Cern ● **40** F 5
Cernavoda ● **37** H-J 3
Černihiv ● **42** E 2
Černivci ● **42** B-C 3
Černyševski ● **52** G 2
Čerpessa ● **40** C 3
Cerro de Pasco ● **120** C 4
Čerski ● **53** M 2
Cervales ▲ **28** C 4
Čèrven' ● **35** J 2
Červená voda ⬚ **31** K 3
Cervera ● **29** F 3
Cervera del Llano ● **29** D 4
Cervia ● **32** D 3
Červonohrad ● **42** B 2
Čerykav ● **35** K 2
Cesarea ⬚ **62A** A 2
Cesena ● **32** D 3
Cēsis ● **23** H 3
České Budějovice (Budweis)
  ● **31** J 4
Český Krumlov ● **31** J 4
Çeşme ● **58** A 3
Cessnock ● **81** E 3
Cetinje ● **36** D 4
Çetinkaya ● **59** F 3
Ceuta ● **88-89** C 2
Ceva-I-Ra ⬚ **78** C 1
Cevennen ▲ **27** E-F 5
Cévennes Nationalpark ✿
  27 E 5
Ceyhan ● **59** E 4
Ceyhan ⬚ **59** E 4
Ceylanpinar ● **59** G-H 4
Ceylon ⬚ **66** C 4
Chabarowsk ● **53** J 4
Chachani ▲ **120** C 4
Chachapoyas ● **120** C 3
Chah Bahar ● **63** H 3-4
Chahbounia ● **29** G 6
Chaitén ● **125** B 4
Chake Chake ● **97** D 2
Chalais ● **27** C-D 5
Chalkidike ▲ **38** C 2
Chalkis ● **38** C 3
Challapata ● **122** B 3
Challis ● **110** D 3
Châlons-sur-Marne ② **26** F 3
Châlon-sur-Saône ● **26** F 4
Chaltubo ● **60** D 3
Chalus ● **65** E 1
Cham ● **31** H 4
Chambal ⬚ **66** B 2
Chambéry ● **27** F 5
Chamonix ● **27** G 5
Champagne ▬ **26** E-F 3
Champagne-Ardenne ②
  26 E-F 3
Champaign ● **109** E 1

Champlain, Lake- ⬚ **112** E 2
Chañaral ● **124** B 2
Chan Chan ⬚ **120** C 3
Chandeleur-Inseln ⬚
  113 B 4-5
Chandigarh ② **66** B 1
Chandrapur ● **66** B-C 2-3
Changaigebirge ▲ **54** C-D 2
Changara ● **99** D 2
Changbai ● **57** D 2
Changbai Shan ▲ **57** D 2
Changchun ② **55** F 2
Changde ● **55** E 4
Changji ● **54** B 2

Changjiang = Yangzi ● **67**
  E 3
6300 km, drittlängster Fluss
der Erde (China), Quelle im
Hochland von Tibet.

Changjon ● **57** D 3
Changli ● **56** B 3
Changling ● **56** C 2
Changsan, Kap- ⬚ **56** C 3
Changsha ② **55** E 4
Changwon ● **57** D 3-4
Changyon ● **56** C-D 3
Changzhi ● **55** E 3
Changzhou ● **55** E-F 3
Chania ● **38** D 5
Chanka See ⬚ **55** G 2
Channel-Inseln ⬚ **108** A-B 2
Channel-Port-aux-Basques ●
  107 L 4
Chanthaburi ● **67** E 3
Chaoxian ● **56** B 4
Chaoyang ● **55** E-F 2
Chaozhou ● **55** E-F 4
Chapecó ● **123** C 4
Chapleau ● **112** C 1
Charente ⬚ **27** C 5
Chari ⬚ **94** A 2
Charité, La- ● **26** E 4
Charity ● **121** E 2
Charkiv ● **43** H 2-3
Charleroi ● **26** F 2
Charles, Kap- ⬚ **112** D 3
Charleston (South Carolina-
  USA) ● **109** F 2
Charleston (West Virginia-
  USA) ② **109** E 2
Charlestown ● **25** B 4-5
Charleville ● **81** D 2
Charleville-Mézières ●
  26 F 3
Charlotte ● **109** E 2
Charlotte Amalie ● **117** D-E 3
Charlottebank ⬚ **78** C 1
Charlottenville ● **112** D 3
Charlottetown ② **107** K 4
Charters Towers ● **81** D 1
Chartres ● **26** D 4
Chatanga ● **52** D 1
Chatanga ● **52** E 1
Chatangabucht ⬚ **52** F-G 1
Châteaubriant ● **26** D 3
Châteaudun ● **26** D 3
Château-Gontier ● **26** C 4

Châteauroux ● **26** D 4
Château-Thierry ● **26** E 3
Châtellerault ● **26** D 4
Chatham ● **112** C 2
Chatham ⬚ **79** D 4
Chatham-Inseln ⬚ **79** D 4
Châtre, La- ● **27** D-E 4
Chattahoochee ⬚ **113** C 4
Chattanooga ● **109** E 2
Chaumont ● **26** F 3
Chaumont-sur-Loire ●
  26 D 4
Chau Phu ● **67** E 3
Chaux-de-Fonds, La- ●
  32 A 2
Chaves (Brasilien) ●
  123 C-D 2
Chaves (Portugal) ● **28** B 3
Cheb (Eger) ● **31** H 3
Chech, Erg- ▬ **88-89** B-C 3
Cheduba ⬚ **67** D 2
Chegga ● **88** C 3
Cheju ● **56** D 4
Cheju ⬚ **56** D 4
Chejustraße ⬚ **56** D 4
Chelan, Lake- ⬚ **110** B 2
Chelidonya, Kap- ⬚ **58** C 4
Cheliff ⬚ **89** D 2
Cheliff, Ech- ● **89** D 2
Chefm ● **35** F 3
Chefmno ● **34** D 2
Chelmsford ● **25** G 6
Cheltenham ● **25** E 6
Chelva ● **29** E 4
Chemnitz ● **31** H 3
Chenab ⬚ **66** B 1
Chengde ● **55** E 2
Chengdu ② **54** D 3
Chengshan, Kap- ⬚ **56** C 3
Chenischkali ⬚ **60** D 3
Chenzhou ● **55** E 4
Cherbourg ● **26** C 3
Cherchell ● **29** G 5
Chergui, Chott ech- ⬚ **89** D 2
Cherson ● **43** F 4
Chesapeakebai ⬚ **109** F 2
Chester (Großbritannien) ●
  25 E 5
Chester (USA) ● **112** D 2-3
Chesterfield ● **25** F 5
Chesterfield-Inseln ⬚ **78** A 1
Chetumal ● **115** D 3
Cheviot Hills ▲ **24** E-F 4
Cheyenne ② **108** C 1
Chianciano Terme ● **32** C 4
Chiange ● **98** B 2
Chiang Mai ● **67** D 3
Chiang Rai ● **67** D 2-3
Chiavari ● **32** B 3
Chiavenna ● **32** B 2
Chibia ● **98** B 2
Chibougamau ● **107** J 4
Chicago ● **109** E 1

Chichén Itzá ⬚ **115** D 2
Maya-Ruinenstätte in N-Yu-
catán (Mexiko).

Chiclayo ● **120** C 3

Chico ◉ **108** A 1-2
Chico 🖳 **125** C 4
Chicoutimi ◉ **107** J 4
Chicualacuala ◉ **99** D 3
Chidley, Kap- 🖼 **107** K 2
Chiemsee 🖳 **31** H 4-5
Chieti ◉ **33** E 4
Chifeng ◉ **55** E 2
Chihuahua ◉ **114** B 2
Chihuahua **2** **111** E 6
Chile **1** **124** B 3
Chile-Chico ◉ **125** B 4
Chilia, Brațul- 🖳 **37** J 3
Chililabombwe ◉ **98** C 2
Chillán ◉ **124** B 3
Chillicothe ◉ **112** C 3
Chiloé ◉ **125** B 4
Chilpancingo ◉ **114** C 3

Chimborazo ▲ **120** C 3
*Höchster Gipfel Ecuadors
(6310 m), erloschener Vulkan
mit Gletschern.*

Chimbote ◉ **120** C 3
Chimoio ◉ **99** D 2
Chin 🖳 **56** D 4
China **1** **54** C-D 3
Chincha Alta ◉ **120** C 4
Chinde ◉ **99** D 2
Chingola ◉ **98** C 2
Chinguetti ◉ **88** B 3
Chinhoyi ◉ **99** D 2
Chinju ◉ **57** D 3
Chinon ◉ **26** D 4
Chinval **2** **60** D 3
Chioggia ◉ **32** D 3
Chios 🖳 **39** E 3
Chipata ◉ **99** D 2
Chiredzi ◉ **99** D 2
Chirripó ▲ **115** D 4
Chirundu ◉ **98** C 2
Chisimaio ◉ **95** D 4
Chișinău (Kischinau) **1**
42 D 4
Chișineu Criș ◉ **97** E 2
Chitose ◉ **57** G 2
Chitré ◉ **115** D 4
Chittagong ◉ **67** D 2
Chivasso ◉ **32** A 3
Chivilcoy ◉ **124** C 3
Chjargas ◉ **54** C 2
Chjargas Nuur 🖳 **54** C 2
Chmel'nyc'kyj ◉ **42** C 3
Choele Choel ◉ **124** C 3
Choiseul 🖳 **75** C 3
Chojnice ◉ **34** C 2
Chojniki ◉ **35** K 3
Cholet ◉ **26** C 4
Chollerford ◉ **24** E 4
Cholmsk ◉ **53** K 4
Choluteca ◉ **115** D 3
Choma ◉ **98** C 2
Chomutov ◉ **31** H 3
Chonan ◉ **56** D 3
Chongjin ◉ **57** D-E 2
Chongju ◉ **56** D 3
Chongqing ◉ **54** D 4

Chong Tum ◉ **67** E 3
Chonju (Nordkorea) ◉
56 D 3
Chonju (Südkorea) ◉ **56** D 3
Chonos-Archipel 🖼 **125** B 4
Chorog ◉ **51** H 5
Chorol ◉ **43** F 3
Choshi ◉ **57** G 3
Chos Malal ◉ **124** B-C 3
Choszczno ◉ **34** B 2
Chotyn ◉ **42** C 3
Choum ◉ **88** B 3
Chövsgöl Nuur 🖳 **54** D 1
Christchurch ◉ **79** C 4
Christianshåb = Qasigiannguit
◉ **105** F-G 3
Christmas-Inseln **68** B 5
Chrudim ◉ **31** J 4
Chrystynivka ◉ **42** E 3
Chubut 🖳 **125** C 4
Chugokugebirge 🖼 **57** E 3-4
Chulucanas ◉ **120** C 3
Chumphon ◉ **67** D-E 3
Chunchon ◉ **57** D 3
Chungju ◉ **57** D 3
Chuquicamata ◉ **124** C 2
Chur **2** **32** B 2
Churchill ◉ **106** G 3
Churchill (Kanada) 🖳
106 G 3
Churchill (Kanada) 🖳
107 K 3
Chust ◉ **42** A 3
Chuxiong ◉ **54** D 4
Ciatura ◉ **60** D 3
Cide ◉ **58** D 2
Ciechanów ◉ **34** E 2
Ciego de Avila ◉ **116** B 2
Ciénaga ◉ **120** C 1
Cienfuegos ◉ **116** A 2
Cieszyn ◉ **34** D 4
Cieza ◉ **29** E 4
Çifteler ◉ **58** C 3
Çine ◉ **58** B 4
Cinto, Monte- ▲ **33** B 5
Ciotat, La- ◉ **27** F 6
Cipikan ◉ **52** G 3
Circeo ▲ **33** D 5
Circle ◉ **104** E 2
Cirebon ◉ **68** B 4
Čirpan ◉ **37** G 4
Cisa-Paß ▲ **32** B-C 3
Ciskei 🗖 **98** C 4
Čita ◉ **52** G 3
Citeli Ckaro ◉ **61** E-F 4
Citlaltépetl ▲ **114** C 3
Città di Castello ◉ **32** D 4

Ciudad Acuña ◉ **114** B 2
Ciudad Bolívar ◉ **121** D 2
Ciudad Camargo ◉ **114** B 2
Ciudad del Carmen ◉
115 C 3
Ciudad del Este ◉ **122** C 4
Ciudadela ◉ **29** G 3
Ciudad Guayana ◉ **121** D 2
Ciudad Juárez ◉ **114** B 1
Ciudad Madero ◉ **114** C 2
Ciudad Obregón ◉ **114** B 2
Ciudad Piar ◉ **121** D 2
Ciudad Real ◉ **28** C-D 4
Ciudad Rodrigo ◉ **28** B 3
Ciudad Victoria ◉ **114** C 2
Civa, Kap- 🖼 **59** F 2
Civilsk ◉ **41** L 4
Civita Castellana ◉ **33** D 4
Civitanova Marche ◉ **32** D 4
Civitavecchia ◉ **33** C 4
Çivril ◉ **58** B 3
Cjurupyns'k ◉ **43** F 4
Čkalovo ◉ **43** G 4
Čkalovsk ◉ **41** J 3
Clamecy ◉ **26** E 4
Clarence Strait 🖼 **80** B-C 1
Clarence Town ◉ **116** B-C 2
Clarión 🖼 **114** A 3
Clark Hill Lake 🖳 **113** C 4
Clarksburg ◉ **112** C 3
Clarksdale ◉ **112** A 4
Clarksville ◉ **113** B 3
Clay Belt 🖵 **107** H-J 3
Clearwater ◉ **113** C 5
Clermont ◉ **81** D 2
Clermont-Ferrand **2** **27** E 5
Cleveland ◉ **109** E 1
Clewbai 🖳 **25** A-B 5
Clifden ◉ **25** A 5
Clipperton **114** B 3
Clippertonstufe 🖼 **114** A 3
Cloncurry ◉ **81** D 2
Clonmel ◉ **25** C 5
Cloppenburg ◉ **30** E-F 2
Clovis ◉ **108** C 2
Cluj Napoca (Klausenburg) ◉
37 F 2
Cluny ◉ **27** F 4
Cluses ◉ **27** G 4
Clyde, Firth of- 🖳 **24** C-D 3-4
Clyde River ◉ **107** K 1
Cna 🖳 **41** H-J 5
Cnori ◉ **61** E-F 4
Coari ◉ **122** B 2
Coari, Lago de- 🖳 **122** B 2
Coats ◉ **107** H 2
Coatzacoalcos ◉ **114** C 3
Cobalt ◉ **107** J 4
Cobar ◉ **81** D 3
Cobbkuppe ▲ **108** A 1
Cobija ◉ **122** B 3
Cobourg ◉ **112** D 2
Çóbuè ◉ **99** D 2
Coburg ◉ **31** G 3
Cochabamba ◉ **122** B 3
Cochin ◉ **66** B 3-4
Cochinos, Bahía de- 🖼
116 A 2
Cochrane ◉ **107** H 4

Cockburn Town **2** **117** C 3
Coco 🖳 **115** D 3
Cocoa Beach ◉ **109** E-F 3
Cocuy, Nevado del- ▲ **120** C
2
Codó ◉ **123** D 2
Cody ◉ **108** C 1
Coen ◉ **81** D 1
Coëtivy 🖼 **95** E 4
Coeur d'Alene ◉ **108** B 1
Coffs Harbour ◉ **81** E 3
Cognac ◉ **27** C 5
Coiba **115** D 4
Coihaique ◉ **125** B 4
Coimbatore ◉ **66** B 3
Coimbra ◉ **28** A 3
Čojbalsan ◉ **55** E 2
Čokurdah ◉ **53** K 1
Colatina ◉ **123** D 3
Colchester ◉ **25** G 6
Cold Bay ◉ **104** C 3
Colima ◉ **114** B 3
Colima, Nevado de- ▲ **114** B 3
Coll 🖳 **24** C 3
Collie ◉ **80** A 3
Collier Bay 🖼 **80** B 1
Collinsville ◉ **81** D 2
Colmar ◉ **26** G 3
Colnett, Punta- 🖼 **111** C 5
Colombo **1** **66** B-C 4
Colón (Kuba) ◉ **116** A 2
Colón (Panamá) ◉ **115** D 4
Cólon, Archipiélago de- →
Galápagos-Inseln
🖼 **120** A 3
Colonia ◉ **74** A 2
Colonia del Sacramento ◉
124 D 3
Colonia Guerrero ◉ **111** C 5
Colonsay 🖳 **24** C 3-4

Colorado **2** **108** C 2
*3,4 Mio. Ew., US-Bundesstaat,
Hauptstadt: Denver.*

Colorado (Argentinien) 🖳
124 C 3
Colorado (USA) 🖳 **108** C 2
Colorado-Plateau 🖵
108 B-C 2
Colorado Springs ◉ **108** C 2
Columbia ▲ **106** E 3

Columbia 🖳 **106** E 3-4
*1953 km lang, Quelle in Kana-
da (Rocky Mountains), Mündung in USA (Oregon).*

Columbia (Missouri-USA) ◉
109 D 2
Columbia (South Carolina-
USA) **2** **109** E 2
Columbia, District of- **2**
109 F 1-2
Columbia, Kap- 🖼 **105** D-E 1
Columbus (Georgia-USA) ◉
109 E 2

Columbus (Indiana-USA) ◉
112 B 3
Columbus (Mississippi-USA)
◉ **113** B 4
Columbus (Nebraska-USA) ◉
108 D 1
Columbus (Ohio-USA) **2**
109 E 1-3
Colville ◉ **110** C 2
Colwyn Bay ◉ **25** E 5
Comacchio ◉ **32** D 3
Comănești ◉ **37** H 2
Coma Pedrosa ▲ **45** C
Comer See ▲ **32** B 2
Comino ◉ **45** F
Comino, Kap- 🖼 **33** B 5
Comino Kanal 🖼 **45** F
Cominotto ◉ **45** F
Commercy ◉ **26** F 3
Como ◉ **32** B 3
Comodoro Rivadavia ◉
125 C 4
Compiègne ◉ **26** E 3
Comrat ◉ **42** D 4
Conakry **1** **92** B 2
Conca 🖳 **45** D
Concarneau ◉ **26** B 4
Conceição do Araguaia ◉
123 C-D 2
Concepción (Bolivien) ◉
122 B 3
Concepción (Chile) ◉
124 B 3
Concepción (Paraguay) ◉
122 C 4
Conchos 🖳 **114** B 2
Concord **2** **109** F 1
Concordia ◉ **124** D 3
Condamine, la- ◉ **45** B
Condobolin ◉ **81** D 3
Condom ◉ **27** D 6
Conejera 🖳 **29** G 4
Confolens ◉ **27** D 4
Coniston ◉ **112** C 1
Connaught **2** **25** B 5

Connecticut **2** **109** F 1
*3,3 Mio. Ew., US-Bundesstaat,
Hauptstadt: Hartford.*

Connemara 🖵 **25** B 5
Conrad ◉ **110** D 2
Con Son 🖼 **67** E 4
Constanța ◉ **37** J 3
Constitución ◉ **124** B 3
Consuelo Peak ▲ **81** D 2
Coo, Golf von- 🖼 **58** A-B 4
Coober Pedy ◉ **81** C 2
Cook, Mount- ▲ **79** C 4
Cook-Inseln **2** **76** B-C 3
Cook Straße 🖼 **79** C 4
Cooktown ◉ **81** D 1
Coolgardie ◉ **80** B 3
Cooper Creek 🖳 **81** C 2
Coos Bay ◉ **110** B 3
Cootamundra ◉ **81** D 3
Čop ◉ **42** A 3
Copiapó ◉ **124** B 2
Coppermine ◉ **106** E 1

Coqên ● **54** B 3
Coquimbo ● **124** B 2-3
Corabia ● **37** G 4
Coral Gables ● **113** C-D 5
Coral Harbour ● **107** H 2
Corantijn ◡ **121** E 2
Corbeil ● **26** E 3
Corcovadogolf ⌇ **125** B 4
Córdoba (Argentinien) ●
　124 C 3
Córdoba (Mexiko) ● **114** C 3
Córdoba (Spanien) ● **28** C 5
Cordova ● **104** E 2
Coriano ● **45** D
Coringa-Inseln ⌇ **81** E 1
Corinto ● **123** D 3
Cork ● **25** B 6
Corleone ● **33** D 7
Corner Brook ● **107** L 4
Čornobyl' (Tschernobyl) ●
　42 E 2
Čornomors'ke ● **43** F 5
Cornwall ● **112** E 1-2
Cornwall ⌷ **25** D 6
Cornwallis ⌇ **107** G 1
Coro ● **120** D 1
Corocoro ● **122** B 3
Čoroh ◡ **60** C 4
Coronel Suárez ● **124** C 3
Coropuna ▲ **120** C 4
Corozal ● **115** D 3
Corpus Christi ● **108** D 3
Corrente ● **123** D 3
Corrib, Lough- ⌇ **25** B 5
Corrientes ● **124** D 2
Corrientes, Kap- ⌇ **114** B 2
Corrigin ● **80** A 3
Corse ② **33** B 5
Corse, Kap- ⌇ **32** B 4
Corte ● **33** B 5
Cortez ● **111** E 4
Cortina d'Ampezzo ● **32** D 2
Čortkiv ● **42** B 3
Cortona ● **32** D 4
Coruche ● **28** A 4
Çoruh ◡ **59** H 2
Çorum ● **59** E 2
Çorum ● **59** E 2
Corumbá ● **122** C 3
Coruña, La- ● **28** A 2
Corvallis ● **108** A 1
Corvo ⌷ **88** A 2
Cosenza ● **33** F 6
Cosmoledo ⌇ **99** E 1
Cosne-sur-Loire ● **26** E 4
Costa, Cordillera de la- ▲
　121 D 2
Costa da Caparica ● **28** A 4
Costa Rica ❶ **115** D 3
Cotabato ● **69** D 3
Côte d'Ivoire (Elfenbeinküste)
　❶ **92** C 2
Cotentin ⌷ **27** C 3
Coto de Doñana Nationalpark
　⌇ **28** B 5
Cotonou ● **93** D 2
Cotopaxi ▲ **120** C 3
Cotswold Hills ▲ **25** E-F 5-6

Cottbus ● **31** J 3
Courtenay ● **110** A-B 2
Coutances ● **26** C 3
Coventry ● **25** F 5
Covilhã ● **28** B 3
Covington ● **112** B-C 3
Coxim ● **122** C 3
Coyah ① **92** B 2
Cozumel ● **115** D 2
Cozumel ⌇ **115** D 2
Craig ● **110** E 2
Craiova ● **37** F 3
Cranbrook ● **110** C 2
Crateús ● **123** E 2
Crato ● **123** E 2
Crawley ● **25** F 6
Crema ● **32** B 3
Cremona ● **32** C 3
Cres ● **36** B 3
Cres ⌇ **36** B 3
Crescent City ● **108** A 1
Crest ● **27** F 5
Creuse ◡ **27** D-E 4
Criciúma ● **123** D 4

Cristóbal Colón, Pico- ▲
　120 C 1
5775 m, höchster Berg Kolumbiens im N des Landes.

Crna reka ◡ **38** B 2
Črnomelj ● **36** B 2
Croisic, Le- ● **26** B 4
Croker Insel ⌷ **80** C 1
Cromer ● **25** G 5
Crooked Island Passage ⌇
　116 B-C 2
Crookston ● **106** G 3
Crosse, La- ● **109** D-E 1
Cross Lake ● **106** G 3
Crotone ● **33** F 6
Croydon ● **81** D 1
Cruces, Las- ● **108** C 2
Cruz, Kap- ⌇ **116** B 3
Cruz Alta ● **124** D 2
Cruzeiro do Sul ● **122** A 2
Csaroda ● **37** F 1
Csorna ● **36** C 2
Ču ⌇ **51** H 4
Ču ◡ **51** H 4
Cuamba ● **99** D 2
Cuangar ● **98** B 2
Cuango = Kwango ◡ **98** B 1
Cuanza ◡ **98** B 1
Cuauhtémoc ● **114** B 2
Cubal ● **98** B 2
Cubango = Okavango ◡
　98 B 2
Çubuk ● **58** D 2
Čučkovo (Russland) ●
　41 H 4
Čučkovo (Russland) ●
　41 H 4
Cúcuta ● **120** C 2
Cuddalore ● **66** B-C 3
Cuddapah ● **66** B 3
Čudovo ● **40** C 2
Cue ● **80** A 2
Cuéllar ● **28** C 3

Cuenca (Ecuador) ● **120** C 3
Cuenca (Spanien) ● **29** D 3
Cuenca, Serranía de- ▲
　29 D-E 3
Cuevas del Almanzora ●
　29 E 5
Čuhloma ● **41** J 2
Čuhujiv ● **43** H 3
Cuiabá ② **122** C 3
Cuíto ◡ **98** B 2
Cuito Cuanavale ● **98** B 2
Culfa ● **61** E 5
Culiacán ● **114** B 2
Cullera ● **29** E 4
Čulman ● **52-53** H 3
Cumaná ● **121** D 1
Cumberland ● **112** D 3
Cumberland-Halbinsel ⌷
　107 K 2
Cumberland Plateau ▲
　112 C 3
Cumbrian Mountains ▲
　25 E 4
Čumikan ● **53** J 3
Čumra ● **58** D 4
Cuneo ● **32** A 3
Cunnamulla ● **81** D 2
Čupalejka ● **41** J 4
Curaçao ⌇ **117** D 4
Curicó ● **124** B 3
Curitiba ● **123** D 4
Curtea de Argeş ● **37** G 3
Curuzú Cuatiá ● **124** D 2-3
Curvelo ● **123** D 3
Cut Bank ● **108** B 1
Cuttack ● **66** C 2
Cuvierbecken ⌇ **80** A 2
Cuxhaven ● **30** F 2
Cuzco ● **120** C 4
Čyhyryn ● **43** F 3
Cyrenaika ⌷ **90** C 2
Cyrene ● **90** C 2
Czaplinek ● **34** C 2
Częstochowa ● **34** D 3

D

Da'an ● **55** F 2
Dabakala ● **92** C 2
Dabbagh, Jabal- ▲ **64** B 3
Dabbah, Ab- ● **94** C 2
Dabie Shan ▲ **56** A-B 4
Dabola ● **92** B 1
Dachau ● **31** G 4
Dadra and Nagar Haveli ②
　66 B 3
Daet ● **69** D 2
Dagana ● **92** B 1
Dagash ● **94** C 2
Dagda ● **23** J 3
Dagestan ② **61** F 2-3
Dagestanskije Ogni ● **61** G 3
Dagö ⌷ **23** G 2
Dagupan ● **69** D 2
Dahlak-Archipel ⌇ **95** D 2
Dahna, Ad- ⌷ **63** E 4
Dahra ● **29** F 5
Dahuk ● **64** C 1

Daimiel ● **28** D 4
Daito-Inseln ⌇ **55** G 4
Dajarra ● **81** C 2

Dakar ① **92** B 1
1,73 Mio. Ew., Hauptstadt des
Senegal.

Dakhla ● **88** B 3
Dakhla-Oasen ⌷ **90** C 3
Dakovica ● **36** E 4
Dalai Nur ⌇ **56** B 2
Dalälv ◡ **20** G 3
Dalaman ● **58** B 4
Dalan-Dzadgad ● **54** D 2
Dalarna ⌷ **20** E-F 3
Dalarö ● **21** H 4
Da Lat ● **67** E 3
Dalbandin ● **66** A 2
Dale ● **20** A 3
Dalian ● **55** F 3
Dallas ● **108** D 2
Dalles, The- ● **108** A 1
Dalmatien ⌷ **36** C 4
Dalnegorsk ● **55** G 2
Dalnerečensk ● **55** G 2
Daloa ● **92** C 2
Dalou Shan ▲ **54** D 4
Dalsbruk ● **19** G 6
Dalvík ● **44** D 1-2
Daly ● **80** C 1
Daly Waters ● **81** C 1
Daman ② **66** B 2
Damanhur ● **90** D 2
Damaraland ⌷ **98** B 3

Damaskus ① **63** C 2
1,45 Mio. Ew., Hauptstadt Syriens, wichtiges religiöses
Zentrum des Orients.

Damaturu ● **93** E 1
Damazin, Ad- ● **94-95** C 2
Damba ● **98** B 1
Damboa ● **93** E 1
Damergou ● **93** D 1
Damghan ● **65** E-F 1
Damir, Ad- ● **94** C 2
Dammam, Ad- ● **63** E 3
Dampier ● **80** A 2
Dampier Archipel ⌷ **80** A 2
Damülis ● **45** A
Da Nang ● **67** E 3
Dandong ● **55** F 2
Dänemark ❶ **21** C-D 5
Dänemarkstraße ⌇ **105** J 3
Danilov ● **41** H 2
Dankov ● **41** G 5
Danmarkshavn ● **105** L 2
Danville (Illinois-USA) ●
　112 B 2-3
Danville (Virgina-USA) ●
　112 D 3
Danzig → Gdańsk ● **34** D 1
Danziger Bucht ⌇ **34** D 1
Dapaong ● **92** D 1

Da Qaidam ● **54** C 3
Daqing ● **55** F 2
Dar'a ● **64** B 2
Darband ● **65** F 2
Dardanellen ⌇ **58** A 2
Darende ● **59** F 3
Daressalam ② **97** D 2
Darfur ⌷ **94** B 2
Dargaville ● **79** C 3
Darhan ● **54** D 2

Darién, Golf von- ⌇ **120** C 2
Südlichste Bucht des Karibi-
schen Meers, am Übergang
von Süd- zu Zentralamerika.

Darjeeling ● **66** C 2
Darlag ⌇ **54** C-D 3
Darling ◡ **81** D 3
Darlingkette ▲ **80** A 3
Darłowo ● **34** C 1
Darmstadt ● **30** F 4
Darnah ● **90** C 2
Dar Nuba ⌷ **94** B-C 2
Darovskoj ● **41** L-M 2
Dar Rounga ⌷ **94** B 2-3
Dart, Kap- ⌇ **127** M 2
Dartmoor ▲ **25** D-E 6
Daru ● **74** B 3
Daruvar ● **36** C 3
Darwin ② **80** C 1
Dashitou ● **57** D 2
Datça ● **58** A 4
Datong ● **55** E 2-3
Datu, Kap- ⌇ **68** B 3
Daua ◡ **95** C 3
Dauphin ● **106** F-G 3
Dauphiné ⌷ **27** F 5
Däväçi ● **61** G 4
Davangere ● **66** B 3
Davao ● **69** D 3
Davao, Golf von- ⌇ **69** D 3
Davenport ● **109** D 1
David ● **115** D 4
Davidov Brod ● **43** F 4
Davis ✶ **127** D-E 2
Davissee ● **127** E 2
Davisstraße ⌇ **107** L 2
Davyd-Haradok ● **35** H 2-3
Dawadimi, Ad- ● **64** C 4
Dawson ● **106** C 2
Dawson Creek ● **106** D 3
Da Xian ● **54** D 3
Dawn Zubayr ● **94** B 3
Dayr az-Zawr ● **63** C-D 1
Dayr Hafir ● **59** F 4
Dayton ● **109** E 1-2
Daytona Beach ● **109** E 3
Dazkırı ● **58** B-C 4
De Aar ● **98** C 4
Deán Funes ● **124** C 3
Death Valley ◡ **108** B 2
Debar ● **38** B 2
Dębica ● **34** E 3
Dęblin ● **34** E 3
Debrecen ● **37** E 2
Debre Markos ● **95** C 2
Decatur (Alabama-USA) ●
　113 B 4

Decatur (Illinois-USA) ▪
  109 E 2
Děčín ▪ **31** J 3
Decize ▪ **26** E 4
Dedegöl Dağı ▲ **58** C 4
Dedoviči ▪ **40** C 3
Degeh Bur ▪ **95** D 3
Deggendorf ▪ **31** H 4
De Grey ⌒ **80** B 2
Dehui ▪ **56** D 2
Dej ▪ **37** F 2
Dekkan ▬ **66** B 3
Delagoabucht ⌒ **99** D 3
De Land ▪ **113** C 5
Delano ▪ **111** C 4
Delano Peak ▲ **108** B 2
Delaware ▪ **112** C 2
Delaware ▣ **109** F 2
Delaware Bay ▪ **112** E 3
Delft ▪ **30** D 2-3
Delgado, Kap- ⌒ **99** E 2
Delice ▪ **59** E 2
Delicearmak ⌒ **59** E 3
Deljatyn ▪ **42** B 3
Dellensee ⌒ **20** G 3
Dellys ▪ **29** G 5
Delmenhorst ▪ **30** F 2
Delnice ▪ **36** B 3
De Long-Inseln ⌘ **53** K-L 1
Delos ⌘ **38** D 4
Delphi ▲ **38** C 3
Del Río ▪ **108** C 3
Delsberg ▣ **32** A 2
Delsbo ▪ **20** G 3
Delta ▪ **111** D 4
Delta Junction ▪ **104** E 2
Demawend ▲ **63** F 1
Demba ▪ **96** C 2
Demidov ▪ **40** C 4
Deming ▪ **111** E 5
Demirci ▪ **58** B 3
Demjansk ▪ **40** D 3
Demmin ▪ **31** H 2
Dempo ▲ **68** B 4
Denakil ▪ **95** D 2
Dengkou ▪ **54** D 2

Den Haag ▣ **30** D 2
445 000 Ew., königliche Residenz und Regierungssitz der Niederlande.

Denham ▪ **80** A 2
Den Helder ▪ **30** D 2
Denia ▪ **29** E-F 4
Deniliquin ▪ **81** D 3
Denizli ▪ **58** B 4

Denpasar ▪ **68** C 4
261 000 Ew., Hauptstadt der indonesischen Insel Bali.

D'Entrecasteaux-Inseln ⌘
  74 C 3
Denver ▣ **108** C 2
Deputatski ▪ **53** J-K 2
Děčín ▪ **54** C 4
Dera Ghazi Khan ▪ **66** A-B 2
Deražnja ▪ **42** C 3

Derbent ▪ **61** G 3
Derby (Australien) ▪ **80** B 1
Derby (Großbritannien) ▪
  25 F 5
Dereli ▪ **59** G 2
Derg, Lough- ⌒ **25** B 5
Derhači ▪ **43** H 2
Derik ⌒ **59** H 4
Derudeb ▪ **95** C 2
Derventa ▪ **36** C 3
Désappointement, Iles du-
  ⌘ **77** D 3
Dese ▪ **95** C-D 2
Deseado ⌒ **125** C 4
Deseado, Kap- ⌒ **125** B 5
Des Moines ▣ **109** D 1
Desna ⌒ **42** E 2
Dessau ▪ **31** H 3
Desventurados ⌘ **122** A 4
Deta ▪ **37** E 3
Detčino ▪ **40** F 4
Detmold ▪ **30-31** F 3
Detroit ▪ **109** E 1
Deutschland ▮ **31** F-G 3
Deva ▪ **37** F 3
Develi ▪ **59** E 3
Deventer ▪ **30** E 2
Devrek ▪ **58** C 2
Devrez ⌒ **58-59** D-E 2
Dexemhare ▪ **95** C 2
Deyhuk ▪ **65** F 2
Dezful ▪ **63** E 2
Dezhou ▪ **55** E 3
Dežneva, mys- ⌘ **53** O-P 2
Dhaka ▯ **66** C-D 2

Dhaulagiri ▲ **66** C 2
8167 m hoher Berggipfel im nepalischen Himalaya.

Dhekelia ▪ **58** D 5
Dhírfis Óros ▲ **38** C-D 3
Dhofar ▬ **63** F 5
Dhonoúsa ⌘ **39** D-E 4
Dhule ▪ **66** B 2
Día ⌘ **38** D 5
Diamantina ▪ **123** D 3
Diamantina ⌒ **81** D 2
Diamantina, Chapada- ▲
  123 D 3
Diamantino ▪ **122** C 3
Dianópolis ▪ **123** D 3
Diba ▪ **65** F 3
Dibrugarh ▪ **67** D 2
Dibsi Afnan ▪ **59** G 5
Dickinson ▪ **108** C 1
Didymoteichon ▪ **39** E 2
Diepholz ▪ **30** F 2
Dieppe ▪ **26** D 3
Dietenbaker Lake ⌒ **110** E 1
Dieveniškes ▪ **23** H 4
Diffa ▪ **93** E 1
Digerkampen ▲ **20** C 2

Digne ▪ **27** G 5
Digoin ▪ **27** E 4
Digora ▪ **61** E 3
Digul ⌒ **69** E-F 4
Dijon ▣ **26** F 4
Dika, Kap- ⌒ **52** G 1
Dikhil ▪ **95** D 2
Dikili ▪ **58** A 3
Dikson ▪ **52** D 1
Dikwa ▪ **93** E 1
Dilam, Ad- ▪ **65** D 4
Díli ▪ **69** D 4
Diližan ▪ **61** E 4
Dilling ▪ **94** B 2
Dillingham ▪ **104** D 3
Dillon ▪ **110** D 2
Dilolo ▪ **96** C 3
Dimbokro ▪ **92** C 2
Dimitrov ▪ **43** H 3
Dimitrovgrad (Bulgarien) ▪
  37 G 4
Dimitrovgrad (Jugoslawien)
  ▪ **37** F 4
Dimona ▪ **62A** B 3
Dinan ▪ **26** B 3
Dinant ▪ **26** F 2
Dinar ▪ **58** C 3
Dinar ▲ **65** E 2
Dinard ▪ **26** B 3
Dinarisches Gebirge ▲
  36 B-C 3-4
Dinghai ▪ **56** F 2
Dingle ▪ **25** A 5
Dinglebai ▪ **25** A 5-6
Dingwall ▪ **24** D 3
Dingxian ▪ **56** A 3
Dinkelsbühl ▪ **31** G 4
Dinosaur ▪ **110** E 3
Dinskaja ▪ **60** B 2
Diourbel ▪ **92** A 1
Dipkarpas ▪ **59** E 5
Diplolog ▪ **69** D 3
Diré ▪ **88** C 4
Dire Dawa ▪ **95** D 3
Dirj ▪ **90** B 2
Dirk Hartog-Inseln ⌘ **80** A 2
Disappointmentsee ⌒
  80 B 2
Disko ⌘ **105** F 2-3
Disko Bugt ⌘ **105** D-E 4
Disna ⌒ **35** H 1
Dispur ▣ **67** D 2
Ditiki Elláda ▣ **38** B 3
Ditiki Makedonia ▣
  38 B-C 2
Diu ▪ **66** B 2
Divinópolis ▪ **123** D 4
Divisor, Sierra de- ▲ **120** C 3
Divnoje ▪ **60** D 2
Divriği ▪ **59** G 3
Diwan, Al- ▪ **90** D 3
Diwaniyah, Ad- ▪ **65** D 2
Diyala ⌒ **65** D 1-2
Diyarbakır ▪ **59** H 3-4
Djadoplateau ▲ **89** E 3
Djalo ▪ **90** C 3
Djalo, Oase- ▪ **90** C 3
Djambala ▪ **96** B 2
Djanet ▪ **89** D 3

Djatkovo ▪ **40** E 5
Djelfa, El- ▪ **89** D 2
Djéma ▪ **94** B 3
Djenné ▪ **88** C 4
Djerba ⌒ **89** E 2
Djerid, Chott ⌒ **89** D 2
Djibo ▪ **92** C 1
Djourab ⌒ **94** A 2
Djuba ⌒ **95** D 3
Djudjura, Djebel- ▲ **29** H 5
Djultydag ▲ **61** F 3-4
Djúpavík ⌒ **44** C 2
Djúpivogur ⌒ **44** F-G 3
Dmitrijevka ▪ **41** H 5
Dmitrovsk-Orlovski ▪ **40** E 5
Dneprovski Liman ⌒ **42** E 4
Dnestrovski liman ⌒ **42** E 4
Dnipro = Dnjepr ⌒ **43** F 4
Dniprodzeržyns'k ▪ **43** G 3
Dnipropetrovs'k ▪ **43** G 3
Dniprorudne ▪ **43** G 4

Dnjepr = Dnipro ⌒ **43** G 3-4
2200 km lang, im osteuropäischen Flachland.

Dnjepro Stausee ⌒ **43** F-G 3
Dnjeprplatte ▲ **42-43** D-F 3
Dnjester = Nistru ⌒ **42** B 3
Dno ▪ **40** C 3
Doba ▪ **94** A 3
Dobbiaco = Toblach ▪
  32 D 2
Dobele ▪ **23** G 3
Dobo ▪ **69** E 4
Doboj ▪ **36** C-D 3
Dobraš ▪ **35** K 2
Dobrič ▪ **37** H-J 4
Dobrodzień ▪ **34** D 3
Dobropillja ▪ **43** H 3
Doce ⌒ **123** D 3
Dodekanes ⌘ **39** E 4
Dodge City ▪ **108** C-D 2
Dodoma ▯ **97** D 2
Doğanşehir ▪ **59** F 3
Dogondoutchi ▪ **93** D 1
Dogubayazit ▪ **61** E 5
Doha ▯ **65** E 3
Doi Inthanon ▲ **67** D 3
Dokka ▪ **20** D 3
Dokšycy ▪ **35** H-J 1
Dokučajevs'k ▪ **43** H 4
Dolak ⌘ **69** E 4
Dole ▪ **26** F 4
Dolgellau ▪ **25** D-E 5
Dolný Kubín ▪ **34** D 4
Dolo ▪ **95** D 3
Dolomiten ▲ **32** C-D 2
Dolores ▪ **124** D 3
Dolyna ▪ **42** A-B 3
Dolyns'ka ▪ **43** F 3
Domagnano ▪ **45** D 3
Domažlice ▪ **31** H 4
Dombås ▪ **20** C 2
Dombóvár ▪ **36** D 2
Domeyko, Cordillera- ▲
  124 C 2
Domfront ▪ **26** C 3

Dominica ▮ **117** E 3
Dominica Passage ⌘
  117 E 3
Dominikanische Republik ▮
  117 C-D 3
Domodedovo ▪ **40** F 4
Domodossola ▪ **32** B 2
Domuyo ▲ **124** B-C 3
Don ⌒ **50** E 3-4

Donau ⌒ **31** G 4
2850 km, zweitlängster Fluss Europas, 2500 km schiffbar.

Donaudelta ▬ **37** J 3
Donauwörth ▪ **31** G 4
Doncaster ▪ **25** F 5
Dondo (Angola) ▪ **98** B 1
Dondo (Mosambik) ▪
  99 D 2
Dondra, Kap- ⌒ **66** C 4
Donec'k ▪ **43** H 3-4
Donegal ▬ **24-25** B 4
Donegal ▪ **25** B 4
Donegalbai ⌒ **25** B 4
Dongara ▪ **80** A 2
Dongchuan ▪ **54** D 4
Donggala ▪ **69** C 4
Donggou ▪ **56** C 3
Dongguan ▪ **55** E 4
Dong Hoi ▪ **67** E 3
Dongning ▪ **57** E 2
Dongola ▪ **94** C 2
Dongsha ⌘ **55** E 4
Dongsheng ▪ **55** E 2-3
Dongtai ▪ **56** C 4
Dongting Hu ⌒ **55** E 4
Dønna ⌘ **18** B 3
Donskoj ▪ **40** G 5
Door Halbinsel ▪ **112** B 1-2
Dorada, Costa- ▬ **29** F 3
Dorado, El- ▪ **109** D 2
Dordogne ⌒ **27** C-D 5
Dordrecht ▪ **30** D 3
Dore, Monts- ▲ **27** E 5
Dori ▪ **92** C-D 1
Dorohoi ▪ **37** H 1
Dorotea ▪ **20** G 1
Dorpat = Tartu ▪ **23** J 2
Dortmund ▪ **30** E 3
Dörtyol ▪ **59** F 4
Doruma ▪ **94** B 3
Dos Bahías, Kap- ⌒ **125** C 4
Dosso ▪ **93** D 1
Dothan ▪ **109** E 2
Douala ▪ **93** D 2
Douarnenez ▪ **26** A 3
Doubs ⌒ **26** G 4
Douentza ▪ **88** C 4
Douglas (Arizona-USA) ▪
  108 C 2
Douglas (Georgia-USA) ▪
  113 C 4
Douglas (Großbritannien) ▪
  25 D 4
Dourados ▪ **122** C 4
Douro = Duero ⌒ **28** A-B 3
Dover (Großbritannien) ▪
  25 G 6

Dover (USA) ☑ **112** D 3
Dover, Straße von- ▧
  25 G-H 6
Dovrefjell ▲ **20** C 2
Downpatrick ● **25** D 4
Dow Rud ● **65** D 2
Drâa, Hamada des- ▲ **88** C 3
Drâa, Wadi- ◲ **88** B-C 3
Drac ◲ **27** G 5
Drachensund ▧ **121** D 1
Dragansee ◲ **20** F 1
Drăgăşani ● **37** G 3
Dragonada ▧ **39** E 5
Draguignan ● **27** G 6
Drahičyn ● **35** G 2

Drakensberge ▲
  98-99 C-D 3
Östl. Randgebirge Südafrikas,
höchster Gipfel: Thabana Ntlenyana (3482 m).

Drakestraße ▧ **125** C 5
Dráma ● **38** D 2
Drammen ● **21** D 4
Drau = Drava ◲ **36** C 2-3
Drava = Drau ◲ **36** C 2
Dravograd ● **36** B 2
Drenthe ☑ **30** E 2
Dresden ☑ **31** H 3
Dreux ● **26** D 3
Drevsjø ● **20** D-E 3
Drezdenko ● **34** B 2
Drin ◲ **38** A-B 1
Drina ◲ **36** D 3
Dringolf ● **38** A 2
Drobeta Turnu Severin ●
  37 F 3
Drogheda ● **25** C 5
Drohobyč ● **42** A 3
Druja ● **35** H 1
Drumheller ● **106** E 3
Drummondville ● **112** E 1
Druskininkai ● **23** G-H 4
Drut ◲ **35** J-K 2
Družba ● **43** F-G 1
Družina ● **53** K 2
Druživka ● **43** H 3
Drvar ● **36** C 3
Dryden ● **107** G 4
Dry Tortugas ▧ **113** C 6
Dschibuti ① **95** D 2
Dschibuti ● **95** D 2
Dschingis Khan, Wall des- ▣
  55 E 2
Dshagdygebirge ▲ **53** H-J 3
Dshargalant ● **55** E 2
Dshugdshurgebirge ▲
  53 J-K 3
Dsungarei ● **54** B 2
Duba ● **64** B 3

Dubai ● **63** F-G 3
270 000 Ew., Hauptstadt des
gleichnamigen Scheichtums.

Dubăsari ● **42** D 4
Dubawnt ◲ **106** F 2
Dubawntsee ◲ **106** F 2

Dubbo ● **81** D 3

Dublin (Irland) ① **25** C 5
1,1 Mio. Ew., Hauptstadt der
Republik Irland.

Dublin (USA) ● **113** C 4
Dubna ● **40** F 3
Dubno ● **42** B 2
Dubreka ● **92** B 2
Dubrovna ● **35** K 1
Dubrovnik ● **36** D 4
Dubrovcja ● **42** C 2
Dubuque ● **109** D-E 1
Duc de Gloucester, Iles du-
  ▧ **77** D 4
Dudinka ● **52** D 2
Duero = Douro ◲ **28** D 3
Duff ▧ **75** D 3
Dugi Otok ▧ **36** B 3
Duisburg ● **30** E 3
Dujuma ● **95** D 3
Dukhan ● **65** E 3
Duklapaß ▲ **34** E 4
Dukou ● **54** D 4
Dulan ● **54** C 3
Dulce ◲ **124** C 2
Dulovo ● **37** H 2
Duluth ● **109** D 1
Dumaguete ● **69** D 3
Dumai ● **68** B 3
Dumbarton ● **24** D 4
Dumfries ● **24** E 4
Dumont D'Urville ▣
  127 G-H 2
Dumont-D'Urville-see ▧
  127 G-H 2
Dumyat ● **90** D 2
Düna = Duna ◲ **23** H 3
Duna = Düna ◲ **23** K 4
Dünaburg ● **23** J 4
Dunaföldvár ● **36** D 2
Dunaharaszti ● **36** D 2
Dunajivci ● **42** C 3
Dunantúl ▬ **36** C-D 2
Dunaújváros ● **36** D 2
Duncansby Head ▧ **24** E 2
Dundalk ● **25** C 4-5
Dundas Strait ▧ **80** C 1
Dundee ● **24** E 3
Dunedin (Neuseeland) ●
  78 C 4
Dunedin (USA) ● **113** C 5
Dunfermline ● **24** E 3
Dungarvan ● **25** C 5
Dungeness, Kap- ▧ **125** C 5
Dunhua ● **55** F 2
Dunkerque ● **26** E 2
Dunkirk ● **112** D 2
Dun Laoghaire ● **25** C 5
Dunqunab ● **95** C 1
Duolun ● **55** E 2
Durağan ● **59** E 3
Durance ◲ **27** F 6
Durango (Mexiko) ● **114** B 2
Durango (USA) ● **108** C 2
Durazno ● **124** C 3

Durban ● **99** D 3-4

980 000 Ew., wichtigster Hafen Südafrikas.

Durg ● **66** C 2
Durgapur ● **66** C 2
Durham (Großbritannien) ●
  25 F 4
Durham (USA) ● **109** F 2
Durma ● **65** D 4
Durmitor ▲ **36** D 4
Durmitor, Nationalpark- ▣
  36 D 4
Durness ● **24** D 2
Durnford, Kap- ▧ **88** B 3
Durrës ● **38** A 2
Dursey, Kap- ▧ **25** A 6
Duruz, Jabal ad- ▲ **64** B 2
Dusa Mareb ● **95** D 3
Duschanbe ① **51** G 5
Dušeti ● **61** E 3
Düsseldorf ② **30** E 3
Dutch Harbor ● **104** C 3
Duvno ● **36** C 4
Duwayd, Ad- ● **64** C 2
Duwayhin ● **65** E 4
Duwaym, Ad- ● **94** C 2
Duyun ● **54** D 4
Düzce ● **58** C 2
Düziçi ● **59** F 4
Dyersburg ● **113** B 3
Džalagaš ● **51** G 4
Džalinda ● **52** H 3
Džankoj ● **43** G 5
Dzaoudzi ② **99** E 2
Džava ● **60** D 3
Dzavchan ◲ **54** C 2
Dzeržinsk ● **41** J 3
Dzeržínskaja ▲ **35** H 2
Dzeržyns'k ● **43** H 3
Džetygara ● **51** G 3
Działdowo ● **34** E 2
Džizak ● **51** G 4
Džjaržynsk ● **35** H 2
Dziatlava ● **35** G 2
Džvari ● **60** D 3

E

Eagle ● **104** E 2
Eagle Mountain ▲ **112** A 1
Eagle Pass ● **108** C-D 3
Eastbourne ● **25** G 6
East London ● **98** C 4
Eastmain ● **107** I 3
East Saint Louis ● **112** B 3
Eau Claire ● **112** A 1-2
Eauripik Atoll ▧ **74** B 2
Eauripikschwelle ▧ **74** B 2
Eber Gölü ◲ **58** C 3
Ebersalde-Finow ● **31** H 2
Ebla ▣ **59** F 5
Eboli ● **33** E 5
Ebolowa ● **93** E 2
Ebon Atoll ▧ **75** D 2
Ebro ◲ **29** F 3
Echeng ● **56** A-B 4
Echo Bay ● **106** E 2
Écija ● **28** C 5

Eckerö ● **19** E 6
Ečmiadzin ● **61** E 4
Ecrins ▲ **27** G 5
Ecuador ❶ **120** C 3
Edéa ● **93** E 2
Edefors ● **18** F 3
Edelény ● **36** E 1
Eden ● **81** D 3
Edenton ● **112** D 3
Edessa ● **38** C 2
Edinburgh ② **24** E 4
Edineţ ● **42** C 3
Edirne ● **58** A 2
Edith-Ronne-Land ▬ **127** P-R 2
Edjeleh ● **89** D 3
Edmonton ② **106** E 3
Edmundston ● **107** K 4
Edremit ● **58** A 3
Edremit, Golf von- ▧ **58** A 3
Edson ● **106** E 3
Eduardsee ◲ **97** C 2
Edwards-Plateau ▲ **108** C 2
Efaté ▧ **78** B 1
Effingham ● **112** B 3
Eforie ● **37** J 3
Eger ● **36** E 2
Eger → Cheb ◲ **31** H 3
Egersund ● **21** A-B 4
Eggenfelden ● **31** H 4
Egijn ◲ **54** D 1-2
Eglab ▲ **88** C 3
Egmont, Mount- ▲ **79** C 3
Egvekinot ● **53** D 2
Ehegnadzor ● **61** E 5
Eichstätt ● **31** G 4
Eidfjord ● **20** B 3
Eidsvoll ● **20** D 3
Eifel ▲ **30** E 3-4
Eighty Mile Beach ▬ **80** B 1
Eindhoven ● **30** D 3
Eirunepé ● **122** B 2
Eisenach ● **31** G 3
Eisenerz ● **32** C 2
Eisenhüttenstadt ● **31** J 2
Eisenstadt ② **32** F 2
Eiserner Tor ▲ **37** F 3
Ejea de los Caballeros ●
  29 E 2
Ejin Qi ◲ **54** C-D 2
Ekecek Dağı ▲ **59** E 3
Ekenäs ● **19** G 7
Ekiatapski Hrebet ▲ **53** N-O 2
Ekibastuz ● **51** H 3
Elassón ● **38** C 3
Elat ● **64** A 3
Elato Atoll ▧ **74** B 2
Elâziğ ● **59** G 3
Elba ▧ **32** C 4
El Banco ● **120** C 2
Elbasan ● **38** B 1

Elbe ◲ **31** G 2
1165 km lang, Strom in Mittel-
europas, Mündung in die
Nordsee bei Cuxhaven.

Elbert, Mount- ▲ **108** C 2
Elbeyli ● **59** F 4
Elhovo ● **37** H 4
Elbistan ● **59** F 3

Elbląg ● **34** D 1
Elbrus ▲ **60** D 3
Elburs ▲ **63** F 1
El Cajon ● **111** C 5
El Carmen ● **120** C 2
El Cerro ● **122** B 3
Elche ● **29** E 4
Eldikan ● **53** J 2
El Dorado (USA) ● **109** D 2
El Dorado (Venezuela) ●
  121 D 2
Eldoret ● **97** D 1
Eleja ● **23** G 3
Elektrėnai ● **23** H 4
Eleşkirt ● **60** D 5
Eleuthera ▧ **116** B 1
Elfenbeinküste ▬ **92** C 2
Elfenbeinküste →
  Côte d'Ivoire ❶ **92** C 2
Elgin (Großbritannien) ●
  24 E 3
Elgin (USA) ● **112** B 2
Elgon ▲ **97** D 1
Elisabeth ▧ **78** A 2-3
Elisabeth, Kap- ▧ **53** K 3
Elizabeth City ● **112** D 3
Eľk ● **34** F 2
Elkhart ● **112** B 2
Elko (Kanada) ● **110** C 2
Elko (USA) ● **108** B 1
Ellef Ringnes ▧ **105** A-B 2
Ellesmere ▧ **105** C-D 1-2
Elliot Lake ● **112** C 1
Elmadağ ● **58** D 2-3
Elmalı ● **58** B-C 4
Elmali ◲ **59** H 3
Elmira ● **112** D 2
Elmshorn ● **31** F 2
Elorza ● **120** D 2
El Paso ● **108** C 2
El Pico ▲ **122** B 3
El Salto ● **114** B 2
El Salvador ❶ **115** D 3
Eľsk ● **35** J 3
El Tigre ● **121** D 2
El Turbio ● **125** B 5
Eluru ● **66** C 3
Elvas ● **28** B 4
Elverum ● **20** D 3
Ely (Großbritannien) ● **25** G 5
Ely (USA) ● **108** B 2
Emamshahr ● **63** G 1
Emån ◲ **21** F 5
Ēmba ◲ **50** F 4
Embarcación ● **124** C 2
Emden ● **30** E 2
Emerald ● **81** D 2
Emet ● **58** B 3
Emi Koussi ▲ **90** B 3-4
Emilia-Romagna ☑ **32** C 3
Emirdağ ● **58** C 3
Emmen ● **30** E 2
Emporia ● **112** D 3
Ena ● **18** L 3
Encamp ● **45** C
Encantada, Cerro de la- ▲
  114 A 1

Encounterbucht 🏝 **81** C 3
Ende ● **69** D 4
Endelave 🏝 **21** D 6
Enderbury Atoll 🏝 **76** A 2
Enez ● **58** A 2
Engels ● **50** E 3
Enggano 🏝 **68** B 4
England ⊡ **25** F 5
Eniwetok Atoll 🏝 **75** D 1
Enköping ● **21** G 4
Enmelen ● **53** O 2
Enna ● **33** E 7
Ennis ● **25** B 5
Enniscorthy ● **25** C 5
Enniskillen ● **25** C 4
Enns ☐ **32** E 2
Enontekiö ● **18** G 2
Enriquillo, Lago- ☐ **117** C 3
Enschede ● **30** E 2
Ensenada ● **114** A 1
Enshi ● **54** D 3
Entebbe ● **97** D 1-2
Entrada, Punta- 🏝 **111** C 5
Entrecasteaux, Récif d'- 🏝 **78** B 1
Entre Rios ● **123** C 2
Enugu ● **93** D 2
Envalia, Port d'- 🏔 **45** C
Épernay ● **26** E 3
Ephesos ● **58** A 3
Epi ● **78** B 1
Épinal ● **26** G 3
Episkopi ● **58** D 5
Erbaa ● **59** F 2
Erbil ● **64** C 1
Erçek ● **60** D 5
Erciş ● **60** D 5
Erciyas Daği 🏔 **59** E 3
Érd ● **36** D 2
Erdek ● **58** A 2
Erdemli ● **59** E 4
Erdenet ● **54** D 2
Erdiplateau 🏔 **90** C 4
Erebus, Mount- 🏔 **127** J 2
Erechim ● **124** D 2
Ereğli (Türkei) ● **58** C 2
Ereğli (Türkei) ● **59** E 4
Eren ☐ **58** C 4
Erenhot ● **55** E 2
Erfelek ● **59** E 2
Erfoud ● **89** C 2
Erfurt ⊡ **31** G 3
Ergani ● **59** G 3
Ergene ● **58** A 2
Ergli ● **23** H 3
Ergun Zuoqi ● **55** F 1
Erie ● **109** F 1
Eriesee 🏝 **109** E-F 1
Erigavo ● **95** D 2
Erikub Atoll 🏝 **75** D 2
Erimo, Kap- 🏝 **57** G 2
Eritrea ⬛ **95** C 2
Erlangen ● **31** G 4
Ermelo ● **98** C 3
Ermenek ● **58** D 4
Erne, Lough- 🏝 **25** C 4
Errigal 🏔 **24** B-C 4
Erris, Kap- 🏝 **25** A 4
Erromango 🏝 **78** B 1

Erseka ● **38** B 2
Erzgebirge 🏔 **31** H 3
Erzincan ● **59** G 3
Erzurum ● **59** H 2-3
Esashi ● **57** G 1-2
Esbjerg ● **21** C 6
Escala, L'- ● **29** G 2
Escaldens, les- ● **45** C
Escanaba ● **109** E 1
Escarpada Point 🏝 **69** D 2
Escondido ● **111** C 5
Escuintla ● **115** C 3
Eskifjördhur ● **44** F-G 2
Eskilstuna ● **21** G 4
Eskimo Point ● **106** G 2
Eskişehir ● **58** C 3
Esla ☐ **28** C 2
Eslamabad ● **65** D 2
Eşme ● **58** B 3
Esmeraldas ● **120** B-C 2
Espalion ● **27** Ł 5
Esperance ● **80** B 3
Esperanza ⊡ **127** Q 2
Espichel, Kap- 🏝 **28** A 4
Espinhaço, Serra do- 🏔 **123** D 3
Espírito Santo ⊡ **123** D-E 3-4
Espoo ● **19** H 6
Espungabera ● **99** D 3
Esquel ● **125** B 4
Essaouira ● **88** B-C 2
Essen ● **30** E 3
Essequibo ☐ **121** E 2
Esslingen ● **31** F 4
Este, Punta del- 🏝 **124** D 3
Estella ● **29** D-E 2
Estevan ● **106** F 4
Estland ⬛ **23** H-J 2
Estrela, Serra da- 🏔 **28** A-B 3
Estremadura ☐ **28** A 4
Estremoz ● **28** B 4
Estrondo, Serra do- 🏔 **123** D 2-3
Esztergom ● **36** D 2
Etah ● **105** D 2
Étampes ● **26** E 3
Etorofu 🏝 **53** K 4
Etoschapfanne ☐ **98** B 2
Eua 🏝 **78** D 2
Euböa 🏝 **38** C-D 3
Eucla ● **80** B 3
Eugene ● **108** A 1
Eugenia, Punta- 🏝 **114** A 2

Euphrat ☐ **63** E 2
3380 km, längster Fluss Vorderasiens.

Eura ● **19** G 6
Eurasiabecken 🏔 **126** G-K 1
Eureka (California-USA) ● **108** A 1
Eureka (Kanada) ● **105** C 1-2
Eureka (Nevada-USA) ● **110** C 4
Europa, Picos de- 🏔 **28** C 2
Europa-Insel 🏝 **99** E 3

Europäisches Nordmeer 🏝 **20** A-C 1
Euskadi = Pais Vasco ⊡ **29** D 2
Evanston ● **110** D 3
Evansville ● **109** E 2

Everest, Mount- 🏔 **66** C 2
Höchster Berg der Erde im O-Himalaya (8861 m), an der Grenze Nepal–Tibet, teilweise vergletschert.

Everett ● **108** A 1
Everglades Nationalpark 🌿 **109** E 3
Evergreen ● **113** B 4
Évian ● **27** G 4
Evinayong ● **96** B 1
Evje ● **21** B 4
Évora ● **28** B 4
Évreux ● **26** D 3
Evrótas ☐ **38** C 4
Evzonoi ● **38** C 2
Exeter ● **25** E 6
Exmoor 🏔 **25** D-E 6
Exmouth ● **80** A 2
Exmouth Golf 🏝 **80** A 2
Exmouthplateau 🏔 **80** A 1
Explorerbank 🏔 **116** A 3
Extremadura ⊡ **28** B-C 4
Exuma 🏝 **116** B 2
Exuma Sound 🏝 **116** B 2
Eyasisee ● **97** D 2
Eyjafjallajökull 🏔 **44** D 4
Eyjafjord 🏝 **44** D 1
Eyl ● **95** D 3
Eyrarbakki ● **44** C 4
Eyre ● **80** B 3
Eyre-Halbinsel ⬛ **81** C 3
Eyresee 🏝 **81** C 2
Eyri ● **44** B 2
Ezine ● **58** A 3

F

Fåberg ● **20** D 3
Fada ● **94** B 2
Fada-Ngourma ● **92** D 1
Faetano ● **45** D
Fǎgǎraş ● **37** G 3
Fagataufa Atoll 🏝 **77** E 4
Fagernes ● **20** D 3
Fagersta ● **21** F 3-4
Fǎget ● **37** F 3
Faguibinesee 🏝 **88** C 4
Faial 🏝 **88** A 2
Fair 🏝 **24** F 2
Fairbanks ● **104** E 2
Fais 🏝 **74** B 2
Faisalabad ● **66** B 1
Faizabad ● **66** C 2
Fajr, Wadi- ☐ **64** B 3
Fakaofo Atoll 🏝 **76** A 2
Fakfak ● **69** E 4
Faku ● **56** C 2
Falaise ● **26** C 3
Falcon, Kap- 🏝 **29** E 6
Falcone, Punta- 🏝 **33** B 5

Falémé ☐ **92** B 1
Fǎleşty ● **42** C 4
Falkenberg ● **21** E 5
Falklandinseln = Malwinen 🏝 **125** C-D 5
Falklandplateau 🏔 **125** D-E 5
Falknis 🏔 **45** A
Falköping ● **21** E 4
Falmouth (Großbritannien) ● **25** D 6
Falmouth (Jamaika) ● **116** B 3
False Bai 🏝 **98** B 4
False Pass ● **104** C 3
Falster 🏝 **21** E 6
Falterona Nationalpark 🌿 **32** C-D 3
Fǎlticeni ● **37** H 2
Falun ● **20** F 3
Famagusta ● **59** E 5
Famatina, Serra- 🏔 **124** C 2-3
Fangatau Atoll 🏝 **77** D-E 3
Fanø 🏝 **21** C 6
Fano ● **32** D 4
Fano 🏝 **38** A 3
Faraday 🟦 **127** P 2
Faradofay ● **99** E 3
Farafangana ● **99** E 3
Farafra-Oasen ☐ **90** C 3
Farah ☐ **63** H 2
Farallon de Pajaros 🏝 **74** B 1
Farasan-Inseln 🏝 **63** D 5
Faraulep Atoll 🏝 **74** B 2
Farewell, Kap- 🏝 **79** C 4
Fargo ● **108** D 1
Färjestaden ● **21** G 5
Farmington ● **108** C 2
Fårö 🏝 **21** H 5
Fårö 🏝 **21** H 5
Faro (Kanada) ● **106** C 2
Faro (Portugal) ● **28** B 5
Färöer 🏝 **126** P 2
Fårösund 🏝 **21** H 5
Farquhar 🏝 **99** F 2
Fársala ● **38** C 3
Farsund ● **21** B 4
Farvel, Kap- 🏝 **105** G 4
Fasano ● **33** F 5
Fasher, El- ● **94** B 2
Fastiv ● **42** D-E 2
Fatsa ● **59** F 2
Fättjaur ● **20** F 1
Fatu Hiva 🏝 **77** E 3
Fauske ● **18** C 3
Favignana 🏝 **33** D 7
Faya-Largeau ● **94** A 2
Fayetteville ● **109** F 2
Fayu 🏝 **74** C 2
Fayyum, Al- ● **90** D 3
Fdérik ● **88** B 3
Fear, Kap- 🏝 **113** D 4
Fécamp ● **26** D 3
Federal ● **124** D 3
Fehmarn 🏝 **31** G 1
Feijó ● **122** A-B 2
Feira de Santana ● **123** E 3
Feke ● **59** E 4
Feldberg 🏔 **30** F 5
Feldkirch ● **32** B 2

Felixstowe ● **25** G 5-6
Fellar 🏝 **24** F 1
Femundsee ☐ **20** D 2
Femund Smarka, Nationalpark- 🌿 **20** D-E 2
Fengcheng ● **56** C 2
Fengzhen ● **56** A 2
Fenoarivo ● **99** E 2
Fens, The- 🏝 **25** F-G 5
Feodosija ● **43** G 5
Férai ● **39** E 2
Ferdows ● **65** F 2
Ferkéssédougou ● **92** C 2
Fermo ● **32** D 4
Fernando de Noronha 🏝 **123** E 2
Fernie ● **110** C-D 2
Ferrara ● **32** D 3
Ferras, Commandante- 🟦 **127** Q 2
Ferreira do Alentejo ● **28** A 4
Ferret, Kap- 🏝 **27** C 5
Ferrol, El- ● **28** A 2
Ferté-Bernard, La- ● **26** D 3
Fertö-tavi, Nationalpark 🌿 **36** C 2

Fès ● **88** C 2
690 000 Ew., geistiges Zentrum Marokkos.

Fessan ☐ **90** B 3
Fethiye ● **58** B 4
Fethiye, Golf von- 🏝 **58** B 4
Feuerland ☐ **125** C 5
Feurs ● **27** F 5
Fianarantsoa ● **99** E 3
Fidenza ● **32** C 2-3
Fidschi ⬛ **78** C 1
Fifla 🏝 **45** F
Figeac ● **27** D-E 5
Figueira da Foz ● **28** A 3
Figueres ● **29** G 2
Figuig ● **89** C 2
Filchner 🟦 **127** Q 2
Filiaşi ● **37** F 3
Filicudi 🏝 **33** E 6
Filingué ● **93** D 1
Filippiás ● **38** B 3
Filipstad ● **21** E-F 4
Filtu ● **95** D 3
Findlay ● **112** C 2
Finike ● **58** C 4
Finisterre, Kap- 🏝 **28** A 3
Finke ☐ **81** C 2
Finnischer Meerbusen 🏝 **19** G-J 7
Finnische Seenplatte ☐ **19** J-K 5
Finnland ⬛ **19** H-J 4
Finnmark ☐ **18** G-H 2
Finnsnes ● **18** E 2
Finspång ● **21** F 4
Fiorentino ● **45** D
Fiq ● **62A** B 2
Fišt, gora- 🏔 **60** B-C 3
Fitzgerald ● **113** C 4
Fitzroy ☐ **80** B 1

Fitzroy Crossing ● **80** B 1
Fiuggi ● **33** D 5
Fjällnäs ● **20** E 2
Flagstaff ● **108** B 2
Flakstadøy ● **18** B 2
Flamborough Head ▧ **25** F-G 4
Fläming ▲ **31** H 2-3
Flamingogolf ▧ **69** E 4
Flandern ▬ **26** E 2
Flannan-Inseln ▧ **24** C 2
Flatey ▧ **44** E 1
Flathead Lake ▧ **110** D 2
Flèche, La- ● **26** C 4
Flekkefjord ● **21** B 4
Flensburg ● **31** F 1
Flers ● **26** C 3
Flevoland **2** **30** D 2
Flinders ▧ **81** D 1-2
Flindersinseln ▧ **80** C 3
Flinderskette ▲ **81** C 3
Flin Flon ● **106** F 3
Flint ● **109** E 1
Flint ▧ **113** C 4
Flint ▧ **77** C 3
Flisa ● **20** E 3
Flix ● **29** F 3
Florence (Alabama-USA) ●
 113 B 4
Florence (South Carolina-USA)
 ● **113** D 4
Florencia ● **120** C 2
Florenz **2** **32** C 4
Flores ● **115** C-D 3
Flores (Indonesien) ▧ **69** D 4
Flores (Portugal) ▧ **88** A 2
Floressee ▧ **69** C-D 4
Floreşti ● **42** D 3-4
Floriano ● **123** D 2
Florianópolis **2** **123** D 4
Florida ▧ **75** D 3
Florida ▬ **113** C 5

Florida **2** **109** E 3
13,5 Mio. Ew., US-Bundes-
staat, Hauptstadt Tallahasee.

Florida Bay ▧ **113** C 5-6
Florida Keys ▧ **109** E-F 3
Floridastraße ▧ **109** E-F 3
Flórina ● **38** B 2
Florø ● **20** A 3
Flums ● **45** A
Fly ▧ **74** B 3
Foča ● **36** D 4
Focea ● **58** A 3
Focşani ● **37** H 3
Foggia ● **33** E 5
Fogo ▧ **88** A 4
Föhr ▧ **30** F 1
Foix ● **27** D 6
Fokino ● **40** E 5
Foldafjord ● **18** C 3
Foldfjord ▧ **20** D 1
Folégandros ▧ **38** D 4
Foleyet ● **112** C 1
Foligno ● **32** D 4
Folkestone ● **25** G 6
Follonica ● **32** C 4
Fond du Lac ● **112** B 2

Fonsagrada ● **28** B 2
Fonseca, Golf von- ▧ **115** D 3

Fontainebleau ● **26** E 3
19 000 Ew., Stadt am linken
Seine-Ufer, Schloss.

Fonte Boa ● **122** B 2
Fontenay-le-Comte ● **27** C 4
Fontur ▧ **44** F 1
Fontvieille ● **45** B
Fonualei ▧ **78** D 1
Førde ● **20** A 3
Fordon ● **34** D 2
Forel, Mont- ▲ **105** H 3
Forest Park ● **113** C 4
Forez, Monts du- ▲ **27** E 5
Forfar ● **24** E 3
Forlì ● **32** D 3
Formentera ▧ **29** F 4
Formentor, Kap- ▧ **29** G 3-4
Formia ● **33** D 5
Formofoss ● **20** E 1
Formosa (Argentinien) ●
 124 D 2
Formosa (Brasilien) ●
 123 D 3
Formosa, Serra- ▲ **122-123** C 3
Formosastraße ▧ **55** E-F 4
Fornæs ▧ **21** D 5
Forres ● **80** B 3
Forrest City ● **113** A 3-4
Forsayth ● **81** D 1
Forssa ● **19** G 6
Fort Albany ● **107** H 3
Fortaleza **2** **123** E 2
Fort Bragg ● **110** B 4
Fort Chipewyan ● **106** E 3
Fort-de-France **2** **117** E 4
Fortescue ▧ **80** A 2
Fort Frances ● **106** G 4
Fort George ● **107** J 3
Fort Good Hope ● **106** D 1
Forth, Firth of- ▧ **24** E 3-4
Fortín Coronel Eugenio Garay
 ● **122** B 4
Fort Lauderdale ● **109** E 3
Fort McMurray ● **106** E 3
Fort Myers ● **109** E 3
Fort Nelson ● **106** D 3
Fort Norman ● **106** D 2
Fort Pierce ● **113** C-D 5
Fort Providence ● **106** E 2
Fort Resolution ● **106** E 2
Fort-Rupert ● **107** J 3
Fort Saint John ● **106** D 3
Fort-Ševčenko ● **61** H 2
Fort Severn ● **107** H 3
Fort Simpson ● **106** D 2
Fort Smith (Kanada) ●
 106 E 2
Fort Smith (USA) ● **109** D 2
Fort Vermilion ● **106** E 3
Fort Victoria ● **99** D 3
Fort Wayne ● **109** E 1
Fort William ● **24** D 3
Fort Worth ● **108** D 2
Fort Yukon ● **104** E 2
Foshan ● **55** E 4

Fossil Bluff ✱ **127** P 2
Fougères ● **26** C 3
Foula ▧ **24** E 1
Foumban ● **93** E 2
Foúrnoi ▧ **39** E 4
Fouta Djalon ▲ **92** B 1
Foveaux Strait ▧ **79** B 4
Foxebecken ▧ **107** H-J 2
Fox Islands ▧ **104** C 3
Francavilla Fontana ● **33** F 5
Franceville ● **96** B 2
Franche-Comté **2** **26** F-G 4
Francistown ● **98** C 3
Frankfort **2** **109** E 2

Frankfurt ● **30** F 3
653 000 Ew., größte Stadt
Hessens, dt. Finanzzentrum.

Frankfurt an der Oder ●
 31 J 2
Fränkische Alb ▲ **31** G 4
Franklin Delano Roosevelt
 Lake ▧ **110** C 2
Frankreich **1** **27** D-E 4
Franz-Josef-Land ▧
 126 M 1-2
Französisch-Guayana **2**
 121 E 2
Französisch-Polynesien **2**
 77 D 4
Fraser ▧ **106** D 3
Fraserburgh ● **24** E-F 3
Fraser-Inseln ▧ **81** E 2
Frauenfeld **2** **32** B 2
Fray Bentos ● **124** D 3
Fredericia ● **21** C 6
Fredericton ● **107** K 4
Frederikshåb = Paamiut ●
 105 G 3
Frederikshavn ● **21** D 5
Fredrika ● **20** H 1
Fredrikstad ● **21** D 4
Freeport (Illinois-USA) ●
 112 B 2
Freeport (Texas-USA) ●
 108 D 3
Freetown **1** **92** B 2
Fréhel, Kap- ▧ **26** B 3
Freiberg ● **31** H 3
Freiburg ● **30** E 4-5
Freiburg = Fribourg **2** **32** A 2
Freising ● **31** G 4
Freistadt ● **32** E 1
Fréjus ● **27** G 6
Fréjus ▲ **27** G 5
Fremantle ● **80** A 3
Fremont ● **111** B 4
Fresno ● **108** A-B 2
Fresno-Alhándiga ● **28** C 3
Fresvikbreen ▲ **20** B 3
Freudenstadt ● **30** F 4
Fria ● **92** B 1
Fria, Kap- ▧ **98** B 2
Fribourg **2** **32** A 2
Fribourg = Freiburg **2** **32** A 2
Friedrichshafen ● **31** F 5
Friesach ● **32** E 2
Friesland ▬ **30** D-E 2

Friesland **2** **30** D 2
Frio, Kap- ▧ **123** D 4
Frisches Haff ▧ **22** E 4
Fritzlar ● **31** F 3
Friuli-Venezia Giulia **2** **32** D 2
Fromesee ▧ **81** C-D 3
Frosinone ● **33** D 5
Frýdek Místek ● **34** D 4
Fuding ● **55** F 4
Fuerteventura ▧ **88** B 3
Fuhayhil, Al- ● **65** D 3
Fujayrah, Al- ● **65** F 3
Fuji ● **57** F 3
Fujian **2** **55** E 4

Fujisan ▲ **57** F 3
3776 m, höchster Berg Japans,
letzter Vulkanausbruch 1707.

Fukuchiyama ● **57** E-F 3
Fukui ● **57** F 3
Fukuoka ● **57** E 4
Fukuyama ● **57** E 4
Fulda ● **31** F 3
Fuling ▧ **54** D 4
Funchal ● **88** B 2
Fundão ● **28** B 3
Fundkopf ▲ **45** A
Fundybai ▧ **107** K 4
Fünen ● **21** D 6
Furgun ▲ **65** F 3
Furmanov ● **41** H 3
Furnas, Represa de- ▧
 123 D 4
Furneauxgruppe ▧ **80** B-C 3
Furqlus ● **59** F 5
Fürstenfeld ● **32** F 2
Fürstenwalde ● **31** J 2
Fürth ● **31** G 4
Fushun ● **55** F 2
Fusong ● **56** D 2
Füssen ● **31** G 5
Futa ▲ **32** C 3
Futuna ▧ **78** D 1
Fu Xian ● **55** F 3
Fuxin ● **55** F 2
Fuyang ● **55** E 3
Fuyu ● **55** F 2
Fuzhou (Fujian-China) **2**
 55 E-F 4
Fuzhou (Jiangxi-China) ●
 55 E 4
Füzüli ● **61** F 5

G

Gabès ● **89** D-E 2
Gaborone **1** **98** C 3
Gabras ● **94** B 2
Gabrovo ● **37** G 4
Gabun **1** **96** B 2
Gacko ● **36** D 4
Gadauta ● **60** C 3
Gäddede ● **20** F 1
Gäeşti ● **37** G 4
Gaeta, Golf von- ▧ **33** D 5
Gaferut ▧ **74** B 2

Gagarin ● **40** E 4
Gagnoa ● **92** C 2
Gagnon ● **107** K 3
Gagra ● **60** C 3
Gainesville (Florida-USA) ●
 109 E 2-3
Gainesville (Georgia-USA) ●
 113 C 3-4
Gairdnersee ▧ **81** C 3
Gairloch ● **24** D 3
Gaising ▲ **23** J 3
Gai Xian ● **56** C 2

Galápagos-Inseln ▧ **120** A 3
17 kleinere und 13 größere In-
seln vulkanischen Ursprungs,
im Pazifik (Ecuador).

Galashiels ● **24** E 4
Galaţi ● **37** J 3
Galdhøpiggen ▲ **20** B 3
Galena ● **104** D 2
Galera, Punta- (Chile) ▧
 124 B 3-4
Galera, Punta- (Ecuador) ▧
 120 B 2
Gali ● **60** C 3
Galič ● **41** J 2
Galicia **2** **28** A-B 2
Galičskaja Vozvyšennost' ▬
 41 J-K 2-3
Galiläa **2** **62A** B 1
Galinakopf ▲ **45** A
Galizien ▬ **34** E-F 4
Galla ● **95** C-D 3
Gallacaio ● **95** D 3
Galle ● **66** B-C 4
Gállego ▧ **29** E 2
Gallinas, Kap- ▧ **120** C 1
Gallipoli ● **33** G 5
Gällivare ● **18** F 3
Gallup ● **108** C 2
Galveston ● **108** D 3
Galway ● **25** B 5
Galwaybai ▧ **25** A-B 5
Gamba ● **54** B-C 4
Gambela ▧ **95** C 3
Gambell ● **104** B 2
Gambia ▧ **92** B 1
Gambia **1** **92** B 1
Gambier ▧ **77** E 4
Gamboma ● **96** B 2
Gamiş ▲ **61** F 4
Gams ● **45** A
Gamvik ● **18** K 1
Gandajika ● **96** C 2
Gander ● **107** L 4
Gandesa ● **29** F 3
Gandhinagar **2** **66** B 2
Gandía ● **29** E 4
Gandja ● **61** F 4
Ganges ● **27** E 5-6

Ganges ▧ **66** C 2
2700 km lang, im N Vorderin-
diens, Quelle in 4000 m Höhe
im Himalaia.

Gangesdelta ▬ **66** C-D 2

Gangtok ② **66** C 2
Gankovo ● **40** D 2
Gannat ● **27** E 4
Gannett Peak ▲ **108** C 1
Gansu ● **54** D 3
Ganta ● **92** C 2
Ganzhou ② **55** E 4
Gao ● **89** C-D 4
Gaoua ● **92** C 1
Gaoual ● **92** B 1
Gaoxiong = Kaohsiung ●
  55 F 4
Gap ● **27** G 5
Gar ● **54** A-B 3
Gara Dragoman ● **37** F 4
Garanhuns ● **123** E 2
Garapan ② **74** B 1
Garbaharrey ● **95** D 3
Garcia de Sola, Lago de- ➳
  28 C 4
Gardabani ● **61** E 4
Gardasee ➳ **32** C 3
Garden City ● **108** C 2
Gardhskagi ➳ **44** B 3
Gardner Pinnacles ➳ **82** B 2
Gardsjönäs ● **20** G 1
Gargaliánoi ● **38** B 4
Gargano ➳ **33** E 5
Gargano, Testa del- ➳ **33** F 5
Gargano Nationalpark ➤
  33 E 5
Gargždai ● **22** F 4
Garies ● **98** B 4
Garissa ● **97** D 2
Garmisch-Partenkirchen ●
  31 G 5
Garoe ● **95** D 3
Garonne ➳ **27** C 5
Garoua ● **93** E 2
Garoua Boulai ● **93** E 2
Garrucha ● **29** E 5
Garrysee ➳ **106** F 2
Garsen ● **97** D-F 2
Gary ● **109** E 1
Garzê ● **54** D 3
Gascogne ➳ **27** C-D 5-6
Gascoyne ➳ **80** A 2
Gasden ● **109** E 2
Gashua ● **93** E 1
Gaspé ● **107** K 4
Gastonia ● **113** C 3
Gata, Akra- **58** D 5
Gata, Kap- ➳ **58** D 5
Gata, Sierra de- ▲ **28** B 3-4
Gatčina ● **40** C 2
Gâtine, Hauteurs de- ▲
  26 C 4
Gauja ➳ **23** H 3
Gausta ▲ **21** C 4
Gavdhopoúla ➳ **38** C-D 5
Gavdhos ➳ **38** C-D 5
Gävle ● **20** G 3
Gävleborg ② **20** F-G 3
Gavrilov Jam ● **41** G 3
Gavrilov Posad ● **41** H 3
Gaya (Indien) ● **66** C 2
Gaya (Niger) ● **93** D 1
Gaza ● **64** A 2
Gaziantep ● **59** F 4

Gazipaşa ● **58** D 4
Gbarnga ● **92** C 2
Gdańsk (Danzig) ● **34** D 1
Gdov ● **40** A-B 2
Gdynia ● **34** D 1
Gebze ● **58** B 2
Gedaref ● **95** C 2
Gedera ● **62A** A 3
Gedi, En- ● **62A** B 3
Gediz ● **58** B 3
Gediz ➳ **58** A-B 3
Geelong ● **81** D 3
Geesthacht ● **31** G 2
Geeveston ● **80** B 3
Geilo ● **20** C 3
Geiranger ● **20** B 2
Gejiu ● **54** D 4
Gela ● **33** E 7
Gelber Fluss → Huang He ➳
  55 E 3
Gelbes Meer ➳ **55** F 3
Gelderland ② **30** D 2
Gelendžik ● **60** B 2
Gelibolu Yarımadası Tarihi,
  Nationalpark ➤ **58** A 2
Gemena ● **96** B-C 1
Gemerek ● **59** F 3
Gemlik ● **58** B 2
Gemona del Friuli ● **32** D 2
Genale ➳ **95** C-D 3
Genç ● **59** H 3
General Acha ● **124** C 3
General-Carrera-See ➳
  125 B 4
General Santos ● **69** D 3
Genève = Genf ② **32** A 2
Genezareth, See- ➳ **62A** B 2

Genf ② **32** A 2
170 000 Ew., Hauptstadt des
gleichnamigen schweizer Kan-
tons.

Genf = Genève ② **32** A 2
Genfer See ➳ **32** A 2
Gennargentu ▲ **33** B 5
Gent ② **26** E 2
Genthin ● **31** H 2
Genua ② **32** B 3
Genua, Golf von- ➳ **32** B 3-4
Geographe Bay ➳ **80** A 3
George ● **98** C 4
George Town ● **68** A-B 3
Georgetown (Cayman) ②
  116 A 3
Georgetown (Gambia) ●
  92 B 1
Georgetown (Guyana) ①
  121 E 2
Georgetown (USA) ●
  113 D 4

Georgia ② **109** E 2
6,6 Mio. Ew., US-Bundesstaat.

Georgianbai ➳ **107** H 4
Georgien ◻ **60-61** D-E 4
Georgijevsk ● **60** D 2
Georgina ➳ **81** C 2

Gera ● **31** H 3
Geral, Serra- ▲ **123** C-D 4
Geraldton ● **80** A 2
Gerdine ▲ **104** D 2
Gerede ● **58** D 2
Gergál ● **29** D 5
Germencik ● **58** A 4
Germiston ● **98** C 3
Gers ➳ **27** D 6
Gêrzê ● **54** B 3
Gerze ● **59** E 2
Gesellschafts-Inseln ➳
  77 C-D 3
Geta ● **19** E 6
Getafe ● **28** D 3
Gevas ● **60** D 5
Gevgelija ● **38** C 2
Geyik Dağı ▲ **58** D 4
Geyser, Banc du- ➳ **99** E 2
Geysir ● **44** C 3
Geyve ● **58** C 2
Gez Gölü ➳ **58** D 3
Gezira ● **94** C 2
Ghadames ● **90** A 2-3
Ghajn Tuffieha ● **45** F
Ghana ◻ **92** C 2
Ghanzi ● **98** D 3
Ghardaïa ● **89** D 2
Ghar Us Nuur ➳ **54** C 2
Ghat ● **90** B 3
Ghaydah, Al- ● **63** F 5
Ghazal, Ayn al- ● **90** C 3
Ghazal, Bahr al- ➳ **94** B 3
Ghazal, Bahr al- (Sudan) ➳
  94 B-C 3
Ghazal, Bahr al- (Tschad) ➳
  94 A 2
Gheorghieni ● **37** G 2
Gherla ● **37** G 2
Ghor, El- **62A** B 2-3
Ghriss ● **29** F 6
Ghudaf, Wadi al- ➳ **64** C 2
Giannutri ➳ **33** D 5
Giarabub ● **90** C 3
Giarre ● **33** E 7
Gibara ● **116** B 2
Gibeon ● **98** B 3
Gibraltar ● **28** C 5
Gibraltar, Straße von- ➳
  28 B-C 5-6
Gibsonwüste ▭ **80** B 2
Gien ● **26** E 4
Giessen ● **30** F 3
Giglio ➳ **33** C 4
Gijón ● **28** C 2
Gila ➳ **108** B 2
Gila Bend ● **111** D 5
Gilbert ● **81** D 1
Gilbert-Inseln ➳ **75** E 2-3
Gillam ● **106** G 3
Gimo ● **20** H 3
Ginnosar ● **62A** B 1
Giohar ● **95** D 3
Gioia del Colle ● **33** F 5
Gioia Tauro ● **33** E 6
Giona ▲ **38** C 3
Gioúra ➳ **38** D 4
Giresun ● **59** G 2
Giresun Dağları ▲ **59** G 2

Girne ● **58** D 5
Girona ② **29** G 2
Gironde ➳ **27** C 5
Gisborne ● **79** C 3

Giseh ● **90** D 2-3
2,1 Mio. Ew., Hauptstadt der
gleichnamigen ägyptischen
Provinz, Pyramiden.

Gishiga ● **53** M 2
Giske ➳ **20** A-B 2
Gisors ● **26** D 3
Giulianova ● **32** D 4
Giurgiu ● **37** G 4
Givet ● **26** F 2
Giżycko ● **34** E 1
Gjirokastra ● **38** A-B 2
Gjoa Haven ● **106** G 2
Gjögurtá ➳ **44** D-E 1
Gjøvik ● **20** D 3
Gjumari ● **60** D 4
Glacier Nationalpark ➤
  110 D 2
Glacier Peak ▲ **110** B 2
Gladstone ● **81** E 2
Gláma ▲ **44** B 2
Gläma ➳ **20** D 3
Glan ● **21** F 4
Glarus ② **32** B 2
Glarus ② **32** B 2
Glasgow (Großbritannien) ●
  24 D 4
Glasgow (USA) ● **108** C 1
Glazov ● **50** F 3
Glénan ➳ **26** A-B 4
Glendale ● **111** D 5
Glendalough ➳ **25** C 5
Glengarriff ● **25** B 6
Glen Innes ● **81** E 2
Glennallen ● **104** E 2
Glens Falls ● **112** E 2
Glenwood Springs ●
  111 E 4
Gliwice ● **34** D 3
Globe ● **111** D 5
Głogów ● **34** C 3
Glomfjord ● **18** B-C 3
Glommersträsk ● **20** H 1
Glorieuses, Îles- ➳ **99** E 2
Glossa, Kap- ➳ **38** A 2
Gloucester ● **25** E 6
Gmünd ● **32** E 1
Gmunden ● **32** D 2
Gniezno ● **34** C 2
Gnjilane ● **37** E 4
Goa, Daman e Diu ② **66** B 2-
  3
Goba ● **95** D 3
Gobabis ● **98** B 3
Gobi ▭ **54** D 2
Gobi-Altai ▲ **54** C-D 2
Godavari ➳ **66** B 3
Godhavn = Qeqertarsuaq ●
  105 F 3
Godøy ➳ **20** A 2
Gods Lake ● **106** G 3
Godthåb = Nuuk ② **105** F 3

Gogland, ostrov- ➳ **23** J 1
Goiânia ② **123** D 3
Goiás ● **123** C 3
Goiás ② **123** C-D 3
Gojam ● **95** C 2
Gökçay ➳ **58** D 4
Gökçeada ➳ **58** A 2
Gökdere ➳ **58** D 4
Gökırmak ➳ **59** E 2
Gökova ● **58** B 4
Göksu (Türkei) ➳ **58** D 4
Göksu (Türkei) ➳ **59** F 3-4
Göksun ● **59** F 3
Gol ● **20** C 3

Golanhöhen ▲ **62A** B 1-2
Plateaugebirge mit erlosche-
nen Vulkanen im S Syriens.

Gölbaşı ● **59** F 4
Gölbaşı ● **58** D 3
Gölcük ● **58** B-C 2
Gold Coast ● **81** E 2
Golden Gate ➳ **111** B 4
Goldfield ● **111** C 4
Goldküste ▭ **92** C 2
Goldsboro ● **113** D 3
Göle ● **60** D 4
Goléa, El- ● **89** D 2
Golfküstenebene ▭
  108-109 D-E 2-3
Golfo Aranci ● **33** B 5
Golfo de Santa Clara ●
  111 D 5
Gölhisar ● **58** B 4
Gölköy ➳ **59** F 2
Gölmarmara ● **58** A-B 3
Golmud ● **54** C 3
Golpayegan ● **65** E 2
Gölpazarı ● **58** C 2
Golubovka ● **43** G 3
Goma ● **97** C 2
Gombe ● **93** E 1
Gomera ➳ **88** B 3
Gómez Palacio ● **114** B 2
Gonabad ● **63** G 2
Gonaïves ● **116** C 3
Gonam ➳ **53** H 3
Gonâve ➳ **116** C 3
Gonbad-e Kavus ● **65** F 1
Gondar ● **95** C 2
Gönen ● **58** A 2
Gongga Shan ▲ **54** D 4
Gonghe ● **54** D 3
Gongzhuling ● **56** C 2
Gönük ● **59** H 3
Goomalling ● **80** A 3
Goondiwindi ● **81** E 2
Goose Bay ● **107** K-L 3
Goose Lake ➳ **110** B 3
Göppingen ● **31** F 4
Gorakhpur ● **66** C 2
Goražde ● **36** D 4
Gördes ● **58** B 3
Górdion ● **58** C-D 3
Gordon ● **104** E 2
Gore ● **79** B 4
Goré (Äthiopien) ● **95** C 3
Goré (Tschad) ● **94** A 3

Görele ◉ **59** G 2
Goreloje ◉ **41** H 5
Gorgan ◉ **63** F 1
Gorgona ◼ **32** B 4
Gori ◉ **61** E 3-4
Goricy ◉ **40** F 3
Goris ◉ **61** F 5
Gorizia ◉ **32** D 2
Gorjači Ključ ◉ **60** B 2
Gorka ◉ **66** C 2
Gorlice ◉ **34** E 4
Görlitz ◉ **31** J 3
Gorna Orjahovica ◉ **37** G 4
Gorniak ◉ **41** G 5
Gornji Vakuf ◉ **36** C 4
Gorno-Altajsk ◉ **51** J 3
Gorochov ◉ **42** B 2
Gorodec ◉ **41** J 3
Gorodišče ◉ **41** K 5
Gorodovikovsk ◉ **60** C-D 1
Gorohovec ◉ **41** J 3
Goroka ◼ **74** B 3
Gorontalo ◉ **69** D 3
Gorzów Wielkopolski ◉
34 B 2
Goslar ◉ **31** G 3
Gospić ◉ **36** B 3
Gostivar ◉ **38** B 2
Gostyń ◉ **34** C 3
Götaälv ◼ **21** E 4
Göta Kanal ◼ **21** G 4
Götaland ◼ **21** E-F 5
Göteborg ◼ **21** D-E 5
Göteborg-Bohus ◪ **21** D 4
Gotha ◉ **31** G 3

Gotland ◼ **21** H 5
*58 000 Ew., schwedische Ost-
seeinsel, zahlreiche Kirchen
des 13. und 14. Jh.s.*

Gotland ◪ **21** H 5
Goto-Inseln ◼ **57** D 4
Gotska Sandön ◼ **21** H 5
Gotsu ◉ **57** E 3-4
Göttingen ◉ **31** F-G 3
Götzis ◉ **45** A
Goulburn ◉ **81** D 3
Goulimine ◉ **88** B-C 3
Gouraya ◉ **29** F 5
Governador Valadares ◉
123 D 3
Goya ◉ **124** D 2
Göyçay ◉ **61** F 4
Göynücek ◉ **59** E 2
Gozo ◼ **45** F
Gračac ◉ **36** B 3
Gracias a Dios, Kap- ◼
115 D 3
Graciosa ◼ **88** A 2
Grado ◉ **32** D 3
Grafton ◉ **81** E 2
Grajewo ◉ **34** F 2
Grammos ◼ **38** B 2
Grampian Mountains ◼
24 D-E 3
Gran ◼ **34** D 4
Granada (Nicaragua) ◉
115 D 3

Granada (Spanien) ◉ **28** D 5
Granby ◉ **107** J 4
Gran Canaria ◼ **88** B 3
Gran Chaco ◼ **124** C 1-2
Grand Bahama ◼ **116** B 1
Grand-Bassam ◉ **92** C 2
Grand Canyon ◉ **111** D 4
Grand Canyon ◼ **108** D 1
Grand Canyon Nationalpark
✚ **111** D 4
Grande, Bahía- ◼ **125** C 5
Grande, La- ◉ **110** C 2
Grande, Rio- ◠ **123** C-D 3
Grande, Rio- ◠ **122** B 3
Grande, Rio- = Río Bravo
del Norte ◠ **114** B 1
Grande Prairie ◉ **106** E 3
Grande Ronde ◼ **110** C 2
Grandes, Salinas- ◠
124 C 2-3
Grand Falls ◉ **112** F 1
Grand Forks ◉ **108** D 1
Grand Island ◉ **108** D 1
Grand Isle ◉ **113** A-B 5
Grand Junction ◉ **108** C 2
Grand-Mère ◉ **112** E 1
Grândola ◉ **28** A 4
Grand Rapids ◉ **109** E 1
Grand Teton ◼ **108** B 1
Grand Teton Nationalpark ✚
110 D-E 3
Grange, La- ◉ **113** B-C 4
Grängesberg ◉ **20** F 3
Grangeville ◉ **108** B 1
Gränna ◉ **21** F 5
Gran Paradiso Nationalpark
✚ **32** A 3
Gran Sabana, La- ◼ **121** D 2
Gran Sasso d'Italia ◼
33 D 4
Gran Sasso e Monti
della Laga Nationalpark ✚
32-33 D 4
Gran Sasso Nationalpark ✚
32-33 D 4
Grants Pass ◉ **110** B 3
Granville ◉ **26** C 3
Gräsö ◼ **20** H 3
Grasse ◉ **27** G 6

Graubünden ◪ **32** B 2
*186 000 Ew., flächenmäßig
größter Kanton der Schweiz.*

Grave, Pointe de- ◼ **27** C 5
Gravina in Puglia ◉ **33** F 5
Graz ◪ **32** E 2
Great Abaco ◼ **116** B 1
Great Barrier-Inseln ◼
79 C 3
Great Dividing Range ◼
81 D-E 1-2
Great Falls ◉ **108** B 1
Great Plains ◼ **108** C-D 1-2
Great Salt Lake Desert ◼
110 D 3
Great Sandy Desert ◼
110 B-C 2
Great Valley ◼ **112** D 3

Great Yarmouth ◉ **25** G 5
Greco, Akra- ◼ **59** E 5
Gredos, Sierra de- ◼ **28** C 3
Greeley ◉ **108** C 2
Green Bay ◉ **109** E 1
Green Mountains ◼ **112** E 2
Greenock ◉ **24** D 4
Green River ◠ **108** C 1-2
Green River (Utah-USA) ◉
111 D 4
Green River (Wyoming-USA)
◉ **108** C 1
Greensboro ◉ **109** F 2
Green Springs ◉ **110** E 3
Greenville (Liberia) ◉ **92** C 2
Greenville (Mississippi-USA)
◉ **109** D 2
Greenville (South Carolina-
USA) ◉ **109** E 2
Greenwood ◉ **113** A-B 4
Gregory Range ◼ **81** D 1-2
Greifswald ◉ **31** H 1
Grein ◉ **32** E 1
Greiz ◉ **31** H 3
Grenå ◉ **21** D 5
Grenada ◪ **117** E 4
Grenada ◉ **113** A-B 4
Grenoble ◉ **27** F 5
Grense Jakobselv ◼ **18** L 2
Grenville, Kap- ◼ **81** D 1
Gressåmoen, Nationalpark-
✚ **20** E 1
Grevená ◉ **38** B 2
Greymouth ◉ **79** C 4
Grey Range ◼ **81** D 2-3
Griechenland ◪ **38** B-C 3
Griffith ◉ **81** D 3
Grim, Kap- ◼ **80** B 3
Grimsby ◉ **25** F 5
Grímsey ◼ **44** D-E 1
Grímsstadhir ◉ **44** E-F 2
Grimstad ◉ **21** C 4
Grímstunga ◉ **44** C 2
Grindavík ◉ **44** B 4
Grindsted ◉ **21** C 6
Grintavec ◼ **36** B 2
Grise Fiord ◉ **105** C 2
Grisslehamn ◉ **20** H 3
Grjazi ◉ **41** G-H 5
Grjazovec ◉ **41** H 2
Grobina ◉ **22** F 3
Groix ◼ **26** B 4
Grong ◉ **20** E 1
Groningen ◪ **30** E 2
Groningen (Niederlande) ◪
30 E 2
Groningen (Suriname) ◉
121 E 2
Grönland ◪ **105** g-h 2
Grönländisches Becken ◼
126 O 2
Grönlandsee ◼ **105** M 2
Groote Eylandt ◼ **81** C 1
Grootfontein ◉ **98** B 2
Groot Karroo ◼ **98** C 4
Grossbritannien ◪
24 E-F 3-4
Große Antillen ◼
116-117 B-D 3

Große Arabische Wüste
(Rub al-Khali) ◼ **63** E-F 4
Große Australische Bucht ◼
80 B-C 3
Große Bahamabank ◼
116 B 1-2
Großer Bärensee ◠ **106** D 2
Großer Belchen ◼ **26** G 4
Großer Belt ◼ **21** D 6
Großer Chingan ◼ **55** E-F 1-2
Großer Jenissej ◠ **52** E 3
Großer Kanal ◼ **56** B 4
Großer Priel ◼ **32** E 2
Großer Salzsee ◠ **108** B 1
Große Salzwüste ◼ **63** F-G 1
Große Sandwüste ◼ **80** B 2
Großer Sankt Bernhard ◼
32 A 3
Großer Sklavensee ◠ **106** E 2
Großes Artesisches Becken
◼ **81** D 2
Großes Barriereriff ◼
81 D-E 1-2
Großes Becken ◼ **108** B 1
Große Sunda-Inseln ◼
68 B-C 3
Grosseto ◉ **32** C 4
Große Viktoriawüste ◼
80 B-C 2

Großglockner ◼ **32** D 2
*3797 m Höhe, höchster Gipfel
der Hohen Tauern (Österreich).*

Großwardein → Oradea ◉
37 E-F 2
Groznyi ◪ **61** E 3
Grudziądz ◉ **34** D 2
Grums ◉ **21** E 4
Grünau ◉ **98** B 3
Grund ◉ **44** C 3
Grundarfjördhur ◉ **44** B 3
Grüsch ◉ **45** A
Gryllefjord ◼ **18** D 2
Guacanayabo, Golfo de- ◼
116 B 2
Guadahortuna ◉ **28** D 5
Guadalajara (Mexiko) ◉
114 B 2
Guadalajara (Spanien) ◉
28 D 3
Guadalcanal ◼ **75** C-D 4
Guadalquivir ◠ **28** C 5
Guadalupe (Mexiko) ◼
114 A 2
Guadalupe (Spanien) ◉
28 C 4
Guadarrama, Sierra de- ◼
28 C-D 3
Guadarrama, Túnel de- ◼
28 C-D 3
Guadeloupe ◪ **117** E 3
Guadeloupe Passage ◼
117 E 3
Guadiana ◠ **28** B 4
Guadix ◉ **28** D 5
Guajará-Mirim ◉ **122** B 3
Guajira, Halbinsel- ◼
120 C 1

Guallatiri, Volcán- ◼ **124** C 1
Guam ◪ **74** B 1
Guanajuato ◉ **114** B 2
Guangdong ◪ **55** E 4
Guangxi Zhuang → Kwangsi
Chuang ◪ **54-55** D-E 4
Guangyuan ◉ **54** D 3
Guantánamo ◉ **116** B 2
Guaporé ◠ **122** B 3
Guaqui ◉ **122** B 3
Guarapuava ◉ **123** C 4
Guarda ◉ **28** B 3
Guarda, A- ◉ **28** A 2-3
Guardafui, Kap- ◼ **95** E 2
Guaricana ◼ **123** D 4
Guatemala ◪ **115** C-D 3
Guatemala ◪ **115** C-D 3
Guaviare ◠ **120** D 2
Guayabal ◉ **116** B 2
Guayana, Bergland von- ◼
121 D-E 2
Guayanabecken ◼ **121** F 2
Guayaquil ◉ **120** B-C 3
Guayaquil, Golf von- ◼
120 B 3
Guaymas ◉ **114** A 2
Guban ◼ **95** D 2
Gubbio ◉ **32** D 4
Guben ◉ **31** J 3
Gubin ◉ **34** B 2-3
Gudbrandsdal ◼ **20** C 3
Gudermes ◉ **61** F 3
Gudvangen ◉ **20** B 3
Guebwiller ◉ **26** G 4
Guécédou ◉ **92** B-C 2
Guelma ◉ **89** D 2
Guelph ◉ **112** C 2
Guelta Zemmur ◉ **88** B 3
Güeraberg ◼ **94** A 2
Guéret ◉ **27** D 4
Guernsey ◼ **25** E 7
Guezzâm, In- ◉ **89** D 4
Guge ◼ **95** C 3
Guguan ◼ **74** B 1
Guichi ◉ **56** B 4
Guildford ◉ **25** F 6
Guilin ◉ **55** E 4
Guimarães ◉ **28** A 3
Guinea ◪ **92** C 1
Guinea, Golf von- ◼
92-93 C-D 2
Guineabecken ◼ **92** C 2-3
Guinea-Bissau ◪ **92** B 1
Guineaschwelle ◼ **92** C-D 3
Günes ◉ **116** A 2
Guingamp ◉ **26** B 3
Güira de Melena ◉ **116** A 2
Guiyang ◪ **54** D 4
Guizhou ◪ **54** D 4

Gujarat ◪ **66** A-B 2
*41,2 Mio. EW., indischer Bun-
desstaat am Arabischen Meer.*

Gulbarga ◉ **66** B 3
Gulbene ◉ **23** J 3
Gulfport ◉ **109** E 2
Gulistan ◉ **51** G 4
Gulkeviči ◉ **60** C 2

Güllük ● **58** A 4
Gülpinar ● **58** A 3
Gülşehir ● **59** E 3
Gulu ● **97** D 1
Gümüşhane ● **59** G 2
Guna ▲ **95** C 2
Gündoğmuş ● **58** D 4
Gunnarm ● **20** G 1
Gunnbjørns Fjeld ▲ **105** H-J 3
Gunnison ● **111** E 4
Guntersvillesee ⊟ **113** B 4
Guntur ● **66** C 3
Gunungsitoli ● **68** A 3
Gurdaqa, Al- ● **90** D 3
Gurdzaani ● **61** E 4
Gurgei, Jabal- ▲ **94** B 2
Guristausee ⊟ **121** D 2
Gürpinar ● **60** D 5
Gürün ● **59** F 3
Gurupá ● **123** C 2
Gurupi ● **123** D 3
Gurzuf ● **43** G 5
Gusau ● **93** D 1
Gusev ● **23** G 4
Gushi ● **56** B 4
Gus-Hrustalny ● **41** H 4
Guspini ● **33** B 6
Güstrow ● **31** H 2
Guten Hoffnung, Kap der- ⊠ **98** B 4
Gütersloh ● **30** F 3
Guwahati ● **67** D 2
Guyana ∎ **121** E 2
Guyenne ∎ **27** C-D 5
Güzeloluk ● **59** E 4
Güzelyurt ● **58** D 5
Güzelyurt Körfezi ⊠ **58** D 5
Gvardejsk ● **22** F 4
Gwai ● **98** C 2
Gwalior ● **66** B 2
Gwanda ● **98** C 3
Gweru ● **98** C 2
Gyangzê ● **54** B-C 4
Gyda ● **51** H 1
Gydan-Halbinsel ∎ **51** H-J 1-2
Gympie ● **81** E 2
Gyöngyös ● **36** D 2
Győr (Raab) ● **36** C 2
Gypsumville ● **106** G 3

H

Haag ● **31** H 4
Haapajärvi ● **19** H 5
Haapsalu ● **23** G 2
Haarlem ② **30** D 2
Hachijo ⊠ **57** F-G 4
Hachinohe ● **57** G 2
Hadaribah, Ra's al- ● **95** C 1
Hadd, Ras al- ⊠ **63** G-H 4
Haddington ● **24** E 4
Hadejia ● **93** D-E 1
Hadera ● **62A** A 2
Hadiboh ● **63** F 6
Hadithah, Al- (Irak) ● **64** C 2

Hadithah, Al- (Saudi-Arabien) ● **64** B 2
Hadjač ● **43** G 2
Hadramaut ∎ **63** E-F 5-6
Hadyžensk ● **60** B 2
Haeju ● **56** D 3
Haena ● **83** B 3
Hafar al-Batin ● **65** D 3
Haffah, Al- ● **59** F 5
Haffner Bjerg ▲ **105** E 2
Hafık ● **59** F 3
Hafnarfjördhur ● **44** B-C 3
Hafun ● **95** E 2
Hafun, Kap- ⊠ **95** E 2
Hagen ● **30** E 3
Hagerstown ● **112** D 3
Hagfors ● **20** E 3-4
Hague, Kap- ⊠ **26** C 3
Haguenau ● **26** G 3
Haicheng ● **56** C 2
Haifa ● **64** A-B 2
Haikou ② **67** F 2-3
Hail ● **63** D 3
Hailar ● **55** E-F 2
Hailar He ⊟ **55** E-F 2
Hailong ● **56** D 2
Hailuoto ⊠ **19** H 4
Haimen ● **56** C 4
Hainan ⊠ **67** F 3
Hainan ② **67** E-F 3
Hainanstraße ⊠ **67** E-F 2
Hainaut ② **26** E 2
Haines ● **104** F 3
Haiphong ● **67** E 2
Haiti ∎ **116** C 3
Haiya ● **95** C 2
Haizhou Wan ⊠ **56** B-C 3-4
Hajarah, al- ▲ **64-65** C-D 2-3
Hajdúböszörmény ● **37** E-F 2
Hajdúszoboszló ● **37** E 2
Hajsyn ● **42** D 3
Hajvoron ● **42** D 3
Hakari ⊟ **61** F 5
Hakkas ● **18** F 3
Hakodate ● **57** G 2
Halaban ● **64** C 4
Hala'ib ● **91** D 3
Halawa ● **83** C 1
Halawa, Cape- ⊠ **83** C 1
Halba ● **59** F 5
Halcon ▲ **69** D 2
Halden ● **21** D 4
Haleakala Krater ▲ **83** C 2
Haleiwa ● **83** A 1
Halfeti ● **59** F 4
Halhul ● **62A** B 3
Halifax (Großbritannien) ● **25** E-F 5
Halifax (Kanada) ● **107** K 4
Halikarnassos ∴ **58** A 4
Halil ⊟ **65** F 3
Haljasavej ● **51** H 2
Halland ② **21** E 5
Halland ② **21** E 5
Hall Beach ● **107** H 2
Halle ● **31** G-H 3
Hällefors ● **21** F 4
Halley Bay ⊞ **127** R 2

Halligen ⊠ **30** F 1
Hall-Inseln ⊠ **74** C 2
Hall Peninsula ∎ **107** K 2
Halls Creek ● **80** B 1
Halmahera ⊠ **69** D 3
Halmstad ② **21** E 5
Halsa ● **20** C 2
Haltdålen ● **20** D 2
Haltia ▲ **18** F 2
Halturin ● **41** M 2
Ham, El- ⊠ **29** G-H 6
Hamadan ● **63** E 2
Hamadia ● **29** F 6
Hamah ● **63** C 1
Hamamatsu ● **57** F 4
Hamar ● **20** D 3

Hamburg ② **31** F-G 2
1,7 Mio. Ew., Hansestadt und dt. Bundesland.

Hamd, Wadi al- ⊟ **64** B 3-4
Häme ② **19** H 6
Hämeenlinna ② **19** H 6
Hameln ● **31** F 2
Hamersleykette ▲ **80** A 2
Hamhung ● **57** D 2-3
Hami ● **54** C 2
Hamilton (Alabama-USA) ● **113** B 4
Hamilton (Australien) ● **81** D 3
Hamilton (Großbritannien) ● **24** D 4
Hamilton (Kanada) ● **107** J 4
Hamilton (Neuseeland) ● **79** C 3
Hamilton (Ohio-USA) ● **112** B-C 3
Hamm ● **30** E 3
Hammana ● **62A** B 1
Hammar, Hawr al- ⊟ **63** E 2
Hammerdal ● **20** F 2
Hammerfest ● **18** G-H 1
Hamra, Al Hamadah al- ∎ **90** B 2-3
Hana ● **83** C-D 2
Hanak ● **64** B 3
Hanapepe ● **83** B 3
Hancavičy ● **35** H 2
Handan ● **55** E 3
Handyga ● **53** J 2
Hangu ● **56** B 3
Hangzhou ② **55** E-F 3
Hanikra, Kap- ⊠ **62A** B 1
Hankendy = Stepanakert ② **61** F 4-5
Hanko ● **19** G 7
Hannibal ● **112** A 3
Hannover ② **31** F 2
Hanöbucht ⊠ **21** F 6

Hanoi ① **67** E 2
3,1 Mio. Ew., Hauptstadt von Vietnam, am Roten Fluss.

Han Shui ⊟ **55** E 3
Hansnes ● **18** E 1-2

Hanstholm ● **21** C 5
Hanty-Mansijsk ● **51** G 2
Hanzhong ● **54** D 3
Hao Atoll ⊠ **77** D 3
Haparanda ● **18** G-H 4
Harad ● **63** E 4
Haradok ● **35** J-K 1
Haraiki Atoll ⊠ **77** D 3
Haramachi ● **57** G 3
Harare ① **99** D 2
Harbin ② **55** F 2
Harcyszk ● **43** H-J 3
Hardangerfjord ⊠ **20** A-B 3
Hardangerjøkulen ▲ **20** B 3
Hardangervidda ▲ **20** B 3-4
Hardangervidda, Nationalpark- ⊞ **20** B-C 3
Harer ● **95** D 3
Hargeysa ● **95** D 3
Harghita ▲ **37** G 2
Hari ● **68** B 4
Harim ● **59** F 4
Harim, Jabal al- ▲ **65** F 3
Harlingen ● **108** D 3
Harlu ● **19** L 6
Harmanli ● **37** G 5
Harneayne ● **112** B-C 1
Harney Basin ∎ **110** B-C 3
Harney Lake ⊟ **110** C 3
Haro ● **29** D 2
Harod, En- ● **62A** B 2
Harovsk ● **41** H 2
Harper ● **92** C 2
Harqin Qi ● **56** B 2
Harrington Harbour ● **107** L 3
Harris ∎ **24** C 3
Harrisburg ② **109** F 1
Harrismith ● **98** C 3
Harrogate ● **25** F 4-5
Harsprånget ● **18** E 3
Harstad ● **18** D 2
Hårteigen ▲ **20** B 3
Hartford ② **109** F 1
Hartlepool ● **25** F 4
Hartwell Lake ⊟ **113** C 4
Haruj al-Aswad, Al- ▲ **90** B 3
Harwich ● **25** G 6
Haryana ② **66** B 2
Harz ▲ **31** G 3
Hasakah, Al- ● **64** B-C 1
Hasan Daği ▲ **59** E 3
Hasavjurt ● **61** F 3
Haskovo ● **37** G 5
Hassa ● **59** F 4
Hasselt ② **26** F 2
Hassi el Ghella ● **29** E 6
Hassi Messaoud ● **89** D 2
Hässleholm ● **21** E 5
Hastings (Großbritannien) ● **25** G 6
Hastings (Neuseeland) ● **79** C 3
Hašuri ● **60** D 3
Hasvik ● **18** F-G 1
Haţeg ● **37** F 2
Ha Tinh ● **67** E 3

Hatteras, Kap- ⊠ **109** F 2
Hattfjelldal ● **18** B-C 4
Hattiesburg ● **113** B 4

Hattuşa ∴ **59** E 2-3
Einst Hauptstadt des Hethiter-reichs, Ruinenstätte(Türkei).

Hattuvaara ● **19** L 5
Hatutaa ⊠ **77** D 2
Hat Yai ● **67** E 4
Hatyrka ● **53** N 2
Haugesund ● **21** A 4
Haukeligrend ● **21** B 4
Haukipudas ● **19** H 4
Haukisee ⊟ **19** K 5
Hausruck ▲ **32** D 1
Haute-Normandie ② **26** D 3

Havanna ① **116** A 2
2,1 Mio. Ew., Hauptstadt Kubas.

Havičkův Brod ● **31** J 4
Havre ● **108** C 1
Havre, Le- ● **26** C-D 3
Havre-Saint-Pierre ● **107** K 3
Hawaii ⊠ **82** C 3
Hawaii ② **82** B 2
Hawaii-Inseln ⊠ **82** B-C 2-3
Hawaiirücken ⊠ **82** A-C 2-3
Hawd ● **95** D 3
Hawera ● **79** C 3
Hawi ● **82** C 3
Hawick ● **24** E 4
Hawke Bay ⊠ **79** C 3
Hawran, Wadi- ⊟ **64** C 2
Hawthorne ● **111** C 4
Hay ● **81** D 3
Hayes ∎ **104** E 2
Haymana ● **58** D 3
Hayrabolu ● **58** A 2
Hay River ● **106** E 2
Hayward ● **112** A 1
Hayy, Al- ● **65** D 2
Hazleton ● **112** D 2
Hazor ∴ **62A** B 1
Hearst ● **107** H 4
Hebei ② **55** E 3
Hebi ● **55** E 3
Hebron (Jordanien) ● **62A** B 3
Hebron (Kanada) ● **107** K 3
Heby ● **20** G 3-4
Hechi ● **54** D 4
Hedschas ∎ **63** C 3-4
Hefei ② **55** E 3
Hegang ● **55** G 2
Heide ● **31** F 1
Heidelberg ● **30** F 4
Heilbronn ● **31** F 4
Heiligenkreuz ● **32** F 1
Heilongjiang ② **55** F-G 2
Heimaey ⊠ **44** C 4
Hejian ● **56** B 3
Hekimhan ● **59** F-G 3
Hekla ▲ **44** D 3
Hel ● **34** D 1
Helagsfjället ▲ **20** E 2
Helen ⊠ **74** A 2

Helena ② **108** B 1
Helgeland ⌷ **18** B 4
Helgoländer Bucht ⌷ **30** F 1-2
Hellín ⌷ **29** E 4
Hellissandur ⌷ **44** B 3
Hell-Ville ⌷ **99** E 2
Helmand ⌷ **63** H 2
Helmsdale ⌷ **24** E 2
Helmstedt ⌷ **31** G 2
Helong ⌷ **57** D 2
Helsingborg ⌷ **21** E 5
Helsingør ⌷ **21** E 5

Helsinki ① **19** H 6
500 000 Ew., Hauptstadt Finnlands.

Hemse ⌷ **21** H 5
Henan ② **55** E 3
Hendek ⌷ **58** C 2
Henderson (Großbritannien) ⌷ **77** E 4
Henderson (USA) ⌷ **108** B 2
Hengshui ⌷ **56** A-B 3
Hengyang ⌷ **55** E 4
Heničes'k ⌷ **43** G 4
Hennebont ⌷ **26** B 4
Hentej ⌷ **54-55** D-E 2
Henzada ⌷ **67** D 3
Hepu ⌷ **54** D 4
Héradhsvötn ⌷ **44** D 2
Herat ⌷ **63** H 2
Hercegnovi ⌷ **36** D 4
Heredia ⌷ **115** D 3
Hereford ⌷ **25** E 5
Hereke ⌷ **58** B 2
Herford ⌷ **30** F 2
Heri-Rud ⌷ **63** H 2
Herisau ② **32** B 2
Hermannstadt → Sibiu ⌷ **37** G 3
Hermiston ⌷ **110** C 2
Hermit ⌷ **74** B 3
Hermon ⌷ **62A** B 1
Hermosillo ⌷ **114** A 2
Hermoupolis ② **38** D 4
Herning ⌷ **21** C 5
Hertogenbosch, 's- ② **30** D 3
Herzegowina ⌷ **36** C 4
Herzliyya ⌷ **62A** A 2

Hessen ② **30-31** F 3
6 Mio. Ew., dt. Bundesland, Hauptstadt: Wiesbaden.

He Xian ⌷ **55** E 4
Hezar ⌷ **63** G 3
Heze ⌷ **56** B 3
Hidagebirge ⌷ **57** F 3
Hidalgo del Parral ⌷ **114** B 2
Hiddensee ⌷ **31** H 1
Hierro ⌷ **88** B 3
High River ⌷ **110** D 1
Higravstindan ⌷ **18** C 2
Hijar ⌷ **29** E 3
Hildesheim ⌷ **31** F-G 2
Hillah, Al- (Irak) ⌷ **64** C 2
Hillah, Al- (Saudi-Arabien) ⌷ **65** D 4

Hillerød ⌷ **21** E 6
Hillesøy ⌷ **18** E 2
Hillswick ⌷ **24** F 1
Hilo ⌷ **82** C 3
Hilo Bay ⌷ **83** D-E 3
Hilok ⌷ **52** G 3
Hilvan ⌷ **59** G 4
Hilversum ⌷ **30** D 2
Himachal Pradesh ② **66** B 1

Himalaya ⌷ **66** B-D 1-2
Höchstes Gebirgssystem der Erde zwischen den Ganges-Brahmaputra-Ebene und dem Hochland von Tibet, ca. 2400 km Länge und 250 km Breite.

Himanka ⌷ **19** G 4
Himara ⌷ **38** A 2
Himeji ⌷ **57** E 3-4
Himki ⌷ **40** F 3-4
Himmelbjerg ⌷ **21** C 6
Hinakiyah, Al- ⌷ **63** C-D 3
Hîncești ⌷ **42** D 4
Hinche ⌷ **117** C 3
Hınıs ⌷ **60** C 5
Hınıs ⌷ **60** D 5
Hinnøy ⌷ **18** C-D 2
Hinojosa del Duque ⌷ **28** C 4
Hınzır Burun ⌷ **59** E 4
Hirfanlıstausee ⌷ **58** D 3
Hiroo ⌷ **57** G 2
Hirosaki ⌷ **57** F-G 2
Hiroshima ⌷ **57** E 4
Hirson ⌷ **26** F 3
Hîrșova ⌷ **37** J 3
Hirtshals ⌷ **21** C-D 5
Hislavici ⌷ **40** D 4
Hispaniola ⌷ **116-117** C-D 2-3
Histria ⌷ **37** J 3
Hitachi ⌷ **57** F 3
Hitra ⌷ **20** C 2
Hiv ⌷ **61** F-G 4
Hiva ⌷ **50-51** F-G 4
Hiva Oa ⌷ **77** E 2
Hjälmaresee ⌷ **21** F 4
Hjelmeland ⌷ **21** B 4
Hjelmsøy ⌷ **18** H 1
Hjørring ⌷ **21** D 5
Hlobyne ⌷ **43** F 3
Hluchiv ⌷ **43** F 2
Hlybokae ⌷ **35** H 1
Ho ⌷ **92** D 2
Hoa Binh ⌷ **67** E 2
Hobart ② **80** C 3
Hobbs ⌷ **108** C 2
Hobro ⌷ **21** C 5
Hoburgen ⌷ **21** H 5
Hoceima, Al- ⌷ **28** C-D 6
Hochharz, Nationalpark- ⌷ **31** G 3

Ho-Chi-Minh-Stadt (Saigon) ⌷ **67** E 3-4
Bis 1976 Hauptstadt der ehemaligen Republik Vietnam.

Hodeida ⌷ **63** D 6

Hodh ⌷ **88** C 4
Hódmezővásárhely ⌷ **36** E 2
Hoek van Holland ⌷ **30** D 2-3
Hof (Deutschland) ⌷ **31** G-H 3
Hof (Island) ⌷ **44** F 3
Hofsjökull ⌷ **44** D 3
Hofu ⌷ **57** E 4
Hohenems ⌷ **45** A
Hoher Atlas ⌷ **88** C 2
Hoherbalkan ⌷ **37** F-G 4
Hohe Tatra ⌷ **34** D,E 4
Hohe Tauern ⌷ **32** D 2
Hohhot ② **55** E 2
Hokitika ⌷ **79** C 4
Hokkaido ⌷ **57** G 2
Hola Prystan' ⌷ **43** F 4
Holbæk ⌷ **21** D 6
Holbrook ⌷ **108** B 2
Holguín ⌷ **116** B 2
Hollywood ⌷ **113** C-D 5
Holm ⌷ **40** C 3
Holman ⌷ **106** E 1
Hólmavík ⌷ **44** C 2
Holmski ⌷ **60** B 2
Holmsund ⌷ **19** F 5
Holstebro ⌷ **21** C 5
Holsteinsborg = Sisimiut ⌷ **105** F 3
Holston ⌷ **112** C 3
Holyhead ⌷ **25** D 5
Hombori ⌷ **89** D 4
Homel' ⌷ **35** K 2
Homer ⌷ **104** D 3
Homestead ⌷ **113** C-D 5
Homs ⌷ **63** C 2
Homs, Bahrat- ⌷ **59** F 5
Honamas ⌷ **122** B 3
Hondeklipbaai ⌷ **98** B 4
Honduras ❶ **115** D 3
Honduras, Golf von- ⌷ **115** D 3
Hønefoss ⌷ **20** D 3
Honfleur ⌷ **26** D 3
Hong Gai ⌷ **67** E 2

Hongkong ② **55** E 4
5,5 Mio. Ew., bis 1997 britische Kronkolonie, jetzt chin.

Hongshui He ⌷ **54** D 4
Hongze Hu ⌷ **56** B 4
Honiara ① **75** D 3
Honiton ⌷ **25** E 6
Honko ⌷ **19** G 5
Honningsvåg ⌷ **18** H 1
Honokaa ⌷ **83** D 2
Honokohau ⌷ **83** C 1
Honokohua e 83 C 2
Honolulu ② **82** C 2
Honomu ⌷ **83** D 3
Honshu ⌷ **57** E-F 3
Honuapo Bay ⌷ **83** D 3
Honuu ⌷ **53** K 2
Hood, Mount- ⌷ **108** A 1
Hoogeveen ⌷ **30** E 2
Hoolehua ⌷ **83** B 1
Hooper Bay ⌷ **104** C 2
Hoorn, Kap- ⌷ **125** C 5

Hopa ⌷ **59** H 2
Hope ⌷ **106** D 4
Hopedale ⌷ **107** K 3
Hopkinsville ⌷ **112** B 3
Hoquiam ⌷ **108** A 1
Hor ⌷ **53** J 4
Horasan ⌷ **60** D 4
Hörby ⌷ **21** E 6
Horda ⌷ **20** B 4
Hordabø ⌷ **20** A 3
Horizon-Guyot ⌷ **82** B 3
Horlivka ⌷ **43** J 3
Hormus, Straße von- ⌷ **63** G 3
Horn (Nordkap) ⌷ **44** B-C 1
Horn (Norwegen) ⌷ **18** B 4
Horn (Österreich) ⌷ **32** E 1
Hornavan ⌷ **18** D 3
Horndal ⌷ **20** G 3
Hörnefors ⌷ **20** H-J 2
Horn-Inseln ⌷ **78** D 1
Horodenka ⌷ **42** B 3
Horodnja ⌷ **42** E 2
Horodnycja ⌷ **42** C 2
Horol ⌷ **43** F 2
Horqin Zuoyi Houqi ⌷ **56** C 2
Horsens ⌷ **21** C-D 6
Horsham ⌷ **81** D 3
Horten ⌷ **21** D 4
Hortobágy, Nationalpark- ⌷ **36** E 2
Hory ⌷ **35** K 1
Horyn' ⌷ **42** C 2
Hotagen ⌷ **20** F 2
Hotan ⌷ **54** A 3
Hotazel ⌷ **98** C 3
Hoting ⌷ **20** G 1
Houghton ⌷ **109** E 1
Houlton ⌷ **109** G 1
Houma ⌷ **113** A 5
Houston ⌷ **108** D 2-3
Hoverla ⌷ **42** B 3
Howar, Wadi- ⌷ **94** B 2
Howe, Kap- ⌷ **81** E 3
Howrah ⌷ **66** D 4
Hoy ⌷ **24** E 2
Høyanger ⌷ **20** B 3
Hoyerswerda ⌷ **31** J 3
Hpalam ⌷ **67** D 2
Hradec Králové (Königgrätz) ⌷ **31** J 3
Hradzan ⌷ **61** E 4
Hradzjanka ⌷ **35** J 2
Hrísey ⌷ **44** D-E 1-2
Hrodna ⌷ **35** F-G 2
Huacho ⌷ **120** C 4
Huade ⌷ **56** A 2
Huadian ⌷ **56** D 2
Hua Hin ⌷ **67** D-E 3
Huahine ⌷ **77** C 3
Huaibei ⌷ **55** E 3
Huaihua ⌷ **55** E 4
Huailai ⌷ **56** A-B 2
Huairen ⌷ **56** A 3
Hualalai ⌷ **83** D 3
Hualian ⌷ **55** F 4
Huallaga ⌷ **120** C 3
Huambo ⌷ **98** B 2

Huancavelica ⌷ **120** C 4
Huancayo ⌷ **120** C 4
Huanggangliang ⌷ **56** B 2
Huang He (Gelber Fluss) ⌷ **55** E 3
Huangshi ⌷ **55** E 3
Huanren ⌷ **56** C-D 2
Huánuco ⌷ **120** C 3-4
Huaráz ⌷ **120** C 3
Huarmey ⌷ **120** C 3-4
Huascarán ⌷ **120** C 3
Huasco ⌷ **124** B 2
Huatabampo ⌷ **114** B 2
Hubei ② **55** E 3
Hubli ⌷ **66** B 3
Huddersfield ⌷ **25** F 5
Huddur Hadama ⌷ **95** D 3
Hudiksvall ⌷ **20** G 3
Hudsonbai ⌷ **107** H 2-3
Hudson Bay ⌷ **106** F 3
Hudsonstraße ⌷ **107** J-K 2

Hue ⌷ **67** E 3
260 000 Ew., Vietnam, frühere Kaiserstadt

Huedin ⌷ **37** F 2
Huelva ② **28** B 5
Huesca ⌷ **29** E 2
Huete ⌷ **29** D 3
Hufuf, Al- ⌷ **63** E-F 4
Huğand ⌷ **51** G 4
Hughenden ⌷ **81** D 2
Huichon ⌷ **56** D 2
Huila, Nevado del- ⌷ **120** C 2
Huimin ⌷ **56** B 3
Huittinen ⌷ **19** G 6
Huksan-Inseln ⌷ **56** C-D 4
Hulayfa ⌷ **64** C 3
Hulem ⌷ **62A** B 1
Hulin ⌷ **55** G 2
Huljapole ⌷ **43** H 4
Hultsfred ⌷ **21** F-G 5
Hulun Nur ⌷ **55** E 2
Huma ⌷ **55** F 1
Humaitá ⌷ **122** B 2
Humber ⌷ **25** F-G 5
Humboldt ⌷ **110** C 3
Humphreys Peak ⌷ **108** B 2
Hun ⌷ **90** B 3
Húnabucht ⌷ **44** C 2
Hunan ② **55** D-E 4
Hunedoara ⌷ **37** F 3
Hungersteppe → Betpak-Dala ⌷ **51** G-H 4
Hungnam ⌷ **56** D 2
Hunjiang ⌷ **55** F 2
Hunsrück ⌷ **30** E 3-4
Hunter ⌷ **78** C 2
Hunterrücken ⌷ **78** C 2
Huntington ⌷ **112** C 3
Huntly ⌷ **24** E 2
Huntsville (Kanada) ⌷ **112** D 1
Huntsville (USA) ⌷ **109** E 2
Hunyuan ⌷ **56** A 3
Huongolf ⌷ **74** B 3
Huo Shan ⌷ **56** B 4

Huronsee ⊟ **109** E 1
Húsafell ⊡ **44** C 3
Húsavík ⊡ **44** E 1-2
Husayhisah, Al- ⊡ **94** C 2
Huşi ⊡ **37** J 1
Huskvarna ⊡ **21** F 5
Husum (Deutschland) ⊡
  31 F 1
Husum (Schweden) ⊡
  20 H 2
Hutchinson ⊡ **108** D 2
Huwara ⊡ **62A** B 2
Huzhou ⊡ **56** B-C 4
Hvallátur ⊡ **44** A 2
Hvalnes ⊠ **44** F 3
Hvalynsk ⊡ **41** M 5
Hvammstangi ⊡ **44** C 2
Hvannadalshnúkur ▲
  44 E 3-4
Hvar ⊡ **36** C 4
Hvar ⊠ **36** C 4
Hvardijs'ke ⊡ **43** G 5
Hvatovka ⊡ **41** L 5
Hvitá ⊟ **44** C-D 3
Hvítárvatnsee ⊠ **44** D 3
Hvojnaja ⊡ **40** E 2
Hvolsvöllur ⊡ **44** C 4
Hwange ⊡ **98** C 2
Hyderabad (Indien) ②
  66 B-C 3
Hyderabad (Pakistan) ⊡
  66 A-B 2
Hydra ⊠ **38** C 4
Hyères, Îles d'- ⊠ **27** G 6
Hyesan ⊡ **57** D 2
Hylestad ⊡ **21** B 4
Hyrynsalmi ⊡ **19** K 4
Hyvinkää ⊡ **19** H 6

I

Iaçu ⊡ **123** D 3
Ialomiţa ⊟ **37** H 3
Iaşi ⊡ **37** H 2
Ibadan ⊡ **93** B 2
Ibagué ⊡ **120** C 2
Ibar ⊟ **36** E 4
Ibarra ⊡ **120** C 2
Iberisches Becken ⊠ **88** B 1
Iberisches Randgebirge ▲
  29 D-E 2-3
Ibiza ⊡ **29** F 4
Ibiza ⊠ **29** F 4
Ibn Hani, Ra's- ⊠ **59** E 5
Ibo ⊡ **99** E 2
Ibresi ⊡ **41** L 4
Ibri ⊡ **65** F 4
Ica ⊡ **120** C 4
Içana ⊡ **122** B 1
Ičnja ⊡ **43** F 2
Ida ▲ **38** D 5
Idaho ② **108** B 1
Idaho Falls ⊡ **108** B 1
Idfu ⊡ **90** D 3
Idlib ⊡ **64** B 1
Idre ⊡ **20** E 3
Idrija ⊡ **36** B 2
İdris Dağı ▲ **58** D 2

Ierápetra ⊡ **39** D-E 5
Iesi ⊡ **32** D 4
Ifalik Atoll ⊠ **74** B 2
Ife ⊡ **93** D 2
Iferouâne ⊡ **89** D 4
Iforas, Adrar des- ▲ **89** D 4
Igarka ⊡ **52** D 2
Iglau → Jihlava ⊡ **31** J 4
Iglesias ⊡ **33** B 6
İğneada ⊡ **58** B 2
Igoumenítsa ⊡ **38** B 3
Igren ⊡ **43** G 3
Iguaçu ⊡ **123** C 4
Iguaçu Fälle ⊠ **122** C 4
Iguala ⊡ **114** C 3
Igualada ⊡ **29** F 3
Iguatu ⊡ **123** E 2
Iguidi, Erg- ⊜ **88** B 3
Ihosy ⊡ **99** E 3
İhsaniye ⊡ **58** C 3
Iida ⊡ **57** F 3
Iijoki ⊟ **19** H-J 4
Iisalmi ⊡ **19** J 5

IJsselmeer ⊟ **30** D 2
*niederländischer Süßwasser-
see, entstanden aus einer ab-
gedämmten Nordseebucht.*

Ikaría ⊠ **39** E 4
Ikela ⊡ **96** C 2
Ikhwan, Al- ⊠ **95** E 2
Ilagan ⊡ **69** D 2
Ilam ⊡ **65** D 2
Ilebo ⊡ **96** C 2
Île-de-France ② **26** D-E 3
Île de France, I'- ⊠ **26** E 3
Île Rousse, L'- ⊡ **32** B 4
Ilesha ⊡ **93** D 2
Ilfjord ⊡ **18** J 1
Ilfracombe ⊡ **25** D 6
Ilgaz ⊡ **58** D 2
Ilgaz Dağları ▲ **58-59** D-E 2
Ilgın ⊡ **58** C-D 3
Ilha Grande ⊡ **122** B 2
Ilhéus ⊡ **123** E 3
Ili ⊡ **51** H 4
Ilia ⊡ **37** F 2-3
Iliamna ▲ **104** D 2
İliç ⊡ **59** G 3
Iligan ⊡ **69** D 3
Ilio Point ⊠ **83** B 1
Iller ⊟ **31** F-G 4
Illescas ⊡ **28** D 3
Illičivs'k ⊡ **42** E 4
Illinois ② **109** C 2
Ilmensee ⊟ **40** C 2
Ilo ⊡ **120** C 4
Iloilo ⊡ **69** D 2
Ilomantsi ⊡ **19** L 5
Ilorin ⊡ **93** D 2
Iltin ⊡ **53** O 2
Ilulissat = Jakobshavn ⊡
  105 F-G 3
Ilwaki ⊡ **69** D 4
Imabari ⊡ **57** E 4
Imatra ⊡ **19** K 6
Imi ⊡ **95** D 3
Imişli ⊡ **61** G 4-5

Imola ⊡ **32** C 3
Imotski ⊡ **36** C 4
Imperatorrücken ⊠ **47** H 3-4
Imperatriz ⊡ **123** D 2
Imperia ⊡ **32** B 4
Imphal ② **67** D 2
Impilahti ⊡ **19** L 6
Inagua-Inseln ⊠ **116** C 2
Inanwatan ⊡ **69** E 4
Iñapari ⊡ **120** D 4
Inari ⊡ **18** J 2
Inarisee ⊟ **18** J-K 2
İnce, Kap- ⊠ **59** E 1
İncekum, Kap- ⊠ **59** E 4
İncesu ⊡ **59** E 3
Inchon ⊡ **56** D 3
Indalsälv ⊟ **20** G 2

Indiana ② **109** E 1
*11 Mio. Ew., US-Bundesstaat,
Hauptstadt: Springfield.*

Indianapolis ② **109** E 2
Indien ① **66** B-C 3
Indigirka ⊟ **53** K 2
Indisch-Antarktisches Becken
⊠ **127** F-G 3
Indischer Ozean ⊠ **66** A-C 4
Indonesien ① **68-69** C-D 4
Indore ⊡ **66** B 2
Indramayu ⊡ **68** B 4
Indre ⊟ **26** D 4

Indus ⊟ **66** B 1
*3180 km lang, entspringt im
Transhimalaya, fließt durch
Kaschmir und den Himalaya.*

İnebolu ⊡ **58** D 1-2
İnegöl ⊡ **58** B 2
Ingham ⊡ **81** D 1
Ingoda ⊟ **53** G 3
Ingolstadt ⊡ **31** G 4
Ingul ⊟ **43** F 3
Inguschien ② **61** E 3
Inhambane ⊡ **99** D 3
Inharrime ⊡ **99** D 2
Inhulec' ⊡ **43** F 4
Inhulec' ⊟ **43** F 3
Inishowen Peninsula ⊜
  24 C 4
Inja ⊡ **53** K 3
Inn ⊟ **32** D 1
Innere Hebriden ⊠ **24** C 3-4
Innisfail ⊡ **81** D 1
Innsbruck ② **32** C 2
Ino ⊡ **57** F 3
Inongo ⊡ **96** B 2
Inowrocław ⊡ **34** D 2
Inscription, Kap- ⊠ **80** A 2
Interlaken ⊡ **32** A 2
International Falls ⊡ **109** D 1
Intorsura Buzăului ⊡ **37** H 3
Intracoastal Waterway ⊟
  113 D 4

Inukjuak ⊡ **107** J 3
Inuvik ⊡ **106** C 2
Invercargill ⊡ **79** B 4
Invergarry ⊡ **24** D 3
Inverness ⊡ **24** D 3
Investigator Strait ⊠ **81** C 3
Inyanga ⊡ **99** D 2
Inyangani ▲ **99** D 2
Inza ⊡ **41** L 5
Inžavino ⊡ **41** J 5
Ioánnina ② **38** B 3
Iona ⊠ **24** C 3
Ioninsel ⊠ **53** K 3
Iónioi Nísoi ② **38** A-B 3
Ionische Inseln ⊠ **38** A-B 3-4
Ionisches Meer ⊠ **33** E-F 7
Iori ⊟ **61** E-F 4
Ios ⊠ **38** D 4

Iowa ② **108-109** D 1
*2,8 Mio. Ew., US-Bundesstaat,
Hauptstadt: Des Moines.*

Iowa City ⊡ **112** A 2
Ipatovo ⊡ **60** D 2
Ipiales ⊡ **120** C 2
Ipiranga ⊡ **122** B 2
Ípiros ② **38** B 3
Ipoh ⊡ **68** B 3
Iporá ⊡ **123** C 3
Ipswich (Australien) ⊡
  81 E 2
Ipswich (Großbritannien) ⊡
  25 G 5
Iput ⊟ **40** D 5
Iqaluit ⊡ **107** K 2
Iquique ⊡ **124** B-C 2
Iquitos ⊡ **120** C 3
Irak ① **63** D 2
Iráklia ⊠ **39** D 4
Iráklion ② **38** D 5
Iran ① **63** F 2
Irangebirge ▲ **68** C 3
Irawadi ⊟ **67** D 3
Irbeni väin ⊟ **22** F-G 3
Irbid ① **63** C 2
Irbit ⊡ **51** G 3
Irgiz ⊡ **51** G 4
Iringa ⊡ **97** D 2
Iriri ⊟ **123** C 2
Irische See ⊠ **25** D 5
Irkutsk ⊡ **52** F 3
Irland ① **25** B-C 5
Iron Range ⊡ **81** D 1
Iroquois Falls ⊡ **112** C 1
Irpin' ⊡ **42** E 2

Irtysch ⊟ **51** G 2
*4248 km langer Nebenfluss
des Ob, Mongolei und GUS.*

Isabela ⊠ **120** A 3
Isabella, Cordillera- ▲
  115 D 3
Ísafjardhardjúp ⊠ **44** B 1
Ísafjördhur ⊡ **44** B 1
Isar ⊟ **31** G 4
Isavo Nationalpark ⊞
  97 D 2

Isawiyah, Al- ⊡ **64** B 2
İscehisar ⊡ **58** C 3
Ischia ⊠ **33** D 5
Ischim ⊡ **51** G 3
Ischimebene ⊜ **51** G-H 3
Ise ⊡ **57** F 4
Isebucht ⊠ **57** F 4
Išejevka ⊡ **41** M 4
Iseosee ⊟ **32** B-C 3
Isère ⊟ **27** F 5
Isernia ⊡ **33** E 5
Isfahan ⊡ **63** F 2
Ishikari-Wan ⊠ **57** G 2
Ishinomaki ⊡ **57** G 3
Isilkul ⊡ **51** H 3
İšim ⊡ **51** G-H 3
Isiolo ⊡ **97** D 1
Isiro ⊡ **97** C 1
İskâr ⊟ **37** G 4
İskenderun ⊡ **59** F 4
İskenderun Körfezi ⊠
  59 E-F 4
İskilip ⊡ **59** E 2
Iskitim ⊡ **51** J 3
İslâhiye ⊡ **59** F 4
Islamabad ① **66** B 1
Island ① **44** D-E 2
Islay ⊠ **24** C 3
Ismailiyah, Al- ⊡ **90** D 2
Ismayilli ⊡ **61** G 4
Isna ⊡ **90** D 3
Isparta ⊡ **58** C 4
İspir ⊡ **59** H 2
Ispiriz Dağı ▲ **60** D 5
Israel ① **64** A 2
Issia ⊡ **92** C 2
Issoire ⊡ **27** E 5
Issoudun ⊡ **26** D 4
Issyk-kul ⊠ **51** H 4
İstanbul ⊡ **58** B 2
Istiaia ⊡ **38** C 3
Istrancagebirge ▲ **58** A 1-2
Istrien ⊜ **36** A-B 3
Itabuna ⊡ **123** E 3
Itacoatiara ⊡ **122** C 2
Itaituba ⊡ **122** C 2
Italien ① **33** C-D 5
Itambé, Pico de- ▲ **123** D 3
Itanagar ② **67** D 2
Itapicuru ⊟ **123** D 2
Ithaca ⊡ **112** D 2
Ithaka ⊠ **38** B 3
Ittoqqortoormiit =
  Scoresbysund ⊡ **105** J-L
  2
Itumbiara ⊡ **123** D 3
Itumkale ⊡ **61** E 3
Itungi Port ⊡ **97** D 2
Ivacèvičy ⊡ **35** G 2
Ivalo ⊡ **18** J 2
Ivalojoki ⊟ **18** J 2
Ivan ▲ **36** D 4
Ivanava ⊡ **35** G 2
Ivangorod ⊡ **40** B 2
Ivangrad ⊡ **36** D 4
Ivanhoe ⊡ **81** D 3
Ivankovskojesee ⊟ **40** F 3
Ivano-Frankivs'k ⊡ **42** B 3

221

Ivigtut = Ivittuut ● **105** G 3
Ivittuut = Ivigtut ● **105** G 3
Ivrea ● **32** A 3
Ivujivik ● **107** J 2
Iwaki ● **57** G 3
Iwakuni ● **57** E 4
Iwanovo ● **50** E 3
Iwon ● **57** D 2
Izberbaš ● **61** F 3
Iževsk ● **50** F 3
Izjum ● **43** H 3
Izmail ● **37** J 3
İzmir ● **58** A 3
İzmit ● **58** B-C 2
İznik ● **58** B 2
İznik Gölü ◨ **58** B 2
Izoard-Paß ▲ **27** G 5
Izobilny ● **60** C 2
Izu-Inseln ≋ **57** F 4
Izumo ● **57** E 3

J

Jaala ● **19** J 6
Jääsjärvi ◨ **19** J 6
Jabalpur ● **66** B-C 2
Jablah ● **59** E 5
Jablanac ● **36** B 3
Jablanica ● **37** G 4
Jablonec ● **31** J 3
Jablonezkej Paß ▲ **42** B 3
Jablonka ● **34** D 4
Jablonovy-Gebirge ▲ **52** G 3
Jabung, Kap- ≋ **68** B 4
Jaca ● **29** E 2
Jacaréacanga ● **122** C 2
Jackson (Mississippi-USA) ② **109** D-E 2
Jackson (Tennessee-USA) ● **109** E 2
Jacksonville (Florida-USA) ● **109** E 2
Jacksonville (Illinois-USA) ● **112** A 3
Jacksonville (North Carolina-USA) ● **113** D 4
Jäckvik ● **18** D 3
Jacmel ● **116** C 3
Jacobabad ● **66** A 2
Jacobina ● **123** D-E 3
Jadida, El- ● **88** C 2
Jadrin ● **41** L 4
Jaén (Peru) ● **120** C 3
Jaén (Spanien) ● **28** D 5
Jaffna ● **66** C 4
Jagdalpur ● **66** C 3
Jaguaribe ◨ **123** E 2
Jahrah, Al- ● **65** D 3
Jahrom ● **63** F 3
Jaipur ② **66** B 2
Jajce ● **36** C 3

Jakarta ① **68** B 4
9 Mio. Ew., Hauptstadt von Indonesien, auf der Insel Java.

Jakobshavn = Ilulissat ● **105** F-G 3

Jakobstad ● **19** G 5
Jakutien ◧ **52-53** H-L 2
Jakutsk ● **53** H-J 2
Jakymivka ● **43** G 4
Jalamid, Al- ● **64** C 2
Jalapa Enríquez ● **114** C 3
Jalasjärvi ● **19** G 5
Jalgaon ● **66** B 2
Jalingo ● **93** E 2
Jalpug, Ozero- ◨ **42** D 5
Jalta ● **43** G 5
Jaluit Atoll ≋ **75** D-E 2
Jalunkiang ◨ **54** D 4
Jamaika ❶ **116** B 3
Jamaikakanal ≋ **116** B 3
Jamal, Halbinsel- ◨ **51** G-H 1-2
Jamantau ▲ **50** F 3
Jambi ● **68** B 4
Jambol ● **37** H 4
James ● **107** H 3
James (South Dakota-USA) ◨ **108** D 1
James (Virgina-USA) ◨ **112** D 3
Jameson Land ◧ **105** J 2
Jamestown (New York-USA) ● **112** D 2
Jamestown (North Dakota-USA) ● **108** D 1
Jammer Bugt ≋ **21** C 5
Jammu and Kashmir ◧ **66** B 1
Jamnagar ● **66** A-B 2
Jämsä ● **19** H 6
Jamshedpur ● **66** C 2
Jamsk ● **53** L 3
Jämtland ◧ **20** E-F 2
Jämtland ◨ **20** F 2
Jana ◨ **53** J 2
Jangtsekiang → Changjiang
Janisjarvisee ◨ **19** L 6
Janiskoski ● **18** K 2
Jan Mayen ≋ **126** P 2
Jánosháza ● **36** C 2
Janski ● **53** J 2
Jantra ◨ **37** G 4
Januária ● **123** D 3
Japan ❶ **57** F-G 4
Japanisches Meer ≋ **57** E-F 2-3
Japurá ◨ **122** B 2
Jarabulus ● **59** G 4
Jaransk ● **41** L-M 3
Jarash ● **62A** B 2
Jarcevo (Russland) ● **40** D 4
Jarcevo (Russland) ● **51** J-K 2
Jari ◨ **123** C 1
Jarir, Wadi- ◨ **64** C 4
Jarocin ● **34** C 2-3
Jarosław ● **34** F 3-4
Jaroslawl ● **50** D-E 3
Järpen ● **20** E 2
Jarud Qi ● **56** C 2
Järvenpää ● **19** H 6
Jarvis-Inseln ≋ **76** B 2
Jasd ● **63** F-G 2
Jaselda ◨ **35** G-H 2

Jasinja ● **42** B 3
Jasmund-Nationalpark ✿ **31** H-J 1
Jasnogorsk ● **40** F 4
Jasper ● **106** E 3
Jasper Nationalpark ✿ **106** E 3
Jastrowie ● **34** C 2
Jászberény ● **36** D 2
Jataí ● **123** C 3
Jaunjelgava ● **23** J 3

Java ◼ **68** B-C 4
107 Mio. Ew., Insel des Malaiischen Archipels, Indonesien.

Javasee ◨ **68** B-C 4
Javor ◨ **36** D 3
Jawf, Al- ● **63** C-D 3
Jawf, Al- ◼ **88** C 3
Jaya, Puncak- ▲ **69** E 4
Jayapura ● **69** F 4
Jazirah, Al- ◨ **64** C 1-2
Jazykovo ● **41** L 4
Jazzin ● **62A** B 1
Jean-Rabel ● **116** C 3
Jebel ● **37** E 3
Jedisa ● **61** E 3
Jedrzejów ● **34** E 3
Jefferson City ② **109** D 2
Jefremov ● **40** G 5
Jegorjevsk ● **41** G 4
Jeia ◨ **60** C 1
Jëkabpils ● **23** H 3
Jekaterinburg ● **51** G 3
Jelagina, Kap- ≋ **53** K 3
Jelec ● **40** G 5
Jelenia Góra ● **34** B 3
Jelenski ● **40** E 5
Jelnja ● **40** D 4
Jember ● **68** C 4
Jemen ❶ **63** E 5
Jena ● **31** G 3
Jenakijeve ● **43** J 3
Jenin ● **62A** B 2
Jenisejsk ● **51** K 3
Jenisseijberge ▲ **52** E 2-3

Jenissej ◨ **52** D 1
4102 km lang, in Sibirien wasserreichster Strom Russlands.

Jequié ● **123** D-E 3
Jeralijev ● **61** H 3
Jerbogačen ● **52** F 2
Jérémie ● **116** C 3
Jerez de la Frontera ● **28** B 5
Jericho ● **62A** B 3
Jerome ● **110** D 3
Jeropol ● **53** M 2
Jersey ≋ **25** E 7
Jeršiči ● **40** D 5
Jerusalem ① **64** A 2
Jesenik ● **31** K 3
Jesil ● **51** G 3
Jesreel ◼ **62A** B 2
Jessentuki ● **60** D 2
Jevpatorija ● **43** F 5

Jezercës ▲ **38** A 1
Jhansi ● **66** B 2
Jhelum ◨ **66** B 1
Jiamusi ● **55** G 2
Ji'an ● **55** E 4
Jiangmen ● **55** E 4
Jiangsu ◧ **55** E-F 3
Jiangxi ◧ **55** E 4
Jian'ou ● **55** E 4
Jianping ● **56** B 2
Jiaohe ● **56** D 2
Jiaojiang ● **55** F 4
Jiaoxian ● **56** B-C 3
Jiaozou ● **56** A 3
Jiaxing ● **55** F 3
Jiayuguan ● **54** C-D 3
Jičín ● **31** J 3
Jiddah ● **63** C 4
Jiddat al-Harasis ◼ **63** F-G 4-5
Jiekkevarre ▲ **18** E 2
Jieshou ● **56** B 4
Jihlava (Iglau) ● **31** J 4
Jijia ◨ **37** H 2
Jijiga ◨ **95** D 3
Jilib ● **95** D 3
Jilin ● **55** F 2
Jilin ◧ **55** F 2
Jilong ● **55** F 4
Jimanio ● **117** C 3
Jiménez ● **114** B 2
Jimma ◨ **95** C 3
Jinan ② **55** E 3
Jincheng ● **56** A 3
Jindřichův Hradec ● **31** J 4
Jingdezhen ● **55** E 4
Jinghong ● **67** C 2
Jingyuan ● **54** D 3
Jinhua ● **55** E 4
Jining (Nei Mongol Zizhiqu-China) ● **55** E 2
Jining (Shandong-China) ● **55** E 3
Jinja ● **97** D 1
Jincheng ● **56** A 3
Jinsha Jang (Jangtsekiang) ◨ **54** C 3
Jinxi ● **55** F 2
Jinzhou (Liaoning-China) ● **55** E-F 2
Jinzhou (Liaoning-China) ● **56** C 3
Jisr ash Shughur ● **59** F 5
Jiu ◨ **37** F 3
Jiujiang ● **55** E 3-4
Jixi ● **55** G 2
Jizan ● **63** D 5
Jizl, Wadi al- ◨ **64** B 3
Jllampu ▲ **122** B 3
Jllapel ● **124** B 3
Jllimani ▲ **122** B 3
João Pessoa ② **123** E 2
Joaquin V. González ● **124** C 2
Jodhpur ● **66** B 2
Joensuu ② **19** K-L 5
Joetsu ● **57** F 3
Jõgeva ● **23** J 3
Johannesburg ● **98** C 3
Johnson City ● **113** C 3

Johnston Atoll ≋ **82** B 3
Johor Baharu ● **68** B 3
Joigny ● **26** E 3
Joinville ● **123** D 4
Jokkmokk ● **18** E 3
Jökulsá, Nationalpark- ✿ **44** E 1-2
Jökulsá á Fjöllum ◨ **44** E 2
Joliet ● **109** E 1
Joliette ● **112** E 1
Jolo ● **69** D 3
Jolo ≋ **69** D 3
Jonava ● **23** H 4
Jonesboro ● **113** A 3
Joniškis ● **23** G-H 3
Jönköping ② **21** F 5
Jönköping ◧ **21** F 5
Jonquière ● **107** J 4
Jordan ◨ **64** B 2
Jordanien ❶ **63** C 2
Jos ● **93** D 1-2
Jos, Bergland von- ▲ **93** D 1
Joschkar-Ola ② **41** M 3
Joseph-Bonaparte-Golf ≋ **80** B 1
Jostedalsbreen ▲ **20** B 3
Jotunheimen ▲ **20** B-C 3
Jotunheimen, Nationalpark- ✿ **20** C 3
Joutsa ● **19** H-J 6
Joutsijärvi ● **18** K 3
Juan Aldama ● **114** B 2
Juan de Fuca, Strait of- ≋ **110** A-B 2
Juan de Nova ≋ **99** C 2
Juan-Fernández-Inseln ≋ **124** A-B 3
Juanjui ● **120** C 3
Juàzeiro ● **123** D 2
Juàzeiro do Norte ● **123** E 2
Juba ● **94** C 3
Jubaland ● **95** D 3-4
Jubayl, Al- ● **65** D-E 3
Jubayt ● **95** C 3
Jubbah ● **65** C 3
Júcar ◨ **29** E 4
Juchnov ● **40** E 4
Juda, Wüste- ◼ **62A** B 3
Judäa ◼ **62A** B 2
Judegebirge ▲ **62A** B 3
Judayyidat Arar ● **64** C 2
Judenburg ● **32** E 2
Juding Shan ▲ **54** D 3
Jugend, Insel der- ≋ **116** A 2
Jugoslawien ❶ **36-37** E 3-4
Juist ≋ **30** E 2
Juiz de Fora ● **123** D 4
Jukagiren-Plateau ▲ **53** L 2
Jukkasjärvi ● **18** F 3
Juliaca ● **120** C 4
Julianehåb = Qaqortoq ● **105** G 3
Junaynah, Al- ● **94** B 2
Juneau ② **104** F 3
Junee ● **81** D 3
Jungfern-Inseln ≋ **117** D-E 3
Junín ● **124** C 3
Juniyah ● **62A** B 1
Junosuando ● **18** G 3

Junsele ● **20** G 2
Juntusranta ● **19** K 4
Jura ▬ **26-27** F-G 4
Jura ▲ **24** C-D 4
Jura ❷ **32** A 2
Jurbarkas ● **23** G 4
Jurja ● **41** M 2
Jurjevec ● **41** J 3
Jurjev-Polski ● **41** G 3
Jurmala ● **23** G 3
Juruá ◿ **122** B 2
Juruena ● **122** C 3
Juruena ◿ **122** C 3
Juškozero ● **19** M 4
Jutaí ◿ **122** B 2
Jütland ◿ **21** C 5-6
Juuka ● **19** K 5
Juva ● **19** J 6
Juxian ● **56** B 3
Juža ● **41** J 3
Južna Morava ◿ **37** E-F 4
Južno-Sahalinsk ● **53** K 4
Jyväskylä ❷ **19** H 5

K

K2 ▲ **54** A 3
8616 m, zweithöchster Berg
der Erde, Pakistan.

Kaalualu Bay ▧ **83** D 4
Kaaresuvanto ● **18** G 2
Kaatoan ▲ **69** D 3
Kabale ● **97** D 2
Kabalo ● **97** C 2
Kabardino-Balkarische
Republik ❷ **60** D 3
Kâbdalis ● **18** E-F 3
Kabinda ● **96** C 2
Kabir ▲ **65** D 2
Kabo ● **94** A 3
Kabompo ● **98** C 2
Kabongo ● **96** C 2
Kabul ① **48** C 4
Kabwe ● **98** C 2
Kachin ▬ **67** D 2
Kachovka ● **43** F 4
Kachowkaer Stausee ▧
43 F-G 4
Kaçkar Dağı ▲ **59** H 2
Kačug ● **52** F 3
Kadınhanı ● **58** D 3
Kadirli ● **59** F 4
Kadnikov ● **41** H 2
Kadom ● **41** J 4
Kadoma ● **98** C 2
Kaduj ● **40** F 2
Kaduna ● **93** D 1
Kaduqli ● **94** B 2
Kadyj ● **41** J 3
Kadyjivka ● **43** J 3
Kadžaran ● **61** F 5
Kaédi ● **88** B 4
Kaesong ● **56** D 3
Kafan ● **61** F 5
Kaffa ● **95** C 3
Kafia Kingi ● **94** B 3

Kafirèvs, Ákra- ▧ **38** D 3
Kåfjord ● **18** H-J 1
Kafrayya ● **62A** B 1
Kafue ● **98** C 2
Kafue ◿ **98** C 2
Kafue Nationalpark ❦
98 C 2
Kaga Bandoro ● **94** A 3
Kagen ▧ **18** F 1-2
Kagera ◿ **97** D 2
Kağizman ● **60** D 4
Kagoshima ● **57** D-E 4
Kahakuloa ● **83** C 2
Kaharlyk ● **42** E 3
Kahiu Point ▧ **83** C 1
Kahoolawe ▧ **82** C 3
Kahramanmaraş ● **59** F 4
Kâhta ● **59** G 4
Kahuku ● **83** B 1
Kahuku Point ▧ **83** B 1
Kahului ● **83** C 2
Kahului Bay ▧ **83** C 2
Kaifeng ● **55** E 3
Kai-Inseln ▧ **69** E 4
Kaikoura ● **79** C 4
Kailu ● **56** C 2
Kailua (Hawaii-USA) ●
83 C-D 3
Kailua (Oahu-Hawaii-USA) ●
83 B 1
Kaimana ● **69** E 4
Kainjistausee ▧ **93** D 1
Kainuunselkä ➤ **18-19** J-K 4

Kairo ① **90** D 2-3
15 Mio. Ew., Hauptstadt Ägyp-
tens, am Nil, reich an islami-
schen Bauwerken.

Kairouan ❶ **89** D-E 2
Kaiserslautern ● **30** E-F 4
Kaitaia ● **79** C 3
Kaivy ● **43** F 4
Kaiwikanal ▧ **83** B 1
Kaiyuan (Laoning-China) ●
55 F 2
Kaiyuan (Yunnan-China) ●
54 D 4
Kajaani ● **19** J 4
Kakabeka Falls ● **112** A-B 1
Kakamega ● **97** D 1
Kakinada ● **66** C 3
Kaktovik ● **104** E 1
Kalabahi ● **69** D 4
Ka Lae ▧ **83** D 4
Kalahari ● **98** C 3
Kalakan ● **52** G 3
Kalamata ● **38** C 4
Kalamazoo ● **112** B 2
Kalamitbucht ▧ **43** F 5
Kalan ● **59** G 3
Kalansho-Serir ▬ **90** C 3
Kalapana ● **83** E 3
Kälarne ● **20** F-G 2
Kalat ▲ **65** F 2
Kalaus ◿ **60** D 2
Kalávrita ● **38** B-C 4
Kale (Türkei) ● **58** B 4
Kale (Türkei) ● **58** B-C 4

Kalecik ● **58** D 2
Kaledonischer Kanal ▧
24 D 3
Kalemie ● **97** C 2
Kálfafell ● **44** E 4
Kalgoorlie ● **80** B 3
Kaliakra, Kap- ▧ **37** J 4
Kalifornien, Golf von- ▧
14 A 1-2
Kalima ● **97** C 2
Kalimantan → Borneo ▧
68 C 3-4
Kálimnos ▧ **39** E 4
Kaliningrad ● **40** F 4
Kaliningrad → Königsberg ●
22 F-J 4
Kalinino (Armenien) ●
61 E 4
Kalinino (Russland) ●
60 B 2
Kalinkavičy ● **35** J 2
Kalispell ● **110** D 2
Kalisz ● **34** D 3
Kalix ● **18** G 4
Kalixälv ▧ **18** G 3
Kaljazin ● **40** F-G 3
Kalkan ● **58** B 4
Kalkfontein ● **98** C 3

Kalkutta ❷ **66** C-D 2
4,4 Mio. Ew., Hauptstadt
Westbengalens (Indien).

Kallas ▲ **54** B 3
Kallasee ▧ **19** J-K 5
Kallaste ● **23** J 2
Kallsedet ● **20** E 2
Kallsee ◿ **20** E 2
Kalmar ❷ **21** G 5
Kalmar ❷ **21** G 5
Kalmarsund ▧ **21** G 5
Kalmius ◿ **43** H-J 4
Kalmykien ❷ **61** E-F 2
Kalocsa ● **36** D 2
Kalofer ● **37** G 4
Kalohikanal ▧ **83** B 2
Kaloli Point ▧ **83** E 3
Kalomo ● **98** C 2
Kalpákion ● **38** B 3
Kaluga ● **50** D 2
Kalumburu Mission ●
80 B 1
Kalundborg ● **21** D 6
Kaluš ● **42** B 3
Kalynivka ● **42** D 3
Kama ● **97** C 2
Kama ◿ **50** F 2
Kamaishi ● **57** G 3
Kamalo ● **83** C 1
Kaman ● **58** D 3
Kamaran ▧ **63** D 5
Kama Stausee ◿ **50** F 3
Kambodscha ❶ **67** E 3
Kambove ● **97** C 3
Kamen ▲ **52** E 2
Kamenjak, Kap- ▧ **36** A 3
Kamenka ● **41** J-K 5
Kamenka-Bugskaja ● **42** B 2
Kamen-na-Obi ● **51** J 3

Kamennik ▲ **40** D 3
Kamennojesee ◿ **19** L 4
Kamennomostski ● **60** C 2
Kamenskoje ● **53** M 2
Kamensk-Uralski ● **51** G 3
Kamerun ❶ **93** E 2

Kamerunberg ▲ **93** D 2
4070 m, Vulkanmassiv, höchste Erhebung Westafrikas.

Kamień Pomorski ● **34** B 1-2
Kamina ● **96** C 2
Kamin'-Kašyrs'kyj ● **42** B 2
Kamjanec'-Podil's'kyj ●
42 C 3
Kamjanka ● **43** F 3
Kamjanka-Dnjprovs'ka ●
43 G 4
Kamloops ● **106** D 3
Kampala ① **97** D 1
Kampar ◿ **68** B 3-4
Kampene ● **97** C 2
Kampot ● **67** E 3
Kamsar ● **92** B 1
Kamtschatka ▲ **53** N-M 3
Kamukahi, Kap- ▧ **83** E 3
Kamyschin ● **50** F 3-4
Kanab ● **111** D 4
Kanada ❶ **106-107** F-H 3
Kanadabecken ▧ **104** D-F 1
Kanal, Der- ▧ **25** E-F 6-7
Kanalinseln ▧ **25** E 7
Kananga ● **96** C 2
Kanaren ❷ **88** B 3
Kanarisches Becken ▧ **88** A 3
Kanaš ● **41** L 4
Kanazawa ● **57** F 3
Kanchipuram ● **66** B-C 3
Kandangan ● **68** C 4
Kandavu ▧ **78** C 1
Kandi ● **93** D 1
Kandıra ● **58** C 2
Kandy ● **66** C 4
Kaneohe ● **83** B 1
Kanevskaja ● **60** B 1
Kanew, Stausee von- ▧
42 E 2
Kangal ● **59** F 3
Kangan ● **63** F 3
Kangasniemi ● **19** J 6
Kangean ▧ **68** C 4
Kanggye ● **56** D 2
Kanghwa, Golf von- ▧
56 D 3
Kangnung ● **57** D 3
Känguruh-Insel ▧ **81** C 1
Kanin-Halbinsel ▲ **50** E 2
Kanin Nos, Kap- ▧ **50** E 1
Kaniv ● **42** E 3
Kanjiža ● **36** E 2
Kankaanpää ● **19** G 6
Kankakee ● **112** B 2
Kankan ● **92** C 1
Kano ● **93** D 1
Kanoya ● **57** E 4
Kanpur ● **66** B-C 2

Kansas ❷ **108** D 2

2,5 Mio. Ew., US-Bundesstaat,
Hauptstadt: Topeka.

Kansas City ● **108** D 2
Kansk ● **52** E 3
Kantabrisches Gebirge ▲
28 B-C 2
Kantchari ● **92** D 1
Kantishna ● **104** D 2
Kanton ❷ **55** E 4
Kanye ● **98** C 3
Kaolack ● **92** B 1
Kaouar ▬ **89** E 3-4
Kapanga ● **96** C 2
Kapbecken ▧ **98** A 4
Kapellskär ● **21** H 4
Kapingamarangi Atoll ▧
75 C 2
Kaposvár ● **36** C 2
Kapsan ● **57** D 2
Kapstadt ① **98** B 4
Kapsukas ● **23** G 4
Kapuas ◿ **68** C 3
Kapuas Hulu Gebirge ▲
68 C 3
Kapuskasing ● **107** H 4
Kaputjug ▲ **61** E-F 5
Kap Verde ❶ **88** A 4
Kapverdische Inseln ▧ **88** A 4
Kap-York-Halbinsel ▲ **81** D 1
Kapyrevščina ● **40** D 4
Karabük ● **58** D 2
Karaburun ● **58** A 3
Karacabey ● **58** B 2
Karaca Dağ ▲ **59** G 4
Karačajevsk ● **60** C-D 3
Karaçaköy ● **58** B 2
Karacasu ● **58** B 4
Karačev ● **40** E 5
Karachi ● **66** A 2
Kara Dağ ▲ **58** D 4
Karadah ● **61** F 3
Karaganda ● **51** H 4
Karaginski ▲ **53** M 3
Karaj ● **63** E-F 1
Karak, Al ● **64** B 2
Karakoçan ● **59** G-H 3
Karakol ● **51** H 4

Karakorum ▲ **66** B 1
Innerasiatisches Hochgebirge
zwischen Himalaya, Pamir
und Kunlun.

Karakorum ▧ **54** D 2
Karakorumpaß ▲ **54** A 3
Karaköse ● **60** D 5
Karaköy ● **60** C 5
Karakum ▬ **50-51** F-G 4
Karakumkanal ▧ **51** G 5
Karaman ● **58** D 4
Karamay ● **54** B 2
Karamiran Shankou ▲ **54** B 3
Karapınar ● **58** D 4
Karasberge ▲ **98** B 3
Karasburg ● **98** B 3
Karasee ▧ **51** H 2
Karasjok ● **18** H 2
Karastraße ▧ **50** F 1-2

Karasu ● **58** C 2
Karasu ⌀ **59** H 2
Karasu Dağları ▲ **59** H 3
Karasuk ● **51** H 3
Karataş ● **59** E 4
Karataş Burun ● **59** E 4
Karatau ▲ **51** G 4
Karatschaisch-Tscherkessi-
 sche Republik **2 60** C-D 3
Karbala ● **64** C 2
Karcag ● **37** E 2
Kardeljevo ● **36** C 4
Kardhítsa ● **38** B-C 3
Kärdla ● **23** G 2
Kärdžali ● **37** G 5
Karelien ▬ **50** D 2
Karelien, Republik- **2 19** L 4
Karen ● **67** D 3
Karesuando ● **18** F 2
Kargapazarı Dağı ▲ **59** H 2
Kargı ● **59** E 2
Kariai ● **38** D 2
Kariba ● **98** C 2
Karibastausee ▬ **98** C 2
Karibib ● **98** B 3
Karibisches Meer 🌊
 116-117 A-D 3-4
Karigasniemi ● **18** H 2
Karima ● **94** C 2
Karimatastraße 🌊 **68** B 4
Karin ● **95** D 2
Karis ● **19** G 6
Karisimbi ▲ **97** C 2
Káristos ● **38** D 3
Karkar ▲ **74** B 3
Karkaralinsk ● **51** H 4
Karkas ▲ **65** E 2
Karkheh ⌀ **65** D 2
Karkinitbucht 🌊 **43** F 5
Karkkila ● **19** H 6
Karliova ● **59** H 3
Karlivka ● **43** G 3
Karlobag ● **36** B 3
Karlovac ● **36** B 3
Karlovo ● **37** G 4
Karlovy Vary (Karlsbad) ●
 31 H 3
Karlsbad → Karlovy Vary ●
 31 H 3
Karlsborg ● **21** F 4
Karlshamn ● **21** F 5
Karlskoga ● **21** F 4
Karlskrona ● **21** F 5
Karlsruhe ● **30** F 4
Karlstad ● **21** E 4
Karmel, Kap- 🌊 **62A** A 2
Karmelgebirge ▲ **62A** B 2
Karmiel ● **62A** B 2
Karmøy ▲ **21** A 4
Karnataka **2 66** B 3
Karnobat ● **37** H 4
Kärnten **2 32** D 2
Karolinen ≈ **74** B-C 2
Karolinen-Salomonen-
 Schwelle ≈ **75** C 2-3
Karonga ● **99** D 1
Karora ● **95** C 2
Káros ▲ **39** D 4

Karpaten ▲ **34-35** D-G 4-5
Karpathos ≈ **39** E 5
Karpathou, Stenón- 🌊 **39** E 4-5
Karpenísion ● **38** B-C 3
Karpuzlu ● **58** A 4
Kars ● **60** D 4
Kärsämäki ● **19** H 5
Kärsava ● **23** J 3
Karschi ● **51** G 5
Karst ▬ **36** A-B 2-3
Kartal ● **58** B 2
Kartaly ● **51** G 3
Karthago 🏛 **89** D-E 2
Karvio ● **19** K 5
Karymskoje ● **52** G 3
Kaş ● **58** B 4
Kasachische Schwelle ▲
 51 G-H 4
Kasachstan **1 50-51** F-G 4
Kasai ▬ **96** B-C 2
Kasai = Cassai ⌀ **96** B-C 2
Kasaji ● **96** C 3
Kasama ● **99** D 2
Kasan ● **50** E 3
Kasane ● **98** C 2
Kaschau → Košice ● **34** E 4
Kaschmir ▬ **66** B 1
Kascjukoviču ● **35** K-L 2
Kasenga ● **97** C 3
Kasese ● **97** D 1
Kashan ● **65** E 2
Kashi ● **54** A 3
Kashmar ● **65** F 1
Kasimov ● **41** H 4
Kašin ● **40** F 3
Kašira ● **40** G 4
Kaskadenkette ▲ **108** A 1
Kasongo ● **97** C 2
Kásos ≈ **39** E 5
Kaspi ● **61** E 3-4
Kaspijsk ● **61** F 3
Kaspijski ● **61** F 2
Kaspische Senke ▬ **51** E-F 4
Kaspisches Meer 🌊 **61** G-H 3-6
Kasr, Ra's- 🌊 **95** C 2
Kassaar 🌊 **23** G 2
Kassala ● **95** C 2
Kassandra ≈ **38** C 2-3
Kassel ● **31** F 3
Kastamonu ● **58** D 2
Kastéllion ● **38** C 5
Kastilisches Scheidegebirge
 ▲ **28** B-D 3
Kastoría ● **38** B 2
Kasumkent ● **61** G 4
Kataba ● **98** C 2
Katako-Kombe ● **95** C 2
Katanning ● **80** A 3
Katar **1 63** F 3
Katerini ● **38** C 2
Katha ● **67** D 2
Katherine ● **80** C 1

Katmandu **1 66** C 2
*660 000 Ew., Hauptstadt
Nepals, im Himalaya.*

Katowice ● **34** D 3

Katrancık Dağı ▲ **58** C 4
Katrineholm ● **21** G 4
Katsina ● **93** D 1
Kattarasenke ▬ **90** C 2-3
Kattavía ● **39** E-F 5
Kattegat 🌊 **21** D 5
Katumbi ● **99** D 2
Kauai ≈ **82** C 2
Kauaikanal 🌊 **82** C 2
Kauehi Atoll ≈ **77** D 3
Kaufbeuren ● **31** G 5
Kauhajoki ● **19** G 5
Kauiki Head ≈ **83** D 2
Kaukasus ▲ **60-61** C-F 3
Kaula ≈ **82** B-C 2
Kaulakahi Kanal 🌊 **83** A 3
Kaumalapau ● **83** B-C 2
Kaunas ● **23** H 4
Kaupalpasa ⌀ **58** B 3
Kaupanger ● **20** B 3
Kaura Namoda ● **93** D 1
Kautokeino ● **18** G 2
Kavadarci ● **38** B-C 2
Kavak ● **59** F 2
Kavála ● **38** D 2
Kavaratti **2 66** B 3
Kavieng ● **74** C 3
Kavkazskij, Nationalpark- 🌲
 60 B-C 2
Kawaihae Bay 🌊 **83** D 2-3
Kawaihoa Point ≈ **83** A 3
Kawambwa ● **98** C 1
Kawasaki ● **57** F-G 3
Kayan ⌀ **68** C 3
Kayangel ≈ **74** A 2
Kayes ● **88** B 4
Kayseri ● **59** E 3
Kazačje ● **53** J 1
Kazah ● **61** E 4
Kazan ⌀ **106** G 2
Kazanka ● **43** F 4
Kazanlâk ● **37** G 4
Kazantipski zaliv 🌊 **43** G-H 5
Kaz dağı ▲ **58** A 3
Kazerun ● **65** E 3
Kazimierz Dolny ● **34** F 3
Kazincbarcika ● **36** E 1
Kazinka ● **41** G 5
Kéa ≈ **38** D 3
Kealakekua Bay 🌊 **83** C-D 3
Keanae ● **83** C 2
Keanapapa Point ≈ **83** B 2
Keban ⌀ **59** G 3
Kebanstausee ▬ **59** G 3

Kebnekaise ▲ **18** E 2-3
*2117 m, höchster Berg Schwe-
dens, zum Teil vergletschert.*

Kebri Dehar ● **95** D 3
Kecskemét ● **36** D-E 2
Kédainiai ● **23** G-H 4
Kediri ● **68** C 4
Kédougou ● **92** B 1
Keele Peak ▲ **106** C 2
Keetmanshoop ● **98** B 3
Kefallinía ≈ **38** B 3
Kefar Sava ● **62A** A-B 2
Keflavík ● **44** B 3-4

Keila ● **23** H 2
Keiteleesee ⌀ **19** H-J 5
Kejpelbank 🌊 **78** A 2
Kekaha ● **83** A 3
Kekova ≈ **58** B 4
Kelang ● **68** B 3
Kelkit ● **59** G 2
Kelkit ⌀ **59** G 2
Kelmė ● **23** G 4
Kélo ● **94** A 3
Kelowna ● **106** E 4
Kelsey Bay ● **106** D 3
Kelsobank 🌊 **78** A 2
Keltische See 🌊 **25** B-C 6
Keluang ● **68** B 3
Kemah ● **59** G 3
Kemaliye ● **59** G 3
Kemer (Türkei) ● **58** B 4
Kemer (Türkei) ● **58** C 4
Kemerowo ● **51** J 3
Kemi ● **18** H 4
Kemijärvi ● **18** J 3
Kemijärvi ⌀ **18** J 3
Kemijoki ⌀ **18** H 3
Kemlja ● **41** K 4
Kemmerer ● **110** D 3
Kempen ● **26** F 2
Kempten ● **31** G 5
Kenai Peninsula ▬
 104 D-E 2
Kendal ● **25** E 4
Kendari ● **69** D 4
Kendawangan ● **68** C 4
Kenema ● **92** B 2
Kenge ● **96** B 2
Keng Tung ● **67** D-E 2
Kenhardt ● **98** C 3
Kenia ▲ **97** D 2
Kenia **1 97** D 1
Kénitra ● **88** C 2
Kenli ● **56** B 3
Kenora ● **106** G 4
Kenosha ● **112** B 2
Kent ▬ **25** G 6
Kentau ● **51** G 4
Kentriki Makedhonía **2**
 38 C 2

Kentucky **2 109** E 2
*3,7 Mio. Ew., US-Bundesstaat,
Hauptstadt: Frankfort.*

Keokea ● **83** C 2
Keokuk ● **112** A 2
Kepsut ● **58** B 3
Kepulauan Mapia ≈ **74** A 2
Kerala **2 66** B 3
Kerč ● **43** H 5
Kerčens'kyj Pivostriv ▬
 43 G-H 5
Kerema ● **74** B 3
Kerempe, Kap- 🌊 **58** D 1
Keren ≈ **95** C 2
Kerguelenrücken ≈ **127** D 1
Kericho ● **97** D 2
Kerimäki ● **19** K 6
Kerinci ▲ **68** B 2
Kerki ● **63** H 1
Kerkíras, Stenón- 🌊

38 A-B 3
Kerma ● **94** C 2
Kermadecgraben ≈
 78-79 D 2-3
Kermadec-Inseln ≈ **78** D 2-3
Kermadecrücken ≈ **78** D 2-3
Kerman ● **63** G 2
Kérouané ● **92** C 2
Kerry ▬ **25** A-B 5
Kertsch, Straße von- 🌊
 43 H 5
Kerulen ⌀ **55** E 2
Keşan ● **58** A 2
Keşap ● **59** G 2
Kesennuma ● **57** G 3
Keski-Suomi **2 19** H 5
Keszthely ● **36** C 2
Ket ⌀ **51** J 3
Ketapang (Borneo-Indonesien)
 ● **68** C 4
Ketapang (Sumatra-
 Indonesien) ● **68** B 4
Ketchikan ● **104** F 3
Ketrzyn ● **34** E 1
Kettering ● **25** F 5
Keuruu ● **19** H 5
Keweenaw-Halbinsel ▬
 112 B 1
Key West ● **109** E 3
Kežma ● **52** F 3
Khabr ▲ **65** F 3
Khabura, Al- ● **65** F 4
Khalki ≈ **39** E 4
Khaluf, Al- ● **63** G 4
Khambhat, Golf von- 🌊
 66 B 2
Khanaqin ● **65** D 2
Khan Shaykhun ● **59** F 5
Kharagpur ● **66** C 2
Kharga-Oasen ⌀ **90** C-D 3
Kharijah, Al- ● **90** D 3

Khartum **1 94** C 2
*476 000 Ew., Hauptstadt des
Sudan.*

Khartum North ● **94** C 2
Khasab ● **65** F 3
Khashm al-Qirbah ● **95** C 2
Khasigebirge ▲ **66-67** D 2
Khawr, Al- ● **65** E 3
Khemis Miliana ● **89** D 2
Khirbat Isriyah ● **59** F 5
Khok Kloi ● **67** D 4
Khon Kaen ● **67** E 3
Khorasan ▲ **63** G 1-2
Khormuj ● **65** E 3
Khormuj ⌀ **65** E 3
Khorramabad ● **65** D 2
Khorramshahr ● **65** D 2
Khouribga ● **88** C 2
Khubar, Al- ● **65** D-E 3
Khu Dağı ▲ **60** D 5
Khuff ● **64** C 3
Khulna ● **66** C-D 2
Khums, Al- ● **90** B 2
Khurays ● **65** D 2
Khuzestan ▬ **65** D 2
Khvoy ● **63** D-E 1

Khyber-Paß ▲ **66** B 1
Kiamba ● **69** D 3
Kiantasee ⬳ **19** K 4
Kibangou ● **96** B 2
Kiberg ● **18** L 1
Kibombo ● **96** C 2
Kıbrıscık ● **58** C-D 2
Kičevo ● **38** B 2
Kicman ● **42** B 3
Kidal ● **89** D 4
Kidira ● **92** B 1
Kiekie ● **83** A 3
Kiekinkoski ⬳ **19** L 4
Kiel ② **31** G 1
Kielce ● **34** E 3
Kieler Bucht ▤ **31** G 1
Kieta ● **75** C 3
Kiew → Kyjiv ① **42** E 2
Kiew, Stausee von- ▤
   42 E 2
Kiffa ● **88** B 4
Kigali ① **97** C-D 2
Kiği ● **59** H 3
Kigoma ● **97** C 2
Kihelkonna ● **23** G 2
Kihnu ▤ **23** H 2
Kiholo ● **83** D 3
Kiholo Bay ▤ **83** D 3
Kii, Halbinsel- ▬ **57** F 4
Kiiminki ● **19** H 4
Kiistala ● **18** H 3
Kiistraße ▤ **57** E-F 4
Kikinda ● **36** E 3
Kikori ● **74** B 3
Kikwit ● **96** B 2
Kil ⬳ **21** E 4
Kilboghamn ● **18** B 3
Kilchu ● **57** D 2
Kilija ● **37** J 3

Kilimandscharo ▲ **97** D 2
5895 m, vulkanischer Gebirgs-
stock in Tansania, höchste Er-
hebung Afrikas.

Kilingi-Nõmme ● **23** H 2
Kiliş ● **59** F 4
Kilitbahir ● **58** A 2
Kilkee ● **25** B 5
Kilkenny ● **25** C 5
Kilkís ● **38** C 2
Killarney ● **25** B 5
Killíni ● **38** B 4
Kilosa ● **97** D 2
Kilpisjärvi ● **18** F 2
Kilrush ● **25** B 5
Kılyos ● **58** B 2
Kimberley (Kanada) ●
   106 E 4
Kimberley (Südafrika) ●
   98 C 3
Kimberleyplateau ▬ **80** B 1
Kimchaek ● **57** D-E 2
Kími ● **38** D 3
Kímolos ▤ **38** D 4
Kimovsk ● **40-41** G 5
Kimry ● **40** F 3
Kinabalu ▲ **68** C 3
Kincardine ● **112** C 2

Kindersley ● **106** F 3
Kindia ● **92** B 1
Kindu ● **96** C 2
Kinešma ● **41** J 3
King-Insel ▤ **80** B 3
Kingisepp ● **40** B 2
King Leopold Ranges ▲ **80** B 1
Kingman ● **108** B 2
Kings Canyon Nationalpark
   ✿ **111** C 4
King's Lynn ● **25** G 5
King Sound ▤ **80** B 1
Kingsport ● **112** C 3
Kingston ① **116** B 3
Kingston Southeast ●
   81 C-D 3
Kingston-upon-Hull ● **25** F 5
Kingstown ① **117** E 4
King William's Town ●
   98 C 4
Kinkala ● **96** B 2
Kinnairds Head ▤ **24** E-F 3
Kinsale ● **25** B 6
Kinsarvik ● **20** B 3

Kinshasa ① **96** B 2
3,8 Mio. Ew., Hauptstadt von
Kongo/Zaire.

Kintyre ▬ **24** D 4
Kinyeti ▲ **94** C 3

Kioto ● **57** F 3-4
1,5 Mio. Ew., Präfekturhaupt-
stadt auf Honshu, Japan.

Kiparíssia ● **38** B 4
Kiparíssia, Golf von- ▤ **38** B 4
Kipini ● **97** F 2
Kirakira ● **75** D 4
Kiraz ● **58** B 3
Kirensk ● **52** F 3
Kirgisistan ❶ **51** H 4
Kiribati ❶ **75** E 3
Kırıkhan ● **59** F 4
Kırıkkale ● **58** D 3
Kirillov ● **40-41** G 2
Kiriši ● **40** C-D 2
Kiritimati Atoll ▤ **77** C 1
Kirja ● **41** L 4
Kirkby Lonsdale ● **25** E 4
Kirkcaldy ● **24** E 3
Kirkenes ● **18** K-L 2
Kirkjubæjarklaustur ●
   44 D 4
Kirkland Lake ● **112** C-D 1
Kırklareli ● **58** A 2
Kirkpatrik, Mount- ▲
   127 H-J 1
Kirkuk ● **63** D 1
Kirkwall ● **24** E 2
Kirov ● **40** E 5
Kirova, zaliv- ▤ **61** G 5
Kirovakan ● **61** E 4
Kirovohrad ● **43** F 3
Kirovsk ● **40** C 2
Kirovski ● **53** C 3
Kirpilski liman ▤ **60** B 2
Kirsanov ● **41** J 5

Kırşehir ● **59** E 3
Kirtharkette ▲ **66** A 2
Kiruna ● **18** F 3
Kisa ● **21** F 4-5
Kisangani ● **96** C 1
Kischinau → Chişinău ①
   42 D 4
Kiseljak ● **36** C-D 4
Kish ▤ **65** E 3
Kisii ● **97** D 2
Kısır Dağı ▲ **60** D 4
Kiskunfélegyháza ● **36** D 2
Kiskunsági, Nationalpark- ✿
   36 D 2
Kislovodsk ● **60** D 3
Kiso ⬳ **57** F 3
Kissidougou ● **92** B-C 2
Kissimmee ● **113** C 5
Kisumu ● **97** D 1-2
Kisvárda ● **37** E-F 1
Kita ● **88** C 4
Kitakami ▲ **57** G 2-3
Kitakyushu ● **57** D-E 4
Kitale ● **97** D 1
Kitami ● **57** G 2
Kitami-Gebirge ▲ **57** G 2
Kitchener ● **112** C 2
Kitee ● **19** L 5
Kitgum ● **97** D 1
Kíthira ▤ **38** C 4
Kíthnos ▤ **38** D 4
Kitimat ● **106** D 3
Kittilä ● **18** H 3
Kitwe-Nkana ● **98** C 2
Kitzbühel ● **32** D 2
Kiuruvesi ● **19** J 5
Kivalo ● **18** H 3-4
Kiverci ● **42** B 2
Kiviõli ● **23** J 2
Kivisee ⬳ **19** H 5
Kivusee ▤ **97** C 2
Kizel ● **50** F 3
Kızılca Dağı ▲ **58** B 4
Kızılcahamam ● **58** D 2
Kizildağ Nationalpark ✿
   58 C 4
Kızılırmak ● **59** E 2
Kızılırmak ⬳ **59** E 2
Kiziljurt ● **61** F 3
Kızılören ● **58** D 4
Kiziltaşski liman ▤ **60** A 2
Kızıltepe ● **59** H 4
Kizljar ● **61** F 3
Kizljarski zaliv ▤ **61** F 2
Kjahta ● **52** F 3
Kjalvaz ● **61** G 5
Kjøllefjord ● **18** J-K 1
Kjustendil ● **37** F 4
Kladno ● **31** J 3
Kladovo ● **37** F 3
Klagenfurt ② **32** E 2
Klamath ⬳ **110** B 3
Klamath Falls ● **108** A 1
Klamath Mountains ▲ **110** B 3
Klarälv ⬳ **20** E 3
Klatovy ● **31** H 4
Klausenburg → Cluj-Napoca
   ● **37** F 2
Kleck ● **35** H 2

Kleine Antillen ▤
   117 D-E 3-4
Kleine Karpaten ▲ **36** C 1
Kleiner Belt ▤ **21** C 6
Kleiner Chingan ▲ **55** F 1-2
Kleiner Jenissej ⬳ **52** E 3
Kleiner Kaukasus ▲
   60-61 D-F 4
Kleiner Minch ▤ **24** C 3
Kleiner Sklavensee ▤ **106** E 3
Kleine Sunda-Inseln ▤
   69 C-D 4
Kletnja ● **40** D 5
Kleve ● **30** E 3
Klimaviči ● **35** L 2
Klimovo ● **40** D 5
Klimpfjäll ● **20** F 1
Klin ● **40** F 3
Klincy ● **40** D 5
Klintehamn ● **21** H 5
Klisura ● **37** G 4
Kljazma ⬳ **41** J 3
Kljutschewskaja Sopka ▲
   53 M 3
Kłodzko ● **34** C 3
Kluczbork ● **34** D 3
Kneža ● **37** F-G 4
Knidos ● **58** A 4
Knin ● **36** C 3
Knjaževac ● **37** F 4
Knjaževo ● **41** J 2
Knob, Kap- ▤ **80** A 3
Knossos ✠ **38** D 5
Knoxville ● **109** E 2
Knud-Rasmussen-Land ▬
   105 F-H 1
Knysna ● **98** C 4
Kobdo ● **54** C 2
Kobe ● **57** E-F 4
Kobeljaky ● **43** G 3
Koblenz ● **30** E 3
Kóbryn ● **35** G 2
Koca Çay (Türkei) ⬳
   58 A 2-3
Koca Çay (Türkei) ⬳ **58** B 4
Kočani ● **38** C 2
Koçarli ● **58** A 4
Kočetovka ● **41** H 5
Kočevje ● **36** B 3
Kochi ● **57** E 4
Kočubej ● **61** F 2
Kočubejevskoje ● **60** C 2
Kodiak ● **104** D 3
Kodiak ▤ **104** D 3
Kodok ● **94** C 2-3
Kodyma ⬳ **42** D-E 3-4
Köflach ● **32** E 2
Koforidua ● **92** C 2
Kohima ② **67** D 2
Kohma ● **41** H 3
Kohtla-Järve ● **23** H 2
Koindu ● **92** B 2
Koitere ⬳ **19** L 5
Koje ▤ **57** D 4
Kokand ● **51** H 4
Kökar ▤ **19** F 7
Kokčetav ● **51** G-H 3
Kokkokyla ● **18** J 4
Kokkola ● **19** G 5

Kokoda ● **74** B 3
Kokomo ● **112** B 2
Kokonau ● **69** E 4
Kokosinseln ▤ **68** A 5
Kokstad ● **98** C 4
Kola, Halbinsel- ▬ **50** D-E 2
Kolaka ● **69** D 4
Kolar Gold Fields ● **66** B 3
Kolari ● **18** G-H 3
Kolašin ● **36** D 4
Kolčugino ● **41** G 3
Kolda ● **92** B 1
Kolgujev ▤ **50** E-F 2
Kolhapur ● **66** B 3
Koli ● **19** K 5
Koli ▲ **19** K 5
Kolima ⬳ **19** H 5
Kolín ● **31** J 3-4
Kolka ● **23** G 3
Kolkasrags ▤ **23** G 3
Köln ● **30** E 3
Koło ● **34** D 2
Koloa ● **83** B 3
Kołobrzeg ● **34** B 1
Kolodnja ● **40** D 4
Kolomna ● **50** D 3
Kolomyja ● **42** B 3
Kolpaševo ● **51** J 3
Kolpino ● **40** C 2
Koltenič ● **41** M 2
Kolumbien ❶ **120** C-D 2
Kolumbienbecken ▤
   116 B-C 4
Kolwezi ● **96** C 3
Kolyma ⬳ **53** M 2
Kolymagebirge ▲ **53** L-M 2
Komadugu ⬳ **93** E 1
Komarin ● **35** K 3
Komárno ● **34** D 5
Komatsu ● **57** F 3

Komi, Republik- ❷ **41** M 2
1,3 Mio. Ew., russische Teilre-
publik im NO .

Kommandeur-Inseln ▤
   53 M-N 3
Kommunismus, Pik- ▲ **51** H 5
Komoé ⬳ **92** C 2
Komoren ❶ **99** E 2
Komorin, Kap- ▤ **66** B 4
Komotiní ● **39** D 2
Kompasgerg ▲ **98** C 4
Kompong Cham ● **67** E 3
Kompong Chhnang ● **67** E 3
Kompong Som ● **67** E 3
Komsa ● **52** D 2
Komsomolsk (Russland) ●
   53 J 3
Komsomolsk (Russland) ●
   41 H 3
Komsomol'sk'e ● **43** J 4
Komsomolski (Russland) ●
   41 K 4
Komsomolski (Russland) ●
   61 E-F 2
Konakovo ● **40** F 3
Kondoa ● **97** D 2
Kondrovo ● **40** E-F 4

Kongo ◼1 96 B 2
Kongo (Zaire) ⌐ 96 B 2
Kongo Demokratische Republik → Zaire ◼1 96 C 2
Kongolo ● 97 C 2
Kongor ● 94 C 3
Kongoussi ● 92 C 1
Kongsberg ● 21 G 4
Kongsvinger ● 20 E 3
Kongur Shan ▲ 54 A 3
König-Christian-IX.-Land ▭ 105 G-H 3
König-Christian-X.-Land ▭ 105 J 2
König-Frederik-VIII.-Land ▭ 105 J 2
König-Frederik-VI.-Küste ▭ 105 G 3
Königgrätz → Hradec Králové ● 31 J 3
Königin-Charlotte-Inseln ≋ 106 C 3
Königin-Charlotte-Straße ≋ 106 C-D 3
Königin-Elisabeth-Inseln ▭ 105 A-C 1-2
Königin-Maud-Land ▭ 127 A-S 2
Königsberg → Kaliningrad ● 22 F 4
König-Wilhelms-Land ▭ 105 J 2
Konin ● 34 D 2
Konjic ● 36 C-D 4
Konka ⌐ 43 G-H 4
Konnevesi ⌐ 19 J 5
Konoscha ● 50 E 2
Konotop ● 43 F 2
Konstanz ● 31 F 5
Konstjantynivka ● 43 H 3
Kontagora ● 93 D 1
Konya ▭ 58 D 4
Konžakovski Kamen, gora- ▲ 50 F 3
Koolau Range ▲ 83 A-B 1

Kopenhagen ◼1 21 E 6
1,34 Mio. Ew., Hauptstadt Dänemarks.

Koper ● 36 A 3
Kopetdag ▲ 63 G 1
Kop Geçidi ▲ 59 H 2
Koppang ● 20 D 3
Kopparberg ◼2 20 F 3
Koprivnica ● 36 C 2
Köprü ▭ 58 C 4
Köprülü Kanyon Nationalpark ⬕ 58 C 4
Korab ▲ 38 B 2
Korablino ● 41 G-H 5
Korallensee ≋ 81 D-E 1
Korcë ● 38 B 2
Korčula ● 36 C 4
Korčula ≋ 36 C 4
Kordofan ▭ 94 B-C 2
Koreastraße ≋ 57 D 4

Korec' ● 42 C 2
Korenovsk ● 60 B 2
Korf ● 53 M 2
Korfu ◼2 38 A 3
Korfu ≋ 38 A 3
Korgen ● 18 B 3
Korhogo ● 92 C 2
Korinth ◼2 38 C 3-4
Korinth ● 38 C 4
Korinth, Golf von- ≋ 38 C 3
Koriolei ● 95 D 3
Koriyama ● 57 F-G 3
Korjaken Gebirge ▲ 53 M-N 2
Korjakskaja Sopka ▲ 53 L 3
Korjukivka ● 43 F 2
Korkuteli ● 58 C 4
Korla ● 54 B 2
Kormakíti Burun ≋ 58 D 5
Körmend ● 36 C 2
Kornati ≋ 36 B 4
Koro ≋ 78 C 1
Koror ◼1 74 A 2
Korosten ● 42 D 2
Korostyšiv ● 42 D 2
Koro-Toro ● 94 A 2
Korpilombolo ● 18 G 3
Korsakov ● 53 K 4
Korsør ● 21 D 6
Kortrijk ● 26 E 2
Kos ≋ 39 E 4
Kosa Burjuči Ostrov ≋ 43 G 4-5
Kosaja Gora ● 40 F 4
Kosava ⌐ 35 G 2
Kościan ● 34 C 2
Kosciusko, Mount- ▲ 81 D 3
Koscjukovka ● 35 K 2
Kose ● 23 G 2
Köse Dağ ▲ 59 F-G 2
Koshiki-Inseln ≋ 57 D 4
Košice (Kaschau) ● 34 E 4
Kosovo ● 36 E 4
Kosovska Mitrovica ● 36 E 4
Kosrae ≋ 75 D 2
Kossoustausee ≋ 92 C 2
Kostajnica ● 36 C 3
Kostomuksa ● 19 L 4
Kostopil' ● 42 C 2
Kostroma ● 50 H 3
Kostroma ⌐ 41 H 2
Koszalin ● 34 C 1
Kőszeg ● 36 C 2
Kota ● 66 B 2
Kota Baharu ● 68 B 3
Kotabumi ● 68 B 4
Kota Kinabalu ● 68 C 3
Kotamobagu ● 69 D 3
Kote Group ≋ 78 D 1
Kotel ● 37 H 4
Kotelnyj-Insel ≋ 53 J-K 1
Kotel'va ● 43 G 2
Kotlas ● 50 H 2
Kotor ● 36 D 4
Kotor, Bucht von- ≋ 36 D 4
Kotovsk ● 41 H 5
Kotovs'k ● 42 D 4
Kotto ⌐ 94 B 3
Kotuj ⌐ 52 F 2

Kotzebue ● 104 C 2
Kotzebue Sound ≋ 104 C 2
Koudougou ● 92 C 1
Koulamoutou ● 96 B 2
Koulikoro ● 88 C 4
Koundara ● 92 B 1
Kourou ● 121 E 2
Kouroussa ● 92 C 1
Kousséri ● 93 E 1
Koutiala ● 88 C 4
Kouvola ◼2 19 J 6
Kovdor ● 18 L 3
Kovel' ● 42 B 2
Kovron ● 41 H 3
Kovylkino ● 41 J-K 5
Köyceğiz ● 58 B 4
Kozan ● 59 E 4
Kozáni ◼2 38 B 2
Kozara, Nationalpark- ⬕ 36 C 3
Kozelsk ● 40 E 5
Kozienice ● 34 E 3
Kozjatyn ● 42 D 3
Kozlovka ● 41 M 4
Kozlu ● 58 C 2
Kozluk ● 59 H 3
Kozmodemjansk ● 41 L 3
Kozu ≋ 57 F 4
Kpalimé ● 92 D 2
Kra, Isthmus von- ≋ 67 D 3-4
Kragerø ◼2 21 C 4
Kragujevac ● 36 E 3
Krajnovka ● 61 F 3

Krakatau ▲ 68 B 4
Vulkanische Insel zwischen Java und Sumatra.

Krakau → Kraków ● 34 D-E 3
Kraków (Krakau) ● 34 D-E 3
Kraljevo ● 36 E 4
Kral'ovany ● 34 D 4
Kramators'k ● 43 H 3
Kramfors ◼2 20 G 2
Kranj ● 36 B 2
Krāslava ● 23 J 4
Krasnaja ⌐ 43 J 3
Krasnaja Gora ● 40 C 5
Krasnaja Poljana ● 60 C 3
Kraśnik ● 34 F 3
Krasnoarmijs'k ● 43 H 3
Krasnodar ● 60 B 2
Krasnogvardejskoje ● 60 C 2
Krasnohrad ● 43 G 3
Krasnojarsk ● 51 K 3
Krasnojarsker Stausee ≋ 51 K 3
Krasnoje Selo ● 40 C 2
Krasnooktjabrski ● 41 L 3
Krasnooskolskoje vodohranilišče ≋ 43 H-J 3
Krasnoperekops'k ● 43 F 4-5
Krasnopolje ● 43 G 2
Krasnosel'kup ● 51 J 2
Krasnoslobodsk ● 41 J 4
Krasnovodsk ● 50 F 4-5

Krasny Holm ● 40 F 2-3
Krasnyj Luč ● 43 J 3
Krasnyj Lyman ● 43 H 3
Krasny Profintern ● 41 H 3
Krasnystaw ● 34 F 3
Krasyliv ● 42 C 3
Krefeld ● 30 E 3
Kremastásee ≋ 38 B 3
Kremenčuk ● 43 F 3
Kremenec' ● 42 B 2
Krementschuger Stausee ≋ 43 F 3
Kreminna ● 43 J 3
Krems an der Donau ● 32 E 1
Krestcy ● 40 D 2
Krestovyi-Paß ▲ 61 E 3
Krestowka ● 50 F 2
Kreta ≋ 38 D 5
Kretinga ● 22 F 4
Kretisches Meer ≋ 38-39 D 5
Kribi ● 93 D-E 2
Kriessern ● 45 A
Krim ● 43 F-G 5
Krimgebirge ▲ 43 G 5
Krishna ⌐ 66 B-C 3
Kristiansand ● 21 C 4
Kristianstad ◼2 21 F 5
Kristianstad ◼2 21 F 6
Kristiansund ● 20 B 2
Kristinestad ● 19 F 5
Kriti ◼2 38 D 5
Kriva Palanka ● 38 C 1
Krjuša ● 41 G-H 4
Krk ● 36 B 3
Krk ≋ 36 B 3
Kroatien ◼1 36 B-C 3
Krokom ● 20 F 2
Krolevec ● 43 F 2
Kronoberg ◼2 21 F 5
Kronoki ● 53 M 3
Kronštadt ● 40 B 1-2
Kroonstad ● 98 C 3
Kropotkin ● 60 C 2
Krosno ● 34 E 4
Krossmoen ● 21 B 4
Krüger Nationalpark ⬕ 99 D 3
Krugersdorp ● 98 C 3
Krui ● 68 B 4
Krumovgrad ● 37 G 5
Krupina ● 34 D 4
Kruševac ● 37 E 4
Kryčav ● 35 K 2
Krymsk ● 60 A-B 2
Kryve Ozero ● 42 E 4
Kryvyj Rih ● 43 F 4
Ksar Boukhari ● 29 G 6
Ksar Chellala ● 29 G 6
Ksar el-Kebir ● 88 C 2
Kstovo ● 41 K 3
Kuala Dungun ● 68 B 3

Kuala Lumpur ◼1 68 B 3
3 Mio. Ew., Hauptstadt von Malaysia.

Kuala Terengganu ● 68 B 3
Kuantan ● 68 B 3

Kuba ◼1 116 A-B 2
Kuban ⌐ 60 A 2
Kubenskojesee ⌐ 41 G 2
Kubrat ● 37 H 4
Kučevo ● 37 E 3
Kuching ● 68 C 3
Kuçovë ● 38 A-B 2
Kučurgan ⌐ 42 D-E 4
Kudat ● 68 C 3
Kudus ● 68 C 4
Kufi ≋ 58 B 3
Kufra ● 90 C 3
Kufra-Oasen ▭ 90 C 3
Kufstein ● 32 D 2
Kuhayfiyah, Al- ▭ 64 C 3
Kuhmo ● 19 K 4
Kuhran ▲ 65 F 3
Kuhrudgebirge ▲ 63 F 2
Kuito ● 98 B 2
Kuivaniemi ● 18 H 4
Kujbyšev ● 41 M 4
Kujtoseen ≋ 19 L 4
Kükës ● 38 B 1
Kukuj ● 40 D 2
Kükürt Tepe ▲ 59 H 2
Kula ● 58 B 3
Kuldīga ● 22 F-G 3
Kulebaki ● 41 J 4
Kuljab ● 51 G 5
Kuljanicki liman ⌐ 42 E 4
Kullorsuaq ● 105 F 2
Kulmbach ● 31 G 3
Kulu ● 58 D 3
Kulunda ● 51 H 3
Kulundaebene ▭ 51 H-J 3
Kum ≋ 58 B 3
Kuma ⌐ 61 F 2
Kumai ● 68 C 4
Kumamoto ● 57 E 4
Kumanovo ● 38 B 1
Kumasi ● 92 C 2
Kumba ● 93 D 2
Kumchon ● 57 D 3
Kumertau ● 50 F 3
Kumla ● 21 F 4
Kumluca ● 58 C 4
Kumru ● 59 F 2
Kumuh ● 61 F 3
Kunashiri, ostrov- ≋ 53 K 4
Kunda ◼2 23 J 2
Kundelunguberge ▲ 97 C 2-3
Kunene ⌐ 98 B 2
Kungälv ◼2 21 D 5
Kungrad ● 50 F 4
Kungsbacka ● 21 E 5
Kungur ● 50 F 3
Kunhegyes ● 37 E 2
Kunja ⌐ 40 C 3
Kunlun Shan ▲ 54 A-C 3
Kunming ◼2 54 D 4
Kunsan ● 56 D 3
Kuollsmaa ● 19 L 5
Kuopio ◼2 19 J 5
Kuopio ◼2 19 J-K 5
Kupa ⌐ 36 B 3
Kupang ● 69 D 5
Kupiškis ● 23 H 4
Kupjans'k ● 43 H 3
Kupjans'k-Vuzlovyj ● 43 H 3

Kuqa ● 54 B 2
Kur ⌐ 61 G 5
Kurahovo ● 43 H 3
Kürdämir ● 61 G 4
Kurdistan ▬ 63 D 1
Kurejka ⌐ 52 D-E 2
Kurgan ● 51 G 3
Kurganinsk ● 60 C 2
Kuria ⬱ 75 E 2
Kuria-Muria-Inseln ⬱ 63 G 5
Kurikka ● 19 G 5
Kurilen ⬱ 53 K-L 4
Kurilen-Kamtschatka-Graben ⬱ 53 L 4
Kurinskaja Kosa ● 61 G 5
Kurisches Haff ⬱ 22 F 4
Kurkosa ● 61 G 5
Kurland ● 23 G 3
Kurlovski ● 41 H 4
Kurmuk ● 94-95 C 2
Kurnool ● 66 B 3
Kuršenai ● 23 G 3
Kursk ● 50 D 3
Kuršumlija ● 37 E 4
Kurşunlu ● 58 D 2
Kurtalan ● 60 C 6
Kurti ● 94 C 2
Kurtistown ● 83 D 3
Kuruktag ▲ 54 B 2
Kuşadası, Golf von- ⬱ 58 A 4
Kushiro ● 57 G 2
Kuskokwim Mountains ▲ 104 D 2
Kuşsee ⬱ 58 A-B 2
Kustanaj ● 51 G 3
Küstengebirge ▲ 106 C-D 3
Küstenkette ▲ 108 A 1-2
Kusti ● 94 C 2
Kut, Al- ● 65 D 2
Kütahya ● 58 B-C 3
Kutaisi ● 60 D 3
Kutch ▬ 66 A-B 2
Kutch, Golf von- ⬱ 66 A 2
Kutina ● 36 C 3
Kutná Hora ● 31 J 4
Kutno ● 34 D 2
Kutu ● 96 B 2
Kuujjuaq ● 107 K 3
Kuusamo ● 18 K 4
Kuvango ● 98 B 2
Kuvšinovo ● 40 E 3
Kuwait ① 63 E 3
Kuwait ◨ 63 E 3
Kuzneck ● 41 L 5
Kuzovatovo ● 41 L 5
Kvænangen ⬱ 18 F 1-2
Kvaløy ● 18 G-H 1
Kvaløy ● 18 E 2
Kvanndal ● 20 B 3
Kvikkjokk ● 18 D 3
Kvikne ● 20 D 2
Kwa ⌐ 96 B 2
Kwajalein Atoll ⬱ 75 D 2
Kwangju ● 56 D 3
Kwangsi Chuang (Guangxi Zhuang) ② 54-55 D-E 4
Kwekwe ● 98-99 C 2
Kwidzyn ● 34 D 2

Kwilu ⌐ 96 B 2
Kwoka ▲ 69 E 4

Kyjiv (Kiew) ① 42 E 2
2,65 Mio. Ew., Hauptstadt der Ukraine, am Dnjepr.

Kykladen ⬱ 38 D 4
Kyle of Lochalsh ● 24 D 3
Kyllini ▲ 38 C 3-4
Kymi ◨ 19 J-K 6
Kyoga, Kap- ⬱ 57 E-F 3
Kyogasee ⌐ 97 D 1
Kyongju ● 57 D 3
Kyrösjärvi ⌐ 19 G 6
Kysylkum ▬ 51 G 4
Kythrea ● 58 D 5
Kyushu ⬱ 57 E 4
Kyyjärvi ● 19 H 5
Kyzyl ● 52 E 3
Kyzyl-Orda ● 51 G 4

L

Laa an der Thaya ● 32 F 1
La Asunción ● 121 D 1
Laba ⌐ 60 C 2
La Banda ● 124 C 2
Labé ● 92 B 1
Labinsk ● 60 C 2
Labrador ▬ 107 J-K 3
Labradorbecken ▬ 107 L-M 3
Labrador City ● 107 K 3
Labradorsee ⬱ 107 L-M 3
Lábrea ● 122 B 2
Labuhanbajo ● 69 C-D 4
Lacang Jang = Mekong ⌐ 54 C 3
Lac Giao ● 67 E 3
Lachlan ⌐ 81 D 3
Laçin ● 61 F 5
Läckö ● 21 E 4
Lac la Biche ● 106 E 3
La Crosse ● 109 D-E 1
Ládik ● 59 E-F 2
Ladismith ● 98 C 4
Ladogasee ⌐ 50 D 2
Ladožskoje Ozero = ⌐ 40 C 1
Lae ● 74 B 3
Lae Atoll ⬱ 75 D 2
Læsø ⬱ 21 D 5
Lafayette ● 112 B 2
Lagan ⌐ 21 E 5
Laghouat ● 89 D 2
Lagos (Nigeria) ● 93 D 2
Lagos (Portugal) ● 28 A 5
Lagrange ● 80 B 1
Lahad Datu ● 69 C 3
Laharie ● 27 C 5
Lahijan ● 65 F 1
Lahore ● 66 B 1
Lahti ● 19 H 6
Lai (Kamerun) ● 93 E 2
Lai (Tschad) ● 94 A 3
Laibach ① 36 B 2
Laihia ● 19 F 5
Lainioälv ⌐ 18 G 3
Lairg ● 24 D 2-3

Lais ● 68 B 4
Laitila ● 19 F 6
Laiwu ● 56 B 3
Laiyang ● 56 C 3
Lajes ● 123 C 4
Lake Charles ● 109 D 2-3
Lake City ● 113 C 4
Lakeland ● 109 E 3
Lakeview ● 110 B 3
Lakhdaria ● 29 G 5
Lakkadive Islands ⬱ 66 B 3-4
Lakkadiven ◨ 66 B 3-4
Lakon ⬱ 78 B 1
Lakonischer Golf ⬱ 38 C 4
Laksefjord ⬱ 18 J 1
Lakselv ● 18 H 1-2
La Loche ● 106 F 3
La Maddalena Nationalpark ✤ 33 B 5
Lamar ● 108 C 2
Lambaréné ● 96 A-B 1
Lambasa ● 78 C 1
Lambert Glacier ▬ 127 D 2
Lamberts Bay ● 98 B 4
Lamego ● 28 B 3
Lamía ● 38 C 3
Lamont ● 110 E 3
Lampang ● 67 D 3
Lamu ● 97 F 2
Lanai ⬱ 82 C 2
Lanai City ● 83 C 2
Lanaihale ▲ 83 C 2
Lanark ● 24 E 4
Lancaster (Großbritannien) ● 25 E 4
Lancaster (USA) ● 112 D 2-3
Lancastersund ⬱ 107 H-J 1
Landeck ● 32 C 2
Lander ● 108 C 1
Landerneau ● 26 A 3
Landes ▬ 27 C 5-6
Landquart ● 45 A
Landsdowne House ● 107 H 3
Land's End ⬱ 25 C-D 6
Landshut ● 31 H 4
Landskrona ● 21 E 6
Langeland ⬱ 21 D 6
Langeoog ⬱ 30 E 2
Langfang ● 56 B 3
Langholt ● 44 D-E 4
Langisjór ⌐ 44 D-E 3
Langjökull ▲ 44 C-D 3
Langone ● 27 C 5
Langon ● 27 C 5
Langøy ⬱ 18 E 2
Langres ● 26 F 4
Langres, Plateau von- ▲ 26 F 4
Langsa ● 68 A 3
Languedoc ▬ 27 C-E-F 5-6
Languedoc-Roussillon ② 27 E-F 5-6
Lanín ▲ 125 B 3
Länkäran ● 61 G 5
Lannion ● 26 B 3
Lansing ● 109 E 2
Lansjärv ● 18 F-G 3
Lanusei ● 33 B 6

Lanzarote ⬱ 88 B 3
Lanzhou ② 54 D 3
Laoag ● 69 D 2
Lao Cai ● 67 E 2
Laon ● 26 E 3
Laos ◨ 67 E 3
Lapalisse ● 27 E 4
La Palma ● 115 D 4
La Palma ⬱ 88 B 3
La Paloma ● 124 D 3
La Paz (Bolivien) ① 122 B 3
La Paz (Mexiko) ● 114 A-B 2
La Pedrera ● 120 D 3
Lápithos ⬱ 58 D 5
La Plata ● 124 D 3
Lappajärvi ⌐ 19 G 5
Lappeenranta ● 19 J-K 6
Lappland ▬ 18 E-H 2-3
Gebiet der Sami in Schweden, Norwegen und Finnland.
Lappland ◨ 18 H-J 3
Laptewsee ⬱ 52 G-H 1
Laptewstraße ⬱ 53 J-K 1
Laqiyat al Arbain ● 94 B 1-2
La Quiaca ● 124 C 2
Lar ● 65 E 3
Laramie ● 108 C 1
Larantuka ● 69 D 4
Laredo (Spanien) ● 28 D 2
Laredo (USA) ● 108 D 3
Larestan ● 63 F-G 3
Larino ● 33 E 5
La Rioja ● 124 C 2
Lárisa ② 38 C 3
Larkana ● 66 A 2
Larnaka ● 58 D 5
Larne ● 25 D 4
La Ronge ● 106 F 3
Larvik ● 21 C-D 4
Lasanod ● 95 D 3
La Sarre ● 112 D 1
Lascar ▲ 124 C 2
Las Cruces ● 108 C 2
La Serena ● 124 B 2
Las Heras (Argentinien) ● 125 C 4
Las Heras (Argentinien) ● 124 C 3
Lashio ● 67 D 2
Las Lomitas ● 124 C 2
Las Palmas ⬱ 88 B 3
La Spezia ● 32 B 3
Las Plumas ● 125 C 4
Lastovo ⬱ 36 C 4
Las Vegas ● 108 B 2
Latakia ● 63 C 1
Late ⬱ 78 D 1
Laterns ● 45 A
Latina ● 33 D 5
La Tuque ● 112 E 1
Lauenburg ● 31 G 2
Laugruppe ⬱ 78 D 1
Laukkala ● 19 J 5
Launceston ● 80 C 3
Laura ● 81 D 1
Laurel (Mississippi-USA) ● 113 B 4

Laurel (Montana-USA) ● 110 E 2
Lausanne ② 32 A 2
Laut ⬱ 68 C 4
Lauterbourg ● 26 H 3
Laval (Frankreich) ● 26 C 3
Laval (Kanada) ● 112 E 1
Lavan ⬱ 65 E 3
Lavandou, Le- ● 27 G 6
Lavapié, Kap- ⬱ 124 B 3
La Vega ● 117 C 3
Lávrion ● 38 D 4
Lawton ● 108 D 2
Lawz, Jabal al- ▲ 64 B 3
Layla ● 63 E 4
Laysan ⬱ 82 A 2
Layton ● 110 D 3
Lazarevac ● 36 E 3
Lazarevskoje ● 60 B 3
Lazio ② 33 C-D 4-5
Lazurnoje ● 43 F 4
Łeba ● 34 C 1
Lebasee ⌐ 34 C 1
Lebedyn ● 43 G 2
Lębork ● 34 C 1
Lebu ● 124 B 3
Lecce ● 33 G 5
Lecco ● 32 B 3
Lech ⌐ 31 G 4
Łęczyca ● 34 D 2-3
Ledjanaja ▲ 53 N 2
Ledmozero ● 19 L-M 4
Leeds ● 25 F 5
Leer ● 30 E 2
Leesburg ● 113 C 5
Leeuwarden ② 30 D 2
Leeuwin, Kap- ⬱ 80 A 3
Lefkas ⬱ 38 B 3
Lefke ● 58 D 5
Lefkími ● 38 B 3
Legazpi ● 69 D 2
Legionowo ● 34 E 2
Legnica ● 34 C 3
Legoland ✤ 21 C 6
Leh ● 66 B 1
Lehinch ● 25 B 5
Lehua ⬱ 83 A 3
Leibnitz ● 32 E 2
Leicester ● 25 F 5
Leichhardt ⌐ 81 C 1
Leiden ● 30 D 2
Leinster ◨ 25 C 5
Leipzig ● 31 H 3
Leiria ● 28 A 4
Leirvik (Norwegen) ● 20 A 3
Leirvik (Norwegen) ● 21 A 4
Leitha ⌐ 32 F 1-2
Leksozerosee ⌐ 19 L 5
Leksula ● 69 D 4
Lel'cycy ● 35 J 3
Leleiwi Point ⬱ 83 E 3
Lelle ● 23 H 2
Lelystad ② 30 D 2
Lemberg → L'viv ● 42 B 3
Lemdiyya ● 29 G 5
Lemmenjoen, Nationalpark- ✤ 18 H-J 2
Lena ⌐ 52 H 2
Lena Delta ▬ 52-53 H 1

Lendava ⊡ **36** C 2
Lendery ● **19** L 5
Leningradskaja ✴ **127** H-J 2
Leninogorsk ● **51** J 3
Leninsk-Kuznecki ● **51** J 3
Leninskoje ● **41** L 2
Lensk ● **52** G 2
Lentevo ● **40** F 2
Lentiira ● **19** K 4
Lentini ● **32** E 7
Lentvaris ● **23** H 4
Leoben ● **32** E 2
León (Mexiko) ● **114** B 2
León (Nicaragua) ● **115** D 3
León (Spanien) ● **28** C 2
Leonardville ● **98** B 3
Leonídhion ● **38** C 4
Leonora ● **80** B 2
Lepel' ● **35** J 1
Leptis Magna ⚎ **90** B 2
Lérida (Kolumbien) ● **120** C 2
Lérida (Spanien) ● **29** F 3
Lerma ● **28** D 2
Léros ● **39** E 4
Lesbos ≋ **39** D-E 3
Leshan ● **54** D 4
Leskovac ● **37** E 4
Leskoviku ● **38** B 2
Lesnoj ● **50** F 3
Lesnoje ● **40** E 2
Lesotho ∎ **99** C 3-4
Lesozavodsk ● **55** G 2
L'Esperance Rock ≋ **78** D 3
Lestijärvi ● **19** H 5
Leszno ● **34** C 3
Letea ✱ **37** J 3
Lethbridge ● **106** E 4
Lethem ● **121** E 2
Letícia ● **120** C-D 3
Leti-Inseln ≋ **69** D 4
Lettgallen ▬ **23** J 3
Lettland ∎ **23** H-J 3
Leuser ▲ **68** A 3
Leuven ● **26** F 2
Levádhia ● **38** C 3
Levajok ● **18** H-J 2
Levanger ● **20** D 2
Levante, Riviera di– ▬ **32** B 3
Lévêque, Kap- ≋ **80** B 1
Leverkusen ● **30** E 3
Levice ● **34** D 4
Levski ● **37** G 4
Lev Tolstoj ● **41** G 5
Lewis ● **112** E 1
Lewis ≋ **24** C 2
Lewiston (Idaho-USA) ●
  108 B 1
Lewiston (Maine-USA) ●
  112 E 2
Lewistown ● **108** C 1
Lexington ● **109** E 2
Leyte ● **69** D 2
Leżajsk ● **34** F 3
Lezha ● **38** A 2
Lhasa ▣ **54** C 4
Lhazê ● **54** B 4
Lhokseumawe ● **68** A 3
Liangzi Hu ≋ **56** A 4
Lianyungang ● **55** E-F 3

Liaocheng ● **56** B 3
Liaodong ▬ **55** F 2-3
Liaodong, Halbinsel– ▬
  56 C 2-3
Liaodong Wan ≋ **56** C 2-3
Liaoning ▤ **55** F 2
Liaoyang ● **55** F 2
Liaoyuan ● **55** F 2
Liard ∾ **106** D 2
Libanon ▦ **64** B 2
Libanon ∎ **64** A-B 1
Libau ● **22** F 3
Libenge ● **96** B 1
Liberec (Reichenberg) ●
  31 J 3
Liberia ∎ **92** B-C 2
Libertador, Cerro el– ▲ **124** C 2
Liboi ● **97** E 1
Libourne ● **27** C 5
Libreville ① **96** A 1
Libyen ∎ **90** B-C 3
Libysche Wüste ▬ **90** C 3
  NO-Teil der Sahara.
Licata ● **33** D 7
Lice ● **59** H 3
Lichinga ● **99** D 2
Lida ● **35** G 2
Lidköping ● **21** E 4
Liechtenstein ∎ **32** B 2
Liège ● **26** F 2
Lieksa ● **19** K 5
Lielupe ∾ **23** G-H 3
Lienz ● **32** D 2
Liestal ▣ **32** A 2
Liezen ● **32** E 2
Lifou ● **78** B 2
Liguria ▤ **32** B 3
Ligurisches Meer ≋ **32** B 4
Lihir Group ≋ **74** C 3
Lihoslavl ● **40** E 3
Lihue ● **83** B 3
Lihula ● **23** G 2
Lijiang ● **54** C-D 4
Likasi ● **97** C 3
Likiep Atoll ≋ **75** D 1
Lille ▣ **26** E 2
Lillehammer ● **20** D 3
Lillestrøm ● **21** D 4
Lilongwe ① **99** D 2
Lim ∾ **36** D 4
Lima (Peru) ① **120** C 4
  7,2 Mio. Ew., Hauptstadt Perus.
Lima (USA) ● **109** E 1
Limassol ● **58** D 5
Limbara, Monte– ▲ **33** B 5
Limbaži ● **23** H 3
Limburg ● **30** F 3
Limburg ● **26** F-G 2
Limburg (Belgien) ▤ **26** F 2
Limburg (Niederland) ▤ **30** D 3
Limerick ● **25** B 5
Limfjord ≋ **21** C 5
Limingen ● **20** E 1
Liminka ● **19** H 4
Limmenbucht ≋ **81** C 1

Límnos ≋ **38** D 3
Limoges ▣ **27** D 5
Limón ● **115** D 3
Limousin ▤ **27** D-E 5
Limoux ● **27** E 6
Limpopo ∾ **99** D 3
Linachamari ● **18** L 2
Linah ● **64** C 3
Linares (Chile) ● **124** B 3
Linares (Mexiko) ● **114** C 2
Linares (Spanien) ● **28** D 4
Linas, Monte– ▲ **33** B 6
Lincang ● **54** C-D 4
Lincoln (Großbritannien) ●
  25 F 5
Lincoln (USA) ▣ **108** D 1
Lincolnsee ≋ **105** F 1
Lindau ● **31** F 5
Linden ● **121** E 2
Lindesberg ● **21** F 4
Lindesnes ≋ **21** B 5
Lindi ● **97** D 2-3
Línea, La– ● **28** C 5
Line-Inseln ≋ **76** C 1-2
Linfen ● **55** E 3
Lingen ● **30** E 2
Lingga-Inseln ≋ **68** B 3-4
Lingling ● **55** E 4
Linguère ● **92** B 1
Linhai ● **55** F 4
Linhe ● **54** D 2
Linköping ● **21** F 4
Linkou ● **57** D 2
Linovica ● **43** F 2
Linqing ● **56** B 3
Linxi ● **56** B 2
Linxia ● **54** D 3
Linyi ● **56** B 3-4
Linz ▣ **32** E 2
Lion, Golf von– ● **27** E-F 6
Lipari ● **33** E 6
Liparische Inseln ≋ **33** E 6
Lipezk ● **50** D 3
Lipova ● **37** F 2
Lipsoí ≋ **39** E 4
Lira ● **97** D 1
Liria ● **29** E 4
Lisala ● **96** C 1
Lisburne, Kap- ≋ **104** C 2
Lisianski ● **82** A 2
Lisieux ● **26** D 3
Lismore ● **81** E 2
Lissabon ① **28** A 4
  2,3 Mio. Ew., Hauptstadt Portugals, am rechten Tejo-Ufer.
Listowel ● **25** B 5
Litani ∾ **62A** B 1
Litauen ∎ **23** G-H 4
Lithgow ● **81** D-E 3
Lithinon, Kap- ≋ **38** D 5
Litókhoron ● **38** C 2
Litoměřice ● **31** J 3
Litovko ● **53** J 4
Littlefield ● **108** B 2
Little Rock ▣ **109** D 2
Liuhe ● **56** D 2
Liuzhou ● **54** D 4

Līvāni ● **23** J 3
Liverpool ● **25** E 5
Liverpoolbai ≋ **25** D-E 5
Livingston ● **110** D 2
Livingstonefälle ≋ **96** B 2
  Wasserfälle im Unterlauf des Kongo.
Livland ▬ **23** H-J 2-3
Livno ● **36** C 4
Livny ● **40** F 5
Livorno ● **32** C 4
Lizard Point ≋ **25** D 6-7
Ljachow-Inseln ≋ **53** K 1
Ljangasovo ● **41** M 2
Ljig ● **36** E 3
Ljuban ● **40** C 2
Ljuban' ● **35** J 2
Ljubercy ● **40** F-G 4
Ljubim ● **41** H 2
Ljuboml ● **42** A-B 2
Ljubotyn ● **43** G 2-3
Ljubytino ● **40** D 2
Ljudinovo ● **40** E 5
Ljungan ∾ **20** G 2
Ljungby ● **21** E-F 5
Ljusdal ● **20** F-G 3
Ljusnan ∾ **20** F 2-3
Llanes ● **28** C 2
Llano Estacado ▬ **108** C 2
Llanos ▬ **120-121** C-D 2
Llullaillaco ▲ **124** C 2
Loange ∾ **96** C 2
Lobatse ● **98** C 3
Lobito ● **98** B 2
Lobo ● **69** E 4
Locarno ● **32** B 2
Lochboisdale ● **24** C 3
Loches ● **26** D 4
Lochgilphead ● **24** D 3
Lochvycja ● **43** F 2
Locri ● **33** F 6
Lodalskåpa ▲ **20** B 3
Lodejnoje Pole ● **40** D 1
Lodève ● **27** E 6
Lodi ● **32** B 3
Lødigen ● **18** C 2
Lodja ● **96** C 2
Lodwar ● **97** D 1
Łódź ▣ **34** D 3
Lofoten ≋ **18** B 2-3
Logan ● **108** B 1
Logan, Mount- ▲ **106** B 2
Logone ∾ **94** A 2-3
Logroño ▣ **29** D 2
Logrosán ● **28** C 4
Lohiniva ● **18** H 3
Lohjänjärvi ● **19** G 6
Loibl-Paß ▲ **36** B 2
Loimaa ● **19** G 6
Loir ∾ **26** D 4
Loire ∾ **26** C 4
Loja (Ecuador) ● **120** C 3
Loja (Spanien) ● **28** C 5
Lokatekosee ● **18** J 2-3
Lökbatan ● **61** G 4
Lokitaung ● **97** D 1
Loknja ● **40** C 3

Lokoja ● **93** D 2
Lokot ● **40** E 5
Lol ∾ **94** B 3
Lolland ≋ **21** D 6
Lom ● **37** F 4
Lomaberge ▲ **92** B 2
Lomami ∾ **96** C 2
Lombardia ▤ **32** B 3
Lomblen ≋ **69** D 4
Lombok ≋ **68** C 4
Lomé ① **92** D
  700 000 Ew., Hauptstadt Togos, am Golf von Guinea.
Lomela ● **96** C 2
Lomela ∾ **96** C 2
Lomond, Loch- ≋ **24** D 3
Lomonosov ● **40** B 2
Lomonossowrücken ≋
  126 P-G 1
Łomża ● **34** F 2
London (Großbritannien) ①
  25 F-G 6
  6,8 Mio. Ew., Hauptstadt des Vereinigten Königreichs Großbritannien und Nordirland.
London (Kanada) ● **112** C 2
Londonderry ● **24** C 4
Londonderry, Kap- ≋ **80** B 1
Londrina ● **123** C 4
Long ≋ **74** B 3
Long Bay ≋ **113** D 4
Long Beach ● **108** B 2
Longford ● **25** C 5
Long Island (Bahamas) ≋
  116 B 2
Long Island (USA) ≋ **109** F 1
Longjiang ● **55** F 2
Longkou ● **56** B-C 3
Longreach ● **81** D 2
Long Son ● **67** E 2
Longuyon ● **26** F 3
Longview ● **108** A 1
Longyan ● **55** E 4
Lons-le-Saunier ● **26** F 4
Lookout, Kap- ≋ **113** D 4
Loop, Kap- ≋ **25** A-B 5
Lopatino ● **41** K 5
Lopatka, Kap- ≋ **53** L 3
Lop Buri ● **67** E 3
Lopez, Kap- ≋ **96** A 2
Lop Nur ● **54** C 2
Lopori ∾ **96** C 1
Loppa ● **18** F 1
Lopphavet ≋ **18** F 1
Lora del Río ● **28** C 5
Lorain ● **109** E 1
Lord Howe ● **78** A 3
Lord-Howe-Schwelle ≋
  78 B 2-3
Lordsburg ● **111** E 5
Lorestan ● **65** D-E 2
Lorient ● **26** B 4
Lorne, Firth of- ≋ **24** C-D 3-4
Lörrach ● **30** E 5
Lorraine ▤ **26** F-G 3

Los Angeles (Chile) ⊡
 124 B 3
Los Angeles (USA) ⊡ **108** B 2
Losap Atoll ⊠ **74** C 2
Lošinj ⊞ **36** B 3
Los Mochis ⊡ **114** B 2
Lossnen ⊟ **20** E 2
Los Vilos ⊡ **124** B 3
Lot ⊠ **27** D 5
Lothringen ⊟ **26** F-G 3
Louang Nam Tha ⊡ **67** E 2
Loubomo ⊡ **96** B 2
Loudéac ⊡ **26** B 3
Loudun ⊡ **26** C-D 4
Louga ⊡ **92** B 1
Louisiade Archipel ⊠ **74** C 4

Louisiana **2** **109** D 2
4,2 Mio. Ew., US-Bundesstaat, Hauptstadt: Baton Rouge.

Louis Trichardt ⊡ **98** C 3
Louisville ⊡ **109** E 2
Lourdes ⊡ **27** C 6
Loutrá ⊡ **38** C 3
Lövånger ⊡ **19** F 4
Lovat ⊠ **40** C 3
Loveč ⊡ **37** G 4
Lovelock ⊡ **108** B 1-2
Lowell ⊡ **112** E 2
Lower Halbinsel ⊟
 112 B-C 2
Lowestoft ⊡ **25** G 5
Łowicz ⊡ **34** D-E 2
Loyalty Inseln ⊠ **78** B 2
Lozava ⊡ **43** H 3
Lozère ▲ **27** E 5
Loznica ⊡ **36** D 4
Luachimo ⊡ **98** C 1
Lualaba ⊠ **96** C 2
Lua Makika ▲ **83** C 2
Lu'an ⊡ **55** E 3
Luanda ① **98** B 1
Luang Prabang ⊡ **67** E 2-3
Luangwa ⊠ **99** D 2
Luanshya ⊡ **98** C 2
Luan Xian ⊡ **56** B 3
Luao ⊡ **98** C 2
Luapula ⊠ **97** C 2-3
Luarca ⊡ **28** B 2
Lubanas ezers ⊡ **23** J 3
Lubango ⊡ **98** B 2
Lubbock ⊡ **108** C 2
Lübeck ⊡ **31** G 2
Lübecker Bucht ⊠ **31** G 1
Lubin ⊡ **34** C 3
Lublin ⊡ **34** F 3
Lubny ⊡ **43** F 2
Lubumbashi ⊡ **97** C 3
Lubutu ⊡ **96** C 2
Lucala ⊡ **98** B 1
Lucapa ⊡ **98** C 1
Lucca ⊡ **32** C 4
Lucena (Philippinen) ⊡
 69 D 2
Lucena (Spanien) ⊡ **28** C 5
Lučenec ⊡ **34** D 4
Lucera ⊡ **33** E 5
Luc'k ⊡ **42** B 2

Luckau ⊡ **31** H 3
Luckenwalde ⊡ **31** H 2
Lucknow ② **66** C 2
Luçon ⊡ **27** C 4
Lüderitz ⊡ **98** B 3
Lüderitzbucht ⊠ **98** B 3
Ludhiana ⊡ **66** B 1
Ludington ⊡ **112** B 2
Ludlow ⊡ **25** E 5
Ludogorsko Plato ⊟ **37** H-J 4
Luduş ⊡ **37** G 2
Ludvika ⊡ **20** F 3
Ludwigshafen ⊡ **30** E 4
Ludwigslust ⊡ **31** G 2
Ludza ⊡ **23** J 3
Luena ⊡ **98** B 2
Lufeng ⊡ **55** E 4
Luga ⊟ **40** B-C 2
Luga ⊠ **40** B 2
Lugano ⊡ **32** B 2
Luganville ⊡ **78** B 1
Lugenda ⊠ **99** D 2
Lugo ⊡ **28** B 2
Luhans'k ⊡ **43** J 3
Luhovicy ⊡ **41** G 4
Lukenie ⊠ **96** B-C 2
Lukojanov ⊡ **41** K 4
Lukovit ⊡ **37** G 4
Lukulu ⊡ **98** C 2
Luleå ② **18** G 4
Luleälv ⊠ **18** F 3-4
Lüleburgaz ⊡ **58** A 2
Lulonga ⊠ **96** B 1
Lulua ⊠ **96** C 2
Lumbala Kaquengue ⊡
 98 C 2
Lumbala N'guimbo ⊡ **98** C 2
Lumberton ⊡ **113** D 4
Lumbo ⊡ **99** E 2
Lundazi ⊡ **99** D 2
Lundy ⊠ **25** D 6
Lüneburg ⊡ **31** G 2
Lünersee ⊠ **45** A
Lunéville ⊡ **26** G 3
Luninec ⊡ **35** H 2
Luohe ⊡ **55** E 3
Luoxiao Shan ▲ **55** E 4
Luoyang ⊡ **55** E 3
Lurio ⊠ **99** D 2
Lusaka ① **98** C 2
Lusambo ⊡ **96** C 2
Lüshun ⊡ **56** C 3
Lut ⊟ **63** G 2
Luton ⊡ **25** F 6
Lüttich ② **26** F 2
Luvua ⊠ **96-97** C 2
Luwaymi, Al- ⊠ **64** C 3
Luwuk ⊡ **69** D 4
Luxembourg **2** **26** F 2-3
Luxemburg ① **26** F-G 3
Luxemburg **1** **26** F-G 3
Luxeuil-les-Bains ⊡ **26** G 4
Luxi (Yunnan-China) ⊡
 54 C 4
Luxi (Yunnan-China) ⊡
 54 D 4
Luxor ⊡ **90** D 3

Luz, Costa de la- ⊠ **28** B 5
Luzern ② **32** B 2
Luzern **2** **32** B 2
Luzhou ⊡ **54** D 4
Luzon ⊠ **69** D 2
Luzonstraße ⊠ **69** D 2
Lužskaja vozvyšennost ⊟
 40 B 2
L'viv (Lemberg) ⊡ **42** B 3
Lycksele ⊡ **20** H 1
Lymebai ⊠ **25** E 6
Lynchburg ⊡ **109** F 2
Lyngdal ⊡ **21** B 4
Lyngseidet ⊡ **18** E-F 2
Lynn Lake ⊡ **106** F 3
Lyon ② **27** F 5
Lyos ⊠ **80** A 2
Lyskovo ⊡ **41** K 4
Lysva ⊡ **50** F 3
Lysyčans'k ⊡ **43** J 3

M

Maalaea Bay ⊠ **83** C 2
Ma'an ⊡ **64** B 2
Maanselkä ▲ **19-20** J-K 2-4
Ma'anshan ⊡ **56** B 4
Maardu ⊡ **23** H 2
Maarret-an-Naman ⊡
 59 F 5
Maas ⊠ **26** F 3
Maastricht ② **30** D 3
Maba ⊡ **69** D 3
Mabaruma ⊡ **121** E 2
Macao, El- ⊡ **117** D 3
Macapá ② **123** C 2
Macas ⊡ **120** C 3
Macau (Brasilien) ⊡ **123** E 2
Macau (Portugal) ⊡ **55** E 4
Macauley-Insel ⊠ **78** D 3
Macdonnellkette ▲ **81** C 2
Maceió ② **123** E 2
Macerata ⊡ **32** D 4
Machala ⊡ **120** C 3
Machatschkala ② **61** F 3
Machilipatnam ⊡ **66** C 3

Machu Picchu ⊡ **120** C 4
Inka-Stätte, Peru.

Macina ⊟ **88** C 4
Macintyre ⊠ **81** D-E 2
Maçka ⊡ **59** G 2
Mackay ⊡ **81** D 2
Mackaysee ⊠ **80** B 2

Mackenzie ⊠ **106** D 2
4241 km lang, NW-Kanada.

Mackenzie Bay ⊠ **106** C 2
Mackenziegebirge ▲
 106 C-D 2
Maclear ⊡ **98** C 4
Macomer ⊡ **33** B 5
Mâcon ⊡ **27** F 4
Macon ⊡ **109** E 2
Mac Robertson Land ⊟
 127 C-D 2

Madaba ⊡ **62A** B 3
Madagaskar **1** **99** E 3
Madagaskarbecken ⊠
 99 F 3
Madagaskarrücken ⊠ **99** E 3-4
Madama ⊡ **89** E 3
Madang ⊡ **74** B 3
Madaniyin ⊡ **89** E 2
Madaoua ⊡ **93** D 1
Maddalena ⊠ **33** B 5
Maddalena-Paß ▲ **32** A 3
Madeira ⊠ **122** B 2
Madeira ⊠ **88** B 2
Maden ⊡ **59** G 3
Madera ⊡ **111** E 6

Madhya Pradesh **2** **66** C 2
64 Mio. Ew., größter indischer Bundesstaat.

Madingo-Kayes ⊡ **96** B 2
Madingou ⊡ **96** B 2
Madison ② **109** E 1
Madisonville ⊡ **112** B 3
Madiun ⊡ **68** C 4
Mado Gashi ⊡ **97** D 1
Madoi ⊡ **54** C 3
Madona ⊡ **23** J 2
Madonie ▲ **32** E 7
Madrakah, Ras al- ⊠ **63** G 5
Madras ② **66** C 3
Madre de Dios ⊠ **122** B 3
Madre de Dios ⊠ **125** B 5

Madrid ① **28** D 3
2,9 Mio. Ew., Hauptstadt Spaniens.

Madrid **2** **28** C-D 3
Madridejos ⊡ **28** D 4
Madrisahorn ▲ **45** A
Madura ⊠ **68** C 4
Madurai ⊡ **66** B 4
Madvar ▲ **65** E-F 2
Madweschi-Inseln ⊠
 53 M 1
Maebashi ⊡ **57** F 3
Maestra, Sierra- ▲ **116** B 2
Maéwo ⊠ **78** B 1
Mafeteng ⊡ **99** C 3-4
Mafia ⊠ **97** C 2
Magadan ⊡ **53** C 3
Magadi ⊡ **97** D 2
Magdagači ⊡ **53** H 3
Magdalena ⊡ **111** D 5
Magdalena ⊠ **120** C 2
Magdalena ⊠ **125** B 4
Magdeburg ② **31** G 2
Magellanstraße ⊠ **125** B-C 5
Mageryø ⊟ **18** H 1
Maggiore, Lago- ⊠ **32** B 3
Maghaghah ⊡ **90** D 3
Maghera ⊡ **25** C 4
Magi ⊡ **95** C 3
Magion Oros ⊟ **38** D 2
Magistralny ⊡ **52** F 2
Maglaj ⊡ **36** D 3
Maglie ⊡ **33** G 5
Magnitogorsk ⊡ **50** F 3

Magwe ⊡ **67** D 2
Mahabad ⊡ **63** E 1
Mahagi ⊡ **97** D 1
Mahajanga ② **99** E 2
Mahakam ⊠ **68** C 3
Mahalapye ⊡ **98** C 3
Mahallah Al Kubra, Al- ⊡
 90 C-D 2
Mahan ⊡ **65** F 3
Mahanadi ⊠ **66** C 2
Mahanoro ⊡ **99** E 3
Maharashtra **2** **66** B 2
Mahbés ⊡ **88** B-C 3
Mahdia ⊡ **121** E 2
Mahdiyah, Al- ⊡ **89** E 2
Mahé ⊡ **95** E 4
Mahilëv ⊡ **35** K 2
Mähren ⊟ **31** K 4
Mahukona ⊡ **83** D 2
Maiana ⊠ **75** E 2
Maiao ⊠ **77** E 2
Maicuru ⊠ **122** C 1
Maiduguri ⊡ **93** E 1
Maiella Nationalpark ⚘
 33 E 4
Maienfeld ⊡ **45** A
Mäieriște ⊡ **37** F 2
Mailand ② **32** B 3
Main ⊠ **31** G 3-4
Mai Ndombesee ⊠ **96** B 2

Maine ⊟ **26** C 3
1,24 Mio. Ew., US-Bundesstaat, Hauptstadt: Augusta.

Maine **2** **109** G 1
Mainland (Orkney-Großbritannien) ⊠ **24** F 1-2
Mainland (Shetland-Großbritannien) ⊠ **24** F 1
Mainling ⊡ **54** C 4
Maintirano ⊡ **99** E 2
Mainz ② **30** E-F 4
Maio ⊠ **88** A 4
Maipo ▲ **124** C 3
Maipú ⊡ **124** D 3
Maipures ⊡ **121** D 2
Maiquetía ⊡ **121** D 1
Mairgot ⊡ **116** C 3
Maisí, Punta- ⊠ **116** C 2
Maitland ⊡ **81** E 3
Maja ⊠ **53** J 2-3
Majavatn ⊟ **20** E 1
Majdal Anjar ⊡ **62A** B 1
Majdanpek ⊡ **37** E-F 3
Majene ⊡ **69** C 4
Majerten ⊟ **95** D-E 2-3
Majkop ② **60** B-C 2
Majma'ah ⊡ **65** D 3
Majna ⊡ **41** L 4-5
Majuro Atoll ⊠ **75** E 2
Makaha ⊡ **83** A 1
Makalle ⊡ **95** C 2
Makapala ⊡ **83** D 2
Makarjev ⊡ **41** J 3
Makarov ⊡ **53** K 4
Makarowo ⊡ **41** J 5
Makarowbecken ⊠
 126 E-F 1

Makarska ● **36** C 4
Makassar → Ujung Pandang
　② **69** C 4
Makassarstraße ▧ **69** C 3-4
Makat ● **50** F 4
Makatea ▧ **77** D 3
Makedonien **1** **38** B-C 2
Makedonien ● **38** C-D 2
Makemo Atoll ▧ **77** D 3
Makgadikgadi-Salzpfannen ▨
　98 C 3
Makhfar al Busayyah ●
　65 D 2-3
Makhfar al Hammam ●
　59 G 5
Makijivka ● **43** H 3-4
Makinsk ● **51** H 3
Makó ● **36** E 2
Makokou ● **96** B 1
Makoua ● **97** B 1
Makran ● **63** G-H 3
Makrónisos ▧ **38** D 4
Maksatiha ● **40** E-F 3
Makumbato ● **97** D 2
Makurdi ● **93** D 2
Malå ● **20** H 1
Mala, Kap- ▧ **115** E 4
Mala, Punte- ▧ **45** B
Malabo ① **96** A 1
Malacky ● **34** C 4
Málaga ● **28** C 5
Malah, El- ● **29** E 6
Malaita ▧ **75** D 3
Malaja Višera ● **40** D 2
Malakal ● **94** C 3
Malakka, Halbinsel- ▬
　68 A-B 3

Malakkastraße ▬ **68** A-B 3
Meeresstraße zwischen Ma-
lakka-Halbinsel und Sumatra.

Malang ● **68** C 4
Malanje ● **98** B 1
Malanville ● **93** D 1
Mälarensee ▨ **21** G 4
Malargüe ● **124** C 3
Malatya ● **59** G 3
Mala Vyska ● **42** E 3
Malawi **1** **99** D 2
Malawi-See ▨ **99** D 2
Malaysia **1** **68** B-C 3
Malazgirt ● **60** D 5
Malbork ● **34** D 1-2
Malbousquet ● **45** B
Malbun ● **45** A
Malden ▧ **76** C 2
Maldonado ● **124** D 3
Male ① **66** B 4
Maléas, Kap- ▧ **38** C 4
Malediven **1** **66** B 4
Malediven ▧ **66** B 4
Maledivenzücken ▧ **66** B 4
Malékoula ▧ **78** B 1
Malemba Nkulu ● **97** C 2
Malgobek ● **61** E 3
Malheur Lake ▨ **110** C 3
Mali **1** **88-89** C-D 4

Maliku ● **69** D 4
Malili ● **69** D 4
Malindi ● **97** F 2
Malin Head ▧ **24** C 1
Malino ▲ **69** D 3
Malkara ● **58** A 2
Malko Tarnovo ● **37** H 4
Mallaig ● **24** D 3
Mallawi ● **90** D 3
Mallorca ▧ **29** G 4
Malm ● **20** D 1
Malmal ● **74** C 3
Malmberget ● **18** F 3
Malmö ● **21** E 6
Malmöhus ▨ **21** F 6
Maloarhangelsk ● **40** F 5
Maloelap Atoll ▧ **75** E 2
Maloja ▲ **32** B 2
Malojaroslavec ● **40** F 4
Maloryta ● **35** G 3
Maløy ● **20** A 3
Malpelo g 120 B 2
Malta ● **110** E 2
Malta **1** **90** B 2
Maltahöhe ● **98** B 3
Malung ● **20** E 3
Malwinen = Falklandinseln ▧
　125 C-D 5
Malyj Anjuj ▨ **53** M 2
Malyn ● **42** D 2
Mamaia ● **37** J 3
Mamedkala ● **61** G 3
Mammoth Cave Nationalpark
　▧ **109** E 2
Mamoré ▨ **122** B 3
Mamou ● **92** B 2
Mamuju ● **69** C 4
Man ● **92** C 2
Man ▧ **25** D 4
Mana ● **83** A 3
Manacapuru ● **122** B 2
Manacor ● **29** G 4
Manado ● **69** D 3
Managua ① **115** D 3
Managua, Lago de- ▨
　115 D 3
Manakara ● **99** E 3
Manam ▧ **74** B 3
Manama ① **63** E-F 3
Mananara ● **99** E 2
Mananjary ● **99** E 3
Manantalistausse ▧ **88** B 4
Manas ▧ **54** B 2

Manaus ② **122** B-C 2
1 Mio. Ew., Hauptstadt des bra-
sil. Bundesstaats Amazonas.

Manavgat ● **58** C 4
Manbij ● **59** F-G 4
Mancha, La- ● **29** D 4
Manchester (Großbritannien)
　● **25** E 2
Manchester (New Hampshire-
　USA) ● **112** E 2
Manchester (Tennessee-USA)
　● **113** B 3
Mand ▨ **65** E 3
Mandal ● **21** B 4-5

Mandalay ● **67** D 2
Mandalya, Golf von- ▧
　39 E 4
Mandela, Puncak- ▲ **69** F 4
Mandera ● **97** F 1
Mandimba ● **99** D 2
Mandritsara ● **99** E 2
Mandschurei ▬ **55** F 1-2
Manduria ● **33** F 5
Manevyči ● **42** B 2
Manfredonia ● **33** E 5
Manfredonia, Golf von- ▧
　33 F 5
Manga ▧ **93** E 1
Mangabeiras, Chapada das-
　▲ **123** D 2-3
Mangaia ▧ **76** C 4
Mangalia ● **37** J 4
Mangalore ● **66** B 3
Mangareva ▧ **77** E 4
Mangkalihat, Kap- ▧ **69** C 3
Mangnai ● **54** C 3
Mangoky ▨ **99** E 3
Mangrove Cay ▧ **116** B 2
Mangui ● **55** F 1
Mangyšlak ● **61** H 3
Mangyšlak, Plato- ▲ **61** H-J 3
Mangyšlakski zaliv ▧ **61** H 2
Manicoré ● **122** B 2
Manihiki Atoll ▧ **76** B 3
Manila ① **69** D 2
Manipur **2** **67** D 2
Manisa ● **58** A 3
Manistique ● **112** B 1
Manitoba **2** **106** G 3
Manitobasee ▨ **106** G 3
Manitoulin ▧ **112** C 1
Manitowoc ● **112** B 2
Maniwaki ● **112** D 1
Manizales ● **120** C 2
Manja ● **99** E 3
Manjimup ● **80** A 3
Mankoya ● **98** C 2
Mannar, Golf von- ▧ **66** B 4
Mannersdorf ● **32** F 2
Mannheim ● **30** F 3
Manokwari ● **69** E 4
Manono ● **97** C 2
Manosque ● **27** F 6
Manra ● **76** A 2
Manresa ● **29** F3
Mans, Le- ● **26** D 3-4
Mansa ● **98** C 2
Mansel ● **107** H-J 2
Mansfield ● **112** C 2
Mansurah, Al- ● **90** D 2
Mansurlu ● **59** E 4
Manta ● **120** B 3
Mantalingajan ▲ **69** C 3
Mantova ▲ **32** C 3
Mäntsälä ● **19** H 6
Mänttä ● **19** H 5
Mantua ● **116** A 2
Manturovo ● **41** K 2
Manuae Atoll ▧ **76** C 3
Manuangi Atoll ▧ **77** D 3
Manukau ● **79** C 3
Manus ▧ **74** B 3

Manyč-Gudilo, ozero- ▨
　60 D 1
Manyoni ● **97** D 2
Manzanillo (Kuba) ● **116** B 2
Manzanillo (Mexiko) ●
　114 B 3
Manzhouli ● **55** E 2
Mao ● **94** A 2
Maó ● **29** H 4
Maokegebirge ▲ **69** E-F 4
Maotou Shan ▲ **54** D 4
Mapi ● **69** E 4
Maple Creek ● **106** F 4
Maputo ① **99** D 3
Maqên ● **54** D 3
Maqteïr ▬ **88** B 3
Maquela do Zombo ● **98** B 1
Mar, Serra do- ▲ **123** D 4
Maraã ● **122** B 2
Marabá ● **123** D 2
Maracá ▧ **123** C 1
Maracaibo ● **120** C 1
Maracaibosee ▨ **120** C 2
Maracaju, Serra de- ▲
　122 C 4
Maracay ● **121** D 1
Maradah ● **90** B 3
Maradi ● **93** D 1
Maragheh ● **65** D 1
Marah ● **65** D 4
Marahuaca ▲ **121** D 2
Marajabai ▧ **123** D 2
Marajó ▧ **123** C-D 2
Marakei ▧ **75** E 2
Maramasike ▧ **75** D 3
Maramba ● **98** C 2
Marambio, Vicecomodoro-
　⬟ **127** Q 2
Marand ● **65** D 1
Maranhão **2** **123** D 2
Marano ▨ **45** D
Marañón ● **120** C 3
Marão ● **99** D 3
Maratea ● **33** E 5
Marathon ● **107** H 4
Marbella ● **28** C 5
Marble Bar ● **80** A-B 2
Marburg ● **30** F 3
Marc ● **45** C
March (Morava) ▨ **34** C 4
Marche **2** **32** D 4
Marcus-Necker-Rücken ▧
　75 C-D 1
Marcy, Mountains- ▲ **112** E 2
Märdäkan ● **61** H 4
Mardakert ● **61** F 4
Mar del Plata ● **124** D 3
Mardin ● **59** H 4
Mardin Dağları ▲ **59** H 4
Maré ▧ **78** B 2
Marecchia ▨ **45** D
Maremma ▬ **32-33** C 4
Marettimo ▧ **33** D 6
Marfa ● **45** F
Margarita ▧ **121** D 1
Margate (Großbritannien) ●
　25 G 6
Margate (Südafrika) ● **98** D 4
Margherita ● **95** D 3-4

Margilan ● **51** H 4
Marhanec ● **43** G 4
Mari (Syrien) ▨ **59** H 5
Mari (Zypern) ● **58** D 5
Maria Atoll ▧ **77** E 4
Marianen ▧ **74** B 1
Marianengraben ▧ **74** B 1
Mariánské Lázně ● **31** H 4
Maria van Diemen, Kap- ▧
　79 C 3
Mariazell ● **32** E 2
Maribor ● **36** B 2
Marica ▨ **37** G 4
Maridi ● **94** C 3
Marie-Byrd-Land ▬
　127 M-N 2
Marie-Galante ▧ **117** E 3
Mariehamn ② **19** E-F 6
Mari-El, Republik- **2** **41** L-M 3
Mariental ● **98** B 3
Mariestad ● **21** E-F 4
Marietta ● **113** B 4
Mariinsk ● **51** J 3
Mariinski Posad ●
　41 L-M 3-4
Mariinskoje ● **53** J-K 3
Marília ● **123** C-D 4
Mar'ina Horka ● **35** H-J 2
Maringá ● **123** D 4
Marion, Lake- ▨ **112** C 4
Marion-Riffe ▧ **81** E 1
Maripa ● **121** D 2
Mariscal Estigarribia ●
　122 C 4
Mariupol' ● **43** H 4
Marj, Al- ● **90** C 2
Marjaniemi ● **19** H 4
Marj Uyun ● **62A** B 1
Markaryd ● **21** E 5
Markham, Mount- ▲
　127 G-H 1
Markivka ● **43** J 3
Markovo ● **53** N 2
Marlborough ● **81** D-E 2
Marmande ● **27** D 5
Marmaraninseln ▧ **58** A-B 2
Marmarameer ▧ **58** A-B 2
Marmarika ▬ **90** C 2
Marmaris ● **58** B 4
Marmolada ▲ **32** C-D 2
Marne ● **26** E 3
Marneuli ● **61** E 4
Maro ▨ **94** A 2
Maroa ● **121** D 2
Maroantsetra ● **99** E 3
Marokko **1** **88** C 2
Maroni ● **121** E 2
Maro Riff ▧ **82** A-B 2
Maroua ● **93** E 1
Marovoay ● **99** E 2
Marqadah ● **59** H 5
Marquesas-Inseln ▧
　77 D-E 2-3
Marquette ● **109** E 1
Marrah, Jabal- ▲ **94** B 2
Marrakech ● **88** C 2
Marree ● **81** C 2
Marromeu ● **99** D 2
Marrupa ● **99** D 2

Marsa, El- ● **29** F 5
Marsa al Alam ● **90-91** D 3
Marsa al Burayqah ●
90 B 2-3
Marsabit ● **97** D 1
Marsala ● **33** D 7
Marsa Matruh ● **90** C 2
Marsa Sha'b ● **91** D 3
Marsaxlokk Bai ≋ **45** F
Marseille ② **27** F 6
Marshall ● **75** D 1
Marshall-Inseln ≋ **75** D 1
Martaban ● **67** D 3
Martaban, Golf von- ≋
67 D 3
Martapura ● **68** C 4
Martigny ● **32** A 2
Martim Vaz ≋ **123** F 4
Martinel ● **45** C
Martinique ② **117** E 4
Martinique Passage ≋
117 E 3-4
Martin Lake ≋ **113** B 4
Martinsville ● **112** D 3
Martos ● **28** C-D 5
Marutea Atoll (Französisch-
Polynesien) ≋ **77** E 4
Marutea Atoll (Französisch-
Polynesien) ≋ **77** D 3
Marv-Dasht ● **65** E 3
Mary ● **51** G 5
Maryborough ● **81** E 2
Marydale ● **98** C 3

Maryland ② **109** F 2
4,9 Mio. Ew., US-Bundesstaat,
Hauptstadt: Annapolis.

Marysville ● **110** B 4
Marzūq ● **90** B 3
Masada ● **62A** B 3
Masaka ● **97** D 2
Masalli ● **61** G 5
Masan ● **57** D 3-4
Masasi ● **97** D 3
Masbate ● **69** D 2
Masbate ≋ **69** D 2
Mascara ● **29** E-F 6
Maseru ① **99** C 3
Mashghrah ● **62A** B 1
Mashra' ar Raqq ● **94** B 3
Masindi ● **97** D 1
Masira ≋ **63** G 4
Masjed-Soleyman ● **65** D 2
Mask, Lough- ≋ **25** B 5
Maskanah ● **59** G 4
Maskarenen ≋ **99** F 2-3
Maskarenenbecken ≋ **99** F 2
Maskarenenplateau ≋ **85** F 3
Maskat ① **63** G 4
Masoala, Kap- ≋ **99** E 2
Mason City ● **109** D 1
Massa ● **32** C 3

Massachusetts ② **109** F 1
6 Mio. Ew., US-Bundesstaat,
Hauptstadt: Boston.

Massaguet ● **94** A 2

Massaisteppe ▰ **97** D 2
Massakori ● **94** A 2
Massa Marittima ● **32** C 4
Massawa ● **95** C 2
Massena ● **112** D-E 1-2
Massénya ● **94** A 2
Maştağa ● **61** G-H 4
Masterton ● **79** C 4
Masty ● **35** G 2
Masuren ▰ **34** E-F 1-2
Masyaf ● **59** F 5
Matadi ● **96** B 2
Matagami ● **107** J 4
Matagordabai ≋ **108** D 3
Mataiva Atoll ≋ **77** D 3
Matala ● **98** B 2
Matam ● **92** B 1
Matamoros ● **114** C 2
Matanzas ● **116** A 2
Matara ● **66** C 4
Mata Utu ② **78** D 1
Matehuala ● **114** B 2
Matera ● **33** F 5
Mátészalka ● **37** E 1-2
Mati ● **69** D 3
Matkaselkja ● **19** L 5-6
Mato Grosso ● **122** C 3
Mato Grosso ② **122** C 3
Mato Grosso do Sul ②
122-123 C 3-4
Matosinhos ● **28** A 3
Mátra ▲ **36** D-E 2
Matrah ● **63** G 4
Matsue ● **57** E 3
Matsumoto ● **57** F 3
Matsuyama ● **57** E 4
Mattawa ● **112** D 1

Matterhorn ▲ **32** A 2
4478 m, in den Walliser Alpen.

Matthew ≋ **78** C 2
Matthew Town ● **116** C 2
Maturín ● **121** D 2
Maubeuge ● **26** E 2
Mauersee ≋ **34** E-F 1
Maués ● **122** C 2
Maug ≋ **74** B 1
Maui ≋ **82** C 2
Mauke ≋ **76** C 4
Maumere ● **69** D 4
Maun ● **98** C 3
Mauna Kea ▲ **83** D 3
Maunaloa ● **83** B 1
Mauna Loa ▲ **83** D 3
Maupihaa Atoll ≋ **77** C 3
Maupiti ≋ **77** C 3
Mauretanien ① **88** B-C 4
Mauritius ≋ **99** F 3
Mauritius ① **99** F 3
Mavinga ● **98** C 2
Mawson ✶ **127** C 2
Mayadin, Al- ● **59** H 5
Mayaguana ≋ **116** C 2
Mayaguana Passage ≋
116 C 2
Mayarí ● **116** B 2
Mayd ● **95** D 2
Mayenne ● **26** C 3

Mayo ● **106** C 2
Mayor, Puig- ▲ **29** G 4
Mayorga ● **28** C 2
Mayor Pablo Lagerenza ●
122 B 3-4
Mayotte ② **99** E 2
May Pen ● **116** B 3
Mayumba ● **96** B 2
Mayyah, Al- ● **64** C 3
Mazabuka ● **98** C 2
Mazar, Al- ● **62A** B 3
Mazara del Vallo ● **33** D 7
Mazarrón ● **29** E 5
Mazatlán ● **114** B 2
Mažeikiai ● **23** G 3
Mazinan ● **65** F 1
Mazirbe ● **23** G 3
Mazraah, Al- ● **62A** B 3
Mazyr ● **35** J 2-3
Mbabane ① **99** D 3
Mbaïki ● **94** A 3
Mbala ● **99** D 1
Mbalmayo ● **93** E 2
Mbandaka ● **96** B 1-2
Mbanza Congo ● **98** B 1
Mbanza-Ngungu ● **96** B 2
Mbarara ● **97** D 2
Mbeya ● **97** D 2
Mbinda ● **96** B 2
Mbini ● **96** A 1
Mbomo ● **96** B 1
Mbour ● **92** B 1
Mbuji-Mayi ● **96** C 2
McAllen ● **108** D 3
McClure Straße ≋ **106** E 1
Mcensk ● **40** F 5
McGrath ● **104** D 2
Mchinji ● **99** D 2
Mckean Atoll ≋ **76** A 2
McKinley, Mount- ▲
104 D-E 2
McLeodsee ≋ **80** A 2
Mc Murdo ✶ **127** J 2
Mead, Lake- ≋ **108** B 2
Meaux ● **26** E 3
Mechelen ● **26** F 2
Mecitözü ● **59** E 2

Mecklenburg-Vorpommern ②
31 H 1-2
1,83 Mio. Ew., dt. Bundesland,
Hauptstadt: Schwerin.

Mecsekgebirge ▲ **36** D 2
Medan ● **68** A 3
Medellín ● **120** C 2
Medetsiz Dağı ▲ **59** E 4
Medevi ● **21** F 4
Medford ● **108** A 1
Mediaş ● **37** G 2
Medicine Hat ● **106** E 3
Medina ● **63** C-D 4
Medina Az-Zahra ▱
28 C 4-5
Medinaceli ● **29** D 3
Medina del Campo ● **28** C 3
Medina Sidonia ● **28** B-C 5
Mednyinsel ≋ **53** M 3
Medo, El- ● **95** D 3

Médoc ● **27** C 5
Medvedica ≋ **40** F 3
Meekatharra ● **80** A 2
Meeralpen ▲ **32** A 3-4
Meerut ● **66** B 2
Mega ● **95** C 3
Megalópolis ● **38** B-C 4
Mégara ● **38** C 3
Megève ● **27** G 5
Meghalaya ② **66-67** D 2
Megri ● **61** F 5
Mehetia ≋ **77** D 3
Meiganga ● **93** E 2
Meiktila ● **67** D 2
Meiningen ● **31** G 3
Meißen ● **31** H 3
Meizhou ● **55** E 4
Mékambo ● **96** B 1
Mekka ● **63** C 4
Meknès ● **88** C 2
Mekong = Lacang Jiang ≋
54 D 4
Melaka ● **68** B 3
Melanesien ≋ **74-75** C-E 2-4
Melanesisches Becken ≋
75 D 3
Melbourne (Australien) ②
81 D 3
Melbourne (USA) ● **113** C 5
Melbu ● **18** C 2
Melenki ● **41** H 4
Melfi ● **33** E 5
Melik, Wadi el- ≋ **94** B-C 2
Melilla ● **89** C 2
Melitopol' ● **43** G 4
Melk ● **32** E 1
Mellerud ● **21** E 4
Melo ● **124** D 3
Melrhir, Chott- ≋ **89** D 2
Mels ● **45** A
Meltaus ● **19** H 3
Melun ● **26** E 3
Melville (Australien) ≋
80 C 1
Melville (Kanada) ≋
106 E-F 1
Melville Bugt ≋ **105** E 2
Melville Peninsula ▰
107 H 2
Melvillesund ≋ **106** F 1
Memberamo ≋ **69** E 4
Memel ● **22** F 4
Memel ≋ **23** G 4
Memmingen ● **31** G 4-5
Memphis ● **109** E 2
Memphis ▱ **90** D 3
Mena ● **43** F 2
Mende ● **27** E 5
Menderes ≋ **58** B 4
Mendi ● **74** B 3
Mendocino, Kap- ▰ **108** A 1
Mendoza ● **124** C 3
Menemen ● **58** A 3
Menindee ● **81** D 3
Menominee ● **112** B 1
Menongue ● **98** B 2
Menorca ≋ **29** G-H 3-4
Mentawai-Inseln ≋
68 A-B 4

Menzies, Mount- ▲
27 C-D 2
Meppel ● **30** E 2
Meppen ● **30** E 2
Meråker ● **20** D 2
Merauke ● **69** F 4
Merca ● **95** D 3
Merced ● **111** B 4
Mercedes (Argentinien) ●
124 D 2
Mercedes (Argentinien) ●
124 C 3
Merefa ● **43** H 3
Meregh ● **95** D 3
Mergui ● **67** D 3
Mergui-Archipel ≋ **67** D 3
Mérida (Mexiko) ●
115 C 2
Mérida (Spanien) ② **28** B 4
Mérida (Venezuela) ●
120 C 2
Mérida, Kordillere von- ▲
120 C-D 2
Meridian ● **109** E 2
Merikarvia ● **19** F 6
Merir ≋ **74** A 2
Merkys ≋ **23** H 4
Merowe ● **94** C 2
Merredin ● **80** A 3
Merrick ▲ **24** D 4
Merrillville ● **112** B 2
Merseburg ● **31** G-H 3
Mersin ● **59** E 4
Merthyr Tydfil ● **25** E 6
Mértola ● **28** B 5
Meru ● **97** D 1-2
Meru ▲ **97** D 2
Mèry ● **35** H 1
Merzifon ● **59** E 2
Mesa ● **108** B 2
Mesa Verde ▱ **108** C 2
Mescara ● **41** G-H 4
Meščovsk ● **40** E 4
Meshhed ● **63** G 1
Mesolóngion ● **38** B 3
Mesopotamien ▰ **63** D-E 2
Messenien ▰ **38** B 4
Messenischer Golf ≋ **38** C 4
Messina (Italien) ● **33** E 6
Messina (Südafrika) ●
98-99 C-D 3
Messina, Straße von- ≋
33 E 6-7
Mesta = Néstos ≋ **37** F-G 5
Mestečaniş, Pasul- ≋ **37** G 2
Mestghanem ● **89** D 1-2
Mestia ● **60** D 3
Mestre ● **32** D 3
Meşudiye ● **59** F-G 2
Meta ● **120** C 2
Metán ● **124** C 2
Metković ● **36** C 4
Metsäkylä ● **19** J-K 4
Métsovon ● **38** B 3
Metulla ● **62A** B 1
Metz ② **26** F 2
Meulaboh ● **68** A 3
Mexiana ≋ **123** D 2

Mexicali ● 114 A 1
Mexikanisches Becken ▨
115 C-D 2
Mexiko ❶ 114 B-C 2
Mexiko, Golf von- ▧
115 C-D 2
Mexiko, Hochland von- ▨
114 B 2

Mexiko-Stadt ⊡ 114 B-C 2
19,4 Mio. Ew., Hauptstadt Me-
xikos, eine der am schnellsten
wachsenden Städte der Welt.

Meža ⌇ 40 C 4
Mezdra ● 37 F 4
Mezen ● 50 E 2
Mezőtúr ● 36 E 2
Mgarr ● 45 F
Mglin ● 40 D 5
Miami (Arizona-USA) ●
108 B 2
Miami (Florida-USA) ● 109 E 3
Miami Beach ● 109 F 3
Mianeh ● 65 D 1
Mianwali ● 66 B 1
Miass ● 50 F-G 3
Miastko ● 34 C 1
Michalovce ● 34 E-F 4
Michigan ❷ 109 E 1
Michigansee ⌇ 109 E 1
Mičurin ● 37 H 4
Mičurinsk ● 41 H 5
Middelburg ❷ 30 C 3
Middlesbrough ● 25 F 4
Middleton ▧ 78 A 2
Midhsandur ● 44 C 3
Midi-Pyrénées ❷ 27 D 6
Midland (Kanada) ●
112 C-D 2
Midland (Michigan-USA) ●
112 C 2
Midland (Texas-USA) ●
108 C 2
Midway-Inseln ▧ 82 A 2
Midžor ▲ 37 F 4
Miechów ● 34 E 3
Międzychód ● 34 B-C 2
Międzyrzec Podlaski ●
34 F 2-3
Międzyrzecz ● 34 B 2
Mielec ● 34 E 3
Mieres ● 28 C 2
Mihajlov ● 41 G 4
Mihajlovgrad ● 37 F 4
Mihalıçcık ● 58 C 3
Mikaševičy ● 35 H 2
Mikkeli ❷ 19 J 6
Mikkeli ❷ 19 J-K 6
Mikronesien ▧ 74-75 B-D 2
Mikronesien ❶ 74 B 2
Mikumi ● 97 D 2
Mikura ▧ 57 F-G 4
Milange ● 99 D 2
Milås ▧ 58 A 4
Milazzo ● 33 E 6
Mildura ● 81 D 3
Miles ● 81 E 2
Miles City ● 108 C 1

Milet ▨ 58 A 4
Milford ● 111 D 4
Milford Haven ● 25 D 6
Mili Atoll ▧ 75 E 2
Milk ⌇ 108 C 1
Millau ● 27 E 5
Milne Land ▧ 105 J 2
Milolii ● 83 D 3
Mílos ▧ 38 D 4
Milparinka ● 81 D 2
Milton Keynes ● 25 F 5
Milwaukee ● 109 E 1
Milwaukeetiefe ▨ 117 D 3
Mimizan ● 27 C 5
Mina ⌇ 29 F 6
Minab ● 65 F 3
Minahassa ▬ 69 D 3
Minas ● 124 D 3
Minas Gerais ❷ 123 D 3
Minatitlán ● 114 C 3
Minchinmávide ▲ 125 B 4
Mindanao ▧ 69 D 3
Minden ● 30-31 F 2
Mindoro ● 69 D 2
Mineiros ● 123 C 3
Mineralnyje Vody ● 60 D 2
Minervariffe ▧ 78 D 2
Minfeng ● 54 B 3
Mingäçevir ● 61 F 4
Mingäçevir su anbary ▨
61 F 4
Minicoy-Insel ▧ 66 B 4
Minna ● 93 D 2
Minneapolis ● 109 D 1
Minnesota ❷ 108-109 D 1
Miño ● 28 B 2
Minot ● 108 C 1
Min Shan ▲ 54 D 3

Minsk ⊡ 35 H 2
1,63 Mio. Ew., Hauptstadt
Weißrusslands, am Swislotsch.

Minto, Mount- ▲ 127 J 2
Minusinsk ● 52 E 3
Min Xian ● 54 D 3
Minya, Al- ● 90 C-D 3
Miraflores ● 120 C 2
Miramare ● 45 D
Miranda de Ebro ● 29 D 2
Miranda do Douro ● 28 B 3
Mirandela ● 28 B 3
Mirbäşir ● 61 F 4
Mirecourt ● 26 G 3
Miri ● 68 C 3
Mirimsee ⌇ 124 D 3
Mírina ● 38 D 3
Mirny ● 52 G 2
Mirny ✦ 127 E 2
Mirpur Khas ● 66 A-B 2
Mirzapur ● 66 C 2
Misano Adriatico ● 45 D
Misima ▧ 74 C 4
Miskolc ● 36 E 1
Misool ▧ 69 E 4
Misratah ● 90 B 2
Mississauga ● 112 D 2
Mississippi ⌇ 109 D 2
Mississippi ❷ 109 D-E 2

Mississippidelta ▬ 109 E 3
Mississippifächer ▨ 113 B 5
Missoula ● 108 B 1

Missouri ⌇ 108 D 1
3725 km, längster Nebenfluss
des Mississippi.

Missouri ❷ 109 D 2
Mistassinisee ⌇ 107 J 3
Mitau ● 23 G-H 3
Mitchell ● 108 D 1
Mitchell ⌇ 81 D 1
Mitchell, Mount- ▲ 109 E 2
Mitchell River Mission ●
81 D 1
Míthimna ● 39 D-E 3
Mitiaro ▧ 76 C 3
Mitla ● 114 C 3
Mito ● 57 G 3
Mitsinjo ● 99 E 2
Mittelamerikanischer Graben
▨ 114-115 B-C 3
Mittelatlantischer Rücken ▨
92 B 3
Mittelland ▬ 32 A 2
Mittellandkanal ▧ 30 F 2
Mittelrussischer Platte ▬
40 F-G 4-5
Mittelsibirisches Bergland
▬ 52 E-G 2
Mittlerer Atlas ▲ 88-89 C 2
Mittlerer Taurus ▲
58-59 D-E 4
Mitú ● 120 C-D 2
Mitumbagebirge ▲ 97 C 2
Miyah, Wadi al- ⌇ 59 G-H 5
Miyake ▧ 57 F-G 4
Miyako ● 57 G 3
Miyakonojo ● 57 E 4
Miyazaki ● 57 E 4
Miyun ● 56 E 2
Mizen Head ▧ 25 B 6
Mizil ● 37 H 3
Mizoram ❷ 67 D 2
Mizuho ● 127 B-C 2
Mjaksa ● 40 F-G 2
Mjazdel ● 35 H 1
Mjölby ● 21 F 4
Mjøsensee ⌇ 20 D 3
Mjrhorod ● 43 F 2-3
Mladá Boleslav ● 31 J 3
Mladenovac ● 36 E 3
Mława ● 34 E 2
Mljet ▧ 36 C 4
Moa ● 116 C 2
Moab ● 108 B 2
Moala ▧ 78 C-D 1
Moamba ● 99 D 3
Moanda ● 96 B 2
Moba ● 97 C 2
Mobaye ● 94 B 3
Mobile ● 109 E 2
Moca ● 63 D 6
Mochis, Los- ● 114 B 2
Mochudi ● 98 C 3
Mocímboa da Praia ● 99 E 2
Moco ▲ 98 B 2
Mocoa ● 120 C 2

Mocuba ● 99 D 2
Modane ● 27 G 5
Modena ● 32 C 3
Modesto ● 111 B 4
Modhrudalur ● 44 F 2
Modica ● 33 E 7
Moelv ● 20 D 3
Moffat ● 24 E 4

Mogadischu ⊡ 95 D 3
1 Mio. Ew., Hauptstadt Soma-
lias, Wirtschaftszentrum.

Mogadouro ● 28 B 3
Mogoča ● 52 G-H 3
Mogok ● 67 D 2
Mogreïn ● 88 B 3
Mohács ● 36 D 2-3
Mohammadia ● 29 F 6
Mohe ● 55 F 1
Mohinora ▲ 114 B 2
Mohoro ● 97 D 2
Mohotani ▧ 77 E 3
Mohyliv-Podil's'kyj ● 42 C 3
Mo i Rana ● 18 C 3
Moïsaküla ● 23 H 2
Moissac ● 27 D 5
Moiynty ● 51 H 4
Mojave ● 111 C 4
Mojavewüste ▬ 108 B 2
Mokil Atoll ▧ 75 D 2
Mokryje Jaly ⌇ 43 H 4
Mokša ⌇ 41 J 4
Moldau ● 31 J 4
Moldau ⌇ 37 H 2
Moldawien ❶ 42 D 4
Molde ● 20 B 2
Moldefjorden ▨ 20 B 2
Moldova ⌇ 37 G-H 2
Moldova Veche ● 37 E 3
Moldoveanu ▲ 37 G 3
Molepolole ● 98 C 3
Molina de Aragón ● 29 E 3
Moline ● 112 A 2
Molise ❷ 33 E 5
Mollendo ● 120 C 4
Moločans'k ● 43 G 4
Molocnaja ⌇ 43 G-H 4
Molodežnaja ✦ 127 C 2
Mologa ⌇ 40 E-F 2
Molokai ▧ 82 C 2
Moloma ⌇ 41 M 2
Molopo ⌇ 98 C 3
Moloundou ● 93 E 2
Molukken ▧ 69 D-E 3-4
Molukkensee ▨ 69 D 3-4
Moma ● 99 D 2
Momagebirge ▲ 53 K 2
Mombasa ● 97 D 2
Mombetsu ● 57 G 2
Momboyo ⌇ 96 B 1-2
Momčilgrad ● 37 G 5
Møn ▧ 21 E 6
Mona ● 117 D 3
Mona, Canal de la- ▧ 117 D 3
Monaco ❶ 27 G 6
Monaghan ● 25 C 4
Monashee Mountains ▲
110 C 1-2

Monastir ● 33 B 6
Moncayo, Sierra de- ▲
29 D-E 2-3
Mönchengladbach ● 30 E 3
Monchique, Serra de- ▲
28 A 5
Moncton ● 107 K 4
Mondego ⌇ 28 B 3
Mondovì ● 32 A 3
Moneghetti ● 45 B
Monemvasía ● 38 C 4
Monesterio ● 28 B-C 4
Monfalcone ● 32 D 3
Monforte de Lemos ● 28 B 2
Mongalla ● 94 C 3
Monginevro ▲ 32 A 3
Mongo ● 94 A 2
Mongolei ❶ 54 C-D 2
Mongolischer Altai ▲
54 B-C 2
Mongosberge ▲ 94 B 3
Mongu ● 98 C 2
Monki ● 34 F 2
Monkoto ● 96 C 2
Monopoli ● 33 F 5
Monor ● 36 D 2
Monreal del Campo ● 29 E 3
Monroe ● 109 D 2
Monrovia ⊡ 92 B 2
Mons ❷ 26 E 2
Mönsterås ● 21 G 5
Montalbán ● 29 E 3

Montana ❷ 108 C 1
810 000 Ew., US-Bundesstaat,
Hauptstadt: Helena.

Montaña, La- ▬ 120 C 3-4
Montargis ● 26 E 3
Montauban ● 27 D 5
Montbard ● 26 F 4
Montbéliard ● 26 G 4
Montblanc ● 29 F 3

Montblanc ▲ 27 G 5
4807 m, höchster Berg Euro-
pas, Savoyer Alpen.

Montceau-les-Mines ●
26-27 F 4
Mont Cenis ▲ 27 G 5
Mont-de-Marsan ● 27 C 6
Monte Bello Inseln ▧ 80 A 2
Monte-Carlo ● 45 B
Monte-Carlo-Beach ● 45 B
Montecristi ● 117 C 3
Montecristo ▧ 33 B-C 4
Montefeltro ▬ 45 D
Montefiore Conca ● 45 D
Montego Bay ● 116 B 3
Montélimar ● 27 F 5
Montemor-o-Novo ● 28 A 4

Montenegro ❷ 36 D 4
620 000 Ew., Republik in der
Bundesrepublik Jugoslawien.

Montereau-Faut-Yonne ●
26 E 3

Monterey ▣ **108** A 2
Monterey Bay ≋ **111** B 4
Montería ▣ **120** C 2
Montero ▣ **122** B 3
Monterrey ▣ **114** B-C 2
Montes Claros ▣ **123** D 3
Montevideo ① **124** D 3
Montgomery ② **109** E 2
Monti ▣ **33** B 5
Monticello ▣ **111** E 4
Montijo ▣ **28** A 4
Montilla ▣ **28** C 5
Mont-Laurier ▣ **112** D-E 1
Montluçon ▣ **27** E 4
Montmagny ▣ **112** E-F 1
Montmorency ▣ **112** E 1
Montpelier (Idaho-USA) ▣ **110** D 3
Montpelier (Vermont-USA) ② **109** F 1
Montpellier ② **27** E 6
Montréal ▣ **107** J 4
Montreux ▣ **32** A 2
Montrose (Großbritannien) ▣ **24** E 3
Montrose (USA) ▣ **111** E 4
Mont-Saint-Michel, Le- ▣ **26** C 3
Montserrat ≋ **117** E 3
Monument Valley ▣ **108** B 2
Monywa ▣ **67** D 2
Monza ▣ **32** B 3
Monze ▣ **98** C 2
Moon ≋ **23** G 2
Moora ▣ **80** A 3
Moorea ≋ **77** C-D 3
Mooresee ◳ **80** A 2
Moorhead ▣ **108** D 1
Moosehead Lake ◳ **109** G 1
Moose Jaw ▣ **106** F 3
Moosonee ▣ **107** H 3
Mopko ▣ **56** D 4
Mopti ▣ **88** C 4
Moquegua ▣ **120** C 4
Mór ▣ **36** D 2
Mora ▣ **20** F 3
Moradabad ▣ **66** B-C 2
Moramanga ▣ **99** E 2
Moratuwa ▣ **66** B-C 4
Morava ◳ **37** E 3
Morava → March ◳ **34** C 4
Morawhanna ▣ **121** E 2
Moray Firth ≋ **24** E 3
Morciano di Romagna ▣ **45** D
Mordwinien ◪ **41** J-K 4
Morecambebai ≋ **25** E 4-5
Moree ▣ **81** D 2
Morelia ▣ **114** B 3
Morella ▣ **29** E 3
Morena, Sierra- ▲ **28** B-D 4-5
Morgat ▣ **26** A 3
Morioka ▣ **57** G 3
Morlaix ▣ **26** B 3
Mornington-Insel ≋ **81** C 1
Morobe ▣ **74** B 3
Morogoro ▣ **97** D 2
Morombe ▣ **99** E 3
Morón ▣ **116** B 2
Morondava ▣ **99** E 3

Morón de la Frontera ▣ **28** C 5
Moroni ① **99** E 2
Morotai ≋ **69** D 3
Moroto ▣ **97** D 1
Moroto ▲ **97** D 1
Morrassale ▣ **50** G 2
Morris Jesup, Kap- ≋ **105** H 1
Morro Alto ▲ **123** D 3
Mors ▣ **21** C 5
Moršansk ▣ **41** H-J 5
Mørsvikbotn ▣ **18** C-D 3
Mortagne-au-Perche ▣ **26** D 3
Mortes, Rio das- ◳ **123** C 3
Mortlock-Inseln ≋ **74** C 2
Morvan ▲ **26** E 4
Morwell ▣ **81** D 3
Mosambik ▣ **99** E 2
Mosambik ◼ **99** D 2-3
Mosambik, Straße von- ≋ **99** D-E 2-3
Moščny, ostrov- ◳ **23** J 1-2
Moscow ▣ **110** C 2
Mosel ◳ **30** E 3-4
Moshi ▣ **97** D 2
Mosjøen ▣ **18** B 4

Moskau ① **50** D 3
8,8 Mio. Ew., Hauptstadt Russlands, an der Moskwa.

Moskau, Kanal von- ◳ **40** F 3
Moskauer Höhen ▲ **40** F 3
Moskenesøy ≋ **18** B 3
Moskitogolf ≋ **115** D 3-4
Moskosel ▣ **18** E 4

Moskwa ◳ **40** G 4
502 km lang,, Nebenfluss der Oka, Russland.

Mosonmagyaróvár ▣ **36** C 2
Moss ▣ **21** D 4
Mossaka ▣ **96** B 2
Mosselbaai ≋ **98** C 4
Mossendjo ▣ **96** B 2
Mossoró ▣ **123** E 2
Most (Brüx) ▣ **31** H 3
Mostar ▣ **36** C 4
Mosterøy ≋ **21** A 4
Møsting, Kap- ≋ **105** G-H 3
Mostovskoj ▣ **60** C 2
Mostys'ka ◳ **42** A 3
Mosul ▣ **63** D 1
Motala ▣ **21** F 4
Motilla del Palancar ▣ **29** E 4
Motril ▣ **28** D 5
Motu One Atoll ≋ **76** C 3
Mouchoirbank ≊ **117** C 3
Mouchoir Passage ≋ **117** C-D 2
Moudjéria ▣ **88** B 4
Moúdros ▣ **38** D 2-3
Mouila ▣ **96** B 2
Moulins ▣ **27** E 4
Moulmein ▣ **67** D 2
Moulouya ◳ **89** C 2
Moultrie ▣ **113** C 4

Moundou ▣ **94** A 3
Mountain Home ▣ **110** C 3
Mount Gambier ▣ **81** D 3
Mount Hagen ▣ **74** B 3
Mount Isa ▣ **81** C 2
Mount Magnet ▣ **80** A 2
Mount Morgan ▣ **81** D-E 2
Mount Vernon ▣ **112** B 3
Moura (Brasilien) ▣ **122** B 2
Moura (Portugal) ▣ **28** B 4
Mourne Mountains ▲ **25** C-D 4
Moussoro ▣ **94** A 2
Moûtiers ▣ **27** G 5
Moyale ▣ **95** C 3
Moyamba ▣ **92** B 2
Moyobamba ▣ **120** C 3
Moyran Gölü ≋ **58** C 3
Možajsk ▣ **40** F 4
Mozdok ▣ **61** E 3
Mpanda ▣ **99** D 2
Mpika ▣ **99** D 2
Mrayyah, Al- ◼ **88** C 4
Mscislav ▣ **35** K 1-2
Msta ◳ **40** C 2
Mtubatuba ▣ **99** D 3
Mtwara ▣ **97** F 2
Muang Pakxan ▣ **67** E 3
Muarasiberut ▣ **68** A 4
Muaratewe ▣ **68** C 4
Mubarraz, Al- ▣ **63** E 3
Mubi ▣ **93** E 1
Muchingagebirge ▲ **99** D 2
Mucur ▣ **59** E 3
Mudanjiang ▣ **55** F-G 2
Mudanya ▣ **58** B 2
Muddus, Nationalpark- ◭ **18** F 3
Mudurnu ▣ **58** C 2
Mueo ▣ **78** B 2
Mufulira ▣ **98** C 2
Muğla ▣ **58** B 4
Mugodsharyberge ▲ **50** F 4
Muhammad Qawl ▣ **95** C 1
Muharraq, Al- ▣ **65** E 3
Mühlhausen ▣ **31** G 3
Muhos ▣ **19** H 4
Mujezerski ▣ **19** L-M 5
Mujnak ▣ **50** F 4
Mujunkum ◼ **51** G-H 4
Mukačeve ▣ **42** A 3
Mukah ▣ **68** C 3
Mukalla, Al- ▣ **63** E-F 6
Mula ▣ **29** E 4
Mulanje ▣ **99** D 2
Mules, Mont des- ▲ **45** B
Mulhacén ▲ **28** D 5
Mulhouse ▣ **26** G 4
Mull ≋ **24** C-D 3
Mullewa ▣ **80** A 2
Mullingar ▣ **25** C 5
Mulobezi ▣ **98** C 2
Multan ▣ **66** B 1
Mumbwa ▣ **98** C 2
Muna ◳ **52** G 2
Muna ≋ **69** D 4
München ② **31** G 4
Muncie ▣ **112** B-C 2
Munda ▣ **75** C 3

Munera ▣ **29** D 4
Mungbere ▣ **97** C 1
Munhango ▣ **98** B 2
Munkedal ▣ **21** D 4
Munku-Sardyk ▲ **52** E-F 3
Munnaberg ▲ **23** J 3
Munsfjället ▲ **20** F 1
Münster ▣ **30** E 2-3
Munster ◪ **25** B 5
Muntok ▣ **68** B 4
Munzur Dağları ▲ **59** G 3
Muodoslompolo ▣ **18** G 2-3
Muojärvi ◳ **18** K 4
Muonio ▣ **18** G 3
Muonioälv ◳ **18** G 2
Muqayshit ≋ **65** E 4
Mur ◳ **36** B-C 2
Murallón ▲ **125** B 4
Muraši ▣ **41** M 2
Murat ▣ **59** H 3
Murat Dağı ▲ **58** B 3
Muratli ▣ **59** H 2
Muravera ▣ **33** B 6
Murchison ◳ **80** A 2
Murcia ▣ **29** E 4
Murcia ◪ **29** E 5
Muren ▣ **54** C-D 2
Murfreesboro ▣ **113** B 3
Murilo Atoll ≋ **74** C 2
Müritz ≋ **31** H 2
Müritz, Nationalpark- ◭ **31** H 2
Murmansk ▣ **50** D 2
Murom ▣ **50** E 3
Muroran ▣ **57** G 2
Muros ▣ **28** A 2
Muroto ▣ **57** E 4
Murray ◳ **81** C-D 3
Murray Bridge ▣ **81** C 3
Murrumbidgee ◳ **81** D 3
Mururoa Atoll ≋ **77** E 4
Murwara ▣ **66** C 2
Muş ▣ **60** C 5
Musala ▲ **37** F 4
Musan ▣ **57** D 2
Musay'id ▣ **65** E 4
Musayjid, Al- ▣ **64** B 4
Mus Chaja ▲ **53** K 2
Musgravekette ▲ **81** C 2
Musi ◳ **68** B 4
Musikerkuppen ≋ **82** B-C 2
Muskegon ▣ **112** B 2
Musoma ▣ **97** D 2
Mustafakemalpaşa ▣ **58** B 2
Mustvee ▣ **23** J 2
Musu, Kap- ≋ **57** D-E 2
Mut (Ägypten) ▣ **90** C 3
Mut (Türkei) ▣ **58** D 4
Mutarara ▣ **99** D 2
Mutare ▣ **99** D 2
Mutoko ▣ **99** D 2
Mutsu ▣ **57** G 2
Muurola ▣ **18** H 3
Muzaffarpur ▣ **66** C 2
Muztag ▲ **54** B 3
Mvolo ▣ **94** B-C 3
Mvuma ▣ **99** D 2
Mwali ≋ **99** E 2
Mwanza ▣ **97** D 2

Mweka ▣ **96** C 2
Mwene Ditu ▣ **96** C 2
Mwenezi ▣ **99** D 3
Mwenga ▣ **97** C 2
Mwerusee ◳ **98-99** C-D 1
Mwinilunga ▣ **98** C 2
Myanmar (Birma) ◼ **67** D 2
Myingyan ▣ **67** D 2
Myitkyina ▣ **67** D 2
Mykene ⛫ **38** C 4
Mykolajiv ▣ **42** B 3
Mykonos ≋ **39-40** D 4
Mymensingh ▣ **66** C-D 2
Myre ▣ **18** C 2
Mýri ▣ **44** E 2
Myrkárjökull ▲ **44** D 2
Myronivka ▣ **42** E 3
Myrtle Beach ▣ **113** D 4
Mysen ▣ **21** D 4
Myškino ▣ **40** G 3
Myślenice ▣ **34** D-E 4
Mysore ▣ **66** B 3
Mysovoje ▣ **43** G 5
Mys Šmidta ▣ **53** O 2
My Tho ▣ **67** E 3
Mytilíni ② **39** E 3
Mytišči ▣ **40** F-G 4
Mývatnsee ◳ **44** E 2
Mzuzu ▣ **99** D 2

N

Naab ◳ **31** G-H 4
Naalehu ▣ **83** D 3
Naantali ▣ **19** F 6
Naas ▣ **25** C 5
Nabash ◳ **112** B 3
Nabatia ▣ **62A** B 1
Naberežnyje Čelny ▣ **50** F 3
Nabire ▣ **69** E 4
Nabk, An- ▣ **64** B 2
Nabk Abu Qsar, An- ▣ **64** B 2
Nablus ▣ **62A** B 2
Nacala ▣ **99** E 2
Nachitschewan ② **61** E 5
ЗNachitschewan ◪ **61** E 5
Náchod ▣ **31** K 3
Nachuge ▣ **67** D 3
Nacozari de Garcia ▣ **114** B 1
Nadi ▣ **78** C 1
Nador ▣ **89** C 2
Nadym ▣ **51** H 2
Nafusah, Jabal- ▲ **90** B 2
Naga ▣ **69** D 2
Nagaland ◪ **67** D 2
Nagano ▣ **57** F 3
Nagaoka ▣ **57** F 3
Nagasaki ▣ **57** D-E 4
Nagaur ▣ **66** B 2
Nagercoil ▣ **66** B 4
Nago ≋ **19** F 6
Nagornyi ▣ **52** H 3
Nagoya ▣ **57** F 3
Nagpur ▣ **66** B 2
Naggu ▣ **54** C 3
Nagua ▣ **117** D 3
Nagyátád ▣ **36** C 2

233

Nagykanizsa ● **36** C 2
Nahavand ● **65** D 2
Nahodka ● **55** G 2
Nahr Ouassel ◳ **52** F-G 6
Nahsholim ● **62A** A 2
Nahud, An- ● **94** B 2
Nahuel Huapi-See ◳
124-125 B 4
Naikliu ● **69** D 4
Naiman Qi ● **56** C 2
Nain (Iran) ● **63** F 2
Nain (Kanada) ● **107** K 3

Nairobi ① **97** D 2
1,5 Mio. Ew., Hauptstadt Ke-nias.

Najaf, An- ● **63** D 2
Najafabad ● **65** E 2
Najin ● **57** E 2
Najran ● **63** D-E 5
Nakhon Phanom ● **67** E 3
Nakhon Ratchasima ●
67 E 3
Nakhon Sawan ● **67** D 3
Nakuru ● **97** D 2
Nalčik ② **60** D 3
Nallihan ● **58** C 2
Nalut ● **90** B 2
Nam ● **67** E 3
Namacurra ● **99** D 2
Namaksee ◳ **63** F 2
Namangan ● **51** H 4
Namapa ● **99** D 2
Namaqualand ▬ **98** B 3-4
Namcha Barwa ▲ **54** C 4
Nam Co ◳ **54** B-C 3
Namdal ◳ **20** E 1
Nam Dinh ● **67** E 2
Namib ● **98** B 2-3
Namibe ● **98** B 2
Namibia ▮ **98** B 3
Namlea ● **69** D 4
Namoluk ◈ **74** C 2
Namonuito Atoll ◈ **74** C 2
Namorik Atoll ◈ **75** D 2
Nampa ● **108** B 1
Namp'o ● **56** C-D 3
Nampula ● **99** D 2
Namsos ● **20** D 1
Namu Atoll ◈ **75** D 2
Namúli, Serra- ▲ **99** D 2
Namur ② **26** F 2
Namur ② **26** F 2
Namuzu ● **57** F 3
Nan ◳ **67** E 3
Nanaimo ● **106** D 4
Nanakuli ● **83** A 1
Nanam ● **57** D-E 2
Nanao ● **57** F 3
Nancha ● **55** F 2
Nanchang ② **55** E 4
Nanchong ● **54** D 4
Nancy ● **26** G 3
Nanda Devi ▲ **66** B-C 1
Nanded ● **66** B 3

Nangnim-Gebirge ▲
56-57 D 2-3
Nanjing ② **55** E 3
Nan Ling ▲ **55** E 4
Nanning ② **54** D 4
Nanping ● **55** E 4
Nanpo-Inseln ◈ **57** G 4
Nansenrücken ◈ **126** K-N 2
Nan Shan ▲ **54** C-D 3
Nansio ● **97** D 2
Nantes ② **26** C 4
Nantong ● **55** F 3
Nanumanga ◈ **75** E 3
Nanumea Atoll ◈ **75** E 3
Nanuque ● **123** D 3
Nanyang ● **55** E 3
Nanyuki ● **97** D 1
Nao, Kap- ▶ **29** F 4
Napamute ● **104** C-D 2
Napier ● **79** C 3
Naples ● **113** C 5
Napo ◳ **120** C 2
Napuka ◈ **77** D 3
Nara ● **88** C 4
Naracoorte ● **81** D 3
Narbona ● **27** E 6
Narresstraße ◳ **105** D-E 1-2
Narew ◳ **35** F 2
Narjan-Mar ● **50** F 2
Narlı ● **59** F 4
Narmada ◳ **66** B 2
Narni ● **33** D 4
Narodnaja ▲ **50** F 2
Naro-Fominsk ● **40** F 4
Narok ● **97** D 2
Narovlja ● **35** J 3
Närpes ● **19** F 5
Narrabri ● **81** D-E 3
Narrogin ● **80** A 3
Nartkala ● **60** D 3
Narva ● **23** K 2
Narvik ● **18** D 2
Narvskoje vodohranilišče ◈
40 B 2
Narym ● **51** J 3
Naryn ● **51** H 4
Naryškino ● **40** E 5
Nashua ● **112** E 2
Nashville ② **109** E 2
Našice ● **34** C 3
Naşir ● **94** C 3
Nasiriyah, An- ● **65** D 2
Näsisee ◳ **19** H 6
Nassau ① **116** B 1-2
Nassau-Insel ◈ **76** B3
Nassersee ◈ **90** D 3
Nässjö ● **21** F 5
Nata ● **98** C 3
Natal (Brasilien) ② **123** E 2
Natal (Indonesien) ● **68** A 3
Natalbecken ◈ **99** D-E 4
Natalrücken ◈ **99** D 3-4
Natchez ● **109** D 2
Natitingou ● **92-93** C-D 1
Natuna-Besar-Inseln ◈ **68** B 3
Naturaliste, Kap- ▶ **80** A 3
Naulavaara ▲ **19** J-K 5
Nauplia ② **38** C 4
Naur ● **62A** B 3

Nauru ▮ **75** D 3
Navahrudak ● **35** G-H 2
Navalukom'l ● **35** J 1
Navan ● **25** C 5
Navapolack ● **35** J 1
Navarin, Kap- ▶ **53** N-O 2
Navarino ● **125** C 5
Navarra ② **29** D-E 2
Navašino ● **41** J 4
Navlja ● **40** E 5
Navojoa ● **114** A-B 2
Navoloki ● **41** H-J 3
Nawabshah ● **66** A-B 2
Nawoi ● **51** G 4-5
Náxos ● **39** D 4
Nay Band ● **65** F 2
Nayoro ● **57** G 2
Nazaré (Bahia-Brasilien) ●
123 E 3
Nazaré (Parà-Brasilien) ●
123 C 2
Nazaré (Portugal) ● **28** A 4
Nazareth ● **64** B 2
Nazca ● **120** C 4
Nazilli ● **58** B 4
Nazimiye ● **59** G 3
Nazino ● **51** H 2
Nazran ② **61** E 3
Nazret ● **95** C 3
Nazwah ● **65** F 4
Nazyvajevsk ● **51** H 3
Ndalatando ● **98** B 1
Ndélé ● **94** B 3
Ndendé ● **96** B 2
N'Djamena ① **94** A 2
Ndola ● **98** C 2
Neagh Lough ◳ **25** C 4
Neapel ② **33** E 5
Neapel, Golf von- ◈ **33** E 5
Neápolis (Ditikí Makedonía-
Griechenland) ● **38** B 2
Neápolis (Pelopónnissos-
Griechenland) ● **38** C 4
Nebit-Dag ● **50** F 5
Neblina ▲ **122** B 1
Neboči ● **40** D 2

Nebraska ② **108** C-D 1
*1,6 Mio. Ew., US-Bundesstaat,
Hauptstadt: Lincoln.*

Nechemt ● **95** C 3
Necker ● **82** B 2
Necochea ● **124** D 3
Nedjd ● **63** D 3-4
Nedono ● **54** C 4
Needles ● **111** D 5
Neftçala ● **61** G 5
Neftegorsk ● **60** B 2
Neftejugansk ● **51** H 2
Neftekumsk ● **61** E 2
Nefud ● **63** C-D 3
Negage ● **98** B 1
Negaunee ● **112** B 1
Negelli ● **95** C-D 3
Negonego Atoll ◈ **77** D 3
Negotin ● **37** F 3
Negotino ● **38** C 2
Negro, Rio- ◳ **122** B 2

Negro, Río- ◳ **124** C 3-4
Negros ● **69** D 3
Negru Vodă ● **37** J 4
Neijang ● **54** D 4
Nei Mongol Zizhiqu ②
55 D-E 2
Neiße ◳ **31** J 3
Neiva ● **120** C 2
Neja ● **41** J-K 2
Nekemt ● **95** C 3
Nelidovo ● **50** D 3
Nelkan ● **53** J 3
Nellore ● **66** C 3
Nelma ● **53** J 4
Nelson ● **78** C 4
Nelson ◳ **106** G 3
Néma ● **88** C 4
Neman ● **23** G 4
Nemours ● **26** E 3
Nemrut Dağı Nationalpark ◈
59 G 3-4
Nemyriv ● **42** D 3
Nenagh ● **25** B 5
Nenana ● **104** D-E 2
Nendeln ● **45** A
Nendo ◈ **75** D 4
Nenjiang ● **55** F 2
Nenjiang ◳ **55** F 2
Nenzing ● **45** A
Nepal ▮ **66** C 2
Nephi ● **110** D 4
Nephin ▲ **25** B 4-5
Nerčinski Zavod ● **52** G 3
Nerehta ● **41** H 3
Neringa ● **22** F 4
Neris ◳ **23** H 4
Nertschinsk ● **52** G 3
Nes ● **20** C-D 3
Nesebär ● **37** H 4
Neskaupstadhur ● **44** G 2
Nesna ● **18** B 3
Ness, Loch- ◳ **24** D 3
Nesterovo ● **41** G 2
Néstos = Mesta ◳ **37** G 5
Netivot ● **62A** A 3
Neubrandenburg ● **31** H 2
Neubritannien ◈ **74** B-C 3
Neubritannien-Bougainville-
Graben ◈ **74** B-C 3
Neuchâtel ② **32** A 2
Neu-Delhi ① **66** B 2
Neue Hebriden ◈ **78** B 1
Neuenburg ② **32** A 2
Neuenburger See ◳ **32** A 2
Neufchâteau ● **26** F 3
Neufchâtel-en-Bray ● **26** D 3
Neufundland ② **107** L 4
Neuguinea ▬ **69** E-F 4
Neuhannover ● **74** B 3
Neuhebridengraben ◈
78 B 1-2
Neuirland ◈ **74** C 3
Neukaledonien ◈ **78** B 2
Neukaledonien ② **78** B 2
Neukaledoniensenke ◈
78 B 2
Neukastilien ▬ **28-29** D 4
Neumarkt → Tîrgu Mureş ●
37 G 2

Neumayer, Georg von- ◈
127 S 2
Neumünster ● **31** F-G 1
Neun-Grad-Kanal ◈ **66** B 4
Neuquén ● **124** C 3
Neuruppin ● **31** H 2
Neuse ◳ **113** D 3
Neuseeland ▮ **79** C 4
Neusibirien ◈ **53** K-L 1
Neusibirische Inseln ◈
53 J-K 1
Neusiedler See ◳ **32** F 2
Neustrelitz ● **31** H 2

Nevada ② **108** B 2
*1,3 Mio. Ew., US-Bundesstaat,
Hauptstadt: Carson City.*

Nevada, Sierra- (Spanien) ▲
28-29 D 5
Nevada, Sierra- (USA) ▲
108 A-B 1-2
Nevel ● **40** C 4
Nevers ● **26** E 4
Nevinnomyssk ● **60** C-D 2
Nevşehir ● **59** E 3
New Albany ● **112** B 3
New Amsterdam ● **121** E 2
Newark (Großbritannien) ●
25 F 5
Newark (New Jersey-USA) ●
112 E 2
Newark (Ohio-USA) ●
112 C 2
New Bedford ● **109** F-G 1
New Bern ● **113** D 3-4
New Brunswick ② **107** K 4
Newbury ● **25** F 6
New Bussa ● **93** D 2
Newcastle ● **81** E 3
New Castle (Kanada) ●
107 K 4
New Castle (USA) ●
112 C-D 2
Newcastle-upon-Tyne ●
24 F 4
Newcastle Waters ● **80** C 1
Newenham, Kap- ▶ **104** C 3
Newe Yam ● **62A** A 2
Newe Zohar ● **62A** B 3
Newfoundland ② **107** K-L 3
New Georgia ◈ **75** C 3
Newhalen ● **104** D 3

New Hampshire ② **109** F 1
*1,1 Mio. Ew.,US-Bundesstaat,
Hauptstadt: Concorde.*

New Haven ● **109** F 1

New Jersey ② **109** F 2
*7,7 Mio. Ew., US-Bundesstaat,
Hauptstadt: Trenton.*

New Liskeard ● **112** C-D 1
Newman ● **80** A-B 2
New Meadows ● **110** C 2-3

New Mexico ② **108** C 2

1,6 Mio. Ew., US-Bundesstaat, Hauptstadt: Santa Fe.

Newnan ◉ **113** B-C 4
New Orleans ◉ **109** D-E 3
New Plymouth ◉ **79** C 3
Newport (Oregon-USA) ◉ **108** A 1
Newport (South-East-Großbritannien) ◉ **25** F 6
Newport (South-West-Großbritannien) ◉ **25** E 6
Newport News ◉ **112** D 3
New Providence ◈ **116** B 1
Newquay ◉ **25** D 6
New Ross ◉ **25** C 5
New South Wales ❷ **81** D 3
Newtown ◉ **25** E 5
New Westminster ◉ **110** B 2
New York ◉ **109** F 1
New York ❷ **109** F 1
Neyshabur ◉ **65** F 1
Ngalu ◉ **69** D 5
Ngamisee ◈ **98** C 3
Ngaoundéré ◉ **93** E 2
Ngatik Atoll ◈ **75** C 2
Ngoc Linh ▲ **67** E 3
Ngoko ◉ **96** B 1
Ngoring Hu ◈ **54** C 3
Nguigmi ◉ **93** E 1
Ngulu Atoll ◈ **74** A 2
Ngunza ◉ **98** B 2
Nguru ◉ **93** E 1
Nha Trang ◉ **67** E-F 3
Nhulunbuy ◉ **81** C 1
Niafounké ◉ **88** C 4
Niagara Falls ◉ **112** D 2
Niamey ① **93** D 1
Niangara ◉ **97** C 1
Nias ◈ **68** A 3
Niau ◈ **77** D 3
Nicaragua ❶ **115** D 3
Nicaraguasee ◈ **115** D 3
Nicosia ◉ **33** E 7
Nicoya, Halbinsel- ◟ **115** F 3
Nidaros ◉ **20** D-E 1
Nidwalden ❷ **32** B 2
Nidzica ◉ **34** E 2
Niedere Tatra ▲ **34** D-E 4
Niedere Tauern ▲ **32** D-E 2
Niederguinea ◟ **96** B 2-3
Niederkalifornien ◟ **114** A 1-2
Niederlande ❶ **30** C-D 2
Niederländische Antillen ◟ **117** C-D 4
Nieder-Österreich ❷ **32** E 1-2

Niedersachsen ❷ **30-31** E-F 2
7,78 Mio. Ew., dt.Bundesland, Hauptstadt: Hannover.

Nienburg ◉ **31** F 2
Nieuw Nickerie ◉ **121** E 2
Niğde ◉ **59** E 3

Niger ◟ **88** C 4
Niger ❶ **89** D-E 4
Nigerdelta ◟ **93** D 2
Nigeria ❶ **93** D 2
Nihoa ◈ **82** B 2
Nii ◈ **57** F 4
Niigata ◉ **57** F 3
Niihau ◈ **82** B 2
Nikel ◉ **18** L 2
Nikobaren ◈ **67** D 4
Nikolajewsk ◉ **53** J-K 3
Nikolsk (Russland) ◉ **41** K 2
Nikolsk (Russland) ◉ **41** L 5
Nikolski ◉ **104** C 3
Nikolskoje ◉ **41** K 2
Nikopol ◉ **37** G 4
Nikopol' ◉ **43** G 4

Nikosia ① **58** D 5
Hauptstadt Zyperns, Sitz der griechisch- und türkisch-zypriotischen Regierung.

Niksar ◉ **59** F 2
Nikšić ◉ **36** D 4
Nikumaroro ◈ **76** A 2
Nikunau ◈ **75** E 3

Nil ◟ **90** D 3
6672 km, längster afrikanischer Strom, vom Victoriasee bis Ägypten.

Nilakka ◈ **19** J 5
Nildelta ◟ **90** C-D 2
Niles ◉ **112** B 2
Nilolajero ◉ **40** B 2
Nimbaberge ▲ **92** C 2
Nîmes ◉ **27** F 6
Nimwegen ◉ **30** D 3
Ningan ◉ **57** D 2
Ningbo ◉ **55** F 4
Ningcheng ◉ **56** B 2
Ningde ◉ **55** E 4
Ningxia Hui ❷ **54** D 3
Ninive ◉ **63** D 1
Nioro du Sahel ◉ **88** C 4
Niort ◉ **27** C 4
Nipawin ◉ **106** F 3
Nipigon ◉ **112** B 1
Nipigonsee ◈ **107** H 4
Nipissing Lake ◈ **112** C-D 1
Nishinoomote ◉ **57** E 4
Nishnij Nowgorod ◉ **50** E 3
Nishnij Nowgorod Stausee ◈ **41** J 3
Nísiros ◈ **39** E 4
Nissan ◟ **21** E 5
Nissum Fjord ◈ **21** C 5
Nistru = Dnjester ◟ **42** B 3
Niterói ◉ **123** D 4
Nitra ◉ **34** D 4
Niuafo'ou ◈ **78** D 1
Niue ❷ **76** B 3
Niutao ◈ **75** D 3
Nivernais ◟ **26-27** E-F 4
Nizamabad ◉ **66** B-C 3
Nižin ◉ **42-43** E-F 2

Nizip ◉ **59** F 4
Nižneangarsk ◉ **52** E-F 3
Nižnejansk ◉ **53** J 1
Nižne-Leniskoje ◉ **53** J 4
Nižneudinsk ◉ **52** E 3
Nižnevartovsk ◉ **51** H 2
Nižni Lomov ◉ **41** J 5
Nižni Tagil ◉ **50** F 3
Nizza ◉ **27** G 6
Njasviž ◉ **35** H 2
Njombe ◉ **97** D 2
Njuksee ◈ **19** L 4
Njumis ▲ **18** E 2
Njuranda ◉ **20** G 2
Nkambe ◉ **93** E 2
Nkongsamba ◉ **93** D-E 2
Nobeoka ◉ **57** E 4
Nogaier Steppe ◟ **61** E-F 2
Nogales (Mexiko) ◉ **114** A 1
Nogales (USA) ◉ **111** D 4
Nogent-le-Rotrou ◉ **26** D 3
Noginsk (Russland) ◉ **52** E 2
Noginsk (Russland) ◉ **40-41** G 4
Noire, Montagne- ▲ **27** E 6
Noirmoutier ◟ **26** B 4
Nokia ◉ **19** G 6
Nok Kundi ◉ **66** A 2
Nola ◉ **94** A 3
Nome ◉ **104** C 2
Nongan ◉ **56** C-D 2
Nong Khai ◉ **67** E 3
Nonouti ◈ **75** E 3
Noord-Brabant ❷ **30** D 3
Noord-Holland ❷ **30** D 2
Noormarkku ◉ **19** F 6
Noranda ◉ **112** D 1
Nord, Kap- ◟ **107** K-L 4
Nordamerikanisches Becken ◈ **109** F-G 2
Nordaustralisches Becken ◈ **80** A 1
Norden ◉ **30** E 2
Nordenham ◉ **30** F 2
Norderney ◈ **30** E 2
Nordfjord ◟ **20** A 3
Nordfjordeid ◉ **20** A-B 3
Nordfriesische Inseln ◈ **21** C 6
Nordhausen ◉ **31** G 3
Nordhurfjördhur ◉ **44** C 1
Nordingrå ◉ **20** H 2
Nordinsel ◈ **79** C 3
Nordkanal ◟ **24-25** C-D 4
Nordkap (Neuseeland) ◈ **79** C 3
Nordkap (Norwegen) ◈ **18** H 1
Nordkap → Horn ◈ **44** B-C 1
Nordkinn ◈ **18** J 1
Nordkorea ❶ **57** D-E 3
Nordli ◉ **20** E 1
Nördliche Cookinseln ◈ **76** B 3
Nördliche Dwina ◟ **50** E 2
Nördliche Marianen ❷ **74** B 1
Nördlicher Pazifischer Ozean ◈ **82** B-C 3

Nördliches-Fidschibecken ◈ **78** C 1
Nördliche Sporaden ◈ **38** C-D 3
Nordmaling ◉ **20** H 2
Nordmeseta ◟ **28** B-C 2
Nordminch ◈ **24** C-D 2-3
Nordossetien ❷ **61** E-F 2
Nordostpazifisches Becken ◈ **82** C-D 2
Nordostrundingen ◈ **105** K-L 1
Nord-Ostsee-Kanal ◈ **31** F 1-2
Nord-Pas-de-Calais ❷ **26** E 2
Nord-Platte ◟ **108** C 1
Nordpolarmeer ◈ **126** R-D 1
Nordreisa ◉ **18** F 2

Nordrhein-Westfalen ❷ **30** E-F 3
17,9 Mio. Ew., dt. Bundesland, Hauptstadt: Düsseldorf.

Nordrussischer Landrücken ◟ **41** K-M 2
Nordrussisches Tiefland ◟ **50** D-E 2
Nordsee ◈ **24** G-H 3
Nordsibirisches Tiefland ◟ **52** D-G 1
Nordwik ◉ **52** G 1
Norfolk ◉ **109** F 2
Norfolk ◈ **78** B 2
Norfolk ◉ **25** G 5
Norfolkrücken ◈ **78** B 2-3
Norilsk ◉ **52** D 2
Norman, Lake- ◈ **113** C 3
Normandie ◟ **26** C-D 3
Normanton ◉ **81** D 1
Norman Wells ◉ **106** D 2
Norra Bergnäs ◉ **18** E 3
Norra Råda ◉ **20** E 3
Norra Storfjället ▲ **18** C 4
Norrbotten ◟ **18** F-G 3
Norrbotten ❷ **18** E-F 3
Norrköping ◉ **21** G 4
Norrland ◟ **20** G-H 1
Norrtälje ◉ **20** H 4
Norseman ◉ **80** B 3
Norsjö ◉ **20** H 1
Norte, Kap- ◟ **124** D 3
Nortelândia ◉ **122** C 3
Northallerton ◉ **25** F 4
Northam ◉ **80** A 3
Northampton (Australien) ◉ **80** A 2
Northampton (Großbritannien) ◉ **25** F 5
North Battleford ◉ **106** F 3
North Bay ◉ **107** K 4
North Bend ◉ **110** B 3
North Carolina ❷ **109** F 2

North Dakota ❷ **108** C-D 1
640 000 Ew., US-Bundesstaat, Hauptstadt: Bismarck

North Downs ◟ **25** F-G 6

Northeast Providence Channel ◈ **116** B 1
Northern Ireland ❷ **25** C 4
Northern Territory ❷ **80-81** D 2
North Platte ◉ **108** C 1
North Ronaldsay ◈ **24** E 2
North Uist ◈ **24** C 3
Northumberland-Inseln ◈ **81** E 2
North West Cape ◟ **80** A 2
North West Highlands ▲ **24** D-E 2-3
Northwest Territories ❷ **106** E-G 2
Norton Sound ◈ **104** C 2
Norvegia, Kap- ◈ **127** S 2
Norway House ◉ **106** G 3
Norwegen ❶ **20** B-C 2
Norwegian Bai ◈ **105** B-C 2
Norwich ◉ **25** G 5
Noshiro ◉ **57** F-G 2
Nosivka ◉ **42** E 2
Nossob ◟ **98** B 3
Nosy-Bé ◈ **99** E 2
Nosy Boraha ◈ **99** E 2
Nota ◉ **18** L 2
Nótio Egéo ❷ **38-39** D-E 3
Noto ◉ **33** E 7
Noto, Halbinsel- ◟ **57** F 3
Notodden ◉ **21** C 4
Notsee ◈ **18** L 2
Nottingham ◉ **25** F 5
Nottingham ◈ **107** J 2
Nouâdhibou ◈ **88** B 3
Nouâdhibou, Dakhlet ◈ **88** B 3-4
Nouakchott ① **88** B 4
Nouamrhar ◉ **88** B 4
Nouméa ◉ **78** B 2
Nová Baňa ◉ **34** D 4
Nova Gradiška ◉ **36** C 3
Nova Iguaçu ◉ **123** D 4
Nova Ladoga ◉ **40** D 1
Nova Lamego ◉ **92** B 1
Nova Mambone ◉ **99** D 3
Novara ◉ **32** B 2
Nova Scotia ❷ **107** K 4
Novato ◉ **111** B 4
Nova Varoš ◉ **36** D 4
Nova Vodolaha ◉ **43** G 3
Nova Zagora ◉ **37** H 4
Nové Zámky ◉ **34** D 4
Novohrad-Sivers'kyi ◉ **43** F 1-2
Novi Ligure ◉ **32** B 3
Novi Pazar (Bulgarien) ◉ **37** H 4
Novi Pazar (Jugoslawien) ◉ **36** E 4
Novi Sad ◉ **36** D-E 3
Novi Vinodolski ◉ **36** B 3
Novoaleksandrovsk ◉ **60** C 2
Novoazovs'k ◉ **43** J 4
Novodugino ◉ **40** E 4
Novohrad-Volyns'kyj ◉ **42** C 2

235

Novokazalinsk ▣ **51** G 4
Novokubansk ▣ **60** C 2
Novolazarevskaja ✴ **127** A 2
Novo Mesto ▣ **36** B 2
Novomičurinsk ▣ **41** G 4-5
Novomihajlovškij ▣ **60** B 2
Novomyrhorod ▣ **42** E 3
Novopokrovskaja ▣ **60** C 1-2
Novoržev ▣ **40** B 3
Novoselovskoje ▣ **43** F 5
Novosibirsk ▣ **51** J 3
Novosil ▣ **40** F 5
Novosokolniki ▣ **50** C-D 3
Novotcheboksary ▣ **41** L-M 3
Novotroick ▣ **50** F 3
Novoukrajinka ▣ **42** E 3
Novozybkov ▣ **40** C-D 5
Novska ▣ **36** C 3
Nový Bor ▣ **31** J 3
Novyj Buh ▣ **43** F 4
Nový Jičín ▣ **34** D 4
Novy Port ▣ **51** H 2
Nowaja Semlja ▨
  50-51 E-G 1
Nowa Sól ▣ **34** B 3
Nowe ▣ **34** D 2
Nowgorod ▣ **50** D 3
Nowokusnezk ▣ **51** J 3
Nowomoskovs'k ▣ **43** G 3
Noworossijsk ▣ **60** A 2
Nowy Sącz ▣ **34** E 4
Nowy Targ ▣ **34** E 4
Nozay ▣ **26** C 4
Nubien ▬ **94-95** B-C 2
Nubische Wüste ▬ **94** C 1
Nueltinsee ▨ **106** G 2
Nuevitas ▣ **116** B 2
Nuevo Casas Grandes ▣
  114 B 1
Nuevo Laredo ▣ **114** C 2
Nuevo Rocafuerte ▣
  120 C 3
Nui Atoll ▨ **75** D 3
Nu Jiang (Saluen) ▷ **67** D 1
Nukhayb ▣ **64** C 2
Nukhaylak ▣ **94** B 2
Nuku'alofa ① **78** D 2
Nuku Hiva ▨ **77** D 2
Nukunonu Atoll ▨ **76** A 2
Nukuoro Atoll ▨ **75** C 2
Nukus ▣ **50** F 4
Nullagine ▣ **80** A-B 2
Nullarborebene ▬ **80** B-C 3
Numancia ▣ **29** D 3
Numedal ▷ **20** C 3-4
Nunavut ② **106-107** G-H 2
Nunivak ▨ **104** C 2-3
Nuoro ▣ **33** B 5
Nura ▷ **51** H 3
Nur Dağları ▲ **59** F 4
Nurhak ▣ **59** F 3-4
Nurhak Dağı ▲ **59** F 3
Nurlati ▣ **41** M 4
Nurmes ▣ **19** K 5
Nurmijärvi ▣ **19** K 5
Nürnberg ▣ **31** G 4
Nusaybin ▣ **59** H 4
Nutak ▣ **107** K 3
Nuuk = Godthåb ② **105** F 3

Nyala ▣ **94** B 2
Nyambell ▣ **94** B 3
Nybergsund ▣ **20** E 3
Nybro ▣ **21** G 5
Nyeri ▣ **97** D 2
Nyírbátor ▣ **37** F 2
Nyíregyháza ▣ **37** E 2
Nyiru ▲ **97** D 1
Nykarleby ▣ **19** G 5
Nykøbing ▣ **21** D 6
Nykolajew ▣ **42-43** E-F 4
Nyköping ② **21** G 4
Nynäshamn ▣ **21** G-H 4
Nyngan ▣ **81** D 3
Nyons ▣ **27** F 5
Nyrud ▣ **18** K 2
Nysa ▣ **34** C 3
Nyudo, Kap- ▨ **57** F 2
Nyunzu ▣ **97** C 2
Nzérékoré ▣ **92** C 2
Nzwami ▨ **99** E 2
Nzwani ▣ **98** B 1

O

Oahesee ▷ **108** C 1
Oahu ▨ **82** C 2
Oakland ▣ **108** A 2
Oak Ridge ▣ **113** C 3
Oamaru ▣ **79** C 4
Oario ▣ **112** B 3
Oaxaca ▣ **114** C 3
Ob ▷ **51** G 2
Oban ▣ **24** D 3
Obbia ▣ **95** D 3
Obbusen ▣ **51** H 1-2
Obeid, El- ▣ **94** B-C 2
Ober-Engadin, Nationalpark-
  ▬ **32** C 2
Oberer See ▷ **109** E 1
Ober-Österreich ② **32** D-E 2
Oberpfälzer Wald ▲
  31 G-H 3-4
Oberriet ▣ **45** A
Oberwart ▣ **32** F 2
Obi ▨ **69** D 4
Óbidos ▣ **122** C 2
Obihiro ▣ **57** G 2
Obitočnaja Kosa ▬ **43** H 4
Oblučje ▣ **53** J 4
Obninsk ▣ **40** F 4
Obo ▣ **94** B 3
Obol ▷ **35** J-K 1
Oborniki ▣ **34** C 2
Obrenovac ▣ **36** E 3
Obrovac ▣ **36** B 3
Obschtscij Syrt ▲ **50** E-F 3
Obuchiv ▣ **42** E 4
Obwalden ② **32** A-B 2
Obzor ▣ **37** H 4
Očakiv ▣ **42** E 4
Ocala ▣ **109** E 3
Očamčira ▣ **60** C 3
Ocaña ▣ **120** C 2
Occidental, Cordillera- ▲
  120 C 4
Ocean Falls ▣ **106** D 3
Oceanside ▣ **108** B 2

Ocha ▣ **53** K 3
Ochotsk ▣ **53** K 3
Ochotskisches Meer ▨
  53 K-L 3
Ochtyrka ▣ **43** G 2
Ockelbo ▣ **20** G 3
Ocussi ▣ **69** D 4
Oda, Jabal- ▲ **95** C 1-2
Odate ▣ **57** G 2
Odda ▣ **20** B 3
Odemira ▣ **28** A 5
Ödemiş ▣ **58** A-B 3
Odense ▣ **21** D 6

Oder = Odra ▷ **31** J 2
*860 km lang, vom Odergebirge
durch die Mährische Pforte zur
Ostsee.*

Oderbruch ▬ **31** J 2
Odessa (Ukraine) ▣ **42** E 4
Odessa (USA) ▣ **108** C 2
Odienné ▣ **92** C 2
Odincovo ▣ **40** F 4
Odojev ▣ **40** F 5
Odorheiu Secuiesc ▣ **37** G 2
Odra = Oder ▷ **31** J 2
Oeno ▨ **77** E 4
Of ▣ **59** H 2
Ofaqim ▣ **62A** A 3
Offenbach ▣ **30** F 3
Offenburg ▣ **30** E-F 4
Ogaden ▬ **95** D 3
Ogbomoso ▣ **93** E 2
Ogden ▣ **108** B 1
Ogooué ▷ **96** A 2
Ogre ▣ **23** H 3
Ogulin ▣ **36** B 3
Oğuzeli ▣ **59** F 4
O'Higgins, General Bernardo-
  ✴ **127** Q 2
Ohio ▷ **109** E 2
Ohio ② **109** E 1
Ohopoho ▣ **98** B 2
Ohře ▷ **31** H-J 3
Ohrid ▣ **38** B 2
Ohridsee ▷ **38** B 2
Oiapoque ▷ **123** C 1
Oiapoque ▣ **123** C 1
Oijärvi ▣ **18** J 4
Oil City ▣ **112** D 2
Oimjakon ▣ **53** K 2
Ojat ▷ **40** D 1
Ojebyn ▣ **19** F 4
Ojinaga ▣ **114** B 2
Ojos del Salado ▲ **124** C 2
Oka ▷ **40** F 5
Okaba ▣ **69** E-F 4
Okahandja ▣ **98** B 3
Okanogan ▷ **110** C 2
Okavango = Cubango ▷ **98** C 2
Okavangobecken ▬ **98** C 2
Okayama ▣ **57** E 4
Okeechobee, Lake- ▷ **109** E 3
Okha ▣ **66** A 2
Oki-Inseln ▨ **57** E 3
Okinawa ▣ **55** F 4

Oklahoma ② **108** D 2

*3,2 Mio. Ew., US-Bundesstaat,
Hauptstadt: Oklahoma City.*

Oklahoma City ② **108** D 2
Øksfjordøkelen ▣ **18** F-G 1
Okstindane ▲ **18** C 4
Oktemberjan ▣ **60-61** D-E 4
Oktiabrsk ▣ **50** F 4
Oktjabrski (Russland) ▣
  53 L 3
Oktjabrski (Russland) ▣
  50 F 3
Oktjabrski (Russland) ▣
  52 E-F 3
Oktjabrskoje ▣ **51** G 2
Okulovka ▣ **40** D 2
Okushiri ▨ **57** F 2
Ólafsvík ▣ **44** B 2-3
Öland ▨ **21** G 5
Olanga ▷ **18** L 3
Olavarría ▣ **124** C 3
Olbia ▣ **33** B 5
Old Crow ▣ **106** B-C 2
Olden ▣ **20** B 3
Oldenburg (Niedersachsen-
  Deutschland) ▣ **30** F 2
Oldenburg (Schleswig-
  Holstein-Deutschland) ▣
  31 G 1
Olecko ▣ **34** F 1
Oleksandrija ▣ **43** F 3
Oleksandrivka ▣ **43** F 3
Ølen ▣ **21** A 4
Olenino ▣ **40** D 3
Olenjok ▷ **52** G 2
Olenjok ▷ **52** G 2
Olenjokbucht ▨ **52** H 1
Oléron ▣ **27** C 4
Olevs'k ▣ **42** C 2
Olga ▷ **55** G 2
Olga, Halbinsel- ▬ **57** F 3
Olib ▣ **36** B 3
Olinda ▣ **123** E 2
Oljokma ▷ **52** H 3
Oljokminsk ▣ **52** H 2
Oljutorskij, Kap- ▨ **53** N 3
Olkusz ▣ **34** D 3
Olmütz → Olomouc ▣
  31 K 4
Olomouc (Olmütz) ▣ **31** K 4
Olongapo ▣ **69** C-D 2
Oloron-Sainte-Marie ▣
  27 C 6
Olsztyn (Allenstein) ▣ **34** E 2
Olt ▷ **37** G 3
Oltenița ▣ **37** H 3
Oltu ▣ **60** C-D 4
Olymp ▲ **38** C 2
Olympia ② **108** A 1
Olympia ▣ **38** B 4
Olympic Nationalpark ✚
  110 B 2
Olympus, Mount- ▲ **110** B 2
Om ▷ **80** B 1
Oma, Kap- ▨ **57** G 2
Omaha ▣ **108** D 1
Oman ❶ **63** G 4
Oman, Golf von- ▨ **63** G 3-4
Omangebirge ▲ **63** G 4

Omaruru ▣ **98** B 3
Omboué ▣ **96** A 2
Omdurman ▣ **94** C 2
Omer ▣ **62A** A 3
Omo ▷ **95** C 3
Omolon ▷ **53** L-M 2
Omsk ▣ **51** H 3
Omurtag ▣ **37** H 4
Ondangwa ▣ **98** B 2
Ondjiva ▣ **98** B 2
Öndörchaan ▣ **55** E 2
Onega ▷ **50** D 2
Onekotan ▨ **53** L 4
Oneşti ▣ **37** H 2
Ongjin ▣ **56** D 3
Ongniud Qi ▣ **56** B 2
Oni ▣ **60** D 3
Onitsha ▣ **93** D 2
Ono-i-Lau ▨ **78** D 2
Onotoa ▨ **75** E 3
Onslow ▣ **80** A 2
Onslow Bay ▨ **113** D 4

Ontario ▣ **110** C 3
*Kanadische Provinz, Haupt-
stadt: Toronto.*

Ontario ② **107** J-H 3
Ontariosee ▷ **109** F 1
Ontinyent ▣ **29** E 4
Oodnadatta ▣ **81** C 2
Ookala ▣ **83** D 2
Ooldea ▣ **81** D 3
Oost-Vlaanderen ② **26** E 2
Opala ▣ **96** C 2
Oparino ▣ **41** M 2
Opatija ▣ **36** B 3
Opatów ▣ **34** E 3
Opava (Troppau) ▣ **34** C-D 4
Opočka ▣ **40** B 3
Opoczno ▣ **34** E 3
Opole ▣ **34** C-D 3
Oppdal ▣ **20** C 2
Oradea (Großwardein) ▣
  37 E-F 2
Oran ▣ **89** C 2
Orange (Australien) ▣
  80 C 3
Orange (Frankreich) ▣ **27** F 5
Orange, Kap- ▨ **121** E 2
Orangeburg ▣ **113** C 4
Oranienburg ▣ **31** H 2
Oranje ▷ **98** B 3
Oranje ▬ **98** C 3
Oranjestad ▣ **117** C-D 4
Oravita ▣ **37** E 3
Orbetello ▣ **33** C 4
Orbost ▣ **81** D 3
Orcades ▨ **127** R 4
Orcera ▣ **29** D 4
Orchila ▨ **117** D 4
Orchon ▷ **54** D 2
Ord, Mount- ▲ **80** B 1
Ordos ▬ **54** D 2-3
Ordu ▣ **59** F 2
Ordubad ▣ **61** E-F 5
Ordžonikidze ▣ **43** G 4
Örebro ▣ **21** F 4
Örebro ② **21** F 4

Oregon **2 108** A-B 1
3 Mio. Ew., US-Bundesstaat,
Hauptstadt: Salem.

Öregrund ● **20** H 3
Orehovo Zujevo ● **41** G 4
Orel ● **43** G 3
Orellana ● **120** C 3
Orem ● **110** D 3
Oren ● **58** A-B 4
Orenbel ● **59** G 2-3
Orenburg ● **50** F 3
Orense ● **28** B 2
Orestiás ● **39** E 2
Øresund ● **21** E 6
Orgaz ● **28** C-D 4
Orhaneli ● **58** B 2-3
Orheiev ● **42** D 4
Orichiv ● **43** G 4
Oriental, Cordillera- ▲
120 C-D 4
Orihuela ● **29** E 4
Orillia ● **112** D 2

Orinoco ≈ **121** D 2
2140 km lang, Quelle im Berg-
land von Guayana.

Orinocodelta ● **121** D-E 2
Orissa ● **66** C 2
Orissaare ● **23** G 2
Oristano ● **33** B 6
Oristano, Golf von- ●
33 A-B 6
Orivesi ● **19** H 6
Orivesi ● **19** K 5
Orjahovo ● **37** G 4
Orjol ● **50** D 3
Ørkanger ● **20** C-D 2
Orkney-Inseln ● **24** D-E 2
Orlando ● **109** E 3
Orléanais ● **26** D-E 3-4
Orléans ● **26** D-E 4
Orly ● **26** E 3
Orne ≈ **26** C 3
Ørnes ● **18** B 3
Ornö ● **21** H 4
Örnsköldsvik ● **20** H 2
Orocué ● **120** C 2
Orodara ● **92** C 1
Orona ● **76** A 2
Oronte ≈ **59** F 4
Oroqen Zizhiqi ● **55** F 1
Orosei ● **33** B 5
Orosei, Golf von- ● **33** B-C 5
Orosháza ● **36** E 2
Orsa ● **20** F 3
Orša ● **35** K 1
Orsk ● **50** F 3
Orşova ● **37** F 3
Ørsta ● **20** B 2
Ortaca ● **58** B 4
Ortegal, Kap- ● **28** A-B 2
Orthez ● **27** C 6
Ortigueira ● **28** B 2
Ortofjord ● **18** D 2
Oruro ● **122** B 3
Orust ● **21** D 4
Orvieto ● **32** C-D 4

Orzysz ● **34** E-F 2
Oš ● **51** H 4
Osaka ● **57** F 4
Osăm ≈ **37** G 4
Ösel ● **23** G 2
Osen ● **20** D 1
Oshawa ● **107** J 4
Oshikango ● **98** B 2
Oshima ● **57** F-G 4
Oshima, Halbinsel- ● **57** F 2
Oshkosh ● **112** D 1
Oshogbo ● **93** D 2
Osijek ● **36** D 3
Oskarshamn ● **21** G 5

Oslo ① **21** D 4
483 000 Ew., Haupt- und Resi-
denzstadt Norwegens.

Oslofjord ● **21** D 4
Osmancık ● **59** E 2
Osmaneli ● **58** C 2
Osmaniye ● **59** F 4
Osmino ● **40** B 2
Osnabrück ● **30** E-F 2
Osorno ▲ **125** B 4
Osorno (Chile) ● **125** B 4
Osorno (Spanien) ● **28** C 2
Osøyra ● **20** A 3
Ossa, Mount- ▲ **80** B 3
Ossora ● **53** M 3
Ostalpen ▲ **32** C-D 2
Oštaškov ● **40** D 3
Ostbalkan ▲ **37** H 4
Ostchinesisches Meer ●
55 F 3-4
Ostende ● **26** E 2
Oster ● **42** E 2
Österbotten ● **19** G-H 4-5
Østerdal ● **20** D 3
Österdalälv ● **20** E 3
Östergötland **2 21** F 4
Osterøya ● **20** A 3
Österreich **1 32** D-E 2
Östersund ● **20** F 2
Östeuropäisches Tiefland ●
15 F-J 2
Ostfalkland ● **125** D 5
Ostfriesische Inseln ●
30 E 1-2
Ostghats ▲ **66** B-C 3
Ostia ● **33** D 5
Ostkap ● **79** C 3
Ostkordillere ▲ **120** C 2
Östlicher Großer Erg ●
89 D 2-3
Östlicher Koreagolf ● **57** D 3
Östliche Sierra Madre ▲
114 B-C 2
Östliches Karolinenbecken ●
74 B 2
Östliches Marianenbecken ●
74 B-C 1
Ostpreußen ● **34** D-E 1-2
Ostrau (Ostrava) ● **34** D 4
Ostrava → Ostrau ● **34** D 4
Ostróda ● **34** D-E 2
Ostroh ● **42** C 2
Ostrołęka ● **34** E 2

Ostrov ● **40** B 3
Ostrovskoje ● **41** J 3
Ostrów Mazowiecka ●
34 E-F 2
Ostrów Wielkopolski ●
34 C 3
Ostsajan ▲ **52** E-F 3
Ostsee ● **19** E-F 7
Ostsibirische See ●
53 M-N 1
Ostturkestan ● **54** A-B 3
Ostuni ● **33** F 5
Osumi-Inseln ● **57** D 4
Osumistraße ● **57** E 4
Oswego ● **112** D 2
Otavi ● **98** B 2
Otepää ● **23** J 2
Otish, Monts- ▲ **107** K 3
Otjiwarongo ● **98** B 3
Otočac ● **36** B 3
Otra ≈ **21** B 4
Otranto ● **33** G 5
Otranto, Straße von- ●
33 G 5-6
Otsu ● **57** F 3-4
Otta ● **20** C 3

Ottawa ① **107** J 4
920 000 Ew., Hauptstadt Ka-
nadas.

Ottawa ≈ **107** J 4
Ottenby ● **21** G 5
Otway, Kap- ● **81** D 3
Otwock ● **34** E 2
Ouadaï ● **94** A-B 2
Ouadane ● **88** B 3
Ouadda ● **94** B 3
Ouagadougou ① **92** C 1
Oualata ● **88** C 4
Ouanda-Djallé ● **94** B 3
Ouarsenis-Massiv ▲
29 F 5-6
Ouarzazate ● **88** C 2
Oubangui ≈ **96** B 1-2
Oudtshoorn ● **98** C 4
Oued, El- ● **89** D 2
Oued ben Tili ● **88** B-C 3
Oued Rhiou ● **29** F 6
Ouesso ● **96** B 1
Ougegebirge ▲ **57** G 3
Oujda ● **89** C 2
Oulainen ● **19** H 4
Oulanka, Nationalpark- ♣
18 K 3
Oulu **2 19** H 4
Oulu **2 19** J 4
Oulujoki ≈ **19** H 4
Oulusee ● **19** J 4
Oum Chalouba ● **94** B 2
Ounasjoki ≈ **18** H 3
Ourique ● **28** A 5
Ouse ≈ **25** G 5
Outjo ● **98** B 3
Ouvéa ● **78** B 2
Ovacık ● **58** D 4
Ovalle ● **124** B 3
Ovamboland ● **98** B 2
Ovan ● **96** B 1

Overijssel **2 30** E 2
Överkalix ● **18** G 3
Övertorneå ● **18** G 3
Överum ● **21** G 5
Oviedo (Dominikanische
Republik) ● **117** C 3
Oviedo (Spanien) **2**
28 B-C 2
Øvre Anarjokka, Nationalpark-
♣ **18** F-G 2
Øvre Dividal, Nationalpark-
♣ **18** E-F 2
Øvre Pasvik, Nationalpark- ♣
18 J-K 2
Övre Soppero ● **18** F 2
Ovruč ● **42** D 2
Owando ● **96** B 2
Owensboro ● **112** B 3
Owen Sound ● **107** H 4
Owen Stanley Range ▲
74 B 3-4
Owerri ● **93** D 2
Owyhee ≈ **110** C 3
Oxelösund ● **21** G 4
Oxford ● **25** F 6
Oyem ● **96** B 1
Oyen ● **110** D 1
Øyeren ● **21** D 4
Oyo ● **93** D 2
Özalp ● **60-61** D-E 5
Ozark Plateau ● **109** D 2
Ozernovski ● **53** L 3
Özerny ● **40** D 4
Ozery ● **40-41** G 4
Ozieri ● **33** B 5
Özurgeti ● **60** D 4

P

Paamiut = Frederikshåb ●
105 G 3
Paarl ● **98** B 4
Paauilo ● **83** D 2
Pabianice ● **34** D 3
Pabradė ● **23** H 4
Pacaraima, Sierra- ▲
121 D 2
Pacasmayo ● **120** C 3
Pachino ● **33** E 7
Pachuca ● **114** C 2
Padang ● **68** B 4
Paderborn ● **30** F 3
Padjelanta, Nationalpark- ♣
18 D 3
Padua ● **32** C 3
Paducah ● **109** E 2
Paengnyong ● **56** C 3
Paestum ● **33** E 5
Pag ● **36** B 3
Pagadian ● **69** D 3
Pagai → Annobón ●
96 A 2
Pagan ● **74** B 1
Pagasäischer Golf ● **38** C 3
Page ● **108** B 2
Pagerdewa ● **68** B 4
Pagoda Point ● **67** D 3
Pago Pago **2 76** A 3

Pahala ● **83** D 3
Pahoa ● **83** E 3
Paide ● **23** H 2
Päijänne ● **19** H 6
Pailolo Kanal ● **83** C 1
Paimpol ● **26** B 3
Paistunturit ▲ **18** J 2
Pais Vasco = Euskadi **2**
29 D 2
Pajala ● **18** G 3
Pakanbaru ● **68** B 3
Pakhna ● **58** D 5
Pakistan **1 66** A 2
Paklenica, Nationalpark- ♣
36 B 3
Pakokku ● **67** D 2
Paks ● **36** D 2
Pakse ● **67** E 3
Pala ● **94** A 3
Palafrugell ● **29** G 2-3
Palana ● **53** M 3
Palanga ● **22** F 4
Palangkaraya ● **68** C 4
Palanpur ● **66** B 2
Palapye ● **98** C 3
Palästina ● **62A** B 2-4
Palatka ● **113** C 5
Palau **1 74** A 2
Palau ● **33** B 5
Palaugraben ● **74** A 2

Palau-Inseln ● **74** A 2
14 000 Ew., mikron. Inselgrup-
pe der westl. Karolinen.

Palauk ● **67** D 3
Palawan ● **69** C 2-3
Paldiski ● **23** H 2
Paleh ● **41** J 3
Paleleh ● **69** D 3
Palembang ● **68** B 4
Palencia ● **28** C 2
Palenque ● **115** C 3
Palermo ● **33** D 6
Paleski radyjacyjna
èkalagičny, Nationalpark-
♣ **35** J-K 3
Palestina ● **124** B-C 2
Palikir ① **75** C 2
Palinuro ● **33** E 5
Pålkem ● **18** F 3
Palkstraße ● **66** B-C 3-4
Pallars-Aran ▲ **45** C
Pallas-Ounastunturi,
Nationalpark- ♣
18 G-H 2
Pallastunturi ▲ **18** G 2-3
Pallës, Kap- ● **38** A 2
Palliser, Kap- ● **79** C 4
Palma, La- ● **115** D 4
Palma de Mallorca **2 29** G 4
Palmas, Kap- ● **92** C 2
Palmas do Tocantins **2**
123 D 3
Palmeirinha, Ponta das- ●
98 B 1
Palmer ● **104** E 2
Palmerland ● **127** P 2
Palmer Station ✪ **127** P 2

Palmerston Atoll ■ 76 B 3
Palmerston North ● 79 C 4
Palm-Inseln ■ 81 D 1
Palmira ● 120 C 2
Palmira ■ 64 B 2
Palm Springs ● 111 C 5
Paloh ● 68 B 3
Paloich ● 94 C 2
Palomar, Mount- ▲ 108 B 2
Palopo ● 69 D 4
Palos, Kap- ▬ 29 E 5
Palu (Indonesien) ● 69 C-D 4
Palu (Türkei) ● 59 G 3
Pamekasan ● 68 C 4
Pamiers ● 27 D 6
Pamir ▲ 51 H 5
Pamlico Sound ■ 109 F 2
Pampa ● 124 C 3
Pamplona ② 29 E 2
Pamporovo ● 37 G 5
Pamukkale ● 58 B 4
Panaji ② 66 B 3
Panaluu ● 83 D 3
Panamá ❶ 115 D-E 4
Panamá ● 115 D-E 4
Panamá, Golf von- ■ 115 E 4
Panamá, Isthmus von- ■ 115 E 3-4
Panama City ● 109 E 2

Panamakanal ■ 115 D 3-4
Verbindung zwischen Atlantik und Pazifik, 81,6 km lang.

Panarea ■ 33 E 6
Panay ■ 69 D 2
Pančevo ● 36 E 3
Pandélys ● 23 H 3
Panewiesch ● 23 H 4
Panfilov ● 51 H-J 4
Pangkajene ● 69 C 4
Pangkalpinang ● 69 B 4
Pangnirtung ● 107 K 2
Panshi ● 56 D 2
Pantanal ■ 122 C 3
Pantelleria ● 33 C 7
Pantelleria ■ 33 C-D 7
Pantifer-Höhen ▲ 23 J 2
Pan Xian ● 54 D 4
Paola ● 33 F 6
Papa ● 83 D 3
Pápa ● 36 C 2
Papaaloa ● 83 D 3
Papaikou ● 83 D 3
Papeete ② 77 D 3
Papisoi, Kap- ■ 69 E 4
Papuagolf ■ 74 B 3
Papua-Neuguinea ❶ 74 B 3
Para ■ 41 H 5
Pará ② 123 C 2
Paraburdoo ● 80 A 2
Paracatu ● 123 D 3
Paracel-Inseln ● 67 F 3
Paraguaná, Halbinsel- ▬ 120 C-D 1
Paraguay ❶ 122 B-C 4
Paraguay ■ 122 C 4
Paraíba ② 123 E 2
Parakou ● 93 D 2

Paramaribo ① 121 E 2
Paramuschir ■ 53 L 3
Paraná ● 124 C 3
Paraná ● 124 D 2
Paraná ② 123 C 4
Paranaguá ● 123 D 4
Paranaíba ● 123 C 3
Paraoa Atoll ■ 77 D 3
Paray-le-Monial ● 27 F 4
Parchim ● 31 G 2
Pardubice (Pardubitz) ● 31 J 3
Pardubitz → Pardubice ● 31 J 3
Parecis, Serra dos- ▲ 122 B-C 3
Parenzo ● 36 A 3
Parepare ● 69 C 4
Párga ● 38 B 3
Parigi ● 69 C-D 4
Parima, Serra- ▲ 121 D 2
Pariñas, Kap- ▬ 120 B 3
Paringul Mare, Virful- ▲ 37 F 3
Parintins ● 122 C 2

Paris ① 26 E 3
9,1 Mio. Ew., Hauptstadt und größte Stadt Frankreichs.

Parkano ● 19 G 6
Parker ● 108 B 2
Parkersburg ● 112 C 3
Parma ● 32 C 3
Parnaguá ● 123 D 2
Parnaíba ● 123 D 2
Parnaíba ■ 123 D 2
Parnaß ▲ 38 C 3
Párnon ▲ 38 C 4
Pärnu ■ 23 H 2
Pärnu-Jaagupi ● 23 H 2
Paroo ■ 81 D 2
Páros ■ 38 D 4
Parowan ● 111 D 4
Parras ● 114 B 2
Parry Sound ● 112 C-D 1
Parthenay ● 26 C 4
Parýčy ● 35 J 2
Paša ■ 40 D 1
Pasadena ● 111 C 5
Pascagoula ● 113 B 4
Paşcani ● 37 H 2
Pasco ● 110 C 2
Pasinler ● 60 C 4-5
Paškovski ● 60 B 2
Pasni ● 66 A 2
Paso, El- ● 108 C 2
Paso de Indios ● 125 C 4
Passau ● 31 H 4
Passero, Kap- ■ 33 E 7
Passo Fundo ● 124 D 2
Passos ● 123 D 4
Pastavy ● 35 H 1
Pasto ● 120 C 2
Pasvalys ● 23 H 3
Pásztó ● 36 D 2
Patagonica, Cordillera- ▲ 125 B 4-5
Patagonien ▬ 125 B-C 4-5

Patan ● 66 C 2
Paternò ● 33 E 7
Paterson ● 112 E 2
Patkaigebirge ▲ 67 D 2
Pátmos ■ 39 E 4
Patna ② 66 C 2
Patnos ● 60 D 5
Patomhochland ▬ 52 G 3
Patos de Minas ● 123 D 3
Patossee ■ 124 D 3
Patras ② 38 B 3
Patras, Golf von- ■ 38 B 3
Patreksfjörd ● 44 A 2
Pattani ● 67 E 4
Patvinsuon, Nationalpark- ✦ 19 L 5
Pau ● 27 C 6
Paulistana ● 123 D 2
Paulo Afonso ● 123 E 2
Pavia ● 32 B 3
Pävilosta ● 22 F 3
Pavlodar ● 51 H 3
Pavlohrad ● 43 G-H 3
Pavlovo ● 41 J 4
Pavlovskaja ● 60 B 1
Pavullo nel Frignano ● 32 C 3
Paxoí ■ 38 A-B 3
Payette ● 110 C 3
Paysandú ● 124 D 3
Pays de la Loire ② 26 C 4
Paz, La- ● 114 A-B 2
Pazar ● 59 H 2
Pazarbaşı, Kap- ■ 58 C 2
Pazarcık ● 59 F 4
Pazardžik ● 37 G 4
Pazifisch-Antarktisches Becken ▬ 127 K-O 2
Pazifischer Ozean ■ 57 E-G 4
Peace ■ 106 C 3
Peace River ● 106 E 3
Pearl und Hermes Riff ■ 82 A 2
Peary Land ▬ 105 H 1
Pebas ● 120 C 3
Peć ● 36 E 4
Pečenežskoje vodohranilišče ■ 43 H 2-3
Pečenga ● 18 L 2
Pecos ● 108 C 2
Pecos ■ 108 C 2
Pécs ● 36 D 2
Pedernales ● 117 C 3
Pedreiras ● 123 D 2
Pedro Afonso ● 123 D 2
Pedro Juan Caballero ● 122 C 4
Pee Dee ■ 113 D 4
Peel ● 25 D 4
Peene ■ 31 H 2
Pegu ● 67 D 2
Pegugebirge ▲ 67 D 2-3
Pehuajó ● 124 C 3
Peipussee ■ 23 J 2
Pekalongan ● 68 B 4
Pekin ● 112 A-B 2

Peking (Beijing) ① 55 E 2-3
5,8 Mio. Ew., Hauptstadt der Volksrepublik China.

Pélagos ■ 38 D 3
Pelée, Mont- ▲ 117 E 4
Peleng ■ 69 D 4
Pelhřimov ● 31 J 4
Pelješac ● 36 C 4
Pelkosenniemi ● 18 J 3
Pello ● 18 H 3
Pelly ■ 106 C 2
Pelly Bay ● 107 H 2
Peloponnes ▬ 38 B-C 4
Pelopónnissos ② 38 C 4
Peloritani, Monti- ▲ 33 E 6
Pelotas ● 124 D 3
Pematangsiantar ● 68 A 3
Pemba ● 99 E 2
Pemba ■ 97 D 2
Pembroke (Großbritannien) ● 25 D 6
Pembroke (Kanada) ● 107 J 4
Peñafiel ● 28 C 3
Peñas, Golf von- ■ 125 B 4
Pendleton ● 108 B 1
Peneda-Gerês Nationalpark ✦ 28 A-B 2-3
Pengcheng ● 56 A 3
Penglai ● 56 C 3
Peniche ■ 28 A 4
Peñíscola ● 29 F 3
Pennines ▲ 25 E-F 4

Pennsylvania ② 109 F 1
12 Mio. Ew., US-Bundesstaat, Hauptstadt: Harrisburg.

Peno ● 40 D 3
Penong ● 80 C 3
Penosee ■ 40 D 3
Penrhyn Atoll ■ 76 C 2
Pensa ● 50 E 3
Pensacola ● 109 C 4
Pensacolakuppe ■ 82 C 3
Penshina ■ 53 M 2
Penshinabusen ■ 53 M 2
Pentecôte ■ 78 B 1
Penticton ● 106 E 4
Penzance ● 25 D 6
Peoria ● 109 E 1
Perabumulih ● 68 B 4
Perales, Puerto de- ▲ 28 B 3
Peranka ● 18 K 4
Perat ● 38 B 2
Perdido, Monte- ▲ 29 E-F 2
Pereira ● 120 C 2
Perejaslav Chmel'nyc'kyi ● 42 E 2
Pereščepyne ● 43 G 3
Pereslavl-Zalesski ● 41 G 3
Peresypkino ● 41 J 5
Pergamo ● 58 A 3
Pergamon ● 58 A 3
Périgueux ● 27 D 5
Perija, Sierra de- ▲ 120 C 1-2
Perito Moreno ● 125 B 4
Perkam, Kap- ■ 69 E 4

Perm ● 50 F 3
Përmeti ● 38 B 2
Pernambuco ② 123 D-E 2
Pernau ● 23 H 2
Pernik ● 37 F 4
Perniö ● 19 G 6
Péronne ● 26 E 3
Perpignan ● 27 E 6
Perros-Guirec ● 26 B 3
Perry ● 113 C 4-5
Perrysburg ● 112 C 2
Persembe ● 59 F 2
Persischer Golf = Arabischer Golf ■ 63 F 3
Perth (Australien) ② 80 A 3
Perth (Großbritannien) ● 24 E 3
Perthus, Col du- ▲ 27 E 6
Peru ❶ 120 C 4
Perugia ② 32 D 4
Perugraben ▬ 120 B-C 3-4
Pervari ● 60 D 6
Pervomajsk ● 41 J-K 4
Pervomajs'k ● 42 E 3
Pervomajski ● 41 H 5
Pervouralsk ● 50 F-G 3
Pesaro ● 32 D 4
Peščanokopskoje ● 60 C 1
Pesčany, Kap- ■ 61 H 3
Pescara ● 33 E 4
Peshawar ● 66 B 1
Peshkopi ● 38 B 2
Pestovo ● 40 E 2
Pestraja Dreswa ● 53 L 2
Petah Tiqwa ● 64 A 2
Petäjävesi ● 19 H 5
Petalioí ■ 38 D 3-4
Peterborough (Australien) ● 81 C 3
Peterborough (Großbritannien) ● 25 F 5
Peterborough (Kanada) ● 112 D 2
Peter-der-Große-Bucht ■ 57 E 2
Peterhead ● 24 F 3
Petersburg (Alaska-USA) ● 104 F 3
Petersburg (Virginia-USA) ● 112 D 3
Petkula ● 18 J 3
Peto ● 115 D 2
Petoskey ● 109 E 1
Petrel ■ 127 Q 2
Petrič ● 37 F 5
Petrified Forest Nationalpark ✦ 111 D-E 4
Petrodvorec ● 40 B-C 2
Petrolina ● 123 D 2
Petropavlovsk ● 51 G 3
Petropawlowsk-Kamtschatskij ● 53 L 3
Petrópolis ● 123 D 4
Petroşani ● 37 F 3
Petrosawodsk ● 50 D 2
Petrovsk ● 41 K 5
Petrovsk-Zabajkalski ● 52 F 3
Petschora ● 50 F 2

Petschora ~ **50** F 2
Peureulak ● **68** A 3
Pevek ● **53** N 2
Peyia ● **58** D 5
Pézenas ● **27** E 6
Pfefferküste ▬ **92** C 2
Pforzheim ● **30** F 4
Phaistos ⊡ **38** D 4
Phangan ≋ **67** D-E 4
Phanom Dang ▲ **67** E 3
Phan Rang ● **67** E-F 3
Phan Thiet ● **67** E 3
Phattalung ● **67** E 4
Phenix City ● **113** B-C 4
Phetchaburi ● **67** D-E 3
Phitsanulok ● **67** D-E 3

Phnom Penh ① **67** E 3
800 000 Ew., Hauptstadt von Kambodscha, am Mekong.

Phoenix ② **108** B 2
Phönix-Inseln ≋ **76** A 2
Phuket ● **67** D 4
Piacenza ● **32** B 3
Piana ● **33** B 5
Piandicastello ● **45** D
Pianosa (Puglia-Italien) ≋ **33** E 4
Pianosa (Toscana-Italien) ≋ **32** C 4
Piaski ● **34** F 3
Piatra Neamţ ● **37** H 2
Piauí ② **123** D 2
Piave ~ **33** D 3
Piaželka ● **40** E 1
Picardie ② **26** E 3
Piccolo San Bernardo, Colle del- ▲ **32** A 3
Pico ≋ **88** A 2
Picos ● **123** D 2
Picton ● **79** C 4
Pidurutalagala ▲ **66** C 4
Piedrabuena ● **28** C 4
Piedras Negras ● **114** B 2
Pieksämäki ● **19** J 5
Pielavesi ● **19** J 5
Pielissee ~ **19** K 5
Piemonte ② **32** A 3
Pierre ② **108** C 1
Piešťany ● **34** C 4
Pietermaritzburg ● **98** C 3
Pietersburg ● **98** C 3
Pietrosu ▲ **37** G 2
Pihlajavesi ● **19** K 6
Pihtipudas ● **19** H 5
Pikalevo ● **40** E 2
Pikes Peak ▲ **108** C 2
Pikou ● **56** C 3
Piła ● **34** C 2
Pilat ▲ **27** F 5
Pilcomayo ~ **122** B 4
Pilica ~ **34** D 2
Pillan ● **22** E 4
Pilna ● **41** K-L 4
Pilottown ● **113** B 5

Pilsen → Plzeň ● **31** H 4
Piltene ● **22** F 3
Pinaki Atoll ≋ **77** E 3
Pinang ● **68** B 3
Pınarbaşı ● **59** F 3
Pinar del Río ● **116** A 2
Pinarhisar ● **58** A 2
Pindos ▲ **38** B 3
Pine Bluff ● **109** D 1
Pine Creek ● **80** C 1
Pinerolo ● **32** A 3
Ping ~ **67** D 3
Pingdingshan ● **55** E 3
Pingdong ● **55** F 4
Pingelap Atoll ≋ **75** D 2
Pingliang ● **54** D 3
Pingquan ● **56** B 2
Pingwu ● **54** D 3
Pingxiang ● **55** E 4
Pingyang ● **55** F 4
Pinhel ● **28** B 3
Pinjarra ● **80** A 3
Pins ≋ **78** B 2
Pinsk ● **35** H 2
Pioche ● **111** D 4
Piombino ● **32** C 4
Piotrków Trybunalski ● **34** D 3
Piqueras, Puerto de- ▲ **29** D 2
Piracicaba ● **123** D 4
Piran ● **36** A 3
Pirapora ● **123** D 3
Piräus ● **38** C 4
Pirin ▲ **37** F 5
Pirmasens ● **30** E 4
Pirozero ● **40** E 1
Pirsaat ~ **61** G 4
Piru ● **69** D 4
Pisac ⊡ **120** C 4
Pisagua ● **124** B-C 1
Pisco ● **120** C 4
Písek ● **31** J 4
Pistoia ● **32** C 3
Pisuerga ~ **28** C 2-3
Pisz ● **34** E-F 2
Pitcairn ● **77** E 4
Pitcairn ② **77** E 4
Piteå ● **19** F 4
Piteälv ~ **18** F 3-4
Piteşti ● **37** G 3
Pitlochry ● **24** E 3
Pitt ≋ **79** D 4
Pittsburgh ● **109** E 1
Piura ● **120** B 3
Pivan ● **53** J 3
Pivdennyj Buh ~ **42** D 3
Pjandsh ● **51** G-H 5
Pjasee ~ **18** L 3-4
Pjasina ~ **52** D-E 1
Pjatigorsk ● **60** D 2

Pjöngjang ① **56** C-D 3
2,35 Mio. Ew., Hauptstadt von Nordkorea, am Taedonggang.

Placetas ● **116** B 2
Plasencia ● **28** B 3
Plata, Río de la- ≋ **124** D 3

Platte ≋ **95** E 4
Plattensee ~ **36** C 2
Plauen ● **31** H 3
Pļaviņas ● **23** H 3
Plavsk ● **40** F 5
Pleiku ● **67** E 3
Plenty, Bay of- ≋ **79** C 3
Pleščanicy ● **35** H-J 1
Pleskau ● **50** C 3
Pleskauer See ~ **40** A-B 2-3
Pleszew ● **34** C 3
Pleven ● **37** G 4
Pliska ⊡ **36** B 3
Plitvice Jezera, Nationalpark- ▲ **36** B 3
Pljeulja ● **36** D 4
Pljusa ● **40** B 2
Pljusa ~ **40** B 2
Płock ● **34** D 2
Plöckenpaß ▲ **32** E 2
Plöckenstein ▲ **31** H 4
Ploërmel ● **26** B 4
Ploieşti ● **37** H 3
Płońsk ● **34** E 2
Plovdiv ● **37** G 4
Plumtree ● **98** C 3
Plungė ● **23** F-G 4
Plymouth ● **25** D 6
Plzeň (Pilsen) ● **31** H 4
Po ~ **32** D 3
Pobeda ▲ **53** K 2
Pobedino ● **53** K 3-4
Pobedy ▲ **51** H-J 4
Pocatello ● **108** B 1
Počep ● **40** D 5
Poci ● **121** D 2
Počinok ● **40** D 4
Poconé ● **122** C 3
Poços de Caldas ● **123** D 4
Podbereзje ● **40** C 3
Podeba-Insel ≋ **127** E-F 2
Podelta ▬ **32** D 3
Podgorica ● **36** D 4
Podolsk ● **40** F 4
Podor ● **92** B 1
Podravina ● **36** C 2-3
Podravska Slatina ● **36** C 3
Pofadder ● **98** B 3
Pogar ● **40** D 5
Poggibonsi ● **32** C 4
Pogibi ● **53** K 3
Pogradeci ● **38** B 2
Pohang ● **57** D-E 3
Pohjois-Karjalan ② **19** K-L 5
Pohořelice ● **31** K 4
Pohrebyšče ● **42** D 3
Poinsett, Kap- ≋ **127** F 2
Pointe-à-Pitre ● **117** E 3
Pointe Noire ● **96** B 2
Point Hope ● **104** C 2
Poitiers ● **27** D 4
Poitou ≋ **27** C-D 4
Poitou Charentes ② **27** C-D 4
Poix ● **26** D-E 3
Pokka ● **18** H 2
Pokrovs'ke ● **43** H 3-4
Pokrovskoje ● **40** F 5
Pola ● **40** D 3
Polack ● **35** J 1

Polatlı ● **58** D 3
Polen ■ **34** C-E 3
Polesje ≋ **35** G-K 2-3
Polevskoj ● **50** F-G 3
Políaigos ≋ **38** D 4
Políkastron ● **38** C 2
Pólis ● **58** D 5
Poliske ● **42** D 2
Polist ~ **40** C 3
Pollino, Monte- ▲ **33** F 6
Pollino Nationalpark ● **33** F 5-6
Polohy ● **43** H 4
Polonne ● **42** C 2
Polson ● **110** D 2
Poltava ● **43** G 3
Põltsamaa ● **23** J 2
Põlva ● **23** J 2
Polynesien ≋ **76-77** B-D 2-4
Pomerellen ≋ **34** C-D 1-2
Pomična ● **42** E 3
Pommern ▬ **34** B-C 1-2
Pommersche Bucht ≋ **31** J 1
Pomorie ● **37** H 4
Pompei ⊡ **33** E 5
Ponca City ● **108** D 2
Ponce ● **117** D 3
Pondicherry ② **66** B-C 3
Pondicherry ② **66** B-C 3
Pond Inlet ● **107** J 1
Ponente, Riviera di- ▬ **32** B 3-4
Ponferrada ● **28** B 2
Ponta Delgada ② **88** A 2
Ponta Grossa ● **123** C 4
Pont-à-Mousson ● **26** F-G 3
Pontarlier ● **26** G 4
Pontchartrain, Lake- ● **109** D-E 2
Pont-d'Ain ● **27** F 4
Pontevedra ● **28** A 2
Pontiac ● **112** C 2
Pontianak ● **68** B 3-4
Pontisches Gebirge ▲ **58-59** D-H 2
Pontivy ● **26** B 3
Pontoise ● **26** E 3
Pontresina ● **32** B 2
Pont-Saint-Esprit ● **27** F 5
Ponyri ● **40** F 5
Ponza ≋ **33** D 5
Poopósee ~ **122** B 3
Popayán ● **120** C 2
Popocatépetl ▲ **114** C 3
Popondetta ● **74** B 3
Popovo ● **37** H 4
Poprad ● **34** E 4
Porangatu ● **123** D 3
Porbandar ● **66** A 2
Pordenone ● **32** D 2-3
Pordoi ▲ **32** C-D 2
Poreckoje ● **41** L 4
Porhov ● **40** B 3
Pori ● **19** F 6
Porkkala ● **19** H 6
Pornic ● **26** B 4
Poronajsk ● **53** K 4
Pororotnyj, Kap- ≋ **55** G 2
Póros ≋ **38** C 4

Porsangerfjord ≋ **18** H 1
Porsgrunn ● **21** C 4
Porsuk ~ **58** C 3
Portage la Prairie ● **106** G 4
Port Alberni ● **106** D 4
Portalegre ● **28** B4
Port Alfred ● **98** C 4
Port Angeles ● **110** B 2
Port Arthur ● **109** D 3
Port Augusta ● **81** C 3

Port-au-Prince ① **116** C 3
753 000 Ew., Hauptstadt von Haiti, bedeutender Hafen.

Port Blair ② **67** D 3
Port Burwell ● **107** K 2
Port-Cartier ● **107** K 3
Port Elizabeth ● **98** C 4
Port Ellen ● **24** C 4
Port Fairy ● **81** D 3
Port-Gentil ● **96** A 2
Port Harcourt ● **93** D 2
Port Hedland ● **80** A 2
Port Huron ● **112** C 2
Port-Iliç ● **61** G 5
Portland (Australien) ● **81** D 3
Portland (Maine-USA) ● **109** F-G 1
Portland (Oregon-USA) ● **108** A 1
Portland Bill ≋ **25** E 6
Portlaoise ● **25** C 5
Port Lincoln ● **81** C 3
Port Louis ① **99** F 3
Port Macquarie ● **81** E 3
Port-Menier ● **107** K 4
Port Moller ● **104** C 3

Port Moresby ① **74** B 3
220 000 Ew., Hauptstadt Papua-Neuguineas.

Port Nolloth ● **98** B 3
Porto ● **28** A 3
Pôrto Alegre ② **124** D 3
Porto Empedocle ● **33** D 7
Portoferraio ● **32** C 4
Port of Ness ● **24** C 2
Pôrto Franco ● **123** D 2
Port of Spain ① **117** E 4
Pôrto Murtinho ● **122** C 4
Pôrto Nacional ● **123** D 2
Porto-Novo ① **93** D 2
Porto Tolle ● **32** D 3
Porto Torres ● **33** B 5
Porto Vecchio ● **33** B 5
Pôrto Velho ② **122** B 2
Portoviejo ● **120** B 3
Port Pirie ● **81** C 3
Portree ● **24** C 3
Port Said ● **90** D 2
Port Saunders ● **107** L 3
Port Shepstone ● **98** C 4
Portsmouth (Großbritannien) ● **25** F 6
Portsmouth (New Hampshire-USA) ● **112** E 2

Portsmouth (Virginia-USA) ● **112** D 3
Port Sudan ● **95** C 2
Porttipahdantekosee ◨
 18 H-J 2-3
Portugal ◨ **28** A-B 4
Port Víla ① **78** B 1
Porvenir ● **125** B-C 5
Posadas ● **124** D 2
Pošehonje-Volodarsk ●
 41 G 2
Posen → Poznań ● **34** C 2
Posio ● **18** K 3
Poso ● **69** D 4
Posof ● **60** D 4
Pospeliha ◨ **51** J 3
Posse ● **123** D 3
Postojna ● **36** B 3
Potenza ② **33** E 5
Potgietersrus ● **98** C 3
Poti ● **60** C 3
Potiskum ● **93** E 1
Potosí ● **122** B 3
Potrerillos ● **124** C 2
Potsdam ② **31** H 2
Poüthīsăt ● **67** E 3
Póvoa de Varzim ●
 28 A 3
Powell ● **110** E 3
Powell Creek ● **81** C 1
Powell River ● **110** B 2
Powellstausee ▰ **108** B 2
Poyang Hu ▰ **55** E 4
Pozantı ● **59** E 4
Požarevac ● **37** E 3
Poza Rica ● **114** C 2
Požega ● **36** E 4
Poznań (Posen) ● **34** C 2
Pozoblanco ● **28** C 4
Prachuap Khiri Khan ●
 67 D-E 3
Prag → Praha ① **31** J 3

Praha (Prag) ① **31** J 3
1,21 Mio Ew., Hauptstadt Tschechiens, an der Moldau.

Praia ① **88** A 4
Prasonísion ◨ **39** E-F 5
Prat, Capitán Arturo- ✹
 127 P-Q 2
Prato ● **32** C 3-4
Pregel ◨ **22** F 4
Preiļi ● **23** J 3
Prekestol ▲ **21** B 4
Prenzlau ● **31** H 2
Přerov ● **31** K 4
Prescott ● **108** B 2
Presidente Epitácio ●
 123 C 4
Presidente Prudente ●
 123 C 4
Prešov ● **34** E 4
Prespasee ◨ **38** B 2
Preßburg → Bratislava ①
 34 C 4
Preston ● **25** E 5

Pretoria ① **98** C 3

443 000 Ew., Haupt- und Universitätsstadt in Südafrika.

Préveza ● **38** B 3
Pribilof Islands ▰ **104** B 3
Priboj ● **36** D 4
Přibram ● **31** J 4
Price ● **108** B 1-2
Prichard ● **113** B 4
Priekule ● **22** F 3
Priekulė ● **22** F 4
Prienai ● **23** G-H 4
Prieska ● **98** C 3-4
Prievidza ● **34** D 4
Prijedor ● **36** C 3
Prijepolje ● **36** D 4
Prilep ● **38** B 2
Primavera ✹ **127** P-Q 2
Primeira Cruz ● **123** D 2
Primorsk ● **40** B 1
Primorsko-Ahtarsk ● **60** B 1
Prince Albert ● **106** F 3
Prince Edward Island ▰
 107 K 4
Prince George ● **106** D 3
Prince of Wales, Kap- ◨
 104 C 2
Prince of Wales Inseln ●
 81 D 1
Prince Rupert ● **106** C 3
Princeton ● **110** B 2
Príncipe ▰ **96** A 1
Prinz Charles-Insel ▰
 107 J 2
Priozerny ● **40** C 2
Priozersk ● **19** L 6
Pripjat ● **35** H 2
Pripjatsümpfe ▰ **35** H-J 2
Prirečny ● **18** L 2
Prisib ● **61** G 5
Priština ● **37** E 4
Pritzwalk ● **31** H 2
Privas ● **27** F 5
Privolžsk ● **41** H 3
Prizren ● **36** D 4
Profítis Ilías ▲ **38** C 4
Progreso ● **115** D 2
Prohladny ● **60-61** D-E 3
Prokopjewsk ● **51** J 3
Prokuplje ● **37** E 4
Proletari ● **40** C 2
Prome ● **67** D 3
Pronja ◨ **41** G 4
Proserpine ● **81** D 2
Prostějov ● **31** K 4

Provence ▰ **27** F-G 5-6
Historische Region in SO-Frankreich.

Provence-Alpes-Côte d'Azur
 ② **27** F-G 5-6
Providence ② **109** F 1
Providence ▰ **99** F 1
Providencia ▰ **115** D 3
Providenija ● **53** O 2
Provo ● **108** B 1
Prudhoe Bay ● **104** E 1
Pruszków ● **34** E 2

Pruth ◨ **37** H 1
Pružany ● **35** G 2
Pryluky ● **43** F 2
Prymors'k ● **43** H 4
Prypjacki dzjaržavny,
 Nationalpark- ◉
 35 H-J 2-3
Przemyśl ● **34** F 4
Prževalskoje ● **40** C-D 4
Psará ◨ **39** E 3
Psel ◨ **43** G 2
Ptič ◨ **35** H 2
Ptuj ● **36** B-C 2
Pucallpa ● **120** C 3
Pučež ● **41** J 3
Pudasjärvi ● **19** J 4

Puebla ● **114** C 3
1 Mio. Ew., Hauptstadt des gleichnamigen mexik. Staates.

Puebla de Valverde, La- ●
 29 E 3
Pueblo ● **108** C 2
Puerto Acosta ● **122** B 3
Puerto Aisén ● **125** B 4
Puerto Angel ● **114** C 3
Puerto Asís ● **120** C 2
Puerto Ayacucho ● **121** D 2
Puerto Barrios ✦ **115** D 3
Puerto Berrío ● **120** C 2
Puerto Cabello ● **121** D1
Puerto Cabezas ● **115** D 3
Puerto Carreño ● **121** D 2
Puerto Casado ● **122** C 4
Puerto Chala ● **120** C 4
Puerto Chicama ● **120** C 3
Puerto Deseado ● **125** C 4
Puerto Escondido ● **114** C 3
Puerto Inírida ● **121** D 2
Puerto Libertad ● **111** D 6
Puertollano ● **28** C 4
Puerto Lumbreras ●
 29 D-E 5
Puerto Madryn ● **125** C 4
Puerto Maldonado ●
 121 D 4
Puerto Montt ● **125** B 4
Puerto Natales ● **125** B 5
Puerto Ordaz ● **121** D 2
Puerto Padre ● **116** B 2
Puerto Plata ● **117** C 3
Puerto Princesa ● **69** C 3
Puerto Rico ② **117** D 3
Puerto-Rico-Graben ▰
 117 D 2-3
Puerto Sastre ● **122** C 4
Puerto Siles ● **122** B 3
Puerto Suárez ● **122** C 4
Puerto Vallarta ● **114** B 2
Puerto Villazon ● **122** B 3
Puget-Théniers ● **27** G 5-6
Puglia ② **33** E-F 5
Puieşti ● **37** H 2
Puigcerda ● **45** C
Pukaruha Atoll (Cook-Insel)
 ▰ **76** B 3
Pukapuka Atoll (Französisch-
 Polynesien) ▰ **77** E 3

Pukaruha Atoll ▰ **77** E 3
Pukë ● **38** A 1
Pukovinkovo ● **40** E 3
Pula (Italien) ● **33** B 6
Pula (Kroatien) ● **36** A 3
Pulap Atoll ▰ **74** B 2
Pulaski ● **109** E-F 2
Puławy ● **34** F 3
Pulkkila ● **19** H 4
Pulo Anna ▰ **74** A 2
Pulog ▲ **69** D 2
Pułtusk ● **34** E 2
Puluwat Atoll ▰ **74** B 2
Punakala ● **66** D 2
Pune ● **66** B 3

Punjab ● **66** B 1-2
Vorderindische Landschaft in Indien und Pakistan.

Punjab ② **66** B 1
Puno ● **120** C 4
Punta Alta ● **124** C 3
Punta Arenas ● **125** B 5
Punta Prieta ● **111** D 6
Puntilla, La- ◨ **120** B 3
Puolanka ● **19** J 4
Puqi ● **56** A 5
Puquio ● **120** C 4
Puri ● **66** C 3
Pursat ● **67** E 3
Purús ◨ **122** B 2
Pusan ● **57** D 3
Púškin ● **40** C 2
Púškin ● **61** G 5
Puškino ● **40** F-G 3-4
Pustoška ● **40** B 3
Putao ● **67** D 2
Putila ● **42** B 3
Puting, Kap- ◨ **68** C 3
Putna ◨ **37** H 3
Putoranagebirge ▲ **52** E 2
Puttgarden ● **31** G 1

Putumayo ◨ **120** C 3
1852 km lang, Nebenfluss des Amazonas.

Puulasee ◨ **19** J 6
Puumala ● **19** K 6
Puuwai ● **83** A 3
Puy, Le- ● **27** E 5
Puyang ● **56** A-B 3
Puy-de-Dôme ▲ **27** E 5
Puymorens, Col de- ▲
 27 D 6
Pweto ● **97** C 2
Pyhäjoki ● **19** H 4
Pyhältö ● **19** J 6
Pyhäntä ● **19** J 4
Pyhätunturi ▲ **18** J 3
Pyinmana ● **67** D 2-3
Pylos ● **38** B 4
Pyongsan ● **56** D 2
Pyramid Lake ◨ **110** C 3-4
Pyrenäen ▰ **29** E-F 2
Pyrgos ● **38** B 4
Pyrjatyn ● **43** F 2
Pyrzyce ● **34** B 2

Pyščyg ● **41** K 2
Pytalovo ● **40** B 3

Q

Qaanaaq = Thule ● **105** E 2
Qabatiya ● **62A** B 2
Qacentina ● **89** D 2
Qadmus, Al- ● **59** F 5
Qafsah ● **89** D 2
Qaidambecken ▰ **54** C 3
Qal'at al Marqab ▰ **59** E-F 5
Qal'at Bisha ● **63** D 4-5
Qalibah, Al- ● **64** B 3
Qallabat ● **95** C 2
Qamdo ● **54** C 3
Qamishli, Al- ● **64** C 1
Qaqortoq = Julianehåb ●
 105 G 3
Qardo ● **95** D 3
Qareh ◨ **65** D-E 1-2
Qaryat al Ulya ● **65** D 3
Qaryt Abu Nujaym ● **90** B 2
Qasigiannguit = Christianshåb
 ● **105** F-G 3
Qasr, Al- ● **62A** B 3
Qasrayn, Al- ● **89** D-E 2
Qasr-e Shirin ● **65** D 2
Qasr Farafra ● **90** C 3
Qatif, Al- ● **65** D 3
Qatrun, Al- ● **90** B 3
Qay'iyah, Al- ● **64** C 4
Qaysumah, Al- ● **63** E 3
Qāzimämmäd ● **61** G 4
Qazvin ● **63** E 1
Qeqertarsuaq = Godhavn ●
 105 F 3
Qeshm ● **63** G 3
Qezel Owzan ◨ **65** D 1
Qian Gorlos ● **56** C 1-2
Qian Shan ▲ **56** C 2-3
Qiemo ● **54** B 3
Qimen ● **56** B 5
Qina ● **90** D 3
Qinghai ② **54** C 3
Qinghai Hu ▰ **54** C-D 3
Qingjiang ● **55** E 3
Qingyang ● **56** B 4
Qinhuangdao ● **55** E 2
Qin Ling ▲ **54** D 3
Qionghai ● **67** F 3
Qiqihar ● **55** F 2
Qiryat Ata ● **62A** A-B 2
Qiryat Gat ● **62A** A 3
Qiryat Malakhi ● **62A** A 3
Qiryat Yam ● **62A** A-B 2
Qitai ● **54** B-C 2
Qitaihe ● **55** G 2
Qom ● **63** E-F 2
Qomsheh ● **65** E 2
Qormi ● **45** F
qrPiedmont ◨ **113** C 3-4
Quahigouya ● **92** C 1
Quang Ngai ● **67** E 3
Quanzhou ● **55** E 4
Quartu Sant'Elena ● **33** B 6
Quba ● **61** G 4
Qubayyat, Al- ● **59** F 5

Quchan • **65** F 1
Québec • **107** J 4
Québec **2** **107** J-K 3
Queen Maud Gulf ▨
 106 F-G 2
Queensland **2** **81** D 2
Queenstown (Australien) •
 80 B 3
Queenstown (Neuseeland) •
 79 B 4
Queenstown (Südafrika) •
 98 C 4
Quelimane • **99** D 2
Querétaro • **114** B-C 2
Queshan • **56** A 4
Quesnel • **106** D 3
Quetta • **66** A 1
Quezon City • **69** D 2
Quibala • **98** B 2
Quibdó • **120** C 2
Quiberon • **26** B 4
Quillan • **27** E 6
Quilpie • **81** D 2
Quilpué • **124** B 3
Quimbele • **98** B 1
Quimper • **26** A 3-4
Quimperlé • **26** B 4
Quincy • **109** D 2
Qui Nhon • **67** E 3
Quionga • **99** E 2

Quito **1** **120** C 3
1,1 Mio. Ew., Hauptstadt von
Ecuador.

Quixadá • **123** E 2
Qujing • **54** D 4
Qunaytirah, Al- • **64** B 2
Quorn • **81** C 3
Quş • **90** D 3
Quşair, Al- (Ägypten) •
 90 D 3
Quşair, Al- (Syrien) • **59** F 5
Qusar • **61** G 4
Qusaybah • **64** C 2
Quwayiyah, Al- • **65** D 4
Quzhou • **55** E-F 4

R

Raab � **36** C 2
Raab → Győr • **36** C 2
Raahe • **19** H 4
Raananna • **62A** A 2
Rab ▨ **36** B 3
Raba • **69** C 4
Rabat (Malta) • **45** F
Rabat (Marokko) **1** **88** C 2
Rabaul • **74** C 3
Răcăşdia • **37** E 3
Race, Kap- ▨ **107** L 4
Racibórz • **34** D 3
Racine • **112** B 2
Rădăuţi • **37** G 2
Radom • **34** E 3
Radomsko • **34** D 3
Radomyšl' • **42** D 2
Radoviš • **38** C 2

Radščevo • **41** G 3
Radviliškis • **23** G 3
Radwa, Jabal- ▲ **64** B 4
Radzyń Podlaski • **34** F 3
Rae • **106** E 2
Raevavae ▨ **77** D 4
Raevski, Groupe- ▨ **77** D 3
Rafaela • **124** C 3
Rafaï • **94** B 3
Rafha • **63** D 3
Rafid, Ar- • **62A** B 2
Rafsanjan • **63** G 2
Ragged Island Range ▨
 116 B 2
Ragusa • **33** E 7
Rahad, Ar- • **94** C 2
Rahad al Bardi • **94** B 2
Raheb, Kap ir- ▨ **45** F
Rahimyar Khan • **66** B 2
Rahouia • **29** F 6
Raiatea ▨ **77** C 3
Raichur • **66** B 3
Rainier, Mount- ▲ **108** A 1
Raipur • **66** C 2
Raisi, Punta- ▨ **33** D 6
Rajahmundry • **66** C 3
Raja-Jooseppi • **18** K 2

Rajasthan **2** **66** B 2
44 Mio. Ew., Bundesstaat in
NW-Indien, Hauptstadt: Jaipur.

Rajkot • **66** B 2
Rakahanga Atoll ▨ **76** B 2
Rakata ▨ **68** B 4
Rakušečny, Kap- ▨ **61** H 3
Rakvere • **23** J 2
Raleigh **2** **109** F 2
Ramadi, Ar- • **64** C 2
Ramallah • **62A** B 3
Rambouillet • **26** D 3
Ramelau ▲ **69** D 4
Ramenskoje • **40-41** G 4
Rameški • **40** F 3
Ramla • **62A** A 3
Ramree • **67** D 3
Ramsgate • **25** G 3
Ramsjö • **20** F 2
Ramu ➳ **74** B 3
Ramygala • **23** H 4
Rancagua • **124** B 3
Ranchi • **66** C 2
Randazzo • **33** E 7
Randers • **21** D 5
Råneå • **18** G 4
Rangpur • **66** C 2

Rangun = Yangon **1** **67** D 3
2,5 Mio. Ew., Hauptstadt von
Myanmar (Birma).

Rank, Ar- • **94** C 2
Rankin Inlet • **106** G 2
Rankweil • **45** A
Ranong • **67** D 3-4
Ransiki • **67** E 2
Rantekombala ▲ **69** C-D 4
Ranua • **18** J 4
Raoul-Insel ▨ **78** D 2

Rapa ▨ **77** D 4
Rapid City • **108** C 1
Rapla • **23** H 2
Raqqah, ar- • **64** B 1
Raraka Atoll ▨ **77** D 3
Rarotonga ▨ **76** C 4
Ras ad Daqm • **63** G 4-5
Ra's al Ayn • **59** H 4
Ra's al Khaymah • **65** E-F 3
Ras Daschan ▲ **95** C 2
Raseiniai • **23** G 4
Rashayya • **62A** B 1
Rasht • **63** E 1
Raška • **36** E 4
Rass, Ar- • **64** C 3
Rasskazovo • **41** H-J 5
Rastan, Ar- • **59** F 5
Rätansbyn • **20** F 2
Rathenow • **31** H 2
Rätikon ▲ **45** A
Ratne • **42** B 2
Rättvik • **20** F 3
Ratzeburg • **31** G 2
Raufoss • **20** D 3
Rauma • **19** F 6
Rauma ➳ **20** B 2
Raurkela • **66** C 2
Raut ➳ **42** D 4
Rautavaara • **19** K 5

Ravenna • **32** D 3
137 000 Ew., Hauptstadt der
gleichnamigen ital. Provinz.

Ravensburg • **31** F 5
Ravenshoe • **81** D 1
Ravi ➳ **66** B 1
Rawaki ▨ **76** A 2
Rawalpindi • **66** B 1
Rawicz • **34** C 3
Rawlinna • **80** B 3
Rawlins • **110** E 3
Rax ▲ **32** E 2
Raya ▲ **68** C 4
Razgrad • **37** H 4
Razlog • **37** F 5
Ré • **27** C 4
Reading • **25** F 6
Real, Costa- ▬ **28-29** D 2
Reao Atoll ▨ **77** E 3
Rebiana, Wüste- ▬ **90** B-C 3
Reboly • **19** L 5
Rebun ▨ **57** G 1
Recherche, Archipel- ▨
 80 B 3

Recife **2** **123** E 2
1,3 Mio. Ew., Hauptstadt des
brasil. Staates Pernambuco.

Recife, Kap- ▨ **98** C 4
Reconquista • **124** C 2
Recreio • **122** C 2
Recreo • **124** C 2
Rèčyca • **35** K 2
Red Bluff • **110** B 3
Red Deer • **106** E 3
Redding • **108** A 1
Redkino • **40** F 3

Red Lake • **106** G 3
Redon • **26** B 4
Redondela • **28** A 2
Red River ➳ **108** D 2
Red Rock • **112** B 1
Ree, Lough- ➳ **25** B-C 5
Refahiye • **59** G 2-3
Regensburg • **31** H 4
Reggane • **89** C-D 3
Reggio di Calabria • **33** E 6
Reggio nell'Emilia • **32** C 3
Reghin • **37** G 2
Regina • **106** F 3
Régina • **121** E 2
Registan • **63** H 2-3
Regnitz ➳ **31** G 4
Régua • **28** B 3
Reguengos de Monsaraz •
 28 B 4
Rehoboth • **98** B 3
Rehovot • **62A** A 3
Reichenberg → Liberec •
 31 J 3
Reim • **62A** A 3
Reims • **26** E-F 3
Reina, Jardines de la- ▨
 116 B 2
Reinosa • **28** C 2
Reisa, Nationalpark- ✱ **18** G 2
Reitoru Atoll ▨ **77** D 3
Reliance • **106** F 2
Relizane • **29** F 6
Remanso • **123** D 2
Rena • **20** D 3
Rendsburg • **31** F 1
Renfrew • **112** D 1
Rengat • **68** B 4
Reni • **42** D 5
Renmark • **81** D 3
Rennell ▨ **75** C-D 4
Rennes **2** **26** C 3
Reno • **108** B 2
Reno ➳ **32** C 3
Rentiersee ➳ **106** F 3
Repki • **42** E 2
Replot ▨ **19** F 5
Repojoki • **18** H 2
Repulse Bay • **107** H 2
Requena • **29** E 4
Reşadiye • **59** F 2
Resen • **38** D 5
Resetylivka • **43** G 3
Resia ▲ **32** C 2
Resistencia • **124** D 2
Reşiţa • **37** E 3
Resolute • **106** G 1
Resolution • **107** K 2
Rethel • **26** F 3
Rethymnon • **38** D 5
Réunion ▨ **99** F 3
Reus • **29** F 3
Reutlingen • **31** F 4

Reval = Tallinn **1** **23** H 2
470 000 Ew., Hauptstadt Est-
lands, ehemalige Hansestadt.

Revelstoke • **106** E 3
Revillagigedo-Inseln ▨
 114 A 3

Revivim • **62A** A 3
Revsnes • **20** B 3
Rey • **65** F 1
Reyhanli • **59** F 4
Reykjahlíd • **44** E 2
Reykjanes ▨ **44** B 4
Reykjanesrücken ▨
 126 O 3

Reykjavík **1** **44** B-C 3
160 000 Ew., Hauptstadt und
wichtigster Hafen Islands.

Reynosa • **114** C 2
Rēzekne • **23** J 3

Rhein ➳ **26** G-H 3
1320 km, längster Fluss
Deutschlands (deutscher An-
teil: 865 km).

Rheine • **30** E 2
Rheinisches Schiefergebirge
 ▲ **30** E-F 3

Rheinland-Pfalz **2** **30** E 3-4
4 Mio. Ew., dt. Bundesland,
Hauptstadt: Mainz.

Rhinelander • **112** B 1
Rhir, Kap- ▨ **88** B 2
Rhode Island **2** **109** F 1
Rhodos • **39** F 4
Rhodos ▨ **39** F 4
Rhön ▲ **31** F-G 3
Rhône ➳ **27** F 5
Rhône-Alpes **2** **27** F-G 5
Rhônedelta ▬ **27** F 6
Rhum ▨ **24** C 3

Riad **1** **63** E 4
1,6 Mio. Ew., Hauptstadt Sau-
di-Arabiens.

Rias Altas ▬ **28** A 2
Rias Bajas ▬ **28** A 2
Ribadeo • **28** B 2
Ribatejo ▬ **28** A 4
Ribàuè • **99** D 2
Ribe • **21** C 6
Ribeirão Prêto • **123** D 4
Ribera • **33** D 7
Riberalta • **122** B 3
Rîbniţa • **42** D 4
Riccione • **45** D
Richards Bay • **99** D 3
Richardson Mountains ▲
 106 C 2
Richfield • **111** D 4
Richmond (Australien) •
 81 D 2
Richmond (Kentuchy-USA) •
 112 C 3
Richmond (Virginia-USA) **2**
 109 F 2
Riesa • **31** H 3
Rieti • **33** D 4
Rif, Er- ▲ **88-89** C 2
Rifstangi ▨ **44** E-F 1

Riga ① **23** H 3
827 000 Ew., Hauptstadt Lett-
lands, ehemalige Hansestadt.

Rigaischer Meerbusen ▨
  23 G-H 3
Rigolet ⦁ **107** L 3
Riihimäki ⦁ **19** H 6
Rijeka ⦁ **36** B 3
Riksgränsen ⦁ **18** E 2
Rila ▲ **37** F 5
Rima ⊠ **93** D 1
Rima Tara ▨ **77** C 4
Rimavská Sobota ⦁ **36** E 1
Rimini ⦁ **32** D 3
Rîmnicu Sărat ⦁ **37** H 3
Rîmnicu Vîlcea ⦁ **37** G 3
Rimouski ⦁ **107** K 4
Rindal ⦁ **20** C 2
Ringkøbing ⦁ **21** G 5
Ringkøbing Fjord ▨ **21** B-C 5
Ringsted ⦁ **21** D 6
Ringvassøy ▨ **18** E 2
Rinjani ▲ **68** C 4
Riobamba ⦁ **120** C 3
Rio Branco ② **122** B 2
Rio Colorado ⦁ **124** C 3
Río Cuarto ⦁ **124** C 3
Rio de Janeiro ② **123** D 4
Rio de Janeiro ② **123** D-E 4
Río Gallegos ⦁ **125** C 5
Río Grande ⦁ **124** C 3
Río Grande ⦁ **125** C 5
Rio Grande do Norte ②
  123 E 2
Rio Grande do Sul ②
  124 D 2-3
Riohacha ⦁ **120** C 1
Rioja, La- ② **29** D 2
Rioni ⊠ **60** D 3
Rio Verde ⦁ **123** C 3
Rio Verde de Mato Grosso ⦁
  122 C 3
Rîşcani ⦁ **42** C 3-4
Rishiri ▨ **57** G 1
Rishon ⦁ **62A** A 2
Risnjak, Nationalpark- ▦
  36 B 3
Risør ⦁ **21** C 4
Risøyhamn ⦁ **18** C 2
Risti ⦁ **23** G-H 2
Ristijärvi ⦁ **19** K 4
Riva del Garda ⦁ **32** C 2-3
Rivera ⦁ **124** D 3
Riverside ⦁ **111** C 5
Riverton ⦁ **110** E 3
Rivière-du-Loup ⦁ **107** K 4
Rivne ⦁ **42** C 2
Rixhöft ▲ **34** D 1
Rize ⦁ **59** H 2
Rize Dağları ▲ **59** H 2
Rizhao ⦁ **56** B-C 3
Rizzuto, Kap- ▲ **33** F 6
Rjazan ⦁ **50** D-E 3
Rjažsk ⦁ **41** G-H 5
Rjukan ⦁ **21** C 4
Road Town ① **117** E 3
Roanne ⦁ **27** E-F 4
Roanoke ⦁ **109** E-F 2

Roanoke ⊠ **112** D 3
Roavvegiedde ⦁ **18** J 1-2
Robat-e-Khan ⦁ **65** F 2
Robertsfors ⦁ **19** F 4
Robertsport ⦁ **92** B 2
Robinson Crusoe ▨ **124** B 3
Robla, La- ⦁ **28** C 2
Roboré ⦁ **122** C 3
Robson ▲ **106** E 3
Roca Partida ▨ **114** A 3
Rocas ▨ **123** E 2
Rocas Alijos ▨ **114** A 2
Rocha ⦁ **124** D 3
Rochefort ⦁ **27** C 5
Rochelle, La- ⦁ **27** C 4
Rochester (New York-USA) ⦁
  109 F 1
Rochester (Wisconsin-USA)
  ⦁ **109** D 1
Roche-sur-Yon, La- ⦁ **26** C 4
Rockford ⦁ **109** E 1
Rockhampton ⦁ **81** E 2
Rock Island ⦁ **112** A 2
Rock Springs ⦁ **108** C 1
Rocky Mountains ▲
  108 B-C 1-2
Roda, La- ⦁ **29** D 4
Rodez ⦁ **27** E 5
Rodi Garganico ⦁ **33** E 5
Rodnei, Munţii- ▲ **37** G 2
Rodniki ⦁ **41** H-J 3
Rodopen ▲ **37** G 3
Roebourne ⦁ **80** A 2
Rogatin ⦁ **42** B 3
Rognan ⦁ **18** C 3
Rohačav ⦁ **35** K 2
Roja ⦁ **23** G 3
Rokiškis ⦁ **23** H 4
Rokycany ⦁ **31** H 4
Rokytne ⦁ **42** C 2
Rolla ⦁ **112** A 3
Rolla ▨ **18** D 2
Rolvsøy ▨ **18** G 1

Rom ① **33** D 5
2,79 Mio. Ew., Hauptstadt Ita-
liens, am Tiber .

Roma ⦁ **81** D 2
Roman ⦁ **37** H 2
Romana, La- ⦁ **117** D 3
Romano, Kap- ▨ **113** C 5
Romans ⦁ **27** F 5
Rome ⦁ **109** E 2
Romilly ⦁ **26** E 3
Romny ⦁ **43** E 2
Rømø ▨ **21** C 6
Romodanovo ⦁ **41** K 4
Romorantin ⦁ **26** D 4
Rompin ⦁ **68** B 3
Roncador, Serra do- ▲
  123 C 3
Roncesvalles ⦁ **29** E 2
Roncesvalles, Puerto de- ▲
  29 E 2
Ronda ⦁ **28** C 5
Ronda, Serranía de- ▲
  28 C 5
Rondane ▲ **20** C 2-3

Rondane, Nationalpark- ▦
  20 C-D 3
Rondônia ② **122** B 3
Rondônia ② **122** B 3
Rondonópolis ⦁ **122** C 3
Rongelap Atoll ▨ **75** D 1
Rongerik Atoll ▨ **75** D 1
Rønne ⦁ **21** F 6
Ronne-Schelfeis ▨
  127 P-O 1-2
Roosendaal ⦁ **30** D 3
Roosevelt, Rio- ⊠ **122** B 2-3
Roosevelt-Inseln ▨ **127** K 1
Roper ⊠ **81** C 1
Roques, Los- ▨ **121** D 1
Roraima ▲ **121** D 2
Roraima ② **122** B-C 1
Røros ⦁ **20** D 2
Rørvik (Norwegen) ⦁ **20** D 1
Rørvik (Norwegen) ⦁
  20 C-D 2
Ros ⊠ **42** E 3
Rosa, Monte- ▲ **32** A 3
Rošal ⦁ **41** G 4
Rosal de la Frontera, El- ⦁
  28 B 4
Rosário ⦁ **123** D 2
Rosario (Argentinien) ⦁
  124 C 3
Rosario (Mexiko) ⦁ **114** B 2
Rosario (Mexiko) ⦁
  114 A 1-2
Roscoff ⦁ **26** A-B 3
Roscrea ⦁ **25** C 5
Rose ▨ **76** B 3
Roseau ① **117** E 3
Roseburg ⦁ **108** A 1
Rosendal ⦁ **20** A-B 4
Rosenheim ⦁ **31** H 5
Rosetown ⦁ **110** E 1
Roşiori de Vede ⦁ **37** G 3
Roslavl ⦁ **40** D 5
Rossan Point ▨ **25** B 4
Rossel ▨ **74** C 4
Rosslare ⦁ **25** C 5
Rossmeer ▨ **127** K 2
Rosso ⦁ **88** B 4
Ross River ⦁ **106** C 2
Ross-Schelfeis ▨ **127** K 1
Rostock ⦁ **31** H 1
Rostov ⦁ **41** G 3
Rostow ⦁ **50** D-E 4
Røsvatn ▨ **18** B-C 4
Rosvik ⦁ **18** C 3
Roswell ⦁ **113** C 4
Rota ▨ **74** B 1

Roter Fluss ⊠ **54** D 4
»Songkoi«, ca. 800 km lang, in
China und N-Vietnam.

Rotes Meer ▨ **64** A-B 3-4
Rothaargebirge ▲ **30** F 3
Rothera ⦁ **127** P 2
Roti ▨ **69** D 5
Rotorua ⦁ **79** C 3
Rotterdam ⦁ **30** D 3
Rottweil ⦁ **30** F 4
Rotuma ▨ **78** C 1

Roubaix ⦁ **26** E 2
Rouen ② **26** D 3
Roundup ⦁ **110** E 2
Rousay ▨ **24** E 2
Rousse, La- ⦁ **45** B
Rouyn ⦁ **107** J 4
Rovaniemi ② **18** H 3
Rovenki ⦁ **43** J 3
Rovereto ⦁ **32** C 3
Rovigo ⦁ **32** C 3
Rovinj ⦁ **36** A 3
Rovuma ⊠ **99** E 2
Roxas (Philippinen) ⦁ **69** D 2
Roxas (Philippinen) ⦁ **69** C 2
Roxen ▨ **21** F 4
Royan ⦁ **27** C 5
Rozdil'na ⦁ **42** E 4
Rožňava ⦁ **34** E 4
Rožyšče ⦁ **42** B 2
Rrogozhinë ⦁ **38** A 2
Rtanj ▲ **37** E 4

Ruacanafälle ⊠ **98** B 2
Wasserfälle in S-Angola, 120 m

Ruanda ⬛ **97** C-D 2
Ruapehu, Mount- ▲ **79** C 3
Rub al-Khali →
  Große Arabische Wüste ▦
  63 E-F 4
Rubcovsk ⦁ **51** J 3
Rubižne ⦁ **43** J 3
Ruby ⦁ **104** D 2
Rucava ⦁ **22** F 3
Rudnaja-Pristan ⦁ **55** G 2
Rudnik ⦁ **36** E 3
Rudnja ⦁ **40** C 4
Rudnogorsk ⦁ **52** F 3
Rudny ⦁ **51** G 3
Rudolfsee ▨ **97** D 1
Rufiji ⊠ **97** D 2
Rufisque ⦁ **88** B 3
Rugao ⦁ **56** C 4
Rügen ▨ **31** H 1
Ruggell ⦁ **45** A
Ruhnu ▨ **23** G 3
Ruhr ⊠ **30** E-F 3
Ruijin ⦁ **55** E 4
Rüjiena ⦁ **23** H 3
Rukwasee ▨ **97** D 2
Ruma ⦁ **36** D 3
Rumänien ⬛ **37** G-H 2-3
Rumbek ⦁ **94** B 3
Rum Cay ▨ **116** C 2
Rum Jungle ⦁ **80** C 1
Rummah, Wadi ar- ⊠ **64** C 3
Rundu ⦁ **98** B 2
Rungwe ▲ **97** D 2
Runn ▨ **20** F 3
Ruovesi ⦁ **19** H 6
Rurrenabaque ⦁ **122** B 3
Rurutu ▨ **77** C 4
Rusafah, Ar- ▨ **59** G 5
Rusape ⦁ **99** D 2
Ruşayriş, Ar- ⦁ **94-95** C 2
Ruşayriş, Khazzan ar- ▨
  94-95 C 2
Ruse ⦁ **37** H 4
Russenes ⦁ **18** H 1

Russland ⬛ **50-51** E-H 3
Rustavi ⦁ **61** E 4
Rutba ⦁ **63** D 2
Rutog ⦁ **54** A-B 3
Rutshuru ⦁ **97** C 2
Rutul ⦁ **61** F 4
Ruways, Ar- (Katar) ⦁
  65 E 3
Ruways, Ar- (Veneinigte
  Arabische Emirate) ⦁
  65 E 4
Ruwenzori ▲ **97** D 1
Ruzajevka ⦁ **41** K 4-5
Rybači, Poluostrov- ▦
  18 L-M 2
Rybinsk ⦁ **50** D 3
Rybinsker Stausee ▨ **50** D 3
Rybnik ⦁ **34** D 3
Rypin ⦁ **34** D 2
Rzeszów ⦁ **34** F 3
Ržev ⦁ **40** E 3

S

Saad ⦁ **62A** A 3
Saale ⊠ **31** G 3
Saarbrücken ② **30** E 4
Sääre ⦁ **23** G 3
Saaristomeren, Nationalpark-
  ▦ **19** F-G 7

Saarland ② **30** E 4
1,08 Mio. Ew., dt. Bundesland,
Hauptstadt: Saarbrücken.

Saarlouis ⦁ **30** E 4
Saatli ⦁ **61** G 4-5
Saba ▨ **117** E 3
Šabac ⦁ **36** D 3
Sabadell ⦁ **29** G 3
Sabah ▦ **68-69** C 3
Sabalan ▲ **63** E 1
Sabang ⦁ **69** C 3-4
Şabanözü ⦁ **58** D 2
Sab Bi Ar ⦁ **64** B 2
Sabhah ⦁ **90** B 3
Sabirabad ⦁ **61** G 4
Šabla ⦁ **37** J 4
Sable ⦁ **107** L 4
Sable, Kap- ▨ **109** E 3
Sables-d'Olonne, Les- ⦁
  27 C 4
Sabzevar ⦁ **63** G 1
Sacedón ⦁ **29** D 3
Sachalin ▨ **53** K 3
Sachnovšćyna ⦁ **43** G 3

Sachsen ② **31** H 3
4,55 Mio. Ew., dt. Bundesland,
Hauptstadt: Dresden.

Sachsen-Anhalt ②
  31 G-H 2-3
2,73 Mio. Ew., dt. Bundesland,
Hauptstadt: Magdeburg

Sachs Harbour ⦁ **106** D 1
Šachtars'k ⦁ **43** J 3

Šack ● **41** H 5
Sacramento ② **108** A 2
Sacramento ● **108** A 2
Săcueni ● **37** F 2
Sada ● **63** D 5
Sadiya ● **67** D 2
Sado ᚕ **57** F 3
Sa Dragonera ᚕ **29** G 4
Šadrinsk ● **51** G 3
Sæby ● **21** D 5
Saffaniyah, Ra's al- ● **65** D 3
Säffle ● **21** E 4
Safford ● **111** E 5
Safi ● **88** C 2
Safirah, As- ● **59** F 4
Safonovo ● **40** D 4
Safranbolu ● **58** D 2
Saga (China) ● **54** B 4
Saga (Japan) ● **57** D-E 4
Sagamibucht ᚕ **57** F 3-4
Sagar ● **66** B 2
Sagaredžo ● **61** E 4
Saginaw ● **109** E 1
Sagres ● **28** A 5
Sagua la Grande ●
   116 A-B 2
Sagunto ● **29** E 4
Sahand ▲ **65** D 1
Sahara ᚕ **88-89** B-F 3
Sahara ② **88** B 3
Sahara Atlas ▲ **89** D 2
Saharanpur ● **66** B 1-2
Sahiwal ● **66** B 1
Šahova Kosa, Kap- ᚕ **61** H 4
Sahuaripa ● **111** E 6
Šahunja ● **41** L 3
Saïda ● **89** D 2
Saigon → Ho-Chi-Minh-Stadt
   ● **67** E 3-4
Saihan Tal ● **55** E 2
Saimaasee ᚕ **19** J-K 6
Saint-Affrique ● **27** E 6
Saint-Amand-Montrond ●
   26 E 4
Saint-André, Kap- ᚕ **99** E 2
Saint Andrews ● **24** E 3
Saint Anthony ● **107** I 3
Saint Augustine ● **109** E 2
Saint Barthélemy ② **117** E 3
Saint-Brieuc ● **26** B 3
Saint-Calais ● **26** D 3-4
Saint Catharines ● **112** D 2
Saint-Céré ● **27** D 5
Saint-Claude ● **27** F 4
Saint Croix ● **117** D-E 4
Saint David's Head ᚕ **25** D 6
Saint-Denis ② **99** F 3
Saint-Dié ● **26** G 3
Saint-Dizier ● **26** F 3
Saint Elias Mountains ▲
   106 C 2-3
Sainte-Marie, Kap- ᚕ **99** E 3
Saintes ● **27** C 5
Saintes-Maries-de-la-Mer ●
   27 F 6
Saint-Étienne ● **27** F 5
Saint-Flour ● **27** E 5
Saint-Gaudens ● **27** D 6
Saint George ᚕ **104** C 3

Saint George (Australien) ●
   81 D 2
Saint George (USA) ●
   111 D 4
Saint George's ① **117** E 4
Saint Georges Kanal ᚕ
   74 C 3
Saint-Germain-en-Laye ●
   26 D 3
Saint-Girons ● **27** D 6
Saint Helens, Mount- ▲
   108 A-B 1
Saint Ives ● **25** D 6
Saint Jean ● **112** E 1
Saint-Jean-d'Angély ●
   27 C 5
Saint-Jean-de-Monts ●
   26 B-C 4
Saint-Jean-Pied-de-Port ●
   27 C 6
Saint-Jérôme ● **112** E 1
Saint John ● **107** K 4
Saint John's (Antigua
   und Barbuda) ① **117** E 3
Saint John's (Kanada) ●
   107 L 4
Saint Joseph ● **108** D 2
Saint-Junien ● **27** D 4-5
Saint Kilda ● **24** B 3
Saint Kitts und Nevis ①
   117 E 3
Saint-Laurent-du-Maroni ●
   121 E 2
Saint-Léonard-de-Noblat ●
   27 D 5
Saint-Lô ● **26** C 3
Saint Louis (Senegal) ●
   92 B 1
Saint Louis (USA) ● **109** D 2
Saint Lucia ① **117** E 4
Saint Lucia Channel ᚕ
   27 C 4
Saint-Malo ● **26** C 3
Saint-Malo, Golf von- ᚕ
   26 B 3
Saint-Martin ᚕ **117** E 3
Saint Mary Peak ▲ **81** C 3
Saint Marys ● **80** C 3
Saint Matthew ᚕ **104** B 2
Saint Matthias ᚕ **74** B-C 3
Saint Michael ● **104** C 2
Saint-Nazaire ● **26** B 4
Saint-Omer ● **26** E 2
Saintonge ᚕ **27** C 5
Saint Paul ᚕ **104** B 3
Saint Paul (Kanada) ●
   106 E 3
Saint Paul (USA) ② **109** D 1
Saint Paul's Bahar ᚕ **45** F
Saint Paul's Bai ᚕ **45** F
Saint Petersburg ● **109** E 3
Saint-Pierre ● **99** F 3
Saint Pierre und Miquelon
   ② **107** L 4
Saint-Quentin ● **26** E 3
Saint-Roman ● **45** B
Saint-Seine-l'Abbaye ●
   26 F 4

Saint Thomas ● **112** C 2
Saint Thomas ᚕ **117** D-E 3
Saint-Tropez ● **27** G 6
Saint Vincent Passage ᚕ **1**
   17 E 4
Saint Vincent und Grenadien
   ① **117** E 4
Saipan ᚕ **74** B 1
Saissansee ᚕ **51** J 4
Sajak ● **51** H 4
Sajama ▲ **124** C 1
Sajn-Šand ● **55** E 2
Sakakah ● **63** C-D 2
Sakakaweastausee ᚕ
   108 C 1
Sakamisee ● **107** J 3
Sakaraha ● **99** E 3
Sakarya ● **58** C 2
Sakata ● **57** F 3
Säki ● **61** F 4
Šakiai ● **23** G 4
Sakiskima Inseln ᚕ **55** F 4
Sakju ● **56** D 2
Sakrivier ᚕ **98** C 4
Saksagan ᚕ **43** F 3-4
Sal ᚕ **88** A 4
Sala ● **21** G 4
Salacgrîva ● **23** H 3
Sala Consilina ● **33** E 5
Salado ᚕ **124** C 3
Salado, Río- ᚕ **124** C 2
Salaga ● **92** C 2
Salah, In- ● **89** D 3
Salalah ● **63** F-G 5
Salamanca ● **28** C 3
Salamat ᚕ **94** A-B 2-3
Salamis ● **58** D 5
Salamiyah, As- ● **59** F 5
Salavat ● **50** F 3
Salbris ● **26** D-E 4
Salcantay ▲ **120** C 4
Saldaña ● **28** C 2
Saldanha ● **98** B 4
Saldus ● **23** G 3
Sale ● **81** D 3
Salehard ● **50** G 2
Salem (Indien) ● **66** B 3
Salem (USA) ② **108** A 1
Salerno ● **33** E 5
Salerno, Golf von- ᚕ **33** E 5
Salgir ᚕ **43** G 5
Salgótarján ● **36** D 1
Salgueiro ● **123** E 2
Šali ● **61** E 3
Salihiyah, As- ⊡ **59** H 5
Salihli ● **58** B 3
Salihorsk ● **35** H 2
Salima ● **99** D 2
Salina ● **108** D 2
Salina ● **33** E 6
Salinas ● **108** A 2
Salinas, Kap- ᚕ **29** G 4
Salins-les-Bains ● **26** F 4
Salisbury (Großbritannien) ●
   25 F 6
Salisbury (USA) ● **112** D 3
Salla ● **18** K 3
Sallum, As- ● **90** C 2
Salman, As- ● **64** C 2

Salmas ● **64** D 1
Salmon ᚕ **110** C-D 2
Salmon Arm ● **110** C 1
Salmon River Mountains ▲
   110 C-D 2-3
Salò ● **32** C 3
Salo ● **19** G 6
Salomonen ① **75** D 3
Salomon-Inseln ᚕ **75** C-D 3
Salon-de-Provence ● **27** F 6
Saloniki ② **38** C 2
Salonta ● **37** E 2
Salpausselkä ▲ **19** J-K 6
Salso ᚕ **33** D-E 7
Salt ᚕ **111** D 5
Salt, As- ● **62A** B 2
Salta ● **124** C 2
Salten ᚕ **18** C-D 3
Saltfjord ᚕ **18** C 3
Saltillo ● **114** B 2
Saltjellet-Svartisen,
   Nationalpark- ⊛ **18** C 3
Salt Lake City ② **108** B 1
Salto ● **124** D 3
Salto, El- ● **114** B 2
Saltoluokta ● **18** E 3
Saltonsee ᚕ **108** B 2
Saludecio ● **45** D
Saluen → Nu Jiang ᚕ
   67 D 1
Saluzzo ● **32** A 3

Salvador ② **123** E 3
*2,1 Mio. Ew., Hauptstadt des
brasil. Staats Bahia.*

Salwá, As- ● **65** E 4
Salyan ● **61** G 5

Salzburg ② **32** D 2
*143 000 Ew., Hauptstadt des
gleichnamigen österreichi-
schen Bundeslandes.*

Salzburg ② **32** D 2
Salzgitter ● **31** G 2
Salzwedel ● **31** G 2
Samandağı ● **59** E-F 4
Samar ᚕ **69** D 2
Samara ● **50** F 3
Samara ᚕ **43** G 3
Samaraer Stausee ᚕ **50** E 3
Samarai ● **74** C 4
Samaria ● **62A** B 2
Samarinda ● **69** C 4
Samarkand ● **51** G 5
Samarra ● **64** C 2
Samawah, As- ● **65** D 2
Šamaxi ● **61** G 4
Sambalpur ● **66** C 2
Sambava ● **99** E 2

Sambesi ᚕ **99** D 2
*2736 km lang, Quelle: NO-
Sambia, Mündung im Tiefland
von Mosambik.*

Sambia ① **98** C 2
Sambir ● **42** A 3

Sambre ᚕ **26** F 2
Samchok ● **57** D 3
Samfya-Mwamfuli ● **98** C 2
Sámi ᚕ **38** B 3
Samoa ① **76** A 3
Samoa-Inseln ᚕ **76** A 3
Samokov ● **37** F 4
Samolva ● **40** A 2
Sámos ● **39** E 4
Sámos ᚕ **39** E 4
Samothráki ᚕ **38** D 2
Sampit ● **68** C 4
Samsø ᚕ **21** D 6
Samsun ● **59** F 2
Samtredia ● **60** D 3
Samui ᚕ **67** D-E 4
Samur ᚕ **61** F 4
Šamxor ● **61** E-F 4
San ● **88** C 4
San ᚕ **34** F 3

Sana ① **63** D-E 5
*475 000 Ew., Hauptstadt des
Jemen, auf 2350 m.*

Sanae ★ **127** A-S 2
Sanaga ᚕ **93** E 2
San Agustin, Kap- ᚕ **69** D 3
San Ambrosio ᚕ **122** A 4
Sanandaj ● **63** E 1
San Andrés ᚕ **115** D 3
San Andrés Tuxtla ● **114** C 3
San Angelo ● **108** C 2
San Antonio (Chile) ●
   124 B 3
San Antonio (USA) ●
   108 D 3
San Antonio, Kap-
   (Argentinien) ᚕ **124** D 3
San Antonio, Kap- (Kuba) ᚕ
   116 A 2
San Antonio Abad ● **29** F 4
San Antonio Oeste ●
   124 C 4
San Benedetto del Tronto ●
   32 D 4
San Benedicto ᚕ **114** A-B 3
San Bernardino ● **108** B 2
San Bernardino ▲ **32** B 2
San Blas, Kap- ᚕ **109** E 3
San Borja ● **122** B 3
San Carlos ● **115** D 3
San Carlos de Bariloche ●
   125 B 4
San Carlos de Rio Negro ●
   121 D 2
Sánchez ● **117** D 3
San Clemente ● **45** D
San Clemente ᚕ **111** C 5
San Cristóbal ● **120** C 2
San Cristóbal (Ecuador) ᚕ
   120 B 3
San Cristóbal (Salomonen) ᚕ
   75 D 4
San Cristóbal de las Casas ●
   115 C 3
Sancti Spíritus ● **116** B 2
Sand ● **21** B 4
Sandakan ● **69** C 3

Sandane ● **20** A-B 3
Sanday ☗ **24** E 2
Sandia ● **120-121** C-D 4
San Diego ● **108** B 2
San Diego, Kap- ☵ **125** C 5
Sandıklı ● **58** C 3
San Dimitri, Kap- ☵ **45** F
Sandnes ● **21** A 4
Sandness ● **24** F 1
Sandnessjøen ● **18** B 3-4
Sandoa ● **96** C 2
San Donà di Piave ● **32** D 3
Sandpoint ● **110** C 2
Sandspit ● **108** B 2
Sandstone ● **80** A 2
Sandusky ● **112** C 2
Sandviken ● **20** G 3
Sandy, Kap- ☵ **81** E 2
Sandy Lake ● **106** G 3
Sandžak ▬ **36** D 4
San Felipe (Mexiko) ● **111** D 5
San Felipe (Venezuela) ●
  121 D 1
San Félix ● **123** C 3
San Félix ☵ **122** A 4
San Fernando (Philippinen) ●
  69 D 2
San Fernando (Spanien) ●
  28 B 5
San Fernando (Trinidad und
  Tobago) ● **117** E 4
San Fernando de Apure ●
  121 D 2
San Fernando de Atabapo ●
  121 D 2
Sanfjället ▲ **20** E 2
Sanford ● **113** C 5
San Francisco ● **108** A 2
San Francisco de Formentera
  ● **29** F 4
Sangar ● **53** H 2
San German ● **117** D 3
Sanggan ➥ **56** A 2-3
Sanggau ● **68** C 3
Sangha ➥ **96** B 1
Sangihe-Inseln ☶ **69** D 3
Sangkulirang ● **69** C 3
Sangli ● **66** B 3
Sangmélima ● **93** E 2
Sangüesa ● **29** E 2
San Ignacio ● **122** B 3
Sanjiang ● **54** D 4
San Jorge Golf ☵ **125** C 4
San Jose ● **69** D 2
San José (Bolivien) ●
  122 B 3
San José (Costa Rica) [1]
  115 D 4
San José (USA) ● **108** A 2
San José de Jachal ●
  124 C 2-3
San José del Guaviare ●
  120 C 2
San Juan (Argentinien) ●
  124 C 3
San Juan (Peru) ● **120** C 4
San Juan (USA) ● **117** D 3
San Juan de los Morros ●
  121 D 2

San Julián ● **125** C 4
San Justo ● **124** C 3
Sankt Gallen [2] **32** B 2
Sankt Gallen ● **32** B 2
Sankt-Georgs-Kanal ☵
  25 C-D 5-6
Sankt Gotthard ▲ **32** B 2
Sankt-Helenabucht ☵ **98** B 4
Sankt-Lorenz-Golf ☵ **107** K 4
Sankt-Lorenz-Insel ☵
  104 B 2
Sankt Moritz ● **32** B 2
Sankt Petersburg ●
  50 C-D 2-3
Sankt Pölten [2] **32** E 1
Sankuru ➥ **96** C 2
San Lorenzo ● **120** C 2
San Lorenzo ☵ **125** B 4
San Lorenzo in Carreggiano
  ● **45** D
Sanlúcar la Mayor ● **28** B 5
San Lucas ● **114** A 2
San Lucas, Kap- ☵
  114 A-B 2
San Luis ● **124** C 3
San Luis Obispo ● **108** A 2
San Luis Potosí ● **114** B 2
San Luis Río Colorado ●
  111 D 5
San Marino **1** **32** D 4
San Martin ☀ **127** P 2
San Martín, Lago- ☵ **125** B 4
San Martín de Valdeiglesias
  ● **28** C 3
San Matías Golf ☵ **125** C 4
San Miguel ● **115** D 3
San Miguel ☵ **111** B 5
San Miguel de Tucumán ●
  124 C 2
San Nicolas ● **111** C 5
Sannikowstraße ☵ **53** J-K 1
Sanok ● **34** F 4
San Paolo ● **45** D
San Pedro (Argentinien) ●
  122 C 4
San Pedro (Dominikanische
  Republik) ● **117** D 3
San Pedro (Elfenbeinküste) ●
  92 C 2
San Pedro (Paraguay) ●
  124 D 2
San Pedro Sula ● **115** D 3
San Pietro ☶ **33** B 6
San Quintín ● **114** A 1
San Rafael ● **124** C 3
San Rafael, Kap- ☵ **117** D 3
San Remo ● **32** A 4
San Salvador [1] **115** D 3
San Salvador (Bahamas) ☶
  116 C 2
San Salvador (Ecuador) ☶
  120 A-B 3
San Salvador de Jujuy ●
  124 C 2
Sansanné-Mango ● **92** D 1
San Sebastián ● **29** D-E 2
San Severo ● **33** E 5
Sansibar ● **97** D 2
Sansibar ☶ **97** D 2

Sanski Most ● **36** C 3
Santa Ana (El Salvador) ●
  115 D 3
Santa Ana (Mexiko) ●
  111 D 5
Santa Ana (USA) ● **108** B 2
Santa Bárbara ● **114** B 2
Santa Barbara ● **108** A-B 2
Santa Barbara Channel ☵
  111 B-C 5
Santa Catalina ● **124** B-C 2
Santa Catalina ☶ **111** C 5
Santa Catalina, Golf von- ☵
  111 C 5
Santa Catarina ☶ **123** D 4
Santa Catarina **2** **123** C-D 4
Santa Clara ● **116** C 2
Santa Cruz ☵ **120** A 3
Santa Cruz (Argentinien) ●
  125 C 4-5
Santa Cruz (USA) ● **111** B 4
Santa Cruz de la Sierra ●
  122 B 3
Santa Cruz del Sur ●
  116 B 2
Santa Cruz de Moya ●
  29 E 3-4
Santa Cruz de Tenerife ●
  88 B 3
Santa-Cruz-Inseln ☶ **75** D 4
Santa Elena (Ecuador) ●
  120 B 3
Santa Elena (Venezuela) ●
  121 D 2
Santa Fe (Argentinien) ●
  124 C 3
Santa Fe (USA) [2] **108** C 2
Santa Inés ☶ **125** B 5
Santa Isabel ☶ **75** C 3
Santa Maria ☵ **88** A 2
Santa Maria (Brasilien) ●
  124 D 2
Santa Maria (USA) ● **108** A 2
Santa Maria, Cabo de- ☵
  98 B 2
Santa Maria di Leuca, Kap- ☵
  33 G 6
Santa Marta ● **120** C 1
Santa Monica ● **111** C 5
Santander [2] **28** D 2
Santanilla ☶ **115** D 3
Sant'Antioco ☶ **33** B 6
Sant'Antonio di Santadi ●
  33 B 6
Santañy ● **29** G 4
Santa Olalla del Cala ●
  28 B 5
Santa Pola ● **29** E 4
Sant'Arcangelo ● **33** F 5
Santarcangelo di Romagna ●
  45 D
Santarém (Brasilien) ●
  122 C 2
Santarém (Portugal) ●
  28 A 4
Santaren Channel ☵ **116** B 2
Santa Rosa ☵ **111** B 5
Santa Rosa (Argentinien) ●
  124 C 3

Santa Rosa (California-USA)
  ● **108** A 2
Santa Rosa (New Mexico-
  USA) ● **108** C 2
Santa Rosalía ● **114** A 2
Santa Teresa Gallura ●
  33 B 5
Santiago (Chile) [1] **124** B 3
Santiago (Dominikanische
  Republik) ● **117** C 3
Santiago (Panamá) ●
  115 D 4
Santiago de Compostela [2]
  28 A 2
Santiago de Cuba ● **116** B 3
Santiago de la Ribera ●
  29 E 5
Santiago del Estero ●
  124 C 2
Sant Julià de Lòria ●
  45 C
Santo ☵ **78** B 1
Santo André ● **123** D 4
Santo Ângelo ● **124** D 2
Santo Antão ☶ **88** A 4
Santo Domingo [1] **117** C-D 3
Santorin ☶ **38** D 4
Santos ● **123** D 4
Santo Stefano di Camastra ●
  33 E 6
Santo Tomé ● **124** D 2
San Valentín ▲ **125** B 4
San Vicente ● **115** D 3
San Vito, Kap- ☵ **33** D 6
Sanya ● **67** E 3
São Borja ● **124** D 2
São Félix do Xingu ●
  123 C 2
São Francisco ➥ **123** E 2-3
São Jorge ☶ **88** A 2
São José do Rio Prêto ●
  123 D 4
São Luís [2] **123** D 2
São Mateus ● **123** E 3
São Miguel ☶ **88** A 2
Saona ☶ **117** D 3
Saône ➥ **26** F 4
São Nicolau ☶ **88** A 4

São Paulo [2] **123** D 4
*9,5 Mio. Ew., größte brasilia-
nische Stadt.*

São Paulo **2** **123** C-D 4
São Paulo de Olivença ●
  122 B 2
São Roque, Kap- ☵ **123** E 2
São Sebastião ☶ **123** D 4
São Sebastião, Kap- ☵
  99 D 3
São Simão ● **123** C 3
São Tiago ☶ **88** A 4
São Tomé [1] **96** A 1
São Tomé ☶ **96** A 1
São Tomé und Príncipe **1**
  96 A 1
São Vicente ● **123** D 4
São Vicente ☶ **88** A 4
São Vicente, Kap- ☵ **28** A 5

Sapporo ● **57** G 2
Sapri ● **33** E 5
Saqqez ● **65** D 1
Saraburi ● **67** E 3
Sarai ● **41** H 5
Sarajevo [1] **36** D 4
Sarandë ● **38** B 3
Šaranga ● **41** L 3
Saransk ● **50** E 3
Sarapul ● **50** F 3
Sarasota ● **109** E 3
Saratow ● **50** E 3
Saratower Stausee ▬ **50** E 3
Saravan ● **67** E 3

Sarawak ▬ **68** C 3
*1,7 Mio. Ew., Staat von Malay-
sia in NW-Borneo.*

Saray ● **58** A-B 2
Saraya ● **59** E 5
Sarıçakaya ● **58** C 2
Sarigan ● **74** B 1
Sarıgöl ● **58** B 3
Sarıkamış ● **60** D 4
Sarıkaya ● **59** E 3
Sarina ● **81** D 2
Sariñena ● **29** E 3
Sariwon ● **56** D 3
Sarıyar Barajı ☵ **58** C 2
Sarıyer ● **58** B 2
Şarkikaraağaç ● **58** C 3
Sarıgan ● **74** B 1
Şarkışla ● **59** F 3
Şarköy ● **58** A 2
Sarlat ● **27** D 5
Särmaşu ● **37** G 2
Sarmi ● **69** E 4
Sarmiento ● **125** C 4
Sarmizegetuza ● **37** F 3
Särna ● **20** E 3
Sarnen [2] **32** B 2
Sârnena gora ▲ **37** G 4
Sarnia ● **112** C 2
Sarny ● **42** C 2
Saronischer Golf ☵ **38** C-D 4
Saros, Golf von- ☵ **58** A 2
Sárospatak ● **37** E 1
Sarralbe ● **26** G 3
Sarrar, As- ● **65** D 3
Sarrebourg ● **26** G 3
Sarreguemines ● **26** G 3
Sarria ● **28** B 2
Sartène ● **33** B 5
Sarthe ➥ **26** C 4
Sárvár ● **36** C 2
Saryč, Kap- ☵ **43** F 5
Saskatchewan ➥ **106** F 3
Saskatchewan **2** **106** F 3
Saskatoon ● **106** F 3

Sasovo ● **41** H 4
Sassandra ● **92** C 2
Sassandra ⌐ **92** C 2
Sassari ● **33** B 5
Sassnitz ● **31** H 1
Sassofeltrio ● **45** D
Sata, Kap- ⛰ **57** E 4
Satakunta ▬ **19** G 6
Satawal ⛰ **74** B 2
Šatki ● **41** K 4
Sátoraljaújhely ● **37** E 1
Satpura Gebirge ▲ **66** B 2
Satu Mare ● **37** F 2
Sauda ● **21** B 4
Saudhárkrókur ● **44** D 2
Saudi-Arabien ◨ **63** D-E 2-3
Saül ◨ **121** E 2
Saulieu ● **26** E-F 4
Saulkrasti ● **23** H 3
Sault Sainte Marie (Kanada)
    ● **107** H 4
Sault Sainte Marie (USA) ●
    112 B-C 1
Saumarez-Riffe ⛰ **81** E 2
Saumlaki ● **69** E 4
Saumur ● **26** C 4
Saurbær ● **44** D 2
Saurimo ● **98** C 1
Savai'i ⛰ **76** A 3
Savannah ● **109** E 2
Savannah ⌐ **109** E 2
Savannakhét ● **67** E 3
Savaştepe ● **58** A 3
Savdiri ● **94** B 2
Save (Jugoslawien) ⌐
    36 D 3
Save (Mosambik) ⌐ **99** D 3
Savoie ▬ **27** G 4
Savona ● **32** B 3
Savonlinna ● **19** K 6
Savoonga ● **104** B 2
Savukoski ● **18** K 3
Savur ● **59** H 4
Sawahaj ● **90** D 3
Sawla ● **92** C 2
Sawqirah ● **63** G 5
Sawu ⛰ **69** D 5
Sawusee ⛰ **69** D 4-5
Şayda ● **64** B 2
Sazonovo ● **40** E 2
Sbruč ◨ **42** C 3
Scalea ● **33** E 6
Scalloway ● **24** F 1
Scarborough (Großbritannien)
    ● **25** E 4
Scarborough (Trinidad
    und Tobago) ● **117** E 4
Ščekino ● **40** F 5
Schaan ● **45** A
Schaffhausen ◨ **32** B 2
Schaffhausen ◨ **32** B 2
Schalaurow, Kap- ⛰ **53** K 1
Schamaiten ▬ **23** G 4
Schantar-Inseln ⛰ **53** J 3
Schärding ● **32** D 1
Schäßburg ● **37** G 2
Schaulen ● **23** G 4
Schefferville ● **107** K 3

Scheifling ● **32** E 2
Schelde ⌐ **26** F 2
Schelichowgolf ⛰ **53** L 2-3
Schenectady ● **112** E 2
Schengen ● **26** G 3
Schesaplana ▲ **45** A
Schiaschkotan ⛰ **53** L 4
Schiermonnikoog ⛰ **30** E 2
Schilka ⌐ **52** G 3
Schio ● **32** C 3
Schipkapaß ▲ **37** G 4
Schlesien ▬ **34** C-D 3
Schleswig ● **31** F 1
Schleswig-Holstein ◨
    31 F-G 1-2
2,7 Mio. Ew., dt. Bundesland,
Hauptstadt: Kiel.

Schleswig-Holsteinisches
    Wattenmeer,
    Nationalpark- ▲ **30** F 1
Schonen ▬ **21** E 6
Schruns ● **45** A
Schuls ● **32** C 2
Schwabach ● **31** G 4
Schwäbische Alb ▲ **31** F-G 4
Schwäbisch Hall ● **31** F 4
Schwaizer Volta ⌐ **92** C 1
Schwandorf ● **31** H 4
Schwarzer Fluss ⌐ **54** D 4
Schwarzer Irtysch ⌐ **54** B 2
Schwarzes Meer ● **37** J 4
Schwarzwald ▲ **31** E-F 4-5
Schweden ◨ **20** F-G 3
Schwedt ● **31** J 2
Schweinfurt ● **31** G 3
Schweiz ◨ **32** B 2
Schwerin ◨ **31** G 2
Schwyz ◨ **32** B 2
Schwyz ◨ **32** B 2
Sciacca ● **33** D 7
Scilly-Inseln ⛰ **25** C 6-7
Scioto ⌐ **112** C 3
Scoresby Sund ⌐ **105** J 2
Scoresbysund =
    Ittoqqortoormiit
    ● **105** J-L 2
Scotland ◨ **24** D-E 3
Scott ✶ **127** J 2
Scott-Inseln ⛰ **127** J 2
Scottsbluff ● **108** C 1
Scottsdale ● **108** B 2
Scranton ● **112** D-E 2
Seattle ● **108** A 1 ,
Sebastián Vizcaíno, Bahía- ⌐
    111 D 6
Sebeş ● **37** F 3
Sebež ● **40** B 3
Şebınkarahisar ● **59** G 2
Sebkha El Kébira ⌐ **29** E 6
Sechura-Wüste ▬ **120** B 3
Sedan ● **26** F 3
Sederot ● **62A** A 3
Sedon ● **62A** B 3
Šeduva ● **23** G 3
Seehausen ● **31** G 2
Seeheim ● **98** B 3
Seeland ▬ **21** D-E 6

Seez ⌐ **45** A
Şefaatli ● **59** E 3
Seferihisar ● **58** A 3
Segesta ⌂ **33** D 6
Segorbe ● **29** E 4
Ségou ● **88** C 4
Segovia ● **28** C 3
Segre ⌐ **45** C
Segura ⌐ **29** D 4
Seiland ⛰ **18** G 1
Seim ⌐ **43** F 2
Seinebucht ⌐ **26** C 3
Seini ● **37** F 2
Seja ⌐ **53** H 3
Sejasee ⌐ **53** H 3
Sejerø Bugt ⌐ **21** D 6
Sejmtschan ● **53** L 2
Sekondi-Takoradi ● **92** C 2
Selaru ⛰ **69** E 4
Selatan, Kap- ⛰ **68** C 4
Selawik ● **104** C-D 2
Selco ● **40** E 5
Selçuk ● **58** A 3-4
Selebi-Phikwe ● **98** C 3
Selendi ● **58** B 3
Selenga ⌐ **54** D 2
Selennjach ⌐ **53** K 2
Sélestat ● **26** G 3
Selfoss ● **44** C 3-4
Sélibabi ● **88** B 4
Seligersee ⌐ **40** D 3
Seližarovo ● **40** D 3
Selkirk (Großbritannien) ●
    24 E 4
Selkirk (Kanada) ● **106** G 3
Selkirk Mountains ▲
    106 F 3-4
Selma ⌐ **113** B 4
Selvagens-Inseln ⛰
    88 B 2-3
Selvas ▬ **122** A-C 2
Selwyn ● **81** D 2
Selwyn, Mount- ▲ **81** C 2
Seman ⌐ **38** A 2
Semara ● **88** B 3
Semarang ● **68** C 4
Semenivka ● **43** F 1
Semenov ● **41** K 3
Semenovskoje ● **40** E 4

Semeru ▲ **68** C 4
3676 m, auf Java im SO von
Surabaja, vulkan. Aktivität.

Semgallen ▬ **23** H 3
Semipalatinsk ● **51** J 3
Semmering ▲ **32** E-F 2
Semnan ● **65** F 1
Semur ● **41** M 3
Senaki ● **60** D 3
Sena Madureira ● **122** B 2
Sendai (Honshu-Japan) ●
    57 G 3
Sendai (Kyushu-Japan) ●
    57 D-E 4
Senegal ◨ **92** B 1
Senegal ⌐ **92** B 1

Sengilej ● **41** M 5
Senhor do Bonfim ●
    123 D-E 3
Senigallia ● **32** D 4
Senj ● **36** B 3
Senja ⛰ **18** D 2
Sennar ● **94** C 2
Senneterre ● **112** D 1
Sennoj ● **41** L 5
Sens ● **26** E 3
Senta ● **36** D-E 3
Senyavin-Iseln ⛰ **75** C 2
Şenyurt ● **59** H 4

Seoul ◵ **56** D 3
10,6 Mio. Ew., Hauptstadt
Südkoreas, am Hangang.

Šepetivka ● **42** C 2
Šepetkovo ● **53** L-M 2
Sepik ⌐ **74** B 3
Sępólno Kraj ● **34** C 2
Šepte ● **61** J 2
Sept-Îles ● **107** K 3
Sequoia Nationalpark ▲
    108 B 2
Serafettin Dağları ▲ **59** H 3
Seram ▬ **69** D-E 4
Seramsee ⌐ **69** D-E 4
Serdo ● **95** D 2
Serdobsk ● **41** K 5
Şereflikoçhisar ● **58** D 3
Seremban ● **68** B 3
Serengeti Plain ▬ **97** D 2
Seret ⌐ **42** B 3
Sergač ● **41** K 4
Sergiev Posad ● **50** D 3
Sergino ● **51** F 3
Sergipe ◨ **123** E 3
Sergokala ● **61** F 3
Sérifos ⛰ **38** D 4
Serik ● **58** C 4
Serov ● **51** G 3
Serowe ● **98** C 3
Serpa ● **28** B 4-5
Serpuhov ● **40** F 4
Serra do Navio ● **123** C 1
Sérrai ● **38** C 2
Serrana, Banco de- ⛰
    115 D-E 3
Serranilla, Banco de- ⛰
    115 E 3
Serrat, el- ● **45** C
Serravalle ● **45** D
Serrera, Pic de la- ▲ **45** C
Serres ● **27** F 5
Sertão ▬ **123** D 3
Serui ● **69** E 4
Sesheke ● **98** C 2
Šeskna ⌐ **40-41** G 2
Sestroreck ● **40** C 1
Sète ● **27** E 6
Sete Lagoas ● **123** D 3
Setonaikai ⌐ **57** E 4
Settat ● **88** C 2
Setúbal ● **28** A 4
Seu d'Urgell, La- ● **29** F 2
Sevan ● **61** E 4
Sevastopol' ● **43** F 5

Severn (Großbritannien) ⌐
    25 E 5-6
Severn (Kanada) ⌐ **107** H 3
Severnaja Pseašho ▲ **60** C 3
Severodvinsk ● **50** D-E 2
Severo-Jenisejski ● **52** E 2
Sevettijärvi ● **18** K 2
Sevier Lake ⌐ **111** D 4
Sevilla ◨ **28** B-C 5
Sewansee ⌐ **61** E 4
Seward ● **104** C 2-3
Seward Halbinsel ▬ **104** C 2
Sewernaja Semlja ⛰
    126 K 1
Seychellen ◨ **99** F 1
Seydhisfjördhur ● **44** F-G 2
Seyhan ⌐ **59** E 4
Seyitgazi ● **58** C 3
Seyla ● **95** D 2
Sézanne ● **26** E 3
Sfax ● **89** E 2
Sfîntu Gheorghe ● **37** G-H 3
Sfîntu Gheorghe ⌐ **37** J 3
Shaanxi ◨ **54** D 3
Shaba ● **96** C 2-3
Shabakah, Ash- ● **64** C 2
Shache ● **54** A 3
Shaddadi ● **59** H 4
Shaghir ● **59** H 4
Shag Rocks ⛰ **125** E 5
Shah ▲ **65** E-F 1
Shahjahanpur ● **66** B-C 2
Shahr Kord ● **65** E 2
Shakawe ● **98** C 2
Shakotan, Kap- ⛰ **57** G 2
Shaktoolik ● **104** C 2
Sham, Jabal ash- ▲ **63** G 4
Shamiyah ▬ **64** B-C 2
Shammar ▬ **63** D 3
Shamva ● **99** D 3
Shandan ● **54** D 3
Shandi ● **94** C 2
Shandong ● **55** E 3
Shandong ◨ **55** E 3
Shangdu ● **56** A 2

Shanghai ◨ **55** F 3
7,8 Mio. Ew., größte chin. In-
dustrie- und Hafenstadt.

Shangqiu ● **55** E 3
Shangrao ● **55** E 3
Shannon ● **25** B 5
Shannon ⛰ **105** L 2
Shantou ● **55** E 3
Shanxi ◨ **55** E 3
Shan Xian ● **56** B 3-4
Shaoguan ● **55** E 4
Shaoxing ● **55** F 3
Shaoyang ● **55** E 4
Shaqra, Ash- ● **63** D-E 3
Shari ● **57** G 2
Shariqah, Ash- ● **63** F-G 3
Shark Bay ⛰ **80** A 2
Sharm el Sheikh ● **90** D 3
Sharqat, Ash- ● **64** C 1
Shaschkow ● **42** E 3
Shashi ● **55** E 3
Shasta, Mount- ▲ **108** A 1

245

Shasta Lake ▣ **110** B 3
Shatrah, Ash- ▣ **65** D 2
Shaunavon ▣ **110** E 2
Shawinigan ▣ **107** J 4
Shay Gap ▣ **80** B 2
Sheboygan ▣ **112** B 2
Shefayim ▣ **62A** A 2
Shefela ▲ **62A** A-B 3
Sheffield ▣ **25** F 5
Shelby ▣ **110** D 2
Shenandoah Nationalpark ▣
109 F 2
Shengsi-Insel ▣ **56** C 4
Shenyang ② **55** F 2
Sheppey ▣ **25** G 6
Sherbro ▣ **92** B 2
Sherbrooke ▣ **107** J 4
Sheridan ▣ **108** C 1

Shetland-Inseln ▣
24 E-F 1-2
*22 000 Ew., Inselgruppe vor
der N-Küste Schottlands.*

She Xian ▣ **56** B 5
Shib Kuh ▲ **65** E 3
Shidao ▣ **56** C 3
Shigansk ▣ **53** H 2
Shihezi ▣ **54** B 2
Shijiazhuang ② **55** E 3
Shikoku ▣ **57** E 4
Shilla ▲ **66** B 1
Shillong ② **67** D 2
Shimbiris ▲ **95** D 2
Shimokita, Halbinsel- ▣
57 G 2
Shimonoseki ▣ **57** E 4
Shimonosekistraße ▣ **57** E 4
Shinaş ▣ **65** F 4
Shinyanga ▣ **97** D 2
Shiono, Kap- ▣ **57** F 4
Shiping ▣ **54** D 4
Shiquanhe ▣ **54** B 3
Shiras ▣ **63** F 3
Shire ▣ **99** D 2
Shiretoko, Kap- ▣ **57** G 2
Shir Kuh ▲ **63** F-G 2
Shirvan ▣ **65** F 1
Shizuishan ▣ **54** D 3
Shizunai ▣ **57** G 2
Sholapur ▣ **66** B 3
Shoshone Mountains ▲
111 C 4
Show Low ▣ **111** D-E 5
Shreveport ▣ **109** D 2
Shrewsbury ▣ **25** E 5
Shuangcheng ▣ **55** F 2
Shuangliao ▣ **56** C 2
Shuangyashan ▣ **55** G 2
Shucheng ▣ **56** B 4
Shuicheng ▣ **54** D 4
Shumagin Islands ▣
104 C-D 3
Shunat Nimrin ▣ **62A** B 3
Shur ▣ **65** E 1-2
Shushtar ▣ **65** D 2
Shuyang ▣ **56** B 4
Shwebo ▣ **67** D 2
Sibaj ▣ **50** F 3

Sibari ▣ **33** F 6
Šibenik ▣ **36** B 4

Siberut g 68 A 4
Sibi ▣ **66** A 2
Sibirien ▣ **52** D-G 2
Sibiti ▣ **96** B 2
Sibiu (Hermannstadt) ▣
37 G 3
Sibolga ▣ **68** A 3
Sibu ▣ **68** C 3
Sibut ▣ **94** A 3
Sichote-Alin ▲ **53** J 3-4
Sichuan ② **54** D 3
Sicilia ② **33** E 7
Sicuani ▣ **120** C 4
Sidamo ▣ **95** C 3
Side ▣ **58** C 4
Sideros, Kap- ▣ **39** E 5
Sidhirókastron ▣ **38** C-D 2
Sidi Aïssa ▣ **29** G 6
Sidi Bel-Abbès ▣ **89** D 1-2
Sidi Ifni ▣ **88** B 3
Sidi Kacem ▣ **88** C 2
Sidley, Mount- ▲ **127** M 2
Sidr Sidra, As- ▣ **90** B 2
Siebenbürgen ▣ **37** G 2
Siebenstromland ▣ **51** H 4
Siedlce ▣ **34** F 2
Siegburg ▣ **30** E 3
Siegen ▣ **30** F 3
Siemiatycze ▣ **34** F 2
Siena ▣ **32** C 4
Sieradz ▣ **34** D 3
Sierpc ▣ **34** D 2
Sierra Colorada ▣ **124** C 4
Sierra Leone ■ **92** B 2
Sierra-Leone-Becken ▣
92 B 2
Sierra-Leone-Schwelle ▣
92 A-B 2
Sífnos ▣ **38** D 4
Sig ▣ **29** E 6
Sighetul Marmaţiei ▣ **37** F 2
Siglufjördhur ▣ **44** D 1
Signy Island ▣ **127** Q 2-3
Sigüenza ▣ **29** D 3
Siguiri ▣ **92** C 1
Sigulda ▣ **23** H 3
Siilinjärvi ▣ **19** J 5
Siirt ▣ **60** C 6
Sikasso ▣ **88** C 4
Sikéa ▣ **38** C-D 2
Síkinos ▣ **38** D 4
Sikkim ② **66** C 2
Siklós ▣ **36** D 3
Siktjah ▣ **52** H 1-2
Sila ▲ **33** F 6
Sila, As- ▣ **65** E 4
Şile ▣ **58** B 2
Silifke ▣ **58-59** D-E 4
Siling Co ▣ **54** B-C 3
Silistra ▣ **37** H 3
Silivri ▣ **58** B 4
Siljansee ▣ **20** F 3
Silkeborg ▣ **21** C 5
Sillamäe ▣ **23** J 2
Šilovo (Russland) ▣ **40** G 5
Šilovo (Russland) ▣ **41** H 4

Šilutė ▣ **22** F 4
Silvan ▣ **59** H 3
Silvassa ② **66** B 2
Silverbank ▣ **117** D 2
Silver City ▣ **108** C 2
Silverton ▣ **111** E 3
Silvretta ▲ **32** B-C 2
Šimanovsk ▣ **53** H 3
Simav ▣ **58** B 3
Simbabwe ■ **98-99** C-D 2
Simbabwe ⊡ **99** D 3
Simbirsk ▣ **41** M 4
Simcoe, Lake- ▣ **112** D 2
Simeulue ▣ **68** A 3
Simferopol' ▣ **43** F-G 5
Simla ② **66** B 1
Simo ▣ **18** H 4
Simojoki ▣ **18** H-J 4
Simonstown ▣ **98** B 4
Simplon ▲ **32** B 2
Simpsonwüste ▣ **81** C 2
Simrishamn ▣ **21** F 6
Simuschir ▣ **53** L 4
Sinadaqo ▣ **95** D 3
Sinai ▲ **90** D 3
Sinai, Halbinsel- ▣ **90** D 2-3
Sinaia ▣ **37** G 3
Sinanpaşa ▣ **58** C 3
Sincan (Türkei) ▣ **58** D 2
Sincan (Türkei) ▣ **59** G 3
Sinclair, Lake- ▣ **113** C 4
Sindi ▣ **23** H 2
Sindirgı ▣ **58** B 3
Sines ▣ **28** A 4-5
Singapur ■ **68** B 3
Singida ▣ **97** D 2
Singkawang ▣ **68** B 3
Siniscola ▣ **33** B 5
Sinj ▣ **36** C 4
Sinjah ▣ **94** C 2
Sinjuža ▣ **42** E 3
Sînnicolau Mare ▣ **37** E 2
Sinop ▣ **59** E 1
Sinsar ▣ **59** F 5
Sintag ▣ **68** C 3
Sintra ▣ **28** A 4
Sinuiju ▣ **56** C-D 2-3
Siófok ▣ **36** D 2
Sioux City ▣ **108** D 1
Sioux Falls ▣ **108** D 1
Siping ▣ **55** F 2
Siple Station ▣ **127** O 2
Şiran ▣ **59** G 2
Sir Edward Pellew Group ▣
81 C 1
Siret ▣ **37** H 3
Sirik ▣ **65** F 4
Sirína ▣ **39** E 4
Sirjan ▣ **63** F-G 3
Sirma ▣ **18** J 1
Širvintos ▣ **23** H 4
Sisak ▣ **36** C 3
Sishen ▣ **98** C 3
Sisian ▣ **61** E-F 5
Sisimiut = Holsteinsborg ▣
105 F 3
Sistan ▣ **63** H 2
Sisteron ▣ **27** F 5
Sithonia ▣ **38** C-D 2

Sitía ▣ **39** E 5

Sitka ▣ **104** F 3
*9000 Ew., Hafenstadt in Alas-
ka auf der Baranof-Insel.*

Sitten ② **32** A 2
Sivas ▣ **59** F 3
Sivaš, ozero- ▣ **43** G 4-5
Siverek ▣ **59** G 4
Siverski ▣ **40** B-C 2
Siverski Donec ▣ **43** H 3
Sivrice ▣ **59** G 3
Sivrihisar ▣ **58** C 3

Siwa ▣ **90** C 3
*Oasengruppe in W-Ägypten in
der Libyschen Wüste.*

Siwalikette ▲ **66** B-C 1-2
Siwa-Oasen ▣ **90** C 2-3
Siyäzän ▣ **61** G 4
Sizilien ▣ **33** D 7
Sizilien, Straße von- ▣
33 C-D 7
Siziwang Qi ▣ **56** A 2
Sjanno ▣ **35** J 1
Sjas ▣ **40** D 1
Sjasstroj ▣ **40** D 1
Sjeverodonec'k ▣ **43** J 3
Skadovs'k ▣ **43** F 4
Skaftafell ▣ **44** E 3-4

Skaftafell, Nationalpark- ⊞
44 D-E 3
*500 km², im S von Island am
Fuß des Vatnajökull.*

Skagafjord ▣ **44** D 1-2
Skagaströnd ▣ **44** C 2
Skagatá ▣ **44** C-D 1
Skagen ▣ **21** D 5
Skagens Horn ▣ **21** D 5
Skagerrak ▣ **21** B-C 5
Skagway ▣ **104** F 2
Skaidi ▣ **18** G 1
Skántzoura ▣ **38** D 3
Skara ▣ **21** E 4
Skaraborg ② **21** E 4
Skaudvilė ▣ **23** G 4
Skegness ▣ **25** G 5
Skellefteå ▣ **19** F 4
Skelleftehamn ▣ **19** F 4
Skerryvore ▣ **24** C 3
Skhíza ▣ **38** B 4
Skiáthos ▣ **38** C 3
Skibbereen ▣ **25** B 6
Skibotn ▣ **18** F 2
Skidal' ▣ **35** G 2
Skien ▣ **21** C 4
Skierniewice ▣ **34** D-E 3
Skikda ▣ **89** D 2
Skillingaryd ▣ **21** E-F 5
Skive ▣ **21** C 5
Skjálfandafljót ▣ **44** E 2
Skjálfandi ▣ **44** E 1
Skjern ▣ **21** C 6
Skjold ▣ **18** E 2
Sklavenküste ▣ **92-93** C-D 2

Šklov ▣ **35** K 1
Skópelos ▣ **38** C-D 3
Skopin ▣ **41** G 5

Skopje ① **38** B 1
*563 300 Ew., Hauptstadt Ma-
kedoniens.*

Skövde ▣ **21** E 4
Skovorodino ▣ **52** H 3
Skrunda ▣ **23** G 3
Skudeneshavn ▣ **21** A 4
Skurup ▣ **21** E 6
Skutari ▣ **38** A 1
Skutarisee ▣ **38** A 1
Skútustadhir ▣ **44** E 2
Skutvik ▣ **18** C 2-3
Skvyra ▣ **42** D 3
Skye ▣ **24** C 3
Skyros ▣ **38** D 3
Slancy ▣ **40** B 2
Slano ▣ **36** C 4
Slatina ▣ **37** G 3
Slave Lake ▣ **106** E 3
Slavgorod ▣ **51** H 3
Slavharad ▣ **35** K 2
Slavjansk-na-Kubani ▣
60 B 2
Slavonski Brod ▣ **36** H 3
Slavuta ▣ **42** C 2
Sławno ▣ **34** C 1
Slawonien ▣ **36** C-D 3
Sliema ▣ **45** F
Sligo ▣ **25** B 4
Sligobai ▣ **25** B 4
Slite ▣ **21** H 5
Sliven ▣ **37** H 4
Sljudjanka ▣ **52** F 3
Slobozia ▣ **37** H 3
Slonim ▣ **35** G 2
Slovjans'k ▣ **43** H 3
Slowakei ■ **34** D-E 4
Slowakisches Erzgebirge ▲
34 D-E 4
Slowenien ■ **36** B 2-3
Sluč' ▣ **42** C 2
Sluck ▣ **35** H 2
Slunj ▣ **36** B 3
Słupsk ▣ **34** C 1
Småland ▣ **21** F 5
Smålandsstenar ▣ **21** E 5
Smallwood Reservoir ▣
107 K 3
Smarhon' ▣ **35** H 1
Smeredevo ▣ **36** E 3
Smila ▣ **42** E 3
Smiltene ▣ **23** H-J 3
Smirne, Golf von- ▣ **58** A 3
Smiths Falls ▣ **112** D 2
Smithton ▣ **80** B 3
Smjadovo ▣ **37** H 4
Smøla ▣ **20** B 2

Smolensk ▣ **50** D 3
*340 000 Ew., russ. Gebiets-
hauptstadt am oberen Dnjepr.*

Smolensker Höhen ▣ **40** C-E 4
Smolevičy ▣ **35** J 1-2

Smólikas Óros ▲ **38** B 2-3
Smoljan ⚫ **37** G 5
Snake ⚫ **108** B 1
Snake River Plain ▬ **110** D 3
Snares-Inseln ☙ **79** B 4
Snåsavaitnet ⬚ **20** E 1
Sneek ⚫ **30** D 2
Snihurivka ⚫ **43** F 4
Snižne ⚫ **43** J 3
Snøhetta ▲ **20** C 2
Snonut ▲ **21** B 4
Snov ⬚ **42** E 2
Snowdon ▲ **25** D 5
Snow Lake ⬚ **106** G 3
Sob ⬚ **42** D 3
Sobat ⬚ **94** C 3
Sobinka ⚫ **41** G-H 4
Sobral ⚫ **123** D 3
Sochaczew ⚫ **34** E 2
Sochumi ⚫ **60** C 3
Socorro ☙ **114** A 3
Socorro, El- ⚫ **111** D 5
Sodankylä ⚫ **18** J 3
Söderhamn ⚫ **20** G 3
Söderköping ⚫ **21** G 4
Södermanland ▬ **21** G 4
Södermanland **2** **21** G 4
Södertälje ⚫ **21** G 4
Soe ⚫ **69** D 4
Soela väin ⬚ **23** G 2
Soest ⚫ **30** F 3
Sofala, Golf von- ☙ **99** D 3

Sofia (Sofija) **1** **37** F 4
1,2 Mio. Ew., Hauptstadt Bulgariens.

Sognefjord ☙ **20** A-B 3
Sohano ⚫ **75** C 3
Soissons ⚫ **26** E 3
Sokcho ⚫ **57** D 3
Söke ⚫ **58** A 4
Sokodé ⚫ **92** D 2
Sokol ⚫ **41** H 2
Sokółka ⚫ **35** F 2
Sokolov ⚫ **31** H 3
Sokoto ⚫ **93** D 1
Sokotra ☙ **95** E 2
Sokyrjany ⚫ **42** C 3
Sol, Costa del- ▬ **28** C-D 5
Solberg ⚫ **20** G 2
Solcy ⚫ **40** C 2
Soldeu ⚫ **45** C
Solenzara ⚫ **33** B 5
Soligalič ⚫ **41** J 2
Solikamsk ⚫ **50** F 1-2
Sol-Ileck ⚫ **50** F 3
Solimões → Amazonas ⬚ **122** B 2

Solothurn **2** **32** A 2
16 000 Ew. Hauptstadt d. gleichnamigen schweizer Kantons.

Solothurn **2** **32** A 2

Solovomi ⚫ **18** G 2
Šolta ☙ **36** C 4
Soltau ⚫ **31** F 2
Solway Firth ☙ **25** D-E 4
Solwezi ⚫ **98** C 2
Soma ⚫ **58** A 3
Somalia **1** **95** D 3
Somalibecken ☙ **95** E 3
Sombor ⚫ **36** D 3
Somçuta Mare ⚫ **37** F 2
Somerset ⚫ **81** D 1
Somerset-Insel ☙ **106** G 1
Somino ⚫ **40** E 2
Sommensee ☙ **21** F 4
Somosierra, Puerto de- ▲
28 D 3
Son ⬚ **66** C 2
Søndre Strømfjord ⚫
105 F-G 3
Sondrio ⚫ **32** B 2
Songea ⚫ **97** D 3
Songjiang ⚫ **56** C 4
Songkhla ⚫ **67** E 4
Songnim ⚫ **56** D 3
Sonid Youqi ⚫ **56** A 2
Sonid Zuoqi ⚫ **56** A 2
Sonkovo ⚫ **40** F 3
Son La ⚫ **67** E 2
Sonoita ⚫ **114** A 1
Sonora ▬ **111** D 6
Sonora **2** **111** D 5
Sonsorol ☙ **74** A 2
Sopron ⚫ **36** C 2
Sora ⚫ **33** D 5
Sorbas ⚫ **29** D 5
Sorbradinho, Represa de-
123 D 3
Sorel ⚫ **112** E 1
Sorgun ⚫ **59** E 3
Soria ⚫ **29** D 3
Soroca ⚫ **42** D 3
Sorocaba ⚫ **123** D 4
Sorol Atoll ☙ **74** B 2
Sorong ⚫ **69** E 4
Soroti ⚫ **97** D 1
Sørøy ☙ **18** G 1
Söröysund ☙ **18** G 1
Sorrento ⚫ **33** E 5
Sorsatunturi ▲ **18** K 3
Sorsele ⚫ **18** D 4
Sort ⚫ **29** F 2
Sortavala ⚫ **19** L 6
Sortland ⚫ **18** C 2
Sørvågen ☙ **18** B 3
Sörvattnet ⚫ **20** E 2
Sørvika ⚫ **20** D 2
Sosna ⚫ **40** F-G 5
Sosnovka ⚫ **41** H 5
Sosnovo ⚫ **40** C 1
Sosnowiec ⚫ **34** D 3
Šostka ⚫ **43** F 2
Sotschi ⚫ **60** B 3
Souanké ⚫ **93** E 2
Souflíon ⚫ **39** E 2
Sougueur ⚫ **27** F 6
Souillac ⚫ **27** D 5
Soulac-sur-Mer ⚫ **27** C 5
Soure ⚫ **123** D 2

Sour el Ghozlane ⚫ **29** G 5
Sous le Vent, Îles- ☙ **77** C 3
Souterraine, La- ⚫ **27** D 4
Southampton ⚫ **25** F 6
Southampton-Insel ☙
107 H 2

South Australia **2** **80-81** C 2
1,5 Mio. ew., Staat des Australischen Bundes, Hauptstadt:: Adelaide.

Southaven ⚫ **113** A-B 3-4
South Bend ⚫ **109** E 1
South Carolina **2** **109** F 2

South Dakota **2** **108** C-D 1
700 000 Ew., US-Bundesstaat, Hauptstadt: Pierre.

South Downs ▲ **25** F-G 6
South East Cape ☙ **80** B 4
Southend ⚫ **106** F 3
Southend-on-Sea ⚫ **25** G 6
Southern Alps ▲ **79** B-C 4
Southern Cross ⚫ **80** A 3
Southern Indian Lake ⬚
106 G 2
Southern Uplands ▲ **24** D-E
4
South Negril Point ⬚
116 B 3
South Platte ⬚ **108** C 1
South Ronaldsay ☙ **24** F 2
South Shields ⚫ **24** F 4
South Uist ☙ **24** C 3
Southwest Cape ☙ **79** B 4
South West Cape ☙ **80** B 3
Soverato ⚫ **33** F 6
Sovetsk ⚫ **41** M 3
Sovetskaja-Gavan ⚫
53 J-K 4
Sovetski ⚫ **41** M 3
Słowiński Park Narodowy ☙
34 C 1
Soya, Kap- ☙ **57** G 1
Sož ⬚ **35** K 2
Sozopol ⚫ **37** H 4
Spadarolo ⚫ **32** C 2
Spanien **1** **28-29** B-D 4
Spanish Town ⚫ **116** B 3
Sparks ⚫ **110** C 4
Sparta ⚫ **38** C 4
Spartanburg ⚫ **113** C 3-4
Spartel, Kap- ☙ **28** B-C 6
Spartivento, Kap- ☙ **33** F 6-7
Spas-Demensk ⚫ **40** D-E 4
Spassk-Rjazanski ⚫ **41** H 4
Spátha, Kap- ☙ **38** C-D 5
Spence Bay ⚫ **106** G 2
Spencer ⚫ **110** D 3
Spencer, Kap- ☙ **81** C 3
Spencergolf ☙ **81** C 3
Spessart ▲ **31** F 3-4
Speyer ⚫ **30** E 4
Spiekeroog ☙ **30** E 2
Spingerville ⚫ **111** E 5
Spirdingsee ⬚ **34** E-F 2

Spirovo ⚫ **40** E 3
Spitak ⚫ **61** E 4
Spittal ⚫ **32** D 2
Spitzbergen ☙ **126** N-O 2
Split ⚫ **36** C 4
Spluga-Paß ▲ **32** B 2
Špogi ⚫ **23** J 3
Spokane ⚫ **108** B 1
Špola ⚫ **42** E 3
Spoleto ⚫ **32** D 4
Spratly-Inseln ☙ **67** F 3-4
Spremberg ⚫ **31** J 3
Springbok ⚫ **98** C 3-4

Springfield (Illinois-USA) **2**
109 D-E 2
Springfield (Massachusetts-
USA) ⚫ **112** E 2
Springfield (Missouri-USA) ⚫
109 D 2
Springfield (Ohio-USA) ⚫
112 C 2-3
Springfontein ⚫ **98** C 4
Springs ⚫ **98** C 3
Spruce Knob ▲ **112** C-D 3
Spurn Head ☙ **25** G 5
Squillace, Golf von- ☙ **33** F 6
Srbija **2** **37** E 4
Sredna gora ▲ **37** G 4
Srednekolymsk ⚫ **53** L 2
Sremska Mitrovica ⚫ **36** D 3
Sretensk ⚫ **52** G 3
Sri Lanka **1** **66** C 4
Srinagar **2** **66** B 1
Staaten-Insel ☙ **125** C 5
Stabbursdalen, Nationalpark-
☙ **18** G-H 1-2
Staffa ☙ **24** C 3
Stalowa Wola ⚫ **34** F 3
Stamford ⚫ **112** E 2
Stamsund ⚫ **18** B 2
Stanke Dimitrov ⚫ **37** F 4
Stanley (Falklandinseln) **2**
125 D 5
Stanley (USA) ⚫ **110** C-D 3
Stanleyfälle = Boyomafälle ⬚
96 C 1-2
Stanovoje ⚫ **40** G 5
Stanowoigebirge ▲
52-53 H-J 3
Stanowoihochland ▲ **52** G 3
Stans **2** **32** B 2
Stanthorpe ⚫ **81** E 2
Starachowice ⚫ **34** E 3
Staraja Majna ⚫ **41** M 4
Staraja Russa ⚫ **40** C 2-3
Staraja Toropa ⚫ **40** C 3
Stará L'ubovňa ⚫ **34** E 4
Stara Pazova ⚫ **36** E 3
Stara Zagora ⚫ **37** G 4
Starbuck ☙ **76** C 2
Stargard Szczeciński ⚫
34 B 2
Starica ⚫ **40** E 3
Starobils'k ⚫ **43** J 3
Starokonstantinov ⚫ **42** C 3
Start Point ☙ **25** E 6
Staryja Darohi ⚫ **35** J 2
Station Nord ⚫ **105** L 1

Staunton ⚫ **112** D 3
Stavanger ⚫ **21** A 4
Stavropol ⚫ **60** C-D 2
Stavrós ⚫ **38** C 2
Stefaniesee ☙ **95** C 3

Steiermark **2** **32** E 2
1,2 Mio. Ew., österreichisches Bundesland.

Steinamanger →
Szombathely ⚫ **36** C 2
Steinige Tunguska ⬚ **52** E-F 2
Steinkjer ⚫ **20** D 1-2
Steinsland ⚫ **18** D 2
Stelvio, Passo dello- =
Stilfser Joch ▲ **32** C 2
Stenay ⚫ **26** F 3
Stendal ⚫ **31** G 2
Stepanakert = Hankendy **2**
61 F 4-5
Stepanavan ⚫ **61** E 4
Stereá Ellás **2** **38** C-D 3
Sterlitamak ⚫ **50** F 3
Stettin → Szczecin ⚫
34 B 2
Stettiner Haff ☙ **34** B 2
Steubenville ⚫ **112** C 2
Stewart ⚫ **104** F 3
Stewart ☙ **75** D 3
Stewart-Insel ☙ **79** B 4
Steyr ⚫ **32** E 1
Stif ⚫ **89** D 2
Stilfser Joch = Passo dello
Stelvio ▲ **32** C 2
Stilfser Joch, Nationalpark-
☙ **32** C 2
Stilo, Punta- ☙ **33** F 6
Štip ⚫ **38** C 2
Stirling ⚫ **24** D-E 3
Stjernøy ☙ **18** G 1
Stjørdal ⚫ **20** D 2
Stockerau ⚫ **32** F 1

Stockholm **1** **21** H 4
690 000 Ew., Hauptstadt Schwedens.

Stockton ⚫ **108** A 2
Stockton-on-Tees ⚫ **25** F 4
Stöde ⚫ **20** G 2
Stoke-on-Trent ⚫ **25** E 5
Stokksnes ☙ **44** F 3
Stokmarknes ⚫ **18** C 2
Stolin ⚫ **35** H 3
Stonehaven ⚫ **24** E 3
Stonehenge ⚘ **25** E-F 6
Stora Lulevatten ⬚ **18** E 3
Stora Sjöfallets,
Nationalpark- ☙ **18** D-E 3
Storavan ⬚ **18** E 4
Stord ☙ **21** A 4
Store ☙ **20** A 3
Støren ⚫ **20** D 2
Storfjorden ☙ **20** B 2
Storjord ⚫ **18** C 3
Storlien ⚫ **20** E 2
Stornoway ⚫ **24** C 2
Storogard Gdański ⚫ **34** D 2

Storožynec ▣ **42** B 3
Storsee ➳ **20** F 2
Storuman ▣ **20** G 1
Storuman ➳ **20** G 1
Stovbcy ▣ **35** H 2
Støvring ▣ **21** C 5
Strakonice ▣ **31** H-J 4
Stralsund ▣ **31** H 1
Strand ▣ **98** B 4
Stranda ▣ **20** B 2
Stranraer ▣ **25** D 4
Straßburg ▣ **26** G 3
Straubing ▣ **31** H 4
Straumnes ➳ **44** B 1
Strelka (Russland) ▣ **53** L 2
Strelka (Russland) ▣ **51** K 3
Strenči ▣ **23** H 3
Stříbro ▣ **31** H 4
Strofades ▣ **38** B 4

Stromboli ▥ **33** E 6
tätiger Vulkan, Liparische In-
seln (Italien).

Stromness ▣ **24** E 2
Strömstad ▣ **21** D 4
Strömsund ▣ **20** F 2
Stronsay ➳ **24** E 2
Struga ▣ **38** B 2
Strugi-Krasnyje ▣ **40** B 2
Struma ▣ **38** C 2
Strumica ▣ **38** C 2
Stryj ▣ **42** A 3
Strymonischer Golf ➳
38 C-D 2
Stryn ▣ **20** B 3
Stuart ➳ **104** C 2
Stung Treng ▣ **67** E 3
Stupino ▣ **40** F-G 4
Stuttgart ▣ **31** F 4
Stykkishólmur ▣ **44** B 2
Styr ➳ **42** B 2
Subate ▣ **23** J 3-4
Subotica ▣ **36** D 2
Subunçu ▣ **61** G-H 4
Suceava ▣ **37** H 2
Suchona ➳ **50** E 2

Sucre ▣ **122** B 3
101 000 Ew., Hauptstadt Boli-
viens.

Sud, Massif du- ▥ **116** C 3
Suda ▣ **40** F 2
Suda ➳ **40** F 2
Südafrika ▣ **98** C 4
Südafrikanisches Hochland
▬ **98** C 3-4
Sudaj ▣ **41** J 2
Sudak ▣ **43** G 5
Sudan ▣ **94** B-C 2
Sudan ▬ **92-93** C-E 1
Südantillenmeer ➳
125 D-E 5
Südantillenrücken ➳
125 D-E 5
Sudbury ▣ **107** H 4
Südchinesisches Becken ➳
67 F 3

Südchinesisches Meer ➳
67 F 3-4
Sudd ▬ **94** C 3
Suddie ▣ **121** E 2
Sudeten ▥ **34** B-C 3
Südgeorgien ➳ **125** F 5
Südhondorücken ➳ **69** E 2-3
Südinsel ➳ **79** B 4
Südkarpaten ▥ **37** F-G 3
Südkorea ▣ **57** D-E 3
Südliche Cookinseln ➳
76 B-C 4
Südlicher Indianersee ➳
106 G 3
Südliches Fidschibecken ➳
78 C 2
Südliche Sierra Madre ▥
114 B-C 3
Südliche Sporaden ➳ **39** E 4
Südmeseta ▬ **28-29** C-D 4
Sudogda ▣ **41** H 4
Südorkney-Inseln ➳ **127** Q 2
Südossetien ▣ **61** E 3
Süd-Platte ➳ **108** C 1

Südsandwich-Inseln ➳
125 F-G 5
Aktive vulkanische Inseln am
Rand der Antarktis.

Südshetland-Inseln ➳
127 Q 2-3
Südtirol ▣ **32** C 2
Suez ▣ **90** D 2-3
Suez, Golf von- ➳ **90** D 3

Suezkanal ➳ **90** D 2
161 km lange Großschiff-
fahrtsstraße zwischen Mittel-
meer und Rotem Meer.

Suffolk ▣ **25** G 5
Suğla Gölü ➳ **58** D 4
Sugozero ▣ **40** E 2
Suhar ▣ **63** G 4
Suhe-Bator ▣ **54** D 1-2
Suhiniči ▣ **40** E 4
Suhl ▣ **31** G 3
Suhona ▣ **41** H 2
Suide ▣ **55** E 3
Suifenhe ▣ **57** E 2
Suihua ▣ **55** F 2
Suining ▣ **54** D 3
Suir ➳ **25** C 5
Suizhong ▣ **56** C 2
Šuja ▣ **41** H 3
Sukabumi ▣ **68** B 4
Sukadana ▣ **68** B-C 4
Sukhnah ▣ **59** G 5
Sukkur ▣ **66** A-B 2
Sula (Norwegen) ➳ **20** A 3
Sula (Ukraine) ➳ **43** F 3
Sulaimaniya, As- ▣ **63** D-E 1
Sula-Inseln ➳ **69** D 4
Sulak ▣ **61** F 3
Sulak ➳ **61** F 3
Sulakyurt ▣ **58** D 2
Sulawesi → Celébes ➳
69 C-D 4

Sulayel, As- ▣ **63** E 4
Sulina ▣ **37** J 3
Sulina, Braţul- ➳ **37** J 3
Sulitjelma ▣ **18** C-D 3
Sulitjelma ▥ **18** D 3
Sullana ▣ **120** B 3
Sulmona ▣ **33** D 4
Sultandaği ▣ **58** C 3
Sultanhanı ▣ **58** D 3
Sulu-Archipel ➳ **69** C-D 3
Sülüklü ▣ **58** D 3
Suluova ▣ **59** E 2
Sulusaray ▣ **59** F 2
Sulusee ▣ **69** C-D 3
Šumadija ▬ **36** D-E 3
Sumatra ▣ **68** A-B 3-4
Sumba ➳ **69** C-D 4-5
Sumba ▣ **69** C 4
Sumbawa Besar ▣ **69** C 4
Sumbawanga ▣ **97** D 2
Sumburgh ▣ **24** F 2
Sumburgh, Kap- ▣ **24** F 2
Šumen ▣ **37** H 4
Šumerlja ▣ **41** L 4
Sumgait ▣ **61** F 4
Sumgait ➳ **61** G 4
Sumisu ▣ **57** G 4
Šumjaci ▣ **40** D 5
Šumperk ▣ **31** K 3-4
Sumy ▣ **43** G 2
Sunchon ▣ **56** D 3-4
Sundagraben ➳
68 B-C 4-5
Sundastraße ➳ **68** B 4
Sunde ▣ **20** C 2
Sunderland ▣ **24-25** F 4
Sundsvall ▣ **20** G 2
Sungaipenuh ▣ **68** B 4
Sungari ➳ **55** F 2
Sungurlu ▣ **59** E 2
Sunndalsøra ▣ **20** C 2
Suntar ▣ **52** G 2
Suntar Chajata ▥ **53** J-K 2
Sunyani ▣ **92** C 2
Suolahti ▣ **19** H 5
Suomenselkä ▬ **19** H-K 5
Suomussalmi ▣ **19** K 4
Suonenjoki ▣ **19** J 5
Suorva ▣ **18** E 3
Superior ▣ **109** D 1
Süphan Daği ▥ **60** D 5
Suqian ▣ **56** B 4
Sur ▣ **63** G 4
Sur = Tiro ▣ **64** B 1
Sura ▣ **41** K 5
Sura ➳ **41** L 4
Surabaya ▣ **68** C 4
Surakarta ▣ **68** C 4
Suran ▣ **59** F 5
Surat ▣ **66** B 2
Surat Thani ▣ **67** D-E 4
Suraž (Russland) ▣ **40** D 5
Suraž (Weißrussland) ▣
35 K 1
Surendranagar ▣ **66** B 2
Surgut ▣ **51** H 2
Surigao ▣ **69** D 3
Sürmene ▣ **59** H 2
Sursk ▣ **41** K 5

Suruç ▣ **59** G 4
Surugabucht ➳ **57** F 3-4
Susa ▣ **32** A 3
Susah ▣ **89** E 2
Susanville ▣ **110** B 3
Suşehri ▣ **59** G 2
Suslonger ▣ **41** M 3
Susuman ▣ **53** K 2
Susurluk ▣ **58** B 3
Sutlej ➳ **66** B 2
Suva ▣ **78** C 1
Suvavesisee ➳ **19** K 5
Suvorovskaja ▣ **60** D 2
Suvo Rudiste ▥ **36-37** E 4
Suwałki ▣ **35** F 1
Suwar, As- ▣ **59** H 5
Suwarrow Atoll ➳ **76** B 3
Suwayda, As- ▣ **64** B 2
Suwon ▣ **56** D 3
Suxian (Anhui-China) ▣
56 B 4
Suxian (Hubei-China) ▣
56 A 4
Suzdal ▣ **41** H 3
Suzhou ▣ **55** E-F 3
Suzu, Kap- ➳ **57** F 3
Svängsta ▣ **21** F 5
Svanstein ▣ **18** G 3
Svappavaara ▣ **18** F 3
Svartisen ▥ **18** B 3
Svatove ▣ **43** J 3
Svealand ▬ **21** F-G 4
Sveg ▣ **20** F 2
Švenčionys ▣ **23** J 4
Sverdrup, Ostrov- ➳
52 C-D 1
Sverdrup Inseln ➳ **105** A-C 2
Svertlaja ➳ **55** G 2
Svetlahorsk ▣ **35** J 2
Svetlograd ▣ **60** D 2
Svetlovodsk ▣ **43** F 3
Svetogorsk ▣ **19** K 6
Svetozarevo ▣ **37** E 4
Svir ▣ **35** H 1
Svirica ▣ **40** D 1
Svisloč ▣ **35** J 2
Svištov ▣ **37** G 4
Svitavy ▣ **31** K 4
Svolvær ▣ **18** C 2
Swains ➳ **76** A 3
Swakop ➳ **98** B 3
Swakopmund ▣ **98** B 3
Swan River ➳ **106** F 3
Swansea ▣ **25** D-E 6
Swasiland ▣ **99** D 3
Swellendam ▣ **98** C 4
Świdnica ▣ **34** C 3
Świebodzin ▣ **34** B 2
Świecie ▣ **34** D 2
Swift Current ▣ **110** E 1
Swindon ▣ **25** F 6
Swobodnyj ▣ **53** H 3
Swyatoy Nos, Kap- ➳
53 J-K 1
Syčevka ▣ **40** E 4

Sydney (Australien) ▣
81 E 3
Sydney (Kanada) ▣ **107** K 4
Sykkylven ▣ **20** B 2
Syktyvkar ▣ **50** F 2
Sylt ▣ **30** F 1
Symi ▣ **39** E 4
Synel'nykove ▣ **43** G 3
Syowa ▣ **127** B-C 2
Syracuse ▣ **109** F 1
Syrakus ▣ **33** E 7
Syrdarja ➳ **51** G 4
Syrien ▣ **63** C-D 1-2
Syrische Wüste ▬ **64** B 1-2
Šyroke ▣ **43** F 4
Syros ➳ **38** D 4
Syrski ▣ **41** G 5
Syrte ▣ **90** B 2
Syrte, Große- ➳ **90** B 2-3
Syrte, Kleine- ➳ **89** E 2
Syrtika ➳ **90** B 2-3
Sysslebäck ▣ **20** E 3
Syzran ▣ **41** M 5
Szarvas ▣ **36** E 2
Szczecin (Stettin) ▣ **34** B 2
Szczecinek ▣ **34** C 2
Szczytno ▣ **34** E 2
Szeged ▣ **36** D-E 2
Szeghalom ▣ **37** E 2
Székesfehérvár ▣ **36** D 2
Szekszárd ▣ **36** D 2
Szentes ▣ **36** E 2
Szolnok ▣ **36** D-E 2
Szombathely (Steinamanger)
▣ **36** C 2
Szprotawa ▣ **34** B 3

T

Tabah ▣ **64** C 3
Tabaqah ▣ **59** G 5
Tabas ▣ **65** F 2
Tabašino ▣ **41** L 3
Taber ▣ **110** D 2
Tabiteuea ➳ **75** E 3
Tábor ▣ **31** J 4
Tabor ▣ **53** K-L 1
Tabor ▣ **62A** B 2
Tabora ▣ **97** D 2
Täbris ▣ **63** E 1
Tabuaeran ➳ **76** C 1
Tabuk ▣ **63** C 3
Tacloban ▣ **69** D 2
Tacoma ▣ **108** A 1
Tademaït, Plateau von- ▬
89 D 3
Tadjourah ▣ **95** D 2
Tadschikistan ▣ **51** G-H 5
Taebaek-Gebirge ▥ **57** D 3
Taegu ▣ **57** D 3
Taejon ▣ **56** D 3
Tafahi ➳ **78** D 1
Taftan, Kuh-e- ▥ **63** H 3
Taftanaz ▣ **59** F 4
Tagama ▬ **93** D 1
Tagliamento ➳ **32** D 3
Tagnurah, Kap- ➳ **65** E 3
Tago ➳ **28** A 4

Tagula ⬛ **74** C 4
Tahaa ⬛ **77** C 3
Tahan ▲ **68** B 3
Tahat ▲ **89** D 3
Tahir Geçidi ▲ **60** D 4
Tahiti ⬛ **77** D 3
Tahoe, Lake- ⬛ **110** B-C 4
Tahoua ⬛ **93** D 1
Tahtali Dağları ▲ **59** E-F 3
Tahuata ⬛ **77** E 3
Tai'an ⬛ **55** E 3
Taibus Qi ⬛ **56** A-B 2
Taif ⬛ **63** D 4
Taihang Shan ▲ **56** A 3
Tai Hu ⬛ **55** E-F 3

Taihu ⬛ **56** B 4
*3400 km², chin. Binnensee,
Teil des Yangzideltas.*

Tain ⬛ **24** D-E 3
Tainan ⬛ **55** F 4
Taínaron, Kap- ⬛ **38** C 4
Taipale ⬛ **19** K 5

Taipei ⬛ **55** F 4
*2,7 Mio. Ew., Hauptstadt Tai-
wans.*

Taiping ⬛ **68** B 3
Taitao, Halbinsel- ⬛ **125** B 4
Taivalkoski ⬛ **18** K 4
Taivassalo ⬛ **19** F 6
Taiwan ⬛ **55** F 4
Taiyiba ▲ **62A** B 2
Taiyuan ⬛ **55** E 3
Taizhong ⬛ **55** F 4
Taizhou ⬛ **55** E-F 3
Taizz ⬛ **63** D 6
Tajmyr-Halbinsel ⬛ **52** E-F 1
Tajmyrsee ⬛ **52** F 1
Tajšět ⬛ **52** E 3
Tajulmulco ▲ **115** C 3
Tak ⬛ **67** D 3
Taka Atoll ⬛ **75** D 1
Takamatsu ⬛ **57** E 4
Takaoka ⬛ **57** F 3
Takestan ⬛ **65** D 1
Takikawa ⬛ **57** G 2
Takutea ⬛ **76** C 3
Takyl, Kap- ⬛ **43** H 5
Talačyn ⬛ **35** J 1
Talak ⬛ **89** D 4
Talara ⬛ **120** B 3
Talas-Alatau ▲ **51** H 4
Talasea ⬛ **74** B-C 3
Talaud-Inseln ⬛ **69** D 3
Talavera de la Reina ⬛
28 C 3
Talca ⬛ **124** B 3
Talcahuano ⬛ **124** B 3
Taldom ⬛ **40** F 3
Taldy-Kurgan ⬛ **51** H 4
Taliabu ⬛ **69** D 4
Talkkunapää ▲ **18** K 2
Tallahassee ⬛ **109** E 2
Tall al Abyad ⬛ **59** G 4
Tall Birak at Tahtani ⬛ **59** H 4
Tal'ne ⬛ **42** E 3

Talo ▲ **95** C 2
Talsi ⬛ **23** G 3
Taltal ⬛ **124** B 2
Tamala ⬛ **41** J 5
Tamale ⬛ **92** C 2
Tamanrasset ⬛ **89** D 3
Tambacounda ⬛ **92** B 1
Tambohorano ⬛ **99** E 2
Tambow ⬛ **50** E 3
Tambura ⬛ **94** B 3
Tamgak ▲ **89** D 4
Tamgué ▲ **92** B 1
Tamil Nadu ⬛ **66** B 3
Tampa ⬛ **109** E 3
Tampa Bay ⬛ **113** C 5
Tampere ⬛ **19** G-H 6
Tampico ⬛ **114** C 2
Tamsag Bulag ⬛ **55** E 2
Tamworth ⬛ **81** E 3
Tana (Finnland) ⬛ **18** H 2
Tana (Kenia) ⬛ **97** D 2
Tanacross ⬛ **104** E 2
Tanafjord ⬛ **18** K 1
Tanahgrogot ⬛ **68** C 4
Tanahmerah ⬛ **69** F 4
Tanamiwüste ⬛ **80** C 1
Tanana ⬛ **104** D 2
Tanana ⬛ **104** D 2
Tanaro ⬛ **32** B 3
Tanasee ⬛ **95** C 2
Tanchon ⬛ **57** D 2
Tandag ⬛ **69** D 3
Tandil ⬛ **124** D 3
Tandjungkarang ⬛ **68** B 4
Tandsjöborg ⬛ **20** F 3
Tanega-Insel ⬛ **57** E 4
Tanezrouft ⬛ **88-89** C-D 3
Tanga ⬛ **97** D 2
Tanganyika ⬛ **97** D 2
Tanganyikasee ⬛ **97** C-D 2
Tanger ⬛ **88** C 2
Tanggula Shan ▲ **54** B-C 3
Tangra Yumco ⬛ **54** B 3
Tangshan ⬛ **55** E-F 3
Tanimbar-Inseln ⬛ **69** E 4
Tanjungbalai ⬛ **68** A 3
Tanjungselor ⬛ **69** C 3
Tankar ⬛ **19** G 5
Tanna ⬛ **78** B 1
Tannugebirge ▲ **52** E 3
Tanout ⬛ **93** D 1
Tansania ⬛ **97** D 2
Tan Tan ⬛ **88** B 3
Tanum ⬛ **21** D 4
Tao'an ⬛ **55** F 2
Taongi Atoll ⬛ **75** E 1
Taormina ⬛ **33** E 7
Taos ⬛ **108** C 2
Taoudenni ⬛ **88** C 3
Tapa ⬛ **23** J 2
Tapachula ⬛ **115** C 3
Tapajós ⬛ **122** C 2
Tapaktuan ⬛ **68** A 3
Tapauá ⬛ **122** B 2
Tapti ⬛ **66** B 2
Tapurucuara ⬛ **122** B 2
Taquari, Pantanal do- ⬛
122 C 3

Tara ⬛ **51** H 3
Tara ⬛ **25** C 5
Taraclia ⬛ **42** D 4-5
Tarakan ⬛ **69** C 3
Taran, Kap- ⬛ **22** E-F 4
Tarapoto ⬛ **120** C 3
Tarascon ⬛ **27** F 6
Tarauacá ⬛ **122** A 2
Tarawa ⬛ **75** E 2
Tarazona ⬛ **29** E 3
Tarbagataj ▲ **51** J 4
Tarbert (Scotland-
Großbritannien) ⬛ **24** C 3
Tarbert (Scotland-
Großbritannien) ⬛ **24** D 4
Tarbes ⬛ **27** D 6
Tarcoola ⬛ **81** C 3
Taree ⬛ **81** E 3
Tarent ⬛ **33** F 5
Tarent, Golf von- ⬛ **33** F 5
Tarf, Ras- ⬛ **28** D 6
Tarfaya ⬛ **88** B 3
Tărgoviște ⬛ **37** H 4
Tarhankut, Mys- ⬛ **43** F 5
Tarif ⬛ **65** E 4
Tarifa ⬛ **28** C 5
Tarija ⬛ **122** B 4
Tarim ⬛ **63** E 5
Tarimbecken ⬛ **54** A-B 3
Tarim He ⬛ **54** B 2
Tarko-Sale ⬛ **51** H 2
Tarlac ⬛ **69** D 2
Tarn ⬛ **27** E 6
Tärnaby ⬛ **18** C 4
Tarnobrzeg ⬛ **34** E 3
Tarnów ⬛ **34** E 3
Taroom ⬛ **81** E 2
Tarragona ⬛ **29** F 3
Tarrassa ⬛ **29** F 3
Tarsus ⬛ **59** E 4
Tärtär ⬛ **61** F 4
Tartus ⬛ **64** B 2
Tarusa ⬛ **40** F 4
Tarutung ⬛ **68** A 3
Tarvisio ⬛ **32** D 2
Tas ⬛ **51** H-J 2
Taschaus ⬛ **50** F 4

Taschkent ⬛ **51** G 4
*2,2 Mio. Ew., Oasenstadt,
Hauptstadt Usbekistans.*

Tasikmalaya ⬛ **68** B 4
Taşiliçai ⬛ **60** D 5
Taşköprü ⬛ **59** E 2
Tasmanbecken ⬛ **79** A-B 4
Tasmania ⬛ **80** B-C 3
Tasmanien ⬛ **80** B-C 3
Tasmansee ⬛ **79** A-B 4
Taşova ⬛ **59** F 2
Taštagol ⬛ **51** J 3
Tas Tumus ⬛ **53** H 2
Tata (Marokko) ⬛ **88** C 3
Tata (Ungarn) ⬛ **36** D 2
Tatabánya ⬛ **36** D 2
Tatarbunary ⬛ **42** D 5
Tatarensund ⬛ **53** K 3
Tatarsk ⬛ **51** H 3
Tatawin ⬛ **89** E 2

Tatra, Nationalpark- ⬛
34 D-E 4
Tatvan ⬛ **60** D 5
Ta'u ⬛ **76** B 3
Taučik ⬛ **61** H 2
Taujsk ⬛ **53** K 3
Taunggyi ⬛ **67** D 2
Taunton ⬛ **25** E 6
Taunus ▲ **30** F 3
Tauposee ⬛ **79** C 3
Tauranga ⬛ **79** C 3
Tauroggen ⬛ **23** G 4
Tavda ⬛ **51** G 3
Tavda ⬛ **51** G 3
Taveuni ⬛ **78** C 1
Tavira ⬛ **28** B 5
Tavoliere ⬛ **33** E 5
Tavoy ⬛ **67** D 3
Tavşanlı ⬛ **58** B 3
Tawau ⬛ **69** C 3
Tawkar ⬛ **95** C 2
Tawliqiyah ⬛ **94** C 3
Tawzar ⬛ **89** D 2
Taygetos ▲ **38** C 4
Tayma ⬛ **63** C 3
Tay Ninh ⬛ **67** E 3
Tazovski ⬛ **51** H 2
Tbessa ⬛ **89** D 2
Tchibanga ⬛ **96** B 2
Tczew ⬛ **34** D 1
Te Anau, Lake- ⬛ **79** B 4
Teberda ⬛ **60** C 3
Tebulosmta ▲ **61** E 3
Tecer Dağları ▲ **59** F-G 3
Tecuci ⬛ **37** H 3
Tedžen ⬛ **51** G 5
Tefé ⬛ **122** B 2
Tefenni ⬛ **58** B 4
Tegal ⬛ **68** B 4

Tegucigalpa ⬛ **115** D 3
*608 000 Ew., Hauptstadt von
Honduras, in 1000 m Höhe.*

Teheran ⬛ **63** F 1
6 Mio. Ew., Hauptstadt d. Iran.

Tehuantepec ⬛ **114** C 3
Tehuantepec, Golf von- ⬛
114 C 3
Tehuantepec, Isthmus von- ⬛
114 C 3
Tehuata Atoll ⬛ **77** D 3
Tejkovo ⬛ **41** H 3
Tekirdağ ⬛ **58** A 2
Tekman ⬛ **59** H 3
Telavi ⬛ **61** E 4
Telegino ⬛ **41** K 5
Telemark ⬛ **21** B 4
Teles Pires ⬛ **122** C 3
Tellatlas ▲ **89** D 2
Telposiz ▲ **50** F 2
Telšiai ⬛ **23** G 3-4
Téma ⬛ **92** C 2
Tematangi Atoll ⬛ **77** D-E 4
Temeschpe → Timişoara
⬛ **37** E 3
Temirtau ⬛ **51** H 3

Temnikov ⬛ **41** J 4
Temoe ⬛ **77** E 4
Tempe ⬛ **111** D 5
Templi, Valle dei- ⬛ **33** D 7
Temrjuk ⬛ **60** A 2
Temrjukski zaliv ⬛ **60** A 2
Temuco ⬛ **124** B 3
Tenasserim ⬛ **67** D 3
Tendaho ⬛ **95** D 2
Tenda-Paß ▲ **32** A 3
Tende ⬛ **32** A 3
Tendrivs'ka Kosa, Ostrov- ⬛
42 E 4
Ténéré ⬛ **89** E 3-4
Teneriffa ⬛ **88** B 3
Ténès ⬛ **29** F 5
Ténès, Kap- ⬛ **29** F 5
Tengchong ⬛ **54** C 4
Tengissee ⬛ **51** G 3
Tengrela ⬛ **92** C 1
Tenke ⬛ **96** C 3
Tenkodogo ⬛ **92** C 1
Tennant Creek ⬛ **81** C 1
Tennessee ⬛ **109** E 2

Tennessee ⬛ **109** E 2
*5 Mio. Ew., US-Bundesstaat,
Hauptstadt: Nashville.*

Teofipol ⬛ **42** C 3
Tepelena ⬛ **38** A-B 2
Tepic ⬛ **114** B 2
Teplice ⬛ **31** H 3
Teramo ⬛ **32** D 4
Tercan ⬛ **59** H 3
Terceira ⬛ **88** A 2
Terebovlja ⬛ **42** B 3
Terek ⬛ **61** F 3
Teresina ⬛ **123** D 2
Tereška ⬛ **41** L 5
Terme ⬛ **59** F 2
Termini Imerese ⬛ **33** D 7
Termit-Kaboul ⬛ **93** E 1
Termoli ⬛ **33** E 4
Ternate ⬛ **69** D 3
Ternej ⬛ **55** G 2
Terni ⬛ **32** D 4
Ternopil' ⬛ **42** B 3
Ternovka ⬛ **41** K 5
Terpenija, Kap- ⬛ **53** K 4
Terpenijabai ⬛ **53** K 4
Terrace ⬛ **106** D 3
Terrace Bay ⬛ **112** B 1
Terracina ⬛ **33** D 5
Terre Haute ⬛ **109** E 2
Territorium Korallensee-Inseln
⬛ **81** C 1
Terschelling ⬛ **30** D 2
Teruel ⬛ **29** E 3
Tervola ⬛ **18** H 3
Teseney ⬛ **95** C 2
Tesijn ⬛ **54** C 2
Tessalit ⬛ **89** D 3
Tessaoua ⬛ **93** D 1
Tessin = Ticino ⬛ **32** B 2
Tete ⬛ **99** D 2
Teteven ⬛ **37** G 4
Tétouan ⬛ **88** C 2
Tetovo ⬛ **38** B 1

Teučežsk ● **60** B 2
Teulada, Kap- ☒ **33** B 6
Teutoburger Wald ⛰
　30 E-F 2-3
Texarkana ● **109** D 2

Texas **2** **108** C-D 2
17 Mio. Ew., zUS-Bundesstaat,
Hauptstadt: Austin.

Texel ☒ **30** D 2
Thabana Ntlenyana ⛰
　99 C 3-4
Thailand **1** **67** D-E 3
Thailand, Golf von- ☒ **67** E 3
Thames ● **79** C 3
Thana ● **66** B 3
Thanh Hoa ● **67** E 3
Thanjavur ● **66** B-C 3
Tharr ▬ **66** B 2
Thartharsee ☒ **64** C 2
Thásos ☒ **38** D 2
Theben ● **38** C 3
Theben ⛰ **90** D 3
The Dalles ● **108** A 1
Theiß ➥ **42** A 3
Themse ➥ **25** F 6
Thenia ● **29** G 5
Theodore ● **81** D-E 2
The Pas ● **106** F 3
Thermaischer Golf ☒ **38** C 2
Thermopylen ⛰ **38** C 3
The Slot **75** C 3
Thessalía **2** **38** C 3
Thetford ● **25** G 5
Thiers ● **27** E 5
Thiès ● **92** B 1
Thika ● **97** D 2
Thimphu **1** **66** C-D 2
Thingeyrar ● **44** C 2
Thingvallavatn ☒ **44** C 3
Thingvellir ● **44** C 3
Thingvellir, Nationalpark- ✿
　44 C 3
Thionville ● **26** F-G 3
Thíra ☒ **38** D 4
Thisted ● **21** C 5
Thistilfjord ☒ **44** F 1
Thjórsá ➥ **44** D 3
Thomasville ● **113** C 4
Thompson ● **106** G 3
Thomson ➥ **81** D 2
Thon Buri ● **67** D-E 3
Thonon-les-Bains ● **27** G 4
Thórisvatnsee ☒ **44** D 3
Thorshavn **2** **16** C 1
Thórshöfn ● **44** F 1
Thrakien ▬ **58** A-B 2
Thrakikón Pélagos ☒
　38-39 D 2
Three Kings-Inseln ☒
　79 C 3
Three Points, Kap- ☒ **92** C 2
Thule = Qaanaaq ● **105** E 2
Thun ● **32** A 2
Thunder Bay ● **107** H 4
Thurgau **2** **32** B 2

Thüringen ● **45** A

2, 5 Mio. Ew., dt. Bundesland,
Hauptstadt: Erfurt.

Thüringen **2** **31** G 3
Thüringer Wald ⛰ **31** G 3
Thurso ● **24** E 2
Thurston-Insel ☒ **127** N-O 2
Thyborøn Kanal ☒ **21** B-C 5
Tiahuanacu ● **122** B 3
Tiandong ● **54** D 4
Tianjin ② **55** E 3
Tianjun ● **54** C 3
Tian Shan ⛰ **54** A-C 2
Tianshui ● **54** D 3
Tiaret ● **89** D 2
Tibati ● **93** E 2
Tiber ➥ **32** D 4
Tiberias ● **62A** B 2
Tibesti ⛰ **90** B 3
Tibesti-Serir ▬ **90** B 3
Tibet (Xizang) **2** **54** B 3
Tibni ● **59** G 5
Tibnin ● **62A** B 1
Tiburón ☒ **114** A 2
Ticino ➥ **32** B 3
Ticino = Tessin **2** **32** B 2
Tidaholm ● **21** E 4
Tidikelt ➥ **89** D 3
Tidjikja ● **88** B 4
Tieling ● **55** E 2
Tiétar ➥ **28** C 3

Tiflis **1** **61** E 4
1,28 Mio. Ew., Hauptstadt von
Georgien.

Tigheni ● **29** F 6
Tighina ● **42** D 4
Tigil ● **53** L 3
Tigre ➥ **120** C 3
Tigre ▬ **95** C 2
Tigris ➥ **63** D 1
Tigzit ● **29** H 5
Tihamah ▬ **63** D 5
Thoreck ● **60** C 2
Tihvin ● **40** D 2
Tiilikkala ● **19** J 6
Tijuana ● **114** A 1

Tikal ● **115** C-D 3
Maya-Stadt in Guatemala.

Tikei ☒ **77** D 3
Tikopia ☒ **75** D 4
Tikrit ● **64** C 1
Tiksi ● **52-53** H 1
Tilburg ● **30** D 3
Tiličiki ● **53** M 2
Tiligul ➥ **42** E 4
Tiligulski liman ☒ **42** E 4
Tilimsen ● **89** D 1
Tílos ☒ **39** E 4
Tilsit ● **22** F-G 4
Timanrücken ⛰ **50** E-F 2
Timaru ● **79** C 4
Timaševsk ● **60** B 2
Timbuktu (Tombouctou) ●
　88 C 4
Timimoun ● **89** D 3

Timiris, Kap- ☒ **88** B 4
Timiş ➥ **37** E 3
Timiskaming, Lake- ☒
　112 D 1
Timişoara (Temeschburg) ●
　37 E 3
Timmiarmiut ● **105** G 3
Timmins ● **107** H 4
Timok ➥ **37** F 3
Timor ☒ **69** D 4
Timorsee ☒ **69** D 5
Timošino ● **40** F 1
Timpákion ● **38** D 5
Tindouf ● **88** B 3
Tin Fouye ● **89** D 3
Tingo Maria ● **120** C 3
Tingri ● **54** B 4
Tingsryd ● **21** F 6
Tinian ● **74** B 1
Tínos ● **38** D 4
Tínos ☒ **38** D 4
Tinrhert, Hamada von- ▬
　89 D-E 3
Tintina ● **124** C 2
Tinto ➥ **28** B 5
Ti-n-Zaouâtene ● **89** D 3
Tipasa ● **29** G 5
Tipperary ● **25** B 5

Tirana **1** **38** A-B 1
243 000 Ew., Hauptstadt Alba-
niens.

Tiraspol ● **42** D 4
Tirbil ● **64** B 2
Tire ● **58** A 3
Tirebolu ● **59** G 2
Tiree ☒ **24** C 3
Tîrgovişte ● **37** G 3
Tîrgu Bujo ● **37** H-J 3
Tîrgu Jiu ● **37** F 3
Tîrgu Mureş (Neumarkt) ●
　37 G 2
Tîrgu Neamţ ● **37** H 2
Tîrgu Ocna ● **37** H 2
Tîrnavos ● **38** C 3
Tiro = Sur ● **62A** B 1
Tirol **2** **32** C 2
Tirso ➥ **33** B 5-6
Tiruchchirappalli ● **66** B 3
Tiškovka ● **42** E 3
Tiszaföred ● **36** E 2
Tiszantúl ▬ **36-37** E 2
Titicacasee ☒ **120** C-D 4
Titovo Užice ● **36** D 4
Titov Veles ● **38** B 2
Titule ● **96** C 1
Tivoli ● **33** D 4
Tizimín ● **115** D 2
Tizi Ouzou ● **89** D 2
Tiznit ● **88** B-C 3
Tjåmotis ● **18** E 3
Tjeggelvas ☒ **18** D 3
Tjörn ☒ **21** D 5
Tjub-Karagan, Kap- ☒
　61 H 2
Tjuleni, Ostrov- ☒ **61** F 2
Tjuleni, Ostrova- ☒ **61** G-H 2
Tjumen ● **51** G 3

Tjung ➥ **52** G-H 2
Tkvarčeli ● **60** C 3
Tleta-de-Oued-Laou, Et- ●
　28 C 6
Toamasina ● **99** E 2
Tobago ☒ **117** E 4
Tobelo ● **69** D 3
Tobermory ● **24** C 3
Toblach = Dobbiaco ● **32** D 2
Toboali ● **68** B 4
Tobol ➥ **51** G 3
Tobolsk ● **51** G 3
Tobruk ● **90** C 2
Tocantinópolis ● **123** D 2
Tocantins ● **123** D 2
Tocantins ➥ **123** D 2
Tocantins **2** **123** D 3
Tocopilla ● **124** B 2
Todos os Santos, Baía de- ☒
　123 E 3
Tofua ☒ **78** D 1
Togian-Inseln ☒ **69** D 3-4
Togliatti ● **50** E-F 3
Togo **1** **92** D 2
Tohma ➥ **59** F-G 3
Toholampi ● **19** H 5
Toijala ● **19** G 6
Toili ● **69** D 4
Tokaj ● **37** E 1
Tokara Inseln ☒ **55** F 4
Tokat ● **59** F 2
Tokelauinseln **2** **76** A 2

Tokio **1** **57** F 3
8,1 Mio. Ew., Hauptstadt Ja-
pans, auf Honshu.

Tokmak ● **43** G 4
Toksovo ● **40** C 1
Tokushima ● **57** E 4
Toledo (Spanien) ② **28** C 4
Toledo (USA) ● **109** E 1
Toledo, Montes de- ⛰
　28 C 4
Tolga ● **20** D 2
Toliara ● **99** E 3
Tolima, Nevado del- ⛰
　120 C 2
Tolitoli ● **69** D 3
Tolmin ● **36** A 2
Tolo, Teluk- ☒ **69** D 4
Tolosa ● **29** D-E 2
Toluca ● **114** B-C 3
Tomakomai ● **57** G 2
Tomar ● **28** A 4
Tomaszów Lubelski ● **35** F 3
Tomaszów Mazowiecki ●
　34 E 3
Tombigbee ➥ **113** B 4
Tombouctou → Timbuktu ●
　88 C 4
Tombua ● **98** B 2
Tomelilla ● **21** E-F 6
Tomelloso ● **28** D 4
Tomini ● **69** D 3
Tomini, Teluk- ☒ **69** D 3-4
Tommot ● **53** H 3
Tomorit ⛰ **38** B 2
Tomsk ● **51** J 3
Tomtabacken ⛰ **21** F 5

Tonale ⛰ **32** C 2
Tonasket ● **110** C 2
Tone ➥ **57** G 3
Tonekabon ● **65** F 31
Tonga **1** **78** D 2
Tongagraben ☒ **78** D 1-2
Tongarücken ☒ **78** D 1-2
Tongatapu ☒ **78** D 2
Tongcheng ● **56** B 4
Tongchuan ● **54** D 3
Tonghae ● **57** D 3
Tonghua ● **55** F 2
Tongliao ● **55** F 2
Tongling ● **56** B 4
Tongue ➥ **24** D 2
Tongxian ● **56** B 3
Tongyu ● **56** C 2
Tonj ● **94** B 3
Tonking ● **67** E 2
Tonking, Golf von- ☒
　67 E 2-3
Tonle Sab ☒ **67** E 3
Tonnerre ● **26** E 4
Tonopah ● **111** C 4
Tønsberg ● **21** D 4
Tonstad ● **21** B 4
Tonya ● **59** G 2
Tooele ● **110** D 3
Toowoomba ● **81** E 2
Topeka ② **108** D 2
Topliţa ● **37** G 2
Topol'čany ● **34** D 4
Topolovgrad ● **37** H 4
Toppenish ● **110** B 2
Toprakkale ● **59** F 4
Torbat-e Heydariyeh ●
　63 G-H 1-2
Torbejevo ● **41** J 4-5
Tordesillas ● **28** C 3
Töre ● **18** G 4
Torez ● **43** J 3
Torgau ● **31** H 3
Tori ● **57** G 5
Torkoviči ● **40** C 2
Tornanádaska ● **36** E 1
Torneälv ➥ **18** F 2
Torneträsk ☒ **18** F 2
Torngat Mountains ⛰
　107 K 3
Tornio ● **18** H 4
Tornionjoki ➥ **19** G-H 3
Toro, Cerro del- ⛰ **124** C 2
Toronto ② **107** J 4
Toropec ● **40** C 3
Torquay ● **25** E 6
Torrão ● **28** A 4
Torre ☒ **78** B 1
Torres Vedras ● **28** A 4
Torriana ● **45** D
Torrön ➥ **20** E 2
Torsby ● **20** E 3
Tortola ☒ **117** E 3

Tortona ▪ **32** B 3
Tortosa ▪ **29** F 3
Tortosa, Kap- ▨ **29** F 3
Tortue ▪ **116** C 2-3
Tortuga ▨ **121** D 1
Tortum ▪ **59** H 2
Torud ▪ **65** F 1
Torul ▪ **59** G 2
Toruń ▪ **34** D 2
Tõrva ▪ **23** H 3
Toržok ▪ **40** E 3
Tosa-Wan ▨ **57** E 4

Toscana **2** **32** C 4
3,6 Mio. Ew,. Region in Mittel-
italien, Hauptstadt: Florenz.

Tosenfjord ▨ **20** E 1
Toskanische Inseln ▨ **33** C 4
Tosno ▪ **40** C 2
Tossa de Mar ▪ **29** G 3
Tossa Plana de Lles ▲ **45** C
Tostado ▪ **124** C 2
Tõstamaa ▪ **23** H 2
Tosya ▪ **59** E 2
Totana ▪ **29** E 5
Toteng ▪ **98** C 3
Totes Meer ▨ **64** B 2
Totma ▪ **41** J 1-2
Totness ▪ **121** E 2
Totoya ▨ **78** D 1
Touba ▪ **92** C 2
Toubkal ▲ **88** C 2
Touggourt ▪ **89** D 2
Toul ▪ **26** F 3
Toulon ▪ **27** F-G 6
Toulouse **2** **27** D 6
Toungoo ▪ **67** D 3
Tourcoing ▪ **26** E 2
Tournai ▪ **26** E 2
Tournus ▪ **27** F 4
Tours ▪ **26** E 3
Toussidé ▲ **90** B 3
Tovuz ▪ **61** E 4
Towada ▪ **57** G 2
Townsend ▪ **110** D 2
Townsville ▪ **81** D 1
Towuti, Danau- ▨ **69** D 4
Toyama ▪ **57** F 3
Toyama-Wan ▨ **57** F 3
Toyota ▪ **57** F 3
Trafalgar, Kap- ▨ **28** B 5
Trail ▪ **106** E 4
Traill ▨ **105** J 2
Trakai ▪ **23** H 4
Tralee ▪ **25** B 5
Trần ▪ **37** F 4
Tranås ▪ **21** F 4-5
Trangan ▨ **69** E 4
Trani ▪ **33** F 5
Transantarktisches Gebirge
▲ **127** H-O 1-5
Transhimalaya ▲ **54** B 3
Transkei ▪ **98** C 4
Transsilvanien - Siebenbürgen
— **37** G 2
Transvaal — **98-99** C-D 3
Trapani ▪ **33** D 7
Trapezunt ▪ **59** G 2

Trasimenischer See ▨
32 D 4
Traunstein ▪ **31** H 5
Traverse City ▪ **112** B 1-2
Trebevič, Nationalpark- ✿
36 D 4
Trebič ▪ **31** J-K 4
Trebinje ▪ **36** D 4
Trebišov ▪ **34** E 4
Treboň ▪ **31** J 4
Trelew ▪ **125** C 4
Tremiti ▨ **33** E 4
Tremp ▪ **29** F 2
Trenčín (Trentschin) ▪
34 C-D 4
Trent ▨ **25** F 5
Trentino **2** **32** C 2
Trenton **2** **109** F 1
Trentschin → Trenčín ▪
34 C-D 4
Tréport, Le- ▪ **26** D 2
Tres Arroyos ▪ **124** C 3
Três Lagoas ▪ **123** C 4
Tres Marias Inseln ▨
114 B 2
Tres Picos, Cerro- ▲ **124** C 3
Tres Puntas, Kap- ▨ **125** C 4
Tretten ▪ **20** D 3
Treungen ▪ **21** C 4
Treviso ▪ **32** D 3
Trevose, Kap- ▨ **25** D 6
Treynta-y-Tres ▪ **124** D 3
Trient **2** **32** C 2
Trier ▪ **30** E 4
Triesen ▪ **45** A
Triesenberg ▪ **45** A
Triest **2** **32** D 3

Triglav ▲ **36** A 1
2864 m, höchster Berg Slowe-
niens und der Julischen Alpen.

Triglav, Nationalpark- ✿
36 A-B 2
Tríkala ▪ **38** B 3
Trikhoníssee ▨ **38** B 3
Trikomo ▪ **58** D 5
Trincomalee ▪ **66** C 4
Trindade ▨ **123** F 4
Trinidad ▨ **117** E 4
Trinidad (Bolivien) ▪ **122** B 3
Trinidad (USA) ▪ **108** C 2
Trinidad und Tobago **1**
117 E 4
Tripoli ▪ **63** C 2

Tripolis **1** **90** B 2
1,3 Mio. Ew., Hauptstadt von
Libyen.

Trípolis ▪ **38** C 4
Tripolitanien — **90** B 2
Tripura **2** **67** D 2
Tristaina, Pic de- ▲ **45** C
Trivandrum **2** **66** B 4
Trnava ▪ **34** C 4
Trobriand-Inseln ▨ **74** C 3
Trofors ▪ **18** B 4
Trogir ▪ **36** C 4

Troglav ▲ **36** C 3
Troick (Russland) ▪ **51** G 3
Troick (Russland) ▪ **52** E 3
Trois Fourches, Kap- ▨
28 D 6
Trois-Rivières ▪ **107** J 4
Troja **2** **58** A 2
Trollhättan ▪ **21** E 4
Trombetas ▨ **122** C2
Tromelin ▨ **99** F 2
Tromøy ▪ **21** C 4
Tromsø ▪ **18** E 2
Tronador ▲ **125** B 4
Trøndelag — **20** D-E 2
Trondheim ▪ **20** D 2
Trondheimsfjord ▨ **20** D 2
Troodos ▲ **58** D 5
Troppau → Opava ▪ **34** C-D 4
Trostjanec' ▪ **43** G 2
Troyes ▪ **26** E-F 3
Troy Peak ▲ **111** C 4
Trubčevsk ▪ **40** D-E 5
Trujillo (Peru) ▪ **120** C 3
Trujillo (Spanien) ▪ **28** C 4
Truk-Inseln ▨ **74** C 2
Truro (Großbritannien) ▪
25 D 6
Truro (Kanada) ▪ **107** K 4
Truth or Consequences ▪
111 E 5
Trutnov ▪ **31** J-K 3
Trysileva ▪ **20** D 3
Trzebnica ▪ **34** C 3
Tsaratanana ▲ **99** E 2
Tschad **1** **94** A-B 2
Tschadsee ▨ **94** A 2
Tschanysee ▨ **51** H 3
Tscheboksary ▪ **50** E 3
Tschechische Republik **1**
31 J-K 4
Tscheljabinsk ▪ **51** G 3
Tschelkar ▪ **50** F-G 4
Tscherepowez ▪ **50** D 3
Tschernobyl → Čornobyl' ▪
42 E 2
Tschersker Gebirge ▲
53 J-K 2
Tschetschenien **2** **61** E-F 3
Tschuktschen-halbinsel —
53 O 2
Tschulym ▪ **51** J 3
Tschuna ▪ **52** E 3
Tschuwaschien **2** **41** L 4
Tshabong ▪ **98** C 3
Tshane ▪ **98** C 3
Tshela ▪ **96** B 2
Tshikapa ▪ **96** C 2
Tshuapa ▨ **96** C 2
Tsingtau → Qingdao ▪ **55** F 3
Tsiroanomandidy ▪ **99** E 3
Tsu ▪ **57** F 4
Tsuchiura ▪ **57** G 3
Tsugarustraße ▨ **57** F-G 2
Tsumeb ▪ **98** B 2
Tsuruga ▪ **57** F 3
Tsuruoka ▪ **57** F 3
Tsushima ▨ **57** D 4
Tsushimastraße ▨
57 D-E 3-4

Tual ▪ **69** E 4
Tuamotu-Inseln ▨ **77** D-E 3
Tuamoturücken ▨
77 D-E 3-4
Tuapse ▪ **60** B 2
Tubas ▪ **62A** B 2
Tübingen ▪ **31** F 4
Tubuaï ▨ **77** D 4
Tubuaï-oder Australinseln ▨
77 C-D 4
Tucson ▪ **108** B 2
Tucupita ▪ **121** D 2
Tucuruí ▪ **123** C-D 2
Tudaj ▲ **65** E 3
Tudmur ▪ **64** B 2
Tufanbeyli ▪ **59** F 3
Tuguegarao ▪ **69** D 2
Tugur ▪ **53** J 3
Tukums ▪ **23** G 3
Tula ▪ **50** D 3
Tulcea ▪ **37** J 3
Tul'čyn ▪ **42** D 3
Tulkarm ▪ **62A** B 2
Tullamore ▪ **25** C 5
Tulle ▪ **27** D 5
Tuloma ▨ **18** L 2
Tulsa ▪ **108** D 2
Tuluá ▪ **120** C 2
Tulun ▪ **52** F 3
Tuma ▪ **41** H 4
Tumaco ▪ **120** C 2
Tumbes ▪ **120** B 3
Tumen ▪ **55** F-G 2
Tumen ▨ **57** D 2
Tunduma ▪ **97** D 2
Tunduru ▪ **97** D 3
Tundža ▨ **37** H 4
Tunesien **1** **89** D 2
Tungsten ▪ **106** D 2

Tunis **1** **89** E 2
2,3 Mio. Ew., Hauptstadt Tu-
nesiens.

Tunja ▪ **120** C 2
Tunnsjøen ▨ **20** E 1
Tunxi ▪ **56** B 5
Tuotuo Heyan ▨ **54** C 3
Tupai Atoll ▨ **77** C 3
Tupelo ▪ **113** B 4
Tupiza ▪ **122** B 4
Tuquan ▪ **56** C 1
Tura ▪ **52** F 2
Tura ▨ **51** G 3
Turabah ▪ **65** C 3
Turan — **51** G 4
Turayf ▪ **63** C 2
Turbat ▪ **66** A 2
Turbie, La- ▪ **45** B
Turbo ▪ **120** C 2
Turda ▪ **37** F-G 2
Tureia Atoll ▨ **77** E 4
Turgaisenke — **51** G 3
Turgaj ▪ **51** G 4
Turgaj ▨ **51** G 4
Turgaj ▪ **52** C 3
Turgutlu ▪ **58** A 3
Turhal ▪ **59** F 2

Türi ▪ **23** H 2
Turia ▨ **29** E 4
Turimiquire ▲ **121** D 1
Turin **2** **32** A 3
Turja ▨ **42** B 2
Türkei **1** **58** C-D 3
Turkestan — **51** G 4
Turkmenistan **1** **50** F 5
Türkoğlu ▪ **59** F 4
Turks-Inseln ▨ **117** C 2
Turks-und Caicos-Inseln **2**
117 C-D 2
Turku **2** **19** G 6
Turku-Pori **2** **19** F-G 6
Turnhout ▪ **26** F 2
Turnov ▪ **31** J 3
Turnu Măgurele ▪ **37** G 4
Turpan ▪ **54** B-C 2
Turpan-Senke — **54** B-C 2
Turuhansk ▪ **52** D 2
Tuscaloosa ▪ **109** E 2
Tustna ▪ **20** B 2
Tutajev ▪ **41** G 3
Tutak ▪ **60** D 5
Tuticorin ▪ **66** B 4
Tutóia ▪ **123** D 2
Tutrakan ▪ **37** H 3-4
Tuttlingen ▪ **30** F 4-5
Tutuila ▨ **76** A 3
Tuvalu **1** **75** E 3
Tuvana-i-Ra ▨ **78** D 2
Tuwayq ▲ **63** D-E 4
Tuxpan ▪ **114** C 2
Tuxtla Gutiérrez ▪ **115** C 3
Tuy Hoa ▪ **67** E 3
Tuz Khurmatu ▪ **64** C 2
Tuzla ▪ **36** D 3
Tuzsee ▨ **58** D 3
Tver ▪ **50** D 3
Tweed ▨ **24** E 4
Twerca ▨ **40** E 3
Twin Falls ▪ **108** B 1
Two Harbors ▪ **112** A 1
Tydal ▪ **20** D 2
Tyler ▪ **108** D 2
Tym ▨ **51** J 2
Tynda ▪ **52-53** H 3
Tynemouth ▪ **24** F 4
Tynset ▪ **20** D 2
Tyrifjorden ▪ **21** C 4
Tyrrhenisches Meer ▨
33 C-D 5

U

Ua Huka ▨ **77** E 2
Ua Pou ▨ **77** E 2
Uaupés ▪ **122** B 2

Ubangi  **96** B 1
1000 km, längster Nebenfluss
des Kongo.

Ubeda ▪ **28** D 4
Uberaba ▪ **123** D 3
Uberlândia ▪ **123** D 3
Ubon Ratchathani ▪ **67** E 3
Ubundu ▪ **96** C 2

251

Ucar • 61 F 4
Ucayali ~ 120 C 3
Uchiura-Wan ≋ 57 G 2
Uda ~ 53 J 3
Udaipur • 66 B 2
Uddevalla • 21 D 4
Uddjaure ~ 18 D 4
Udine • 32 D 2
Udomlja • 40 E 3
Udon Thani • 67 E 3
Uelen • 53 P 2
Uëlle ~ 96 C 1
Uelzen • 31 G 2
Ufa • 50 F 3
Uganda ◘ 97 D 1
Uglegorsk • 53 K 4
Uglič • 40 G 3
Uherské Hradiště • 31 K 4
Uhta • 50 F 2
Uig • 24 C 3
Uíge • 98 B 1
Uinta Mountains ▲
   110 D-E 3
Uitenhage • 98 C 4
Ujae Atoll ≋ 75 D 2
Ujelang Atoll ≋ 75 D 2
Újfehértó • 37 E 2
Ujjain • 66 B 2
Ujście • 34 C 2
Ujung Pandang (Makassar) •
   69 C 4
Ukeng ▲ 68 C 3
Ukiah • 110 B 4
Ukmergė • 23 H 4
Ukraine ◘ 42-43 E-F 3
Ulá, Al- • 64 B 3

Ulan Bator ① 54 D 2
580 000 Ew., Hauptstadt der
Mongolei.

Ulangom • 54 C 2
Ulan Hoi • 61 F 2
Ulan-Ude • 52 F 3
Ulaş • 59 F 3
Ulcinj • 36 D 5
Ulegej • 54 B-C 2
Ulithi Atoll ≋ 74 A 1
Ul'janivka • 42 E 3
Uljanowsk • 50 E 3
Uljasutaj • 54 C 2
Ullapool • 24 D 3
Ullared • 21 E 5
Ullsfjord • 18 E-F 2
Ullung ≋ 57 F 2
Ulm • 31 F-G 4
Ulonguè • 99 D 2
Uløy • 18 F 2
Ulricehamn • 21 D 5
Ulsan • 57 D 3
Ulster • 25 B-C 4
Uludağ ▲ 58 B 2
Ulukışla • 59 E 4
Ulungur He ~ 54 B 2
Ulus • 58 D 2
Umago • 36 A 3
Uman • 42 E 3
Umanak = Uummannaq •
   105 F 2

Umboi ≋ 74 B 3
Umeå ② 19 F 5
Umeälv ~ 20 H 1
Umm al Qaywayn • 65 E-F 3
Umm Lajj • 64 B 3
Umtata • 98 C 4
Una ~ 36 C 3
Unadhsdalur • 44 B 1
Unayzah • 65 C 4
Unbukta • 18 C 3
Uneča • 40 D 5
Ungalik • 104 C 2
Ungarn ◘ 36 D-E 2
Ungavabai ≋ 107 K 3
Ungava-Halbinsel ━ 107 J 2
Unggi • 57 E 2
União da Vitória • 123 C 4
Unimak ≋ 104 C 3
Unión, La- • 29 E 5
Unst ≋ 24 F 1
Untere Tunguska ~ 52 E 2
Ünye • 59 F 2
Unža ~ 41 K 2-3
Upernavik • 105 F 2
Upington • 98 C 3
Upolu ≋ 76 A 3
Upolu Point ≋ 83 D 2
Upper Lough Erne ~
   25 B-C 4
Uppland ━ 20 G-H 3
Uppsala ② 21 G 4
Uppsala ② 20 G-H 3
Uqayr, Al- • 65 D-E 3
Uqlat as-Suqur • 65 C 4
Uraj • 51 G 2

Ural ~ 50 F 3
2428 km lang, Russland, Mündung: Kaspisches Meer

Uralgebirge ▲ 50-51 F-G 2-3
Uralsk • 50 F 3
Urandi • 123 D 3
Uranium City • 106 F 3
Uray'irah • 65 D 3
Urbino • 32 D 4
Urdalsnuten ▲ 21 B 4
Uren • 41 K 3
Urengoi • 51 H 2
Ures • 114 A 2
Urfa • 59 G 4
Urfa Platosu ━ 59 G 4
Urgenč • 51 G 4
Urho Kekkosen, Nationalpark-
   ❋ 18 K 2-3
Uri ② 32 B 2
Urimán • 121 D 2
Urla • 58 A 3
Urmia • 63 D 1
Urmiasee ~ 63 E 1
Uroševac • 37 E 4
Uruaçu • 123 D 3
Urubupunga-Stausee ≋
   123 C 3-4
Uruguaiana • 124 D 2-3
Uruguay ◘ 124 D 3
Uruguay ~ 124 D 3
Uruk ⊞ 63 E 2
Urumchi ② 54 B 2

Urum Sugra • 59 F 4
Urup ≋ 53 K-L 4
Urziceni • 37 H 3
Usa ~ 41 K 5
Uşak • 58 B 3
Usbekistan ◘ 50-51 F-G 4
Usedom ≋ 31 H-J 1-2
Ushoker Paß ▲ 42 A 3
Ushuaia • 125 C 5
Usolje-Sibirskoje • 52 F 3
Ussel • 27 E 5

Ussuri ~ 55 G 2
Ca. 900 km lang, Nebenfluss
des Amur.

Ussurijsk • 55 G 2
Ust-Cilma • 50 F 2
Ust-Džeguta • 60 C-D 2
Ustica ≋ 33 D 6
Ust-Ilimsk • 52 F 3
Ust-Ilimsker-Stausee ≋
   52 F 3
Ústí nad Labem (Aussig) •
   31 H-J 3
Ústí nad Orlicí • 31 K 3-4
Ust-Išim • 51 H 3
Ustjurtplateau ━ 50 F 4
Ustjužna • 40 F 2
Ust-Kamčatsk • 53 M 3
Ust-Kamenogorsk •
   51 J 3-4
Ust-Kut • 52 F 3
Ust-Labinsk • 60 B 2
Ust-Luga • 40 B 2
Ust-Maja • 53 J 2
Ust-Nera • 53 K 2
Ustovo • 37 G 5
Ust-Port • 52 D 1-2
Ustreka • 40 E 2
Ust-Ussa • 50 F 2

Utah ② 108 B 2
1,8 Mio. Ew., US-Bundesstaat,
Hauptstadt: Salt Lake City.

Utah Lake ~ 110 D 3
Utena • 23 H 4
Utete • 97 D 2
Utica • 112 D-E 2
Utirik Atoll ≋ 75 E 1
Utrecht ② 30 D 2
Utrecht ② 30 D 2
Utrera • 28 C 5
Utschur ~ 53 J 3
Utsjoki • 18 J 2
Utsunomiya • 57 F-G 3
Uttaradit • 67 E 3
Uttar Pradesh ② 66 B-C 2
Uummannaq = Umanak •
   105 F 2
Uusimaa ② 19 H 6
Uvalde • 108 D 3
Uvira • 97 C 2
Uvs-Nuur ~ 54 C 1
Uwajima • 57 E 4
Uwaynat, Al- • 90 B 3
Uwaynat, Jabal al- ▲ 94 B 1
Uxmal ⊞ 115 C-D 2

Uyuni • 122 B 4
Uyuni, Salar de- ━ 122 B 4
Uzerche • 27 D 5
Užhorod • 42 A 3
Užice • 36 D 4
Uzlovaja • 40 F-G 5
Uzunköprü • 58 A 2
Uzyn • 42 E 3

V

Vaal ~ 98 C
Vaala • 19 J 4
Vaasa ② 19 F 5
Vaasa ② 19 G 5
Vác • 36 D 2
Vadsø • 18 K 1
Vadstena • 21 F 4
Vaduz ① 32 B 2
Værøy ≋ 18 B 3
Vågaholmen • 18 B 3
Vågsøy ≋ 20 A 2
Vahtan • 41 L 2-3
Vaiaku ① 75 E 3
Vairaatea Atoll ≋ 77 E 3
Vakfıkebir • 59 G 2
Vålådalen • 20 E 2
Valandovo • 38 C 2
Valdaj • 40 D 3
Valdemårpils • 23 G 3
Valdemarsvik • 21 G 4
Valdepeñas • 28 D 4
Valdés, Halbinsel- ━
   125 C 4
Valdez • 104 E 2
Valdivia • 124 B 3
Val-d'Or • 107 J 4
Valdosta • 109 E 2
Vale • 60 D 4
Valença do Minho • 28 A 2
Valençay • 26 D 4
Valence • 27 F 5
Valencia (Spanien) ② 29 E 4
Valencia (Venezuela) •
   121 D 1-2
Valencia = València ② 29 E 4
València = Valencia ② 29 E 4
Valencia, Golf von- ≋ 29 F 4
Valencia de Alcántara •
   28 B 4
Valentine • 108 C 1
Valera • 120 C 2
Val Grande, Nationalpark- ❋
   32 B 2
Valira ~ 45 C
Valjevo • 36 D 3
Valjok • 18 H 2
Valka • 23 H-J 3
Valkeakoski • 19 H 6
Valki • 41 K 3
Valladolid ② 28 C 3
Vallejo • 111 B 4
Vallenar • 124 B 2
Valletta ① 90 B 2
Vallgrund ≋ 19 F 5
Vallo della Lucania • 33 E 5
Valognes • 26 C 3
Valožyn • 35 H 1
Valparaíso • 124 B 3

Vals, Kap- ≋ 69 E 4
Valtimo • 19 K 5
Vammala • 19 G 6
Van • 60 D 5
Van Blommesteinmeer ≋
   121 E 2
Vancouver ≋ 106 D 4
Vancouver (Kanada) •
   106 D 4
Vancouver (USA) • 110 B 2
Van Diemen, Golf- ≋ 80 C 1
Vändra • 23 H 2
Vänersborg ② 21 E 4
Vänersee ~ 21 E 4
Vanikolo ≋ 75 D 4
Vanino • 53 J-K 3
Vanna ≋ 18 E-F 1
Vännäs • 20 H 2
Vannes • 26 B 4
Vanoise Nationalpark- ❋
   27 G 5
Vanoua Lava ≋ 78 B 1
Vanrhynsdorp • 98 B 4
Vansbro • 20 F 3
Vansee ~ 60 D 5
Vantaa • 19 H 6
Vanua Levu ≋ 78 C 1
Vanuatu ◘ 78 B 1
Var • 27 G 6
Varanasi • 66 C 2
Varangerbotn • 18 K 1

Varangerfjord ~ 18 K-L 1-2
Nördlichster Fjord Norwegens.

Varanger-halbinsel ━
   18 K-L 1
Varaždin • 36 C 2
Varberg • 21 E 5
Vardar ~ 38 C 2
Vardø • 18 L 1
Varėna • 23 H 4
Varenikovskaja • 60 A 2
Varese • 32 B 3
Varkaus • 19 J-K 5
Värmland ━ 21 E-F 4
Värmland ② 21 E 4
Varna • 37 J 4
Várnamo • 21 F 5
Várpalota • 36 D 2
Varto • 59 H 2
Vaslui • 37 H 2
Västeras ② 21 G 4
Västerbotten ━ 19 F 4
Västerbotten ② 20 G-H 1
Västerdalälv ~ 20 E 3
Västervik • 21 G 5
Västmanland ② 21 F-G 4
Vasto • 33 E 4
Vasylivka • 43 G 4
Vasyl'kiv • 42 E 2
Vaticano, Kap- ≋ 33 E 6
Vatikanstadt ◘ 45 E
Vatnajökull ▲ 44 E-F 3
Vatneyri • 44 B 2
Vatra Dornei • 37 G 2
Vättersee ~ 21 F 4

Vatutine ▣ **42** E 3
Vaud **2** **32** A 2
Vavau-Inseln ≋ **78** D 1
Vavkavysk ▣ **35** G 2
Växjö ▣ **21** F 5
Vazuzskojesee ≈ **40** E 4
Vega ≋ **18** A 4
Veidnes-Kluppen ▣ **18** J 1
Veille, Punte de la- ≋ **45** B
Vejle ▣ **21** G 6
Velebit ▲ **36** B 3
Vélez Málaga ▣ **28** C 5
Vélez Rubio ▣ **29** D 5
Velikaja ▣ **40** B 3
Velikije Luki ▣ **40** C 3
Velikojesee ≈ **41** H 4
Veliko Tărnovo ▣ **37** G 4
Velingrad ▣ **37** G 4
Veliž ▣ **40** C 4
Veljesee ≈ **40** D 3
Vella Lavella ≋ **75** C 3
Velletri ▣ **33** D 5
Vellore ▣ **66** B 3
Velyka Lepetycha ▣ **43** G 4
Vemakuppe ▲ **98** A 4
Venäänaho ▣ **19** K 5
Venado Tuerto ▣ **124** C 3
Vendée ▭ **26-27** C 4
Vendôme ▣ **26** D 4

Venedig ▣ **32** D 3
307 000 Ew., Hauptstadt der
ital. Region Venetien.

Veneding, Golf von- ≋
32 D 2
Veneto **2** **32** C 3
Venev ▣ **40** G 4
Venezuela **1** **121** D 2
Venezuela, Golf von- ≋
120 C 1
Venezuelabecken ≈
117 D 3-4
Vennesund ▣ **20** D-E 1
Vent, Îles du- ≋ **77** C-D 3
Venticinco de Mayo ▣
124 C 2
Ventimiglia ▣ **32** A 4
Ventotene ≋ **33** D 5
Ventuari ▣ **121** D 2
Veracruz ▣ **114** C 3
Veraval ▣ **66** A-B 2
Verbania ▣ **32** B 3
Verbovski ▣ **41** H-J 4
Vercelli ▣ **32** B 3
Verchivceve ▣ **43** G 3
Verchnjadzvinsk ▣ **35** J 1
Verdalsøra ▣ **20** D 2
Verde, Costa- ▣ **28** B-C 2
Verde, Kap- ≋ **92** B 1
Verden ▣ **31** F 2
Verdun ▣ **26** F 3
Vereeniging ▣ **99** C 3
Vereinigte Arabische Emirate
1 **63** F-G 4
Vereinigte Staaten von
Amerika **1**
108-109 C-E 1-2
Vereki Paß ▲ **42** A 3

Verhhi Kujto, ozero- ≈ **19** L 4
Verhnedneprovski ▣ **40** D 4
Verhneimbatsk ▣ **51** J 2
Verhnespasskoje ▣ **41** K 2
Verhnetulomski ▣ **18** L 2
Verhovje ▣ **40** F 5
Verín ▣ **28** B 2-3

Vermont **2** **109** F 1
570 000 Ew., US-Bundesstaat,
Hauptstadt: Montpelier.

Vernal ▣ **108** C 1
Verneuil ▣ **26** D 3
Vernon (Frankreich) ▣ **26** D 3
Vernon (Kanada) ▣ **106** E 3
Vero Beach ▣ **113** C-D 5
Véroia ▣ **38** C 2
Verona ▣ **32** C 3
Versailles ▣ **26** D-E 3
Vertijevka ▣ **42** E 2
Verucchio ▣ **45** D
Verviers ▣ **26** F 2
Veselinovo ▣ **42** E 4
Vesjegonsk ▣ **40** F 2
Veškajma ▣ **41** L 5
Vesoul ▣ **26** G 4
Vesterålen ≋ **18** C 2
Vestfjord ≈ **18** C 2-3
Vestvågøy ≋ **18** B-C 2
Vesuv ▲ **33** E 5
Veszprém ▣ **36** C-D 2
Vetka ▣ **35** K 2
Vetlanda ▣ **21** F 5
Vetluga ▣ **41** K 3
Vetluga ≈ **41** K 3
Vetlužski ▣ **41** K 3
Viana ▣ **123** D 2
Viana do Castelo ▣ **28** A 3
Viangchan → Vientiane **1**
67 E 3
Viareggio ▣ **32** C 4
Viborg ▣ **21** C 5
Vibo Valentia ▣ **33** E 6
Vic ▣ **29** G 3
Vicebck ▣ **35** K 1
Vicenza ▣ **32** C 3
Vichy ▣ **27** E 4
Vicksburg ▣ **112** A 4
Victor ▣ **108** B 1
Victor Harbour ▣ **81** C 3
Victoria ▲ **67** D 2
Victoria ≈ **80** C 1
Victoria **2** **81** D 3
Victoria (Kanada) **2** **106** D 4
Victoria (Malta) ▣ **45** F
Victoria (Seychellen) **1**
95 E 4
Victoria (USA) ▣ **108** D 3
Victoria, Mount- ▲ **74** B 3
Victoria de las Tunas ▣
116 B 2
Victoriafälle ≈ **98** C 2
Victoria-Insel ≋ **106** E-F 1
Victorialand ▣ **127** H-J 2
Victoria River Downs ▣
80 C 1
Victoriasee ≈ **97** D 2
Vičuga ▣ **41** H-J 3

Vidin ▣ **37** F 3-4
Vidsel ▣ **18** F 4
Vidzeme ▣ **23** H-J 3
Viedma ▣ **124-125** C 4
Vienne ▣ **27** F 5
Vienne ≈ **27** D 4
Vientiane (Viangchan) **1**
67 E 3
Vieques ≋ **117** D 3
Vierzon ▣ **26** D-E 4
Viesīte ▣ **23** H 3
Vieste ▣ **33** F 5
Vietnam **1** **67** E 3
Vigan ▣ **69** D 2
Vigevano ▣ **32** B 3
Vigia ▣ **123** D 2
Vignemale ▲ **27** C 6
Vigo ▣ **28** A 2
Viitasaari ▣ **19** H 5
Vijayawada ▣ **66** C 3
Vík ▣ **44** D 4
Vikajärvi ▣ **18** H-J 3
Vikna ≋ **20** D 1
Vila Franca de Xira ▣ **28** A 4
Vilalba ▣ **28** B 2
Vilanculos ▣ **99** D 3
Viļani ▣ **23** J 3
Vila Nova de Foz Côa ▣
28 B 3
Vila Nova de Gaia ▣ **28** A 3
Vilanova i la Geltrú ▣ **29** F 3
Vila Real ▣ **28** B 3
Vila Real de Santo Antonio ▣
28 B 5
Vila Velha ▣ **123** D 4
Vilhelmina ▣ **20** G 1
Vilhena ▣ **122** B 3
Viljandi ▣ **23** H 2
Vilkaviškis ▣ **23** G 4
Vilkija ▣ **23** G 4
Vilkovo ▣ **37** J 3
Villablino ▣ **28** B 2
Villacastín ▣ **28** C 3
Villach ▣ **32** D 2
Villafranca del Bierzo ▣
28 B 2
Villafranca del Cid ▣ **29** E 3
Villahermosa ▣ **115** C 3
Villala ▣ **19** K 5
Villa Montes ▣ **122** B-4
Villanueva de la Serena ▣
28 C 4
Villarrica ▣ **122** C 4
Villarrobledo ▣ **29** D 4
Villavicencio ▣ **120** C 2
Villaviciosa ▣ **28** C 2
Villefranche-de-Rouergue ▣
27 D-E 5
Villefranche-sur-Saône ▣
27 F 4
Villena ▣ **29** E 4
Villeneuve-sur-Lot ▣ **27** D 5
Villeurbanne ▣ **27** F 5
Vil'njans'k ▣ **43** G 4
Vimmerby ▣ **21** F-G 5
Vimperk ▣ **31** H 4
Viña del Mar ▣ **124** B 3
Vinaròs ▣ **29** F 3
Vindeln ▣ **20** H 1

Vindhya-Gebirge ▲ **66** B-C 2
Vinh ▣ **67** E 3
Vinkovci ▣ **36** D 3
Vinnycja ▣ **42** D 3
Vinsonmassiv ▲ **127** O 2
Virac ▣ **69** D 2
Viranşehir ▣ **59** G 4

Virginia **2** **109** F 2
6,3 Mio. Ew., US-Bundesstaat,
Hauptstadt: Richmond.

Virginia Beach ▣ **109** F 2
Virmasvesi ≈ **19** J 5
Virovitica ▣ **36** C 3
Virtaniemi ▣ **18** K 2
Virtsu ▣ **23** G 2
Vis ≋ **36** B-C 4
Visalia ▣ **108** B 2
Visby ▣ **21** H 5
Višegrad ▣ **36** D 4
Viseu (Brasilien) ▣ **123** D 2
Viseu (Portugal) ▣ **28** B 3
Vişeu de Sus ▣ **37** G 2
Vishakhapatnam ▣ **66** C 3
Viso, Monte- ▲ **32** A 3
Visun ≈ **43** F 4
Viterbo ▣ **33** D 4
Vitigudino ▣ **28** B 3
Viti Levu ≋ **78** C 1
Vitim ▣ **52** G 3
Vitoria **2** **29** D 2
Vitória **2** **123** D 4
Vitória da Conquista ▣
123 D 3
Vitoša ▲ **37** F 4
Vitré ▣ **26** C 3
Vitry-le-François ▣ **26** F 3
Vítsi ▲ **38** B 2
Vittangi ▣ **18** F 3
Vitteaux ▣ **26** F 4
Vittel ▣ **26** F-G 3
Vittoria ▣ **33** E 7
Viveiro ▣ **28** B 2
Vizianagaram ▣ **66** C 3
Vizille ▣ **27** F 5
Vjalje, ozero- ≈ **40** C 2
Vjartsilja ▣ **19** L 5
Vjatka ▣ **50** E 3
Vjatka ≈ **41** M 2
Vjazemski ▣ **53** J 4
Vjazma ▣ **40** E 4
Vjazniki ▣ **41** J 3
Vjosë **38** A 1
Vladičin Han ▣ **37** F 4
Vladikavkaz **2** **61** E 3
Vladimir ▣ **41** H 3
Vladimirski Tupik ▣ **40** D 4
Vlasenica ▣ **36** D 3
Vlieland ▣ **30** D 2
Vlorë ▣ **38** A 2
Vogelsberg ▲ **31** F 3
Vogesen ▲ **26** G 3-4
Voghera ▣ **32** B 3
Vohma ▣ **41** L 2
Vohma ≈ **41** L 2
Voi ▣ **97** D 2
Voikoski ▣ **19** J 6
Voinica ▣ **19** L 4

Voinka ▣ **43** G 5
Vojvodina ▣ **36** E 3
Voknavolok ▣ **19** L 4
Volča ≈ **43** G-H 3
Volda ▣ **20** B 2
Volga ▣ **40-41** G 3
Volhov ▣ **40** D 1-2
Volhov ≈ **40** D 1
Volhovski ▣ **40** C 2
Volissós ▣ **39** D 3
Völkermarkt ▣ **32** E 2
Volnovacha ▣ **43** H 4
Voločys'k ▣ **42** C 3
Volodymyr-Volyns'kyj ▣
42 B 2
Volokolamsk ▣ **40** F 3-4
Vólos ▣ **38** C 3
Volosovo ▣ **40** B 2
Volovo ▣ **40** F-G 5
Volta Redonda ▣ **123** D 4
Voltastausee ≈ **92** C 2
Volterra ▣ **32** C 4
Volturno ≈ **33** E 4
Vólvisee ≈ **38** C 2
Volžsk ▣ **41** M 4
Voma ≈ **20** D 3
Vopnafjord ≋ **44** F-G 2
Vopnafjördhur ▣ **44** F 2
Vorarlberg **2** **32** B-C 2
Vório Egéo **2** **38-39** D 3
Vorkresenskoje ▣ **40** F 2
Vorkuta ▣ **51** G 2
Vorniceni ▣ **37** H 2
Vorona ≈ **41** J 5
Voroncovo ▣ **40** B 3
Voronež ≈ **41** H 5
Vorotynec ▣ **41** K 4
Vorožba ▣ **43** G 2
Vorpommersche Bodden-
landschaft, Nationalpark-
≈ **31** H 1
Vorskla ≈ **43** G 3
Võru ▣ **23** J 3
Voskresensk ▣ **40-41** G 4
Voskresenskoje ▣ **41** K 3
Voss ▣ **20** B 3
Vostok ≋ **77** C 3
Vostok ✲ **127** F 2
Notice ▣ **31** J 4
Voúxa, Kap- ≋ **38** C 5
Voxna ▣ **20** F 3
Voxnan ≈ **20** F 3
Voznesens'k ▣ **42** E 4
Vraca ▣ **37** F 4
Vranje ▣ **37** E-F 4
Vrbas ▣ **36** D 3
Vrbas ≈ **36** C 3
Vršac ▣ **37** E 3
Vryburg ▣ **98** C 3
Vsetín ▣ **34** C-D 4
Vsevoložsk ▣ **40** C 1
Vukovar ▣ **36** D 3
Vuktyl ▣ **50** F 2
Vulcano ≋ **33** E 6
Vuojärvi ▣ **18** J 3
Vuokatti ▣ **19** K 4
Vuolleriim ▣ **18** F 4
Vuotso ▣ **18** J 2
Vyborg ▣ **50** C 2

Vyksa ● 41 J 4
Vypolzovo ● 40 D 3
Vyrica ● 40 C 2
Vyša ● 41 J 5
Vyša ◌ 41 J 5
Vyšhorod ● 42 E 2
Vysni Voloček ● 40 E 3
Vysock ● 19 L 6
Vysokae ● 35 F 2
Vysokovsk ● 40 F 3
Vysorkogorny ● 53 J 3-4

W

Wa ● 92 C 1
Waag ◌ 34 C-D 4
Wabash ◌ 112 C 2
Wad Bandah ● 94 B 2
Waddan ● 90 B 3
Waddington ▲ 106 D 3
Wadi Halfa ● 94 C 1
Wad Medani ● 94 C 2
Wafrah ● 65 D 3
Wagin ● 80 A 3
Wahat Salimah ● 94 B 1
Waialeale, Mount- ▲ 83 B 3
Waialua ● 83 A 1
Waianae ● 83 A 1
Waidhaus ● 31 H 4
Waigatsch ≋ 51 F-G 1-2
Waigeo ● 69 E 3-4
Waikato ◌ 79 C 3
Waikelo ● 69 C 4
Wailua ● 83 B 3
Wailuku ● 83 C 2
Waimea ● 83 D 2-3
Waingapu ● 69 D 4
Wainwright (Kanada) ●
106 E 3
Wainwright (USA) ●
104 C-D 1
Waipahu ● 83 A-B 1
Waipio ● 83 D 2
Waitaki ◌ 79 B-C 4
Wajh, Al- ● 64 B 3
Wajir ● 97 D-F 1
Wakasabucht ≋ 57 F 3
Wakayama ● 57 F 4
Wake ≋ 75 D 1
Wakkanai ● 57 G 1
Walachei ≋ 37 F-G 3
Wałbrzych ● 34 C 3
Wałcz ● 34 C 2
Waldaihöhe ▰ 50 D 3
Walensee ● 45 A
Walenstadt ● 45 A
Wales 2 25 E 5
Walfischbai ● 98 B 3
Walfischbai ≋ 98 B 3
Walfischrücken ≋ 98 A 3
Walgett ● 81 D 3
Walikale ● 97 C 2
Walker Lake ◌ 111 C 4
Wallace ● 110 C 2
Wallaroo ● 81 C 3
Walla Walla ● 108 B 1
Wallis 2 32 A 2
Wallis-Inseln ≋ 78 D 1

Wallis und Futuna 2 78 D 1
Wallowa Mountains ▰
110 C 2
Walpole ≋ 78 B 2
Walsall ● 25 E-F 5
Wamba ● 97 C 1
Wamba ◌ 96 C 2
Wamena ● 69 E 4
Wanganui ● 79 C 3
Wangpan Yang ≋ 56 C 4
Wangqing ● 57 D-E 2
Wanie-Rukula ● 96 C 1
Wanxian ● 54 D 3
Warangal ● 66 B-C 3
Warburg ● 31 F 3
Waren (Deutschland) ●
31 H 2
Waren (Indonesien) ●
69 E 4
Wargla ● 89 D 2
Warmandi ● 69 E 4
Warm Springs ● 111 C 4
Warner Mountains ▰
110 B-C 3
Warrego ◌ 81 D 2
Warren ● 112 C 2
Warrenton ● 98 C 3
Warri ● 93 D 2
Warrington ● 25 E 5
Warrnambool ● 81 D 3
Warschau → Warszawa 1
34 E 2

Warszawa (Warschau) 1
34 E 2
2,1 Mio. Ew., Hauptstadt Po-
lens, an der Weichsel.

Warta ◌ 34 D 3
Warthe ◌ 34 B 2
Warwick ● 25 F 5
Wasatchkette ▰ 108 B 2
Wash, The- ≋ 25 G 5

Washington ● 113 D 3
5 Mio. Ew., US-Bundesstaat,
Hauptstadt: Olympia.

Washington 2 108 B 1
Washington, Mount- ▲
109 F-G 1

Washington D.C. 1 109 F 2
626 000 Ew., Bundeshaupt-
stadt der USA.

Washington Land ▰ 105 E 1
Wasjugaebene ▰ 51 H 3
Waspán ● 115 D 3
Wasserauen ● 45 A
Watampone ● 69 C-D 4
Waterbury ● 112 E 2
Water Cays ≋ 116 B 2
Waterford ● 25 C 5
Waterloo ● 26 F 2
Watertown ● 112 D 2
Waterville ● 112 E-F 2
Watford ● 25 F 6
Watsa ● 97 C 1

Watson Lake ● 106 D 2
Wattenmeer ≋ 30 D 2
Wau ● 94 B 3
Waukegan ● 112 B 2
Wausau ● 112 B 1-2
Wave Hill ● 80 C 1
Wawa ● 112 B-C 1
Waycross ● 113 C 4
Webi Scebeli ◌ 95 D 3
Weda ● 69 D 3
Weddellmeer ≋ 127 Q 2
Weed ● 110 B 3
Weichang ● 56 B 2
Weichsel ◌ 34 D 2
Weiden ● 31 H 4
Weifang ● 55 E-F 3
Weihai ● 55 F 3
Weilheim ● 31 G 5
Weimar ● 31 G 3
Weipa ● 81 D 1
Weishan Hu ◌ 56 B 4
Weissenfels ● 31 G-H 3
Weißer Nil ◌ 94 C 2
Weißer See ◌ 40 F 1
Weißer Volta ◌ 92 C 1-2
Weißes Meer ≋ 50 D-E 2
Weißrussischer Landrücken
▰ 35 G-J 1-2
Weißrussland 1 35 H-K 2
Weisstannen ● 45 A
Weisstannental ▰ 45 A
Wejherowo ● 34 D 1
Welikije Luki ● 50 D 3
Welkom ● 98 C 3
Welland ◌ 112 D 2
Wellesley-Inseln ≋
81 C-D 1
Wellington (Chile) ≋ 125 B 4
Wellington (Neuseeland) 2
79 C 4
Wells ● 108 B 1
Wels ● 32 D-E 1
Wenatchee ● 110 B 2
Wendeng ● 56 C 3
Wendo ● 95 C 3
Wendover ● 110 D 3
Wenzhou ● 55 F 4
Werchojansk ● 53 J 2
Werchojansker Gebirge ▰
53 H-J 2
Werder ● 95 D 3
Wesel ● 30 E 3
Weser ● 31 F 2
Wessel-Inseln ≋ 81 C 1
West Allis ● 112 B 2
Westalpen ▰ 32 A-B 2-3
West Bay ≋ 113 A-B 5
West Bend ● 112 B 2
Western Australia 2 80 B 2
Wester Ross ▰ 24 D 2-3
Westerwald ▰ 30 E-F 3
Westfalkland ≋ 125 C 5
West-Fayu ≋ 74 B 2
Westfriesische Inseln ≋
30 D 2
Westghats ▰ 66 B 3
Westjordanland ▰ 62A B 2
Westkap ≋ 79 B 4

Westkordillere ▰ 120 C 2
Westliche Dwina ◌ 40 D 3
Westlicher Großer Erg ▰
89 C-D 2-3
Westlicher Indischer Rücken
≋ 99 F 4
Westlicher Koreagolf ≋
56 C 3
Westlicher Taurus ▰
58 B-C 4
Westliche Sierra Madre ▰
114 B 2
Westliches Karolinenbecken
≋ 74 A 2
Westliches Marianenbecken
≋ 74 A 1
Westliches Südantillenbecken
≋ 125 D-E 5
Westmelanesischer Graben
≋ 74 B-C 3
West Memphis ● 113 A 3
West Nicholson ● 98 C 3
Weston (Großbritannien) ●
25 E 6
Weston (Malaysia) ● 68 C 3
West Palm Beach ●
109 E-F 3
Westport (Irland) ● 25 B 5
Westport (Neuseeland) ●
79 C 4
Westray ● 24 E 2
Westsajan ▰ 52 E 3
Westsibirisches Tiefland ▰
51 H-J 2-3

West Virginia 2 109 E 2
1,8 Mio. Ew., US-Bundesstaat,
Hauptstadt: Charleston.

West-Vlaanderen 2 26 E 2
West Yellowstone ●
110 D 3
Wetar ≋ 69 D 4
Wetaskiwin ● 106 E 3
Wewak ● 74 B 3
Wexford ● 25 C 5
Weymouth ● 25 E 6
Whakatane ● 79 C 3
Whalsay ≋ 24 F 1
Whangarei ● 79 C 3
Wheeler Peak ▲ 108 C 2
Wheeling ● 112 C 2
Whitchurch ● 25 E 5
Whitehaven ● 25 E 4
Whitehorse 2 106 C 2
Whiteville ● 112 C 3
Whitewater Bay ≋ 113 C 5
Whithorn ● 25 D 4
Whitney, Mount- ▲ 108 B 2
Whitsunday-Inseln ≋
81 D-E 2
Whyalla ● 81 C 3
Wichita ● 108 D 2
Wichita Falls ● 108 D 2
Wick ● 24 E 2
Wickenburg ● 111 D 5
Wicklow ● 25 C 5
Wicklow Mountains ▰
25 C 5

Widyan, al- ▰ 65 C 2
Wieluń ● 34 D 3
Wien 1 32 F 1
Wien 2 32 F 1
Wiener Neustadt ● 32 F 2
Wieprz ◌ 34 F 3
Wiesbaden 2 30 F 3
Wight ≋ 25 F 6
Wilcannia ● 81 D 3
Wildhaus ● 45 A
Wildspitze ▲ 32 C 2
Wilhelm, Mount- ▲ 74 B 3
Wilhelmshaven ● 30 E-F 2
Wiljui ◌ 53 H 2
Wiljuisk ● 52 H 2
Wilkes-Barre ● 112 D 2
Wilkesland ▰ 127 F-G 2
Willcox ● 111 D-E 5
Willemstad 2 117 D 4
Williams ● 111 D 4
Williamsport ● 112 D 2
Willis-Riffe ≋ 81 D 1
Williston ● 108 C 1
Williston Lake ◌ 106 D 3
Willow ● 104 D 2
Wilmington (New Jersey-
USA) ● 112 D 3
Wilmington (North Carolina-
USA) ● 109 F 2
Wilna 1 23 H 4
Wilson, Kap- ● 81 D 3
Wilson, Mount- ▲ 111 E 4
Wilsonsee ≋ 113 B 4
Wiluna ● 80 B 2
Winchester (Großbritannien)
● 25 F 6
Winchester (USA) ●
112 D 3
Wind ◌ 110 E 3
Windau ● 22 F 3
Windau ◌ 23 G 3
Winde, Inseln über dem ≋
117 E 3-4
Winde, Inseln unter dem ≋
117 D-E 4
Windhoek 1 98 B 3
Windorah ● 81 D 2
Windsor (Großbritannien) ●
25 F 6
Windsor (Kanada) ●
107 H 4
Windward-Passage ≋
116 C 2-3
Winisk ● 107 H 3
Winisk ◌ 107 H 3
Winnemucca ● 108 B 1
Winnipeg 2 106 G 4
Winnipegosissee ◌
106 F-G 3
Winnipegsee ◌ 106 G 3
Winona (Minnesota-USA) ●
112 A 2
Winona (Washington-USA) ●
108 B 1
Winslow ● 111 D 4-5
Winslow Riff ≋ 76 A 2
Winston-Salem ● 113 C 3
Winterthur ● 32 B 2
Winton ● 81 D 2

Wirzsee ◪ **23** J 2
Wisconsin **2** **109** D-E 1
Wismar ◨ **31** G 2
Witim ◨ **52** G 3
Witim ◨ **52** G 3
Witim-plateau ◼ **52** G 3
Witjasgraben ▦ **75** D-E 3-4
Wittenberg ◨ **31** H 3
Wittenberge ◨ **31** G 2
Wittenoom ◨ **80** A 2
Witvlei ◨ **98** B 3
Wladiwostok ◨ **55** G 2
Włocławek ◨ **34** D 2
Woleai Atoll ▧ **74** B 2
Wolfsberg ◨ **32** E 2
Wolfsburg ◨ **31** G 2

Wolga ◪ **50** E 4
3530 km, längster Strom Europas, bedeutendster Wasserweg Russlands.

Wolgahöhen ▲ **50** E 3
Wolgograd ◨ **50** E 4
Wolgograder Stausee ▨
　　50 E 4
Wolin ▨ **34** B 1-2
Wollaston ▨ **125** C 5
Wollaston Lake ◨ **106** F 3
Wollongong ◨ **81** E 3
Wologda ◨ **41** G 2
Wolverhampton ◨ **25** E 5
Wolynien ◼ **42** B-C 3
Wolynisch-Podolische Platte
　　◼ **42** C-D 3
Wonju ◨ **57** D 3
Wonsan ◨ **56** D 3
Wonthaggi ◨ **81** D 3
Wood-Buffalo Nationalpark
　　✚ **106** E 3
Woodland ◨ **110** B 4
Woodlark ▧ **74** C 3
Woodroffe, Mount- ▲
　　80 C 2
Woods, Lake of the- ◪
　　108 D 1
Woomera ◨ **81** C 3
Worcester (Großbritannien)
　　◨ **25** E 5
Worcester (Südafrika) ◨
　　98 B 4
Worcester (USA) ◨ **112** E 2
Wörgl ◨ **32** D 2
Worland ◨ **110** E 3
Worms ◨ **30** F 4
Worms ▧ **23** G 2
Woronesch ◨ **50** D 3
Wotho Atoll ▧ **75** D 1
Wotje Atoll ▧ **75** E 2
Wottkinsker Stausee ▨
　　50 F 3
Wrangelinsel ▧ **53** N-O 1
Wrangell ◨ **104** F 3
Wrath, Kap- ◼ **24** D 2
Wreck-Riffe ▧ **81** E 2
Wrigley ◨ **106** D 2
Wrocław (Breslau) ◨ **34** C 3
Września ◨ **34** C 2
Wuda ◨ **54** D 2-3

Wudaoliang ◨ **54** C 3
Wudu ◨ **54** D 3
Wuhai ◨ **54** D 2
Wuhan ◨ **55** E 3
Wuhu ◨ **55** E 3
Wukari ◨ **93** D 2
Wuntho ◨ **67** D 2
Wuppertal ◨ **30** E 3
Würzburg ◨ **30** F-G 4
Wuwei ◨ **54** D 3
Wuxi ◨ **55** F 3
Wuyi Shan ▲ **55** E 4
Wuzhi Shan ▲ **67** E-F 3
Wuzhong ◨ **54** D 3
Wuzhou ◨ **55** E 4
Wyndham ◨ **80** B 1

Wyoming ◨ **112** B 2
470 000 Ew., US-Bundesstaat, Hauptstadt: Cheyenne.

Wyoming **2** **108** C 1
Wyszków ◨ **34** E 2
Wytschegda ◪ **50** E 2

X

Xaçmaz ◨ **61** G 4
Xai Xai ◨ **99** D 3
Xangongo ◨ **98** B 2
Xanlar ◨ **61** F 4
Xánthi ◨ **38** D 2
Xar Moron He ◪ **56** B 2
Xewkija ◨ **45** F
Xiaguan ◨ **54** C-D 4
Xiamen ◨ **55** E 4
Xi'an **2** **54** D 3
Xiangfan ◨ **55** E 3
Xiangtan ◨ **55** E 4
Xianning ◨ **56** A 5
Xianyang ◨ **54** D 3
Xiaogan ◨ **56** A 4
Xichang ◨ **54** D 4
Xigazê ◨ **54** B 4
Xilókastron ◨ **38** C 3
Xinbin ◨ **56** D 2
Xingtai ◨ **55** E 3

Xingu ◪ **123** C 3
2100 km lang, Nebenfluss des Amazonas, Brasilien.

Xining **2** **54** D 3
Xinjiang **2** **54** B 3
Xinjin ◨ **56** C 3
Xinxian ◨ **56** A 3
Xinxiang ◨ **55** E 3
Xinyang ◨ **55** E 3
Xitianmu Shan ▲ **56** B 4
Xi Ujimqin Qi ◨ **56** B 2
Xizang → Tibet **2** **54** B 3
Xuancheng ◨ **56** B 4
Xuanhua ◨ **55** E 2
Xuchang ◨ **56** A 4
Xudat ◨ **61** G 4
Xugou ◨ **56** B 4
Xuguit Qi ◨ **55** F 2
Xuyong ◨ **54** D 4

Xuzhou ◨ **55** E 3

Y

Ya'an ◨ **54** D 4
Yacuiba ◨ **122** B 4
Yad Mordekhay ◨ **62A** A 3
Yagoua ◨ **93** E 1
Yaguajay ◨ **116** B 2
Yakima ◨ **108** A-B 1
Yaku ◨ **57** E 4
Yakutat ◨ **104** E-F 3
Yalinga ◨ **94** B 3
Yalova ◨ **58** B 2

Yalu ◪ **56** C 2
709 km lang, Grenzfluss zwischen China und Korea.

Yamagata ◨ **57** F-G 3
Yambio ◨ **94** B 3
Yamdena ▧ **69** E 4
Yamoussoukro **1** **92** C 2

Yamuna ◪ **66** C 2
1400 km lang, Nebenfluss des Ganges, Indien.

Yan'an ◨ **54** D 3
Yanbu al-Bahr ◨ **63** C 4
Yancheng ◨ **55** F 3
Yangambi ◨ **96** C 1
Yanggao ◨ **56** A 2
Yangquan ◨ **55** E 3
Yangzhou ◨ **55** E 3
Yangzi → Changjiang
Yanji ◨ **55** F 2
Yankton ◨ **108** D 1
Yan Shan ◼ **56** B 2
Yantai ◨ **55** F 3
Yanzhou ◨ **56** B 3
Yaoundé **1** **93** E 2
Yapen ◨ **69** E 4
Yap-Inseln ▧ **74** A 2
Yaprakli ◨ **58** D 2
Yaren **2** **75** D 3
Yarim ◨ **63** D-E 6
Yarlung = Tsangpo ◪ **54** C 4
Yarmouth ◨ **107** K 4
Yarmuk ◪ **62A** B 2
Yasawa Group ▧ **78** C 1
Yasuj ◨ **65** E 2
Yasun, Kap- ▧ **59** F 2
Yataǧan ◨ **58** B 4
Yatsushiro ◨ **57** E 4
Yatta ◨ **62A** B 3
Yauca ◨ **120** C 4
Yaxchilán ▲ **115** C 2
Yayladaǧı ◨ **59** E-F 5
Ye ◨ **67** D 3
Yecla ◨ **29** E 4
Yéfira ◨ **38** C 2
Yehiam ◨ **62A** B 1
Yei ◨ **94** C 3
Yekimoviči ◨ **40** D 4
Yell ▧ **24** F 1
Yellowknife **2** **106** E 2
Yellowstone ◪ **108** C 1

Yellowstone Lake ◪
　　110 D-E 3
Yellowstone Nationalpark ✚
　　108 B 1
Yelwa ◨ **93** D 1
Yenice (Türkei) ◨ **58** D 2
Yenice (Türkei) ◨ **59** E-F 3
Yenihisar ◨ **58** A 4
Yeovil ◨ **25** E 6
Yerevan **1** **61** E 4
Yerköy ◨ **59** E 3
Yeşil ◪ **59** F 2
Yeşilhisar ◨ **59** E 3
Yeşilköy ◨ **58** B 2
Yeşilova ◨ **58** B 4
Yeu ▧ **26** B 4
Yevlax ◨ **61** F 4
Ye Xian ◨ **56** B 3
Yibin ◨ **54** D 4
Yichang ◨ **55** E 3
Yichun ◨ **55** F 2
Yidu ◨ **55** E 3
Yiǧılca ◨ **58** C 2
Yilan ◨ **55** F-G 2
Yıldız Daǧı ▲ **59** F 2
Yıldızeli ◨ **59** F 3
Yinchuan **2** **54** D 3
Ying He ◪ **56** B 4
Yingkou ◨ **55** F 2
Yining ◨ **54** B 2
Yioúra ▧ **38** D 3
Yirshi ◨ **55** E-F 2
Yithion ◨ **38** C 4
Yiyang ◨ **55** E 4
Ylikitka ◪ **18** K 3
Ylitornio ◨ **18** G-H 3
Ylivieska ◨ **19** H 4
Ymer ▧ **105** J 2
Yngar ▧ **21** G 4
Yogan ▲ **125** B-C 5
Yogyakarta ◨ **68** B-C 4
Yokadouma ◨ **93** E 2
Yokohama ◨ **57** F-G 3
Yokote ◨ **57** F-G 3
Yola ◨ **93** E 2
Yonago ◨ **57** E 3
Yopal ◨ **120** C 2
York ◼ **25** F 4-5
York (Großbritannien) ◨
　　25 F 4-5
York (USA) ◨ **113** B 4
York, Kap- (Australien) ▨
　　81 D 1
York, Kap- (Grönland) ▨
　　105 E 2
York Factory ◨ **107** G 3
Yorkton ◨ **106** F 3
Yosemite Nationalpark ✚
　　111 C 4
Yosu ◨ **57** D 4
Youghal ◨ **25** C 6
Younghung ◨ **56** D 3
Youngstown ◨ **112** C 2
Yozgat ◨ **59** E 3
Yssingeaux ◨ **27** F 5
Yuanping ◨ **55** E 3
Yucatán ◼ **115** C-D 3
Yucatán, Straße von- ▨
　　115 D 2

Yuci ◨ **55** E 3
Yueyang ◨ **55** E 4
Yu Jiang ◪ **67** E 2
Yukon ◪ **104** C 2
Yukon Territory **2** **106** C 2
Yulin (Chuang Zhuang-China)
　　◨ **55** E 4
Yulin (Shaanxi-China) ◨
　　55 D-E 3
Yulongxue Shan ▲ **54** C-D 4
Yuma ◨ **108** B 2
Yumen ◨ **54** C 3
Yumurtalık ◨ **59** E 4
Yunak ◨ **58** C 3
Yungas ◼ **122** B 3

Yunnan **2** **54** D 4
37 Mio. Ew., chin. Provinz.

Yunxian ◨ **55** E 3
Yurimaguas ◨ **120** C 3
Yushu (Jilin-China) ◨ **56** D 2
Yushu (Qinghai-China) ◨
　　54 C 3
Yusufeli ◨ **59** H 2
Yutian ◨ **54** B 3
Yuxi ◨ **54** D 4
Yvetot ◨ **26** D 3

Z

Žabinka ◨ **35** G 2
Zabol ◨ **63** H 2
Zacatecas ◨ **114** B 2
Zadonsk ◨ **41** G 5
Zafra ◨ **28** B 4
Zagora ◨ **88** C 2

Zagreb **1** **36** C 3
930 000 Ew., Hauptstadt Kroatiens.

Zagrosgebirge ▲ **63** E-F 2-3
Zahedan ◨ **63** G-H 3
Zahlah ◨ **64** B 2
Zahran, Az- ◨ **63** E 3
Zaire (Kongo Demokratische
　　Republik) **1** **96** C 2
Zaire → Kongo ◪ **96** B-C 1
Zaječar ◨ **37** F 4
Zajsan ◨ **51** J 4
Zakamensk ◨ **52** F 3
Zakhu ◨ **64** D 1
Zákinthos ◨ **38** B 4
Zákinthos ▧ **38** B 4
Zákinthos, Dhíavlos- ▨
　　38 B 3-4
Zalabiyah ◪ **59** G 5
Zalaegerszeg ◨ **36** C 2
Zǎlau ◨ **37** F 2
Zalingei ◨ **94** B 2
Zambezi ◪ **98** C 2
Zamboanga ◨ **69** D 3
Zambrów ◨ **34** F 2
Zamora (Ecuador) ◨ **120** C 3
Zamora (Spanien) ◨ **28** C 3
Zamora de Hidalgo ◨
　　114 B 2
Zamość ◨ **35** F 3

Zängilan ▪ **61** F 6
Zanjan ▪ **63** E 1
Zaorejas ▪ **29** D 3
Zaozhuang ▪ **55** E 3
Zapadnaja Dvina ▪ **40** D 3
Zapadna Morava ⌇ **36** E 4
Zapala ▪ **124** B 3
Zapata, Península de- ▬ **116** A 2
Zapoljarny ▪ **18** L 2
Zaporižžja ▪ **43** G 4
Zaqatala ▪ **61** F 4
Zara (Kroatien) ▪ **36** B 3
Zara (Türkei) ▪ **59** F 3
Zaragoza ② **29** E 3
Zarajsk ▪ **41** G 4
Zarasai ▪ **23** J 4
Zárate ▪ **124** D 3
Zärdab ▪ **61** F 4
Zard Kuh ▲ **63** E-F 2
Zarečensk ▪ **18** L 3
Zaria ▪ **93** D 1
Žarkovski ▪ **40** D 4
Zarqa, Ar ▪ **62A** B 2
Zarqa, Az- ▪ **64** B 2
Zašejek ▪ **18** L 3
Žatec ▪ **31** H 3
Zavitinsk ▪ **53** H-J 3-4
Zavolžje ▪ **41** J 3
Zavolžsk ▪ **41** J 3
Zawiercie ▪ **34** D 3
Zbaraž ▪ **42** B 3
Zborov ▪ **42** B 3
Žd'ár nad Sázavou ▪ **31** J-K 4
Zeeland ② **30** C 3
Zeelim ▪ **62A** A 3

Zefat ▪ **62A** B 1
Zehn-Grad-Kanal ▧ **67** D 4
Zeil, Mount- ▲ **80** C 2
Zeitz ▪ **31** H 3
Zejtun ▪ **45** F
Zelenčukskaja ▪ **60** C 3
Zelenodolsk ▪ **41** M 4
Zelenogorsk ▪ **40** B 1
Zelenograd ▪ **40** F 3-4
Zelenogradsk ▪ **22** F 4
Zelenokumsk ▪ **60** D 2
Zelenovka ▪ **43** F 4
Zelezná Ruda ▪ **31** H 4
Železnodorožny ▪ **22** F 4
Železnogorsk ▪ **40** E 5
Zell am Ziller ▪ **32** C 2
Želtyje Vody ▪ **43** F 3
Zemetčino ▪ **41** J 5
Zémio ▪ **94** B 3
Zemmora ▪ **29** F 6
Zenica ▪ **36** C-D 4
Zenjiang ▪ **55** E 3
Zentralafrikanische Republik ⬛ **94** A-B 3
Zentralkordillere ▲ **120** C 2
Zentralmassiv ▲ **27** E 5
Zentralpazifisches Becken ▧ **75** E 1-2
Zestafoni ▪ **60** D 3
Žetybaj ▪ **61** H-J 3
Žezkazgan ▪ **51** G 4
Zgierz ▪ **34** D 3
Zhangbei ▪ **56** A-B 2
Zhanghua ▪ **55** F 4
Zhangjiakou ▪ **55** E 2
Zhangwu ▪ **56** C 2
Zhangye ▪ **54** D 3

Zhangzhou ▪ **55** E 4
Zhanjiang ▪ **55** E 4
Zhaoqing ▪ **55** E 4
Zhaotong ▪ **54** D 4
Zhejiang ② **55** E-F 4
Zhengzhou ② **55** E 3
Zhongba ▪ **54** B 3-4
Zhongwei ▪ **54** D 3
Zhoukouzhen ▪ **56** A-B 4
Zhuanghe ▪ **56** C 3
Zhumadian ▪ **56** A 4
Zhuozhou ▪ **56** B 3
Zibo ▪ **55** E 3
Zielona Góra ▪ **34** B 3
Zigong ▪ **54** D 4
Ziguinchor ▪ **92** B 1
Zihuatanejo ▪ **114** B 3
Zikhron Yaaqov ▪ **62A** A 2
Zile ▪ **59** E-F 2
Zilfi, Az- ▪ **64** C 3
Žilina ▪ **34** D 4
Zillah ▪ **90** B 3
Zima ▪ **52** F 3
Zimljansker Stausee ▬ **50** E 4
Zimnicea ▪ **37** G 4
Zincirli ▪ **59** F 4
Zinder ▪ **93** D 1
Zin'kiv ▪ **43** G 2
Zion Nationalpark ▣ **111** D 4
Žirje ▧ **36** B 4
Žitkovo ▪ **19** K 6
Zittau ▪ **31** J 3
Ziyyon, Le- ▪ **62A** A 2
Zizdra ▪ **40** E 5
Žizickojesee ⌇ **40** C 3
Zlatni pjasăci ▪ **37** J 4

Zlatoust ▪ **50** F-G 3
Zlatoustovsk ▪ **53** J 3
Zlín ▪ **31** K 4
Žlobin ▪ **35** J-K 2
Zlynka ▪ **40** C 5
Žmerynka ▪ **42** D 3
Zmijevka ▪ **40** F 5
Zmijiv ▪ **43** H 3
Zna ⌇ **40** E 3
Znaim → Znojmo ▪ **31** K 4
Znamjanka ▪ **43** F 3
Znojmo (Znain) ▪ **31** K 4
Zóbuè ▪ **99** D 2
Žodino ▪ **35** J 1
Zoločiv (Ukraine) ▪ **42** B 3
Zoločiv (Ukraine) ▪ **43** G-H 2
Zolote ▪ **43** J 3
Zolotonoša ▪ **43** F 3
Zomba ▪ **99** D 2
Zongo ▪ **96** B 1
Zonguldak ▪ **58** C 2
Zouar ▪ **90** B 3
Zouérat ▪ **88** B 3
Žovtnevoje ▪ **43** F 4
Zrenjanin ▪ **36** E 3
Zubayr, Az- ▪ **65** D 2
Zubcov ▪ **40** E 3
Zubova Poljana ▪ **41** J 4-5
Zucheng ▪ **56** B-C 3
Zuera ▪ **29** E 3

Zug ② **32** B 2
22 000 Ew., Hauptstadt des gleichnamigen schweizer Kantons.

Zug ◪ **32** B 2

Zugdidi ▪ **60** C-D 3

Zugspitze ▲ **31** G 5
2962 m, höchster dt. Gipfel .

Zuid-Holland ◪ **30** D 2-3
Zújar ⌇ **28** C 4
Zújar, Lago del- ▬ **28** C 4
Žukovka ▪ **40** D-E 5
Žukovski ▪ **40** G 4
Zululand ▪ **99** D 3
Zumbo ▪ **99** D 2
Zuni ▪ **108** C 2
Zunyi ▪ **54** D 4
Županja ▪ **36** D 3

Zürich ② **32** B 2
360 000 Ew., Hauptstadt des gleichnamigen schweizer Kantons, größte Stadt des Landes.

Zürich ◪ **32** B 2
Zurrieq ▪ **45** F
Zuwarah ▪ **90** B 2
Zvolen ▪ **34** D 4
Zvornik ▪ **36** D 3
Zwickau ▪ **31** H 3
Zwolen ▪ **34** E 3
Zwolle ② **30** E 2
Zypern ⬛ **58** D 5
Żyrardów ▪ **34** E 2
Zyrjanka ▪ **53** L 2
Zyrjanovsk ▪ **51** J 4
Żytkavičy ▪ **35** J 2
Žytomyr ▪ **42** D 2
Żywiec ▪ **34** D 4

IMPRESSUM

© 1998 Verlag Wolfgang Kunth GmbH & Co KG, München

Alle Rechte vorbehalten. Reproduktionen, Speicherung in Datenverarbeitungsanlagen, Wiedergabe auf elektronischen, fotomechanischen oder ähnlichen Wegen nur mit ausdrücklicher Genehmigung des Copyrightinhabers.

Projektleitung und Koordination: GeoGraphics GmbH, München
Kartografie: Legenda, Novara (Italien)
Textredaktion: Büro Norbert Pautner, München
Gestaltung: Um|bruch, München

Printed and bound by Graphicom Srl, Italy

Alle Fakten wurden nach bestem Wissen und Gewissen recherchiert; Redaktion und Verlag können jedoch für die absolute Richtigkeit der Angaben keine Gewähr leisten. Der Verlag ist für Hinweise und Verbesserungsvorschläge jederzeit dankbar.